АНГЛО-РУССКИЙ
И РУССКО-АНГЛИЙСКИЙ
СЛОВАРЬ ПО ВИНОГРАДАРСТВУ,
ВИНОДЕЛИЮ
И СПИРТНЫМ НАПИТКАМ

ENGLISH-RUSSIAN
AND RUSSIAN-ENGLISH
DICTIONARY
OF VITICULTURE,
WINE AND SPIRITS

A. G. NEDELKO

ENGLISH-RUSSIAN AND RUSSIAN-ENGLISH DICTIONARY OF VITICULTURE, WINE AND SPIRITS

About 24 000 terms

MOSCOW
«RUSSO»
2005

А. Г. НЕДЕЛЬКО

АНГЛО-РУССКИЙ И РУССКО-АНГЛИЙСКИЙ СЛОВАРЬ ПО ВИНОГРАДАРСТВУ, ВИНОДЕЛИЮ И СПИРТНЫМ НАПИТКАМ

Около 24 000 терминов

МОСКВА
«РУССО»
2005

УДК 634.8, 663.2/3, 663.5(038)=111=161.1=111
ББК 42.36, 36.87
Н42

Неделько А. Г.
Н42 Англо-русский и русско-английский словарь по виноградарству, виноделию и спиртным напиткам. Около 24 000 терминов. — М.: РУССО, 2005 — 456 с.

ISBN 5-88721-247-0

Словарь содержит около 13 000 терминов из области виноградарства, виноделия и производства спиртных напитков в англо-русской части, а также более 11 000 терминов в русско-английской части. В словаре дан список английских сокращений с расшифровкой и русскими эквивалентами.

В Приложениях приведены справочные данные по основным винодельческим регионам, списки единиц измерения, таблицы их пересчета, классификации вин и других спиртных напитков, транслитерация названий российских сортов винограда на английском языке и др. полезные материалы.

Словарь предназначен для научных работников, специалистов в области сельского хозяйства и виноградарства, агрономов, виноделов, работников предприятий винодельческой, коньячной и ликероводочной промышленности, работников торговли, ресторанов, барменов, сомелье, маркетологов, дегустаторов, врачей-диетологов, журналистов, специалистов в области рекламы и научно-технической информации и переводчиков.

УДК 634.8, 663.2/3, 663.5(038)=111=161.1=111
ББК 42.36, 36.87+81.1 Англ.-4

© Неделько А. Г., 2005
© «РУССО», 2005
Репродуцирование (воспроизведение) данного издания любым способом без договора с издательством запрещается.

ISBN 5-88721-247-0

ПРЕДИСЛОВИЕ

Данный словарь подготовлен с целью удовлетворения возрастающей потребности в современном и удобном для пользования словаре терминов из области виноградарства, виноделия и производства спиртных напитков. Наряду с тем, что все рассматриваемые здесь отрасли чрезвычайно разнообразны, они также приобретают новое содержание в условиях открытой экономики и расширения контактов с мировым сообществом. Качественно меняет свою структуру рынок винограда и алкоголя: за счет импорта появляется все больше новых, не известных ранее на нашем рынке сортов вин и других напитков, увеличивается их ассортимент при постоянном расширении потребностей ценителей вин и алкогольных напитков. Вполне закономерно, что в таких условиях возрастает интерес к получению достоверной информации о происхождении продукции, ее качестве и технологии производства, а также особенностях употребления. Широко известно, что виноградарство, виноделие, производство пива, спирта, водки, рома, виски, бренди, коньяка и других спиртных напитков являются одними из ведущих отраслей экономики отдельно взятых стран и входят в число самых крупных и наиболее динамичных отраслей мирового хозяйства; достаточно лишь напомнить, что во всем мире производится 258 776 000 гл вин, в т. ч. вина Старого Света (т. е. европейские) составляют 73,9% от этого количества (191 123 000 гл), а площади виноградников в мире составляют 7 779 000 га, из них в Старом Свете 64,6% (5 041 000 га)[1].

Настоящий словарь является первым опытом издания полного собрания терминов, используемых в виноградарстве, виноделии, ликероводочной и спиртовой промышленности англоязычных стран (Австралии, Великобритании, Индии, Ирландии, Канады, Новой Зеландии, США, ЮАР и др.), а также соответствующей терминологии русского языка. Приведенная в словаре терминология охватывает следующие отрасли: ампелографию, ботанику, виноградарство, энтомологию, географию, сельское хозяйство, метеорологию, мелиорацию, агротехнику, химическую промышленность и промышленность удобрений, виноделие, технологию дрожжей и ферментации, производство спирта и алкогольных напитков (сидр, пиво, бренди, виски, коньяк, ликеры, аперитивы, водка и др.), методы лабораторного анализа и дегустации спиртных напитков, стекольную промышленность, упаковочную промышленность, бочарное и бондарное дело, пищевое машиностроение, нормативную и законодательную сферу, коммерцию и рынок спиртных напитков, маркетинг и рекламу алкогольных напитков, медицину, историю, а также социальную сферу потребления алкогольных напитков указанных стран. Соответственно, терминология этих отраслей является достаточно развитой и представляет собой сложное и многогранное явление, как по охвату материала, так и по лексическому составу (включает нормативную терминологию, а также диалектизмы и регионализмы, заимствования и варваризмы, неологизмы, разговорную речь, и др.). Такое разнообразие охватываемых отраслей и стилей лексики накладывает свой отпечаток на структуру и состав словаря; автор стремился также к тому, чтобы включить

---

[1] Данные Международной организации виноделия 1998 г.

в словарь наиболее употребительные лексические единицы из смежных отраслей, основываясь при этом на узуальных особенностях лексики. Следует напомнить, что целью создания словаря является в максимальной степени раскрыть читателю значение приведенных слов и терминов, а также попытаться систематизировать и унифицировать данную терминологию по мере возможности.

Читатель наверняка обратит внимание на то, что, хотя словарь и носит название англо-русского и русско-английского, в него включены термины из других языков (французского, немецкого, испанского, португальского, венгерского, китайского, японского, корейского, монгольского и др.). Это обстоятельство в значительной мере объясняет коренное отличие данного специализированного словаря терминов от терминологических словарей других отраслей, в которых лексический состав более или менее однороден, терминология унифицирована, стандартизована и используемые иностранные термины, как правило, имеют семантические эквиваленты в национальном языке. В области виноградарства, виноделия и производства спиртных напитков ситуация несколько сложнее: рассматриваемые в данном словаре отрасли являются достоянием многих национальных культур со своими специфическими особенностями, что является причиной появления большого числа заимствований в профессиональной лексике. К примеру, из английского языка во многие языки мира перешли в неизменном виде, при сохранении оригинального написания, такие английские термины, как: **ale**, **bag-in-box**, **brandy**, **cocktail**, **crown**, **downy mildew**, **gin**, **longer**, **proof**, **rum**, **stopper**, **whisky**, и др.; в свою очередь, термины из других языков употребляются в английском языке также без изменений (напр., **tirage**, **solera**, **château**, **Sekt** и т. д.). Такие заимствования представлены, в первую очередь, именами собственными (географические названия, фирменные наименования), терминологией, используемой для обозначений на этикетках напитков, производимых в разных странах мира, а также обозначениями национальных особенностей выращивания винограда, терминами из области производства вин и спиртных напитков и сферы потребления. Следует также отметить, что по степени заимствований иностранных слов английский язык является одним из ведущих в мире, подобные заимствования в русском языке происходили до недавнего времени гораздо реже.

Таким образом, лексика виноградарства и виноделия насыщена большим количеством заимствований. Заимствования происходят как при отсутствии английских аналогов (*нем.* **Schnapps**, *фр.* **dégorgeage**), так и при наличии их (*фр.* **fleur – mold**, *фр.* **robe – dress**, *фр.* **vigneron – vine grower**), таким образом расширяя и дополняя лексику, используемую в виноградарской и винодельческой практике, при дегустациях, в винной торговле, рекламе и т. д. В некоторых случаях это вносит и некоторые сложности в понимание употребляемых терминов, однако заимствования очень широко используются носителями языка, что подтверждается современной литературой, и автор словаря считает целесообразным включить многие иноязычные лексические единицы, полагая, что имеет на это право ввиду частого употребления таких терминов носителями языка в Великобритании и США, особенно на страницах специализированной литературы. Внесением иностранных слов в данный словарь будет решена проблема понимания их при обнаружении в специальных англоязычных текстах.

Подготовка данного словаря потребовала проведения анализа многочисленных лексикографических и терминологических источников, которые составили основу настоящего словаря (*см.* Список литературы). Помимо этого, были изучены нормативные и руководящие документы, используемые в отрасли (стандарты, технологические инструкции, руководства и правила). Были просмотрены также основные научные и практические журналы: Wine Spectator, Decanter, Wine Today, Wine Enthusiast, Winestate Magazine, The Wine Advocate, Wine-X Magazine, Wine Trader Magazine, The Ashington-Pickett Wine Review, Wines & Vines, The Wine News, Vines Magazine, Australian and New Zealand Wine Industry Journal, Food & Wine Magazine, Wine Press Northwest, Wine & Dine, Wine & Drink, Vineyard & Winery Management Magazine, American Journal of Enology and Viticulture, American Wine Society Journal, California & Western States Grape Grower, Wine Cuisine Magazine, Wine Access, Vintage Assessments, The Australian Review of Wines и другие периодические издания. Вся использованная и цитируемая в словаре литература приведена автором в списке библиографических источников. Список составлен как справочный указатель основных источников, использованных для анализа лексики, и поэтому не претендует на звание исчерпывающего перечня литературы из области виноградарства, виноделия и производства алкогольных напитков. Для получения полных библиографических списков автор рекомендует обращаться к соответствующим каталогам и базам данных.

Характерной особенностью любой профессиональной лексики является широкое употребление сокращений. Поскольку они часто употребляются в англоязычных источниках, для данного издания словаря был специально подготовлен список сокращений с их полной расшифровкой и эквивалентами на русском языке.

В связи с тем, что в словаре приведены названия основных единиц измерения, используемых в виноградарстве, виноделии и производстве спиртных напитков, возникла необходимость включения в настоящий словарь небольшого перечня основных единиц измерения с коэффициентами пересчета. Этот список приведен в Приложениях к данному словарю и он будет полезен практическим работникам указанных отраслей. В Приложения также включены следующие материалы: винные классификации, классификация пива и спиртных напитков, перечни типов бочек, стаканов и бокалов, бутылок, большой список названий виски и др.

Для устранения проблем, возникающих при написании на английском языке наименований сортов винограда, применяемых в России, в Приложениях дан список российских сортов винограда с транслитерацией на английском языке (все названия транслитерированы в соответствии с действующими правилами, применяемыми в Библиотеке конгресса США).

Основная трудность, с которой столкнулся автор словаря, – это пока еще недостаточность разработки данной терминосистемы в отечественных источниках, в первую очередь, в научной литературе, а также в практике виноделия и социальной сфере. Некоторые термины, которые появляются в отечественных источниках под влиянием англоязычной и других культур, не всегда имеют корректное употребление и способствуют вытеснению русских терминов, что не оправдано. В то же время не следует опасаться заимствований в тех случаях, когда это действительно необходимо, т. к. при внесении в родной язык реалий других культур, отсутствующих в национальной, происходит обогащение национальной культуры.

Автор стремился к тому, чтобы по возможности максимально полно отразить терминологию виноградарства и виноделия англоязычных стран (в частности, региональные названия сортов винограда и особенностей его возделывания, названия напитков, наименования зарегистрированных винодельческих регионов и зон, названия винных аксессуаров, бутылок, штопоров и т. д.), которая пока еще не находит широкого употребления в России и в странах СНГ. Это обстоятельство делает данный словарь ценным подспорьем для работников ресторанного бизнеса, виноторговцев, сомелье, работников рекламного бизнеса, маркетологов, дизайнеров, и др. специалистов, занимающихся внедрением на рынок зарубежных продуктов или разрабатывающих новые марки напитков.

Словарь может быть полезен как практическим работникам (агрономам, виноградарям. виноделам, виноторговцам и др.), так и научным работникам, а также переводчикам и специалистам по научно-технической информации.

Автор словаря выражает надежду, что его скромный труд будет помогать, в первую очередь, дальнейшему развитию виноградарства и виноделия и установлению более тесных деловых и научных контактов, а также облегчит обмен информацией между виноделами и виноградарями разных стран, что несомненно будет способствовать дальнейшему прогрессу данной важной отрасли экономики и повышению уровня культуры потребления алкогольной продукции. Автор благодарит Бюро департамента казначейства США по вопросам торговли и налогообложения алкогольных и табачных изделий, а также Университет Брюнеля (Великобритания), которые любезно предоставили информацию для данного словаря, а также руководство и персонал библиотеки Университета штата Калифорния (г. Дэвис) за возможность использования ресурсов их библиотеки и за советы по ряду вопросов, а также руководство Библиотеки штата Южная Австралия (г. Аделаида) за уникальную коллекцию книг по виноградарству и виноделию и открытость, и внимание к читателям. Автор признателен руководству и персоналу научно-технической библиотеки Института винограда и вина МАГАРАЧ (г. Ялта, Крым) за предоставленную возможность пользоваться ценными ресурсами данной библиотеки, а также Министерству сельского и лесного хозяйства Новой Зеландии за предоставление данных, использованных в словаре.

Автор выражает персональную благодарность Патриции Бек (Лас Вегас, США), Рою Джонсону (Вашингтон, США), Оливеру Ричардсону (Университет Брюнеля, Великобритания), Утцу Графману (Германия), Норберту Тишельмайеру (Австрия), Жюльет Дюбуа де Лявижери (г. Коньяк, Франция), Виктору М. Кастель (Аргентина), Робину Гарру (Великобритания), Мике Венсвоорт и Тимоти Доною (Новая Зеландия), Джону Батлеру (Эдинбург, Шотландия), Гайлзу Уотсону (Италия), Алану Янгу (Сан Франциско, Калифорния), Хельге Людтке (Интернет Паблик Лайбрери, США), Яну Р. Лоу (Великобритания), Акселю Боргу (Университет Дэвиса, Калифорния), Анне Гарде (Дания), Бо Симонсу (Библиотека округа

Сонома, Калифорния), Пьеру Спани (Швейцария), Бобу и Кэрол Нильсен (Великобритания), Жанне Бортолан (Париж, Франция), Алену Кемпбеллу (Новая Зеландия), Нику Эндрюсу (Великобритания), Джеральду Веймаксу (Калифорния), Рею Бургону (Великобритания), Дейвиду Уизхарту (Эдинбург, Шотландия), Николя Жоли (Куле-де-Серан, Франция), Брайану Грехэму (Кинсейл, Ирландия), Джулии Трастрэм Ив (Великобритания), Любови Ивановне Бураковой (Новая Каховка, Украина), Роберту Хаттону (США) за помощь в составлении словаря, уточнении и отборе лексического материала. Благодарю также свою жену Ольгу за терпение и содействие в работе над словарем, а также сына Антона за помощь при подготовке словаря.

Особую благодарность автор приносит Каролин Говард-Джонсон (Калифорния, США), которая первой прочла рукопись книги, и коллективу издательства «РУССО» (Москва) за внимательное отношение и помощь при подготовке словаря к выпуску в свет.

Оговорка по поводу фирменных наименований. Наименования торговых марок, упоминаемые в данной книге, используются лишь в качестве иллюстраций для идентификации продукта. При этом не делается никаких заверений и оценок, а также не выражается критического отношения к другим подобным продуктам, которые по случайности не упоминаются в данной книге.

Все замечания и отзывы будут приняты автором с благодарностью, их можно присылать по адресу: а/я № 72, г. Новая Каховка, Херсонская область, Украина 74900. E-mail: aned@ukr.net, а также в издательство: 119071, Москва, Ленинский пр-т, д. 15, офис 320, издательство «РУССО».
Тел./факс: 955-05-67, 237-25-02.
E-mail: russopub@aha.ru
Web: www. russopub.ru

Январь 2005 г.
Автор

FOREWORD

The present *Dictionary* was compiled with the aim to satisfy the growing demand in an up-to-date and user-friendly dictionary of words and terms relating to grape-growing, winemaking and spirits industry. From Dublin to Stellenbosch, from Oregon to Cloudy Bay – wine and alcohol industry is very diversified. High pace of innovation, constant growth of beverage exports/ imports, globalization of the market are just some of the tendencies. It is quite natural for a wine lover in a situation like this to have all relevant information about the origin of the product or meaning of the brand name, as well as special hints on consumption of the product. It is a matter of fact, that viticulture, wine making, production of beer, ethanol, vodka, rum, whisky, brandy, cognac and other spirits are very important for the national economies of definite countries, and belong to the largest, most dynamic and competitive industries in the world; suffice it to say that 258 776 000 hectolitres of wine are produced each year globally, where Old World Wines (i. e. European brands) make 73.9%, or 191 123 000 hl; the total global area cultivated with vineyards is 7 779 000 ha, incl. Old World – 64,6% (5 041 000 ha)[1].

This *Dictionary* is a first attempt to make a comprehensive collection of English words and terms, relating to grape-growing, winemaking and spirits industry, used in the English-speaking countries (Australia, Canada, Great Britain, India, Ireland, New Zealand, Republic of South Africa, USA, and other countries), with correspondent equivalents of the Russian language, and vice versa. The conceptual areas covered by the *Dictionary* are: ampelography, botany, viticulture, entomology, geography, agriculture, meteorology, melioration, agrotechnology, chemical industry and fertilizer industry, winemaking, technology of fermentation and lees, production of alcoholic beverages (cider, beer, brandy, cognac, liqueurs, whisky, vodka, etc.), methods of laboratory testing, tasting of beverages, glass industry, packing industry, cooper craft, food industry, laws and norms of alcohol industry, market and commerce of alcohol beverages, marketing and advertising of beverages, medicine, history, social sphere of beverage consumption. Having such an abundance of branches, no wonder that terminology of wine and alcohol industry is rather complicated, and it should be unjust to leave the customer unarmed in contacting the sophisticated gurus of alcohol business. It is common sense that special terminology includes not only standard terms, but also professionalisms, dialectisms, regionalisms, loan words and borrowings, neologisms, colloquialisms, etc. This was the main influence in making choice of the entries for the *Dictionary*. However, the aim of the *Dictionary* is to disclose to the reader the meaning of a word or a term, and to make an attempt of terminological systematization or unification.

Similarly the reader will notice easily that though the *Dictionary* is entitled English-Russian and Russian-English, it contains words of other languages (French, German, Spanish, Portuguese, Russian, Hungarian, Chinese, Japanese, Korean, Mongolian etc.). What was the reason for doing this and isn't it just a trick to fool the reader, as one of the critics told recently. Of course, there are serious reasons to include foreign words, be-

---

[1] Official OIV 1998 data

cause their usage is frequent in the language of the native speakers. This fact makes the whole *Dictionary* totally different from other similar dictionaries in other branches of science or technology (e. g. commerce, engineering, etc.), where the word stock is more or less unified and standardized, and, as a rule, words of foreign origin have native equivalents. Viticulture and alcohol industry are quite different from that, because historically they resulted from different world cultures, each nation bringing something specific into the science and practice, and thus having full right to call their peculiarities in the own languages, and this was the main reason of having included so many loan words into the *Dictionary*. For instance, many English terms came into most languages without alteration of spelling as: **ale, bag-in-box, brandy, cocktail, crown, downy mildew, gin, longer, proof, rum, stopper, whisky**, etc. Also, many foreign terms are used without alteration of spelling in the English language, e. g., **tirage, solera, Sekt**, etc. Such borrowings are represented, first of all, by proper names (geographical names, brand names, etc.), as well as by terminology, used for additional information on the labels, or description of national peculiarities of viticulture, winemaking and spirit production in different countries. It is necessary to emphasize that the English language is one of the leaders among other languages in quantity of loan words, and such borrowings took far fewer place in a language like Russian (hence the main purpose of this *Dictionary*).

As can be seen, terminology of viticulture and wine- and spirit-making is reach in loan words. These lexical loans took place because of absence of national analogs (e.g. **Schnapps** was borrowed from German, **dégorgeage** from French), or sometimes with national analogs (*Fr.* **fleur** – **mold**, *Fr.* **robe** – **dress**, *Fr.* **vigneron** – **vine grower**); this process helped to enlarge the national lexical system for denomination of concepts used in viticultural and winemaking practice, during tastings and sales, advertising, etc. This fact is widely used by professionals on different occasions, and can by all means be sometimes a competition tool. Though in some cases it makes difficulties in communication (or even creates a redundant sophistication of terms), in fact loan words are used very often by native speakers of English, which can be proved by analysis of professional literature and web pages content. Due to growing tendency of using frequently loan words in modern viticulture and wine language, the Author thought it appropriate to include some barbarisms into the *Dictionary*, hoping that such entries will definitely help in situation when the reader comes across an unusual word which is scarcely found in an orthodox dictionary.

Preparation of the *Dictionary* urged the analysis of many lexicographical and terminological sources which became the basis of the *Dictionary* (see Bibliography). In addition, relevant laws, regulations and norms were also taken into consideration, as well as main industry magazines: Wine Spectator, Decanter, Wine Today, Wine Enthusiast, Winestate Magazine, The Wine Advocate, Wine-X Magazine, Wine Trader Magazine, The Ashington-Pickett Wine Review, Wines & Vines, The Wine News, Vines Magazine, Australian and New Zealand Wine Industry Journal, Food & Wine Magazine, Wine Press Northwest, Wine & Dine, Wine & Drink, Vineyard & Winery Management Magazine, American Journal of Enology and Viticulture, American Wine Society Journal, California & Western States Grape Grower, Wine Cuisine Magazine, Wine Access, Vintage Assessments, The Australian Review of Wines and some other periodicals. All literature studied is listed in Bibliography. This list of references should not be regarded as a complete bibliography of viticulture, wine and spirits literature. The Author advises the readers to refer to corresponding databases and catalogs for getting full bibliographies.

A typical feature of any professional vocabulary is wide usage of contracted forms and abbreviations. Due to their frequent usage in English, a special list of abbreviations had been included into this *Dictionary*, with the corresponding full names and their equivalents in Russian. Due to the fact, that the *Dictionary* includes names of the main metrical units used in viticulture, wine making and spirits production, it became necessary to include a short list of main units with corresponding ratios. The Appendices also include wine, spirits and beer classifications, descriptions of barrels, glasses, bottles, a comprehensive whisky brands list, etc.

As there may arise some problems with writing of Russian names of grape varieties in English, there is a special list of transliterations of Russian grape varieties in the Appendix, too. All transliterations are given according to the rules used by the US Library of Congress.

The main difficulty encountered at the course of preparation of the *Dictionary* is the lack of the relevant sources in the target language, and also certain divergences in the practice of viticulture/winemaking and the cultural realia. There are cases when English (and other foreign) words are used intentionally as barbarisms, which facilitates exclusion of Russian native terms, and which is not correct. In the same time one should not be afraid of borrowings in cases when it is really necessary, i. e. when new realia, which are absent in the national culture; are adopted into the target language, this can surely enrich the national culture.

The Author made all efforts, where possible, to include most of viticulture, wine and spirits terminology, widely used in the English-speaking countries (in particular, names of regional grape varieties and peculiarities of their cultivation, names of wine and alcohol brands, names of appellations and registered viticultural areas, names of wine accessories, bottles, corkscrews, etc.), and which finds relatively limited usage in Russia and CIS at the moment. This fact makes the *Dictionary* a valuable source of information for vintners, restaurant and bar specialists, wine merchants, sommeliers, media specialists, marketologists, designers, etc.

The Dictionary may be of certain help both for industry professionals (grape growers, wine makers, wine merchants, etc.) and also for scientists, as well as interpreters, translators and information specialists.

The Author hopes that his modest contribution will promote, first of all, further development of viticulture and winemaking, establishing efficient business and scientific contacts, and also will help in information exchange between grape growers and winemakers of different nations. Some of the information listed in this *Dictionary* was given by kind permission of The Alcohol and Tobacco Tax and Trade Bureau (USA) and Brunel University (Great Britain). I want to express words of gratitude to the management and all the staff of the UC Davis Library (California) for an opportunity to use their resources and for giving me advice, and also to people of State Library of South Australia (Adelaide) for their unique collection of rare viticulture and enology books, and their customer-friendly policy. Thanks to the management and personnel of the scientific and technical library of the Institute of Grape and Wine MAGARACH (Yalta, Crimea) for giving the Author an opportunity to use valuable resources of this library. I want to thank Ministry of Agriculture and Forestry of New Zealand for submitting data on viticulture which were used in this *Dictionary*. Special thanks are extended to these persons who made their expert advice and contributions to the *Dictionary*: Patricia Beck (Las Vegas, USA), Norbert Tischelmayer (Austria), Roy Johnson (Washington, USA), Oliver Richardson (Brunel University, Great Britain), Utz Graafmann (Germany), Juliette Duboys de Lavigerie (Cognac, France), Víctor M. Castel (Argentina), Robin Garr (Great Britain), Mieke Wensvoort and Timothy Donoyu (New Zealand), John Butler (Edinburgh, Scotland), Giles Watson (Italy), Alan Young (San Francisco, California), Helga Luedtke (Internet Public Library, USA), Iain R. Loe (CAMRA, UK), Axel E. Borg (UC Davis, California), Anna Garde (Denmark), Bo Simons (Sonoma County Library, California), Pierre Spahni (Switzerland), Bob & Carol Nielsen (Great Britain), Jeanne Bortolan (Paris, France), Allan Campbell (New Zealand), Nick Andrews (Great Britain), Gerald Weimax (California), Ray Burgon (Great Britain), David Wishart (Edinburgh, Scotland), Nicolas Joly (Coulee-de-Serrant, France), Brian Graham (Kinsale, Ireland), Julia Trustram Eve (Great Britain), Lyubov Bourakova (Nova Kahovka, Ukraine), Robert Hutton (USA), who kindly assisted in making compilation, definition and choice of entries for the *Dictionary*. I pass my sincere thanks to my wife Olga for her patience and constant help and my son Anton who helped me immensely in preparing the *Dictionary*.

Special thanks to Carolyn Howard-Johnson (California), who made the first reading of the manuscript, and all the editorial staff of RUSSO Publishers (Moscow) for their attention and help in editing and publishing the *Dictionary*.

Disclaimer. Brand names appearing in this book are used for product identification only. No endorsement is intended, nor is criticism implied of similar products not mentioned.

The Author can be contacted at the following address: Anatoly Nedelko, P.O. Box 72, Nova Kahovka, Kherson Oblast, Ukraine, 74900; or by e-mail: aned@ukr.net.

All suggestions and comments, or necessary corrections will be most welcome and may be forwarded to "RUSSO" Publishers, office 320, Leninski Ave 15, Moscow 119071, Russia.

Phone/fax: 955-05-67, 237-25-02.
E-mail: russopub@aha.ru
Web: www. russopub.ru

January, 2005
The Author

СТРУКТУРА СЛОВАРЯ

Данный словарь содержит две части: англо-русскую и русско-английскую, что делает его удобным для переводчиков и практических работников, поскольку с помощью одного словаря можно выполнять различные виды переводов.

Словарь включает наиболее употребительные лексические единицы и термины, используемые в соответствующих отраслях англоязычных стран, отобранные на основе следующих принципов:
1. актуальность лексических единиц
2. устойчивость употребления лексической единицы в литературе и речи
3. обеспечение логичности и последовательности
4. адекватность слова из языка оригинала слову языка перевода.

Такие принципы были впервые применены в «Дополнении к Большому англо-русскому словарю» (М., 1980), составленному И.Р. Гальпериным и др., а также рекомендованы стандартами ИСО в области терминологии. По мере необходимости в словаре приведены некоторые историзмы и архаизмы (как английские, так и русские). В связи с существенными различиями в употреблении языковых единиц в Великобритании и США многие термины снабжены соответствующими пометами об их употреблении в той или иной стране. Различия в написании терминов в обеих странах показаны путем использования скобок, напр., написание **colo(u)r** означает, что в Британии используется вариант **colour**, а в США – **color**. Случаи написания таких вариантов без скобок свидетельствуют о доминирующем употреблении данного варианта написания в соответствующей стране.

Одной из характерных особенностей терминологии виноделия и виноградарства является большое количество заимствованных слов (в первую очередь, из французского языка, а также испанского, итальянского, немецкого, греческого, португальского, венгерского и др. языков), что является отражением существенных различий и специфических тенденций в практике виноградарства и виноделия каждой из стран, внесших весомый вклад в развитие этих важных отраслей экономики. Кроме того, на рынке напитков существует огромное количество фирменных и оригинальных наименований продукции, зарегистрированных на разных языках мира и употребляемых на практике, как правило, без изменений. По этой причине в словарь вошли лексические единицы вышеуказанных языков, а также японского, корейского, арабского, турецкого, финского, датского и др. языков, все из которых используются в специальной литературе и практической деятельности. В каждом из случаев включения неанглоязычных терминов проставлены соответствующие пометы или даны пояснения, объясняющие происхождение и национальную принадлежность термина. С учетом того, что многие из приведенных в словаре лексических единиц впервые входят в русский язык, автор посчитал необходимым снабдить отдельные словарные статьи дополнительными комментариями и пояснениями, что наверняка будет полезно специалистам и практическим работникам. При многих ботанических и энтомологических названиях видов, не встречающихся в России, были проставлены соответствующие латинские названия.

Помимо классических винодельческих терминов, заимствованных в английском языке из французского языка (напр., **assemblage, avivage, barrique, blanc de blancs, blanc de noirs, bond de côté, caudalie, cépage, chapeau, doux, égalisage, cuvée, sur lies, terroir, veraison, vin de pays,** и др.), в словаре представлены также греческие слова (**acratophore, amphore, Anthestra, Choes, krasis, oenos, retsina,** и др.), немецкие (**Altl, Ankommen, Anlaufen, Bereich, Bitterl, Böckser, Bocksbeutel, Eiswein, Gebiet**), португальские (**estufagem, Vinho verde**), испанские (**Reserva, copita, criadera, solera**), итальянские (**Frizzante, secchi**) и др. иноязычные термины по соображениям, указанным выше. Некоторые термины представляют собой комбинацию заимствованного иноязычного слова и английского слова, напр., **Bordeaux mixture, Bordeaux blend**.

Поскольку в языковой практике часто используется два и более вариантов одного термина, в словаре представлены синонимы, напр., **aftertaste – finish, length; air layering – marcotting, gootee, Chinese layering; Jerez – sherry; applejack – apple brandy,** и др. В отдельных случаях даются отсылки на соответствующие варианты разноязычных терминов: **abboccato – abocado – demi-sec – halb trocken – medium dry – semi-dry; añada – colheita – cosecha – verdemia – vintage**. При наличии соответствий иностранных и англоязычных терминов даются соответствующие отсылки: **ascescence – vinegar smell; arrière-gout – aftertaste; Bikaver – Bull's Blood.** Приведены синонимы и варианты одноязычных слов (**beverage, liquor, liqueur, spirit, bitter, cordial**), синонимы часто проиллюстрированы иноязычными дополнениями (**barrel, cask, tierce, barrique, tun**)

Имена собственные представлены наименованиями виноградарско-винодельческих регионов основных винодельческих стран (**Anderson Valley, Medoc, Alsace, Campania, Daõ, Mosel, Rioja, Alentejo, Coonawarra, Central Coast, Russian Valley, Vougeot**), названиями населенных пунктов в известных регионах (**Beaune, Johannisberg, Würzburg, Lodges, Villefranche**), названиями вин (**Anjou pétillant, Asti Spumante, Banyuls, Cava, Cheval Blanc, Colheita**), названиями сортов винограда (**Blauburgunder, Cabernet Sauvignon, Gamay, Lambrusco, Niagara**), названиями специализированных организаций (**Bureau of Alcohol, Tobacco and Firearms; Confrerie du Tastevin; Knights of the Vine**), фирменными названиями пробок (**B-Cap cork seal, Betacorque, Blue Ridge, Cellucork, Cleanpour**), бутылок (**Altus bottle, Balthazar, Hock bottle, Magnum, Rehoboam**), винных аксессуаров (**Bottle Coddle, Cognac Pipe**), фирменными названиями препаратов (**Abound, Basic Cooper, Bordeaux mixture, Campden tablet**), названиями насекомых-вредителей винограда (**Curculio beetle**), фирменными названиями агротехнических средств и приемов (**Chautaqua, Geneva Double Curtain, Hudson River Umbrella**), названиями алкогольных напитков (**Advocaat, After Shock, Aguardiente, Angostura, B & B, Bailey's, Beefeater, Cachaça, Captain Morgan, Chianti, Four Roses, Maraschino, Pedro Ximenez, Schiedam**), фамилиями изобретателей и ученых (**Balling, Baumé, Brix, Coffey**), названиями коктейлей (**Bloody Mary, Black Russian, Warbird**), и др.

Приведены варианты написания одного термина (**absinth – absinthe – absinthium**), лексические варианты (**evaporation – angel's share**), разговорные наименования (**Ball of Malt, booze, buzz, energizer, Cab, Oz**) и др., которые снабжены отсылками и необходимыми пояснениями.

STRUCTURE OF THE DICTIONARY

The *Dictionary* includes two parts, namely English-Russian and Russian-English ones which can help professionals and translators in communication by personal contacts and correspondence.

The *Dictionary* contains most widely used lexical units and terms which had been chosen on the following principles:
1. actual status of the lexical unit
2. stability of usage of the lexical unit in literature and speech
3. language consistency
4. adequacy of the source language word and target language word

Some historical and archaic words (both of English and Russian origin) are included where necessary. Due to essential differences between language usage in Great Britain and the USA, many terms have marks denoting their usage in the corresponding country. Differences in spelling are shown by means of brackets, e.g. **colo(u)r** is spelt **colour** in Britain, and **color** in the USA. Some cases of spelling a word without brackets testify that this type of spelling is dominant.

One of the characteristic features of the terminology of viticulture and winemaking is a great amount of foreign borrowings (first of all French, as well as Spanish, Italian, German, Greek, Portuguese, Hungarian, Russian etc.). Most denominations of brand names had been registered in the national languages only and are used without changes of spelling. Due to this reason many foreign words had been included into the *Dictionary*. Every entry of such type has a mark of the origin of the term. It should be emphasized that some entries of the *Dictionary* are not included in existing Russian dictionaries, and as a matter of fact, they are supplied with explanatory notes which will help users identify their meaning. Similarly many names of botanical and entomological species, which are not found in Russia, are supplied with corresponding Latin names.

Apart from classical French borrowings, e.g. **assemblage, avivage, barrique, blanc de blancs, blanc de noirs, bond de côté, caudalie, cépage, chapeau, doux, égalisage, cuvée, sur lies, terroir, veraison, vin de pays**, etc., the *Dictionary* also includes important words of Greek (**acratophore, amphore, Anthestra, Choes, krasis, oenos, retsina**, etc.), German (**Altl, Ankommen, Anlaufen, Bereich, Bitterl, Böckser, Bocksbeutel, Eiswein, Gebiet**), Portuguese (**estufagem, Vinho verde**), Spanish (**Reserva, copita, criadera, solera**), and Italian (**Frizzante, secchi**, etc.) origin, as well as different terms from other languages due to reasons which have been explained above. Some terms are represented by a combination of a foreign and English words, e. g. **Bordeaux mixture, Bordeaux blend**, etc.

As the language practice shows, usually one term is represented by two or more variants; and it is quite reasonable to include some synonyms, e. g. **aftertaste – finish, length; air layering – marcotting, gootee, Chinese layering; Jerez – sherry; applejack – apple brandy**, etc. Some terms have numerous cross references (**beverage, liquor, liqueur, spirit, bitter, cordial**), variants of terms had been given (**barrel, cask, tierce, barrique, tun**). In some cases native words are referred to their corresponding foreign variants: **abboccato – abocado – demi-sec – halb trocken – medium dry – semi-**

dry; acada – colheita – cosecha – verdemia – vintage, ascescence – vinegar smell; arrière-gout – aftertaste; Bikaver – Bull's Blood.

Professional wine and spirit language is full of different proper names, which are very important for identification of products and notions. Proper names are represented with the names of:

– main appellations (**Anderson Valley, Medoc, Campania, Daõ, Mosel, Rioja, Alentejo, Coonawarra, Central Coast, Russian Valley, Vougeot**),

– places in main appellations (**Beaune, Johannisberg, Würzburg, Lodges, Villefranche**),

– wine brand names (**Anjou pétillant, Asti Spumante, Banyuls, Cava, Cheval Blanc, Colheita**);

– grape varieties (**Blauburgunder, Cabernet Sauvignon, Gamay, Lambrusco, Niagara**);

– special organizations (**Bureau of Alcohol, Tobacco and Firearms; Confrerie du Tastevin; Knights of the Vine**),

– brands of corks (**B-Cap cork seal, Betacorque, Blue Ridge, Cellucork, Cleanpour**),

– bottles (**Altus bottle, Balthazar, Hock, Magnum, Rehoboam**),

– wine accessories (**Bottle Coddle, Cognac Pipe, Gard Vin**),

– brands of chemicals (**Abound, Basic Cooper, Bordeaux mixture, Campden tablet**),

– pests (**Curculio beetle**),

– agrotechnology methods (**Chautaqua, Geneva Double Curtain, Hudson River Umbrella**),

– liquor brand names (**Advocaat, After Shock, Aguardiente, Angostura, B & B, Bailey's, Beefeater, Cachaça, Captain Morgan, Chianti, Four Roses, Maraschino, Pedro Ximenez, Schiedam**),

– personal names (**Balling, Baumé, Brix, Coffey**),

– names of cocktails (**Bloody Mary, Black Russian, Warbird**), etc.

Variants of spelling of the same term had been given (**absinth – absinthe – absinthium**), as well as lexical variants (**evaporation – angel's share**), and colloquialisms (**Ball of Malt, booze, buzz, energizer, Cab, Oz**), which are supplied with correspondent references.

КАК ПОЛЬЗОВАТЬСЯ СЛОВАРЕМ

1. **Англо-русская часть**

Английский словник составлен по алфавитно-гнездовому принципу: термины расположены в алфавитном порядке, но некоторые термины (даже составные) содержат гнезда: сочетания ведущего термина с определениями;
- все слова, за исключением собственных имен, пишутся со строчной буквы;
- повторяющиеся основы и основные слова заменяются тильдой (~);
- при всех географических названиях, именах собственных даются пометы, указывающие на их происхождение;
- пометы и пояснения – в словаре используются грамматические, стилистические и отраслевые пометы, а также необходимые пояснения, которые даются курсивом.

Грамматические формы:
- имя существительные (*n.*) – все существительные в словаре, как правило, даются в именительном падеже единственного числа; слова, употребляемые только во множественном числе, снабжены пометой *pl.*;
- имя прилагательное (*adj.*) – прилагательные в словаре даются в именительном падеже единственного числа в мужском роде (в русской части);
- глагол (*v.*) – глаголы даются в форме инфинитива

2. **Русско-английская часть**

Русский словник составлен по алфавитно-гнездовому принципу: термины расположены в алфавитном порядке, но иногда (даже к составным терминам) даются гнезда: сочетания ведущего термина с определениями.

HOW TO USE THE DICTIONARY

1. Part 1 (English-Russian):

All the English entries are grouped in the dictionary in combined alphabetical and run-on layout;
- all entries but for the proper names begin with lower-case letter;
- repeated stems and key words are marked with tilde (~);
- all geographical names and personal names have marks which indicate their origin;
- labels and explanations – special grammatical, stylistic labels used in the *Dictionary*, as well as all necessary explanations are given in italics.

Description of grammatical forms:
- noun (*n.*) – all nouns are given, as a rule, in Nominative case singular; nouns, used only in plural form are marked with *pl.*;
- adjective (*adj.*) – all adjectives are given in Nominative case singular and in masculine form (as for Russian adjectives);
- verb (*v.*) – verbs are given in the infinitive form.

2. Part 2 (Russian-English):

All the Russian terms are arranged in the dictionary in alphabetical and run-on layout. Some complex terms containing two or more words are connected to the main word.

СПИСОК УСЛОВНЫХ ОБОЗНАЧЕНИЙ
LIST OF SPECIAL MARKS

~	tilde replaces the word as a whole or a word part	тильда заменяет весь термин целиком или часть слова внутри гнезда
=	equality sign means "the same, as ..."	знак равенства означает «то же, что...»
(...)	elements of words or terms which can be omitted are given in rounded brackets	в круглых скобках даются факультативные элементы терминов
;	semicolon divides words or word combinations which are relatively different in meaning	точка с запятой разделяет слова или словосочетания, сравнительно далекие по значению
1, 2	regular Arabic figures denote meanings of the word	цифрами обозначены различные значения слова
◊	rhomb symbol indicates word combinations where the head word can be used	ромб указывает на словосочетания, в которых употребляется ведущее слово
[ ]	synonyms are given in square brackets	в квадратных скобках даются синонимы

СПИСОК ЛИТЕРАТУРЫ
BIBLIOGRAPHY

1. Англо-русский сельскохозяйственный словарь/ сост. Н. В. Геминова, Т. А. Красносельская, Б. Н. Усовский; под ред. проф. Т. А. Красносельской.– М.: Гостехиздат ОГИЗ РСФСР, 1944.
2. Англо-русский сельскохозяйственный словарь: ок. 75 000 терминов/ под ред. П. Г. Козловского и Н. Г. Ракипова.– М.: Русский язык, 1983.
3. Атлас мира: Миллениум. – Лондон: Дорлинг Киндерсли Лимитед, 1999; М.: Издательство «Слово», 2001.
4. Валуйко Г. Г., Шольц-Куликов Е. П. Теория и практика дегустации вин. – Симферополь: «Таврида», 2001.
5. Восьмиязычный сельскохозяйственный словарь: русско-болгарско-чешско-польско-венгерско-румынско-немецко-английский. – Москва-София-Прага-Варшава-Будапешт-Бухарест-Берлин, 1970. – В 2-х т.
6. Новый большой англо-русский словарь под редакцией акад. Ю. Д. Апресяна и проф. Э. М. Медниковой.– М.: Русский язык, 1993–1994. – В 3-х т.
7. Географический энциклопедический словарь: Географические названия.- Изд. 2-е, доп. – М.: Советская энциклопедия, 1989.
8. Дьякова Г. А. Русско-англо-немецко-французский фитопатологический словарь-справочник. – М.: Издательство «Наука», 1969.
9. Новый энциклопедический словарь. – М.: Научное издательство «Большая Российская энциклопедия»; Издательство «Рипол Классик», 2000.
10. Орфографический словарь русского языка/под. ред. С. Г. Бархударова и др. – 27-е изд., стер.– М.: Русский язык, 1989.
11. Похлебкин В. В. История водки. – М.: Центрполиграф, 1997.
12. Русско-английский сельскохозяйственный словарь. – М.: Физматгиз, 1960.
13. Русско-английский словарь: под общим руководством проф. А. И. Смирницкого. – М.: Русский язык, 1992.
14. Сводный словарь современной русской лексики: в 2-х т.- М.: Русский язык, 1991.
15. Словарь общегеографических терминов: в 2-х т./A Glossary of Geographical Terms. Ed. by L. Dudley Stamp. – М.: Прогресс, 1975.
16. Справочник по виноделию/ под ред. Г. Г. Валуйко, В. Т. Косюры. – Изд. 2-е, перераб. и доп. – Симферополь: «Таврида», 2000.
17. Стриганова Б. Р., Захаров А. А. Пятиязычный словарь названий животных: Насекомые. Латинский, русский, английский, немецкий, французский / под ред. д-ра биол. наук, проф. Б. Р. Стригановой.– М.: РУССО, 2000.
18. Тихонов А. Н., Тихонова Е. Н., Тихонов С. А. Словарь-справочник по русскому языку: правописание, произношение, ударение, словообразование, морфология, грамматика, частота употребления слов: ок. 26 000 слов/ под ред. д-ра филол. наук А. Н. Тихонова. – М.: Словари, 1995.
19. Трошин Л. П., Радчевский П. П., Мисливский А. И. Сорта винограда юга России. – Краснодар: РИЦ «Вольные мастера», 2001.

20. Шестиязычный толковый словарь по виноградарству и виноделию.- Будапешт: Мезогаздашаги киадо, 1971 (венг.-англ.-фр.-нем.-итал.-русский).
21. Уинклер А. Дж. Виноградарство США: пер. с англ. – М. Издательство «Колос», 1966.
22. Энциклопедический словарь/Изд. Ф. А. Брокгаузъ, И. А. Ефронъ. – СПб, Типо-Литография И. А. Ефрона, 1897.
23. Энциклопедия виноградарства: в 3-х т. – Кишинев: Гл. ред. Молд. Сов. Энциклопедии, 1986-1987.
24. Энциклопедический словарь/ Ф. А. Брокгауз и Ефрон. – СПб, типография И. Р. Ефрона, 1892.
25. Amerine, M. A., Berg, H. W., Kunkee, R. E., Ough, C. S., Singleton, V. L., Webb, A. D. The Technology of Winemaking. 4th edition. – Westport, CT.: AVI Publishing Co., Inc., 1980.
26. Amerine, M. A., Ough, C. S. Methods for Analysis of Musts and Wines. – N.Y.: J. Wiley & Sons, 1988.
27. Amerine, M. A., Roessler, E. B. Wines: Their Sensory Evaluation. – San Francisco, CA.: WH Freeman & Co., 1983.
28. Amerine, M. A., Singleton, V. L. Wine: An Introduction to the Wines of the World, Grape Cultivation, Techniques of Winemaking, and How to Evaluate and Enjoy Wines. – University of California Press, 1977.
29. An Encyclopedia of the Wines and Domaines of France, by Clive Coates.– University of California Press, 2000.
30. Anderson, S. F., Anderson, D. Winemaking: Recipes, Equipment, and Techniques For Making Wine At Home. - San Diego, CA.: Harcourt Brace Jovanovich, 1989.
31. Ayres, J. C., Mundt, J. O., Sandine, W. E. Microbiology of Foods. San Francisco, CA.: WH Freeman and Company, 1980.
32. Boulton, R. B., Singleton, V. L., Bisson, L. F., Kunkee, R. E. Principles and Practices of Winemaking. – New York: Chapman and Hall, 1996.
33. Cambridge International Dictionary of English.– Cambridge: Cambridge University Press, 2000.
34. Catalogue des variétés et clones de vigne cultivés en France.– Le Grau du Roi: ENTAV, 1995.
35. Coombe, B. and Dry, P. (eds.). Viticulture. Volume I. Resources. – Adelaide, Australia: Winetitles, 1988.
36. Coombe, B. and Dry, P. (eds.). Viticulture. Volume II. Practices. – Adelaide, Australia: Winetitles, 1992.
37. Exploring Wine: The Culinary Institute of America's Complete Guide to Wines of the World, by Steven Kolpan, et al.– N.Y.: John Wiley& Sons, 1995.
38. Flaherty, D. L. , L. P. Christensen, W. T. Lanini, J. J. Marois, P. A. Phillips, and L. T. Wilson (eds.). Grape Pest Management. – 2nd Edition. –University of California, Division of Agriculture and Natural Resources, 1992.
39. Fleet, G. H. Wine Microbiology and Biotechnology. – London: Harwood Academic Publishers, 1993.

40. Fugelsang, K. C. Wine Microbiology. – New York: Chapman & Hall, 1997.
41. Galet, P. Grape Varieties and Rootstock Varieties. – Chaintre, France: Oenoplurimedia, 1998.
42. Galet, P., translated and adapted by Lucie T. Morton. A Practical Ampelography: Grapevine Identification. – Ithaca, N.Y.: Cornell University Press, 1979.
43. Galletta, G. J., and D. G. Himelrick. (eds.). Small Fruit Crop Management. – Engelwood Cliffs, NJ.: Prentice-Hall, 1990.
44. Gladstones, J. Viticulture and Environment. – Adelaide, South Australia: Winetitles, 1992.
45. Halley, Ned. The Wordsworth Dictionary of Drink: An A – Z of Alcoholic Beverages.– Ware, Herts.: Wordsworth Editions Ltd., 1996.
46. Hellman, E.W. (ed.). Oregon Viticulture. – Corvallis, Oregon: Oregon State University Press, 2003.
47. Hutton, Robert. A Wine Buff in Russia// American Wine Society Journal.- 1990.- Spring Issue.- P. 14 – 17.
48. Hutton, Robert. Wines of the Soviet Union// American Wine Society Journal.- 1989.- Spring Issue.- P. 7 – 10, 31.
49. Iland, P, Ewart, A, Sitters, J. 1993. Techniques for Chemical Analysis and Stability Tests of Grape Juice and Wine. – Campbelltown, South Australia: Patrick Iland Wine Promotions, 1993.
50. Iland, P. An Introduction to Wine: A Guide to the Making, Tasting, and Appreciation of Wine. – Campbelltown, South Australia: Patrick Iland Wine Promotions, 1991.
51. Ingels, C. A., R. L. Bugg, G. T. McGourty, and L. P. Christensen. Cover Cropping in Vineyards: A Growers Handbook. – University of California, Division of Agriculture and Natural Resources, 1998.
52. Jackson, D. and D. Schuster. The Production of Grapes & Wine in Cool Climates. – Lincoln University Press, 1997.
53. Jackson, R. S. Wine Science: Principles, Practice, Perception. – 2nd Edition. – San Diego, CA.: Academic Press, Inc., 2000.
54. Le Guide Hachette des Vins 2000.– Paris: Èditions Hachette,1999.
55. Les grands vins du siècle/ Philippe Faure-Brac.– Paris: Èditions E.P.A., 1999.
56. Linskens, H. F., Jackson, J. F. Wine Analysis: Modern Methods of Plant Analysis. New series; Volume 6. – New York: Springer Verlag, 1988.
57. May, P. Using Grapevine Rootstocks: The Australian Perspective. – Adelaide, Australia: Winetitles, 1994.
58. McInerley, Jay. Bacchus and Me: Adventures in the Wine Cellat.- Guilford, CT.: Globe Pequot Press, 2000.
59. Michael Jackson's Malt Whisky Companion. – London: Dorling Kindersley Limited 1999.
60. Morrison, Frank. Grapes: Horticulture Report.– Kansas State University, February 1992.
61. Mullins, Michael G., Alain Bouquet, and Larry E. Williams. Biology of the Grapevine. – Cambridge University Press, 1992.

62. New Sotheby's Wine Encyclopedia, by Tom Stevenson. – London: DK Publishing, 1997.
63. Osborne, Lawrence. The Accidental Connoisseur: An Irreverent Journey Through the Wine World. – N.Y.: North Point Press, 2004.
64. Ough, C. S. and Amerine, M. A. Methods for Analysis of Musts and Wines. Second Edition. – New York: J. Wiley & Sons, 1988.
65. Ough, C. S. Winemaking Basics. –New York: Food Products Press, 1991.
66. Parker, Robert. Guide Parker des vins de France.– Paris: Èditions Solar, 1999.
67. Parker's Wine Buyer's Guide, by Robert M. Jr. Parker.– 5th ed.– New York: Fireside, 1999.
68. Pearson, R. C., and A. C. Goheen (eds.). Compendium of Grape Diseases. – St. Paul, MN.: APS Press, American Phytopathological Society, 1988.
69. Philpott, Don. The Guide to the Vineyards of Britain.– Ashbourne, Derbyshire: Moorland Publishing, 1989.
70. Pokhlebkin, William. A History of Vodka.– London: Verso Books, 1992.
71. Pongracz, D. P. Rootstocks for Grapevines. – Cape Town, South Africa: David Philip Publishers, 1983.
72. Rantz, J. M. (ed.). Proceedings of the International Symposium on Nitrogen in Grapes and Wine. –Davis, CA.: American Society for Enology and Viticulture, 1991.
73. Rantz, J. M.(ed.). Proceedings of the International Symposium on Clonal Selection.– Davis, CA.: American Society for Enology and Viticulture,1995.
74. Rézeau, Pierre. Le dictionnaire des noms de cépages de France. – Paris: CNRS Èditions, 1997.
75. Ribereau-Gayon, P., D. Dubourdieu, and B. Doneche, A. Lonvaud (eds.). – Handbook of Enology Volume 1: Microbiology of Wine and Vinifications. – New York: John Wiley & Sons, 2000.
76. Ribereau-Gayon, P., Y. Glories, A. Maugean, and D. Dubourdieu (eds.). Handbook of Enology Volume 2: Microbiology of Wine, The Chemistry of Wine Stabilization and Treatments. – New York: John Wiley & Sons, 2000.
77. Robinson, J. (ed.). The Oxford Companion to Wine. – Oxford; New York: Oxford University Press, 1994.
78. Robinson, Jancis. Jancis Robinson's Guide to Wine Grapes. – New York: Oxford University Press, 1996.
79. Robinson, Jancis. Vines, Grapes and Wines. – London: Mitchell Beazley, 1986.
80. Schahinger, G., Rankine, B. Cooperage for Winemakers: A manual on the construction, maintenance, and use of oak barrels. – Adelaide, South Australia: Ryan Publications, 1992.
81. Scotch Whisky: its past and present, by David Daiches.– Edingburgh: Birlinn Limited, 1999.
82. Skelton, Stephen. The Wines of Britain and Ireland.– London: Faber & Faber, 2001.
83. Smart, R. and M. Robinson. Sunlight into Wine: A Handbook for Winegrape Canopy Management. – Adelaide, Australia: Winetitles, 1991.
84. Storm, D. R. Winery Utilities: planning, design and operation. – New York: Chapman & Hall, 1997.

85. The American Heritage Dictionary of the English Language.– 4th ed.– Boston, MA.: Houghton Mifflin Co., 2000.
86. The Complete Guide to Whisky, by Jim Murray.– London: Carlton Books, 1998.
87. The Ultimate Encyclopedia of Wine, Beer, Spirits and Liqueurs, by Stuart Walton and Brian Glover.– London: Hermes House, 1999.
88. The Wall Street Journal Guide to Wine, by John Becher, Dorothy J. Gaites.– N.Y.: Broadway Books, 1999.
89. The World Atlas of Wine, by Hugh Johnson.– New York: Simon & Schuster, 1994.
90. The World Guide to Whisky, by Michael Jackson. – London: Dorling Kindersley Limited, 1996.
91. Tischelmayer, Norbert. Wein-Glossar: 2777 Begriffe rund um den Wein.– St. Pölten; Wien; Linz: NP– Buchverl., 2001.
92. Webster's Unabridged Dictionary.– N.Y.: Random House, 1997.
93. Winkler, A. J., J. A. Cook, W. M. Kliewer, and L. A. Lider. General Viticulture. – University of California Press, 1974.
94. Wishart, David. Whisky Classified: Choosing Single Malts by Flavour.– London: Pavilion Books, 2002.
95. Wolpert, J. A., M. A. Walker, and E. Weber (eds.). Rootstock Seminar: A Worldwide Perspective. – Davis, CA.: American Society for Enology and Viticulture, 1992.
96. Vine, R. P. Commercial Winemaking, Processing and Controls. – Westport, CT.: AVI Publishing Co., 1981.
97. Vine, R. P. (ed.), E. M. Harkness, T. Browning, C. Wagner, and B. Bordelon. Winemaking: from grape growing to marketplace. – New York: Chapman & Hall, 1997.
98. Waterhouse, A. L. and S. E. Ebeler (eds.). Chemistry of Wine Flavor. – Washington, D.C.: American Chemical Society, 1998.
99. Zoecklein, B. W., Fugelsang, K. C., Gump, B. H., Nury, F. S. Wine Analysis and Production. – New York, NY.: Chapmann & Hall, 1995.
100. ГОСТ 7208-93 «Вина виноградные и виноматериалы виноградные обработанные».
101. ГОСТ 13918-88 «Советское шампанское».
102. ГОСТ Р 51165-98 «Российское шампанское».
103. ГОСТ Р 51158-98 «Вина игристые».
104. ГОСТ Р 52190-2003 «Водки и изделия ликероводочные: Термины и определения». – М.: Госстандарт, 2004.

LIST OF LABELS AND ABBREVIATIONS
СПИСОК ПОМЕТ И СОКРАЩЕНИЙ

Russian	English	Description	Значение
австр.		Austrian, used or made in Austria	австрийский; применяемый на территории Австрии
австрал.	*Austral.*	Australian, used or made in Australia	австралийский; применяемый в Австралии
агр.	*agr.*	agriculture; agricultural	агрономический термин
агр. тех.		agrotechnical term	агротехнический термин
амер.	*US*	American; American English	американский; американский вариант английского языка; применяемый на территории США
амп.	*amp.*	ampelography; ampelographic	ампелография; ампелографический
араб.		Arabic; Arabic language	арабский; арабский язык
арх.	*obs.*	archaic [obsolete] word	архаизм
афр.		Afrikaans language	язык африкаанс
баскск.		Basque	баскский, относящийся к Стране Басков
бельг.		Belgian, used in Belgium	бельгийский; применяемый на территории Бельгии
биол.		biology; biological	биология; биологический термин
бот.	*bot.*	botany; botanical	ботаника; ботанический термин
браз.		Brasilian, used or made in Brasil	бразильский; применяемый в Бразилии
брит.	*Brit.*	British; British English	британский; британский вариант английского языка; применяемый на территории Великобритании
в.		century	век
в-во		substance	вещество
венг.	*Hung.*	Hungarian; Hungarian language	венгерский; венгерский язык
вин.	*eno.*	winemaking; relating to wine and wine industry; enological word	виноделие; винный; винодельческий; относящийся к вину и винной промышленности
г.		year	год
г	*g*	gram	грамм
га	*ha*	hectare	гектар
гав.		Hawaiian	гавайский, относящийся к Гавайским островам
гал.	*gal*	gallon	галлон
геогр.	*geogr.*	geography; geographical	география; географический термин
геол.	*geol.*	geology; geological	геология; геологический
гл	*hl*	hectolitre, hectoliter	гектолитр
голл.		Dutch; Dutch language	нидерландский; нидерландский язык
греч.	*Gr.*	Greek; Greek language	греческий; греческий язык

Russian	English	Description	Значение
дал	dl	decalitre, decaliter	декалитр
дат.		Danish; Danish language	датский; датский язык
дегуст.	deg.	degustatory, relating to tasting	дегустационный; относящийся к дегустационной практике
евр.	Eur.	European, used in the European Union	европейский; применяемый в Европейском союзе
жарг.	sl.	slang	жаргон
ж.-д.		railroad terminology	железнодорожный термин
ивр.		Hebrew	иврит
инд.		Indian; relating to India	индийский; применяемый на территории Индии
индонез.		Indonesian, relating to Indonesia	индонезийский; применяемый на территории Индонезии
ирл.	Ir.	Irish, used or made in Ireland	ирландский; применяемый на территории Ирландии
ирон.		ironical(ly)	иронически
исп.	Sp.	Spanish; Spanish language	испанский; испанский язык
ист.	hist.	history; historical	историзм
ит.	It.	Italian; Italian language	итальянский; итальянский язык
и т. п.	etc.	et cetera	и тому подобное
к.-л.		any	какой-либо
кан.	Can.	Canadian, relating to Canada	канадский; применяемый на территории Канады
кг	kg	kilogram	килограмм
кит.		Chinese; Chinese language	китайский; китайский язык
клим.	clim.	climatic, relating to climate	климатический
ком.	com.	commercial, used in commerce	коммерческий термин; относящийся к коммерции
кор.		Korean; Korean language	корейский; корейский язык
кулин.		cooking term, related to cooking	кулинарный термин
л	l	liter, litre	литр
лат.	Lat.	Latin; Latin language	латинский; латинизм
лат.-амер.		Latin American, relating to Latin America	латиноамериканский; имеющий латиноамериканское происхождение
мат.		mathematics	математика
мед.	med.	medicine; medical	медицина; медицинский термин
мекс.		Mexican, relating to Mexico	мексиканский; применяемый на территории Мексики
метеор.	met.	meteorology	метеорология
микр.		microbiology	микробиология
миф.	myth.	mythology, mythological	мифологический термин; мифология
мл	ml	milliliter, millilitre	миллилитр
монг.		Mongolian; Mongolian language	монгольский; монгольский язык
н.-зел.		New Zealand; relating to New Zealand	новозеландский; применяемый на территории Новой Зеландии
напр.	e. g.	for example	например

Russian	English	Description	Значение
нем.	Germ.	German; German language; used in Germany	немецкий; немецкий язык; используемый на территории Германии
норв.		Norwegian; Norwegian language	норвежский; норвежский язык
о-в		island	остров
о-ва		islands	острова
об.	vol.	concentration by volume	объемная концентрация
об. алк.	alc. vol.	alcohol by volume	объемных частей алкоголя
п-в		peninsula	полуостров
пив.	be.	beer; relating to brewing and beer industry	пивной; относящийся к пиву, пивоваренной промышленности
полит.		politics; political	политика; политический термин
порт.		Portuguese; Portuguese language	португальский; португальский язык
проф.	prof.	occupational [professional] terminology; professionalism	профессиональный термин; профессионализм
разг.	coll.	colloquial; colloquialism	разговорный термин; коллоквиализм
раст.		plant growing	растениеводство
редк.		rare word	редко встречающийся термин; окказионализм
рим.	Rom.	Roman; relating to Ancient Rome	римский; относящийся к Римской империи
рус.	Rus.	Russian; Russian language	русский; русский язык
сек		second	секунда
см.	v.	see	смотри (*отсылка*)
см. ткж.	v. also	see also	смотри также (*отсылка к синонимичному термину или, наоборот, к антониму*)
соц.		sociology; sociological	социология; социологический термин
спирт.	spir.	spirit industry; relating to production of spirits (*gin, whisky, vodka. etc.*)	спиртовая промышленность (*производство спирта, виски, джина, водки и т. д.*)
ср.	cf.	compare (*reference*)	сравни (*отсылка к другому термину для сравнения*)
стат.		statistics; statistical	статистика; статистический термин
с.-х.	agr.	agriculture; agricultural terminology	сельское хозяйство; сельскохозяйственный термин
тех.	tech.	technology; technical	технология; технический
ткж.	also	also	также
трансп.	trans.	terminology of transport	транспортная терминология
тур.	Turk.	Turkish; Turkish language	турецкий; турецкий язык
тюркск.		Turcic	тюркский; имеющий тюркское происхождение
уст.	arch.	obsolete or archaic word	устаревший термин, архаизм
уэльск.		Welsh, used in Wales	уэльский, из Уэльса

Russian	English	Description	Значение
фарм.		pharmacology	фармакология
физ.		physics; physical	физика; физический термин
фин.		Finnish; Finnish language	финский; финский язык
фирм.	*reg.*	registered brand name or trade mark	фирменное (*зарегистрированное*) наименование
фитопат.	*phytopat.*	phytopathology	фитопатология
фр.	*Fr.*	French; French language	французский; французский язык
х-ки		characteristics	характеристики
хим.	*chem.*	chemistry; chemical	химия; химический термин
шв.		Swedish; Swedish language	шведский; шведский язык
швейц.		Swiss	швейцарский; применяемый на территории Швейцарии
шотл.		Scottish, relating to Scotland	шотландский; применяемый на территории Шотландии
шт.	*pc., pcs*	a piece; number of pieces	штука; штук
эк.		economics	экономика; экономический термин
энт.	*ent.*	entomology; entomological	энтомология; энтомологический
южн.-афр.		South African, relating to Republic of South Africa	южно-африканский; применяемый в ЮАР
юр.		legal term	юридический термин
яп.		Japanese; Japanese language	японский; японский язык
	Arm.	Armenian; of Armenian origin	армянский; используемый в Армении
	Azer.	Azerbaijanian, relating to Azerbaijan	азербайджанский; используемый в Азербайджане
	cl	centiliter, centilitre	сантилитр, 10 мл
	Geor.	Georgian; of Georgian origin	грузинский; используемый в Грузии
	Mold.	Moldavian; of Moldavian origin	молдавский; используемый в Молдове
	oz	ounce	унция
	Rum.	Rumanian; of Rumanian origin	румынский; используемый в Румынии
	Ukr.	Ukrainian; of Ukrainian origin	украинский; используемый в Украине

СПИСОК ГРАММАТИЧЕСКИХ ПОМЕТ
LIST OF GRAMMATICAL NOTES

adj.   adjective имя прилагательное
coll.   collective noun собирательное существительное
n.   noun имя существительное
pl.   plural множественное число
v.   verb глагол

Терминология и терминография виноградарства и виноделия: краткий обзор исторического развития и современного состояния

Терминология и терминография являются важными компонентами национальной и мировой культуры, и представляют собой продукт концентрации знаний, которые накапливает общество. Чем больше таких ресурсов в обществе, тем оно богаче. В связи с большой важностью подготовки качественных терминологических баз, во многих странах мира уже давно разрабатывают словари и другие ресурсы. Существуют международные требования к терминологической и терминографической деятельности (стандарт ISO 1087), которые устанавливают порядок осуществления и результаты терминологической деятельности. Терминология виноградарства и виноделия представляет собой собрание терминов, используемых в практической деятельности профессионалов, полупрофессионалов и широкого круга лиц, являющихся потребителями продукции этих отраслей и специалистами, имеющими какое-либо отношение к данным отраслям.

Развитие терминологии виноделия и виноградарства обусловлено, прежде всего, расширением рынка вина, который приобрел мировое значение с середины 19 в. По мере расширения рынка и увеличения числа ценителей вин расширяется словарь отрасли. Так, в книге Андре Жюльена (A. Julien, 1824) для характеристики вин употребляется около 70 специальных терминов, этот автор впервые ввел в словарь виноделия термин «танин». Примечательно также, что А. Жюльен одним из первых дал описания отдельных винодельческих регионов России и производимых там вин.

Терминологическая система виноградарства и виноделия отличается от терминологии других отраслей в первую очередь тем, что в ней широко применяются субъективные оценки (в частности, оценка вин при дегустации и т. д.), при этом возникает проблема фактического соответствия термина объекту. Известный французский винодел и дегустатор Николя Жоли заметил, что « ...современная терминология рассматривает лишь техническую сторону виноделия...при этом теряется качественная сторона вопроса: красота, гармония, элегантность, которая в действительности глубоко субъективна и не поддается описанию словами....Вино – это комплексный продукт, представляющий собой неделимое целое, и его нужно представлять как единое понятие, а не как массу понятий, выраженных разными терминами....». В данном высказывании известного мастера выделяется не только исключительная роль создателя вина, но и подчеркнута ответственность за точность применяемых им терминов. Как отмечает Г. Ватсон (Watson, 2001), «...это очень субъективная, но в то же время и точная сфера....», которая « ...должна противостоять расхожим фразам и упрощениям», но в то же время «обеспечивать соответствие языковым нормам». Теперь становится понятным, что создатель вина или его потребитель не может ограничиться лишь потреблением продукта, важно передать уникальную характеристику этого продукта, выраженную понятными всем терминами. Кроме того, второй особенностью терминологии виноградарства и виноделия является большое количество заимствований. Развитие виноградарства и виноделия происходит и происходит в различных странах мира неодинаково, терминология отрасли представлена различными терминами из разных языков. Происхождение термина «вино» связано с различными религиозными культами и наблюдается во многих языках мира (N. Kruit, 1992). Как отмечает немецкий исследователь Вильгельм Брайтшадель (W. Breitschadel, 1986), терминология виноградарства и виноделия развивалась под сильным влиянием греческой и римской культур, что объясняет наличие большого количества греческих и латинских заимствований в терминологии виноградарства и виноделия. В то же время высокий уровень развития виноградарства и виноделия во Франции вызвал массовый переток терминов из французского языка практически в неизменном виде во многие языки мира. Впоследствии бурное развитие культуры винограда и вина в англоязычных станах также привело к появлению большого количества заимствований из английского языка. Таким образом, изначально в терминологии виноградарства и виноделия существуют две основные проблемы – многоязычие терминологии и большая степень субъективизма.

Возникновение терминосистемы виноградарства и виноделия тесно связано с развитием специальной отрасли журналистики – винной критики (wine writing) – активно использующей терминологию виноделия и дегустации. Это искусство литературного жанра о вине зародилось в Великобритании в 1568 г. Это объясняется тем фактом, что британцы – самые крупные импортеры виноградных вин – начали ввозить иностранные вина около 2 тысяч лет назад. Причем по мере развития общества импорт вин постоянно увеличивался. Любовь к вину подтверждалась также страстью британцев к виноградным насаждениям. Еще во времена создания известного памятника Doomesday Book (1086) в Англии насчитывалось не менее 38 монастырей, имевших виноградники. С древнейших времен в Лондоне и других городах Англии сохранились названия улиц типа Vine Street, что также подтверждает высокую степень развития виноградарства. Британцы издавна владели многими выдающимися виноградарскими поместьями Франции, и наряду с определенным вкладом в теорию и технику виноградарства и виноделия (расширение ассортимента шампанских вин за счет внедрения шампанского типа brut и сухих шампанских вин; внедрение таких вин, как портвейн, марсала, и т.д.; внедрение новых методов выдержки вин и коньячных спиртов, и др.), внесли также вклад и в терминологию (обозначение категорий коньяка английскими аббревиатурами V.S., V.S.O.P., X.O. и т. д.). Традиционно считается, что британцам свойственен свой взгляд на вино и присуща своя терминология. Первоначально работы, посвященные винам, носили описательный и ознакомительный характер; к таким работам относится и книга Сайреса Реддинга (C. Redding, 1833). В данной книге приведены некоторые термины виноградарства и виноделия при описании отдельных винодельческих стран. Благодаря литературе 18 – 19 вв. сложился определенный британский стиль оценки вин, который заключался в использовании метафор и романтических оборотов, типа «женский» и «мужской» тип напитка, и т. д. В дальнейшем эта тенденция начинает спадать под влиянием европейской и американской традиции дегустации. В начале 60-х гг. прошлого века англичанин Джордж Рейнберд (G. Rainbird, 1963) сделал попытку возрождения устаревшего романтического подхода к описанию вин, однако эта попытка была безуспешной.

В Великобритании издан ряд ценных терминологических работ: фундаментальные исторические работы Андре Симона (A. Simon, 1906;1952), описательные работы Уолтера Джеймза (W. James, 1959; 1960), популярный словарь винодельческих терминов Бена Тернера (B.Turner, 1966), толковый словарь винодельческих терминов Оскара Мендельсона (O. Mendelsohn, 1966), терминологический справочник Джулиана Мореля (J. J. Morel, 1975), толковый словарь Розмари Джордж (R. George, 1989). Из новейших работ, проведенных в Великобритании в области терминологии виноделия и дегустации, следует отметить работу Г. Бассета (G. Basset, 2000) и толковый словарь виноградарских и винодельческих терминов, созданный Саймоном Коллином при поддержке виноторговой фирмы Oddbins (S. Collin, 2004). Известные винные критики Великобритании в своих работах освещают также развитие терминологии виноделия и ее употребление, например, подробный анализ терминологии приведен в книге винного критика Майкла Шустера (M. Schuster, 2000). Создан также ряд ценных Интернет-источников, например, специальный ресурс для любителей вина Wine Lovers Page, автор – Робин Гарр (Robin Garr), и др.

В США изучение терминологии виноделия и дегустации проводил Чарльз Олсен и др. (C. Olsen et al., 1982), эта работа впоследствии стала отправной для других исследователей – Бредфорда С. Брауна (B. C. Brown, 1995); Джефа Кокса (J. Cox, 1988), Филипа Вагнера (P. M. Wagner, 1981), Алекса Лишина (A. Lichine, 1982), и др. Довольно подробное исследование терминологии дегустации вин проведено М. Эмирайном (M. Amerine, 1976). Подобные работы проводили также такие исследователи: Дж. Паттерсон (J. Patterson, 1980), Р. Хатчинсон

(R. Hutchinson, 1985), Ф. Энрикес (F. Henriques, 1985), Ф. Джонсон (F. Johnson, 1983), Ф. Шунмейкер (F. Shoonmaker, 1951; 1978), Т. Стивенсон (T. Stevenson, 1997), Дж. Рубаш (J. Rubash, 1996), и др. Одна из лучших работ в этом направлении подготовлена американским исследователем Энтони Хокинсом (A. Hawkins, 1995), который разработал подробный словарь дегустационных терминов Glossary of Wine Tasting Terminology, и один из лучших в мире словарь-справочник по виноградарству. Эти словари доступны постоянно через Интернет, и поэтому очень популярны среди дегустаторов, журналистов, сомелье и практиков виноградарства и виноделия всего мира. С целью популяризации терминологии изданы упрощенные варианты терминологии (для начинающих любителей вин и т. д.), например, работы Юнис Фрид (E. Fried. 1993) и анонимный проект Wine Cheat Sheet 101 (2003). Интересная книга издана американской исследовательницей Адриенной Лерер (A. Lehrer, 1983). В ней изложены лексикографический и семантический анализы терминологии и лексики, используемой в виноделии и дегустации. Р. Гернером (R. Goerner, 1972) подготовлен мультимедийный фонетический словарь терминов виноградарства и виноделия. Тед Грудзински составил толковый словарь терминов по виноделию (T. Grudzinski, 1985). Большое внимание изучению и унификации терминологии дегустации уделяют практики виноделия и известные дегустаторы. Так, известнейшая женщина-дегустатор Андреа Иммер (A. Immer, 2000) провела подробный анализ терминологии в связи с необходимостью объективной характеристики вин при дегустации и приводит словарь дегустационных терминов. Знаменитый дегустатор Роберт Паркер составил подробный словарь дегустационных терминов в своей книге о винах Бордо (R. Parker, 1998). Карен Мак-Нил (K. MacNeil, 2001) в своей фундаментальной работе по истории и практике виноделия приводит обширный список библиографии и список терминов, используемых в настоящее время в отрасли.

В США также издан ряд работ, посвященных терминологии виноделия и дегустации вин как компонента общей терминологии кулинарии. Среди них: толковый словарь Ричарда Херинга (R. Hering, 1958), в котором собраны термины английского, французского, немецкого, итальянского и испанского языков, первое немецкое издание этого словаря было переиздано в Великобритании в 1994 г.; словарь кулинарных терминов Вильяма Масси (W.E. Massee, 1962); очень популярные справочники кулинарных терминов Мэри Фишер (M. Fischer, 1968) и Элизабет Райли (E. Riely, 1986), а также толковый словарь кулинарных терминов Шарон Хербст (S. T. Herbst, 1990) и кулинарный терминологический словарь Джойс Рубаш (J. Rubash, 1996). Последний словарь отличается системой организации материала (каждый термин снабжен кратким описанием, этимологией и фонетической транскрипцией).

Исследователь Брайан Пьерр (B. Pierre, 1998) освещает интересную проблему различий в терминологии и способах употребления терминов в Великобритании и США. В частности, он отмечает, что имеются существенные различия в терминологии, используемой по обе стороны океана, при этом в области виноделия различия в двух вариантах английского языка наиболее заметны. Эту же проблему освещает Й. Штимпфиг (J. Stimpfig, 1999).

В последнее время издан также ряд полезных с точки зрения терминологии работ, например, словарь винодельческих терминов Джеймса Марча (J. March, 2004). В этом словаре приведена систематизированная терминология виноделия на разных языках при описании основных технологических процессов (виноградарство, виноделие, дегустация), и приведен подробный анализ соответствующих терминов. В книге Саймона Вудза (S.Woods, 2004) приведен анализ терминологии, используемой на этикетках вин практически всех винодельческих стран мира, книга снабжена также многочисленными иллюстрациями этикеток.

Изучение терминологии виноградарства и виноделия является также объектом внимания и в Канаде, в частности, книга Ричарда Китовски (R. Kitowski, 2002) дает подробный анализ терминологии и методов дегустации. Исследования в области терминологии виноделия интенсивно проводятся в Южно-Африканской Республике, а также в Австралии и Новой Зеландии. Изучение различных аспектов винодельческой и дегустационной терминологии проводит австралиец Ричард Гавел, в частности, им проведено исследование использования терминов различными группами (R. Gawel, 1997), а также подготовлены проекты систематизации дегустационной терминологии. Благодаря исследованиям Ричарда Гавела установлено, что необходимо давать четкое определение каждого термина, иначе смысловое значение терминов, используемых в речи, уменьшается.

Поскольку виноградарство и виноделие развиваются в тесном контакте многих мировых культур, будет уместным в рамках данного обзора рассмотреть также и основные источники, опубликованные в других странах мира. Толковые словари и другие типы словарей по виноградарству и виноделию изданы в Болгарии (N. Nedelchev, 1954), Венгрии ("Szőleszeti es boraszati hatnyelvű értelmező szótár", 1971), Дании ("Vinordbog", 1963), Швеции (S. Wikland, 1949, 1960), Чехии (Zitnan, 1962), Германии, Франции, Испании (Mijares y Garcia-Pelayo, 1998), Португалии (Vieira, 1971), Италии (G. Cusmano, 1889; A. Durso-Pennisi, 1910; P. Garoglio, 1973), Голландии (F. Steneker, 1979), Южно-Африканской Республике ("Wijnbouwoordeboek", 1973), Японии (S. Sugama, 1989) и др. странах.

В Германии, Австрии и Швейцарии такая работа проводится уже довольно длительное время; вопросам терминографии в этих странах по традиции уделяется большое внимание. Один из первых немецкоязычных толковых словарей виноградарства и виноделия составлен Карлом Хелльрунгом (C. L. Hellrung, 1839); этот словарь был посвящен изучению разговорной лексики, которая к началу 19 в. довольно расширилась и усложнилась, что и вызвало необходимость создания словаря. В дальнейшем эта работа продолжалась Рихардом Гласом (R. Glass, 1885), который включил в профессиональный словарь многие технические термины, отсутствовавшие в словаре К. Хелльрунга. После этого в Австрии был издан словарь, который составил итальянец Антонио дель Пиаз Менотти (A. Piaz, 1897), обосновавшийся в Австрии в качестве винодела и виноторговца. В этом словаре на основе четкой отраслевой классификации дан подробный анализ терминологии виноградарства и виноделия, используемой в немецком языке конца 19 в; при этом автор расширил словарь и границы отрасли. В начале 20 века был издан словарь швейцарца Теодора Бухера (T. Bucher, 1918) и фундаментальный «Лексикон виноделия» Карла Мюллера (K. Müller, 1930). Работы по исследованию терминологии виноградарства и виноделия не прекращаются в Германии и в новейшее время. Об этом свидетельствуют работы Отто Крамера (O. Krammer, 1954), Отто Рёслера (O. Rössler, 1958), «Большой винодельческий словарь» Теодора Боттигера (T. Bottiger, 1971), «Словарь вина» Хайнца-Герта Вошека (H.G. Woschek, 1973), популярный иллюстрированный словарь вина Вильгельма Панвольфа (W. Panwolf, 1976), терминологический словарь виноделия Людвига Якоба (L. Jakob, 1979), лингвогеографическое исследование на материале винодельческой терминологии области Бургенланд (Австрия), подготовленное австрийцем Герхардом Решем (G. Resch, 1980), пятиязычный словарь по технологии виноделия (Weinbautechnik, 1981), толковый словарь винодельческих терминов Рольфа Петерса (R. Peters, 1983), «Тезаурус виноградарства и виноделия» (Thesaurus 1986) и фундаментальное исследование диалектизмов и терминологии виноделия, используемых на территории Германии, проведенное Вольфгангом Кляйбером (W. Kleiber, 1980). Сравнительно недавно были изданы трехязычный словарь винодельческих терминов Марии Ибальд (M. Ibald, 1994) и толковый словарь винодельческих терминов Фрица Шуманна (F. Schumann, 1998). Из новейших работ по терминологии немецкого языка, используемой в виноградарстве и виноделии, следует отметить книги Кристы Хантен (C. Hanten, 2002), австрийца Норберта Тишельмайера (N. Tischelmayer, 2001) и фундаментальный толковый словарь по виноделию ветерана виноделия в Германии Ганса Амбрози (H. Ambrosi, 2002). Недавно также издан терминологический словарь винодельческих терминов Йенса Приве (J. Priewe, 2003), который содержит 4 000 специальных терминов. Интересное типологическое и лексикографическое исследование терминологии виноделия на базе исследования терминологии итальянского языка проведено немецким ученым Томасом Хонерляйном-Бюхингером (T. Hohnerlein-Büchinger, 1996). Разработаны и успешно функционируют немецкоязычные терминологические ресурсы в сети Интернет: Deutsche Weine; Weine aus Austria; Wein Plus, и др.

Во Франции терминография в области виноградарства и виноделия стала бурно развиваться в последнее время. Помимо издания словаря А. Феза (H. Faes, 1940).и словаря Международной организации виноградарства и виноделия «Lexique de la vigne et du vin» (OIV, 1963), во Франции были изданы такие терминологические словари: толковые словари виноделия Рене Энгеля (R. Engel, 1959), терминологический словарь Жерарда Дебюинь (G. Debuigne, 1979), объемистый толковый словарь Мартины Шателен-Куртуа (M. Chatelain-Courtois, 1986), 6-язычный толковый словарь Денизы Дюпон-Эскарпи (D. Dupont-Escarpit, 1993), руководство для дегустации вин Кристиана Сен-Роша (C. Saint-Roche, 1995), терминологический словарь издательства «Лярусс» (1995) [1]; справочник вин и алкогольных напитков Иоахима Леннера (J. Lennert, 1996). Интересную работу по исследованию терминологии виноградарства и виноделия, используемой в диалекте юга Франции (Прованс), подготовил Фелип Козинье (F. Cosinier, 1995). За последнее время во Франции вышли также энциклопедический словарь по виноделию Мишеля Дова (M. Dovaz, 1999), терминологический словарь Даниеля Ле Конта де Флори (D. Le Conte des Floris, 1999), англо-французский словарь профессиональных терминов виноделия Летисии Перро (L. Perraut, 2000), 6-язычный словарь Марка Лагранжа (M. Lagrange, 2000), лингвистическое исследование Жильбера Гарье (G. Garrier, 2001) Особо следует отметить кропотливую работу исследователя терминологии и автора нескольких терминологических словарей на разных языках Пьера Кадию (P. Cadiau, 1991; 1995; 1998). П. Кадио разработал серию словарей под общим названием "LexiVin", которые изданы в виде книг на французском-испанском-английском и французском-английском-японском языках (последний словарь составлен в соавторстве с японскими специалистами). Большое значение для поисковой работы в области виноградарско-винодельческой терминологии французского языка имеет библиографический указатель литературы по виноградарству и виноделию, изданный в Бордо "Le vin en page"(1993). Данный указатель построен по систематическому отраслевому принципу и охватывает всю специальную винодельческую литературу, изданную во Франции и других странах за период с 1945 по 1992 гг.

Интересное исследование по истории развития французской терминологии виноделия и дегустации 16 в. провели итальянские исследователи Альберто Капатти (A. Capatti, 1996) и Марко Рива, которые на основе многочисленных литературных источников проследили развитие терминологии во Франции с 1600 по 1699 гг. и составили систематизированный перечень терминов, использовавшихся в винодельческой практике. Данное исследование является ценным для специалистов по истории терминологии и этимологии. В Италии также издан 4-х язычный словарь винодельческих терминов, автор – Карло Керули (C. Queruli, 2002). Словарь охватывает около 600 английских терминов из области виноградарства и виноделия, с параллельными эквивалентами на китайском, итальянском и французском языках. Кроме этого, словарь содержит список основных сортов винограда, выращиваемых в Италии, с эквивалентами на китайском языке.

В Португалии издан толковый словарь по вину и алкогольным напиткам (A. Vieira, 1971), и проводится работа по исследованию терминологии виноделия на факультетах лингвистики университетов.

В Испании терминография виноградарства и виноделия представлена в ряде общих работ известных ученых-энологов и терминологов, а также в таких специальных словарях: толковом словаре винодельческих терминов Марии Михарес-и-Гарсия-Пелайо (M. Mijares y Garcia-Pelayo, 1998); испанско-французском толковом словаре винодельческих терминов; «Двуязычном испанско-английском словаре винодельческих терминов» Марии Феу (M. Feu, 2002), в котором преобладают диалектные термины регионов Кастилья и Ла Манча. Разработан неплохой онлайновый толковый словарь терминов виноделия на испанском языке (www.granseleccion.com) . Терминология, используемая для характеристики молодых красных вин, приведена в статье коллектива авторов во главе с Рикардо Лопесом (R. López, 2001), приведено 374 термина испанского языка. Благодаря усилиям лексикографов и терминологов из ряда университетов Аргентины созданы уникальные компьютеризированные терминологические базы данных испанского языка (V.Castel, 1995-1996). В Аргентине также подготовлена методика формальной оценки дегустационных терминов (V. Castel, 1997). В 1998 г. на съезде Международного союза стран Латинской Америки (Unión Latina) под эгидой Международной организации виноградарства и виноделия была сформулирована идея организации Всемирного проекта по терминологии виноделия, для реализации которого была назначена группа ведущих ученых-лингвистов стран Латинской Америки. Задачей этой группы было создание глобальных терминологических ресурсов по виноделию на основе передовых информационных технологий. К сожалению, отсутствие финансирования послужило препятствием для дальнейшей работы данной группы ученых, и проект в целом не получил развития.

В Чешской республике, помимо словаря винодельческих терминов (L. Zitnan, 1962), изданы также такие интересные работы, как: описание винодельческой терминологии в книге Индржиха Гауфта (J. Hauft, 1988), толковый словарь винодела (J. Patek, 1995), а также энциклопедия виноделия (V. Kraus, 1977) и справочник винодела (V. Kraus, 2000).

Толковые словари виноградарства и виноделия изданы также в Китае (Zhongguo jiu wen hua ci dian, 1990; H.Xu, 2002), дающие представление о виноделии Китая и других стан, и рассматривающие терминологию виноградарства и виноделия в Китае. В этой связи уместно также упомянуть о большой и важной работе, проводимой в Китайской Народной Республике по переводу европейских и др. наименований сортов винограда на китайский язык, которая связана с решением ряда определенных проблем.

Одной из первых терминологических работ в России была работа Таирова (В. Таиров, 1940). В 1971 М. А. Пелях подготовил толковый словарь терминов виноградарства, который насчитывал около 700 терминов (М.А. Пелях, 1971). В дальнейшем разными авторами были подготовлены и изданы несколько толковых словарей по виноградарству и виноделию. а также трехтомная энциклопедия виноградарства.

Развитие терминологии виноградарства и виноделия в России, Украине и в странах бывшего СССР происходило в основном в нормативном плане. В данный момент списки терминов данных отраслей приведены в Стандартах России, и стандартах других стран СНГ. В последнее время в русский язык вносится все больше новых заимствований из английского, французского, немецкого, итальянского, испанского и др. языков. В этой связи требуется подготовка ряда словарей для понимания и правильного употребления иноязычных терминов. В 2004 г. в России впервые издан французско-русский словарь винодельческих терминов, подготовленный Надеждой Федориной (Н. А. Федорина, 2004), объемом 5 000 слов, данный словарь снабжен толкованиями терминов. Кроме того, в России имеются онлайновые ресурсы на русском языке в сети Интернет (www.wineworld.ru, www.drinks.internet.ru, www.alkogol.com, и др.). Вопросы терминологии виноградарства и виноделия постоянно рассматриваются на страницах журнала «Виноград и вино России». Так, исследователь В. А. Меньшов делает попытку представления системы знаний в виноградарстве и виноделии в виде информационного поля, что самым непосредственным образом связано с терминологической системой (В. А. Меньшов, 2000). Кроме того, этот же автор подвергает глубокой критике самое полное собрание терминологии в России – «Энциклопедия виноградарства» – и делает вывод о логической несостоятельности описаний терминологии в данном академическом издании (В. А. Меньшов, 2001). Причину этого кризисного явления автор видит в недостатке специальной литературы и недостаточном пока уровне развития терминологической системы виноградарства и виноделия. В настоящее время в России ведется подготовка нового стандарта по терминологии виноделия, который должен устранить многие несоответствия и неправильности в терминологии.

В Украине также проводится определенная работа в области изучения и анализа терминологии виноградарства и виноделия Известный в Украине ученый Е. П. Шольц-Куликов провел анализ терминологии, используемой в русском и украинском языках, с учетом гармонизации с Европейским и мировым сообществом: при этом он выделяет ряд устаревших и несостоятельных терминов, которые бытуют в практике виноделия Украины и России, и предлагает избавиться от устаревших и неправомочных терминов, а также ставит задачи для развития терминологии в будущем (Шольц-Куликов, 2001). В частности, Е. П. Шольц-Куликов предлагает запретить использование терминов типа «шампанское», «херес», «портвейн», «мадера», и т. д., как недопустимых для вин, произведенных на Украине, и критикует такие термины, как «Шампанское Украины», «Коньяк Украины», которые введены Законом Украины о вине. Он также отвергает устаревший термин «ординарное вино». Таким образом, в данный момент в Украине наблюдается активная полемика по поводу правильности и правомочности употребления отдельных терминов. В Украине, как и в других странах СНГ, существуют специальные национальные комитеты, работающие в рамках Национального института виноградарства и виноделия в течение длительного времени. Результат работы этих комитетов публикуется, как правило, в национальных стандартах. К недостаткам их работы следует отнести затягивание сроков подготовки стандартов по терминологии. Следует также отметить, что в данных стандартах, кроме терминологии на русском или украинском языках, приведены также эквиваленты отдельных терминов на иностранных языках. К сожалению, в написании иностранных терминов, приведенных в действующих национальных стандартах, имеются описки и грубые ошибки, что, естественно, требует немедленного внесения соответствующих корректив в украинские стандарты по виноградарству и виноделию. Недавно в Украине вышла книга Вячеслава Разуваева «Словарь винного языка» (В.С. Разуваев, 2001), которая, несомненно, заслуживает внимания. В этой книге собраны термины, относящиеся к дегустации вин, коньяков и бренди из английского, французского, немецкого, испанского, португальского, итальянского и др. языков. В некоторой степени данная книга восполняет дефицит специальной литературы по терминологии виноделия, существующий в настоящее время в Украине.

В настоящее время наиболее представительным источником терминологии в России и др. странах бывшего СССР является трехтомная «Энциклопедия виноградарства», включающая терминологию виноградарства и виноделия на русском языке (частично в данном издании представлены также некоторые специфические термины из других языков – грузинского, армянского, азербайджанского, узбекского, молдавского и др.). К сожалению, данная работа не лишена определенных недостатков. Несомненно, в дальнейшем требуется продолжить работу по исследованию терминологии, которую традиционно выполняют национальные институты виноградарства и виноделия этих стран, а также подразделения Институтов языкознания и кафедры университетов. Кроме того, к терминологической работе необходимо подключать Ассоциации виноградарей и виноделов, Ассоциации сомелье и другие профессиональные организации России, Украины и др. стран.

Как показывает анализ литературы, вопросы терминологии виноградарства и виноделия обсуждались главным образом на страницах профессиональной прессы и в специальной литературе в контексте рекомендательной терминологии, используемой в отрасли. Преобладают среди них такие издания: словари (толковые и переводные), энциклопедии, компилятивные работы. Специальных исследований, посвященных терминологии виноделия и виноградарства, сравнительно немного, Одной из интереснейших работ в этой области является небольшая, но вдохновенно написанная брошюра финского исследователя Эро Аланне (E. Alanne, 1957), в которой автор рассматривает терминологическую систему виноделия и виноградарства в английском языке, прослеживает ее генетическое развитие и дает оценку современного состояния терминологии и терминографии.

Большую работу в области терминологии виноградарства и виноделия проводит Международная организация виноградарства и виноделия (Office International de la vigne et du vin, OIV). Усилиями этой оганизации и при участии ведущих ученых многих стран был издан словарь «Lexique de la vigne et du vin» (OIV, 1963), непосредственным предшественником которого была лексикографическая работа Анри Феза (H. Faes, 1940). Уникальность работы Анри Феза заключается в том, что он впервые собрал в одном массиве виноградарско-винодельческие термины французского, итальянского, испанского и немецкого языков, что позволило решить проблему быстрого выявления аналогов терминов на указанных 4 языках. Данная работа, вполне естественно, привлекла внимание других исследователей, и в дальнейшем был подготовлен многоязычный словарь "Lexique de la vigne et du vin" , который включил важнейшие термины виноградарства и виноделия из французского, итальянского, испанского, немецкого, португальского, английского и русского языков. Следует также отметить, что подготовкой русской части данного словаря занимались известные советские ученые М. А. Герасимов и А. М. Негруль. К сожалению, в настоящее время данный словарь несколько утратил актуальность, и требует доработки. В связи с этим в течение нескольких лет OIV (при поддержке Еврокомиссии) руководит работой по подготовке нового издания этого словаря, который планируется издать после 2005 г.

Многие исследователи, практики виноделия и дегустаторы уделяют большое внимание изучению терминологии виноделия и дегустации вин. Большой вклад в развитие терминологической системы виноделия и дегустации внес один из лучших дегустаторов нашего времени Эмиль Пейно (E. Peynaud, 1987). Он отметил важную взаимосвязь искусства дегустатора и умения оперировать специальной терминологией. Кроме того, Эмиль Пейно провел исследование дегустационных терминов с древнейших времен, в частности, он установил, что древние греки употребляли более 100 терминов для характеристики вин. В дальнейшем работа, проводимая Э. Пейно, вдохновила многих исследователей и практиков виноделия и дегустации из других стран. В Великобритании Майкл Шустер, ученик Э. Пейно, продолжил работу по популяризации дегустационных терминов и пропаганде культуры потребления вин (M. Schuster, 1989). Известный дегустатор вин Майкл Бродбент также проводил работу по исследованию терминологии виноделия и дегустации, и популяризации культуры употребления вин (M. Broadbent, 1979). Известнейшая женщина-дегустатор и винный критик Дженсис Робинсон с 1983 года издает ряд ценных работ, посвященных практике дегустации вин(J. Robinson, 1983-1994). Ее книги были направлены на повышение культуры потребления вин и внедрение правил употребления терминологии, что часто нарушается на практике. На проблему правильного употребления терминов указывают и другие исследователи, в частности, П. Грегут (P. Greggutt, 2003). Причиной терминологических расхождений и разночтений является природный феномен – каждый дегустатор оценивает качество вина персонально, в силу индивидуальных физиологических особенностей. Исследованиями, проведенными Романом Вайлем в США (R. Weil, 2004), установлено, что лишь 51% дегустаторов способен правильно оценить вино и обеспечить соответствие типа вина его описанию. Проблема целесообразности и обоснованности употребления терминов в практике дегустации и виноделия неоднократно подчеркивается такими исследователями: Ф. Бернштейн (Bernstein, 1998), Виктория Мур (V. Moore, 1999), Эндрю Кемпбелл (A. B. Campbell, 2004), и др.. Виктория Мур, в частности, указывает на проблему неоправданного усложнения словаря дегустационных терминов и указывает на два пути развития – либо использовать яркие, но малопонятные метафоры, либо использовать длинные и скучные химические термины (V. Moore, 1999).

С такой позиции становится понятным постоянное стремление специалистов отрасли к упорядочению и стандартизации терминологии. Широко известна работа калифорнийского ученого Энн Нобель (A. C. Nobel, 1984), которая послужила толчком для внедрения стандартной терминологии дегустации вин и подготовки целого ряда работ других исследователей. Впоследствии Энн Нобель и ее коллеги существенно переработали и дополнили предложенный список терминов. На основе работы Энн Нобель были разработаны подобные системы терминологии, в частности С. Миллером (S. Miller, 2004), который предложил использовать 133 термина на основе трех уровней терминологии. Подобным образом подготовлена классификация дегустационных терминов австралийца Ричарда Гавела, насчитывающая 120 терминов (R. Gawel, 2001)

Исследование терминологии виноградарства и виноделия следует проводить в контексте общей истории развития данных отраслей. Одной из ведущих работ по изучению терминологии виноделия и виноградарства следует упомянуть ценный библиографический указатель англоязычной литературы по виноделию, составленный Б. Ранкиным и др. (B.C. Rankine et al., 2004). Австралийский исследователь Валмай Хенкель в своей книге (V. Hankel, 1994) подробно освещает библиографию развития виноделия в Австралии, и дает представительное изложение важнейших библиографических источников.

В области терминологии виноделия проводятся также различные прикладные исследования.

Среди новейших исследований в области терминологии виноделия выделяются работы, связанные с автоматизацией и компьютеризацией терминологии. В этой связи заслуживают серьезного внимания исследования, проводимые научной школой информатики Университета Мендоса (Аргентина) под руководством профессора Виктора Кастеля (V. Castel, 1995-1996). Благодаря усилиям этого ученого и при поддержке Министерства экономики Аргентины успешно реализован проект LeCoDeVi (Lengua Controlada de la Degustación de Vinos), в рамках которого созданы различные лингвистические информационные системы и управляемые базы данных терминов, используемых в дегустации вин. Такие системы дают возможность: а) идентифицировать и классифицировать основные структурные компоненты; б) описать подъязык, используемый в описаниях вин, с точки зрения синтактики и семантики; в) давать оценку глоссариям и лексике и г) построить управляемый подъязык, состоящий из дегустационных терминов. Из работ последних лет в области автоматизации терминологии виноделия следует также отметить работу (Noy and McGuinness, 2001), авторы которой разработали концепцию подготовки универсального собрания терминологии виноделия с установлением связей между терминами, что дает возможность разработки словарей, стандартизации терминологии, и т. д.

Официально терминология предписывается в виде нормативных документов (стандарты, инструкции, и т. д.). В Европе такую работу проводит Комиссия Европейского союза, которая начиная с 60-х гг. 20 в. издает регламентирующие документы (Директивы) в области виноградарства, виноделия и производства и сбыта спиртных напитков. Во многих директивах имеются специальные разделы, в которых подробно освещена терминология. В США подобные стандарты разрабатываются Национальным бюро при казначействе США.

Одним из интереснейших направлений развития терминологии виноградарства и виноделия является подготовка многоязычных словарей, в которых эквиваленты одного термина присутствуют одновременно на нескольких языках. Одним из первых словарей такого типа стал словарь "Lexique de la vigne et du vin". Кроме него, изданы следующие многоязычные словари:

2-язычный словарь Летисии Перро (L. Perraut, 2000) на английском и французском языках

3-х язычный словарь Конрада Тьюора (англ., фр., нем.) (C. Tuor. 1978)

3-х язычный словарь Марии Ибальд (англ., нем., фр.) (M. Ibald, 1994)

3-язычный Theasaurus Viticulture and Enology (английский, немецкий и французский языки), изданный в Германии в 1986 г.

3-язычный словарь Сейносуке Сугама (S. Sugama, 1989), в котором приведены термины французского, английского и японского языков

4-х язычный словарь винодельческих терминов на английском, китайском, итальянском и французском языках, автор Карло Керули (C. Queruli, 2002)

5-язычный словарь терминов по технологии виноделия, изданный в Германии (Weinbautechnik, 1981) на немецком, итальянском, английском, французском и испанском языках.

5-язычный словарь кулинарной терминологии Ричарда Херинга (R. Hering, 1994) на английском, немецком, французском, испанском и итальянском языках.

5-язычный словарь терминов виноделия Джеймса Марча (J. March, 2004)

6-язычный словарь "Lexique de la vigne et du vin" (OIV)

6-язычный словарь Денизы Дюпон-Эскарпи (англ., фр., нем., ит., порт., исп.) (Dupont-Escarpit, 1993)

6-язычный словарь Марка Лагранжа (M. Lagrange, 2000) на французском, английском, испанском, немецком, итальянском и португальском языках.

Таким образом, терминологическая система виноградарства и виноделия имеет давнюю историю и довольно развитую структуру и представлена ресурсами, подготовленными во многих странах мира на различных языках. Такое разнообразие материалов вызвано специфическими особенностями виноградарства и виноделия в разных странах мира, а также связано со стремлением как отдельных авторов терминов, так и нормативных организаций упорядочить данную терминологию

Viticulture and Winemaking Terminology and Terminography: a brief review of history and state-of-the-art

Terminology and terminography are important components of national and international culture, belonging to the process of concentration of knowledge as accumulated in society. The more resources like this, the better. Preparation of consistent terminological resources is utterly important, so dictionaries and other resources have been developed in different countries for quite a long time. One should take into account internationally accepted norms for terminological and terminographic activites (ISO 1087), which set specific rules and results of terminological activities. Viticulture and winemaking terminology is represented with a base of terms which are used in practice by industrial professionals, semi-professionals and laymen.

Development of viticulture and winemaking terminology is stipulated primarily with an expansion of the wine market, which became an international status in the middle XIX century. As wine market and the number of wine connoisseurs grew rapidly, the corresponding word stock was also substantially enlarged. For instance, about 70 special winemaking terms are used in Andre Julien's book (A. Julien, 1824); he introduced the word "tannin" into winemaking practice. It is remarkable, that Andre Julien was one of the first in the West to describe some of the winegrowing areas in Russia.

The terminological system of viticulture and winemaking differs from that of any other industry first of all with wide usage of subjective values (in particular, used at wine tastings, etc.), and as the result – a problem of correspondence of a term to an actual condition of the object. G. Watson points out: "..this is a very subjective, yet precise, area", ".. it has to be balanced against accepted usage, ease of understanding, and consistency of language..." (Watson, 2001).

Another characteristic feature of viticulture and winemaking terminology is a large amount of borrowed words. Development of viticulture and oenology is quite different in many countries, and total terminology is represented by terms originating from a number of languages. The origin of the term "wine" is linked with numerous religious cults and can be traced in many world's cultures (N. Kruit, 1992). German researcher Wilhelm Breitschadel (W. Breitschadel, 1986) points out that viticulture and winemaking terminology developed under a strong influence of the Greek and Roman cultures, and this explains why so many Greek and Latin borrowings are preserved in modern terminology of viticulture and oenology. Similarly the high level of viticulture and winemaking development in France stipulated massive incorporations of French words into many languages of the world practically without any alteration. Later on, development of grape culture and winemaking in the English-speaking world entailed many English borrowings.

Thus, from the beginning, there are two main problems in terminology of viticulture and oenology: multilanguage character of lexics and a high degree of subjectivism in word usage.

A special branch of journalism – wine writing and wine criticism (which use the terminology of winemaking and degustation) was born in Great Britain in 1568, and wine writing is closely connected with the birth of wine terminology. It is common knowledge that the British started wine imports about two thousands years ago. It is interesting that with the growth of British society wine importation was growing, too. The British can prove their passion for wine with an ardent viticultural activity. During Doomesday Book times (1086) there were at least 38 vineyards (mostly located in monasteries). From ancient times London and other cities had preserved street names like Vine Street, which also proves a high degree of the development of viticulture. For centuries the Brits have been having ownership of many outstanding wine estates in France, and alongside with a certain contribution into the theory and praxis of viticulture and winemaking (development of Champagne methods and introduction of a new type of champagne – brut; introduction of such new wines as port, marsala, etc.; introduction of new methods of wine and cognac aging, etc.), they also made contributions into terminology (designations of cognac categories V.S., V.S.O.P., X.O., etc.).

Traditionally it is accepted that the Brits have their own visage of wine and their own wine terminology. The first works dedicated to wine terminology, were mostly of a descriptive and introductory character; among such works we can find a book by Cyrus Redding (C. Redding, 1833). This book lists some of the terms related to viticulture and oenology, by descriptions of definite winegrowing countries. Owing to the literature of XVIII – XIX century, a special British style of wine criticism and wine writing was formed, which was characterized with a usage of metaphors and romantic patterns, like "female" and "male" types of beverage, etc. With years this tendency would decline under the influence of European and American traditions of wine tasting. In 1963 George Rainbird made an attempt to revive an outdated romantic approach to wine writing, but failed.

A range of valuable terminological works had been published in Great Britain: among them – fundamental historical works by André Simon (A. Simon, 1906;1952), descriptive works of Walter James (W. James, 1959; 1960), a popular dictionary of winemaking terminology by Ben Turner (B. Turner, 1966), a glossary of winemaking terminology by Oscar Mendelsohn (O. Mendelsohn, 1966), a wine terminology reference book by Julian Morel (J.J. Morel, 1975), a wine glossary by Rosemary George (R. George, 1989). Among the latest works edited in Great Britain in the field of viticulture and winemaking terminology, one can distinguish a book by G. Basset (G. Basset, 2000) and glossary of wine terms published with financial support of Oddbins Wine Merchants (S. Collin, 2004). Prominent wine writers of Britain devote particular attention to wine terminology, e.g. wine writer Michael Schuster makes a thorough analysis of wine terminology in his book (M. Schuster, 2000). There are many useful Internet terminological databases, e. g. a special resource for wine lovers – Wine Lovers Page, by Robin Garr, etc.

In the USA such researchers make studies of the terminology of winemaking and wine tasting: Charles Olsen (C. Olsen et al., 1982), this work became a trend-setting one for other researchers – Bradford Brown (B.C. Brown, 1995); Jeff Cox (J. Cox, 1988), Philip Wagner (P. M. Wagner, 1981), Alex Lichine (A. Lichine, 1982), and others. A substantial study of wine tasting terminology was performed by M. Amerine (M. Amerine, 1976). Similar studies have been conducted also by J. Patterson (J. Patterson, 1980), R. Hutchinson (R. Hutchinson, 1985), F. Henriques (F. Henriques, 1985), F. Johnson (F. Johnson, 1983), F. Shoonmaker (F. Shoonmaker, 1951; 1978), T. Stevenson (T. Stevenson, 1997), J. Rubash (J. Rubash, 1996), etc. One of the best works in this direction had been submitted by American Anthony Hawkins (A. Hawkins, 1995) who developed a detailed dictionary of tasting terminology and a reference book for viticulturers. These resources are available on-line and are very popular among wine tasters, reporters, sommeliers and grape growers throughout the world. Some user-friendly resources were issued as simplified variants of terminology (for wine dummies, etc.), e. g. works of Eunice Fried (E. Fried, 1993) and an anonymous project Wine Cheat Sheet 101 (2003). An interesting book has been issued by US researcher Adrienne Lehrer (A. Lehrer, 1983); it shows a lexicographical and semantic analysis of the word-stock and terminology used in winemaking and wine tasting. R. Goerner (R. Goerner, 1972) has prepared a multimedia phonetical dictionary of grape-growing and winemaking terminology. Ted Grudzinski prepared a reference dictionary of winemaking terminology (T. Grudzinski, 1985). Many oenologists and wine tasters pay great attention to study and unification of wine terminology. The famous wine taster Andrea Immer conducted a detailed analysis of terminology in liaison with an urge to give objective definitions at wine tastings, and she gives a relevant dictionary of wine tasting terms (A. Immer, 2000). Merited wine taster Robert Parker prepared a detailed list of wine tasting terminology in his book about wines of Bordeaux (R. Parker, 1998). Karen McNeil in her fundamental work on the history and practice of winemaking (K. MacNeil, 2001) gives a detailed list of bibliographical resources and terminology, which is widely used in the industry.

A range of works devoted to terminology of winemaking and wine tasting have been issued in the USA as a part of general culinary terminology. They are: reference dictionary by Richard Hering (R. Hering, 1958), which accumulates the terminology of English, French, German, Italian and Spanish; the first German edition of this dictionary was re-issued in Great Britain in 1994; a dictionary of culinary terms by William Massee (W. E. Massee, 1962); extremely popular reference books of culinary terms by Mary Fischer (M. Fischer, 1968) and Elizabeth Riely (E. Riely, 1986), a reference dictionary of culinary terminology by Sharon Herbst (S. T. Herbst, 1990) and a culinary terminology dictionary by Joyce Rubash (J. Rubash, 1996). The latter dictionary is distinguished with a special principle of systematization of material (each term is supplied with a brief description, etymology, and phonetic transcription).

Another wine writer Brian Pierre (B. Pierre, 1998) draws attention to the important problem of existing differences between wine terminology and its usage in Great Britain and the USA. In particular, he points out that there are certain differences in wine terminology which is in usage on the both sides of the ocean, and this problem makes obstacles for communication. This problem is emphasized by J. Stimpfig in 1999.

Lately some valuable terminological works have been published, e.g. a dictionary of wine terminology by James March (J. March, 2004). This dictionary gives wine terminology in a number of languages, describes main processes (viticulture, winemaking, wine tasting), and includes a detailed description of listed terms. Simon Woods analyzes wine terminology, used on wine labels from all wine producing countries, this book is illustrated with numerous label samples (S. Woods, 2004).

Wine terminology is studied in Canada, too. In particular, a book by Richard Kitowski published in 2002 gives a detailed analysis of wine terminology and tasting methodology. Such studies are conducted in South Africa, and also in Australia and New Zealand. Australian researcher Richard Gawel studies different aspects of winemaking and wine tasting terminology, and he also analyzed usage of certain terms by different social groups (R. Gawel, 1997), and prepared projects of systematization of wine tasting terminology. He found out that each term should be clearly defined, otherwise the semantic value of terminology is decreasing.

As viticulture and winemaking are cross-cultural activities, it is important to make an analysis of main resources published in other countries. Glossaries and different dictionaries have been released in Bulgaria (N. Nedelchev, 1954), Hungary ("Szőleszeti es boraszati hatnyelvű értelmező szótár", 1971), Denmark ("Vinordbog", 1963), Sweden (S. Wikland, 1949, 1960), Czech Republic (Zitnan, 1962), Germany, France, Spain (Mijares y Garcia-Pelayo, 1998), Portugal (Vieira, 1971), Italy (G. Cusmano, 1889; A. Durso-Pennisi, 1910; P. Garoglio, 1973), Holland (F. Steneker, 1979), South Africa ("Wijnbouwoordeboek", 1973), Japan (S. Sugama, 1989), Russia, Ukraine, and other countries.

In Germany, Austria and Switzerland, this study had been conducted for quite a long time, as terminography traditionally belongs to areas of special attention in these countries. One of the first German wine glossaries had been compiled by Carl Hellrung in 1839; this glossary was devoted to analysis of colloquial speech. It became complicated at the beginning of XIX century, and envoked the preparation of this glossary. Further this activity was continued by Richard Glass (R. Glass, 1885), who included many technical terms into a professional dictionary, which were missing in C.Hellrung's glossary. Later another wine dictionary was released in Austria. It was compiled by Antonio dal Piaz Menotti (A. Piaz, 1897), an Italian by origin, this wine master settled in Austria where he practiced winemaking and did some wine trading. His dictionary was based on a strict industrial classification which enabled him to make a detailed analysis of winemaking terminology used then in the German language; the author managed even to expand both the word stock and the existing industry classification substantially. The Swiss wine writer Theodor Bucher published his wine cellar glossary at the beginning of XX century (T. Bucher, 1918); at around this time Karl Müller, a wine writer from Germany, published his fundamental Lexicon of Wine (K. Müller, 1930). The study of wine terminology had been intensively going on in Germany. This can be proved by works of Otto Kramer (O. Krammer, 1954), Otto Rössler (O. Rössler, 1958), with a Big Wine Dictionary by Thedor Bottiger (T. Bottiger, 1971), Wine Dictionary by Heinz-Gert Woschek (H.G. Woschek, 1973), a popular illustrated wine dictionary by Wilhelm Panwolf (W. Panwolf, 1976), terminological wine glossary by Ludwig Jakob (L. Jakob, 1979), a lingual-geographical study paper on regional wine terminology of the Burgenland area, prepared by Gerhard Resch from Austria (G. Resch, 1980), five-language winemaking dictionary (Weinbautechnik, 1981), glossary of wine terminology by Rolf Peters (R. Peters, 1983), Thesaurus of Grape-growing and Winemaking (Thesaurus 1986) and a fundamental study of regional winemaking terminology used in wine regions of Germany by Wolfgang Kleber (W. Kleiber, 1980). Among recent works in the German language are: tri-lingual dictionary of winemaking terminology by Maria Ibald (M. Ibald, 1994) and glossary of winemaking terminology by Fritz Schumann (F. Schumann, 1998). The latest German language works include books by Christa Hanten (C. Hanten, 2002), wine glossary by Norbert Tishelmayer (N. Tischelmayer, 2001) and fundamental glossary of winemaking terminology, released by a veteran of German winemaking Hans Ambrosi (H. Ambrosi, 2002). Lately a glossary of winemaking terminology has been released by Jens Priewe (J. Priewe, 2003), it includes 4 000 special terms. An interesting typological and lexicographical study of winemaking terminology on the basis of Italian wine terminology was made by German researcher Thomas Hohnerlein-Buchinger (T. Hohnerlein-Buchinger, 1996). There are solid web resources in the German language: Deutsche Weine; Weine aus Austria; Wein Plus, etc.

In France the terminography of viticulture and winemaking was re-invented in the latest time. Apart from a wine dictionary by Henri Faes (H. Faes, 1940).and «Lexique de la vigne et du vin» by International Organization of Viticulture and Winemaking (OIV, 1963), there were released such terminological dictionaries: wine glossary by Rene Engel (R. Engel, 1959), terminological dictionary by Gerard Debuigne (G. Debuigne, 1979), a voluminous wine glossary by Martine Chatelain-Courtois (M. Chatelain-Courtois, 1986), six-language wine dictionary by Denise Dupont-Escarpit (D. Dupont-Escarpit, 1993), a manual of wine tasting (with terminology) by Christian Saint-Roche (C. Saint-Roche, 1995), wine glossary from Larousse Publishers (1995) [1]; a reference book of wines and spirits by Joachim Lennert (J. Lennert, 1996). Study of regional wine terminology is being conducted in France, too and study of Southern French dialects (Provence) was prepared by Felip Cosinier (F. Cosinier, 1995), which lists many interesting terms. Lately an Encyclopedic Wine Dictionary has been published in France, written by Michel Dovaz (M. Dovaz, 1999), also a terminological dictionary by Daniel Le Conte des Floris (D. Le Conte des Floris, 1999), an English-French professional wine dictionary by Laetitia Perraut (L. Perrault, 2000), a six-language wine dictionary by Marc Lagrange (M. Lagrange, 2000), a linguistic study of wine terminology by Gilbert Garrier (G. Garrier, 2001). A special notice should be given to an ardent researcher of international wine terminology Pierre Cadiau, who wrote a number of terminological dictionaries in different languages (P. Cadiau, 1991; 1995; 1998). Pierre Cadiau developed a series of dictionaries under the joint title "LexiVin", which were released as French-Spanish-English and French-English-Japanese versions (the latter dictionary was compiled with Japanese collaborators). An important bibliographical resource with details about wine literature "Le vin en page"(1993) was released in Bordeaux. This reference book is based on a systemic principle and embraces all professional wine literature, released in France and other countries during 1945-1992.

Italian researchers of French wine terminology Alberto Capatti and Marco Riva made an interesting research of the XVI century French wine terminology, they traced development of wine terminology in France from 1600 till 1699, and prepared a systemic list of wine terms. This study is very important for etymologists and specialists in history of winemaking and wine terminology. Another interesting dictionary was released in Italy by Carlo Queruli (C. Queruli, 2002). It is a 4-language dictionary with about 600 English wine terms with parallel equivalents in Chinese, Italian and French. Additionally, this dictionary contains a list of grape varieties grown in Italy with their equivalents in Chinese.

In Portugal a terminological wine and spirits dictionary was released (A. Vieira, 1971), and there are also activities in wine terminology at the departments of national linguistic universities.

In Spain wine and viticulture terminography is represented by activities of prominent oenologists and terminologists: a glossary of winemaking terms by Maria Mijares y Garcia-Pelayo (M.

Mijares y Garcia-Pelayo, 1998); Spanish-French wine terminological dictionary; bilingual Spanish-English wine terminological dictionary by Maria Feu (M. Feu, 2002), which is based on regional wine terminology of Castilla and La Mancha. A fine on-line wine dictionary has been developed in Spain, too (www.granseleccion.com). Terminology used for identification of young red wines is listed in an article by Ricardo Lopez et al. (R.López, 2001); here 374 Spanish wine terms are given. Owing to efforts of lexicographers and terminologists from a number of universities of Argentina, special computer databases of Spanish wine terminology have been created (V.Castel, 1995-1996). In Argentina a special method of formal wine terminology assessment was prepared, too (V. Castel, 1997). In 1998 at a Congress of Latin Union (Unión Latina) under the auspice of OIV a proposition was put forward to organize a World Wine Terminology Project. A group of prominent linguists was chosen for this project. The purpose of this project was to develop global wine terminological resources on the basis of modern information technologies. Unfortunately, lack of funds made an obstacle for the continuation of the activity of this group and the whole project remained idle.

In the Czech Republic, apart from a terminological wine glossary (L. Zitnan, 1962), such interesting resources had been published: description of wine terminology in a book by Jindřich Hauft (J. Hauft, 1988), a glossary of winemaker (J. Patek, 1995), and also a wine encyclopedia (V. Kraus, 1977) and a winemaker's reference book (V. Kraus, 2000).

Terminological grape and wine dictionaries are published now in China (Zhongguo jiu wen hua ci dian, 1990; H.Xu, 2002). These dictionaries give a general idea of viticulture and winemaking of China and other countries and contain Chinese wine terminology. A large amount of work is being made in China to translate the names of grape varieties from European languages into Chinese, which deserves a special mention.

One of the first works in wine terminology in Russia was written by Vassily Tairov (В. Таиров, 1940). In 1971 a researcher M.A. Peliakh released a glossary of viticultural terminology, which enlisted about 700 terms. Later a number of terminological works were published in Russia by different authors, as well as Encyclopedia of Viticulture. Development of wine terminology in Russia, Ukraine and states of the former USSR was made mostly under a normative approach. Lists of wine terminology are given in standards of Russia and those of other countries. Lately due to increased international contacts a big amount of foreign terms were acquired into the Russian language. In this respect it is necessary to prepare a number of dictionaries, to ensure understanding of new terminology. In 2004 for the first time in Russia a French-Russian Wine Dictionary was released by Nadezhda Fedorina (Н. А. Федорина, 2004); the dictionary contains 5 000 entries and most entries are supplied with explanations. Russia has wine terminological resources available on-line (www.wineworld.ru, www.drinks.internet.ru, www.alkogol.com, etc.). Development of wine terminology is monitored in the Russian magazine "Vinograd i vino Rossii". For instance, Russian scholar V. A. Menshov attempts to represent a system of knowledge of viticulture and winemaking as an information field, which is directly linked with terminology (В. А. Меньшов, 2000). In addition, the same author makes a fundamental criticism of the most complete terminological resource in Russia – "Encyclopedia Vinogradarstva", where he confirms the logical inconsistency of the definitions used in this academic book (В. А. Меньшов, 2001). The reason for such criticism is seen by the author as a lack of professional literature and the existing insufficient level of terminology development. At present a new wine terminology standard is being developed in Russia, which is planned to eradicate numerous inconsistencies and misuse of terminology.

In Ukraine a certain amount of work is being made, too, to analyze viticulture and winemaking terminology. A famous Ukrainian oenologist E. P. Scholz-Kulikov made an analysis of terminology, used in Russian and Ukrainian taking into consideration the need of harmonization with EC and the rest of the world; he points out a number of out-dated and inconsistent words, which are widely used in Ukraine and Russia, and makes a proposition to get rid of out-dated and unlawful terms, and makes prospects of terminology development for the future (Шольц-Куликов, 2001). In particular, E. P. Scholz-Kulikov suggests banning of the usage of such terms as "Champagne", "jeres", "port", "madeira", etc., as improbable for wines produced in Ukraine, and makes criticism of such terms as "Champagne of Ukraine", "Cognac of Ukraine", which had been introduced with the Wine Law of Ukraine; he rejects similarly the obsolete term "ordinary wine". Thus, it is seen that at the moment there is an acute discussion on the subject of terminology consistency and legacy of its usage. In Ukraine, like in other CIS countries, there are special national terminological committees, working along within the National Institute of Viticulture and Oenology. Results obtained from these committees are published, as a rule, in the form of National Standards. Sometimes these activities are over-scheduled, and many standards are still not ready. In addition, National Standards of Ukraine, alongside with Ukrainian and Russian terms, contain equivalents of some terms in English, German and French. Unfortunately, there are rough mistakes in spelling of foreign terms used in National Standards which requires immediate corrective actions. Recently a wine dictionary by Vyacheslav Razuvayev was published in Ukraine (В. С. Разуваев, 2001), which certainly deserves attention. This dictionary accumulates special terminology relating to tasting of wines, cognac, brandy from English, French, German, Spanish, Portuguese, Italian, Greek and other languages. In a way this book fills the gap and improves somewhat the situation with a lack of special terminological resources which exists now in Ukraine.

At present the most comprehensive resource of wine terminology in Russia and former USSR states is the three-volume Encyclopedia of Viticulture, which embraces viticultural and winemaking terminology in Russian and partially some terms from other languages. Unfortunately, this resource is out-dated, inconsistent and needs revision. No doubt, it is important to continue terminological work and prepare new resources, and alongside with National Wine Institutes this work should be shared with Grape and Wine Associations, Association of Sommeliers, and other professional bodies of Russia, Ukraine and other countries.

As the analysis of professional literature shows, wine terminology was discussed mostly in the professional press and special literature in the context of advisory terminology. Dictionaries and glossaries prevail among all professional terminology literature. There is a certain scarcity of special terminological research papers. One of the most important papers in this respect is a small, but enthusiastically written book of Finnish researcher Eero Alanne (E. Alanne, 1957), in which the author makes an analysis of English viticulture and wine terminology, traces its origin and makes assessment of its state-of-the-art.

A large amount of terminological work is being done by the International Organization of Viticulture and Oenology (Office International de la vigne et du vin, OIV). OIV alongside with main scientists of other countries has released a dictionary «Lexique de la vigne et du vin» (OIV, 1963). Its direct predecessor was a lexicographical work by Henri Faes (H. Faes, 1940). The unique feature of Henri Faes' work is that he managed to accumulate in one book a representative collection of French, Italian, Spanish and German wine terminology, which facilitated search of analogues of terms in the given 4 languages. It is quite natural that this work attracted attention of other researchers, and later the multilingual "Lexique de la vigne et du vin" was released. It included main wine terminology from French, Italian, Spanish, German, Portuguese, English and Russian. It should be mentioned that Russian part of this multilingual dictionary was prepared by prominent Russian and Moldavian scientists – M. A. Gerasimov, A. M. Negrul, etc. This dictionary needs up-dating, and OIV for a number of years (backed up by EC) is making preparations of a new edition of this dictionary which is planned after 2005.

Numerous scholars, winemakers and wine tasters contributed to wine terminology studies. One of the greatest modern wine tasters Emile Peynaud, also made a great tribute to this process by specializing a profound connection of the wine tasters' art and his ability to use special terminology (E. Peynaud, 1987). In addition, Emile Peynaud made a study of the development of wine tasting terminology since ancient times. He found out that ancient Greeks used more than 100 terms to specify wines. This study of Emile Peynaud made a large influence on his followers – scholars and winemakers from many countries. In Great Britain this study was pursued by Michael Schuster, a disciple of Emile Peynaud, by making this terminology clear to the wide audience of wine lovers (M. Schuster, 1989). A known wine taster Michael Broadbent participates in this study (M. Broadbent, 1979). The merited wine taster Jancis Robinson published a number of valuable wine books since 1983, which still possess a distinctive quality (J. Robinson, 1983-1994). Her books, accurate and precise, were aimed at teaching the wine audience how to taste wines properly and introducing terminology rules; this is the main problem occurring during tastings. The problem of consistency of terminology and its correct usage by wine professionals was emphasized by other researchers, e.g., P. Gregutt (P. Gregutt, 2003). The main reason of terminological divergences and misunderstandings seems to be a merely natural phenomenon – every wine taster makes his personal judgments owing to his individual physiological capabilities. Research, conducted in the USA by Roman Weil (R. Weil, 2004), showed, that only 51% of wine tasters are capable of identifying the wine properly, and find analogies of wine character with its description. Usage and abusage of wine terminology in wine tasting practice was studied intensively by F. Bernstein (Bernstein, 1998), Victoria Moore (V. Moore, 1999), Andrew Campbell (A. B. Campbell, 2004), et al. Victoria Moore, in particular, points at problem of multiplying the wine dictionary without any reason and gives two main ways of its development – one is to use bright, but scarcely understood metaphors, another one is to use long and dull chemical formulas (V. Moore, 1999).

It is clear from this point of view that wine professionals are making efforts to systemization and standardization of terminology. A work by California scholar Ann Noble in this direction is widely known (A. C. Noble, et al., 1984), which made a start for introduction of a collection of strictly standardized wine tasting terminology – "Aroma Wheel" and preparation of other similar works on the subject. Later Ann Noble and her colleagues made substantial additions to their first collection of standard terms (A. Noble, et al., 1987). Basing upon achievements of Ann Noble, some other scholars introduced similar wine tasting terminology standards, in particular, S. Miller (S. Miller, 2004), who made a proposal to use 133 terms related to 3 main levels of wine terminology. Similarly a new classification of wine terminology was developed by Richard Gawel from Australia, his classification enlists 120 terms (R. Gawel, 2001)

Studies of wine terminology should be placed in line with the development of the wine industry. Such development is clearly seen being based on historical principles, and there is a close relationship between history, bibliography and wine terminology. Some important bibliographical works should be mentioned: a valuable reference book of wine bibliography in the English language by B. Rankine (B. C. Rankine et al., 2004), and a book by Australian wine expert Valmai Hankel (V. Hankel, 1994), which prove to be a basis for any wine related research.

Specific applied research is also conducted in the study of wine terminology. Among the latest research projects relating to wine terminology, there are interesting computerized projects. Some serious results had been achieved by a scientific school of Information Science at the University of Mendoza (Argentina) headed by Dr. Víctor Castel (V. Castel, 1995-1996). Owing to his personal efforts and to support from Ministry of Agriculture of Argentina, a computerized project LeCoDeVi (Lengua Controlada de la Degustación de Vinos) was successfully implemented, and different linguistic information systems and databases of wine terminology had been created. Such systems effectuate: a) identification and classification of main structural components; b) description of sub-language, used in wine definitions, from the point of view of syntax and semantics; c) evaluation of glossaries and wordstock; and d) creation of sub-language used for wine tasting definitions, from the point of view of syntax and semantics, consisting of wine tasting terms. Among the latest works in this area we can mention a work by Californian scholars (Noy and McGuinness, 2001), who developed a concept of universal collection of wine terminology having links between terms which permits development of dictionaries, ensuring standardization of terminology, etc.

Wine terminology is disseminated officially through normative documents (standards, directives,. etc.). In Europe this is done by the EU Commission, which issues Directives relating to viticulture, winemaking, production and marketing of spirits. Many directives include special chapters on terminology. In the USA such standards are developed by TTB (BATF).

An interesting and important branch of modern wine terminology and terminography is creation of multilingual dictionaries; one of the first dictionaries of this type was "Lexique de la vigne et du vin". There are such multilingual wine dictionaries:

2-language dictionary by Leticia Perraut in English and French;

3-language dictionary by Conrad Tuor (English, French, German). (C. Tuor. 1978);

3-language dictionary of Maria Ibald (M. Ibald, 1994);

3-language Thesaurus of Viticulture and Enology (English, German and French) released in Germany in 1986;

3-language dictionary by Seinosuke Sugama (S. Sugama, 1989) which lists wine terminology in French, English and Japanese;

4-language dictionary of viticultural terminology in English, Chinese, Italian and French compiled by Carlo Queruli (C. Queruli, 2002);

5-language dictionary of terms relating to winemaking technology released in Germany (Weinbautechnik, 1981) in German, Italian, English, French and Spanish;

5-language dictionary of culinary terminology, prepared by Richard Hering (R. Hering, 1994) in English, German, French, Spanish and Italian languages;

5-language dictionary of winemaking prepared by James March (J.March, 2004);

6-language dictionary "Lexique de la vigne et du vin" (OIV);

6-language dictionary by Denise Dupont-Escarpit (English, French, German, Italian, Portuguese, Spanish);

6-language dictionary by Denise Dupont-Escarpit (English, French, German, Italian, Portuguese, Spanish) (Dupont-Escarpit, 1993)

6-language dictionary by Marc Lagrange (M. Lagrange, 2000) in French, English. Spanish, German, Italian and Portuguese.

Thus, viticulture and winemaking terminological systems have a long history and the structure is rather complicated, which is represented by multilingual and cross-cultural resources. Such diversity is stipulated with differences of viticultural and oenological practices throughout the world and is connected with the attempts of authors and standardization bodies to systematize somehow the terminology.

A list of main references, used for the preparation of this review
Список основных источников,
использованных при составлении данного обзора

1. ABC des vins/ direction editoriale Laurie Flavigny, Edith Yvert. — Paris: Larousse, 1995.
2. Alanne, Eero. Observations on the development and structure of English wine-growing terminology. — Helsinki, Societe neophilologique, 1957. (Memoires de la Societe neophilologique de Helsinki, XX, 3).
3. Ambrosi, Hans. Wein von A bis Z : der neue grosse Ambrosi. — Vollstandig aktualisierte Ausg. — Bindlach : Gondrom, 2002.
4. Amerine, M. and Roessler, E. Wines: Their Sensory Evaluation. — New York: W.H. Fillman and Company, 1976.
5. Basset, G. The Wine Experience. — London: Kyle Cathie, 2000.
6. Bernstein, L.S. The Official Guide to Wine Snobbery. — N.Y.: Quill, 1982.

7. Bernstein, Philip. A good match: your guide to pairing vegetarian food with wine// Vegetarian Times. — Sept. 1998.
8. Bottiger, Theodor Dr. Das grosse Lexikon von Wein. — [Munchen] Grafe und Unzer [1971].
9. Breitschadel, Wilhelm. Die romanische Terminologie der Weinbeurteilung : Beitrage zu ihrer Entstehung und Entwicklung / vorgelegt von Wilhelm Breitschadel. — Koln : Universitat zu Koln, 1986.
10. Broadbent, M. Michael Broadbent's Wine-Tasting. — London: Mitchell Beazley, 2003.
11. Brown, Bradford S. The Internet Guide to Wine (web resource). 1995.
12. Bucher, Theodor. Kellerlexikon. – Luzern: K. Miller-Kiefer, [1918].
13. Cadiau, Paul. Lexivin = Lexiwine = [Wain goishu] : le langage de la vigne et du vin a l'usage des professionnels et amateurs / versions initiales française et anglaise de Paul Cadiau, version japonaise de Michiyo Saeki supervisee par Masazumi Watanabe. — Pernand-Vergelesses : Paul Cadiau, 1995.
14. Cadiau, Paul. LexiVin : plus de 5.000 termes techniques et commerciaux : version originale = LexiVino (LexiWine) : mas de 5.000 terminos tecnicos = LexiWine / de Paul Cadiau ; traduite en espagnol par Angel Anocibar Beloqui et Joachin Galvez Bauza. — Pernand-Vergelesses [France] : Les publications de Catherine et Paul Cadiau, 1998.
15. Campbell, Andrew S. How to Taste Wine// Wine Squire. — August 2004.
16. Capatti, Alberto. Les Marquis Friands au XVII siècle// Communicazione al Colloquio "Le Goût", Dijon, 12-13 settembre 1996.
17. Castel, Victor M. Del termino a texto: Sistema para la extracció de datos sintácticos y semánticosde descripciones de vinos// Actas del V Simposio Iberoamericano de terminologia RITerm. — Ciudad de México, del 3 al 8 de noviembre de 1996.
18. Castel, Víctor M. Estructuras de predicación y configuraciones argumentales de los terminos de degustacion de vinos, ponencia leida en las II Jornadas de Lexicografia, Universidad Nacional de Buenos Aires, en octubre de 1995.
19. Castel, Víctor M. y Catania, Carlos D. Modelización de sistemas para la produccion e interpretacion, natural y asistida por computadora, de lenguas controladas en dominios cognitivos restringidos: la terminologia y la gramatica de la degustacion de vinos, Informe anual del proyecto LeCoDeVi (2 volumenes). — Ano I. – Mendoza: CRICYT, 1995.
20. Castel, Víctor M. Definición formal de términos para el análisis sensorial de vinos// Recursos léxicos para la terminología: Actas del I Seminario sobre Terminología y Mercosur. — RECYT-Mercosur y UN Gral, Samiento, Buenos Aires, Argentina, 1997.
21. Chatelain-Courtois, Martine. Les mots du vin et de l'ivresse. — Paris: Belin, 1986.
22. Code international des pratiques oenologiques. — Paris : Office international de la vigne et du vin, 1998.
23. Collin, S.M.H. Oddbins Dictionary of Wine: All You Need to Know. — L: Bloomsbury Publishing Plc, 2004.
24. Cosinier, Felip. La lenga de la vinha e del vin : lexic occitan dels terraires, de las vinhas, de la vinificacion e de la tasta del vin : diccionari viti-vinicola occitan : lexic frances-occitan : expressions e proverbis : tasta del vin, apellacions, adventissas. — Besiers [France] : I.E.O.-Langedoc ; Pueglaurenc [France] : I.E.O. — IDECO, 1995.
25. Cox, Jeff. From Vines to Wines. — N.Y.: Harper & Row, 1988.
26. Cusmano, Giuseppe. Dizionario metodico-alfabetico di viticultura ed enologia. — Milano: Fratelli Dumolard, 1889.
27. Debuigne, Gerard. Nouveau Larousse des vins. — Paris : Larousse, 1979.
28. Dictionnaire des vins de France / [edition, Catherine Montalbetti]. — Paris : Hachette, 2001.

29. Dictionnaire des vins et alcohols / Myriam Huet, Valerie Lauzeral avec la collaboration de Jean Colson et Bernard Salle. — Paris : Hervas, 1990.
30. Dictionnaire du vin / sous la direction d'Yves Renouil ; avec la collaboration de Claude Feret ; preface de Robert Tinlot. — Boulogne-sur-Seine : Editions Sezame, 1988.
31. Dovaz, Michel. Dictionnaire Hachette du vin. — [Paris] : Hachette, 1999.
32. Dupont-Escarpit, Denise. La vigne et le vin : eurolexique : français, English, espanôl, deutsch, italiano, portugues / Denise Escarpit ; avec la collaboration de M.-H. Piwnik, C. Seres et Ph. Roudie. — Talence : Presses universitaires de Bordeaux, [1993].
33. Durso Pennisi, Alfio. Dizionario enologico. — Milano: U. Hoepli, 1910.
34. Engel, Rene. Vade-mecum de l'oenologue et du buveur "Tres pretieux.". — Paris, M. Ponsot, 1959.
35. Evans, Jeff. The Good Bottled Beer Guide. — CAMRA, 2001.
36. Faes, Henri. Lexique viti-vinicole international; français, italien, espagnol, allemand. — Paris: Office international du vin, 1940.
37. Feu, María José. Diccionario Bilingue Español-Inglés realizado por Aereas de Conocimiento sobre el Vino. 2002.
38. Fisher, M. F. K.. Cook's and Diner's Dictionary : A Lexicon of Food, Wine, and Culinary Terms. — New York : Funk & Wagnalls, 1968.
39. Fried, Eunice. The Language of Wine-Grape Terminology // Black Enterprise. — February 1993.
40. Garoglio, Pier Giovanni. Enciclopedia vitivinicola mondiale. — Milano: Edizioni scientifiche UIV, 1973.
41. Garrier, Gilbert. Les mots de la vigne et du vin. — Paris : Larousse, 2001.
42. Gawel, Richard; Oberholster, A.; Francis, I. Leigh. A Mouth-feel Wheel: Terminology for Communicating the Mouth-feel Characteristics of Red Wine. — Adelaide, Australia: Department of Horticulture, Viticulture and Oenology; University of Adelaide, 2001.
43. Gawel, R. The Use of Language by Trained and Untrained Wine Tasters// Journal of Sensory Studies. — 1997. — Vol. 12. — p. 267-284.
44. Geiss, Lisbet. The gay language of wine; expressions used in wine terminology. Illustrated with drawings by Wilhelm Busch. — Neustadt/Weinstrasse, D. Meininger [1970].
45. George, Rosemary. The Wine Dictionary. — Burnt Mill, Essex : Longman, 1989.
46. Glass, Richard. Wein-Lexikon : für Weinbauer, Weinhändler und Weinfreunde / hrsg. von Richard Glass. — Berlin : P. Parey, 1885.
47. Glossario hispanogalo para entender lo que leemos.
48. Goerner, Robert. The wine pronunciation guide [sound recording] / compiled and produced by Robert Goerner; Darrell Corti, Karl Petrowsky. — Corte Madera, CA : Winetapes, 1972.
49. Gregutt, Paul. Scents and Nonsense// The Seattle Times Pacific Northwest Magazine. — 2003.
50. Grudzinski, Ted. Winequest: The Wine Dictionary. — Bay Shore, N.Y. : Winequest, 1985.
51. Hankel, Valmai. Oenography: Words on Wine in the State Library of South Australia. — Adelaide: State Library of South Australia, 1994.
52. Hanten, Christa. ABC der Weine Deutschlands, Osterreichs und der Schweiz / Christa Hanten, Eckhard Supp, Eva Zwahlen. — Offenbach : Eno-Verlag, 2002.
53. Hauft, Jindřich. Nový brevíř vině. — Praha, 1988.
54. Hawkins, Anthony. Glossary of Wine Tasting Terminology. 1995 (web resource).
55. Hellrung, Carl Ludwig. Conversationslexicon für Weintrinker und Weinhändler / hrsg. von Carl Ludwig Hellrung ; unter Mitwirkung mehrer Weinhändler und anderer Wein-Autoritäten. — Magdeburg : F. Richter, 1838.

56. Henriques, E. Frank. The Signet Encyclopedia of Wine. — Rev. ed. — New York : New American Library, 1985.
57. Herbst, Sharon Tyler. Food Lover's Companion : comprehensive definitions of over 3000 food, wine, and culinary terms. — New York: Barron's, 1990.
58. Hering, Richard. Lexicon der Küche: Hering's dictionary of classical and modern cookery : and practical reference manual for the hotel, restaurant and catering trade / translation of the 11. newly revised edition by Walter Bickel. — Rotherham, U.K.: Virtue, 1994.
59. Hohnerlein-Buchinger, Thomas. Per un sublessico vitivinicolo : la storia materiale e linguistica di alcuni nomi di viti e vini italiani. — Tübingen : Niemeyer, 1996. (Beihefte zur Zeitschrift für romanische Philologie ; 274. Heft.)
60. Hutchinson, Ralph E. A Dictionary of American Wines / Ralph E. Hutchinson, Richard Figiel, Ted Jordan Meredith. — New York : Beech Tree Books, 1985.
61. Ibald, Maria. Wein-dreisprachiges Fachwörterbuch : Deutsch, Englisch, Französisch = Wine-trilingual dictionary : German, English, French = Vin-dictionnaire trilingue : allemand, anglais, français / Maria Ibald, Barbara Student-Bilharz. — Hamburg : Behr, 1994.
62. Immer, Andrea. Great Wine Made Simple. — N.Y.: Broadway Books, 2000.
63. ISO 1087: 1990 Terminology: Vocabulary. — Geneva: International Organization for Standardization, 1990.
64. ISO 1992. Standard 5492: Terms Relating to Sensory Analysis. — Geneva: International Organization for Standardization, 1992.
65. Jackson, Michael. Michael Jackson's Beer Companion. — L.: Mitchell Beazley, 1997.
66. Jakob, Ludwig. Lexikon der Onologie. — Neustadt/Weinstr. : Meininger, 1979.
67. James, Walter. Wine; A Brief Encyclopedia. — New York: Knopf, 1960.
68. James, Walter. A Word-book of Wine. — London, Phoenix House, [1959].
69. Johnson, Frank E. The Professional Wine Reference. — New York : Beverage Media; Harper & Row, 1983.
70. Julien, Andre. The Topography of All the Known Vineyards. — London, 1824.
71. Kitowski, Richard. Clueless About Wine. — Toronto : Key Porter Books, 2002.
72. Kleiber, Wolfgang. Zur sprachgeographischen Struktur der deutschen Winzerterminologie. — Mainz : Akademie der Wissenschaften und der Literatur ; Wiesbaden : Steiner, 1980.
73. Kraus V., Hubáček V., Ackermann P. Rukověť vinaře. — Praha, 2000.
74. Kraus V., Kuttelvašer Zd., Vurm B. Encyklopedie českého a moravského vína. — Praha, 1977.
75. Kruit, N. The Meaning of Various Words Relating to Wine// Zeitschrift für Papyrologie und Epigraphik. — 1992. — Vol.90.
76. Kramer, Otto. Kellerwirtschaftliches Lexikon. — Neustadt an der Weinstrasse, Meininger, 1954.
77. Lagrange, Marc. Paroles de vin. — Bordeaux: Feret, 2000.
78. Le Conte des Floris, Daniel, [et al.]. L'ABCdaire du vin/Daniel Le Conte des Floris, Eric Riewer, Tamara Thorgevsky, Pierre-Emile Durand. — Paris: Flammarion, 1999.
79. Le vin en page. - Bordeaux: Cooperation des Bibliotheques en Aquitaine & Centre Regional des Lettres d'Aquitaine, 1993.
80. Lehrer, Adrienne. Wine and Conversation. — Bloomington: Indiana University Press, 1983.
81. Lennert, Joachim. Lexique des vins et spiritueux français. — Aix-en-Provence: Edisud, 1996.

82. Lexique de la vigne et du vin; français, italiano, espanol, Deutsch, portugues, English, russkii. — Paris: Office international de la vigne et du vin, [1963].
83. Lexivin : français-allemand : au service de la vigne et du vin : 3000 mots et expressions / recenses par Paul Cadiau = [Lexiwein : Deutsch-Franzosisch : kleines Wein-Handbuch : 3000 Worter und Ausdrucke uber Wein / zusammengestellt Paul Cadiau ; deutsche Ubertragung von Ursula Beck]. — Pernand-Vergelesses [France] : Paul Cadiau, auteur-editeur, 1991.
84. LexiWine : wine dictionary : over 5.000 technical & commercial words and phrases from the world of wine. — 3. ed. — Pernand-Vergelesses [France] : Les publications de Catherine et Paul Cadiau, 1998.
85. Lichine, Alexis. Alexis Lichine's new encyclopedia of wines & spirits / by Alexis Lichine, in collaboration with William Fifield, and with the assistance of Jonathan Bartlett ... [et al.]. — 3d ed. — New York : Knopf : distributed by Random House, 1981.
86. Lichine, Alexis. Alexis Lichine's Guide to Wines and Vineyards of France. — 2nd ed. — N.Y.: Alfred A. Knopf, 1982.
87. López, Ricardo; Aznar, Marga; Ferreira, Vicente y Cacho, Juan. Estudio de los terminos descriptivos empleados por catadores del mundo de la industria para describir vinos tintos jóvenes// Aromas: VI Jornadas Científicas 2001 Grupos de Investigación Enológico. — Valencía, 5-7 de junio del 2001.
88. MacNeil, Karen. The Wine Bible. – N.Y.: Workman Publishing, 2001.
89. March, James et al. The Winemakers' Essential Phrasebook/ J.March, J. Halliday, B.Prats, E. Loosen. — London: Mitchell Beazley, 2004.
90. Massee, William Edman. Massee's Wine-Food Index. — New York: McGraw-Hill, [1962].
91. Meilgaard M.C., Dalgiesch C.E. and Clapperton J.F. Progress Towards an International System of Beer Flavour Terminology// American Society of Brewing Chemists. — 1979. — Vol. 37. – p. 45-52.
92. Mendelsohn, Oscar A. The Dictionary of Drink and Drinking. –London: Macmillan, 1966.
93. Mijares y Garcia-Pelayo, Ma. Isabel (Maria Isabel). El vino : de la cepa a la copa / Ma. Isabel Mijares y Garcia-Pelayo, Jose Antonio Saez Illobre ; prologo, Emile Peynaud ; epilogo, Jesus Flores. — 2. ed. — Madrid : Mundi-Prensa, 1998.
94. Miller, Scott. Wine Terminology// Wine Squire. — August 2004.
95. Moore, Victoria. The Word on Wine : Wine Description// New Statesman. — May 3, 1999.
96. Morel, J. J. (Julian John) Handbook of wines and beverages. — London : Pitman, 1975.
97. Müller, Karl. Weinbaulexikon für winzer, weinhändler, käufer und gastwirte, in verbindung mit F. von Bassermann-Jordan, W. Biermann [et al.]; hrsg. von Dr. Karl Müller. — Berlin, P. Parey, 1930.
98. Nedelchev, Nedelcho. Naruchnik na vinaria; rechnik. — Sofia, Zemizdat, 1954.
99. Noble, A.C.; Arnold R.A.; Masuda B.M.; Pecore S.D.; Schmidt J.O. and Stern P.M. Progress Towards a Standardized System of Wine Aroma Terminology// American Journal of Enology and Viticulture. — 1984. — Vol. 35. — No.2. — p. 107 – 109.
100. Noble, A.C.; Arnold R.A.; Buechsenstein J.; Leach E.J.; Schmidt J.O. and Stern P.M. Modification of a Standardized System of Wine Aroma Terminology// American Journal of Enology and Viticulture. — 1987. — Vol. 38. – p. 143-145.
101. Noy, Natalya F. and McGuinness, Deborah L. Ontology Development 101: A Guide to Creating Your First Ontology// Stanford Knowledge Systems Laboratory Technical Report KSL-01-05 and Stanford Medical Informatics Technical Report SMI-2001-0880, March 2001.

102. Olsen, Charles; Singer, Earl and Roby, Norman. The Connoisseurs Handbook of California Wines. — N.Y.: Alfred A. Knopf, 1982.
103. Panwolf, Wilhelm. Kleines Weinlexikon : über 900 Stichwörter u. 26 Fotos : zwei doppelseitige Kt. d. dt. u. europ. Weinanbaugebiete : mit e. Einl. u.e. Anh. [Welcher Wein zu welchem Essen?] . — 2., durchges. u. überarb. Neuaufl. — München: Goldmann, [1976].
104. Parker, Robert. Bordeaux: A Consumer's Guide to the World's Finest Wines. — N.Y.: Simon & Schuster, 2003.
105. Pátek, Jaroslav. Nová vinařská abeceda. — Brno, 1995.
106. Paterson, John. The Hamlyn Pocket Dictionary of Wines. — London ; New York: Hamlyn, 1980.
107. Pepper, Barrie. 50 Great Pub Crawls. – Oxford: CAMRA, 1999.
108. Perraut, Laetitia. Deguster et vendre le vin en anglais : guide d'anglais professionnel. — Asnieres-sur-Seine : L. Perraut, 2000.
109. Peters, Rolf. Wein ABC : das Grundwissen des Weinkenners in alphabetischer Reihenfolge. — Stuttgart : H. Matthaes, 1983.
110. Peynaud, Emile. Knowing and Making Wine. – N.Y.: John Wiley & Sons, 1984.
111. Peynaud, Emile. The Taste of Wine: Art and Science of Wine Appreciation/ transl. M. Schuster. — San Francisco: The Wine Appreciation Guild, 1987.
112. Piaz, Antonio dal. Universal-lexikon für kellerwirtschaft und weinhandel, mit berucksichtigung der wein-, obst — und beerenbranntwein-brennerei, sowie der wichtigsten weinproductionsorte und weinmarken. — Wien, A. Hartleben [1897] .
113. Pierre, Brian St. War of the Words// Food & Wine Magazine. — May 1998.
114. Priewe, Jens; Hosbein, Claudia. Handbuch WEIN: 4 000 Stichworte von A bis Z. - München: Verlag Zabert Sandmann, 2003.
115. Protz, Roger. Classic Bottled Beers of the World. — Prion, 1998.
116. Protz, Roger. The Taste of Beer. — Weidenfeld & Nicholson, 1998.
117. Queruli, Carlo. Oenological Dictionary: English, Chinese, Italian, French. — Trieste: Colombin GM & Figlio, 2002.
118. Rainbird, George. Pocket Book of Wine. 1963.
119. Rankine B.C., Gabler J.M. and Starr K. Wine Into Words: A History and Bibliography of Wine Books in the English Language. — 2nd ed. — Bacchus Press, 2004.
120. Redding, Cyrus. A History and Description of Modern Wines. — :London, 1833.
121. Resch, Gerhard. Die Weinbauterminologie des Burgenlandes : eine wortgeographische Untersuchung, ausgehend von der Weinbaugemeinde Gols. — Wien : Braumüller, 1980.
122. Riely, Elizabeth. The Chef 's Companion : a concise dictionary of culinary terms. — New York : Van Nostrand Reinhold Co., 1986.
123. Robinson, Jancis. Jancis Robinson's Guide to Wine Grapes. — Oxford: Oxford University Press, 1996.
124. Robinson, Jancis. Masterglass: Practical Course in Tasting Wine. — L.: Pan Books, 1983.
125. Robinson, Jancis. The Great Wine Book. — L.: Sidgwick & Jackson, 1983.
126. Robinson, Jancis.The Oxford Companion to Wine. — Oxford: Oxford University Press, 1994.
127. Robinson, Jancis. Vines, Grapes and Wines: The Wine Drinker's Guide to Grape Varieties. — L.: Mitchell Beazley, 1992.
128. Robinson, Jancis. Jancis Robinson's Wine Course. — L.: BBC Consumer Publishing, 1995.
129. Robinson, Jancis. Wine Guide. — L.: Orbis Publishing, 1984.
130. Rodriguez, Angel Manuel. The Search for a "Thou Shalt Not"// Adventist Review. — 2000.

131. Rossler, Otto. Getränkekundliches Lexikon von Absinth bis Zythos. — Neustadt-Weinstrasse, Meininger [1958].
132. Rubash, Joyce. The Master Dictionary of Food and Wine. — 2nd ed. — New York : Van Nostrand Reinhold, 1996.
133. Saint-Roche, Christian R. Le gout & les mots du vin / Christian R. Saint Roche. — [Paris] : J.P. Taillandier, [1995].
134. Schoonmaker, Frank. Frank Schoonmaker's Encyclopedia of Wine. — [7th] ed. — New York : Hastings House, 1978.
135. Schoonmaker, Frank. Frank Schoonmaker's Dictionary of Wines; edited by Tom Marvel. Illustrated by Oscar Fabres. — New York, Hastings House [1951].
136. Schumann, Fritz, Dr. Weinbau Lexikon / Fritz Schumann ; Autoren-Team, Werner Back ... [et al.]. — Neustadt/Weinstrasse : Meininger Verlag, 1998.
137. Schuster, Michael. Essential Winetasting. — London: Mitchell Beazley, 2000.
138. Simon, André Louis. The history of the wine trade in England. — London : Wyman & Sons, 1906-1907.
139. Simon, André Louis. Wines and liqueurs from A to Z; a glossary. — London, Wine and Food Society, 1952.
140. Steneker, Fred. Vinetum : de complete dranken encyclopedie. — 6. geheel herziene druk. — Rotterdam : Wyt, [1979].
141. Stevenson, Tom. The New Sotheby's Wine Encyclopedia. — New York, N.Y. : DK Pub., 1997.
142. Stevenson, Tom. Wine Report 2004. – N.Y.: Dorling Kindersley, 2003.
143. Stimpfig, J. Brits versus Yanks// Decanter. — Vol. 24. — April 1999.
144. Sugama, Seinosuke. Wain jogo jiten = petit dictionnaire du vin. — Tokyo, Heibonsha, 1989.
145. Szőleszeti es boraszati hatnyelvű értelmező szótár. Dictionary of viticulture and oenology in six languages. [Szerk. bizottsag: Herpay Balazsne, Katona Jozsef es Murakozy Tamas; szerk.: Lelkes Lajos; a szerk. munkatarsa: Aradszky Gezane. Irta es osszeallitotta: Csepregi Pal et al.]. — Budapest, Mezőgazdasági Kiadó, 1971.
146. The Good Beer Guide 2004, ed. by Roger Protz. — CAMRA, 2004.
147. Thesaurus viticulture and enology: English-German-French / [editing H. Berndt]. — Frankfurt-Main: International Food Information Service, 1986.
148. Tischelmayer, Norbert. Norbert Tischelmayer's Wein-Glossar: 2777 Begriffe rund um der Wein. — St. Pölten; Wien; Lienz: NP-Buchverl., 2001.
149. Tuor, Conrad. Wine and food handbook: aide-memoire du sommelier. — London: Hodder and Stoughton, 1978.
150. Turner, Ben. The AB-Z of winemaking / B.C.A. Turner and E.A. Roycroft. — London : Pelham Books, 1966.
151. Vieira, A. Lopes. Prova de vinhos : vinho do Porto, aguardentes e outras bebidas alcoolicas : terminologia, bibliografia / A. Lopes Vieira. = Lisboa : Cromotipo. 1971.
152. Vinordbog; lidt om vin og spirituosa. Udarb. af vinbranchens propaganda. — 5. udg. — København, P. Haase, 1962.
153. Wagner, Philip M. The Art of Winemaking in America. — N.Y.: Alfred A. Knopf, 1981.
154. Watson, Giles. Watson's Wine Glossary (web resource). 2001.
155. Weil, Roman L. Debunking Critics' Wine Words: Can One Distinguish the Smell of Asphalt from the Taste of Cherries?// Oenométrie XI. — Dijon 21-22.05.2004: Résumés des communications. — p.51.
156. Weinbautechnik : Mehrsprachen-Bildwörterbuch / herausgeber H. Steinmetz = Vicultural technique : Multilingual illustrated dictionary / editor H. Steinmetz. — Betzdorf/

Sieg [West Germany] : H. Steinmets ; Bologna [Italy] : EDAGRICOLE [distributor], 1981.
157. Wikland, Sten. Vad är vad på butelj och fat. — 2. uppl. — Karlskrona : K.L. Svensson, 1949.
158. Wikland, Sten. På butelj och fat : en uppslagsbok. — Stockholm : Norstedt, [1960].
159. Williamson, Philip and Moore, David. Wine Behind the Label 2004. — Williamson Moore Publishing, 2004.
160. Wine Cheat Sheet 101// Cheers. — March 2003.
161. Woods, Simon. Understanding Wine Labels. – London: Mitchell Beazley, 2004.
162. Woschek, Heinz-Gert. Das ABC des Weines. — Mainz : Eggebrecht-Presse, 1973.
163. Wynbouwoordeboek : insluitende wingerdbou, wynbereiding, wynskeikunde : Eng.-Afr., Afr.-Eng. / saamgestel deur die Afdeling Terminologie, Taaldiensburo, met medewerking van die Navorsingsinstituut vir Wijnkunde en Wingerdbou. — Pretoria : Verkrijbaar bij die Staatsdrukker, 1973.
164. Xu, Hairong. Zhongguo jiu shi da dian / Xu Hairong zhu bian. — Beijing : Hua xia chu ban she, 2002.
165. Zhongguo jiu wen hua ci dian / zhu bian Zhu Shiying, Ji Jiahong. — Hefei Shi : Huangshan shu she : Anhui sheng xin hua shu dian jing xiao, 1990.
166. Zitnan, Ladislav. Slovensko-česko-rusko-francuzsko-nemecko-mad'arsky odborny slovnik vinohradnicko-vinarsky. — [Praha], 1962.
167. Меньшов В.А. О логической несостоятельности профессионального языка виноделов// Виноград и вино России. — 2001. — №1. — С. 6-11.
168. Пелях М.А. Справочник виноградаря/ под ред. А.М. Негруля. — М.: Колос, 1971.
169. Разуваев В.С. Словарь винного языка. (около 2 000 слов и словосочетаний). — Ялта, «Крым Пресс», 2001.
170. Таиров В.Е. Словарь-справочник по виноградарству и переработке винограда. — Москва: Сельхозгиз, 1940.
171. Федорина Н.А. Французско-русский словарь по вину: 5 000 слов. — М.: ООО «СвР-Аргус», 2004.
172. Шольц-Куликов Е.П. Вино Украины в условиях гармонизации с европейским рынком/ Виноград и вино России. — 2001. — №1. — С. 11-14.
173. ГОСТ 5575-76 Вина. Упаковка, маркировка, транспортировка и хранение.
174. ГОСТ 7208-93 Вина виноградные и виноматериалы виноградные обработанные. Общие технические условия.
175. ГОСТ 13741 Коньяки. Общие технические условия.
176. ГОСТ Р 51145-98 Спирты коньячные. Технические условия.
177. ГОСТ Р 51147-98 Виноматериалы шампанские. Технические условия.
178. ГОСТ Р 51165-98 Российское шампанское. Общие технические условия.
179. ГОСТ Р 50208-92 Вина виноградные и виноматериалы виноградные обработанные. Общие технические условия.
180. ДСТ України 2163-93. Виноробство. Терміни та визначення.
181. ДСТ України 2164-93. Вина виноградні. Терміни та визначення.
182. ДСТ України 2301-93. Виноградарство. Терміни та визначення.
183. Энциклопедия виноградарства: в 3-х т. – Кишинёв, 1986-1987.

АНГЛО-РУССКИЙ СЛОВАРЬ ПО ВИНОГРАДАРСТВУ, ВИНОДЕЛИЮ И СПИРТНЫМ НАПИТКАМ

Около 13 000 терминов

ENGLISH-RUSSIAN DICTIONARY OF VITICULTURE, WINE AND SPIRITS

About 13 000 terms

АНГЛИЙСКИЙ АЛФАВИТ

Aa	Gg	Nn	Uu
Bb	Hh	Oo	Vv
Cc	Ii	Pp	Ww
Dd	Jj	Qq	Xx
Ee	Kk	Rr	Yy
Ff	Ll	Ss	Zz
	Mm	Tt	

A

abboccato (*adj.*) *ит.* полусухой (*обозначение на этикетке итальянских вин*); *см. ткж.* **demi-sec; half-dry; medium-dry**

Aberlour *шотл. фирм.* «Аберлюр» (*марка односолодового виски, изготовленного из спиртов, выдержанных 12 или 15 лет в дубовой бочке; производится в регионе Спейсайд*)

ablactation (*n.*) *бот.* аблактировка, прививка сближением (*без отделения побегов от материнского растения*)

abloom (*predic.*) в цвету; цветущий (*о растении*)

abocado (*adj.*) *исп.* полусухой (*обозначение на этикетке испанских вин*); *см. ткж.* **demi-sec; half-dry; medium-dry**

Abound (*n.*) *амер. агр. фирм.* «Эбаунд» (*марка фунгицида*)

Abouriou (*n.*) *фр. амп.* Абуриу (*сорт красного винограда, применяется на юге Франции для приготовления красных столовых вин*); *см.* **Early Burgunder**

above ground growth *бот.* надземный рост (*растения*)

Abricotine (*n.*) *фр.* абрикотин (*1. абрикосовый бренди; 2. абрикосовый ликер*)

abroach (*predic.*) откупоренный; ◊ **to set a cask** ~ откупорить бочку

Abruzzi (*n.*) *ит. геогр.* Абруцци (*виноградарско-винодельческая область в центральной части Апеннинского п-ва*)

Absente (*n.*) *фр. фирм.* «Абсент» (*ликер на основе полыни; наименование напитка, который появился в продаже во Франции с 2000 г. после запрета абсента в 1915 г.*)

absinth(e) (*n.*) *фр.* абсент (*приготовленная на спирту настойка полыни, аниса, мелиссы и фенхеля крепостью 50-70% об., зеленого или желтого цвета, содержит ядовитое вещество туйон, воздействующее на головной мозг человека; абсент был запрещен во многих странах в начале ХХ в.; после 2000 г. Евросоюз разрешил производство, продажу и употребление туйоносодержащих продуктов при максимальной концентрации туйона 10 мг на литр вместо 80 мг*)

absinthium (*n.*) *см.* **absinth(e)**

Absolut (*n.*) *фирм.* «Абсолют» (*марка водок с нейтральным ароматом и ароматизированных, производимых в Швеции*); *ткж.* **Absolut Vodka**

Absolut Citron *фирм.* «Абсолют Ситрон» (*марка водки, ароматизированной лимоном, крепостью 40% об.; производится в Швеции*)

absolute ethanol абсолютный спирт (*содержащий менее 1% воды*)

absolute spirit *см.* **absolute ethanol**

Absolut Kurant *фирм.* «Абсолют Курант» (*марка водки, ароматизированной черной смородиной, крепостью 40% об.; производится в Швеции*)

Absolut Mandrin *фирм.* «Абсолют Мандрин» (*марка водки, ароматизированной мандарином, крепостью 40% об.; производится в Швеции*)

Absolut Vanilia *фирм.* «Абсолют Ванилиа» (*марка водки, ароматизированной ванилью, крепостью 40% об.; производится в Швеции*)

absorbate (*n.*) *хим.* абсорбат, абсорбированное вещество

absorbent

absorbent (*n.*) *хим.* абсорбент, абсорбирующее вещество
absorber (*n.*) *хим.* абсорбер, абсорбционный аппарат
absorbing root *бот.* всасывающий корень
absorption (*n.*) *хим.* абсорбция; поглощение, впитывание
abstainer (*n.*) непьющий (человек); трезвенник
abstemious (*adj.*) воздержанный, умеренный (*об употреблении спиртных напитков*)
abstinence (*n.*) воздержание; отказ от употребления спиртных напитков
abundance (*n.*) изобилие; ◊ **foam** ~ *пив.* обильность [кратность] пены; **grape variety** ~ изобилие сортов винограда
abuse (*n.*) злоупотребление; ◊ **alcohol** ~ злоупотребление алкоголем
acarpous (*adj.*) *бот.* бесплодный, не имеющий плодов
accelerant (*n.*) *хим.* катализатор, ускоритель
accelerator (*n.*) *хим.* катализатор
accessible (*adj.*) доступный, удобный; ◊ **easy** ~ **variety** широко распространенный [легкодоступный] сорт винограда
accessions in grapevine collections поступления в хранилище сортов виноградных лоз
accumulate (*v.*) накапливать, аккумулировать; ◊ **to** ~ **sugar** накапливать сахар (*в ягодах*)
accurate (*adj.*) калиброванный (*о приборе*)
acerbity (*n.*) терпкость, резкость, жесткость (*о вкусе вина*)
acescence (*n.*) (уксусное) скисание (*вина*), образование уксуса (*в вине*)
acetaldehyde (*n.*) *хим.* ацетальдегид, уксусный альдегид
acetate (*n.*) *хим.* ацетат, соль уксусной кислоты
acetic (*adj.*) уксусный
acetic acetification уксусное скисание (*вина*), образование уксуса (*в вине*)
acetic acid уксусная кислота
acetic acid bacteria *см.* **acetobacter**
acetic aldehyde *см.* **acetaldehyde**

acetic tinge штих (*первые признаки уксусного скисания вина*)
acetification (*n.*) *см.* **acescence**
acetify (*v.*) окислять(ся), обращать(ся) в уксус
acetobacter (*n.*) *микр.* ацетобактер(ия)
acid (*n.*) *хим.* кислота
acid blend (*n.*) *хим.* смесь трех кислот (*винной, яблочной и лимонной*)
acid hydrolysis *спирт.* кислотный гидролиз
acidic (*adj.*) 1. *хим.* кислотный; 2. кислый (*о вкусе*)
acidification (*n.*) окисление; подкисление
   spontaneous ~ самопроизвольное подкисление
acidifier (*n.*) подкисляющее вещество, подкислитель
acidify (*v.*) окислять(ся); подкислять
acidimeter (*n.*) ацидометр
acidimetry (*n.*) ацидиметрия
acidity (*n.*) кислотность
   acrid ~ акридная кислотность
   actual ~ активная [истинная] кислотность; *ткж.* **true acidity**
   excessive ~ избыточная [повышенная] кислотность
   final ~ конечная [предельная] кислотность
   fixed ~ фиксированная кислотность (*сумма связанных органических и неорганических кислот*)
   fruity ~ кислотность плодов или ягод
   initial ~ исходная [начальная] кислотность
   natural ~ природная [натуральная] кислотность
   residual ~ остаточная кислотность
   titratable ~ титруемая кислотность
   total ~ общая [суммарная] кислотность (*фиксированных и летучих кислот*)
   true ~ активная [истинная] кислотность; *ткж.* **actual acidity**
   volatile ~ содержание летучих кислот
acid-proof (*adj.*) кислотостойкий, кислотоупорный; *ткж.* **acid-resistant**
acid-resistant (*adj.*) *см.* **acid-proof**
acid-soluble (*adj.*) кислоторастворимый
acid test kit стандартный набор средств для анализа кислотности вин

acidulant (*n.*) подкисляющее вещество, подкислитель
acidulate (*v.*) подкислять
acidulated (*adj.*) *см.* **acidulous**
acidulous (*adj.*) кисловатый, подкисленный; *ткж.* **acidulated**
acid washing *спирт.* кислотное промывание
aciniform (*adj.*) *бот.* имеющий форму виноградной грозди; *ткж.* **botryoidal**
acopic (*adj.*) *мед.* снимающий усталость; ◊ ~ **wine effect** расслабляющее действие вин
acratophore (*n.*) *греч.* акратофор (*амфора для вина*)
acre (*n.*) акр (*единица измерения площади = 0,4 га*)
acreage (*n.*) *агр. собир.* площади в акрах (*для выращивания с.-х. культур*)
acrid (*adj.*) острый, едкий (*о вкусе, запахе*)
acridity (*n.*) острота, едкость (*вкуса, запаха*)
activation (*n.*) *бот.* активация (*вторая стадия годового цикла винограда*)
active bud *бот.* активная почка
active vegetation period *бот.* период активной вегетации
activity (*n.*) *бот.* активность, жизнедеятельность (*растения*)
vine ~ активность виноградной лозы
Ada (*n.*) *амп.* Ада (*американский гибридный сорт красного винограда; получен скрещиванием сортов Изабелла и Блэк Гамбург*)
adabag (*n.*) *тур.* сухое красное столовое вино
adding (*n.*) *см.* **blending**
addition (*n.*) примесь
~ **of water** добавление воды; разбавление (*вина*) водой; *см. ткж.* **adulteration**
additive (*n.*) добавка (*к виноматериалу*)
chemical ~ химическая добавка
flavor ~ ароматическая добавка
addle 1. (*n.*) осадок в вине; 2. (*v.*) тухнуть, портиться; 3. (*adj.*) тухлый, испорченный
adega (*n.*) *порт.* 1. винный погреб 2. винодельческое предприятие 3. винный магазин

Adelaide (*n.*) *брит. фирм.* «Аделейд» (*самая большая винная бутылка; предназначена для хереса; имеет длину 1,5 м, вмещает 26 галлонов или почти 98,5 литров вина*)
adherent (*adj.*) вязкий, клейкий
adhesion (*n.*) прилипание, слипание
adhesive (*adj.*) липкий, клейкий; связывающий
adjunct (*n.*) смешанный материал (*для ферментации пива, используемый как заменитель зерна; применяется с целью получения более легких и дешевых сортов пива*)
adjustment (*n.*) доводка, корректировка (*виноматериала по качеству, химсоставу и т. д.*)
admix (*v.*) примешивать(ся), смешивать(ся)
admixture (*n.*) примесь, добавка
Adoxus obscurus *лат. энт.* падучка (*вредитель винограда*)
adsorbate (*n.*) *хим.* адсорбат, адсорбированное вещество
adsorbent (*n.*) адсорбент, адсорбирующее вещество
adsorber (*n.*) адсорбер, адсорбционный сепаратор
adsorption (*n.*) адсорбция, поверхностное поглощение
adsorption filtration фильтрование по способу адсорбции, адсорбционное фильтрование
adulterate (*v.*) фальсифицировать; подделывать; подмешивать (*что-л. в напиток*)
adulterated (*adj.*) фальсифицированный (*с добавлением воды и т. п.; о напитке*)
adulteration (*n.*) фальсификация, подделка (*виноматериала*); подмешивание воды *или* суррогатов
adust (*predic.*) выжженный, сожженный солнцем
Advocaat (*n.*) *фирм.* «Адвокат» (*ликер, изготовленный из бренди, яичного желтка, ванили и сахара; имеет крепость ок. 15 – 18 % об.; выпускается в Нидерландах*); *ткж.* **advocaat**
aeration (*n.*) 1. аэрация; газирование (*напитка*); 2. вентилирование (*зерна*); 3. проветривание (*вина*)

aerator (*n.*) 1. аэратор; 2. сатуратор (*для напитков*)

affected (*adj.*) 1. бот. пораженный (*болезнью*); 2. вин. затронутый (*плесенью*)

affinity (*n.*) бот. аффинитет (*анатомическая и физиологическая совместимость между привоем и подвоем*)

afield (*adv.*) агр. в поле, на поле (*о работах на винограднике*)

Afrikoko (*n.*) фирм. «Африкоко» (*ликер на основе шоколада и кокосовых орехов, производимый в странах Африки*); ткж. **afrikoko**

aftercooler (*n.*) переохладитель (*в производстве спиртных напитков*)

After Dinner Cocktail 1. коктейль из абрикосового бренди, ликера «Куантро» и сока лайма; 2. коктейль из черри-бренди, сливового ликера и лимонного сока

afterfermentation (*n.*) дображивание, вторичное брожение (*виноматериала*)
 quiet ~ тихое [медленное] дображивание

afterfiltration (*n.*) контрольная фильтрация (*виноматериала*)

aftergasser (*n.*) аппарат для догазирования (*пива перед укупоркой бутылок*)

afterglow (*n.*) дегуст. послевкусие, остаточный привкус; см. ткж. **aftertaste; finish; length; lingering**
 warming ~ согревающее послевкусие

Afternoon Cocktail коктейль из коньяка, вина и «Мараскина» (*подается с апельсином и содовой водой*)

afterripening (*n.*) агр. дозаривание; послеуборочное дозревание (*виноградных ягод*)

afterrun (*n.*) спирт. хвостовой [концевой] погон, хвостовая [концевая] фракция

aftersales service ком. система послепродажного обслуживания (*в виноторговле*); см. ткж. **wine clinic**

After Shock фирм. «Афтер Шок» (*ликер, ароматизированный перечной мятой и корицей*)

aftersmell (*n.*) остаточный запах (*виноматериала*)

After Supper Cocktail коктейль из абрикосового бренди, ликера «Куантро» и лимонного сока

aftertaste (*n.*) дегуст. послевкусие, остаточный привкус см. ткж. **afterglow; finish; length; lingering**

aftertreatment (*n.*) последующая [дополнительная] обработка (*виноматериала*)

age 1. (*n.*) возраст (*время выдержки вина и т. д.*); 2. (*v.*) созревать, вызревать, дозревать; 3. (*v.*) стареть, подвергаться старению; 4. (*v.*) выдерживать; вылеживаться

aged in oak выдержанный в дубовой бочке (*надпись на этикетке*)

aged port портвейн, выдержанный в бутылках (*применяется в качестве десертного вина*)

ageing (*n.*) брит. см. **aging**

agent (*n.*) хим. вещество; агент
 acidifying ~ подкисляющее вещество, подкислитель
 antizymotic ~ ингибитор брожения
 clarifying ~ осветляющее средство, осветлитель; ткж. **clearing agent**
 clearing ~ см. **clarifying agent**
 coloring ~ краситель, красящее вещество
 conserving ~ консервант, консервирующее вещество
 cooling ~ 1. охлаждающее средство, холодоноситель; 2. хладагент
 defoaming ~ противовспенивающее средство, пеногаситель
 fining ~ оклеивающее средство; «клей» для осветления (*вин, соков*)
 flavoring ~ вкусовая добавка; ароматизатор
 improving ~ улучшитель (*виноматериала*)
 maturing ~ ускоритель созревания (*виноматериала*)
 oxidizing ~ окислитель
 sweetening ~ сахаристое вещество; подсластитель, средство для подслащивания (*виноматериала или сусла*)
 target biological insecticidal ~ биологический инсектицид избирательного действия

age statement брит. спирт. возраст самого молодого компонента виски

aging (*n.*) амер. старение; вызревание, созревание (*о вине и т. д.*)

alcohol

aftertirage ~ послетиражная выдержка (*бутылочного шампанского*)
cask ~ выдерживание (*вина*) в бочках
wine ~ старение вина
aging by cooling выдержка путем охлаждения
Agiorgitiko (*n.*) *греч. амп.* Агиоргитико (*сорт красного винограда; используется для приготовления красных сухих вин*)
agitate (*v.*) мешать, перемешивать, взбалтывать
agitation (*n.*) перемешивание; взбалтывание
agitator (*n.*) мешалка; перемешивающее [взбалтывающее] устройство
Aglianico (*n.*) *ит. амп.* Альянико (*древний сорт красного винограда; используется для приготовления красных сухих вин*)
agraf(f)e (*n.*) аграф (*металлическая скоба для тиражной пробки*)
aguardiente (*n.*) 1. *лат.-амер.* агуардиенте (*ординарный алкогольный напиток, производимый в Центральной и Южной Америке путем дистилляции пива, полученного после ферментации сока сахарного тростника или мелассы; тжк.* **ром-сырец**); 2. **A.** *фирм.* «Агуардиенте» (*бренди, изготовленный в Испании или Португалии*); 3. агуардиенте (*в Испании – любой спиртной напиток, полученный методом дистилляции*)
aids (*n.*) *pl.* присадки, добавки
enzymic filter ~ ферментные препараты для фильтровальных присадок
filter ~ фильтровальные присадки
Aiglon (*n.*) *фирм.* «Эглон» (*коктейль из мандаринового ликера, коньяка «Наполеон» и шампанского*)
Air au Vin wine breather *фирм.* «Эр-о-вин» (*устройство для аэрации вина в бутылке*)
Airén (*n.*) *исп. амп.* Айрен (*сорт белого винограда; используется для приготовления бренди и сухих столовых вин; очень популярен во Франции, Испании, Италии*)
air layering *агр.* способ размножения винограда путем надреза корня; *см.*

тжк. **Chinese layering; gootee; marcotting**
airlock (*n.*) воздушный замок (*устройство, устанавливаемое в бочку с вином во время ферментации для удаления образующихся газов и предотвращения проникновения наружного воздуха в бочку*)
Aji mirin *яп.* «Адзи мирин» (*подсоленное рисовое вино; используется в кулинарии*)
akvavit (*n.*) аквавит (*спиртной напиток, дистиллированный из зерна или картофеля; обычно ароматизирован тмином или др. добавками, соответствует водке; производится в Дании, Норвегии, Швеции*); *тжк.* **aquavit**
Aalborg ~ *дат. фирм.* «Олборг Аквавит» (*крепостью 45% об.*)
alambic (*n.*) аламбик, перегонный аппарат (*от араб.* al-inbiq); *см. тжк.* **alambique; alembic; pot still**
Alambic Coffey *фирм.* Аламбик Коффи (*специальный дистилляционный аппарат непрерывного действия для производства виски, изобретенный инженером Э. Коффи*)
alambique (*n.*) *ист. см.* **alambic**
alambrado (*n.*) *исп.* ажурная сетка для закрытия горлышка бутылки (*используется главным образом в Риохе, на севере Испании*)
Albarico (*n.*) *амп.* Альбарико (*сорт белого винограда; используется для производства легких белых вин*)
Albariño (*n.*) *амп.* Альбариньо (*испанское название португальского сорта Альвариньу; используется для производства белых сухих вин высокой плотности*); *см. тжк.* **Alvarinho**
albumin (*n.*) *хим.* белок; белковое вещество (*реагент в производстве вин*)
alcogas (*n.*) *амер.* спиртобензиновая смесь; спиртобензиновое топливо
alcohol (*n.*) 1. алкоголь, спирт; этиловый (винный) спирт, этанол; ◊ ~ **by volume** крепость спирта в объемных процентах; ~ **by weight** крепость спирта в весовых процентах; 2. алкогольный [спиртной] напиток; *см. тжк.*

alcohol

beverage; brew; drink; inebriant; intoxicant; liquor
absolute ~ абсолютный спирт
allyl ~ аллиловый спирт
amyl ~ амиловый спирт
anhydrous ~ абсолютный спирт
beet ~ (этиловый) спирт из (сахарной) свеклы
beverage ~ (этиловый) спирт для производства спиртных напитков
butyl ~ бутиловый спирт
crude ~ (этиловый) спирт-сырец
dehydrated ~ дегидратированный спирт
denatured ~ денатурированный спирт, денатурат
ethyl ~ этиловый (винный) спирт, этанол
fermentation ~ спирт, полученный путем ферментации
food ~ (этиловый) спирт для пищевых целей, пищевой спирт
fusel ~ спирт из сивушных масел
grain ~ (этиловый) спирт из зернового сырья
grape ~ виноградный спирт
high-proof ~ высокоградусный спирт, спирт высокой концентрации
high-strength ~ *см.* **high-proof alcohol**
industrial ~ технический [промышленный] спирт, (этиловый) спирт для технических целей
lees ~ спирт из винного отстоя
low-proof ~ низкоградусный спирт, спирт низкой концентрации
low-strength ~ *см.* **low-proof alcohol**
main product ~ основной продукт при перегонке *или* ректификации спирта
marine algae ~ (этиловый) спирт из морских водорослей
methyl ~ метиловый [древесный] спирт, метанол
methylated ~ метилированный (этиловый) спирт; (этиловый) спирт, денатурированный метиловым спиртом
pasteurized ~ пастеризованный спирт
potable ~ (этиловый) спирт для пищевых целей, пищевой спирт
potato ~ (этиловый) спирт из картофеля
recovered ~ восстановленный спирт
rectified ~ ректификованный (этиловый) спирт, (этиловый) спирт-ректификат
sugar-cane ~ (этиловый) спирт из сахарного тростника, тростниковый спирт
sugar-cane molasses ~ (этиловый) спирт из тростниково-сахарной мелассы
sulfite waste liquor ~ (этиловый) спирт из сульфитных щелоков, сульфитный (этиловый) спирт
synthetic ~ синтетический спирт
take-away ~ спиртные напитки, продаваемые в розничной торговле (*их продажа запрещена в некоторых странах, напр., в Австралии*)
tobacco ~ (этиловый) спирт, денатурированный никотином
unpasteurized ~ непастеризованный спирт
wood ~ метиловый [древесный] спирт, метанол
wood-hydrolysis ~ (этиловый) спирт из гидролизатов древесины, гидролизный (этиловый) спирт
wood-waste ~ *см.* **wood-hydrolysis alcohol**
alcohol abuse чрезмерное употребление алкоголя, злоупотребление алкоголем
alcohol advice рекомендации по употреблению алкоголя
alcoholature (*n.*) спиртовая настойка
alcohol consumption употребление алкоголя; *ткж.* **alcohol intake**
alcohol equivalence campaign *амер.* кампания за установление равнозначности алкогольных напитков (*рекламная кампания, провозглашающая, что типичные стандартные порции алкоголя являются идентичными по содержанию алкоголя: 12 унций пива = 5 унциям вина = 1 унции крепкого напитка*)
alcohol ether *хим.* простой эфир; неполный эфир многоатомного спирта
alcohol-free (*adj.*) не содержащий алкоголя, безалкогольный (*о напитке*); *ткж.* **non-alcoholic**

Alexander Valley

alcohol gage спиртомер; ареометр для спирта
alcoholic (*adj.*) спиртовой; спиртной; содержащий *или* использующий спирт
   highly ~ с высоким содержанием спирта; крепкий (*о вине*); спиртуозный
alcohol intake прием алкоголя; употребление алкоголя; *см. ткж.* **alcohol consumption**
alcoholization (*n.*) алкоголизация, спиртование, крепление (*вина*)
alcoholize (*n.*) спиртовать, крепить (*вино*)
alcohol(o)meter (*n.*) алкоголеметр; спиртомер
alcoholometry (*n.*) спиртометрия
alcohol recovery регенерация спирта
alcohol-related features явления, связанные с воздействием алкоголя на организм человека
alcohol strength крепость [концентрация] спирта; спиртуозность (*вин*)
alcohol test спиртовая проба
alcohol test glass спиртовой фонарь
alcohol yeast спиртовые дрожжи
alcoholysis (*n.*) *вин.* алкоголиз
Alcolyzer (*n.*) *австр. фирм.* «Алколайзер» (*универсальный анализатор виноматериалов, выпускаемый фирмой "Anton Paar"*)
aldehyde (*n.*) *хим.* альдегид (*побочный продукт ферментации этанола*)
Alden (*n.*) *амер. амп.* Олден (*сорт красного винограда, обладающий высокой устойчивостью к болезням и дающий превосходные вина; исконно американский сорт*)
ale (*n.*) 1. *брит. уст.* ферментированный алкогольный напиток, полученный из зерна, без добавления хмеля; 2. *брит., амер.* эль (*вид пива, полученный традиционным методом теплового [верхового] брожения, с высоким содержанием побочных продуктов брожения*); *см. ткж.* **top-fermented beer, warm-fermented beer**; 3. *амер.* сорт пива крепостью выше 4,5 % об. (*как правило, импортные сорта пива*)

amber ~ горькое пиво с фруктовым ароматом
burnt ~ *спирт.* кубовый остаток после отгона бражки (*при производстве виски*); *ткж.* **pot ale 2**.
cask-conditioned ~ эль, выдержанный в бочке; *ткж.* **real ale**
ginger ~ имбирный эль
light ~ светлый горький эль
mild ~ мягкий эль
pale ~ *брит.* светлый эль (*нефильтрованный высокоароматный и экстрактивный сорт пива*)
porter ~ темное пиво горького вкуса с пышной пеной, портер
pot ~ 1. *пив.* барда; 2. *спирт.* кубовый остаток после отгона бражки (*при производстве виски*); *ткж.* **burnt ale**
pure-malt ~ *брит.* эль, произведенный по особой технологии из чистого ячменного зерна без добавок
real ~ *брит.* настоящий [подлинный] эль (*вид пива, не насыщенного газом и подлежащего употреблению сразу после откупоривания бутылки*); *ткж.* **cask-conditioned ale**
stock ~ выдержанный эль
stout ~ стаут, крепкое пиво (*крепче, чем портер*)
strong ~ крепкий эль
true ~ выдержанный эль
Aleatico (*n.*) *ит.* 1. *амп.* Алеатико (*сорт красного винограда со сладким вкусом, высокой кислотностью и сильным фруктовым ароматом*); 2. *фирм.* «Алеатико» (*красное сладкое вино*)
alegar (*n.*) солодовый уксус
alembic (*n.*) *ист. см.* **alambic**
Alentejo (*n.*) *порт. геогр.* Алентежу (*известная винодельческая зона, производящая белые и красные вина высокого качества*)
Alexander (*n.*) *амер.* 1. *амп.* Александер (*французский гибрид*); *см. ткж.* **Cape Grape**; 2. *фирм.* «Александер» (*коктейль из крепкого ликера какао с джином и бренди, с добавлением сладких сливок*); *ткж.* **Alexander brandy**
Alexander Valley *амер. геогр.* долина Александер (*винодельческая зона в*

alfalfa mosaic virus

регионе Северная Сонома, Калифорния)

alfalfa mosaic virus *фитопат.* вирус мозаики люцерны (*заболевание винограда*)

Alfrocheiro (*n.*) *порт. амп.* Альфрокейру (*сорт красного винограда; используется для подкрашивания слабоокрашенных вин*)

Algarvina Almondina *фирм.* «Альгарвина Альмондина» (*миндальный ликер с побережья Альгарве, Португалия*)

alginate (*n.*) *фр.* альгинат (*пористая вставка в пробку для снятия дрожжевого осадка в производстве шампанского*); *тж.* **billes**

Alicante (*n.*) *исп.* 1. *геогр.* Аликанте (*виноградарско-винодельческая провинция на юго-востоке Испании*); 2. *фирм.* «Аликанте» (*марка вина*)

Alicante Bouschet *фр. амп.* Аликант Буше (*сорт красного винограда; используется для купажирования и подкрашивания вин*)

Aligoté (*n.*) *фр.* 1. *амп.* Алиготе (*сорт белого винограда*); 2. *фирм.* «Алиготе» (*белое сухое вино*)

alimentary (*adj.*) пищевой; питательный

aliquot (*n.*) *биол., хим.* аликвотная проба

Alize (*n.*) *фирм.* «Ализ» (*ликер, приготовленный на коньяке, с ароматом пассифлоры*)

Alize Red Passion *фирм.* «Ализ Ред Пэшн» (*ликер «Ализ», ароматизированный клюквой*)

alkali (*n.*) 1. *хим.* щелочь; 2. *амер.* а) солончаковая почва; б) местность, изобилующая солончаками; ◊ ~ **soils** солончаки

alkalimeter (*n.*) *хим.* алкалиметр

alkalimetry (*n.*) *хим.* алкалиметрия

alkalinity (*n.*) *хим.* щёлочность **hydrocarbonate** ~ гидрокарбонатная щёлочность (*водки*)

alkaloid (*n.*) *хим.* алкалоид

alkermes (*n.*) алкермес (*вид ликера из Средиземноморья, приготовленного из бренди, ароматизированного мускатным орехом и др. специями; от*

араб. alquirmiz «красный цвет», цвет кошенили)

alky (*n.*) *амер. разг.* 1. алкоголь; 2. низкокачественное виски (*обычно фальсификат*)

Allbottle (*n.*) *брит. фирм.* «Олботл» (*картонная упаковка для пересылки бутылок с вином по почте*)

all-grain method производство пива из неосоложенного [натурального] зерна

alliaceous (*adj.*) луковый, чесночный (*о вкусе, запахе*)

Allier (*n.*) *фр.* 1. *геогр.* Алье (*департамент в центральной части Франции, в котором произрастают лучшие породы дуба*); 2. *фирм.* «Алье» (*тип дубовой бочки для выдержки вина*); *см. тж.* **Limousin; Nevers**

all-malt (*n.*) *амер.* пиво из натурального ячменного солода без добавок; *тж.* **all-malt beer**

allowance (*n.*) 1. *стат.* поправка, допуск, скидка; 2. рацион, порция, норма

allspice (*n.*) *бот.* перец гвоздичный (*Pimenta officinalis*) (*ароматизатор для вин*)

almacenista (*n.*) *исп.* предприятие, осуществляющее хранение хереса

Almaden Dry White Wine *амер. фирм.* сухое белое вино из Алмадены, Калифорния

almond (*n.*) 1. *бот.* миндаль (*Amygdalis*); 2. *дегуст.* миндальный тон букета (*вина*)

alpha-amylase (*n.*) *хим.* альфа-амилаза (*фермент, используемый для сжижения крахмала*)

Alpha-cypermethrin *австрал. фирм.* «Альфа-циперметрин» (*инсектицид, используемый в виноградарстве*)

Alsace (*n*) *фр. геогр.* Эльзас (*винодельческая провинция на северо-востоке Франции*)

Altec (*n.*) *фр. фирм.* «Альтек» (*тип синтетической корковой пробки, разработанный фирмой «Сабате», Франция*)

alternariose (*n.*) *фитопат.* альтернариоз (*грибковое заболевание винограда*)

Amontillado

alternative forced choice *дегуст.* метод органолептического анализа, основанный на альтернативном отборе образцов по заранее установленному критерию

Altesse (*n.*) *фр. амп.* Альтес (*сорт белого винограда; применяется для производства белых ароматных вин*)

Altgeschmack (*n.*) *нем.* привкус старости (*у вина при преждевременном старении*)

Alto Adige (*n.*) *ит. фирм.* «Альто Адидже» (*белое, розовое и красное вино из Альто Адидже*)

Altus wine bottle бутылка «Альтус» (*узкая высокая бутылка для вина типа «айсвайн»*)

Alvarinho (*n.*) *порт. амп.* Альвариньу (*сорт белого винограда, используемый для вин типа «Виньу верде»*)

ama (*n.*) *ист.* ама (*сосуд для вина, применяемый для евхаристии*)

amabile (*adj.*) *ит.* полусладкий (*обозначение на этикетке итальянских вин*)

amakuchi (*adj.*) *яп.* сладкий (*о саке*)

Amaretto (*n.*) *ит. фирм.* «Амаретто» (*ликер из абрикосовых косточек, ароматизированный миндалем, крепостью 24 – 28 % об.*)

Amaretto di Amore *ит. фирм.* «Амаретто ди Аморе» (*известная марка ликера из семейства «Амаретто»*)

Amaretto di Saronno *ит. фирм.* «Амаретто ди Саронно» (*известная марка ликера из семейства «Амаретто»*)

Amaretto Sour *фирм.* коктейль на основе ликера «Амаретто» с лимоном и содовой

Amaretto Stinger *фирм.* коктейль на основе «Амаретто» и ментолового ликера со льдом

amarity (*n.*) терпкость, горечь (*вина и т. д.*)

amaro (*adj.*) *ит.* горький, терпкий (*о вине*)

Amarone (*n.*) *ит. фирм.* «Амароне» (*марочное красное сухое вино из Вальполичеллы, разновидность вина «Речиото»*)

Ambassadeur (*n.*) *фр. фирм.* «Амбассадор» (*аперитив с хинином на основе вина с апельсином крепостью 16% об.*)

amber (*n.*) 1. янтарь; 2. янтарный цвет (*вина, коньяка*)

Amber Rum *фирм.* «Амбер ром» (*ром с добавлением карамели; имеет янтарный цвет*)

ambient (*adj.*) окружающий, обтекающий (*о воздухе, жидкости и т. д.*)

ambra (*n.*) *ит.* янтарь (*обозначение вин, имеющих янтарный цвет, напр., марсалы*)

amelioration (*n.*) 1. качественное улучшение (*виноградника, виноматериала*); 2. мелиорация

Amer (*n.*) *фр. фирм.* «Амер» (*ликер на основе горьких трав*)

America gin *фирм.* «Америка джин» (*джин, выпускаемый в США, более мягкий и не такой сухой, как английский*)

American hybrids *собир.* американские гибриды (*сорта винограда, полученные скрещиванием американских сортов*)

Americano Cocktail *фирм.* коктейль «Американо» (*из «Кампари», вермута с лимоном и содовой*)

American varieties *собир.* американские сорта винограда (*имеют характерный «лисий» тон*); *см. ткж.* **Champanel; Concord; Dutchess; Lenoir; Missouri Riesling; Noah; Norton; Scuppernong**

Amer Picon (*n.*) *фр. фирм.* «Амер Пикон» (*горький аперитив оранжевого цвета; обычно смешивают с пивом или ликером*)

amertume (*n.*) *фр.* горечь (*вина*)

amino acids *хим.* аминокислоты (*компонент вина*)

ammostatura (*n.*) *ит.* метод приготовления вин, при котором в бродящее сусло добавляют целые ягоды винограда для усиления ароматических свойств вина

Amontillado (*n.*) *исп. фирм.* «Амонтильядо» (*сухой херес с мягким вкусом, выдержанный 5 лет; то же, что и выдержанный «Фино»*)

Amoroso

Amoroso (*n.*) *исп. фирм.* «Аморосо» (*темный сладкий сорт хереса «Олоросо»*); *ткж.* **amoroso**
ampelidaceae (*n.*) *pl. лат. бот.* семейство виноградных лоз
ampelographic characteristics ампелографические характеристики (*сорта винограда*)
ampelography (*n.*) ампелография (*наука, исследующая сорта винограда путем подробного описания внешнего вида растений, формы, размера, конфигурации листьев и ягод*)
ampelometric characteristics ампелометрические характеристики (*сорта винограда*)
ampelometric descriptor ампелометрический дескриптор (*главный характерный признак сорта винограда*)
ampelometry (*n.*) ампелометрия (*раздел ампелографии: измерение количественных показателей виноградного растения*)
ampelopedology (*n.*) ампелопедология (*учение о почвах виноградников*)
ampelotherapy (*n.*) ампелотерапия, виноградолечение (*использование свежего винограда и виноградного сока для лечения ряда заболеваний*); *см. ткж.* **vinotherapy; wine therapy**
amphimixis (*n.*) *бот.* амфимиксис (*эугамия, образование зародыша в результате оплодотворения*); скрещивание
amphora (*n.*) *греч.* амфора (*сосуд для вина*)
ample (*adj.*) имеющий достаточный вкус и аромат; ◊ ~ **wine** вино среднего уровня качества (*имеющее хорошие органолептические показатели, но без изысканности во вкусе и невыразительности, обычно с низким уровнем кислотности*)
Amtliche Prüfungsnummer *нем. см.* **AP number**
amyl alcohol *хим.* амиловый спирт (*основной компонент сивушного масла*); *см. ткж.* **pentanol**
amylaceous (*adj.*) *хим.* крахмальный, крахмалистый

amylase (*n.*) *хим.* амилаза (*фермент для удаления избытка крахмала из вина*)
amylogenic (*adj.*) крахмалообразующий
amylopectin (*n.*) *хим.* амилопектин (*один из двух основных компонентов крахмала*); *см. ткж.* **amylose**
amylose (*n.*) *хим.* амилоза (*один из двух основных компонентов крахмала*); *см. ткж.* **amylopectin**
añada (*n.*) *исп.* 1. урожай (*обозначение на этикетке испанских вин*); *см.* **vintage** 2.; 2. однолетнее вино, не подвергшееся купажированию
anaerobe (*n.*) *биол.* анаэроб
  facultative ~ факультативный анаэроб
  obligate ~ облигатный анаэроб
  putrefactive ~ гнилостный анаэроб
  strict ~ *см.* **obligate anaerobe**
anaerobic fermentation анаэробная ферментация (*протекающая без доступа воздуха*)
anaerobiosis (*n.*) анаэробиоз
Anaheim's disease *бот. уст.* болезнь Анагейма; *см. ткж.* **Pierce's disease**
analysis анализ
  biochemical ~ биохимический анализ
  bulk ~ валовой анализ
  check ~ контрольный анализ
  chromatographic ~ хроматографический анализ
  elution ~ анализ на смыв
  fluorescence ~ люминесцентный анализ
  fractional ~ ситовый анализ
  luminescent ~ люминесцентный анализ
  mesh ~ ситовый анализ
  nutritional ~ анализ на питательную ценность
  proximate ~ технический анализ
  rapid ~ экспресс-анализ
  sensory ~ сенсорный анализ
  sieve ~ ситовый анализ
  structural ~ структурный анализ
  taste panel ~ органолептический анализ с участием дегустационной комиссии
  time-intensity ~ анализ изменений характеристик (*алкогольных напитков*) во времени
  trade ~ товароведческая оценка

volumetric ~ объемный анализ
analyze (*v.*) анализировать
analyzer (*n.*) 1. анализатор; 2. *спирт.* бражная колонна
Anbaugebiet (*n.*) *нем.* крупная винодельческая область в Германии; *см. ткж.* **Gebiet**
Ancestrale (*n.*) *фр. фирм.* «Ансестраль» (*высшая категория коньяка крепостью 45% об.*)
anchor *агр.* 1. (*n.*) подпорка, фиксатор (*при натяжении проволоки в рядах*); 2. (*v.*) закреплять, фиксировать (*проволоку для шпалеры*)
   earth ~ *агр.* подпорка, вбиваемая в землю
Anchor steam *амер. разг. см.* **"Steam Beer"**
Anderson Valley *амер. геогр.* долина Андерсона (*винодельческий район в округе Мендосино, штат Калифорния*)
Añejo Rum *исп. фирм.* ром «Аньехо» (*выдерживается длительное время в бочке*)
anesone (*n.*) *исп.,* анесоне; *ит.* анезоне (*анисовый ликер*)
angelica *бот.* дягиль, дудник (*ароматизатор вин*)
angel's share потери спирта на испарение при выдержке в бочке; *см. ткж.* **evaporation**
angle bud *бот.* угловая почка (*виноградной лозы*)
Angostura (*n.*) *фирм.* «Ангостура» (*горькая настойка, изготовленная из экстрактов кожуры апельсина, корня горечавки, дягиля, цветов мускатa, корицы, кардамона, гвоздики и коры хинного дерева крепостью 44% об.; используется для ароматизации коктейлей; производится в Тринидаде*)
Angostura Bitters *фирм.* «Ангостура Биттерз» (*марка терпкого тоника, применяемого для ароматизации аперитивов и дижестивов*)
angular leaf scorch *фитопат.* угловые ожоги листьев (*Pseudopezicula tetraspora*) (*вирусное заболевание винограда*)

angular leaf spot *фитопат.* угловая пятнистость листьев (*Mycosphaerella angulata*) (*вирусное заболевание винограда*)
anhydrous (*adj.*) *хим.* ангидридный; не содержащий воду
anhydrous ethanol *см.* **absolute ethanol**
Anis (*n.*) *фирм.* «Анис» (*ликер, ароматизированный семенами аниса; имеет привкус лакрицы; производится в Испании*)
anise (*n.*) *бот.* анис (*ароматизатор вин*)
Anisette (*n.*) *фирм.* «Анизет» (*ликер, ароматизированный семенами аниса; более сладкий, чем «Анис»; производится в долине Луары, Франция*)
Anjou (*n*) *фр.* 1. *геогр.* Анжу (*апелласьон винодельческой области Анжу-Сомюр на северо-западе Франции в долине Луары*); 2. анжуйское (вино), анжу
Anjou Blanc *фр.* белое анжуйское (вино)
Anjou Cabernet *фр.* красное анжуйское (вино)
Anjou Pétillant *фр.* белое *или* розовое анжуйское игристое (вино)
Anjou Rosé *фр.* розовое анжуйское (вино)
anker (*n.*) *голл.* анкер (*мера веса, равная 10 галлонам США*)
Ankommen (*n.*) *нем. пив.* забел (*первая стадия брожения сусла*)
Anlaufen (*n.*) *нем. пив.* начало переливания сусла или пива в производственные танки
annata (*n.*) *ит.* год урожая (*обозначение на этикетке вина*); *см. ткж.* **vintage** 2.
antacid (*n.*) *хим.* антацид (*вещество, нейтрализующее кислоту*)
anther (*n.*) *бот.* пыльник (*виноградного цветка*)
anthesis (*n.*) *бот.* цветение (*период жизненного цикла виноградного растения*)
Anthesteria (*n.*) *греч. ист.* Антестерия (*фестиваль цветов; первый день праздника Диониса в Древней Греции*)
anthocyanin (*n.*) *хим.* антоцианин (*натуральный сложный фенольный гли-*

anthracnose

козид, присутствующий в кожуре винограда красных сортов и придающий им темную окраску); ◊ **intensity of ~ coloration** интенсивность антоцианинового окрашивания (*ягод винограда*)
anthracnose (*n.*) *фитопат.* антракноз (*заболевание винограда*)
antibiotic 1. (*n.*) антибиотик; 2. (*adj.*) антибиотический
antienzyme (*n.*) *хим.* антифермент (*вещество, нейтрализующее действие ферментов*)
antifoam (*n.*) *вин.* противовспениватель, пеногаситель; *ткж.* **defoamer; defrother**
antimycotic (*n.*) *хим.* фунгицид, фунгицидное [противогрибковое] средство; *ткж.* **fungicide**
antioxidant 1. (*n.*) антиоксидант; 2. (*adj.*) антиоксидантный; ◊ **wine ~ features** антиоксидантные свойства вина
Antiquary (*n.*) *шотл. фирм.* «Антиквари» (*сорт виски, выдержанного 12 лет*)
antiseptic 1. (*n.*) антисептическое средство, антисептик; 2. (*adj.*) антисептический
antiseptization (*n.*) антисептирование
   acid ~ кислотное антисептирование
aoûtement (*n.*) *фр. бот.* замедление вегетативного роста винограда; одревеснение зеленого побега виноградной лозы (*стадия годового цикла*)
apéritif (*n.*) 1. аперитив (*алкогольный напиток для возбуждения аппетита*); 2. коктейль с аперитивом
   spirit ~ аперитив на основе алкоголя, крепостью не более 24% об.
   wine ~ аперитив на винной основе, крепостью не более 23% об.
aphrometer (*n.*) *вин.* афрометр
apical bud *бот.* верхушечная почка (*винограда*)
AP number *вин.* регистрационный номер, присваиваемый вину во время официального тестирования уполномоченным государственным органом в Германии; *ткж.* **Amtliche Prüfungsnummer**

apomyxis (*n.*) *бот.* апомиксис (*способ бесполого размножения у некоторых сортов винограда*)
apparatus (*n.*) устройство, аппарат
   absorbing ~ абсорбер
   aerating ~ аэратор
   cask illuminating ~ устройство для высвечивания бочек
   condensing ~ конденсатор
   cooling ~ охладитель; холодильный аппарат
   depitching ~ устройство для рассмоления бочек
   distillation ~ перегонный аппарат
   dosing ~ дозатор
   malt detrition ~ *пив.* аппарат для полирования солода
   malting ~ солодорастильный аппарат
   mashing ~ *пив.* заторный аппарат
   molasses distillation ~ аппарат для перегонки мелассы
   multistill ~ многокубовый перегонный аппарат
   ultrasonic wine materials stream clarification ~ ультразвуковой аппарат для осветления виноматериалов в потоке
apparent attenuation видимое сбраживание
appearance (*n.*) 1. внешний вид (*растения, виноматериала*); 2. *дегуст.* внешняя характеристика (*напитка*)
   fermentation ~ *хим.* механизм брожения
appellation (*n.*) 1. зарегистрированное географическое наименование виноградника *или* местности, имеющих специфические условия произрастания винограда и отвечающих определенным требованиям; 2. охраняемое законом коммерческое наименование [обозначение] вина, произведенного в специально зарегистрированном винограднике [местности]; *ткж.* **psr**; 3. *амер., кан.* географическое наименование виноградника *или* местности, в которых произведено вино контролируемого наименования по происхождению; *см. ткж.* **AVA.** 2.; 4. *фр.* апельясьон (*наименование виноградника или местности, обладающих*

совокупностью географических и агроклиматических условий произрастания винограда конкретных сортов и имеющих специально зарегистрированный способ производства вин и других спиртных напитков); *ткж.* **A.O.C.; Apellation (d'Origine) Contrôlée; controlled appellation;** 5. государственная система контроля условий производства качественных вин **controlled ~** местность *или* виноградник, в которых происходит контроль вин по происхождению; *ткж.* **Appellation (d'Origine) Contrôlée county ~** *амер.* виноградарско-винодельческий район, совпадающий с границами округа
overlapping ~ *амер.* район виноградарства и виноделия, расположенный в нескольких округах *или* штатах
provincial ~ *кан.* виноградарско-винодельческий район, совпадающий с границами провинции
state ~ *амер.* виноградарско-винодельческий район, совпадающий с границами штата
Appellation (d'Origine) Contrôlée *фр. см.* **appellation** 4., 5.
appellation roundtable *амер.* национальный форум в США, посвященный изучению экологических свойств регионов и вопросам их улучшения
appetizer (*n.*) *см.* **apéritif**
apple (*n.*) 1. яблоко; 2. *дегуст.* яблочные тона в напитке
apple brandy (*n.*) яблочный бренди (*бренди, изготовленный из ферментированного [сброженного] яблочного сока*); *ткж.* **applejack** 1.
apple cider (*n.*) ферментированный яблочный сок; яблочный сидр
applejack (*n.*) *амер.* 1. яблочный бренди (*изготовленный путем дистилляции ферментированного [сброженного] яблочного сока, имеет крепость 40 – 50% об.*); *ткж.* **apple brandy**; 2. яблочный шнапс; 3. ферментированный [сброженный] яблочный сок
apple liquor (*n.*) *амер.* спиртной напиток, приготовленный методом дистилляции ферментированного [сброженного] яблочного сока и яблок

apple schnapps яблочный шнапс (*крепкий спиртной напиток, произведенный при дистилляции ферментированного [сброженного] яблочного сока и яблок*)
apple skin (*n.*) яблочная кожура
apply (*v.*) ◊ **to ~ one's label** наклеивать этикетку на бутылку
approbation (*n.*) апробация (*напр. виноградника*)
âpre (*adj.*) *фр. дегуст.* терпкий, резкий, жесткий (*о вкусе вина*); *см. ткж.* **harsh**
apricot (*n.*) абрикос
apricot brandy (*n.*) абрикосовый бренди (*бренди из винограда, ароматизированный абрикосом*)
apricot liquor (*n.*) *амер.* абрикосовая настойка (*спиртной напиток, приготовляемый мацерацией абрикосов в виски или другом крепком спиртном напитке*)
Apricot Sour *амер. фирм.* «Эйприкот Сауэр» (*коктейль на основе абрикосового ликера или бренди с лимонным соком и ароматизаторами*)
Apry (*n.*) *фр. фирм.* «Апри» (*спиртной напиток, приготовляемый мацерацией абрикосов в подслащенном виноградном бренди*)
aquardience (*n.*) *спирт.* средний погон
aquavit (*n.*) *см.* **akvavit**
aqueous-ethanol phase *спирт.* фаза жидкого этанола
arabis mosaic vitis *фитопат.* арабис мозаика, мозаика резухи (*вирусная болезнь винограда*)
arak (*n.*) 1. *араб.* арак (*спиртной напиток крепостью 23 – 30% об., производимый в арабских странах, Индии из ячменя, риса, фиников или сахарного тростника*); 2. *тюрк.* арак (*водка, перегнанная из кислого молока*); *см. ткж.* **arhi; arika; arrack**
Arak Punsch *шв. фирм.* «Арак Пунш» (*марка пунша на основе батавского рома, чая и специй, крепостью 25 – 35% об.*); *см. ткж.* **Caloric Punsch, Swedish Punsch**
Arbois (*n.*) *фр.* 1. *геогр.* Арбуа (*один из четырех главных апелласьонов в ви-*

нодельческой области Юра); 2. «Арбуа» (*красное, розовое, белое или желтое вино из одноименного апелласьона*)

Archers (*n.*) 1. *фирм.* «Арчерс» (*марка персикового шнапса, производимого в Великобритании*); 2. Арчерс (*пивоваренный завод по производству эля, Великобритания*)

arcilla (*n.*) неочищенный винный камень

ardent (*adj.*) горячий, пылающий (*о вкусе*)

ardent spirits спиртные [горячительные] напитки

area (*n.*) 1. площадь, пространство; 2. район, регион, зона, область; ◊ **New World wine growing ~s** винодельческие районы в Калифорнии, Австралии, Новой Зеландии, Южной Африке, Аргентине и Чили; **Old World wine growing ~s** винодельческие районы в Европе и Средиземноморье
growing ~ зона выращивания винограда; винодельческий регион
viticultural ~ официально зарегистрированная зона качественного виноградарства и виноделия
wine-growing ~ зона выращивания винограда; винодельческий регион

arenaceous (*adj.*) 1. песчанистый, песчаный; 2. содержащий песок

argentometry (*n.*) *хим.* аргентометрия (*метод объемного анализа, основанный на применении солей серебра при титровании*)

argol (*n.*) винный камень
crude ~ неочищенный винный камень

arhi (*n.*) *монг.* архи (*алкогольный напиток крепостью 8 – 9% об., перегнанный из кислого молока*); (*см.* **arz; dun; horz; sharz**); *см. ткж.* **arak** 2.; **arika; arrack**

arid (*adj.*) сухой, засушливый; безводный, аридный (*о почве*); ◊ **~ region** засушливый регион, аридная область

arika (*n.*) *тюрк. см.* **arak** 2.

Arizona grape bruchid *энт.* американский виноградный долгоносик (*Amblycerus vitis Schaffer*)

arm (*n.*) *бот.* ветвь (*растения*)

Armagnac (*n.*) *фр.* арманьяк (*крепкий спиртной напиток, произведенный в области Арманьяк на юго-западе Франции, представляющий собой продукт однократной перегонки белого сухого вина, выдержанный в дубовых бочках; имеет крепость ниже, чем коньяк; является вторым по значению бренди после коньяка*)

armillaria root rot *фитопат.* армиллярия (*заболевание корней винограда*); *см. ткж.* **shoestring root rot**

armilláriose (*n.*) *фитопат.* армиллярио́з (*грибковое заболевание винограда*)

armorial (*n.*) гравировка на стакане *или* бокале, обычно в виде герба

Arneis (*n.*) *амер. амп.* Арнеис (*сорт белого винограда с ярко выраженными характеристиками; завезен из Италии*)

aroma (*n.*) 1. аромат, запах (*вина*); *см. ткж.* **nose**; 2. *дегуст.* запах, придаваемый вину виноградными ягодами определенного сорта (*напр., «травяной» запах Совиньон Блан*)
distinctive ~ отличительный [характерный] запах
fine ~ тонкий аромат
flat ~ слабовыраженный аромат
full(-bodied) ~ полный [богатый] аромат
pungent ~ острый запах
sharp ~ резкий запах
wine ~ первичный букет вина

aroma intensity сила аромата (*при дегустации*)

aromatic (*adj.*) ароматический, благовонный

aromatic compound *хим.* соединение ароматического ряда

aromatic series *хим.* ароматический ряд

aromatic variety *бот.* ароматический сорт (*винограда*)

Aroma Wheel *амер. фирм.* набор стандартов для определения вкуса и запаха вин

arrack (*n.*) *см.* **arak**

arrest (*v.*) останавливать, прекращать (*напр., активность дрожжей путем добавки серного ангидрида*)

arrière-goût (*n.*) *фр.* послевкусие, остаточный привкус; *см. ткж.* **afterglow; aftertaste; finish; length; lingering**

arroba (*n.*) *исп.* винная мера = 16⅔ л (4,4 гал)

arrope (*n.*) *исп.* концентрат виноградного сока (*для подслащивания и окраски вин*)

artichoke Italian latent virus *фитопат.* итальянский латентный вирус артишока (*заболевание винограда*)

artig (*adj.*) *нем.* мягкий, округленный (*о вкусе*)

arz (*n.*) *монг.* арз (*разновидность напитка архи, крепостью около 9 – 10% об.*); *см. ткж.* **arhi**

asciato (*adj.*) *ит.* сухой (*о вине*); *см. ткж.* **dry**

asciutto (*n.*) *ит.* очень сухой (*о вине*); *см. ткж.* **extra dry**

ascomycetes (*n.*) аскомицеты (*класс грибков, вызывающих ферментацию сахаров*)

asperity (*n.*) суровость (*климата*)

aspirant (*n.*) *ком.* потребитель спиртных напитков со средними запросами

assay cup небольшая чашка для дегустации вина

assemblage (*n.*) *фр.* 1. ассамблирование (*смешивание партий виноматериалов обычно одного сорта, года урожая и места сбора в крупные однородные партии*); 2. ассамбляж (*смесь вин из разных сортов винограда при производстве марочного тихого и игристого вина*)

assembly of bottles партия бутылок

assortment (*n.*) ассортимент, выбор; ◊ **bottle** ~ ассортимент бутылок

Asti Spumante *ит.* 1. *фирм.* «Асти Спуманте» (*игристое белое вино из Пьемонта, Италия*); 2. Асти Спуманте (*известная основа для приготовления игристых вин в Италии, состоящая полностью из ягод белого муската*)

astringency (*n.*) 1. терпкость; 2. вяжущее средство

astringent (*adj.*) вяжущий, терпкий (*о вкусе вина*)

Aszü (*n.*) *венг.* асю (*сладкое вино типа «Токай» из заизюмленного винограда*)

Atholl Brose *шотл. фирм.* «Атолл Броуз» (*смесь виски, верескового меда и овсяных хлопьев*)

attack (*n.*) 1. первое ощущение от напитка (*при дегустации*); 2. сила ощущения (*при дегустации*); 3. воздействие, влияние
mold ~ *вин.* плесневение
powerful ~ высокая интенсивность ощущения (*при дегустации*)

attemper (*v.*) смешивать в соответствующих пропорциях

attemperation (*n.*) регулировка температуры

attemperator (*n.*) регулятор температуры

attenuant (*n.*) разбавитель, разжижитель

attenuate (*v.*) 1. разбавлять, разжижать; 2. сбраживать (*пивное сусло*); 3. истощаться (*о бродящей жидкости*)

attenuation (*n.*) 1. разбавление, разжижение; 2. сбраживание; 3. истощение
high ~ высокое сбраживаине
insufficient ~ недостаточное сбраживание
limit ~ конечная стадия сбраживания
low ~ низкое сбраживание
real ~ действительное сбраживание
residual extract ~ сбраживание остаточного экстракта

attribute:
sensory ~ *дегуст.* сенсорный признак

Aubin Blanc *фр. амп.* Обен Блан (*технический сорт белого винограда*)

audit ale *брит.* пиво лучшего качества; «ревизорское» пиво

auger (*n.*) буравчик
earth ~ 1. земляной бур (*для подготовки места для забивания кольев*); 2. фиксатор, грунтовая опора
eye ~ ушко фиксатора

Aum (*n.*) *нем.* аум (*винная бочка емкостью 30 галлонов или 136 л*)

Aurora (*n.*) *амер. амп.* Аурора (*сорт белого винограда; франко-американский гибрид*)

Aurum (*n.*) *фирм.* «Аурум» (*спиртной напиток на основе бренди, ароматизированный апельсином с добавлением шафрана; имеет золотистый цвет; производится в Италии и счи-

тается предшественником ликера «Гольдвассер»)
Auslese *(n.) нем.* 1. выборочная уборка полностью созревших ягод; 2. обозначение марочного вина
Aussie wine *амер., брит. разг.* австралийское вино, вино австралийского происхождения
austere *(adj.)* терпкий, вяжущий *(о вкусе вина)*
austerity *(n.)* 1. терпкость; 2. вяжущее средство
Australian Appellations австралийские регионы контролируемого виноградарства и виноделия; *см. ткж.* **Barossa Valley; Clare Valley; Coonawarra; Hunter Valley; McLaren Vale; Swan Valley**
authentic *(adj.)* аутентичный, подлинный, неподдельный
authentic quality аутентичное [подлинное] качество *(продукта)*
autografting *(n.) см.* **autoplastic grafting**
autotitrator *(n.)* автоматический титрометр
Auvernat Blanc *фр. амп.* Оверна Блан *(синоним Шардоне в долине Луары)*
Auvernat Gris *фр. амп.* Оверна Гри *(синоним Пино Менье)*
Auvernat Noir *фр. амп.* Оверна Нуар *(синоним Пино Нуар в долине Луары)*
Auxerrois *(n.) фр. амп.* О(к)серуа *(синоним Мальбек; сорт красного винограда; применяется для производства красных сухих вин темного цвета высокой плотности с высоким содержанием танинов)*
Auxerrois Blanc *фр. амп.* О(к)серуа Блан *(сорт белого винограда; применяется в производстве высококачественных белых вин в Эльзасе)*
Auxerrois Gris *фр. амп.* О(к)серуа Гри *(синоним Пино Гри в Тулуа)*
Avalanche Peppermint Schnapps *фирм.* «Аваланш Пеперминт Шнапс» *(шнапс с кристаллами сахара на дне бутылки, имеющий крепость 80⁰ proof; ароматизирован перечной мятой)*
averruncator *(n.)* садовые ножницы
Avignon *(n.) геогр.* Авиньон *(центр апелласьона Кот-дю-Рон винодельческого региона долины Роны)*

avivage *(n.) фр.* оживление цвета [окраски] вина
avorton *(n.) фр. бот.* неполностью развившийся росток из двух почек *(используется для вегетативного размножения винограда)*
axil *(n.) бот.* влагалище *(виноградного растения)*
azeotrope *(n.) спирт.* азеотроп *(постоянно кипящая жидкость)*

B

baby vine молодой черенок виноградной лозы *(для высаживания в грунт)*
baby wine некрепкое молодое вино; простое вино
Bacardi *фирм.* «Бакарди» *(всемирно известная марка рома; производится в Пуэрто-Рико и др. странах Латинской Америки)*
Bacardi Añejo *фирм.* «Бакарди Аньехо» *(белый ром «Бакарди», выдержанный 6 лет и имеющий крепость 40% об.)*
Bacardi Pina Colada Mix *фирм.* «Бакарди Пина Колада Микс» *(концентрат, используемый для приготовления напитков с ромом и льдом)*
Bacardi 151 Proof *фирм.* «Бакарди 151-градусный» *(марка рома крепостью 75,5% об., или 151⁰ по шкале proof)*
Bacchus *(n.)* 1. *миф.* Бахус *(бог виноделия)*; 2. *амп.* Бахус *(сорт белого винограда, полученный скрещиванием сортов Мюллер-Тургау, Рислинг и Сильванер. Распространен в Англии, Канаде и Германии)*; 3. «Бахус» *фирм.* *(марка красного эля, производимого в Бельгии)*
Bacillus thuringiensis *лат. биол.* Бациллус турингиенсис *(используется в качестве естественного инсектицида)*
back-blending *(n.) вин.* добавление сахара в вино

backbone (*n.*) *дегуст.* основа вкуса (*о вине*); ◊ **crisp tannic ~** сильное танинное основание вина

backcross (*n.*) *бот.* возвратное скрещивание; *см. ткж.* **reciprocal cross**

backing (*n.*) уменьшение толщины краев заготовки для клепки (*при изготовлении бочек*)

back label контрэтикетка (*на бутылке*)

back passage *дегуст.* возвратное ощущение запаха

backset (*n.*) 1. *спирт.* баксет (*обратный отток в производстве спирта*); 2. остаток после дистилляции, который добавляется в солод в производстве зернового виски; 3. *с.-х.* перепашка, оборот (*пласта*)
~ of stillage *спирт.* возврат барды

backward (*adj.*) молодой, несформировавшийся (*о вине*)

Baco Blanc *фр. амп.* Бако Блан (*белый гибридный сорт винограда*)

Baco Noir *фр. амп.* Бако Нуар (*красный франко-американский гибрид*)

bacteria (*n.*) *pl.* биол. бактерии
beer spoilage ~ бактерии, приводящие к порче пива
wine related ~ бактерии, участвующие в процессах ферментации и образования вина

bacterial blight *фитопат.* бактериоз; появление полос на побегах (*Xanthomonas ampelina*) (*вирусное заболевание винограда*)

bacterium (*n.*) (*pl.* **bacteria**) биол. бактерия

bad cholesterols *хим.* липопротеины низкой плотности (*вредные компоненты, которые разрушаются при употреблении вин*); *см. ткж.* **LDL**

Badiane (*n.*) *фирм.* «Бадиан» (*алкогольный напиток домашнего приготовления из подслащенного бренди с добавлением миндаля*)

badigeonnage (*n.*) *фр. агр.* бадижонаж (*смазывание надземных многолетних частей виноградного куста растворами ядохимикатов для борьбы с болезнями и вредителями*); *см. ткж.* **whitewashing**

Badminton (*n.*) *брит. фирм.* «Бадминтон» (*прохладительный напиток на основе красного вина и содовой воды с сахаром*)

bag (*n.*) мешок; сумка
burlap ~ мешок; упаковка из мешковины (*для вин, черенков и т. д.*)
embroidered wine ~ вышитая сумка для винной бутылки
plastic ~ пластиковый пакет (*для черенков*)
wine bottle ~ сумка для винной бутылки
wine hand ~ небольшая сумка для переноски бутылок с вином
wine jute ~ сумка для переноски бутылок с вином, изготовленная из джута

bagaceiras (*n.*) *порт.* багасейраш (*спиртной напиток, полученный при дистилляции отходов виноделия*); *см. ткж.* **grappa; marc; orujo**

bag-in-box (*n.*) «мешок в коробке» (*упаковка для вина в виде металлизированного пластмассового пакета, помещаемого в картонную коробку; применяется в качестве альтернативы традиционной бутылке*)

Bailey's Irish Cream *фирм.* «Бейлиз Айриш Крим» (*марка ликера на основе ирландского виски, ароматизированного сливками с кофе*)

bait (*n.*) *агр.* ловушка, приманка (*для вредителей винограда*)
toxic ~ ловушка [приманка] с инсектицидом

baked (*adj.*) *дегуст.* перезрелый (*о вине, потерявшем букет*); *см. ткж.* **overripe wine**

baker's media раствор декстрозы и сахарозы с питательными веществами (*используется для проверки качества дрожжей в пивоварении*)

baking (*n.*) *вин.* приготовление хереса путем его окисления при нагревании

balance (*n.*) *вин.* сбалансированность [гармоничное сочетание] компонентов напитка (*аромата, вкуса и структуры*)
wine ~ гармоничность сложения вина

balanced pruning *агр.* метод определения плодоносящих свойств винограда путем взвешивания лозы, удален-

balancer

ной при почковании после предыдущего сезона

balancer (*n.*) добавка при производстве виноматериалов

balancing (*n.*) 1. *вин.* балансировка; 2. *спирт.* дозирование сырья в соответствии с рецептурой

wine ~ балансировка вина; корректировка составных частей вина

balche (*n.*) *лат.-амер., мекс.* бальче (*напиток, приготовленный из ферментированной смеси сока коры бобового дерева Lonchocarpus violaceus, меда и воды*)

Ballantine's (*n.*) *фирм.* «Бэлантайнз» (*марка шотландского купажированного виски*)

Balling scale шкала Баллинга (*для измерения эквивалента процентного содержания сахара; применяется в производстве спирта из зерновых*); *см. ткж.* **Brix scale** 1.

ball of malt *ирл. разг.* стакан виски

balsam (*n.*) бальзам (*алкогольный напиток, приготовленный на основе трав*)

Balsamina (*n.*) *амп.* Бальзамина (*синоним сорта красного винограда Сира в Аргентине*)

Balthazar (*n.*) *фирм.* «Бальтазар» (*бутылка для шампанского большого объема, равного 16 обычным бутылкам, или 12 л*)

Bambooze (*n.*) *фирм.* «Бамбуз» (*индонезийская бамбуковая водка из семян бамбука двойной перегонки с примесями метилового спирта*)

banana flower thrips *энт.* трипс бананового цветка (*Thrips florum*) (*вредитель виноградника*)

band (*n.*) 1. обруч, обод; 2. лента, тесьма; 3. полоса (*в хроматографическом анализе*)

neck ~ бандеролька (*наклеиваемая полоска на горлышке укупоренной бутылки, напр., акцизная марка*)

B and B (Bénédictine and Brandy) *фирм* «Би энд Би» (*сухой ликер, приготовляемый из ликера «Бенедиктин» и старого выдержанного коньяка*)

banding (*n.*) *фитопат.* кольцевание; ◊ **vein ~** окаймление жилок (*вирусное заболевание винограда*)

band iron полосовое [обручное] железо

Band of Hope Общество трезвости (*в Великобритании*)

Bandol (*n.*) 1. *фр. геогр.* Бандоль (*апелласьон на юго-западе Франции, известный своими красными винами, особенно поместье Domaine Templier*); 2. *фр.* «Бандоль» (*красное вино из Кот-де-Прованс*)

bang (*n.*) смесь эля, сидра и крепкого алкогольного напитка с добавлением сахара и ароматизаторов (*подается теплым*)

Banyuls (*n.*) *фр.* 1. *геогр.* Баньюльс (*апелласьон винодельческой области Руссильон*); 2. *фирм.* «Баньюльс» (*натуральное красное десертное вино*)

bar (*n.*) 1. бар, стойка для напитков; 2. бар, кафе (*заведение, в котором торгуют спиртными напитками в розлив*)

Barack (*n.*) *венг. фирм.* «Барак» (*абрикосовый бренди*); *см. ткж.* **Barack Pálinka**

Barack Pálinka *венг. фирм.* «Барак Палинка» (*марка абрикосового бренди*); *см. ткж.* **Barack**

Barbados *фирм.* «Барбадос» (*марка рома*)

Barbancourt (*n.*) «Барбанкорт» (*марка рома, имеющего особо длительную выдержку; производится на Гаити*)

Barbaresco (*n.*) *ит.* «Барбареско» (*красное вино из Пьемонта, Италия*)

Barbarossa (*n.*) *ит. амп.* Барбаросса (*сорт розового винограда, применяющийся в производстве красных вин*)

Barbera (*n.*) *ит.* 1. Барбера (*сорт винограда из Пьемонта*) 2. *фирм.* «Барбера» (*красное вино из Пьемонта*)

barbet time *хим. см.* **permanganate time**

Barbin (*n.*) *фр. амп.* Барбен (*сорт белого винограда; синоним Русан в Савойе*)

Barca Velha (*n.*) *порт.* «Барка Велья» (*известное красное сухое вино из Доуро*)

barrel

bar corkscrew стационарное штопорное устройство (*для баров и т.д.*); см. ткж. **barscrew; fixed-type corkscrew**
Bardolino (*n.*) *ит.* «Бардолино» (*красное сухое вино из области Венето, Италия*)
bare fallow *с.-х.* чистый пар
bark (*n.*) 1. *бот.* кора (*растения*); 2. грубая фактура (*дефект натуральной пробки*)
barley (*n.*) *бот.* ячмень (*основное сырье в производстве пива и виски*)
barley wine *пив.* ячменное вино (*очень крепкий эль, крепостью выше 9% об.*)
barm 1. (*n.*) дрожжи, образуемые при ферментации спиртных напитков и солода; 2. (*n.*) *пив.* закваска, дрожжи; 3. (*n.*) дрожжи, служащие для приготовления ликеров; 4. (*v.*) бродить (*о сусле, соке и т. д.*)
Barolkleen (*n.*) *фирм.* «Баролклин» (*препарат для очистки винных бочек*)
Barolo (*n.*) *ит. фирм.* «Бароло» (*сухое красное вино с высококомплексной и полноценной структурой, на основе сорта Неббиоло из Пьемонта*)
Baroque (*n.*) *фр. амп.* Барок (*сорт белого винограда; применяется в производстве белых вин в Тюрсане*)
Barossa Valley *геогр.* долина Баросса (*один из самых старых винодельческих регионов Австралии, расположен недалеко от Аделаиды; выращиваемые сорта винограда – Шираз и Каберне Совиньон*)
Barracci (*n.*) *фр. фирм.* «Барачи» (*марка красного вина с острова Корсика*)
barrel 1. (*n.*) баррель (*мера объема жидкости; брит. 163,65 л; амер. 119 л*); 2. (*n.*) деревянная бочка (*для выдержки и транспортировки вин и алкогольных напитков*); см. ткж. **barrique**; ◊ **to scrape the ~** *разг.* выдавить последнюю каплю; осушить все до последней капли; 3. (*v.*) разливать по бочкам
American oak ~ бочка для вина из дуба американских сортов
Barrique Bardot French oak ~ бочка для вина из дуба французских сортов, изготовленная во Франции и продаваемая в США
beer ~ бочка для пива (*емкостью 36 имперских галлонов*)
Bordeaux ~ *фр.* бордоская бочка емкостью 225 л; см. ткж. **barrique**
Bordeaux Châteux ~ *фр.* бордоская бочка типа Шато
Bordeaux Châteux Ferrce ~ *фр.* бордоская бочка типа Шато Ферс
Bordeaux Export ~ *фр.* экспортная бордоская бочка
Bordeaux Transport ~ *фр.* транспортная бордоская бочка
Burgundian ~ бургундская бочка емкостью 228 л; см. ткж. **pièce**
Burgundy Export ~ *фр.* экспортная бургундская бочка
Burgundy Traditional ~ *фр.* обычная бургундская бочка
charred ~ бочка, обугленная [обожженная] изнутри (*для выдержки вина и виски*)
classic American oak ~ классическая бочка для вина из дуба американских сортов емкостью 53 галлона, *или* 200 л
coarse grain ~ бочка низкого качества, изготовленная из быстро выросшего дерева с плотной древесиной, с числом возрастных колец не более 11 шт. на дюйм
decanter ~ сливная [переливная] бочка
deep toast ~ бочка с интенсивной прокуркой
export quality finish ~ винная бочка для экспорта; бочка, имеющая дополнительную отделку и предназначенная для экспорта
extra-fine grain ~ бочка высшего качества, изготовленная из очень медленно выросшего дерева, с числом возрастных колец не менее 20 шт. на дюйм
fine grain ~ бочка среднего качества, изготовленная из медленно выросшего дерева, с числом возрастных колец от 12 до 19 шт. на дюйм
fir ~ бочка из древесины хвойных пород
fire-bent ~ бочка, изготовленная путем нагрева клепок на огне

barrel

flame-bent ~ *см.* **fire-bent barrel**
French oak ~ бочка для вина из дуба французских сортов
full ~ *амер.* пивная бочка емкостью 119,22 л
half ~ *амер.* пивная бочка емкостью 59,61 л
hybrid ~ гибридная бочка для вина (*изготовленная из смеси пород дуба американских и французских сортов*)
keg ~ *амер.* пивная бочка емкостью 29,33 л
pony ~ *амер.* пивная бочка емкостью 14,76 л
quarter ~ *амер.* пивная бочка емкостью 29,33 л
red ~ *разг.* «горящая» бочка (*бочка, заполненная в 4-й раз для выдержки виски или бренди*)
sectional wooden ~ сборная деревянная бочка
shaped ~ готовая бочка с согнутыми клепками; *см. ткж.* **gun**
Taransaud ~ *фр.* бочка Трансо (*бочка типа баррик для малоэкстрактивных вин*)
toasted head ~ бочка с прокуренными днищами
traditional American oak ~ традиционная бочка для вина из дуба американских сортов емкостью 59 галлонов, *или* 225 л
traditional French oak ~ традиционная бочка для вина из дуба французских сортов емкостью 59 галлонов, *или* 225 л
trier ~ барабан триера
US ~ американский баррель (*равен 31 галлону США, или 25,833 имперским галлонам*)
water-bent ~ бочка, изготовленная путем сгиба клепок в воде
wooden ~ деревянная бочка
barrel-aging (*n.*) выдержка в бочках
barrel head дно бочки
barrelling (*n.*) розлив в бочки; бочковая упаковка; хранение в бочках
barrel-making (*n.*) производство бочек
barrel management управление бочковым хозяйством (*напр., винного погреба, винзавода*)

barrel proof *амер.* крепость напитка в бутылке после розлива, отличающаяся от крепости в бочке не более, чем на 2° по шкале proof (*обозначение на этикетке крепких алкогольных напитков в США*)
barrel renewal system комплект распорок *или* вставок в бочку для улучшения ее эксплуатационных характеристик
barrel store склад бочек
barrel toast level режим прокурки [прогрева] бочки
barrica (*n.*) *исп.* винная бочка емкостью 48 галлонов (*225 л*)
barrique (*n.*) *фр.* баррик; винная бочка емкостью 225 л (*4 баррика равны 1 бочке типа «тонно»*); *см. ткж.* **barrel**
barrique bordelaise *фр.* бордоская бочка емкостью 225 л
barrique bourguignonne *фр.* бургундская бочка емкостью 228 л
barro (*n.*) *исп.* 2-й по значению тип почвы, на которой произрастает виноград для производства хересных вин
Barroque (*n.*) *см.* **Baroque**
Barsac (*n.*) *фр.* 1. *геогр.* Барсак (*апелласьон в винодельческом регионе Бордо, где производятся сотернские вина*); 2. *фирм.* «Барсак» (*сладкое белое вино типа «Сотерн»*)
barscrew (*n.*) стационарное штопорное устройство (*для баров и т. д.*); *см. ткж.* **bar corkscrew; fixed-type corkscrew**
basal bud *бот.* базальная почка (*виноградной лозы*)
base (*n.*) основание, донышко (*бутылки*)
base bud *бот.* почка замещения
base shoot *бот.* росток из почки, расположенной в основании черенка
Basic Cooper *амер. фирм.* «Бейсик Купер» (*фунгицид, используемый в виноградарстве*)
basidiomycetes (*n.*) *pl.* базидиомицеты, базидиальные грибы (*класс грибков, вызывающих ферментацию сахаров*)
Basquaise (*n.*) *фр.* «Баскез» (*плоская вытянутая бутылка для арманьяка;*

синоним немецкой бутылки *Bocksbeutel*); *см. ткж.* **Pot Gascon**
Bass Pale Ale *фирм.* «Бас Пейл Эйл» (*марка ирландского светлого пива*)
bastard (*n.*) *бот.* гибрид (*винограда*)
basto (*n.*) *исп. дегуст.* грубый, жесткий (*о вкусе*)
Bâtard-Montrachet *фр. фирм.* «Батар-Монраше» (*высококачественное белое сухое вино из Пулиньи-Монраше, Франция*)
Batavia ar(r)ak *фирм.* «Батавия арак» (*ароматизированный ром, выпускаемый на о-ве Ява, Индонезия*)
batch (*n.*) партия (*количество продукции, выпускаемое за один раз*)
batch fermentation *спирт.* ферментация партии закваски в одном сосуде
batch method *см.* **batch distillation**
Batida de Coco *фирм.* «Батида де Коко» (*марка рома, ароматизированного кокосовым орехом; выпускается в Бразилии; близок по характеристикам к рому «Малибу»*)
bâtonnage (*n.*) *фр.* батонаж (*способ выдержки белых вин в дубовых бочках вместе с осадком; применяется в Бургундии с использованием специальных емкостей из нержавеющей стали*); *см. ткж.* **dodine**
Bauchant (*n.*) *фр. фирм.* «Бошан» (*апельсиновый ликер*)
Baumé (*n.*) *фр.* единица измерения крепости вин (*1 Bé = 1% об. алк.*)
Bayleton (*n.*) *амер. фирм.* «Бейлетон» (*фунгицид, используемый в виноградарстве*)
Bay of Plenty *н.-зел. геогр.* залив Изобилия (*наименование винодельческого района на северо-востоке о-ва Северный*)
B-Cap cork seal *амер. фирм.* герметичный колпачок для закрытия корковой пробки
bead (*n.*) капля (*на стенке бутылки и т. д.*); пузырек воздуха (*в пиве, вине*)
beading (*n.*) простейший метод определения крепости виски по наличию пузырьков (*бутылка с виски встряхивается, и чем крупнее пузырьки, тем крепче виски*)

beak (*n.*) 1. носик (*сосуда*); 2. горлышко (*бутылки*)
beaker (*n.*) лабораторный стакан, мензурка
measuring ~ мерный стаканчик; *ткж.* **measure**
bear (*v.*) 1. *агр.* выдерживать, подпирать; 2. *бот.* давать плоды, плодоносить (*о растении*)
bearer (*n.*) *бот.* плодоносящее растение; ◊ **this variety is a good** ~ этот сорт дает хороший урожай
Beaujolais (*n.*) *фр.* 1. *геогр.* Божоле (*винодельческая область, в которой производят столовые красные вина, в Южной Бургундии*); 2. *фирм.* «Божоле» (*сухое красное вино с фруктовым букетом, произведенное в Божоле; потребляется осенью текущего года и не подлежит хранению*)
Beaujolais Nouveau *фр.* «Божоле Нуво» (*молодое вино текущего года; не подлежит хранению*); *ткж.* **Beaujolais Primeur**
Beaujolais Primeur *см.* **Beaujolais Nouveau**
Beaumes-de-Venise *фр. геогр.* Бом-де-Венис (*апелласьон в южной части долины Роны, известный белыми десертными винами из винограда мускатных сортов*)
Beaune (*n.*) *фр.* 1. *геогр.* Бон (*апелласьон винодельческой области Кот-д'Ор в Бургундии*); 2. *фирм.* «Бон» (*красное, редко белое, сухое вино*)
Beaunois (*n.*) *фр. амп.* Бонуа (*синоним Шардоне в регионе Шабли*)
bed (*n.*) *агр.* 1. слой; основание; поверхность; 2. место посадки растения
filtering ~ фильтрующий слой
fluid(ized) ~ *спирт.* псевдоожиженный [кипящий] слой
bedule (*n.*) *фр.* небольшой пластмассовый колпачок для осаждения осадка при дегоржаже (*в производстве игристых вин*); *ткж.* **bidule**
Beefeater *фирм.* «Бифитер» (*марка всемирно известного сухого джина, выпускаемого в Великобритании*)
beer (*n.*) 1. пиво (*спиртной напиток, полученный методом ферментации*

beer

зерна или солода, крепостью не выше 4,5% об.; *ткж. амер.* **ale** 3.; **malt liquor**); *см. ткж.* **ale; lager; porter; stout** 2. *спирт.* бражка; 3. дрожжевая бражка
abbey ~ пиво (*особенно крепкое бельгийское*), *произведенное в монастыре; см. ткж.* **trappist beer**
all-malt ~ *амер.* пиво, приготовленное из натурального ячменного солода без добавок; *ткж.* **all-malt**
Belgian white ~ бельгийское светлое пиво (*производится из неосоложенного [натурального] зерна пшеницы или овса*)
black ~ темное пиво
bock ~ крепкое пиво
bottle conditioned ~ пиво, выдержанное в бутылках (*имеющее осадок на дне бутылки*)
bottom-fermented ~ пиво, полученное методом низового брожения; лагер; *см. ткж.* **lager**
bright ~ светлое пиво
cold-fermented ~ пиво, полученное методом низового брожения; лагер; *см. ткж.* **lager**
contract ~ *ком.* пиво, реализуемое фирмой, не являющейся его производителем
dark ~ темное пиво
distillers' ~ *спирт.* бражка
flat ~ 1. полностью перебродившее [тихое] пиво; 2. *дегуст.* пиво без газа
ginger ~ имбирное пиво
green ~ пиво после первичной ферментации; необработанное пиво
kegged ~ пиво, выдержанное в кегах под давлением углекислого газа
kräuse(l)n ~ *нем.* пиво кройзен, завитковое пиво
lager ~ лагерное пиво, лагер
light ~ светлое пиво
malt ~ солодовое пиво
Munich ~ мюнхенское пиво
near ~ *амер.* пиво, содержащее менее ½% об.
pale ~ светлое пиво
Pils(e)ner ~ пльзенское пиво
Salvator ~ сальваторное пиво
schenk ~ *нем.* зеленое [молодое] пиво
seasonal ~ «сезонное пиво» (*специальный сорт пива, потребляемый в определенное время года*); *см. ткж.* **seasonal**
small ~ слабоалкогольное пиво
spent ~ барда
spruce ~ пиво, полученное из мелассы и еловых шишек с добавлением дрожжей
strong ~ крепкое пиво
top-fermented ~ *см.* **warm-fermented beer**
trappist ~ *бельг.* монастырское пиво типа эль, выдержанное в бочках; *см. ткж.* **abbey beer**
warm-fermented ~ пиво, полученное методом верхового брожения; эль; *см. ткж.* **ale** 2.
weak ~ слабоалкогольное пиво
wheat ~ пшеничное пиво
Beerenauslese (*п.*) *нем.* выборочный сбор переспевших ягод винограда (*для приготовления особых вин*)
beer keg пивная кега (*емкость в 15,5 галлона из нержавеющей стали для хранения пива; может быть использована для хранения вина*)
Beer Purity law Закон о чистоте пива 1516 г. в Германии (*согласно которому для пивоварения разрешалось применять только солод, хмель, воду и дрожжи*); *см. ткж.* **Reinheitsgebot**
beer still *спирт.* дистилляционный аппарат для первичного извлечения этанола из готового пива
beeswax (*п.*) пчелиный воск (*применяется для запечатывания бутылок*)
beeswing (*п.*) 1. пленка, образующаяся в старом вине; 2. старое вино с пленкой
beetle (*п.*) *энт.* жук
African black ~ *амер., австрал.* африканский черный жук (*Heteronychus arator*) (*вредитель винограда*)
black lawn ~ *австрал.* черный полевой жук (*вредитель винограда*); *см. ткж.* **African black beetle**
bronzed field ~ *австрал.* бронзовый полевой жук (*Adelium brevicorne*) (*вредитель винограда*)
common auger ~ обычный жук-бурильщик (*Xylopsocus gibbicollis*) (*вредитель винограда*)

Curculio ~ *австрал.* жук Куркульо (*вредитель винограда*); *см. ткж.* **apple weevil**
dung ~ *австрал.* навозный жук (*Onitis alexis; Onthophagus ferox*) (*вредитель винограда*)
fig longicorn ~ фиговый жук-рогач (*Acalolepta vastator*) (*вредитель винограда*)
large auger ~ большой жук-бурильщик (*Bostrychopsis jesuita*) (*вредитель винограда*)
pasture ~ *австрал.* полевой жук (*Australaphodius frenchi*) (*вредитель винограда*)
pitted vine ~ *австрал.* жук, вызывающий бороздчатость (*вредитель винограда*)
soil ~ *австрал.* почвенный жук (*вредитель винограда*)
spring ~ *австрал.* весенний жук (*Colymbotorpha vittata*) (*вредитель винограда*)
true foliage feeding ~ *австрал.* настоящий жук-листоед (*вредитель винограда*)
vegetable ~ *австрал.* огородный жук (*Gonocephalum elderi*) (*вредитель винограда*)
vine flea ~ блошка виноградная (*Haltica ampelophaga*)
Bell's *фирм.* «Беллз» (*марка шотландского виски типа скотч*)
belly (*n.*) вязкость (*дефект натуральной пробки*)
below ground growth *бот.* подземный рост (*растения*)
bench corker укупорочное устройство настольного типа
bench grafts посадочный материал
bench tests *см.* **bench trials**
bench trials пробы вина, проводимые непосредственно в винном подвале
bending (*n.*) гибка бочарных клепок (*одна из технологических операций в производстве бочек*); *см. ткж.* **trussing**
Bénédictine (*n.*) *фр. фирм.* «Бенедиктин» (*ликёр на основе виноградного бренди; производится по рецепту, составленному монахами-бенедиктинцами*)

beneficio (*n.*) *порт.* 1. добавление спирта в муст (*при приготовлении портвейна*); 2. спирт для крепления портвейна
Benlate (*n.*) *амер. фирм.* «Бенлат» (*фунгицид, используемый в виноградарстве*)
bentonite (*n.*) бентонит
benzene (*n.*) *хим.* бензол
benzene phase *спирт.* бензоловая фаза
Bereich (*n.*) *нем.* крупный район внутри большой винодельческой области в Германии; *см. ткж.* **Anbaugebiet, Gebiet**
Bergeron (*n.*) *фр. амп.* Бержерон (*синоним сорта Русан в Савойе*)
Beringer ad *амер.* рекламный текст, разработанный фирмой "Beringer Vineyard" (Nappa Valley) (*помещенный на горлышке бутылки, с напоминанием о преимуществах умеренного употребления и опасности злоупотребления алкоголем*)
Berlandieri (*n.*) *амп.* Берландиери (*американский сорт красного винограда; используется в качестве подвоя*)
Berliner Weisse *нем. фирм.* «Берлинер Вайсе» (*слабоалкогольное мутноватое пиво, выпускаемое в Берлине*)
Bernkastel (*n.*) *нем. геогр.* Бернкастель (*главный винодельческий центр в Среднем Мозеле, Германия*)
Bernkastel Doktor *нем. геогр.* Бернкастель Доктор (*всемирно известный виноградник в Бернкастеле, названный так из-за целебных свойств производимых вин*)
berry (*n.*) 1. ягода (*винограда*); 2. зерно (*пшеницы, ржи и т. д.*)
berry color цвет ягод (*винограда*)
berry contraction *бот.* уменьшение ягод (*винограда*) в размерах; *ткж.* **berry shrinking**
berry drought *бот.* усыхание ягод (*винограда*)
berry flavor вкус ягод (*винограда*)
berry flavor assessment оценка вкуса ягод (*винограда перед уборкой*)
berry length длина ягоды (*винограда*)
berry rot *фитопат.* гниль ягод (*заболевание винограда*)

berry seeds

berry seeds семена в ягодах (*винограда*)
berry set *бот.* завязь ягод (*восьмая стадия годового цикла винограда*)
berry shape форма ягод (*винограда*)
berry shrinking *бот.* уменьшение ягод (*винограда*) в размерах; *ткж.* **berry contraction**
berry size размер ягод (*винограда*)
berry swelling *бот.* увеличение ягод (*винограда*) в размерах
berry width ширина ягоды (*винограда*)
Beta (*п.*) *амп.* Бета (*исконно американский сорт красного винограда*)
beta amylase *хим.* бета-амилаза
Betacorque (*п.*) *брит. фирм.* Бетакорк (*синтетическая пробка для вина*)
Beurot (*п.*) *фр. амп.* Бёро (*синоним сорта Пино Гри в Бургундии*)
beverage (*п.*) напиток
  alcoholic ~ алкогольный [спиртной] напиток
  fermented ~ напиток, полученный путем ферментации
  malt ~ любой алкогольный напиток крепостью 0,5-8% об., приготовленный методом соложения и ферментации
  mixed ~ напиток, представляющий собой смесь нескольких компонентов
  spirituous ~ алкогольный [спиртной] напиток
  vinous ~ винный напиток, напиток на основе вина
beverage alcohol пищевой спирт
Bianchi *ит. собир.* белые вермуты
Bianco di Pitigliano *ит.* «Бьянко ди Питильяно» (*белое вино из провинции Тоскана*)
bibacious (*adj.*) *мед.* пристрастившийся к алкоголю; находящийся в алкогольной зависимости (*о человеке*); *ткж.* **bibulous**
bibb (*п.*) затвор, затычка, пробка; кран
bibulous (*adj.*) *см.* **bibacious**
bidule (*п.*) *фр.* небольшой пластмассовый колпачок для осаждения осадка при дегоржаже (*в производстве игристых вин*); *ткж.* **bedule**
big (*adj.*) имеющий хороший вкус, аромат и высокое содержание алкоголя (*о вине, напитке*)

Big Six «Большая Шестерка» (*шесть ведущих сортов винограда, возделываемых в Южной Африке: Каберне Совиньон, Мерло, Шардоне, Пинотаж, Совиньон Блан и Шираз (Сира), из которых производят лучшие вина Южной Африки*)
bilge (*п.*) пук (*средняя, наиболее выпуклая часть бочки*)
billes (*п.*) *фр.* биль (*пористая вставка в пробку для снятия дрожжевого осадка в производстве шампанского*); *ткж.* **alginate**
bin (*п.*) 1. *австрал., н.-зел.* большая бочка для вина; 2. *австрал.* сорт вина
binary azeotrope *спирт.* двойной азеотроп (*постоянно кипящая смесь, состоящая из 2-х компонентов – этанола и воды*)
binning (*п.*) укладка бутылок в лежачем положении для выдержки
biodynamic wine production биодинамическое виноделие (*базируется на использовании различных экологических, метеорологических и астрономических факторов с учетом их воздействия на биоритмы человека; основано на теории Рудольфа Штайнера, опубликованной в 20-х гг. XX века*)
bird repellent *агр.* репеллент от птиц (*средство для отпугивания птиц с виноградников*)
bird's eye rot *фитопат.* красная гниль (*заболевание винограда*)
Bishop (*п.*) «бишоп» (*напиток из вина и фруктового сока*)
bite (*п.*) привкус
  yeast ~ дрожжевой привкус
biting (*adj.*) острый, едкий (*о вкусе*)
bitter 1. (*п.*) горечь; 2. (*п.*) *брит.* горькое пиво; 3. (*adj.*) горький; 4. (*v.*) придавать горький вкус
bitterish (*adj.*) горьковатый (*о вкусе вина*)
Bitterl (*п.*) *нем. дегуст.* очень терпкий вкус вина
bitter liqueurs спиртные напитки на основе трав и ароматизаторов, имеющие горьковато-сладковатый вкус; *ткж.* **bitter spirits; bitters** 1., 2.

bittern (*n.*) маточный раствор
bitterness (*n.*) 1. горечь, горький вкус; 2. степень горечи
bitter rot *фитопат.* горькая гниль (*Greeneria uricola*) (*заболевание винограда*)
Bitters (*n.*) *pl. фирм.* «Биттерз» (*концентрат из кореньев, трав и/или фруктов, применяемый для ароматизации коктейлей*)
bitters (*n.*) *pl.* 1. горькая настойка; 2. *ист.* спиртные напитки на травяных экстрактах (*использовавшиеся в XIX в. в качестве лекарственных средств*); 3. добавки для придания горького вкуса вину (*хинин, апельсиновые корки и т. д.*)
Black and Tan *фирм.* «Блэк энд Тэн» (*напиток, приготовленный из равных частей эля и стаута или портера*)
black bean aphid *энт.* тля свекловичная (*вредитель винограда*)
Black Bottle *фирм.* «Блэк Ботл» (*марка шотландского купажированного виски типа скотч*)
black cow *амер. разг.* коктейль из пива с мороженым
black dead arm *фитопат.* сухорукавность (*вирусное заболевание винограда*)
blackening:
   iron tannate ~ черный касс (*порок вина*)
black goo *фитопат.* «черная смола» (*грибковое заболевание древесины винограда, вызываемое Phaeoacremonium chlamydosporum*); *ткж.* **black goo decline**
Black Hamburg *амп.* Блэк Гамбург (*американское название сорта винограда Мускат гамбургский*); *ткж.* **Muscat Hamburg**
black jack кувшин для пива и т. п.
black malt *пив.* частично осоложенный ячмень, поджаренный при высокой температуре до темно-коричневого цвета
blackneck (*n.*) темный налет на внутренней стенке шейки бутылки
black rot (of grapes) *фитопат.* черная гниль (*грибковое заболевание винограда*)

Black Russian *фирм.* «Блэк Рашн» (*коктейль из 1 части кофейного ликера и 2 частей водки; подается со льдом в высоком стакане*)
Black Spanish *амер. амп.* Блэк Спэниш (*синоним сорта Ленуар*); *см. ткж.* **Jacques**
Black Stone *фирм.* «Блэк Стоун» (*коктейль из хереса, джина и биттера*)
blackstrap 1. смесь спиртного напитка (*обычно рома*) с мелассой; 2. *разг.* низкокачественный, дешевый портвейн; 3. черная меласса; *см. ткж.* **blackstrap molassa**
Black Velvet *фирм.* «Блэк Велвет» (*марка канадского виски, выдержанного 5 лет в дубовой бочке*)
Black Velvet Cocktail коктейль из стаута и шампанского
blade (*n.*) *бот.* (листовая) пластинка
grape leaf ~ пластинка виноградного листа
blanc (*n.*) *фр.* блан, белое вино
blanc de blancs *фр.* «блан де блан» (*термин для обозначения белых вин, особенно шампанских, приготовленных из винограда исключительно сорта Шардоне*)
blanc de noirs *фр.* «блан де нуар» (*термин для обозначения белых вин, приготовленных из красных сортов винограда, особенно Пино Нуар и Пино Менье*)
Blanc Fumé *фр. амп.* Блан Фюме (*сорт белого винограда; синоним сорта Совиньон Блан в долине Луары*)
Blanchot (*n.*) *фр.* «Бланшо» (*белое вино категории Гран Крю из Шабли*)
bland (*adj.*) нежный, мягкий (*о вкусе*)
Blanquette (*n.*) *фр. амп.* Бланкет (*сорт белого винограда, используемый для приготовления знаменитого игристого вина «Бланкет де Лиму»*); *см. ткж.* **Mauzac**
Blauburgunder *нем. амп.* Блаубургундер (*сорт белого винограда; клон Пино Нуар; используется в производстве высококачественных сухих белых вин в Германии и Австрии*)
Blauer Clevner *нем. амп.* Блауэр Клевнер (*сорт красного винограда*)

Blaye

Blaye (*n.*) *фр.* «Блайе» (*очень легкое красное или белое вино из Кот-де-Блайе, Бордо*); *ткж.* **Blayais**

bleeding (*n.*) *бот.* «плач» винограда, сокодвижение; *см. ткж.* **sap flow**

blend 1. (*n.*) смесь, купаж; 2. (*v.*) смешивать, изготавливать смесь
alcohol ~ спиртовая смесь
de luxe ~ марочное виски (*приготовлено из спиртов, выдержанных не менее 12 лет*); *ткж.* **premium blend**
liqueur ~ купаж ликера
premium ~ марочное виски (*приготовлено из спиртов, выдержанных не менее 12 лет*); *ткж.* **de luxe blend**
standard ~ стандартный купаж (*класс виски смешанного типа, приготовленного из спиртов, выдержанных не менее 3 лет*)
wine ~ смесь [купаж] вин

blended (*adj.*) смешанный; купажированный; эгализованный (*о вине*)

Blended Scotch Whisky купажированное шотландское виски (*смесь солодового и зернового виски; обозначение на этикетках*)

blended whisk(e)y спирт. купажированное виски (*виски, содержащее не менее 20% чистого виски в смеси с нейтральными спиртами*)

blender (*n.*) 1. *тех.* смеситель; миксер; блендер; 2. *вин.* купажер; 3. *спирт.* блендер (*специалист по ассамбляжу виски*); 4. негоциант (*предприятие, занимающееся розливом и продажей вин*); *см. ткж.* **negotiant**

blending (*n.*) купажирование (*смешивание сусла или виноматериала с различными материалами*); *см. ткж.* **adding**; **égalisage**

blight (*n.*) *фитопат.* заболевание растений, характеризующееся завяданием, гниением *или* прекращением роста
leaf ~ увядание листьев (*виноградного растения; под воздействием паразитов*); *см. ткж.* **Isariopsis leaf spot**

blind coding *дегуст.* присвоение образцам произвольных наименований *или* номеров (*для обеспечения объективной оценки*)

blind pig *амер. разг.* дешевое, низкокачественное виски; *ткж.* **blind tiger**

blind tiger *см.* **blind pig**

blister beetle (*n.*) *энт.* шпанская мушка (*Epicauta vittata*)

blister fly *см.* **blister beetle**

blistering (*n.*) вздутие, пузырчатость
leaf ~ *фитопат.* пузырчатость листьев (*заболевание винограда*)

block (*n.*) *агр.* квартал (*территориальная единица виноградника*)

blond beer (*n.*) *брит.* светлое пиво; эль; *см. ткж.* **ale**

blood alcohol content *мед.* содержание алкоголя в крови

Bloody Ceasar *фирм.* «Блади Сизар» (*коктейль из водки и фирменной смеси томатного сока Clamato со специями*)

Bloody Maria *фирм.* «Блади Мариа» (*коктейль на основе текилы и томатного сока*)

Bloody Mary *фирм.* «Блади Мери» (*разнообразные виды коктейлей на основе водки и томатного сока с добавлением других ингредиентов*)

bloom (*n.*) 1. цвет; 2. налет; 3. *вин.* букет; 4. *бот.* цветение (*седьмая стадия годового цикла винограда*)

blotch (*n.*) пятно, бородавка (*у растения*)
leaf ~ *фитопат.* бородавчатость листьев (*заболевание винограда*)

Blueberry *фирм.* «Блюбери» (*ликер, приготовленный из черники*)

Blueberry Schnapps *фирм.* «Блюбери шнапс» (*крепкий сухой напиток, получаемый при дистилляции сброженного сока черники*)

Blue Curaçao *фирм.* «Голубой Кюрасао» (*ликер, приготовленный на основе белого «Кюрасао», с добавлением синего натурального красителя*)

blue-green sharpshooter *энт.* сине-зеленая цикадка (*вредитель винограда*); *см. ткж.* **sharpshooter**

Blue Label Smirnoff *фирм.* «Блю Лейбл Смирнофф» (*водка «Смирнофф» крепостью 100° proof*)

blue mold *фитопат.* синяя гниль (*грибковое заболевание винограда*)

Blue Ridge *австрал. фирм.* «Блю Ридж» (*марка синтетической пробки для вина*)

blue stone *амер. разг.* медный купорос; *см. ткж.* **copper sulfate**

blume (*n.*) *нем.* букет (*вина*)

blunder (*n.*) эффект повышения дозы SO_2 при фумигации винограда (*при уровне сульфита выше 10 ppt*)

blush (*n.*) *амер.* очень светлое розовое вино

blusher (*n.*) *амер. разг.* розовое вино, «розовенькое»

Boal (*n.*) *порт.* 1. *амп.* Буал (*сорт красного винограда, используемый в производстве мадеры*); *ткж.* **Bual**; 2. *фирм.* «Буал» (*марка полусладкой мадеры, имеющей золотистый цвет и характерный аромат изюма и сухофруктов*)

board (*n.*) 1. картон; 2. доска
   bottle-cap ~ картон для изготовления укупорочных колпачков
   container ~ тарный картон
   corrugated ~ гофрированный картон
   cushion ~ *см.* **corrugated board**
   gasket ~ прокладочный картон
   gauffered ~ гофрированный картон; *ткж.* **goffered board**
   pallet ~ поддон

bock (*n.*) 1. крепкое темное пиво, «бок»; 2. *фр.* пивная кружка емкостью ¼ л
   American ~ *ист.* американский «бок» (*популярный сорт крепкого пива, который выпускался в США до сухого закона 1930-х гг. и для производства которого применялся чистый ячменный солод*)

Bocksbeutel (*n.*) *нем.* боксбойтель, плоская сферическая бутылка для вина

Böckser (*n.*) *нем.* запах сероводорода, запах тухлых яиц (*порок вина*); *см. ткж.* **off-flavor**

bocoy (*n.*) деревянная емкость большого объема (*700 л*) для вина

bodega *исп.* 1. винный погреб; 2. винодельческое предприятие; 3. винный магазин

body (*n.*) 1. *вин.* «тело» (*консистенция, плотность, экстрактивность вина*); 2. *дегуст.* восприятие веса или пол- ноты структуры вина на нёбе; 3. плотность; консистенция жидкости; 4. перегонный куб, реторта

boilermaker (*n.*) *разг.* виски, запиваемое пивом

boiling (*n.*) процесс варки пива

boiling point *хим.* точка кипения

Bombay Dry Gin *фирм.* «Бомбей Драй Джин» (*марка сухого джина крепостью 40% об.*)

Bon Blanc *фр. амп.* Бон Блан (*сорт белого винограда; синоним сорта Коломбар в Вандее и Шасла в Савойе*)

bond (*n.*) *брит.* акцизный склад для хранения виски

bond de côté *фр.* бонд-де-коте, «шпунтом набок» (*метод установки бочек с целью уменьшения усушки вина*)

bonded wine cellar сертифицированный винзавод в США

bonded wine premise сертифицированный производитель вина в США

bone-dry 1. (*adj.*) очень сухой (*о вине*); не имеющий остаточного сахара *или* не более 0,5%; 2. (*n.*) *амер. ист.* сухой закон, запрещающий продажу спиртных напитков; *см. ткж.* **Prohibition**

bonne chauffée *фр.* 1. второй этап в двухступенчатой перегонке вина; 2. бон шофе (*продукт второй перегонки в производстве коньяка; имеет крепость до 72% об.*)

Boodles *фирм.* «Будлз» (*марка джина крепостью 40% об.*)

booge (*n.*) натяжной обруч (*один из двух обручей, надеваемых по обеим сторонам пука бочки*); *см. ткж.* **bilge hoop; booge hoop; bulge hoop**

book:
   cellar ~ книга регистрациии вин в винном подвале
   label ~ альбом с этикетками
   taste ~ книга [журнал] регистрации результатов дегустаций

Boone Strawberry Hill Wine *амер. фирм.* «Бун Стробери Хил Вайн» (*дешевое слабоалкогольное вино, приготовленное из цитрусовых и ароматизированное клубникой*)

booth (*n.*) кабина для дегустации

bootleg 1. (*n.*) алкогольный напиток, незаконно произведенный, продаваемый *или* перевезенный без регистрации и уплаты налогов; *см. ткж.* **bootleg spirits**; 2. (*v.*) нелегально торговать спиртными напитками (*контрабандными или самогонными*)
bootlegger (*n.*) *амер.* 1. *ист.* человек, носящий в сапоге плоскую бутылку с виски (*до сухого закона в США*); 2. *ист.* подпольный торговец спиртным (*в годы сухого закона в США*); 3. производитель, торговец фальсификатом
booze (*n.*) *амер. разг.* крепкий спиртной напиток
Bordeaux (*n.*) *фр. геогр.* Бордо (*крупный винодельческий регион на юго-западе Франции в департаменте Жиронда*)
Bordeaux blend *фр.* типичное красное вино из винодельческого региона Бордо (*из смеси сортов винограда Каберне Совиньон, Каберне Фран, Мерло с добавлением сортов Мальбек и Пти Вердо*); *см. ткж.* **Red Meritage**
Bordeaux mixture *агр.* бордоская смесь, раствор сульфата меди; *см. ткж.* **copper sulfate**
Bordo (*n.*) *амп.* 1. *амер.* Бордо (*сорт красного винограда с выраженным «лисьим» тоном*); *см. ткж.* **Ives Noir**; 2. *ит.* Бордо (*региональное название для сорта Каберне Фран*); 3. *фирм.* «Бордо» (*специальный тип бутылки для вина*)
borer (*n.*) *энт.* жук-сверлильщик (*вредитель винограда*)
fruit-tree ~ сверлильщик фруктовых деревьев (*Cryptophasa melanostigma*)
small fruit-tree ~ малый сверлильщик фруктовых деревьев (*Cryptophasa allicosta*)
vine ~ 1. сверлильщик лозы (*разновидности жучков Echiomita sp., личинки которых поражают ткани виноградной лозы*); 2. личинка моли *Aegeria Polistiformis*, поражающая корни винограда
bota (*n.*) *исп.* 1. бурдюк для вина из козлиной шкуры (*емкостью 1-2 л*); 2. винная бочка емкостью 500 л, используемая в приготовлении хереса (*132 американских галлона*)
botanicals (*n.*) *pl.* травы, специи и другие растительные материалы, используемые в производстве джина
bothie (*n.*) *шотл.* нелегальный производитель виски
botryoidal (*adj.*) *бот.* имеющий форму виноградной грозди; *ткж.* **aciniform**
Botryosphaeria rot and necrosis *фитопат.* гниль и отмирание ягод винограда (*заболевание винограда*); *см. ткж.* **Macrophoma rot**
Botrytis (*n.*) *лат. фитопат.* ботритис (*заболевание винограда*); *ткж.* **bunch rot**
Botrytis cinerea *лат. фитопат..* гриб-возбудитель серой гнили винограда; *см. ткж.* **gray rot**
botte (*n.*) *ит.* большая винная бочка
bottle 1. (*n.*) бутылка (*сосуд для напитков*), бутыль; 2. (*n.*) мера объема = 2/3 кв. = ¾ л; (*для тихих вин – 750 мл, для шампанских и игристых вин – 800 мл, для коньяка и бренди – 500 мл, для пива – 500 мл, для виски – 500 мл*); 3. (*v.*) наливать, разливать в бутылки; ◊ **to ~ (up)** разливать в бутылки
Alsace-style ~ бутылка эльзасского типа; *см. ткж.* **flute bottle; Rhein bottle**
Altus ice wine ~ бутылка «Альтус» для вина типа «айсвайн»
amber ~ бутылка из желтого стекла
amber brown ~ бутылка из коричневого стекла
amber glass ~ бутылка из желтого стекла
Babcock ~ бутирометр Бебкока
baby-sized ~ бутылка для шампанского уменьшенного размера (*емкость 187 мл*); *ткж.* **half-split size champagne bottle**
Basquiase ~ *см.* **Bocksbeutel-style bottle**
beer ~ пивная бутылка, бутылка для пива
Bellissima ice wine ~ бутылка «Беллиссима» для вина типа «айсвайн»
blown ~ пластмассовая бутылка

bottle

blue ~ бутылка из синего [кобальтового] стекла; *ткж.* **cobalt bottle**
Bocksbeutel-style ~ бутылка типа «Боксбойтель» *(плоская округлая бутылка)*; *ткж.* **Basquiase bottle**
Bordeaux ~ бутылка для бордоских вин, бутылка «мужского» типа *(с «прямыми плечами»; цвет: изумрудный – для тяжелых красных вин, предназначенных для длительного хранения; зеленый – для шампанских вин)*
brandy ~ бутылка для бренди
Burgundy ~ бутылка для бургундских вин, бутылка «женского» типа *(с «покатыми плечами»; цвет: для вин семейства «Пино» и «Шардоне» – светло-оливковый, зеленый и увядших листьев; для шампанских вин – прозрачный, изумрудно-зеленый, темно-зеленый)*
capped ~ бутылка, укупориваемая колпачком
champagne ~ бутылка для шампанского, бутылка шампанского типа *(из темно-зеленого стекла)*
claret-style ~ винная бутылка бордоского типа; *ткж.* **Bordeaux bottle**
clear glass ~ бутылка из прозрачного стекла; *ткж.* **flint bottle**
clear tall ~ высокая бутылка из прозрачного стекла
cobalt ~ *см.* **blue bottle**
cognac ~ бутылка для коньяка, коньячная бутылка
Collostreto ~ бутылка «Коллострето» *(старинная бутылка с узким горлышком); см. ткж.* **narrow-mouth bottle; narrow-neck bottle**
colored glass ~ бутылка из окрашенного стекла
cork finish ~ бутылка, укупориваемая пробкой
corrugated neck ~ бутылка со сжатым горлышком *(с наплывами в виде гармошки)*
crowned ~ бутылка, укупориваемая кроненпробкой
darker-green ~ бутылка темно-зеленого цвета; *см. ткж.* **champagne bottle**

dead-leaf green ~ *амер.* бутылка зеленовато-оливкового цвета; *см. ткж.* **olive-green bottle**
demi ~ бутылка вполовину обычного объема *(375 мл)*
Double Magnum ~ *см.* **Double Magnum**
embossed ~ бутылка с выпуклым [рельефным] узором *или* элементом оформления
emerald green ~ бутылка изумрудного цвета
European-style ~ винная бутылка европейского типа
female type ~ *см.* **Burgundy bottle**
Fillette ~ *фирм.* бутылка «Филлет» *(емкостью 375 мл)*
finished wine ~ готовая винная бутылка с нанесенной маркировкой, этикеткой и декорирующими элементами
flanged ~ бутылка с фланцем на горлышке
flange-lipped ~ *см.* **flanged bottle**
flint ~ бутылка из прозрачного стекла; *ткж.* **clear glass bottle**
Flipper ~ *фирм.* бутылка «Флиппер»
flute ~ высокая узкая бутылка для вина *(эльзасского или рейнского типа)*
frosted ~ бутылка из матового стекла
glass ~ стеклянная бутылка
green ~ бутылка из зеленого стекла
green tall ~ высокая бутылка из зеленого стекла
Grolsch-type ~ *см.* **swing-cap bottle**
half ~ бутылка вполовину обычного объема *(375 мл); см. ткж.* **demi bottle; Fillette bottle**
half-split size champagne ~ *см.* **baby-sized bottle**
Hochheim ~ *см.* **Hock bottle**
Hock ~ бутылка для вин немецких сортов *(выше бутылок других типов; цвет: прозрачный, изумрудный – для рислинга и шампанских вин; коричневый – для прочих вин)*
Hutchinson ~ *амер. ист.* винная бутылка Хатчинсона *(тип невысокой бутылки с широким корпусом)*
Impériale ~ *см.* **Impériale; impériale**
Jeroboam ~ *см.* **Jeroboam; jeroboam**

bottle

junk ~ *амер.* бутылка из толстого зеленого стекла
La Grande Dame ~ *фр.* бутылка «Гранд Дам» (*вытянутой формы*)
large ~ бутыль; бутылка большого размера
longneck ~ бутылка с длинным узким горлышком
Magnum ~ *см.* **Magnum**
male type ~ *см.* **Bordeaux bottle**
Marie-Jeanne ~ *см.* **Marie-Jeanne; marie-jeanne**
masculine type ~ *см.* **Bordeaux bottle; male type bottle**
Methusaleh ~ *см.* **Methusaleh; methusaleh**
multitrip ~ бутылка многократного использования, возвратная [многооборотная] бутылка; *ткж.* **returnable bottle**
narrow-mouth ~ узкогорлая бутылка, бутылка с узким горлышком
narrow-neck ~ *см.* **narrow-mouth bottle**
Nebuchadnezzar ~ *см.* **Nebuchadnezzar**
non-returnable ~ (одно)разовая бутылка, бутылка для (одно)разового употребления
normal ~ стандартная бутылка (*750 мл*)
olive-green ~ *брит.* бутылка из зеленовато-оливкового стекла; *см. ткж..* **dead-leaf green bottle**
one-trip ~ *см.* **non-returnable bottle**
one-way ~ *см.* **non-returnable bottle**
plastic ~ пластмассовая [пластиковая] бутылка
pop ~ бутылка для шипучих и газированных напитков
porto-style ~ бутылка для портвейна
regular wine ~ стандартная винная бутылка (*емкостью 375, 500 или 750 мл*)
Rehoboam ~ *см.* **Rehoboam; rehoboam**
returnable ~ бутылка многократного использования, возвратная [многооборотная] бутылка; *ткж.* **multitrip bottle**
Rhein ~ бутылка рейнского типа; высокая узкая бутылка для вина (*удобна для горизонтального хранения буты-*

лок); *см. ткж.* **Alsace bottle; flute bottle**
Salmanazar ~ *см.* **Salmanazar; salmanazar**
sample ~ склянка для отбора проб
screw-on top ~ бутылка под завинчивающийся колпачок
screw-type wine ~ винная бутылка с винтовой нарезкой для навинчивания колпачка
single-serving ~ винная бутылка емкостью 187 мл с винтовым колпачком
single-trip ~ *см.* **non-returnable bottle**
split ~ бутылка малого объема; «кварта» (*для тихих вин −187,5 мл; для шампанских вин − 200 мл*)
standard-fill ~ бутылка стандартного размера
standard wine ~ стандартная винная бутылка (*емкостью 375, 500 или 750 мл*)
stoppered ~ бутылка, укупориваемая пробкой
swing-cap ~ производственная бутыль с откидной крышкой (*используется в пивоварении*); *ткж.* **Grolsch-type bottle**
swing-top ~ *см.* **swing-cap bottle**
Victorian Pint ~ *брит. фирм.* «Викторианская пинта» (*старинная бутылка емкостью 18,7 унции = 0,53132 л; используется в основном для пива и эля*)
wide-neck ~ широкогорлая бутылка, бутылка с широким горлышком
wine ~ винная бутылка, бутылка для вина

bottle-aged port портвейн, выдержанный в бутылках; *ткж.* **vintage port**
bottle balance наклонная подставка с отверстием для горлышка бутылки для удерживания бутылки в горизонтальном положении; *см. ткж.* **bottle holder**
bottle balancer устройство, позволяющее удерживать винные бутылки в горизонтальном положении
bottle basket корзина для бутылок
bottle bouquet букет вина в результате редукционных реакций; *см. ткж.* **reduction reactions**

bottom

bottle box ящик для бутылок
  standard ~ стандартный ящик для бутылок (*на 12, 24 и 48 шт.*)
bottle chilling system устройство для охлаждения бутылки с вином
bottle clamp захватывающая головка бутылкоукладочной машины
bottle coaster блюдо *или* подставка для бутылки (*часто с художественной отделкой*)
Bottle Coddle *амер. фирм.* «Ботл Кодл» (*подставка из оргстекла для удерживания бутылки с вином в горизонтальном положении*)
bottle color цвет бутылки
bottled (*adj.*) разлитый в бутылки
bottled at the winery разлитый на заводе-изготовителе (*обозначение на этикетке вин*)
bottle defects дефекты бутылки; *см. ткж.* **checks; chipping**
bottled in bond *брит.* розлив виски до уплаты акцизного сбора
bottle-fermented (*adj.*) сброженный в бутылках (*о вине*)
bottle fever заболевание вина в бутылке; *см. ткж.* **bottle shock; bottle sickness**
bottleful (*n.*) 1. объём бутылки; 2. полная бутылка
bottle holder подставка [стойка] для винных бутылок; *см. ткж.* **bottle balance**
  antique ~ старинная [антикварная] подставка для бутылки с вином
  polished ~ полированная подставка для бутылки с вином
bottle imp *миф.* джинн из бутылки
bottle liner декоративный элемент бутылки
bottle lip верхний край горлышка бутылки; *см. ткж.* **bottle mouth; bottle top**
bottle mouth *см.* **bottle lip; bottle top**
bottle neck горлышко бутылки
bottle neck finish вариант исполнения горлышка бутылки
  cordon ~ горлышко с толстым круглым ободком
  crown champagne ~ горлышко под классическое шампанское
  flange ~ горлышко с фланцем
  square ~ обычное исполнение бутылки со срезанными кромками горлышка
  standard cork ~ стандартное исполнение бутылки с закруглёнными кромками горлышка
  stopper cork ~ горлышко под пробку с колпачком
bottle party вечеринка, на которую каждый гость приносит свою бутылку вина
bottle pourer устройство для налива вина; декантер, декантатор
bottle punt вдавленность на донышке бутылки
bottler (*n.*) 1. разливочная машина; 2. оператор разливочной машины; 3. завод безалкогольных напитков
bottle rack стойка *или* подставка для бутылок
bottle-ripe (*adj.*) готовый для розлива (*о вине и т. д.*)
bottlery (*n.*) 1. цех розлива; 2. завод безалкогольных напитков
bottle shape форма бутылки
bottle shock *амер.* временная потеря вкусовых качеств вина при транспортировке в бутылках (*проходит после некоторого времени покоя*); *см. ткж.* **bottle sickness; bottle fever**
bottle sickness *см.* **bottle fever**
bottle size размер [ёмкость] бутылки (*750 мл – для большинства вин; 500 мл – для столовых вин; 375 мл – для десертных вин*)
bottle storage system устройство для хранения бутылок (*обычно в горизонтальном положении*)
bottle top *см.* **bottle lip; bottle mouth**
bottle trends стили [направления] в дизайне бутылки
bottle washer машина для мытья бутылок, бутылкомоечная машина
bottle washing machine *см.* **bottle washer**
bottling (*n.*) розлив в бутылки
bottom (*n.*) 1. дно, днище; 2. «низ» (*маркировочная надпись на таре*); 3. отстой, осадок; 4. *спирт.* кубовый остаток, недогон

bottom

concave ~ вогнутое донышко (*бутылки*)
flat ~ плоское донышко (*бутылки*)
push-up ~ выпуклое донышко (*бутылки*)
rerun ~ *спирт.* остаток от вторичной перегонки
still ~ кубовый остаток, недогон

bottoms:
vat ~ *спирт.* дрожжевая разводка; побудительная культура

Bouchet (*n.*) *фр. амп.* Буше (*синоним Каберне Фран в Сен-Эмильоне и Помроле*); *ткж.* **Bouchet Franc; Gros Bouchet**

Bouchet Franc *см.* **Bouchet**

Bouchy (*n.*) *фр. амп.* Буши (*региональное название Каберне Фран*)

Boukha (*n.*) *араб.* 1. *ист.* алкогольные испарения; 2. марка водки из плодов фигового дерева (*выпускаемой в Тунисе*)

bouquet (*n.*) *вин.* букет; ароматы вина
acquired ~ букет вина, приобретенный в результате его выдержки в бочке; окисленный букет
bottle ~ букет вина в результате редукционных реакций; *см. ткж.* **reduction reactions**

bouquet acquit *фр.* приобретенный букет; *ткж.* **acquired bouquet**

bourbon (*n.*) *амер.* бурбон (*виски, вырабатываемое из зерновой смеси, содержащей не менее 51% зерна кукурузы, ржи, пшеницы, ячменного солода или осоложенного зерна; выдерживается в осмоленных новых дубовых емкостях; от названия штата Кентукки – Bourbon county*)

Bourbon county *амер.* штат Кентукки (*исторический центр производства виски*)

Bourbon Sour *амер. разг.* коктейль из бурбона, лимона и сахарной пудры

bourbon whiskey barrel *спирт.* бочка для бурбона емкостью 52 галлона (*дубовая бочка, которая используется только однократно для выдержки бурбона и в дальнейшем может использоваться для других сортов виски или рома*)

Bourboulenc (*n.*) *фр. амп.* Бурбулен (*сорт белого винограда; выращивается в Провансе и Кот-дю-Рон; применяется в производстве полных ароматных вин со свежим вкусом*)

Bourgogne (*n.*) *фр. геогр.* Бургундия (*один из главнейших винодельческих регионов Франции*); *см. ткж.* **Burgundy**

bowl:
chiller ~ чаша для охлаждения бутылок (*применяется при сервировке стола*)

Bowle (*n.*) *нем.* 1. шарообразный сосуд, чаша (*для крюшона*); 2. крюшон (*напиток из белого вина с добавлением фруктов*)

Bowlen (*n.*) *фирм.* «Боулен» (*напиток из вина и содовой воды*)

box (*n.*) коробка, ящик (*1. упаковка для бутылок с вином; 2. мера измерения количества произведенной или реализованной продукции*)
tote ~ коробка с ручками для переноса бутылок с вином
wine ~ коробка [ящик] для бутылок с вином

boxwood (*n.*) 1. деревянная тара; 2. *дегуст.* ароматический компонент, напоминающий запах кошачьей мочи; вяжущий землистый привкус (*иногда встречается у вин «Совиньон Блан»*); *ткж.* **cat spray; cat pee**

Brachet (*n.*) *см.* **Braquet**

Branca Menta *ит. фирм.* «Бранка Мента» (*горький ликер, ароматизированный мятой*)

branch (*n.*) 1. *бот.* ветвь; 2. отрасль (*промышленности*); ◊ **wine** ~ винная отрасль, виноделие

brand (*n.*) бренд, торговая марка
large ~ крупная [известная] торговая марка
small ~ небольшая [малоизвестная] торговая марка
spirit ~ марка спиртного напитка

brand identification обозначение бренда, обозначение торговой марки (*на этикетке*)

brand name наименование бренда, наименование торговой марки (*на этикетке*)

brandwine (*n.*) бренди; *см. ткж.* **brandy**

brandy (*n.*) бренди (*спиртной напиток, приготовленный из дистиллята виноградного вина или сброженного сока фруктов*)
apple ~ яблочный бренди, кальвадос
apricot ~ абрикосовый бренди; *см. ткж.* **Abricotine; Barack; Barack Pálinka**
cherry ~ черри-бренди (*вишневый ликер на основе бренди*); *см. ткж.* **cherry schnapps; Kirschwasser**
classically styled ~ бренди, приготовленный по классическим рецептам
coffee ~ кофейный бренди (*напиток, приготовляемый из дистиллята кофейных зерен*)
flavored ~ ликер на основе нейтральных спиртов, ароматизированных фруктовыми добавками
French ~ коньячный спирт; о-де-ви; *см. ткж.* **eau-de-vie**
fruit ~ фруктовый бренди
grape ~ коньяк
lees ~ бренди, приготовленный из дрожжевых остатков от ферментации вин (*особенно плодово-ягодных*)
marc ~ бренди из (виноградных) выжимок
mirabelle ~ бренди из желтых слив; сливовый бренди, сливовица
neutral ~ дистиллят из виноградного вина крепостью выше 170° proof (*используется для приготовления десертных вин*)
plum ~ сливовый бренди, сливовица; *ткж.* **prune brandy**
prune ~ *см.* **plum brendy**
prunelle ~ светло-зеленая сливовица
pure grape French ~ чистый коньячный спирт; о-де-ви; *см. ткж.* **eau-de-vie**
quetsch ~ сливовица из эльзасских слив
rebate ~ бренди, прошедший сертификацию
rectified ~ бренди, приготовленный путем купажирования выдержанных спиртов разных возрастов, подкрашенный карамелью
Spanish ~ испанский бренди (*на основе хереса*)
spiced ~ бренди с добавлением пряностей
straight ~ бренди, разлитый непосредственно из бочки, в которой выдерживался, без смешивания с другими спиртами
substandard ~ 1. бренди, имеющий повышенное содержание летучих кислот; 2. бренди, приготовленный из некачественного сырья; бренди, имеющий остаточные признаки некачественного сырья
brandy ball *брит.* шоколадная конфета с начинкой из бренди
Brandy Belt, the *геогр.* центральная зона производства бренди в США (*Чикаго, Иллинойс*)
brandy distiller производитель бренди
Braquet (*n.*) *фр. амп.* Браке (*сорт красного винограда; выращивается в Провансе*)
brass (*adj.*) медный; латунный
Braucol (*n.*) *фр. амп.* Броколь (*сорт красного винограда; синоним Фер в Тарне*)
break 1. (*n.*) *см.* **casse**; 2. (*v.*) *вин.* откупоривать (*бутылку, бочку*); 3. (*v.*) *бот.* выбрасывать почки (*о растении*)
breakdown (*n.*) касс, болезнь вина; *см. ткж.* **casse**
breaker (*n.*) небольшой бочонок
breaking (*n.*) 1. начало, наступление (*сезона, фазы развития*); 2. *бот.* выламывание (*удаление части побегов винограда*)
breaking-down разбавление спирта водой (*для уменьшения крепости*)
breathalizer (*n.*) (газо)анализатор содержания алкоголя (*в организме человека*)
Keyring ~ *амер. фирм.* «Киринг Брезалайзер» (*мини-аппарат для контроля содержания алкоголя*)
breeder (*n.*) *бот.* селекционер
breeder's resource ресурс селекционера
breeding (*n.*) селекция, разведение (*сортов винограда*)
clone ~ клоновая селекция
phytosanitary ~ фитосанитарная селекция

breeding evaluation *бот.* оценка селекции сорта винограда
Breton (*n.*) *фр.* Бретон (*региональное название Каберне Фран в долине Луары*)
brett (*n.*) *разг.* см. **brettanomyces**
brettanomyces (*n.*) *биол.* бретаномицеты (*грибковая культура*)
brew 1. (*n.*) алкогольный напиток, приготовленный из сброженного солода путем вымачивания сырья и его последующей варки и сбраживания; 2. (*v.*) варить пиво; 3. (*v.*) приготовлять пунш
brewage (*n.*) варка (*пива*); см. ткж. **brew** 1.
brewer (*n.*) пивовар
brewer's notice *амер. юр.* свидетельство о регистрации производителя алкогольных напитков
brewer's number *амер. юр.* регистрационный номер производителя алкогольных напитков
brewery (*n.*) пивоваренный завод
brewhouse (*n.*) 1. пивоваренный завод; 2. варочный цех (*пивоваренного завода*)
brewing (*n.*) 1. пивоварение (*процесс приготовления напитка из сброженного солода*); 2. количество пива, приготовленного за один технологический цикл
 adjunct ~ метод приготовления пива, основанный на применении разнообразных материалов-заменителей традиционного зернового сырья (*с целью уменьшения стоимости готового продукта*)
 entire ~ современный способ приготовления пива из одной партии сусла путем его однократной переработки
 parti-gyle ~ *ист.* способ приготовления пива путем многократной переработки солода, при котором получаются три партии пива — самое качественное и крепкое **barley wine**, *или* **strong beer**; затем пиво обычного качества **common beer**, и при третьей переработке получается самое легкое пиво типа **small beer** (*в настоящее время этот способ используется некоторыми малыми пивоварнями*)

Brewing sessions *брит.* ведомство в Англии, выдающее разрешения на право торговли спиртными напитками
brew kettle емкость для кипячения солода с хмелем при приготовлении пивного сусла; см. ткж. **cooper**
brew-on-premise facility система аренды оборудования для производства пива в США; см. ткж. **BOP, U-brew**
brewpub (*n.*) *амер.* пивная, которая реализует пиво собственного производства, а также других малых пивоварен
brick-red (*adj.*) *дегуст.* кирпично-красный (*о цвете старых красных вин*); ткж. **tile-red**
brier (*n.*) *бот.* шиповник (*компонент ароматизированных вин*)
bright (*adj.*) светлый, прозрачный (*о жидкости*); полностью прозрачный и светящийся на солнце (*о вине*)
brimful (*adj.*) полный до краев
brimmer (*n.*) полный бокал, кубок
brine solution соляной раствор
brisk (*adj.*) шипучий (*о напитке*)
Bristol Cream *брит. фирм.* «Бристольский крем» (*марка очень сладкого выдержанного хереса «Олоросо», розлив которого произведен в Бристоле*)
Bristol Milk *брит. фирм.* «Бристольское молоко» (*марка сладкого хереса «Олоросо», розлив которого произведен в Бристоле*)
British Bonded *брит.* выдержанный в Англии под акцизным контролем (*о коньячных спиртах и коньяках, изготовленных из французских коньячных спиртов, выдержанных на территории Англии в особых условиях*)
British thermal unit Британская тепловая единица (*используется также в США для измерения тепловой энергии*)
Brix hydrometer гидрометр Брикса
Brix scale 1. шкала Брикса (*используется для измерения специфического веса жидкости, выраженного весом водного раствора сахара; применяется в производстве сахара и рома*);

см. ткж. **Balling scale**; 2. шкала Брикса (*используется для измерения содержания сахара в соке или вине с применением оптического рефрактометра или гидрометра (1° Брикса = 1 г сахара на 100 г сока*)

broaching contrivance приспособление для сверления отверстий в бочке

broad bean wilt virus *фитопат.* вирус увядания конских бобов (*заболевание винограда*)

Bronx (*n.*) *фирм.* «Бронкс» (*коктейль из джина и сухого вермута с добавлением апельсинового сока*)

Brouilly (*n.*) *фр.* 1. *геогр.* Бруйи (*крупнейший апелласьон в винодельческой области Божоле региона Бургундия*); 2. *фирм.* «Бруйи» (*красное сухое вино из сорта Гаме*)

brown casse оксидазный касс, побурение (*порок вина*)

browning (*n.*) побурение, оксидазный касс (*порок вина*); см. ткж. **brown casse; oxidasic casse**

Brown Muscat *австрал. амп.* Мускат коричневый (*сорт красного винограда; используется в приготовлении сладких вин*)

browse (*n.*) *бот.* молодые побеги

brumal (*adj.*) *бот.* зимний; ◊ ~ **dormancy** зимняя спячка (*винограда*)

Brun Argenté *фр. амп.* Брюн Аржанте (*сорт красного винограда; выращивается в Кот-дю-Рон*)

Brunello (*n.*) *ит. амп.* Брунелло (*сорт красного винограда; синоним Санджовезе*)

Brunello di Montalcino *ит. фирм.* «Брунелло ди Монтальчино» (*сорт красного вина; одно из самых дорогих вин, производимых в провинции Тоскана; относится к категории DOCG*)

Brunello di Montepulciano *ит. фирм.* «Брунелло ди Монтепульчано» (*красное вино из провинции Тоскана*)

brut *фр.* 1. (*n*) брют, очень сухое шампанское (*с содержанием сахара не более 6 г/л*); 2. (*adj.*) брют, очень сухой (*о шампанском*)

B-test *мед.* анализ содержания алкоголя в крови

Bual (*n.*) *см.* **Boal**

bubble 1. (*n.*) пузырек воздуха *или* газа в жидкости; 2. (*n.*) пузырек воздуха в стекле; 3. (*v.*) пузыриться, кипеть (*о виноматериале*)

bubble cap *спирт.* контактное устройство (*в некоторых дистилляционных тарелках*)

bubbly (*n.*) *амер. разг.* шампанское, «шипучка»

bucket (*n.*) 1. ведро; 2. черпак; 3. *амер. разг.* стаканчик *или* стопка с расширением кверху (*для крепких спиртных напитков*); *см. ткж.* **lowball glass**
ice ~ ведерко для льда (*используется при подаче шампанских вин*)
wine ~ ведерко для бутылки вина (*декоративное; используется при сервировке стола*)

buckwheat (*n.*) гречиха (*сырье для производства спирта и виски*)

bud *бот.* 1. (*n.*) почка; 2. (*n.*) бутон; 3. (*n.*) неразвитый побег (*на стволе*); 4. (*v.*) распускаться, раскрываться (*о почках, бутонах*)
apical ~ почка на вершине ствола
fat ~ жирная почка
healthy ~ здоровая [не поврежденная болезнями] почка
lateral ~ почка в месте стыка листа и ствола
well-developed ~ правильно развитая почка
well-positioned ~ правильно размещенная почка; почка, имеющая правильную посадку

bud break *бот.* раскрытие почек (*четвертая стадия годового цикла винограда*); *ткж.* **bud burst**

bud burst *см.* **bud break**

budding (*n.*) *бот.* формирование почек (*растения*)

bud scales *бот.* чешуйки на почке (*виноградного растения*)

bud swell *бот.* набухание почек (*третья стадия годового цикла*)

Budweiser *фирм.* «Будвайзер» (*известный старинный бренд; марка пива, производимого в США*)

Budweizer Budvar *фирм.* «Будвайзер Будвар» (*марка пива, производимого в Чехии*)

bug bags *агр. тех.* мешочки для сбора жуков

bulk 1. (*n.*) объем, вместимость; 2. (*n.*) большое количество; ◊ **to sell in ~** продавать оптом; 3. (*adj.*) большой, объемный

bulk-aged выдержанный в бочках

bulk storage хранение (*вина*) в бочках, массовое хранение

Bull's Blood *фирм.* «Бычья кровь» (*известное венгерское красное купажное десертное вино "Egri Bikavér"*)

Bull Shot Cocktail (*n.*) коктейль из водки и говяжьего бульона, *или* консоме

Bulmer's *фирм.* «Булмерс» (*марка сидра, выпускаемого в Великобритании*)

bulrush (*n.*) камыш (*материал для изготовления корзин для винограда и оплетки бутылей*)

bumbo (*n.*) холодный пунш

bumper 1. (*n.*) бокал, полный до краев; 2. (*adj.*) очень большой; ◊ **~ harvest** небывалый урожай

bunch (*n.*) *бот.* гроздь (*винограда*)

bunch density плотность грозди (*винограда*)

bunch length длина грозди

bunch rot *см.* **Botrytis**

bunch shape форма грозди

bunch wing крыло грозди (*винограда*)

Bundaberg *фирм.* «Бундаберг» (*марка рома, производимого в Квинсленде, Австралия*)

bung (*n.*) пробка; затычка (*для бочки*)
 rubber ~ резиновая пробка
 silicon ~ силиконовая пробка
 wood ~ деревянная пробка

bung hole отверстие в бочке для пробки

bung puller устройство для вытаскивания пробок из бочек

Bureau of Alcohol, Tobacco and Firearms *амер. ист.* Бюро алкоголя, табака и огнестрельного оружия (*Департамента казначейства США, осуществлявшее регулирование производства, распространения и использования алкоголя, табака и огнестрельного оружия до 2003 г.; переименовано в ТТВ*); *ткж.* **BATF**

Burgaw (*n.*) *амп.* Бурго (*красный сорт винограда семейства Мускадин*)

Burgunder (*n.*) *фр. амп.* Бургундер (*синоним сорта Пино Нуар*)

Burgundy (*n.*) 1. *геогр.* Бургундия; *ткж.* **Bourgogne**; 2. бутылка для вина бургундского типа

burgundy (*n.*) красное бургундское вино (*происходит из известной провинции Бургундия, Франция*)

Burgundy wine *см.* **burgundy**

burlap (*n.*) *амер.* мешковина; *см. ткж.* **hessian**

bush (*n.*) 1. куст, кустарник; 2. *уст.* таверна; ◊ **good wine needs no ~** хорошее вино не требует рекламы

bushel maker бондарь, бочар

bush habitus *бот.* габитус [внешний вид] куста (*виноградного растения*)

bush loading *бот.* нагрузка виноградного куста урожаем

butanol (*n.*) *хим.* бутанол, бутиловый спирт (*незначительная составляющая сивушного масла*); *ткж.* **butyl alcohol**

butt (*n.*) 1. большая бочка для вина; 2. бочка (*мера объема жидкости = 490,96 л*); 3. *бот.* основание или черешок виноградного листа

butt drench *агр.* пропитка [орошение] основания виноградного листа (*к.-л. препаратом*)

butter scotch маслянистый скотч (*виски*)

buttery (*adj.*) *дегуст.* маслянистый (*о вкусе вина*)

butyl alcohol *хим.* бутиловый спирт, бутанол; *ткж.* **butanol**

buzz (*v.*) *разг.* осушать, выпивать бутылку до последней капли

by-product (*n.*) побочный продукт; отходы основного производства
 ~s of fermentation побочные продукты брожения
 distillery ~s побочные продукты спиртового производства
 winery ~ побочный продукт виноделия

Byrrh (*n.*) *фирм.* «Бюр» (*марка горьковато-сладкого вермута с добавкой хинина и красного вина, обычно подаваемого как аперитив; выпускается во Франции*)

C

Cab (*n.*) *сокр. разг. см.* **Cabernet**; **Cabernet Sauvignon**
Cabernet (*n.*) «Каберне» (*марка вина*)
Cabernet Franc *фр.* 1. *амп.* Каберне Фран (*сорт красного винограда в Бордо*); *см. ткж.* **Bouchet Franc**; **Bouchy**; **Breton**; **Grosse Vidure**; 2. *фирм.* «Каберне Фран» (*красное сухое вино*)
Cabernet Sauvignon *фр.* 1. *амп.* Каберне Совиньон (*важнейший сорт красного винограда в Бордо и др. регионах*); *см. ткж.* **Petite Vidure**; 2. *фирм.* «Каберне Совиньон» (*красное сухое вино*)
cabinet (*n.*) шкаф (*для хранения вин и напитков*)
 custom storage ~ специальный шкаф для вина
cachaça (*n.*) *фирм.* кашаса (*бразильский ром, приготавливаемый исключительно из сока сахарного тростника*)
cachet (*n.*) *фр.* 1. знак, подтверждающий аутентичность или качество 2. *дегуст.* общее впечатление от оригинального, изысканного вина
Cacique (*n.*) *лат.-амер. фирм.* «Касик» (*всемирно известная марка рома, производимого в Венесуэле; является смесью лучших сортов рома, произведенных из отборного сахарного тростника*)
Cacique Aged Rum *лат.-амер. фирм.* выдержанный ром «Касик»; *см. ткж.* **Ron Añejo Cacique**
Cacique 500 *лат.-амер. фирм.* «Касик 500» (*марка рома крепостью 40% об., имеющего самую длительную выдержку*)
Cadenhead (*n.*) *фирм.* «Кейденхед» (*марка виски, выпускаемого в Шотландии*)
caducous (*adj.*) *бот.* рано теряющий листья (*о винограде*)
Caguamas Tecate *фирм.* «Кагуамас Текате» (*сорт пива, производимого в*

Мексике; *более темное и ароматизированное, чем пиво «Корона»*)
Cahors (*n.*) *фр.* 1. *геогр.* Ка(г)ор (*центр департамента Ло, известный регион производства красного вина*); 2. *фирм.* «Ка(г)ор» (*красное сухое вино из винограда сортов Мальбек, Тана и др.; производится в регионе Ка(г)ор*); *ткж.* **black wine**; 3. кагор (*красное крепленое вино; используется как церковное вино в христианстве*)
Caipirinha (*n.*) «Кайпиринья» (*бразильский национальный напиток из рома, кашасы, лайма и льда*)
cake (*n.*) жмых; осадок с фильтра-пресса
calabash (*n.*) сосуд для вина из высушенной тыквы; *см. ткж.* **gourd**
calcium carbonate *хим.* карбонат кальция (*применяется для снижения кислотности вина*)
California Champagne *фирм.* «Калифорния Шампань» (*марка сухих дрожжей для игристых вин*)
California Common *амер. фирм.* «Калифорния Коммон» (*марка пива*); *см. ткж.* **steam beer**
callus (*n.*) *бот.* каллюс (*паренхиматозная ткань, появляющаяся на надрезе или привое*)
Caloric Punsch *шв. фирм.* «Кэлорик Пунш» (*марка пунша на основе батавского рома, чая и специй, крепостью 25 – 35% об.*); *см. ткж.* **Arak Punsch**; **Swedish Punsch**
Calvados (*n.*) *фр.* кальвадос, яблочный бренди (*сорт бренди, получаемый из яблочного сырья и прошедший двойную дистилляцию и выдержку в дубовых бочках; производится в Сев. Бретани и Нормандии, Франция*)
Calvados Cocktail *фирм.* коктейль из кальвадоса, апельсинового сока, ликера «Куантро» и горькой настойки
calyptra (*n.*) *бот.* корневой чехлик (*винограда*)
cámara (*n.*) *исп.* деревянный ящик со свечой (*для проверки прозрачности вин в подвале*)
Camarèse (*n.*) *фр. амп.* Камарез (*синоним сорта Брюн Аржанте*)
campaign (*n.*) *с.-х.* страда (*уборочная*)

Campania (*n.*) *геогр.* Кампанья (*один из ведущих винодельческих регионов Италии*)
Campari (*n.*) *um. фирм.* «Кампари» (*красный густой аперитив, состоящий из смеси 68 трав, настоянных на вине*)
Campden tablet *амер. фирм.* «Кэмден тэблет» (*средство для удаления остатков дрожжей из вина после брожения*)
campestral (*adj.*) *бот.* полевой
can (*n.*) чаша для питья; *см. ткж.* **tankard**
Canada Dry *фирм.* «Канада Драй» (*сорт имбирного пива, выпускаемого в Канаде*)
Canadian Club *фирм.* «Канадиан Клаб» (*купажное виски крепостью 40% об.; отличается мягким вкусом, выпускается в Канаде*)
Canadian whisky *фирм.* «Канадиан виски» (*виски из ржи, выпускаемое в Канаде*)
canary (*n.*) 1. «канари» (*сорт сладкого белого вина, напоминающего херес; производится на Канарских островах*); *ткж.* **canary wine** 2. *разг.* херес
Candelabra System *агр.* система низкого натяжения проволоки для подвязки лозы; *см. ткж.* **Low Bilateral Cordon; Low Wire Cordon System**
candle (*v.*) держать бутылку вина перед зажжённой свечой при розливе из бочки (*для предотвращения попадания осадка*)
cane (*n.*) 1. сахарный тростник; 2. лоза (*одеревеневшие побеги винограда*); *см. ткж.* **vine**
cane blight *фитопат.* увядание лозы (*болезнь винограда*)
cane mass масса лозы
cane-tip blight *фитопат.* увядание кончиков лозы (*болезнь винограда*); *см. ткж.* **dieback and bunch rot**
cane training *см.* **vine training**
canister (*n.*) канистра (*ёмкость для спиртных напитков*)
canopy (*n.*) *бот.* наземная часть [крона] виноградного растения
   single plane ~ одноуровневая крона виноградника

canopy management *агр.* регулирование размеров наземной части виноградного растения; *см. ткж.* **leaf removal**
canopy surface orientation *агр.* регулирование направления роста кроны виноградного растения
cant (*n.*) 1. косяк, срезанный край бочки; 2. крайняя доска в днище бочки
Cantaloup (*n.*) *фр.* канталупа (*сорт дыни, аромат которой присутствует в букете вин, изготовленных из сортов винограда Пино Блан, Пино Гри, Шенен Блан*)
Canterbury (*n.*) *н.-зел. геогр.* Кентербери (*наименование винодельческого района на восточном побережье о-ва Южный*)
cap (*n.*) 1. крышка, головка; 2. укупорочный колпачок; 3. *вин.* шапка (*мезги, пены*); 4. *спирт.* колпачок (*тарелки ректификационной колонны*)
   ~ of skins шапка мезги (*при брожении вина*); *ткж.* **pomace cap**
   carton ~ диск из (парафинированного) картона (*для укупорки бутылок*)
   comb-slit ~ *спирт.* колпачок с щелевыми паропропускными отверстиями
   continuous-thread ~ крышка со сплошной резьбой
   crown ~ кроненпробка, кроненкорка, крончатый колпачок
   Goldy ~ *фирм.* колпачок «Гольди», золотой колпачок (*для винных бутылок*)
   linerless ~ колпачок без прокладки
   metal screw ~ металлический винтовой колпачок
   nonobstructable ~ *спирт.* незасоряющийся колпачок
   poly seal ~ колпачок с пластмассовым покрытием
   pomace ~ шапка мезги (*при брожении вина*); *см. ткж.* **cap of skins**
   press ~ плотно надеваемая крышка
   roll-on ~ навинчивающаяся крышка; винтовой [навинчивающийся] колпачок
   S- ~ прозрачный колпачок для бутылок с фланцевым горлышком
   safety ~ безопасный колпачок

capsule

screw ~ винтовой [навинчивающийся] колпачок
snap-on ~ нажимной колпачок
stainless-steel ~ колпачок из нержавеющей стали
submerged ~ погружная шапка (*мезги*)
swimming ~ плавающая шапка (*мезги*)
twist and pop ~ *амер.* винтовой колпачок для игристых (*используемый вместо классического мюзле*) и тихих вин (*производства фирмы «Галло»*)
twist-off ~ винтовой [навинчивающийся] колпачок
yeasty ~ дрожжевая шапка (*при брожении дрожжей*)
capability of shoots formation *бот.* побегообразующая способность
capacity (*n.*) 1. способность; 2. емкость, вместимость; объем; литраж
carrying ~ *бот.* несущая способность (*виноградного куста*)
cold storage ~ емкость охлаждающей камеры
container ~ емкость контейнера
cooling(-down) ~ охлаждающая способность
cooling system ~ мощность охлаждающей системы
daily ~ ежедневная производительность
fermentation ~ 1. ферментативная способность; 2. сбраживающая способность
filtration ~ фильтруемость
foaming ~ пенообразующая способность
germination ~ всхожесть, прорастаемость (*семян*)
head-forming ~ пенообразующая способность
holding ~ емкость, вместимость
outflow ~ расход (*продукта*)
production ~ 1. производительность; 2. производственная мощность
receiving ~ приемная способность
reducing ~ редуцирующая способность (*сахаров*)
refrigerating ~ холодопроизводительность
reserve ~ накопительная емкость
storage ~ емкость склада; вместимость хранилища
throughout ~ пропускная способность
working ~ эксплуатационная производительность
yeast growing ~ способность дрожжей к размножению, ростовая активность дрожжей
cap classique колпачок классического типа
Cape Grape *ист. амп.* Капский виноград (*сорт винограда*); см. ткж. **Alexander** 1.
Cape Riesling *южн.-афр. амп.* Рислинг капский (*синоним сорта Крушан*); см. ткж. **Clare Riesling; Paarl Riesling; South-African Riesling**
capper (*n.*) укупорочная машина
bottle ~ машина для укупорки бутылок колпачками
crown ~ машина для укупорки кроненпробкой
disker ~ машина для укупорки кружка́ми
screw ~ машина для укупорки навинчивающимися колпачками
capping (*n.*) укупорка бутылок колпачками
capsulating (*n.*) надевание колпачка на горлышко бутылки
capsule (*n.*) колпачок [капсула] для закрытия верхней части горлышка бутылки с пробкой
all-tin ~ колпачок, изготовленный полностью из оловянной фольги
aluminum-plastic laminate ~ ламинатный колпачок (*пластмассовый колпачок с алюминиевым напылением*)
biodegradable ~ биологически разлагаемый колпачок (*не загрязняющий окружающую среду*)
champagne size ~ колпачок для шампанских бутылок
clear ~ прозрачный колпачок
color-coordinated ~ колпачок, подобранный по цвету к бутылке и этикетке
foil ~ колпачок из фольги
glossy finish ~ колпачок с лаковым покрытием

capsule

heat-shrink plastic ~ термоусадочная пластмассовая капсула
Information ~ *амер.* специальная винная капсула, содержащая полную информацию о продукте (*на внутренней поверхности капсулы*)
lead-foil ~ колпачок из свинцовой фольги (*обычно с имитацией под цвет свинца; настоящие свинцовые капсулы встречаются только на старых винах*)
matte finish ~ матовый колпачок
metallic finish ~ колпачок с имитацией под цвет свинца
oriented polypropylene heat-shrink ~ пластмассовая термоусадочная капсула из ориентированного полипропилена
PET heat-shrink ~ пластмассовая термоусадочная капсула из полиэтилена
plastic ~ пластмассовая капсула, пластмассовый колпачок
plastic heat-shrink ~ пластмассовая термоусадочная капсула
polylam ~ специальный многослойный ламинированный колпачок для шампанских бутылок
polysterene heat-shrink ~ пластмассовая термоусадочная капсула из полистирола
pure aluminum ~ колпачок из чистого алюминия
push-on ~ надвижная капсула
PVC heat-shrink ~ пластмассовая термоусадочная капсула из поливинилхлорида
capsule skirt юбка колпачка
hot-stamped ~ юбка колпачка, обработанная методом горячего тиснения
printed ~ юбка колпачка с напечатанным рисунком *или* надписью
capsule with matte finish *см.* **capsule with opaque finish**
capsule with opaque finish пластмассовая капсула с матовым покрытием
capsule with tab for opening капсула с отрывной лентой
capsule with tear tab *см.* **capsule with tab for opening**
capsuler (*n.*) устройство для надевания капсул

Captain Morgan *фирм.* «Капитан Морган» (*марка известного ямайского рома*); ◊ **Black Label** марка тяжелого рома с ярко выраженным вкусом и ароматом; ~ **White Label** марка легкого светлого рома
Captan (*n.*) *амер. агр. фирм.* «Каптан» (*пестицид, используемый в виноградарстве*)
carafe (*n.*) графин
caramel (*n.*) карамель, жжёный сахар
caramel liqueur ликер, ароматизированный карамелью
caraway seeds семена тмина (*используются в производстве джина и аперитивов*)
carbaryl (*n.*) *австрал. агр.* карбарил (*карбамидный пестицид*)
carbohydrate (*n.*) *хим.* углевод
fermentable ~**s** ферментируемые углеводы
reserve ~**s** резерв углеводов
stored ~**s** накопленные углеводы
carbon (*n.*) 1. *хим.* углерод; 2. уголь
activated ~ активированный уголь
active granulated ~ активный гранулированный уголь
assimilable ~ усвояемый уголь
decolo(u)rizing ~ обесцвечивающий уголь
granular ~ гранулированный уголь
not-assimilable ~ неусвояемый уголь
powdered ~ порошкообразный уголь
recovered ~ регенерированный уголь
sulfonated ~ сульфонированный уголь, сульфоуголь
total organic ~ общий органический углерод
vegetable ~ растительный уголь
volatile ~ углерод летучих веществ (*углерод, теряемый в виде диоксида углерода и спирта при дрожжеращении*)
carbonade (*n.*) *хим.* карбонад
carbonate (*n.*) 1. *хим.* карбонат; 2. (*v.*) газировать (*напиток*)
carbonation (*n.*) 1. карбонизация 2. *вин.* сатурация
carbonator (*n.*) *пив.* карбонизатор
carbon dioxide *хим.* диоксид углерода, углекислый газ; *ткж.* **carbonic gas**

carbonic gas см. **carbon dioxide**
carbonic maceration угольная мацерация
Carbonnieux (*n.*) *фр.* «Карбонье» (*белое вино, приготовляемое из отборного винограда в области Грав, Франция*)
Carbosil (*n.*) *вин. фирм.* «Карбосил» (*осветлитель на основе диоксида кремния, активированного угля и активированного бентонита*)
carboy (*n.*) оплетенная бутыль для вина
cardamon seeds семена кардамона (*используются в производстве джина*)
cardboard (*n.*) картон
Cardinal (*n.*) *фр. амп.* Кардинал (*столовый сорт красного винограда*)
cargo wine *ист.* вино невысокого качества, транспортируемое по морю
Carignane (*n.*) *амп.* Кариньян (*сорт красного винограда, используемый для приготовления сортового красного столового вина, а также в качестве основы для купажирования; выращивается во Франции, Испании, Калифорнии, Италии и Чили*)
Carlos (*n.*) *амп.* Карлос (*исконно американский сорт белого винограда с мускатным привкусом*)
carmelization of staves осмолка [отжиг] дубовых клепок; *см. ткж.* **toasting**
Carmenet (*n.*) *фр. амп..* Кармене (*региональное название сорта Каберне Фран в Медоке*)
Carneros (*n.*) *амер. геогр.* Карнерос (*виноградарский район на юге Калифорнии; использует только свое обозначение*)
Carneros Alembic *амер.* 1. *геогр.* Карнерос Алембик (*завод по производству бренди в Калифорнии, носивший название филиала фирмы «Реми Мартен» – RMS*); 2. *фирм.* «Карнерос Алембик» (*чистый бренди, произведенный в Калифорнии*); *см. ткж.* **straight brandy**
carpogenous (*adj.*) *бот.* плодоносящий
carrier (*n.*) переносчик; перевозчик
bottle ~ транспортер для бутылок
label ~ подносчик этикеток (*в этикетировочной машине*)

carry-over (*n.*) *спирт.* 1. переброс (*переброшенная жидкость*); 2. унос (*унесенная фракция*)
carton (*n.*) 1. картон; 2. картонная коробка
barrier ~ (упаковочный) картон с делениями
compartmented ~ картонная коробка с отделениями (*для бутылок*)
corrugated ~ 1. гофрированный картон; 2. коробка из гофрированного картона
cartridge (*n.*) картридж; вкладыш, вставка (*в фильтровальное устройство*)
Cascade (*n.*) *амп.* Каскад (*сорт красного винограда; французский гибрид*)
cascade (*n.*) аспирационная коробка
case 1. (*n.*) ящик, коробка; ◊ ~ **with inserts** ящик с вставными перегородками; 2. (*n.*) ящик (*мера измерения партии вина; равна 12 стандартным бутылкам с вином, или 24 полубутылкам*); 3. (*v.*) упаковывать в коробки, ящики
full ~ полный винный ящик (*12 стандартных бутылок*)
half ~ пол-ящика (*6 стандартных бутылок*)
casier (*n.*) *фр.* казье (*специальная укладка бутылок с шампанским горлышком вниз*)
casing (*n.*) упаковка в коробки или ящики
bottle ~ укладка бутылок в ящики
cask 1. (*n.*) бочка, бочонок; 2. (*v.*) разливать по бочкам; наливать в бочки; ◊ **to steam a** ~ пропаривать бочку
acetified ~ окисшая бочка (*пропитанная продуктами окисления и брожения*)
acid ~ *см.* **acetified cask**
beer ~ пивная бочка
brewers' ~ *см.* **beer cask**
dry ~ сухотарная бочка
fermentation ~ бочка для брожения (*вина, пива*)
first-fill ~ бочка, используемая для выдержки в первый раз; новая [невыдержанная] бочка
lager ~ *пив.* лагерная бочка
leaky ~ бочка с течью

cask

moldy ~ заплесневелая бочка
new ~ новая [невыдержанная] бочка
oak ~ дубовая бочка
pitched ~ осмоленная бочка
plastic ~ пластмассовая [пластиковая] бочка
second-fill ~ бочка, используемая повторно для выдержки
shipping ~ транспортировочная бочка; *ткж.* **transport cask**
slight ~ бочка, изготовленная из тонких клепок (*толщиной менее 1½ дюйма*); «тощая» бочка
stainless steel ~ бочка из нержавеющей стали
stout ~ бочка, изготовленная из толстых клепок
sulfured ~ бочка, окуренная сернистым газом
transport ~ транспортировочная бочка; *ткж.* **shipping cask**
unseasoned ~ новая [невыдержанная] бочка
veneer ~ фанерная бочка
wet ~ заливная бочка
wine ~ винная бочка
wood ~ деревянная бочка

cask-aging (*n.*) выдержка (*вина, виски*) в бочках

casket (*n.*) бочонок

cask strength крепость виски при выпуске из бочки после выдержки (*100 – 110° proof, или 57 – 63 % об.*)

cask wine бочковое вино, вино из бочки

cassava (*n.*) кассава, маниок; *см. ткж.* **manioc**

casse (*n.*) касс (*небактериальное заболевание вина, при котором происходит его обесцвечивание; вызывается избытком ионов металла; порок вина или уксуса*)

black ~ черный касс
blue ~ голубой касс
brown ~ оксидазный касс, побурение вина
copper ~ медный касс, помутнение вина
ferric ~ железистый касс
iron ~ *см.* **ferric casse**
oxidasic ~ оксидазный касс, побурение вина
protein ~ белковый касс
white ~ белый касс, посизение вина

cassia bark кора кассии (*используется в производстве джина*)

Cassis (*n.*) *фр. фирм.* «Кассис» (*ликер пурпурного цвета из черной смородины*)

cassis (*n.*) *фр. дегуст.* смородина (*тон букета вина*)

Cassit (*n.*) *фр. фирм.* «Кассит» (*добавка, используемая для дегоржажа шампанских вин*)

cat pee *см.* **cat spray**

cat spray *дегуст.* ароматический компонент, напоминающий запах кошачьей мочи; вяжущий землистый привкус (*иногда ощущаемый у вин «Совиньон Блан»*); *см. ткж.* **boxwood; cat pee**

Catawba (*n.*) *амер. амп.* Катавба (*исконно американский сорт красного винограда*)

Catawba Sparkling *фирм.* «Катавба игристое» (*сорт игристого вина из винограда Катавба; первое игристое вино в Америке*)

caterpillar (*n.*) *энт.* гусеница

cathechin (*n.*) *хим.* катехин (*компонент вина*)

cat's tail *бот.* рогоз (*материал для оплетки бутылей*)

caudalie (*n.*) *фр. дегуст.* кодали (*единица длительности ощущения вина при дегустации; 1 сек = 1 кодали*); *см. ткж.* **length of wine**

caudle (*n.*) горячий пряный напиток, представляющий собой смесь вина с яйцами и сахаром (*готовят для больных и ослабленных людей*)

caulotaxis (*n.*) *бот.* способ расположения ветвей на корне или стволе

cava (*n.*) кава (*игристое вино, производимое по классическому шампанскому методу в Испании*)

cave (*n.*) *фр.* винный погреб

Cayuga White *амер. амп.* Каюга белый (*гибрид последнего поколения; выведен в США скрещиванием сортов Шайлер и Севаль Блан*)

cedar (*n.*) *дегуст.* кедр (*тон букета*)
Celebration Ale *фирм.* «Селебрэйшн Эль» (*известная марка пива крепостью 11,5% об., производимого в США и Англии*)
cell (*n.*) 1. *биол.* клетка; 2. элемент; 3. камера; ячейка (*напр., в винном подвале*)
 filter ~ фильтрующий элемент, фильтровальный патрон
 yeast ~ дрожжевая клетка
cellar 1. (*n.*) подвал, погреб; 2. (*v.*) хранить в подвале, погребе
 aging ~ подвал для выдержки
 alcohol ~ спиртохранилище, спиртовый подвал
 beer ~ пивной подвал
 bottling ~ цех розлива
 brewery ~ *пив.* лагерное отделение; *ткж.* **lager cellar**
 brut ~ цех созревания осадка (*в производстве шампанского*)
 champagne ~ цех шампанизации
 curing ~ подвал для выдержки
 fermenting ~ бродильный подвал
 ice ~ ледник
 lager ~ *пив.* лагерное отделение; *ткж.* **brewery cellar**
 low-temperature ~ низкотемпературный подвал
 refrigerated ~ охлаждаемый подвал
 rock ~ погреб в скале
 storage ~ *см.* **refrigerated cellar**
 wine ~ 1. винный подвал, винный погреб; 2. специально оборудованный шкаф для хранения бутылок с вином
cellarage (*n.*) 1. подвалы, погреба; 2. хранение в подвалах; 3. плата за хранение в подвалах
cellarer (*n.*) оператор (винного) подвала
cellaret (*n.*) помещение, отсек *или* стойка для хранения бутылок с вином
cellarman (*n.*) 1. оператор (винного) подвала; 2. поставщик вин в ресторан *или* отель
cellarmaster (*n.*) винодел
Cellucork (*n.*) *амер. фирм.* «Селукорк» (*синтетическая пробка на основе ацетатполимеров, напоминающих натуральную корку*); *см. ткж.* **acetate polymer cork**

cellulase (*n.*) *хим.* целлюлаза (*фермент для расщепления длинных молекул целлюлозы в простые сахара*)
Centerboy (*n.*) *ит. фирм.* «Чентербой» (*спиртовая настойка на травах крепостью 70% об.*)
Central Coast *амер. геогр.* Главное побережье (*крупная винодельческая область в Калифорнии, простирающаяся от Сан-Франциско до Лос-Анджелеса; включает виноградарские зоны Аламеда, Монтеррей, Санта Барбара, Санта Клара, Санта Круз и Сан-Луис-Обиспо*)
Central Valley *амер. геогр.* Главная долина (*крупная винодельческая область в долине рек Сан-Хоакин и Сакраменто в Калифорнии; включает виноградарские зоны Кларксбург, Мерит Айленд*)
centrifuging (*n.*) центрифугирование
cépage (*n.*) *фр.* побег, саженец (*винограда*)
Cercial (*n.*) *см.* **Sercial**
Cercospora leaf spot *фитопат.* пятнистый некроз, церкоспороз (*грибковое заболевание винограда*); *см. ткж.* **cercosporosis**
cercosporiose (*n.*) *см.* **cercosporosis**
cercosporosis (*n.*) *фитопат.* церкоспороз (*грибковое заболевание винограда, вызываемое грибами семейства Cercospora*); *см. ткж.* **Cercospora leaf spot**
cerise (*adj.*) *фр. дегуст.* светло-вишневый (*о цвете*)
cervisial (*adj.*) относящийся к пиву; пивной
César (*n.*) *фр. амп.* Сезар (*сорт красного винограда, выращиваемый в Бургундии*)
Chablis (*n.*) *фр.* 1. *геогр.* Шабли (*регион белого виноделия к северу от Кот-д'Ор, Франция*); 2. *фирм.* «Шабли» (*белое сухое вино из сорта Шардоне*)
Chacoli (*n.*) 1. *геогр.* Шаколи (*небольшой винодельческий район на севере Испании, в Стране Басков на берегу Бискайского залива*); 2. «Шаколи» (*белое легкое испанское вино*)
chai (*n.*) *фр.* помещение для смешивания и выдержки вин (*на юге, юго-западе и востоке Франции*)

chain (*n.*) цепь (*напр. транспортера*)
  bottle holder ~ цепной транспортер с бутылконосителями (*в бутылкомоечной машине*)

chamber 1. (*n.*) камера; 2. (*v.*) помещать в камеру
  bottling ~ цех розлива
  fermentation ~ камера брожения

Chambertin (*n.*) *фр. фирм.* «Шамбертен» (*красное сухое вино из Жевре-Шамбертен в Бургундии*)

Chambourcin (*n.*) *фр. амп.* Шамбурсен (*красный франко-американский гибрид*)

chambrer (*v.*) *фр.* шамбрировать, доводить (*вино*) до температуры прохладного помещения ($16 - 18°C$)

Champagne *фр. геогр.* Шампань (*виноградарско-винодельческая область в центре Франции*)

champagne *фр.* шампанское (*марка игристого вина, произведенного по традиционному методу в Шампани, Франция*)
  bottle-fermented ~ шампанское, полученное бутылочным способом; бутылочное шампанское
  brut ~ шампанское брют, очень сухое шампанское
  bulk process ~ шампанское, полученное резервуарным способом; резервуарное шампанское
  demi-sec ~ полусухое шампанское
  doux ~ сладкое шампанское
  dry ~ сухое шампанское
  extra-dry ~ *см.* **extra-sec champagne**
  extra-sec ~ экстрасухое шампанское
  imitation ~ игристое вино, приготовленное по способу шампанизации
  medium-sweet ~ полусладкое шампанское
  milk ~ «молочное шампанское» (*шипучий кисломолочный продукт типа кумыса*)
  pink ~ *см.* **rosé champagne**
  rosé ~ розовое шампанское
  semi-dry ~ полусухое шампанское
  sweet ~ сладкое шампанское

champagne house фирма-производитель шампанского

champagne key специальное устройство для открывания бутылки с шампанским, надеваемое на руку

champagne pliers щипцы для открывания шампанского

champagne saber специальная сабля для отсекания верхней части горлышка бутылки с шампанским (*вместе с пробкой*)

champagnization (*n.*) шампанизация (*традиционный метод изготовления игристых вин*)
  bottle ~ бутылочный способ шампанизации
  bulk ~ резервуарный способ шампанизации

champagnize (*v.*) изготавливать игристое вино по шампанскому [традиционному] методу

Champanel (*n.*) *амер. амп.* Шампанель (*сорт красного винограда; гибрид первого поколения; выведен селекционером Т. В. Мансоном скрещиванием сортов Шамтини и Конкорд*)

Champion wine opener *фирм.* штопор «Чемпион» (*стационарного типа для бутылок с фланцевым венчиком*)

Chancellor (*n.*) *амп.* Ченселор (*красный франко-американский гибрид*)

Chandon Brandy *фирм.* «Шандон бренди» (*марка бренди, имеющего возраст 9 лет и выпускаемого в Калифорнии американским филиалом французского винного дома Domaine Chandon*)

channeling (*n.*) ◊ ~ **in column** *спирт.* образование сквозных протоков в насадке (*ректификационной или абсорбционной колонны*)

channels (*n.*) *pl.* слоистость (*дефект натуральной пробки*)

chapeau (*n.*) *фр. вин.* шапка (*мезги и пены*); *см.* **cap**

chaptalization (*n.*) *вин.* шапталлизация (*добавление сахара в сусло для повышения спиртуозности вина*)

char (*v.*) обжигать (*бочки, пробки*); *см.* **toast**

character (*n.*) 1. состав [структура] вина, определяющие его свойства; ◊ **full in** ~ имеющий полную структуру, полноценный (*о вине*); 2. типичность напитка; тип напитка (*о виски, джине и т. п.*)

Charbono (*n.*) *амер. амп.* Чарбоно (*сорт красного винограда*)

charcoal (*n.*) древесный уголь (*применяется для оклеивания вина*)

charcoal mellowing *амер.* метод фильтрования спирта через древесный уголь (*в производстве виски в штате Теннесси*); см. ткж. **leaching; Lincoln county process**

Chardonnay (*n.*) *фр. амп.* Шардоне (*сорт белого винограда; является важнейшим сортом в производстве классических белых сухих вин*); ткж. **Auvernat Blanc; Beaunois; Gamay Blanc; Melon d'Arlay; Melon d'Arbois; Moulan; Pinot Blanc; Pinot Chardonnay**

charge (*v.*) наполнять стакан вином

Charmat method см. **Charmat process**

Charmat process *фр.* технология массового производства шампанских вин в больших емкостях (*в отличие от классического бутылочного метода производства шампанского*); ткж. **Charmat bulk process**

Charmes (*n.*) *фр. фирм.* «Шарм» (*белое сухое вино категории Премьер Крю из Мёрсо, Франция*)

charring (*n.*) обжиг новой бочки

Chartreuse (*n.*) *фр. фирм.* «Шартрёз» (*высококачественный ароматизированный ликер на основе виноградного вина и трав, содержит более 125 ингредиентов; производится на основе старинных рецептов в Гренобле, Франция, а также в Испании*)

green ~ ликер «Шартрёз» зеленого цвета (*крепостью 96° proof, более мягкий и сладкий, чем желтый «Шартрёз»*)

yellow ~ ликер «Шартрёз» желтого цвета (*крепостью 75° proof*)

chase (*n.*) *брит.* грубый каменный жернов для размалывания яблок (*в производстве сидра*)

chaser (*n.*) 1. более легкий напиток, которым запивают порцию крепкого спиртного напитка; 2. глоток воды для запивания виски *или* другого крепкого напитка

Chassagne-Montrachet *фр.* 1. *геогр.* Шасань-Монраше (*апелласьон винодельческой области Кот-д'Ор, регион Бургундия*); 2. *фирм.* «Шасань-Монраше» (*сорт белого вина*)

Chasselas (*n.*) *амп.* Шасла (*столовый сорт белого винограда*); см. ткж. **Dorin; Fendant; Gutedel**

château (*n.*) *фр.* шато (*наименование винодельческого хозяйства в Бордо*)

Château d'Yquem *фр. фирм.* «Шато д'Икем» (*сорт белого десертного вина*)

Château Mouton-Rothschild *фр. фирм.* «Шато Мутон-Ротшильд» (*красное вино из сорта Каберне Совиньон, произведенное в поместье Шато Мутон-Ротшильд в Бордо*)

Châteauneuf-du-Pape *фр. фирм.* «Шатонёф-дю-Пап» (*знаменитое сухое красное вино из Кот-дю-Рон*)

Chautauqua (*n.*) *амер. агр.* система низкого натяжения проволоки для подвязки лозы; см. ткж. **Low Bilateral Cordon; Low Wire Cordon System**

checks (*n.*) трещины, надбитости (*дефекты бутылки*)

cheese (*n.*) *брит.* мешки с яблочной пульпой, сложенные штабелем на основании пресса (*в производстве сидра*); см. ткж. **mock**

cheese whey сыворотка (*средство для осветления и оклейки вин*)

cheesy (*adj.*) *дегуст.* имеющий органический богатый аромат сыра, свидетельствующий о плохом приготовлении вина (*по причине нежелательной вторичной мацерации в бутылке после розлива; о тоне букета вина*)

Chelois (*n.*) *амп.* Шелуа (*французский гибридный сорт винограда; используется в восточной части США для приготовления легких сухих вин с фруктовым букетом*)

chemical (*adj.*) химический; ◊ ~ **fertilizers** химические удобрения

chemicals (*n.*) 1. химические реактивы; 2. неорганические удобрения

chemise (*n.*) *фр.* осадочный налет на стенках бутылки

Chenin Blanc

Chenin Blanc *фр. амп.* Шенен Блан (*сорт белого винограда, отличающийся высокой кислотностью; лучшие вина из него производятся в долине Луары, Франция*); *см. ткж.* **Pineau de la Loire**

Chenin Noir *фр. амп.* Шенен Нуар; *ткж.* **Pineau d'Aunis**

Cher (*n.*) *фр.* 1. *геогр.* Шер (*департамент в центре Франции, в котором произрастают дубы*); 2. *фирм.* «Шер» (*бочка из дуба, выросшего в департаменте Шер; содержит меньше танинов, чем бочка «Алье»*)

cheribita (*n.*) *исп.* смесь хереса с настоями трав

cherish (*v.*) заботливо выращивать растения

cherry 1. (*n.*) вишня; 2. (*adj.*) вишневый, вишневого цвета

cherry brandy черри-бренди (*вишневый ликер на основе бренди*); *см. ткж.* **Kirchwasser**

cherry schnapps вишневый шнапс, вишневый бренди; *см. ткж.* **Kirchwasser; cherry brandy**

chess placement *агр.* шахматный способ размещения кустов винограда

Cheval Blanc *фр. фирм.* «Шеваль Блан» (*высококачественное вино первого сорта из Сен-Эмильона*)

Chevalier-Montrachet *фр.* «Шевалье-Монраше» (*белое сухое вино категории Гран Крю из Пулиньи-Монраше*)

chewy (*adj.*) богатый экстрактивными веществами, тяжелый по структуре, жевкий (*о вине*); *см. ткж.* **chunky**

chewy wine тяжелое, богатое экстрактивными веществами вино

Chianti (*n.*) *ит. фирм.* «Кьянти» (*красное сухое вино из сорта Санджовезе, произведенное в провинции Тоскана*)

Chianti Classico *ит. фирм.* «Кьянти Классико» (*вино «Кьянти» наивысшего качества*)

Chiaretto (*n.*) *ит. фирм.* «Кьяретто» (*сорт легкого розового вина*)

Chiavennasca (*n.*) *ит. фирм.* «Кьявенаска» (*марка белого вина из винограда сорта Неббиоло, традиционно приготавливаемого в Валтеллине*)

chicha (*n.*) *лат.-амер.* чича (*пиво из ферментированной кукурузы; вырабатывается в Южной и Центральной Америке*)

chiller (*n.*) устройство для охлаждения **wine** ~ устройство для охлаждения винных бутылок

chill haze холодное помутнение (*изменение прозрачности пива при выдержке в холоде; не является пороком пива*)

chill-proof (*adj.*) не образующий холодных помутнений (*о пиве*)

chimaera (*n.*) *см.* **chimera**

chime (*n.*) утор (*бочки*); *см. ткж.* **croze**

chime hoop крайний обруч бочки

chimera (*n.*) *бот.* химера (*результат гетеропластической прививки*); *см. ткж.* **graft hybrid**

Chinese layering *агр.* китайская отводка (*способ размножения винограда путем надреза корня*); *см. ткж.* **air layering; gootee; marcotting**

Chinese rice wine рисовое вино, произведенное в Китае; *см. ткж.* **Shao-Hsing; shaoxing wine**

chip (*n.*) 1. отбитый кусок (*дефект бутылки*); 2. щепка, стружка; ◊ **oak ~s** дубовая стружка (*добавляется при выдержке вин и бренди*)

chipping (*n.*) 1. раскрошивание, хрупкость, ломкость (*дефект натуральной пробки*); 2. надкол (*дефект бутылки*)

chiseling (*n.*) *агр.* чизелевание (*глубокое рыхление междурядий*)

Chivas Regal *шотл. фирм.* «Чивас Регал» (*марка виски типа скотч, выдержанного 12 лет*)

chlorinate (*n.*) *хим.* хлоринат

chlorine-free cork пробка, не обработанная хлором

Chlorpyrifos (*n.*) *австрал. фирм.* «Хлорпирифос» (*органофосфатный инсектицид*)

Choes (*n.*) *греч. ист.* День кубков (*второй день праздника Диониса в Древней Греции*)

choking (*adj.*) *дегуст.* острый (*о вкусе*); *см. ткж.* **acrid**

chromatography (*n.*) хроматография

chunky (*adj.*) *дегуст.* плотный, высокоэкстрактивный (*о вине*); *см. ткж.* **chewy**

chuter (*n.*) *брит.* основание пресса, на которое кладут мешки с яблочной пульпой (*в процессе производства сидра*)

cider (*n.*) сидр (*спиртной напиток на основе яблочного сока*)
  bottle champagne ~ шампанский сидр, сидр двухступенчатого сбраживания
  carbonated ~ газированный сидр
  dry ~ сухой сидр
  factory ~ газированный сидр; *ср.* **farm cider**
  farm ~ тихий [негазированный] сидр; *ср.* **factory cider**
  fermented ~ крепкий [сброженный] сидр
  hard ~ *см.* **fermented cider**
  pear ~ перри, грушевый сидр
  small ~ сидр вторичной переработки (*напиток из сока яблок, полученного при повторном размалывании яблочного сырья после первого прессования*); *см. ткж.* **ciderkin; purr**
  sweet ~ сладкий сидр, несброженный яблочный сок

ciderkin (*n.*) сидр вторичной переработки (*напиток из сока яблок, полученного при повторном размалывании яблочного сырья после первого прессования*); *см. ткж.* **purr; small cider**

cider-maker (*n.*) мастер по приготовлению сидра
  travelling ~ *брит. ист.* передвижная установка для прессования яблок (*применялась в Англии и Уэльсе в XIX в.*)

cider mill жернов для перемалывания яблок и получения сусла для сидра

cinnamon (*n.*) 1. *бот.* коричное дерево; 2. корица (*ароматизатор вин*)

cinnamon bark кора коричного дерева (*используется в производстве ликеров и джина*)

Cinsau(l)t (*n.*) *фр. амп.* Синсо (*сорт красного винограда; применяется в производстве розовых и легких красных вин во Франции и Южной Африке*); *ткж.* **Picardan**

Cisco (*n.*) *амер. фирм.* «Сиско» (*алкогольный напиток крепостью 13 – 19% об.*)

Citadelle (*n.*) *фирм.* «Ситадель» (*марка джина, выпускаемого с 19 различными вкусовыми букетами; применяется для коктейлей совместно с «Мартини»*)

citrate (*n.*) *хим.* цитрат, соль лимонной кислоты

Citronge (*n.*) *мекс.* «Ситроне» (*апельсиновый ликер*); *см.* **Citrynge**

citrus blackfly *энт.* цитрусовая черная мушка *Aleurocanthus wolgumi* (*вредитель винограда*)

citrus flat mite *энт.* виноградный клещ, плоскотелка Левиса *Brevipalpus lewisi* (*вредитель винограда*)

citrus molasses *спирт.* цитрусовая меласса

citrus planthopper *энт.* цитрусовый кузнечик *Colgar peracutum* (*вредитель винограда*)

Citrynge (*n.*) *мекс. фирм.* «Ситринье» (*ликер из цитрусовых*); *см.* **Citronge**

Cladosporium leaf spot *фитопат.* пятнистый некроз, пятнистость листьев, кладоспория (*заболевание винограда*)

clairet (*n.*) *фр.* клерет (*красное вино; общее название красных вин из Бордо*); *см. ткж.* **claret**

Clairette (*n.*) *фр. амп.* Клерет (*древний сорт белого винограда; вина из него имеют букет меда и цветов*)

Clare Riesling *австрал. амп.* Клер Рислинг (*синоним сорта Крушан*); *см. ткж.* **Cape Riesling**

claret (*n.*) 1. *брит.* кларет (*красное вино; общее название красных вин из Бордо*); *см. ткж.* **clairet** 2. цвет бордо, темно-красный цвет; *см. ткж.* **claret red**; 3. *редк.* белое вино, приготовленное из красных сортов винограда

claret-cup (*n.*) крюшон из красного вина сорта кларет

claret red (*n.*) цвет бордо, темно-красный цвет; *см. ткж.* **claret** 2.

Clare Valley *австрал. геогр.* долина Клер (*винодельческий регион, расположенный в засушливом районе Авс-

clarification

тралии; производит сорта Рислинг, Шираз, Каберне Совиньон)
clarification (*n.*) осветление, кларификация; ◊ ~ **by adsorption with carbon** осветление активным углем; ~ **by freezing** осветление вымораживанием; ~ **by lime process** осветление осаждением гашеной известью; ~ **by separator** осветление на сепараторе; ~ **by settling** осветление отстаиванием ~ **of wine** осветление вина; *см. ткж.* **filtration; fining**
adsorption ~ адсорбционное осветление
bentonite ~ осветление бентонитом
centrifugation ~ осветление центрифугированием
chemical ~ химическое осветление
enzymic ~ осветление ферментными препаратами
filtration ~ осветление фильтрацией
fining ~ осветление оклеиванием
sedimentation ~ осветление отстаиванием
clarified осветленный
clarifier (*n.*) 1. кларификатор, аппарат для осветления; 2. осветлитель, осветляющее средство; *см. ткж.* **fining agent**
clarify (*v.*) осветлять(ся)
clarifying (*n.*) осветление, кларификация
clarity (*n.*) прозрачность (*характеристика вина перед розливом*)
Clarksburg (*n.*) *амер. геогр.* Кларксбург (*винодельческая область в дельте рек Сакраменто и Сан-Хоакин, Калифорния, в которой выращивают сорт Шенен Блан*)
Clarsol (*n.*) *фирм.* «Кларсоль» (*стабилизатор пива*)
classed growth вино высшего качества, произведенное на сертифицированном винограднике, внесенном в национальную классификацию 1855 г.; *см. ткж.* **Cru Classée**
classic (*adj.*) 1. *дегуст.* имеющий типичные характеристики европейских вин (*о вине*); 2. *нем.* обозначение на этикетке, используемое в Германии, для идентификации сухих вин из классических сортов винограда, произведенных в зарегистрированных винодельческих регионах
classico (*adj.*) *исп., ит.* классический (*о вине*)
classification (*n.*) классификация
BATF wine ~ классификация вин, разработанная BATF (*США*)
EU wine ~ классификация вин, применяемая в Европейском союзе
wine ~ классификация вин
Clavelin (*n.*) *фр. фирм.* «Клавлен» (*приземистая бутылка для желтого вина с прямыми плечами емкостью 620 мл*); *ткж.* **clavelin**
clay 1. (*n.*) глина; 2. (*v.*) обрабатывать [осветлять] глиной
activated ~ активированная глина
bleaching ~ отбеливающая глина
calcined ~ прокаленная глина
discoloring ~ отбеливающая глина
Spanish ~ испанская глина (*для осветления соков*)
clay soil *геол.* глинистая почва
clean (*adj.*) *дегуст.* очень свежий и мягкий на вкус; не имеющий неприятных привкусов *или* посторонних запахов (*о вине*)
clean cut *агр. тех.* ровная кромка при резании (*ножницами*)
cleaning (*n.*) *спирт.* очистка
cleaning-in-place system *спирт.* система с автономной очисткой
Cleanpour (*n.*) *амер. фирм.* «Клинпур» (*прозрачный колпачок из ПВХ для фланцевых винных бутылок, обеспечивающий герметичную укупорку*)
cleanse (*v.*) 1. очищать; мыть, промывать; 2. дезинфицировать; 3. дегоржировать (*шампанское*)
cleanser (*n.*) 1. очиститель; моющее средство; 2. дезинфицирующее средство
clear 1. (*adj.*) ясный, чистый, прозрачный; 2. (*v.*) очищаться прозрачным (*о вине*); 3. (*v.*) очищать, осветлять
clearness (*n.*) прозрачность, чистота (*напитка*)
Clevner (*n.*) *фр. амп.* Клевнер (*синоним сорта Пино Блан в Эльзасе*); *ткж.* **Klevner**
climbing (*adj.*) *бот.* ползучий (*о растении*); *см.* **scandent**

Clinitest (*n.*) *фирм.* «Клинитест» (*препарат в виде таблеток для проверки остаточного сахара в вине*)

Clinton (*n.*) *амер. амп.* Клинтон (*сорт красного винограда с выраженным «лисьим» тоном*)

cloaked (*adj.*) *дегуст.* закрытый (*о букете вина; в связи с чрезмерной фруктовостью, которая приглушает острые танины*)

clonal breeding *бот. см.* **clonal selection**

clonal selection *бот.* селекция (*винограда*) при помощи клонирования

clone (*n.*) *биол.* клон

clos (*n.*) *фр.* кло, огороженный каменной стеной виноградник (*в Бургундии и Шампани; часто дается в названиях апелласьонов и вин, напр.* Clos-de-Tart)

close (*v.*) закрывать; заделывать; укупоривать (*бутылки*)

closed (*adj.*) *дегуст.* невыразительный, слабоэкстрактивный (*о вине; может быть временным показателем у недостаточно выдержанных вин*); *см. ткж.* **dumb**

closed-in (*adj.*) 1. молодой, неинтенсивный (*о вине*); 2. заниженный по качеству при дегустации (*напр., о вине, прошедшем закрытую дегустацию без информации о сорте винограда*)

closed receiver *спирт.* ресивер закрытого типа

closing (*n.*) закрытие; укупоривание (*бутылок*)

closure (*n.*) :
  acetate polymer ~ пробка на основе ацетатполимеров; *см.* **Cellucork**

clot (*n.*) комок, сгусток (*напр., при свертывании*)

cloud 1. (*n.*) муть; 2. (*n.*) касс (*порок вина*); 3. (*v.*) мутнеть (*о вине*)
  cuprous-sulfide ~ медно-сульфитный касс
  opalescent ~ белый касс

cloudiness (*n.*) мутность, муть, помутнение (*порок вина*)
  albuminous ~ белковая суспензия, белковое помутнение
  metal ~ металлическое помутнение
  persistent ~ неисчезающее помутнение

silky ~ шелковистая муть

cloudy (*adj.*) *дегуст.* мутный; имеющий примеси, взвеси, хлопья (*о цвете вин*); *см. ткж* **turbid**

cloves (*n.*) *pl. дегуст.* аромат специй (*напр., в испанской Риохе*), зависящий от особенностей дуба, из которого изготовлена бочка

cloying (*adj.*) 1. *дегуст.* слишком сладкий, без сбалансированной кислотности (*о вкусе вина*); 2. пресыщающий, избыточный (*о букете*)

cloying wine вино с избыточным содержанием сахара

Club (*n.*) 1. категория выдержки коньяка; 2. *фирм.* «Клаб» (*марка виски типа скотч*)

Club Special категория выдержки коньяка

cluster (*n.*) *бот.* гроздь (*генеративный орган виноградного растения*)
  ~ **of grapes** виноградная гроздь
  unfertiled ~ неоплодотворенное соцветие

cluster configuration форма грозди

cluster size размер грозди

coarse (*adj.*) 1. грубый; необработанный; сырой (*о материале*); 2. *дегуст.* грубый, жесткий (*о вкусе напитка*)

coaster (*n.*) небольшая круглая подставка под бутылку с вином (*часто с орнаментом и инкрустациями*)

Cobbler (*n.*) *фирм.* коблер (*коктейль из вина или ликера с сахаром, фруктовым соком и льдом*)

coccus (*n.*) (*pl.* **cocci**) *биол.* кокк (*вид бактерий, имеющих сферические клетки*)

cochylis (*n.*) *энт.* листовертка виноградная *Eupoecilia ambiguella* (*вредитель винограда*); *ткж.* **cochylis moth; grape berry moth**

cocktail (*n.*) коктейль (*смесь спиртного напитка с другим спиртным напитком, соком, молоком, фруктами, специями, водой, льдом*)

coefficient (*n.*) коэффициент
  fermentation ~ коэффициент активности ферментационного процесса
  rectification ~ коэффициент ректификации

coefficient

respiration ~ коэффициент дыхания, дыхательный коэффициент
sedimentation ~ коэффициент седиментации
coenzyme (*n.*) *хим.* кофермент, коэнзим
coffee (root) mealybug *энт.* мучнистый червец виноградный, червец цитрусовый *Planococcus citri* (*вредитель винограда*); *ткж.* **citrus mealybug**
Coffey still *шотл. ист.* перегонный аппарат Э. Коффи (*XIX в.*); *см. ткж.* **patent still**
cogener (*n.*) *см.* **congener**
Cognac (*n.*) *фр. геогр.* Коньяк (*винодельческая область на западе Франции, в департаменте Шаранта; состоит из 6 основных зон: Гранд Шампань, Птит Шампань, Бордери, Файн-Буа, Бон-Буа, Буа-Ординер*)
cognac (*n.*) 1. *амер.* лучший сорт бренди, выдержанный не менее трех лет в дубовой бочке; 2. *фр.* коньяк (*самый известный тип бренди, приготавливаемый по специальной технологии из особых сортов винограда в области Коньяк*); ◊ ~ **of very special old pale qualit**y марочный коньяк из спиртов длительной выдержки; **one-star** ~ ординарный коньяк из спиртов трехлетней выдержки крепостью 40 – 41% об. **three-star** ~ ординарный коньяк из спиртов пятилетней выдержки крепостью 42% об.
~ **of connoisseurs** коньяк, признанный [почитаемый] знатоками
authentic ~ подлинный [неподдельный] коньяк
Cognac Pfeife *нем. см.* **cognac pipe**
cognac pipe *ист.* трубка для вдыхания ароматов коньяка и бренди (*изготавливалась из золота и серебра*)
Cointreau (*n.*) *фр. фирм.* «Куантро» (*марка бесцветного апельсинового ликера*)
colation (*n.*) процеживание
colature (*n.*) *хим.* продукт процеживания
cold (*adj.*) холодный, прохладный, охлажденный (*о вине*)
cold blast подача холодного воздуха
cold box охладительная камера

cold duck *разг.* 1. розовое *или* красное игристое вино (*обычно из Германии*); 2. напиток из белого вина, шампанского и лимонного сока с добавлением сахара
cold hardiness морозоустойчивость
cold hardy *бот.* устойчивый к низким температурам, морозоустойчивый; ◊ ~ **grape variety** морозоустойчивый сорт винограда
cold injury *бот.* повреждение тканей растения в результате воздействия низких температур
cold maceration *вин.* холодная мацерация (*применяется в производстве красных вин*); *ткж.* **cold soak(ing)**
cold process bottling *вин.* холодный розлив
cold soak(ing) *вин.* холодная мацерация (*применяется в производстве красных вин*); *ткж.* **cold maceration**
cold stabilization *вин.* холодная стабилизация
cold stabilized прошедший стабилизацию холодом
cold storage хранение в прохладном месте
Colheita (*n.*) *порт. фирм.* «Кольейта» (*портвейн марки "Tawny Port" из урожая одного года с указанием года начала выдержки; выдержанный не менее 7 лет в деревянной бочке перед розливом в бутылки*)
colheita (*n.*) *порт.* урожай; *см. ткж.* **vintage**
collage (*n.*) *вин.* оклейка
collapse (*n.*) опадание; осадка
head ~ спад завитков (*пены бродящего сусла*)
collector (*n.*) сборник, накопитель, коллектор
fraction ~ *спирт.* сборник фракций (*при перегонке*)
Collins (*n.*) 1. «Коллинз» (*марка джина, производимого в Канаде*); 2. *см.* **John Collins Cocktail**
Collioure (*n.*) *фр. фирм.* «Кольюр» (*марка сухих красных вин из одноименного апелльсона винодельческой области Руссильон, Франция*)
colmated (*adj.*) пропитанный; кольматированный (*о пробке*)

Colmated Colmatado *амер. фирм.* «Кольмейтед Кольматадо» (*марка пробки со специальной пропиткой для заполнения пор*); *см. ткж.* **pore-filled cork**

Colombard (*n.*) *фр.* 1. *амп.* Коломбар (*сорт белого винограда для вин и о-де-ви; традиционно используется в области Коньяк для производства коньяков, а также в Арманьяке, Франция;* (*см. ткж.* **Bon Blanc**); *распространен также в Калифорнии*); *см. ткж.* **French Colombard**; 2. *фирм.* «Коломбар» (*белое сухое вино*)

color (*n.*) *амер.* цвет (*вина*); *см. ткж.* **dress; robe**
~ **of flesh** цвет мякоти винограда
~ **of skin** цвет кожуры винограда

colorant (*n.*) красящее вещество, краситель, подкрашивающий материал (*в производстве красных вин*)

colored wine *дегуст.* (белое или розовое) вино, по небрежности или случайно закрашенное красным виноматериалом; *см. ткж.* **stained; taché**

colorimeter (*n.*) колориметр

color measurement измерение цвета ягод (*с целью определения оптимального срока уборки винограда красных сортов*)

colour (*n.*) *брит. см.* **color**

Columbia Valley (*n.*) *амер. геогр.* долина реки Колумбия (*винодельческий регион на севере штата Орегон*)

column (*n.*) *спирт.* колонна
adiabatic ~ адиабатическая колонна
alcohol ~ спиртовая [укрепляющая] колонна
aldehyde ~ альдегидная [эпюрационная] колонна
aspiration ~ аспирационная колонна
baffle ~ колонна с отбойными перегородками
beer ~ бражная [истощающая] колонна
bubble-cap ~ колпачковая колонна
distillation ~ 1. дистилляционная [перегонная] колонна; 2. бражная [истощающая] колонна
empty ~ колонна без насадки, безнасадочная колонна
epuration ~ эпюрационная [альдегидная] колонна

evaporating ~ концентрационная [выпаривательная] колонна
extraction ~ экстракционная колонна
flash ~ испарительная колонна; колонна для отгона легких фракций
fractionating ~ фракционирующая колонна; дефлегматор
fusel-oil concentrating ~ сивушная колонна, колонна для концентрирования сивушного масла
grid-tray ~ колонна с решетчатыми тарелками
multiplate ~ многотарельчатая колонна
orifice ~ *см.* **perforated-plate column**
perforated-plate ~ колонна с ситовыми тарелками; *ткж.* **orifice column; perforated-tray column; sieve-plate column**
perforated-tray ~ *см.* **perforated-plate column**
plate-type ~ тарельчатая колонна; *ткж.* **tray column**
product-concentrating ~ спиртовая [укрепляющая] колонна
purifying ~ очистительная колонна
rectification ~ ректификационная колонна; *ткж.* **rectifying column**
rectifying ~ *см.* **rectification column**
reflux ~ дефлегматор
rotary rectifying ~ вращающаяся ректификационная колонна
sieve-plate ~ колонна с ситовыми тарелками; *ткж.* **orifice column; perforated-plate column; perforated-tray column**
tray ~ тарельчатая колонна; *ткж.* **plate-type column**
twin rectifying ~ двухколонный ректификационный аппарат
vacuum distilling ~ вакуум-перегонная колонна

combined pruning *бот.* комбинированная обрезка

combi-tank (*n.*) *пив.* комбитанк (*используемый для главного брожения и дображивания сусла*)

come (*v.*) ◊ **to** ~ **over** перегоняться (*о виноматериале*)

come-through (*n.*) *пив.* забел (*первая стадия главного брожения сусла*)

Comet wine

Comet wine *ист.* вино урожая 1811 г.; *ткж. фр.* vin de la comète
co-mingled tank *спирт.* емкость для хранения этанола, полученного от разных поставщиков
common name *амп.* общеупотребительное название; название разновидности (*сорта винограда, напр., Бако Нуар*)
common wine *см.* table wine
commune (*n.*) *фр.* коммуна (*небольшой винодельческий район во Франции*)
comparative tasting сравнительная дегустация
comparison sample образец для сравнения
completely denatured alcohol этанол, полностью непригодный для употребления человеком (*термин BATF*)
component (*n.*) компонент; ◊ **wine ~s** компоненты вина
composition (*n.*) состав, композиция; ◊ **~ of wine** композиция [строение] вина
beverage ~ состав [композиция] напитка
late ~ *спирт.* состав (*жидкости*) на тарелке (*ректификационной колонны*)
compost (*n.*) *с.-х.* компост (*продукт разложения растительных компонентов; применяется в качестве удобрения*)
compress (*v.*) обжимать; ◊ **to ~ the cork** обжимать пробку
concentrate (*n.*) концентрат
emulsified ~ концентрированная эмульсия
concentrating section *спирт.* участок концентрации спирта (*доведения этанола до 190^0 proof*)
concentration (*n.*) концентрация; крепость
alcohol ~ крепость спирта
volume percent ~ процентная концентрация по объему
weight percent ~ процентная концентрация по массе
concentrator (*n.*) концентратор, накопитель
wine must ~ концентратор для винного муста

concertina (*n.*) концертина (*металлическое устройство в виде подвижного шарнира, используемое для винных штопоров*)
Armstrong's ~ *фирм.* концертина Армстронга
Debouchtout ~ *фирм.* концертина Дебушту (*вид штопора с подвижным шарниром*)
I~ *фирм.* концертина Эклер
Kis Ply Variation ~ *фирм.* концертина Кис Плай
Pullezi ~ *фирм.* концертина Пуллеци
Spanish ~ *фирм.* испанская концертина
Swiss ~ *фирм.* швейцарская концертина
Concord (*n.*) *амер. амп.* Конкорд (*исконно американский сорт красного винограда*)
condensed molasses solubles *спирт.* концентрированный осадок при производстве мелассы
condenser (*n.*) *спирт.* конденсор
conditioning (*n.*) 1. выдержка (*пива*) с добавлением оклеивающих веществ; 2. кондиционирование [карбонизация] пива
bottle ~ *пив.* вторая ферментация [кондиционирование] в бутылке
cask ~ *пив.* вторая ферментация [кондиционирование] в бочке
cold ~ выдержка пива в холодных условиях (*в течение нескольких месяцев*); *см. ткж.* lagering stage
conditions (*n.*) *pl.* условия; режим
average room ~ средние комнатные условия (*20°C, относительная влажность воздуха 40%*)
basic ~ базисные кондиции
climatic ~ климатические условия
growing ~ условия произрастания
nutritional ~ условия питания
operating ~ режим работы; режим технологического процесса
preset ~ заданные условия
processing ~ режим обработки
ripening ~ условия созревания
sanitary ~ санитарные условия
storage ~ условия хранения
temperature and humidity ~ температурно-влажностный режим

conducting root *бот.* проводящий корень
cone (*n.*) воронка
Confrérie des Chevaliers du Tastevin *фр.* «Орден дегустационной чаши» (*ассоциация производителей вина, образованная в 1934 г. в Бургундии, Франция для продвижения на рынке вин местного производства*)
congener (*n.*) 1. спирт. сопутствующий компонент в производстве спирта (*напр., сивушное масло и т. д.*); 2. алкоголь (*отличный от этанола, напр., альдегид и эфир, присутствующий в алкогольном напитке и придающий ему характерный аромат и вкус*); 3. любой компонент алкогольного напитка (*обладающий ароматом, вкусом, цветом и др. свойствами, влияющими на характеристики напитка в целом*)
connoisseur (*n.*) знаток вин и спиртных напитков, эксперт (*высшая степень компетентности потребителя*); *ср.* **newcomer; simple drinker**
Connoisseur's Choice *фирм.* «Выбор знатока» (*марка виски, выпускаемого в Шотландии*))
Conquistador (*n.*) *амер. амп.* Конкистадор (*сорт красного винограда*)
consistency (*n.*) консистенция; плотность
  batch-to-batch ~ *пив.* адекватность характеристик разных партий пива одной марки (*показатель качества пива*)
consistent (*adj.*) дегуст. соответствующий нормам (*о вине*)
consistent in quality дегуст. выдержанный по качеству (*о вине*)
consistent in style дегуст. выдержанный по стилю (*о вине*)
consistent quality выдержанное качество (*продукта*)
Constantia (*n.*) южн.-афр. 1. геогр. Констанция (*винодельческий район к югу от Кейптауна*); 2. ист. «Констанция» (*легендарное десертное вино из поместья Groot Constantia в Южной Африке, которое, по преданию, любил Наполеон*)

constitution (*n.*) строение, структура; ◊ **wine** ~ структура вина
consumption (*n.*) потребление
  alcohol ~ потребление алкоголя
  excessive ~ чрезмерное потребление (алкоголя)
  light ~ незначительное потребление (алкоголя)
  moderate ~ умеренное потребление (алкоголя)
  sensible alcohol ~ регулируемое умеренное потребление алкоголя
  wine ~ потребление вина
contact (*n.*) 1. контакт; 2. соединение одного вещества с другим
  skin ~ *вин.* настаивание мезги
contain (*v.*) содержать, вмещать; ◊ **a case ~s approximately 2.4 gallons of wine** в ящике примерно 2,4 галлона вина
container (*n.*) 1. контейнер; 2. емкость, тара (*для спиртных напитков*)
  aggregate-fill ~ упаковка из маленьких бутылок *или* наполненных пластиковых трубок
  barrel ~ бочка; бочковая тара
  bottle ~ бутылка; бутылочная тара
  can ~ металлическая банка для напитков; баночная тара
  cask ~ бочковый контейнер; бочковая тара
  conduit ~ кондуит (*контейнер, служащий для передачи продукта в линии*)
  drum ~ барабанный контейнер
  earthenware ~ глиняный сосуд; кувшин
  keg ~ кеговый контейнер, кега
  package ~ емкость для алкогольного напитка в виде пакета (*картонного, пластмассового или комбинированного*)
  receptacle ~ возвратный [многооборотный] контейнер; возвратная [многооборотная] тара
  skin ~ бурдюк, кожаный мешок для вина
  tank ~ танк-контейнер (*спец. цистерна для перевозки алкоголя ж.-д. транспортом*)
  vat ~ бочковый контейнер; бочковая тара

container

vessel ~ *см.* **tank container**
wine ~ емкость для вина
contaminant (*n.*) загрязнитель; примесь
contaminate (*v.*) загрязнять
contamination (*n.*) загрязнение
content (*n.*) 1. вместимость, емкость; 2. содержимое; содержание
acid ~ кислотность
alcoholic ~ содержание спирта, спиртуозность; крепость (*вина*)
aldehyde ~ содержание альдегидов в пересчете на уксусный альдегид (*в этиловом спирте*)
aldehyde calculated as acetaldehyde ~ *см.* **aldehyde content**
alkali ~ щелочность
caloric ~ энергетическая ценность, калорийность
equivalent ~ эквивалентное содержание
extract ~ содержание экстракта
screenings ~ содержание примесей
sugar ~ содержание сахара, сахаристость
continuous cooker *спирт.* аппарат для непрерывной переработки смеси воды, зерна и ферментов
continuous distillation *спирт.* непрерывная дистилляция
continuous fermentation *спирт.* непрерывная ферментация
contraction (*n.*) *спирт.* контракция (*сжатие объема раствора при взаимодействии воды и спирта*)
conversion (*n.*) 1. *хим.* конверсия; превращение, преобразование; 2. переработка; 3. осахаривание, гидролиз (*полисахаридов*)
~ **of malic acid into lactic acid** превращение яблочной кислоты в молочную; *см. ткж.* **secondary fermentation**
~ **of sugars into ethyl alcohol** превращение сахаров в этиловый спирт; *см. ткж.* **primary fermentation**
convert (*v.*) преобразовывать; превращать; ◊ **to ~ sugars into alcohol** преобразовывать сахара в спирт
cooker (*n.*) *спирт.* разварник; аппарат для переработки смеси воды, зерна и ферментов

cool (*v.*) охлаждать; ◊ **to ~ the wine** охлаждать вино
cooler (*n.*) 1. *амер.* кулер (*напиток из смеси вина и охлажденного фруктового сока*); 2. охладитель для бутылок (*ведерко и т. д.*); 3. стакан с термоизоляцией (*в виде оплетки и т. д.*) для прохладительных напитков
bottle ~ устройство для охлаждения бутылок (*обычно из пластмассы, керамики*)
distillate ~ *спирт.* охладитель для погонов
surface ~ *пив.* емкость для охлаждения сусла; *ткж.* **coolship**
wine ~ устройство для охлаждения бутылок с вином
cooling tower *спирт.* охлаждающая колонна
coolship (*n.*) *пив.* емкость для охлаждения сусла; *ткж.* **surface cooler**
Coonawarra (*n.*) *геогр.* Кунаварра (*самый южный винодельческий регион Австралии, вина из которого отличаются особой мягкостью; производит главным образом сорт Каберне Совиньон*)
cooper (*n.*) 1. бондарь (*мастер по изготовлению бочек*); 2. *брит.* напиток из смеси разных сортов пива; 3. *редк.* дегустатор (*вина*); 4. *амер.* емкость для кипячения солода с хмелем при приготовлении пивного сусла; *см. ткж.* **brew kettle**
cooperage (*n.*) 1. бочарное дело; 2. изготовление бочек; 3. мастерская по изготовлению бочек; 4. бочкотара
co-packing (*n.*) *амер.* упаковка *или* розлив продукции на арендованном оборудовании
copigmentation (*n.*) *хим.* копигментация (*взаимное окрашивание ягод при опылении или мацерации*)
copita (*n.*) *исп.* стаканчик для дегустации хереса в форме тюльпана
copper (*n.*) 1. медный котел; 2. *пив.* сусловарочный котел
copper sulfate 1. *хим.* сульфат меди, медный купорос (*применяется для удаления меркаптана*); 2. раствор сульфата меди, бордоская смесь; *см. ткж.* **Bordeaux mixture**

coq au vin *фр. кулин.* «цыпленок в вине» (*иногда употребляется иронически для обозначения передержанных или потерявших букет вин*)

Corbières (*n.*) *фр.* 1. *геогр.* Корбьер (*апелласьон в районе Лангедок, производящий выдержанные красные вина на основе сортов Кариньян, Сира и др.*); 2. *фирм.* «Корбьер» (*наименование вин, произведенных в апелласьоне Корбьер*)

cordials (*n.*) *pl.* сладкие наливки (*близкие по содержанию экстрактивных веществ к ликерам*)

cordon (*n.*) *бот.* кордонная форма куста

cordon-cane system *агр.* метод использования плодоносящих отводов из многолетних частей растения

cordon-cane training system *агр.* система формирования куста

cordon system *агр.* кордонная система

coriander seeds семена кориандра (*используются в производстве джина*)

cork 1. (*n.*) пробка; 2. (*v.*) укупоривать пробкой

1 + 1 ~ *амер. фирм.* пробка, напоминающая по виду шампанскую пробку, с уплотнениями в центре и дисками из натуральной пробки с обоих концов

agglomerated ~ агломерированная пробка (*изготовлена из гранул натуральной корки, запрессованных в цилиндрическую форму*)

Altec ~ *фирм.* «Альтек Корк» (*пробка из синтетического композитного материала, представляющего собой смесь крошки натуральной пробки и волокон синтетического материала*)

artificial ~ искусственная пробка, пробка из синтетического материала

bar top ~ пробка с наконечником

bottle ~ пробка для бутылок

capsulated ~ корковая пробка с наконечником; *см. ткж.* **top cork; T-cork**

carboy size ~ пробка большого размера для винных бутылей

ceramic top ~ пробка с керамическим наконечником

chamfered ~ пробка с закругленными [срезанными] кромками

champagne ~ шампанская пробка, пробка для бутылок шампанского типа

coated with silicon ~ пробка, покрытая силиконовой смазкой

colmated ~ кольматированная пробка (*поры которой заполнены порошком натурального продукта и клеем*)

composition ~ композиционная [составная] пробка (*из несхожих материалов*)

cork ~ натуральная [корковая] пробка (*из коры пробкового дуба*); *см. ткж.* **natural cork; traditional cork**

cork top ~ пробка с наконечником из натуральной пробки

COTAT ~ *амер. фирм. см.* **1+1 cork**

crown ~ кроненпробка, кроненкорка, крончатый колпачок

designer ~ имеющая особый дизайн [разработанная дизайнером] пробка

dried-out ~ высохшая [усохшая] пробка

extra small ~ пробка самого малого размера (*для бутылок малого объема*)

extruded ~ синтетическая пробка, изготовленная методом экструзии

foam-filled tube ~ пробка из пеноматериала

glass top ~ пробка со стеклянным наконечником

granulated ~ гранулированная пробка

Guardian Resin ~ *фирм.* «Гардиан Резин Корк» (*изготовлена полностью из синтетического материала*)

headed ~ конусообразная пробка

high quality ~ пробка высшего класса; *см. ткж.* **premium cork**

large size ~ пробка для галлонных бутылей

middle size ~ пробка среднего размера (*для стандартных бутылок*)

molded with a blend of natural cork and synthetic polymer ~ комбинированная пробка, изготовленная путем соединения натуральной пробки с полимерным материалом

mold-injected ~ синтетическая пробка, изготовленная методом инжекции

moldy ~ пробка, имеющая запах [привкус] плесени

cork

mushroom ~ корковая пробка с пластмассовым колпачком в виде грибка
natural ~ натуральная [корковая] пробка (*из коры пробкового дуба*); *см. ткж.* **cork cork; traditional cork**
normal ~ обычная пробка
overrun ~ остатки неиспользованной пробки у производителей вина (*часто с логотипом фирмы, нанесенным по краю пробки*); *см. ткж.* **leftovers**
paraffined ~ парафинированная пробка
pedigree ~ кора пробкового дуба лучшего качества
plain natural ~ пробка, полностью изготовленная из натурального цельного материала
plastic top ~ пробка с пластмассовым наконечником
polyethylene ~ полиэтиленовая пробка
pore-filled ~ пробка с пропиткой (*для заполнения пор*); *см. ткж.* **Colmated Colmatado**
premium ~ пробка для высококачественных вин, длиной 1¾ дюйма (≈ *4,5 см*), отбеленная без хлора, покрытая силиконовой смазкой; *см. ткж.* **high quality cork**
prime ~ кора пробкового дуба, подготовленная к обработке и не имеющая дефектов
prone-to-leaking ~ пробка, защищенная от протекания; герметичная пробка
rotted ~ гнилая пробка
small-size ~ пробка малого размера (*для маленьких и пивных бутылок*)
straight ~ пробка правильной формы
superior grade ~ пробки №№ 24, 26 и 30, цементированные
Syntec compo- ~ композитная пробка (*из гранулированного материала*)
synthetic ~ пробка из синтетического материала; ◊ **one-piece design** ~ цельная синтетическая пробка без полости; **two-piece design** ~ композитная синтетическая пробка из двух частей – сердцевины и пластмассовой оболочки.
T~ *см.* **top cork**
TAGE ~ *амер. фирм.* пробка из синтетического материала

tapered ~ коническая пробка, сужающаяся кверху; компрессионная пробка
technical ~ пробка, изготовленная из высококачественного агломерированного материала, с двумя дисками из натуральной пробки по краям
tirage ~ тиражная пробка (*для шампанского*)
top ~ корковая пробка с наконечником; *см. ткж.* **T-cork; capsulated cork**
traditional ~ натуральная [корковая] пробка (*из коры пробкового дуба*); *см. ткж.* **cork cork; natural cork**
twin ~ двухкомпозитная пробка
waxed ~ навощенная пробка
wine ~ винная пробка (*изготовлена из коры пробкового дуба, произрастающего в Португалии*)
wooden top ~ пробка с деревянным наконечником

corkage (*n.*) 1. укупоривание; укупорка пробкой; 2. *брит.* надбавка в ресторане за вино, купленное за пределами данного заведения

cork defects дефекты пробки; *см. ткж.* **bark; belly; channels; chipping; cracks; green wood; hard wood; insects; porosity; yellow stain**

cork drawer:
twin-bladed ~ устройство для раскупорки бутылок с двумя ножами

corked (*adj.*) 1. укупоренный пробкой; 2. *дегуст.* отдающий пробкой (*о вкусе вина*) (*не является дефектом вина*); *см.* **corky; wet cardboard; wet dog**

corker (*n.*) 1. коркер, устройство для укупорки бутылок пробками; 2. рабочий-укупорщик бутылок
floor ~ напольный коркер, коркер напольного типа (*для баров, ресторанов и т. д.*)
funnel-type ~ коркер типа воронки; *см. ткж.* **twin-lever corker**
Gilda ~ *фирм.* «Гильда Коркер»
Gilda compression hand ~ *см.* **Gilda corker**
single-lever ~ коркер с одним рычагом, однорычажный коркер

corkscrew

twin-lever ~ коркер с двумя рычагами, двухрычажный коркер
cork extraction force усилие, необходимое для вытаскивания пробки
cork extractor устройство для вытаскивания пробки
cork finish заделка (*бутылки с вином*) корковой пробкой
corkiness (*n.*) дегуст. запах корки (*порок вина*)
corking (*n.*) пробкование (*бочек*)
corking machine укупорочная машина; ◊ ~ **with adjustable depth setting** укупорочная машина с регулированием глубины заделки пробки
cork inserter устройство для укупорки пробками (*бутылок с вином*)
cork jaws:
   heated ~ устройство для разогрева пробки перед откупоркой
Cork Popper *фирм.* «Корк Поппер» (*автоматический штопор пневматического типа*)
Corkpops (*n.*) *амер. фирм.* устройство для выталкивания пробки из бутылки с помощью углекислого газа под давлением
cork presoaking предварительное замачивание пробки перед заделкой в бутылку
cork printing нанесение наименований, логотипов и торговых марок на боковую поверхность пробки
corkpuller (*n.*) устройство для вытаскивания пробок из бутылок
   Swiss corky ~ устройство для вытаскивания пробки методом нагнетания воздуха в бутылку; *ткж.* **air-injection corkscrew**
   two-prong ~ устройство в виде щипцов для вытаскивания пробок
cork re-insertion повторная заделка пробки (*в связи с порчей пробки, утечкой вина, экспертизой и т. д.*)
corkscrew (*n.*) штопор (*устройство для вытаскивания пробок*)
   Ah-So ~ *нем. фирм.* штопор «Ах-Зо» (*устройство в виде 2 пластин или 2 крючков для вытаскивания пробок без разрушения, особенно старых, крошащихся пробок*); ◊ ~ **Gold-Plated** штопор «Ах-Зо Голд» (*изготовлен из стали с золочением*); ~ **Monopol Chrome** штопор «Ах-Зо Монополь Хром» (*изготовлен из нержавеющей стали*)
   Air Pump ~ *фирм.* штопор «Эр Памп» (*автоматический пневматический штопор*)
   automated ~ автоматический штопор (*не требующий никаких усилий*); *ткж.* **Cork Pop corkscrew; Le Creuset Lever corkscrew; Rabbit Lever corkscrew**
   automatic bar ~ штопор-автомат для баров
   bar ~ штопор для баров
   bow-shaped ~ штопор с откидной ручкой в форме лука; *см. ткж.* **loop-handle corkscrew**
   Château Laguiole ~ *см.* **Forge de Laguiole corkscrew**
   Codd opener ~ штопор с насадкой для открывания бутылок
   collector's piece ~ коллекционный штопор, штопор из коллекции; штопор-раритет
   Columbus ~ *амер. фирм.* штопор «Колумбус»
   compound lever ~ штопор с комбинированным рычагом
   concertina ~ штопор с механическим устройством типа концертина
   Concorde ~ *фирм.* штопор «Конкорд» (*полуавтоматический штопор рычажного типа*)
   Copley folding bow ~ *фирм.* штопор «Коупли» (*малогабаритный складной штопор в виде лука*)
   Cork Pop ~ *фирм.* автоматический пневматический штопор, работающий по принципу выталкивания пробки углекислым газом
   Dewar's ~ штопор с головкой в виде шара
   direct pull ~ штопор прямого вытаскивания
   double-action ~ штопор вращательного типа, позволяющий завинчивать штопор и вытаскивать пробку за две операции, с применением двух ручек
   double-lever ~ штопор с двумя рычагами

Farrow and Jackson ~ *фирм.* штопор с завинчивающимся регулятором в виде «барашка»
faucet ~ штопор с поворотной ручкой и цилиндрическим корпусом
figural ~ фигурный штопор (*с рукояткой в виде фигурок животных и т. д.*)
fixed handle ~ штопор с фиксированной ручкой; *см. ткж.* **T-shaped corkscrew**
fixed-type ~ штопорное устройство стационарного типа (*размещаемое обычно на стене, на столе и т. д.*); *см. ткж.* **bar corkscrew; barscrew**
flanged frame ~ штопор с корпусом, имеющим фланцевые захваты для удерживания пробки
floor-type ~ штопор напольного типа
folding ~ складной штопор
folding bow ~ складной штопор в виде лука
Forge de Laguiole ~ *фирм.* штопор «Форж де Лагиоль»; *ткж.* **Château Laguiole corkscrew; Laguiole corkscrew**
four-pillar ~ штопор с корпусом из 4-х стержней
French cage ~ штопор с патентованным французским корпусом
Grenouille ~ *фирм.* эргономичный штопор, имитирующий прыжки лягушки
grinder coffee ~ штопор по типу кофейной мельницы
gun tool ~ мощный штопор для баров и винных погребов
Haff Patent ~ *фирм.* патентованный штопор Гаффа
Henshall ~ *фирм.* штопор Геншеля
hinged lattice ~ штопор с подвесной решеткой
Inox Tools Fidel's ~ *амер. фирм.* универсальный штопор «Фидель» производства фирмы «Инокс Тулз» (*кроме штопора комплектуется также резаком для сигар, ножом для пленки и рычагом*)
Insta-Pull lever ~ *амер. фирм.* штопор «Инста Пул» (*полуавтоматический штопор рычажного типа, один из самых легких в использовании*)
Irresistible ~ *фирм.* штопор «Ирезистибл» (*штопор с двумя рычагами Армстронга*)
Italian double-lever ~ итальянский штопор с двумя рычагами
Italian lever ~ итальянский рычажный штопор; *см. ткж.* **Rosati's lever corkscrew**
King's ~ *брит.* классический штопор
Laguiole ~ *фирм.* штопор «Лагиоль» (*серия дорогих штопоров с изогнутой наподобие охотничьего ножа рукояткой*)
Le Creuset Lever ~ *фирм.* «Ле Крёзе» (*автоматическое штопорное устройство рычажного типа*)
legs ~ штопор с двумя рычагами в виде ног
lever ~ штопор рычажного [нажимного] типа
leverage-type ~ *см.* **lever corkscrew**
lever bar ~ рычажный штопор для баров
loop-handle ~ штопор с откидной ручкой в форме петли; *см. ткж.* **bow-shaped corkscrew**
loop pull ~ штопор с захватным колечком
Lund type ~ *фирм.* штопор Лунда
mechanical ~ механический штопор (*изобретен в конце XVIII в.*)
metal sheathed ~ разборный штопор с металлическим чехлом; *см. ткж.* **picnic corkscrew**
Monopol Bacchus – *нем. фирм.* штопор «Монополь Бахус» (*профессиональный штопор-полуавтомат*)
Monopol lever ~ *нем. фирм.* рычажный штопор «Монополь» с захватом для пробки
mounted ~ *см.* **fixed-type corkscrew**
multilever ~ штопор с несколькими рычагами; *см. ткж.* **compound lever corkscrew; hinged lattice corkscrew**
multitool ~ штопор с несколькими насадками и дополнительными лезвиями
Novelty brass ~ миниатюрный штопор с литой ручкой в виде зверя с кольцом

one-piece ~ штопор, изготовленный из цельного металлического стержня (*как правило, с согнутой ручкой*)
open frame ~ штопор с открытым корпусом (*позволяющим держать пробку рукой*)
peg & worm ~ штопор с червяком и штифтом
picnic ~ складной штопор (*завинчивающийся в цилиндрическом корпусе*); *ткж.* **metal sheathed corkscrew**
pisces ~ *фирм.* штопор в виде рыбы (*типа "multilever" с эффектами*)
pocket ~ карманный штопор (*обычно разборные штопоры типа "screw & pull"*)
Puigpull Ratchet Jack ~ *амер. фирм.* штопор «Пигпул» (*штопор домкратного типа с храповиком*)
pull-out ~ *амер.* полуавтоматический штопор (*не требующий дополнительных усилий для вытягивания пробки*); *ткж* **winged corkscrew**
pump-style ~ штопор пневматического типа (*основан на нагнетании воздуха в бутылку*)
Rabbit Lever ~ *амер. фирм.* «Рэббит Левер» (*автоматическое штопорное устройство рычажного типа*)
Rosati's lever ~ рычажный штопор Розати; *см. ткж.* **Italian lever corkscrew**
screw & pull ~ полуавтоматический штопор с двумя рычагами
semi-automatic bar ~ штопор полуавтоматического типа для баров
Simple Tee ~ *фирм.* обыкновенный Т-образный штопор
single-action ~ штопор вращательного типа, позволяющий завинчивать и вытаскивать пробку одним движением ручки
single-lever ~ штопор с одним рычагом
split-frame ~ штопор с закрытым корпусом
spring-loaded ~ штопор с внутренним пружинным механизмом
stationary-type ~ штопор стационарного типа (*для баров, подвалов и т. д.*)
stopper ~ штопор с колечком (*можно использовать как пробку*)

straight pull ~ штопор обычного типа
table-mounted ~ полуавтоматический штопор настольного типа
telescopic ~ складной штопор
Thomason type double-action ~ механический штопор Томасона двойного действия (*изобретен в нач. XIX в.*)
torque ~ штопор вращательного типа
T-shaped ~ штопор с фиксированной ручкой в форме буквы Т; *см. ткж.* **fixed handle corkscrew**
twist style ~ штопор поворотного [вращательного] типа
two-prong extractor ~ штопор с двумя вставками в виде пинцета
Victorian stopper ~ штопор с колечком на платформе (*может быть использован в качестве пробки*)
Waiter's (Friend) ~ (складной) штопор для официантов *или* барменов
waiter style ~ *см.* **Waiter's (Friend) corkscrew**
wine steward's ~ *см.* **Waiter's (Friend) corkscrew; waiter style corkscrew**
winged ~ полуавтоматический штопор с двумя рычагами (*при надавливании на рычаги пробка выходит из бутылки*); *ткж.* **pull-out corkscrew**
wooden sheathed ~ разборный штопор с деревянным футляром; *см. ткж.* **pocket corkscrew**
worm ~ штопор червячного типа
Zig-Zag ~ *фирм.* штопор «Зиг-Заг» (*типа "multilever" с эффектами*)
Zoom ~ *фирм.* штопор «Зум» (*полуавтоматический штопор рычажного типа, позволяющий удалять сломанные и треснувшие пробки*)

corkscrew brass barrel корпус штопора из латуни
corkscrew brush щетка, расположенная на конце рукоятки штопора (*для снятия пыли с бутылки перед откупориванием*)
corkscrew button пистон штопора
corkscrew curl виток спирали штопора
corkscrew handle рукоятка штопора
corkscrew maker специалист по изготовлению штопоров
corkscrew rack компактный складной штопор

corkscrew-shaped имеющий форму штопора; спиралевидный
corkscrew stem основание [платформа] штопора
corkscrew with ringed barrel штопор с цилиндрическим корпусом, имеющим наплывы в виде колец
corkscrew with wire breaker штопор с резаком для проволоки
cork stopper пробка; см. ткж. **cork**
cork taint дефект пробки (*пятна пробки*) **zero** ~ отсутствие дефекта пробки
cork water остаток влаги в пробке
cork with agglomerated center пробка с уплотненным центром
cork with natural discs пробка с дисками из натуральной пробки с обоих концов
corkwood (*n.*) *бот.* кора пробкового дуба (*слой, из которого изготавливают пробки для вин*)
corky (*adj.*) *дегуст.* имеющий привкус пробки (*о вине*) (*порок вина*); см. ткж. **corked** 2.
corky bark *фитопат.* пробковость коры (*заболевание винограда*)
corn starch кукурузный крахмал
corn whisky виски крепостью до 160⁰ proof, произведенное из сырья, содержащего не менее 80% кукурузного зерна (*требование BATF*)
Cornas (*n.*) *фр.* 1. *геогр.* Корна (*апелласьон на севере региона Рона, в котором возделывают красный виноград Сира*); 2. *фирм.* «Корна» (*красное сухое вино из винограда сорта Сира*)
corolla (*n.*) *бот.* венчик (*цветка*)
Corralloid (*n.*) *фирм.* «Кораллоид» (*препарат для оклейки вин*)
corredor (*n.*) *исп.* винный брокер; винный торговец
Corvo (*n.*) *ит. фирм.* «Корво» (*марка сухого красного вина заводского розлива; вырабатывается на Сицилии*)
cosecha (*n.*) *исп.* год сбора урожая (*обозначение на этикетке*)
costrel (*n.*) небольшой деревянный бочонок для сидра с ручкой для переноски, емкостью ½ галлона
Cot (*n.*) *фр. амп.* Ко(т) (*сорт красного винограда, дающего вино высокой* плотности, темного цвета и с высоким содержанием танинов); см. ткж. **Auxerrios; Malbec; Presac**
Côt см. **Cot**
côte (*n.*) *фр.* холм, косогор (*место размещения лучших виноградников*) (**Côte** – *обозначение на этикетках французских вин*); см. ткж. **hill**
coteau (*n.*) *фр.* склон, часть холма (*обозначение на этикетке*)
Côte Chalonnais *фр. геогр.* Кот Шалонне (*винодельческий регион в Южной Бургундии*)
Côte de Beaune *фр. геогр.* Кот-де-Бон (*апелласьон винодельческой области Кот-д'Ор региона Бургундия*)
Côte-de-Beaune-Villages *фр.* «Кот-де-Бон-Вилаж» (*марка красного сухого вина из Кот-де-Бон*)
Côte-de-Brouilly *фр.* 1. *геогр.* Кот-де-Бруйи (*апелласьон в Божоле региона Бургундия*); 2. *фирм.* «Кот-де-Бруйи» (*красное вино из сорта Гаме, произведенное в Кот-де-Бруйи*)
Côte-de-Nuits *фр. геогр.* Кот-де-Нюи (*апелласьон на севере винодельческой области Кот-д'Ор, регион Бургундия*)
Côte de Nuits-Village *фр. фирм.* «Кот-де-Нюи-Виллаж» (*марка красного сухого вина из Кот-де Нюи*)
Côte d'Or *фр. геогр.* Кот-д'Ор (*винодельческая область в Бургундии*)
Côte Maconnais *фр. геогр.* Кот-Маконне (*винодельческая область на юге Бургундии*)
Côte Rôtie *фр. геогр.* Кот-Роти (*известный апелласьон в долине Роны*)
Côtes-de-Provence *фр. геогр.* Кот-де-Прованс (*апелласьон в винодельческом регионе Прованс*)
Côtes-du-Rhône *фр.* 1. *геогр.* Кот-дю-Рон (*известный апелласьон в долине Роны*); 2. *фирм.* «Кот-дю-Рон» (*красное, белое или розовое вино*)
Côtes-du-Ventoux *фр. геогр.* Кот-дю-Ванту (*апелласьон на юге долины Роны*)
cotto (*n.*) *ит.* нагретое вино
cotton candy *дегуст.* привкус леденцов (*напр., в винах «Божоле», приготов-*

ленных на основе углекислой мацерации)

cotton leafworm энт. червец хлопкового листа *Spodoptera littoralis* (*вредитель винограда*)

couch (*n.*) 1. *пив.* рамка для засыпки ячменя перед соложением; 2. емкость для просушивания ячменя после замачивания (*в производстве виски*)

couleuse (*n.*) *фр.* кулёз (*утечка шампанизированного вина из бутылки при выдержке тиража*)

coulure (*n.*) *фр.* пустоцвет, который опадает с грозди до начала созревания ягод

country liquor *см.* **country style**

country style 1. столовое вино; *см. ткж.* **country wine**; 2. *амер.* старомодные вина (*в стиле XIX – нач. XX вв.*)

country wine *амер.* местное вино; столовое вино; *см. ткж.* **country style** 1.

coupage (*n.*) *фр. вин.* купаж

coupe (*n.*) *фр. ист.* бокал для шампанского

coupé (*n.*) *фр.* купе, купажированное вино

Courbu Blanc *фр. амп.* Курбю Блан (*сорт белого винограда из Пиренеев*)

courtier (*n.*) *фр.* винный брокер; винный торговец

Courvoisier (*n.*) *фр. фирм.* «Курвуазье» (*известная марка французского коньяка*)

Coutet (*n.*) *фр.* «Куте» (*вино высокого качества, производимое в Сотерне*)

crack (*n.*) надкол (*дефект бутылки*); *pl.* трещины, разломы (*дефект натуральной пробки*)

cradle (*n.*) корзина, подставка (*из проволоки, лозы и т. д.*) для хранения бутылки с вином в горизонтальном положении; *ткж.* **wine cradle**

craft brewery небольшая пивоварня, выпускающая не более 10 000 баррелей пива в год; *см. ткж.* **brewpub**; **microbrewery**

cranberry (*n.*) *бот.* клюква (*компонент спиртных напитков и материал для приготовления ликеров и настоек*)

crater (*n.*) автомат для одновременной загрузки партии бутылок в ящики

crème de framboise

Cream (*n.*) *см.* **Cream Sherry**

cream (*n.*) крем-ликер (*крепкий алкогольный напиток вязкой консистенции*); *см. ткж.* **crème**

cream of coconut консервированный продукт, приготовляемый из кокосового молока, сахара и др. не содержащих алкоголя компонентов (*применяется для приготовления тропических напитков*)

cream of tartar винный камень, кремортартар

Cream Sherry *фирм.* «Крим Шерри» (*очень сладкий херес золотистого цвета*)

creamy (*adj.*) *дегуст.* густой (*о структуре шампанских и игристых вин*)

Credenza (*n.*) *амер. фирм.* «Криденза» (*винный шкаф с системой поддержания температуры, влажности и вентиляции*)

creeper (*n.*) *бот.* ползучее [вьющееся] растение

crémant (*n.*) *фр.* креман (*французское марочное игристое вино, произведенное по классическому [шампанскому] методу за пределами области Шампань*)

crème (*n.*) *фр.* крем-ликер (*крепкий алкогольный напиток вязкой консистенции*); *см. ткж.* **cream**

crème d'ananas *фр.* крем-ликер с ароматом ананаса

crème de banane *фр.* крем-ликер с ароматом банана

crème de cacao *фр.* крем-ликер с ароматом шоколада

  dark ~ крем-ликер с ароматом шоколада и красителем

  white ~ крем-ликер с ароматом шоколада без красителя

crème de café *фр.* крем-ликер с ароматом кофе

crème de cassis *фр.* крем-ликер с ароматом смородины

crème de cumin *фр.* крем-ликер, ароматизированный тмином

crème de fraise *фр.* крем-ликер с ароматом клубники

crème de framboise *фр.* крем-ликер с ароматом малины

crème de mandarine *фр.* крем-ликер с ароматом мандарина

crème de menthe *фр.* крем-ликер с ароматом мяты
  green ~ крем-ликер с ароматом мяты и красителем
  white ~ крем-ликер с ароматом мяты без красителя

crème de mûre sauvage *фр.* крем-ликер с ароматом ежевики

crème de myrtilles *фр.* крем-ликер с ароматом черники

crème de noix *фр.* крем-ликер, ароматизированный грецкими орехами

crème de noyau *фр.* крем-ликер из фруктовых косточек, ароматизированный миндалем

crème de pêche *фр.* крем-ликер с ароматом персика

crème de roses *фр.* крем-ликер с ароматом лепестков роз

crème de thé *фр.* крем-ликер с ароматом чая

crème de vanille *фр.* крем-ликер с ароматом ванили

crème de violette *фр.* крем-ликер с маслом фиалки и ванилью

cresset (*n.*) *брит.* «фонарь», цилиндрическая клеть с горящими углями (*которая ставится внутрь несобранной бочки для нагрева клепок перед сгибанием*)

crewet (*n.*) *см.* **cruet**

criadera (*n.*) *исп.* два верхних ряда бочек (*в производстве хереса*)

crianza (*n.*) *исп.* период выдержки не менее 1 года в дубовой бочке для вина высокого качества (*обозначение на этикетке*); *см. ткж.* **aged in oak**

crimson (*adj.*) *дегуст.* пурпурно-красный (*о цвете, характерном для молодых, нераскрывшихся красных вин*); *см. ткж.* **purple**

Criots (*n.*) *pl. фр.* «Крио» (*белое вино категории Гран Крю из Пулиньи-Монраше*)

crisp (*adj.*) *дегуст.* содержащий ярко выраженную, но не избыточную кислотность (*о вине*)

Critics' Choice *амер.* «Выбор критиков» (*ежегодный приз Международного жюри винных напитков в Нью-Йорке*)

crock (*n.*) сосуд для вина

crop 1. (*n.*) урожай; 2. (*n.*) с.-х. продукция, выращенная в больших объемах; 3. (*v.*) собирать урожай
  heavy ~ высокий урожай
  light ~ низкий урожай

crop evapotranspiration обменные процессы в собранном урожае (*ягод винограда*)

crop load *агр.* нагрузка куста (*при созревании ягод винограда*)

cross (*n.*) *бот.* скрещивание; результат скрещивания двух и более сортов в пределах одного вида
  intentional ~ плановое [преднамеренное] скрещивание
  unintentional ~ случайное [незапланированное] скрещивание

cross-flow filter system *вин.* фильтровальная система по способу «кроссфлоу» (*технология фильтрования, основанная на пропускании вина через фильтровальные модули и разделении потока жидкости и осадка*)

Crouchen (*n.*) *фр. амп.* Крушан (*сорт белого винограда из Пиренеев*); *см. ткж.* **Cape Riesling; Clare Riesling; Paarl Riesling; South-African Riesling**

crown 1. (*n.*) кроненпробка, кроненкорка, крончатый колпачок; 2. (*v.*) укупоривать кроненпробкой

crowner (*n.*) машина для укупорки крончатыми колпачками
  rotary ~ ротационная машина для укупорки крончатыми колпачками

crown gall *фитопат.* 1. корончатый галл; 2. корневой рак (*возбудитель – гриб Dendrophagus globosus*)

crowning (*n.*) укупоривание крончатыми колпачками
  bottle ~ укупоривание бутылок крончатыми колпачками

Crown Royal *фирм.* «Краун Ройял» (*марка канадского виски*)

croze (*n.*) 1. утор (*бочки*); 2. уторный станок; *см. ткж.* **chime**

Crozes-Hermitage *фр.* «Кроз-Эрмитаж» (*красное вино из сорта Сира; производится в регионе северная Рона*)

cru (*n.*) *фр.* 1. крю (*виноградник высшего качества в Бордо и Бургундии*); *см. ткж.* **growth**; 2. качественное выдержанное вино высшей марочной категории, произведенное в крю; 3. винокурня, на которой изготавливают коньяк

Cru Bourgeois *фр.* «Крю Буржуа» (*вино второго сорта, произведенное на винограднике, не внесенном в классификацию 1855 г.*)

Cru Classée *фр.* «Крю Классе» (*вино высшего качества, произведенное на сертифицированном винограднике, внесенном в классификацию 1855 г.*); *см. ткж.* **classed growth**

crude 1. (*n.*) сырье; 2. (*adj.*) сырой, необработанный

crude rum ром-сырец

cruet (*n.*) бутылочка, графинчик

crumber (*n.*) скребок для удаления крошек пробки (*с бутылки, со стола и т. д.*)

crush 1. (*n.*) обрывание ягод винограда и раздавливание перед ферментацией; 2. (*n.*) срок сбора урожая на винограднике; 3. (*v.*) давить виноград
   first ~ первое прессование (*винограда*)

crushed port *брит. ист.* купаж портвейнов разных урожаев

crusher (*n.*) давилка (*для винограда*)
   double-roller ~ давилка для винограда с двумя рядами роликов
   hand-crank ~ ручная давилка для винограда с приводом от рукоятки
   single-roller ~ давилка для винограда с одним рядом роликов

crusher-stemmer (*n.*) *вин.* дробилка-гребнеотделитель; эграпур

crushing (*n.*) дробление, раздавливание

crush pad корзина для подачи винограда на прессование

crust (*n.*) осадок на стенке бутылки при выдержке вин; *см. ткж.* **sediment**

crusted port выдержанный марочный портвейн

crusty (*adj.*) с осадком на стенках бутылки (*о вине*)

cryoextraction (*n.*) *вин.* криоэкстракция; *см. ткж.* **cryomaceration**

cryomaceration (*n.*) *вин.* криомацерация (*выдерживание кожуры и сусла при сверхнизкой температуре для придания аромата вину*)

cryo wine *амер. см.* **Eiswein; ice wine**

Crystal Care *амер. фирм.* «Кристал Кер» (*препарат для удаления накипи и налета на бутылках*); *см. ткж.* **stain remover**

crystalline (*adj.*) *дегуст.* кристальный (*о цвете вина*)

Cuarenta Y Tres *исп. фирм.* «Кварента-и-Трес» (*ликер из 43 трав*); *см. ткж.* **Licor 43**

Cuba libre *исп. фирм.* «Куба либре» (*коктейль из рома и колы с лимонным соком*)

cuit (*n.*) *фр.* нагретое вино

cullet (*n.*) битое стекло

cultivar (*n.*) сорт винограда
   parent ~ родительский сорт

cultivar specific markers *бот.* специфические признаки сорта винограда

cultivar type тип культуры винограда; *см. ткж.* **terroir**

cultivate (*v.*) возделывать, культивировать (*почву, сорт*)

cultivation (*n.*) возделывание; культивация
   ~ **of grapevines** *агр.* разведение [возделывание] виноградных лоз; виноградарство

cultivator (*n.*) культиватор

cultural milieu культурная среда возделывания; *см. ткж.* **terroir**

culture 1. (*n.*) возделывание, обработка земли; 2. (*n.*) выращивание, культивирование; 3. (*n.*) культура микроорганизмов; 4. (*v.*) культивировать; возделывать; разводить (*растения*)
   bulk ~ *см.* **commercial culture**
   commercial ~ производственная закваска
   dried ~ сухая закваска
   grafted grape ~ привитая культура винограда
   mixed ~ смешанная культура
   slow ~ медленная сбраживающая культура

cup (*n.*) 1. чашка, стаканчик; 2. *спирт.* колпачок (*перегонной колонны*); 3. кап

(*напиток из кларета, сидра или белого вина со льдом и содовой водой*)
bell-shaped ~ центрирующий колокольчик (*в разливочной машине*)
centering ~ *см.* **bell-shaped cup**
champagne ~ кап из шампанского, содовой воды с сахаром и дольками апельсина
hock ~ кап из белого вина, хереса и сельтерской воды
seal ~ *спирт.* сливная чашка (*для слива жидкости с вышерасположенной тарелки колонны*)
Cupric (*п.*) *амер. фирм.* «Кьюприк» (*фунгицид, используемый в виноградарстве*)
cup-shaped bush *бот.* куст чашевидной формы
Curaçao (*п.*) *фирм.* «Кюрасао» (*ликер на основе апельсиновой цедры, происхождением с о-ва Кюрасао, Вест-Индия; может быть белого, голубого, коричневого, зеленого, оранжевого цвета*); *см. ткж.* **Blue Curaçao; White Curaçao**
curtain (*п.*) *бот.* наземная часть виноградного растения, состоящая из побегов текущего сезона
downward ~ ориентация побегов книзу (*для американских и гибридных сортов*)
upward ~ ориентация побегов кверху (*для Vitis Vinifera*)
custom crush customer *амер.* арендатор мощностей винзавода для переработки винограда; *см. ткж.* **home winemaker**
cut 1. (*п.*) *спирт.* погон, фракция; 2. (*п.*) *бот.* надрез; срез; 3. (*v.*) разгонять, фракционировать; 4. (*v.*) надрезать; срезать
slanted ~ косой надрез (*черенка винограда*)
straight ~ прямой [поперечный] надрез (*черенка винограда*)
cutter (*п.*) резак (*компонент универсального штопора*)
foil ~ резак для фольги
cutting (*п.*) 1. *бот.* чубук (*часть ветки или корня, содержащая почку и срезанная с родительского растения*); 2. обрезка, подрезка (*лозы, корня*)

root ~ обрезка корня
wine ~ *вин.* срезка (*купажирование, смешивание вина*)
Cutty Sark *фирм.* «Катти Сарк» (*марка купажированного виски, крепостью 43% об., производимого в Глазго, Шотландия*)
cuvée (*п.*) *фр.* 1. кюве (*ассамбляж тихих вин из разных районов, разных сортов винограда, как правило, разных лет урожая для приготовления французского шампанского*); 2. содержимое [количество виноматериалов] в емкости для купажирования; 3. партия игристого вина, изготовленная из лучшей [первой] фракции виноградного сока (*в Шампани*)
overfermented ~ переброженное кюве
cuvée close method *фр. см.* **Charmat method**
cuvée de prestige *фр.* специальное, престижное кюве, лучшая марка шампанского
cyclohexane (*п.*) *хим.* циклогексан (*применяется для дегидратации этанола*)
Cynar (*п.*) *ит. фирм.* «Синар» (*густой темно-красный ликер, ароматизированный артишоком; выпускается в Италии*)
Cynthiana (*п.*) *амер. амп.* Синтиана; *см. ткж.* **Norton**

D

dagger (*п.*) *энт.* 1. кинжал (*паразитная нематода винограда*); 2. совка *Apatela* (*вредитель винограда*)
dago red *амер. разг.* дешевое красное вино (*как правило, итальянское*)
daiginjo-shu (*п.*) *яп.* дайгиндзё-сю (*4-й основной тип саке; саке из очень мелко помолотого риса, более мелкого, чем у 3-го типа*)
Daïkiri (*п.*) *фирм.* «Дайкири» (*коктейль из рома и сока зеленого цитрона с сиропом сахарного тростника*)

Daiquiri (*n.*) *см.* **Daïkiri**
Daktari (*n.*) *фирм.* «Дактари» (*ликер, ароматизированный бананами и др. экзотическими фруктами*)
Dalwhinnie (*n.*) *фирм.* «Далвини» (*классическое шотландское солодовое виски*)
damage (*n.*) повреждение; ущерб
 bud ~ повреждение почек (*винограда*)
 wine ~ разрушение вина; ухудшение характеристик вина
Dame-Jeanne *фр.* 1. стеклянный баллон объемом до 50 литров для транспортировки вина, защищенный каркасом из досок *или* соломенной оплеткой; 2. оплетенная бутыль объемом 2,5 л для бордоских вин; *ткж.* **dame-jeanne**
Danish Aalborg Aquavit *фирм.* «Даниш Олборг Аквавит» (*марка аквавита, выпускаемого в Дании*)
Dão (*n.*) *порт. геогр.* Дан (*винодельческая область в Португалии*)
Daquiri Mix *фирм.* «Дакири Микс» (*смесь воды с сахаром, мякоти цитрусовых и др. компонентов, применяемая для приготовления алкогольных коктейлей*)
dark (*adj.*) *дегуст.* темный, с черноватым оттенком (*о цвете некоторых красных вин*)
 darker reds красные вина с более густой окраской и темным цветом
Dark Puerto Rican Rum *фирм.* марка темного рома, выпускаемого в Пуэрто-Рико
Dark Rum *фирм.* выдержанный [темный] ром (*иногда подкрашиваемый карамелью*)
daru (*n.*) *инд.* дару (*спиртной напиток из цветов дерева махуа*)
Davis 20-point scale шкала Дэвиса для оценки качества вин (*применяемая в США*)
de-acidification (*n.*) уменьшение кислотности (*вина, сока*)
de-activation (*n.*) *бот.* возврат к спячке (*пятнадцатая стадия годового цикла винограда*)
dead arm *фитопат.* некроз виноградных рукавов; эутипиоз (*вызывается грибом Eutypa armeniaсае*)
dead soldier *амер. разг.* пустая бутылка из-под вина, ликера *или* пива
de-alcoholized beer безалкогольное пиво
de-alcoholized wine безалкогольное вино
dealer tank wagon *спирт.* цистерна для перевозки спирта
débourbage (*n.*) *фр.* 1. первая переливка молодого виноматериала; 2. отделение сусла от отстойного осадка [шлама]; 3. отстаивание с целью осветления
débourrement (*n*) *фр. бот.* распускание (*почек*) (*пятая стадия годового цикла винограда*)
debris (*n.*) 1. *хим.* осколки; остатки (*органических веществ*); 2. *геол.* обломки, пустая порода
decant 1. (*n.*) переливание вина для аэрации; 2. (*v.*) декантировать, переливать; 3. (*v.*) сливать с осадка; ◊ **to ~ the wine** переливать вино из одной емкости в другую
decantate (*n.*) *хим.* декантат
decanter (*n.*) 1. стеклянный *или* хрустальный сосуд [графин] для подачи вина на стол; 2. декантатор, отстойник; 3. фильтр-декантатор; 4. *спирт.* сосуд для разделения двухфазных жидкостей
 fusel-oil ~ устройство для слива отстоя сивушного масла
decanter-clarifier (*n.*) декантатор-осветлитель
decap (*n.*) удалять [снимать] колпачки (*с бутылок*)
decapper (*n.*) устройство для удаления [снятия] колпачков (*с бутылок*)
decay (*n.*) увядание; ухудшение качеств (*винограда и т. д.*)
 incipient ~ *бот.* начальная стадия порчи
dechampagnization (*n.*) дешампанизация
declaration of sulfites *амер.* указание содержания сульфитов на этикетке вина (*обязательное требование BATF*)
decoction (*n.*) 1. экстрагирование [вытяжка] вещества *или* его компонентов путем кипячения в воде; 2. уменьше-

decoloration

ние *или* увеличение концентрации вещества путем кипячения; 3. отвар; декокт; 4. *пив.* вываривание (*один из процессов пивоварения*)

decoloration (*n.*) обесцвечивание; изменение (первоначального) цвета

decontamination (*n.*) очистка от примесей

decortication (*n.*) *агр.* декортикация (*зачистка коры винограда металлическими рукавицами или приспособлениями*)

decrater (*n.*) автомат для одновременной выемки партии бутылок из ящика

deep dormancy period *бот.* период глубокого покоя

deep in structure комплексный по характеристикам (*о вине*)

Deer Shield *амер. фирм. агр.-тех.* ограждение для защиты виноградников от оленей

deficiency (*n.*) недостаточное количество, нехватка (*питательных веществ, компонентов и т. д.*)

nitrogen ~ недостаточное количество азота (*в почве*)

nutrient ~ недостаточность питания (*растения*)

defoamer (*n.*) 1. *вин.* противовспениватель, пеногаситель; *см. ткж.* **antifoam; defrother**; 2. устройство для удаления пены

defoaming (*n.*) *вин.* пеногашение

defoliant (*n.*) дефолиант (*вещество, вызывающее опадание листьев растения*)

defoliate (*v.*) *агр.* удалять листву (*с виноградного куста*)

defoliation (*n.*) опадание листьев растения

defrother (*n.*) *вин.* пеногаситель, противовспениватель; *см. ткж.* **antifoam; defoamer**

defuselation (*n.*) *спирт.* удаление сивушных масел

degeneration (*n.*) ухудшение качеств (*вина*)

dégorgeage (*n.*) *фр. вин.* дегоржаж, дегоржирование (*извлечение дрожжевого осадка из бутылки игристого вина*)

dégorgeur (*n.*) *фр. вин.* дегоржёр (*оператор дегоржажа*)

degree (*n.*) градус; степень

~ **of alcohol** алкогольная крепость (*напитка*)

~ **of fermentation** степень ферментации

Degree Days *амер. агр.* количество дней, имеющих температуру выше 50° F (*10° C*)

dehydrate (*v.*) 1. дегидрировать, терять влагу; 2. терять влагу, рассыхаться (*о пробке*)

dehydration (*n.*) 1. *хим.* дегидрация, обезвоживание; осушение; 2. *спирт.* дегидрация (*удаление 5% воды из этилового спирта крепостью 190° proof при производстве абсолютного спирта*); 3. рассыхание (*дефект пробки*)

alcohol ~ обезвоживание [абсолютизирование] спирта

Delaware (*n.*) *амер. амп.* Делавэр (*исконно американский сорт белого винограда*)

Delestage (*n.*) *фирм.* технологическая процедура проверки виноградного сусла *или* вина, разработанная OIV

DELFIN process *фирм.* «Дельфин»-процесс (*процесс обработки пробки на основе микроволнового нагрева, позволяющий устранить корковый привкус вин*)

delicate (*adj.*) *дегуст.* 1. тонкий (*о вкусе вина*); 2. имеющий основные компоненты букета, но характеризующийся слабой структурой (*о вине*)

delicate almond *дегуст.* тонкий привкус миндаля (*в букете вина*)

delicate aroma *дегуст.* тонкий вкус (*вина, коньяка*)

delicate wine малоспиртуозное молодое вино

Dematophora root rot *фитопат.* корневая гниль винограда; *см. ткж.* **Rosellinia root rot**

Demerara *фирм.* «Демерара» (*сорт темного рома, ведущего происхождение с реки Демерара, Гвиана*)

demijohn (*n.*) стеклянная бутыль с оплеткой

demi-muid (*n.*) *фр.* 1. мера объема, равная половине мюида; 2. бочка объе-

device

мом около 150 л; 3. *уст.* винная бочка объемом около 600 л (*в Лангедоке*)

demi-pièce (*n.*) *фр.* винная бочка объемом 114 л (*в Бургундии*)

demi-queue (*n.*) *фр.* винная бочка объемом 108 л (*в Шампани*)

demi-sec *фр.* 1. (*adj.*) полусухой (*о вине*); *ткж.* **half-dry**; 2. (*n.*) классическое полусладкое шампанское

demi-sweet (*adj.*) полусладкий (*о вине*); *см. ткж.* **semi-sweet**

Demoisy stemmer-crusher *амер. фирм.* устройство для раздавливания винограда и удаления гребней

denaturant (*n.*) *хим.* денатурант (*вещество, добавляемое к этиловому спирту для придания качеств, препятствующих его употреблению внутрь*)

denaturated alcohol *хим.* денатурированный спирт

denaturation (*n.*) денатурирование, денатурация

   acid ~ кислотная денатурация

   alcohol ~ денатурация (этилового) спирта

denature (*v.*) денатурировать

denomination of origin (зарегистрированное) наименование происхождения (*вина*)

density (*n.*) плотность; ◊ **must ~** плотность муста

dephlegmator (*n.*) *спирт.* дефлегматор

depitch (*v.*) удалять старую смолку, рассмаливать (*бочку*)

deposit 1. (*n.*) отложение, осадок, отстой (*естественный осадок в бутылке с вином*); 2. (*v.*) осаждать(ся), отстаивать(ся)

   cask ~ бочечный отстой

   dense ~ плотный осадок

   yeast ~ дрожжевой осадок

depository (*n.*) склад, хранилище; кладовая

depot (*n.*) склад, хранилище, база

depth:

   color ~ *дегуст.* насыщенность цветового тона (*об окраске вина*)

depth filtration *см.* **adsorption filtration**

desiccant (*n.*) осушитель, осушающее вещество

desludger (*n.*) *вин.* отстойник шлама

despumate (*v.*) *вин.* обеспенивать, гасить пену

despumation (*n.*) *вин.* пеногашение

destalk (*v.*) *вин.* отделять гребни

destalker (*n.*) *вин.* гребнеотделитель

destalking (*n.*) *вин.* отделение гребней

destem (*v.*) удалять плодоножки

destemmer (*n.*) машина для удаления плодоножек

destemming (*n.*) *вин.* отделение гребней; *см. ткж.* **destalking**

desugar (*v.*) обессахаривать, удалять сахар

desugarization (*n.*) обессахаривание

desulfitate (*v.*) десульфитировать

desulfitation (*n.*) десульфитация (*удаление диоксида серы после сульфитации*)

detection (*n.*) выявление, определение; ◊ **~ by smelling** органолептическая оценка, оценка по запаху

deterioration (*n.*) ухудшение, порча

determination (*n.*) определение, измерение

   acidity ~ определение кислотности

   chromatographic ~ хроматографический анализ

   organoleptic ~ органолептический анализ

   plate ~ *спирт.* определение числа тарелок (*ректификационной колонны*)

devat (*v.*) *см.* **decant** 2., 3.

development (*n.*) 1. *бот.* развитие (*создание взрослых клеток из вегетативного зачатка*); 2. *спирт. см.* **propagation**

   annual cycle of ~ малый [годичный] цикл развития растения

   flavor ~ *вин.* образование [формирование] вкусового букета

   mold ~ плесневение вина

   viable cycle of ~ большой [жизненный] цикл развития растения

   wine ~ формирование вина

device:

   aeration ~ *спирт.* аэрационное устройство

   agitation ~ *спирт.* устройство для перемешивания, перемешивающее устройство

   cooling ~ *спирт.* охлаждающее устройство

dewatering

dewatering (*n.*) *хим.* обезвоживание
dextran (*n.*) *хим.* декстран (*неферментируемый полисахарид*)
dextrin (*n.*) *хим.* декстрин
dextrose (*n.*) *хим.* декстроза (*α-глюкоза, виноградный сахар*)
dextrose equivalent *хим.* декстрозный эквивалент (*мера степени гидролиза или осахаривания крахмала*)
diagonal trellising *агр.* диагональные шпалеры
dial (*n.*) *фр. ист.* старая мера площади в Бургундии, которая была в распоряжении винодела
diammonium phosphate *хим.* диаммоний фосфат
Diamond (*n.*) *амер. амп.* Даймонд (*сорт белого винограда с лёгким «лисьим» тоном; используется главным образом в производстве игристых вин*)
Diclofluanid (*n.*) *амер. фирм.* «Диклофлуанид» (*фунгицид, используемый в виноградарстве*)
dieback and bunch rot *фитопат.* отмирание и загнивание побегов винограда; *ткж.* **cane-tip blight**
dietary intake *мед.* прием вина в качестве диетического средства; диетическое потребление вина
diethyl ether *хим.* диэтилэфир
differential-pressure cell ячейка с перепадом давления (*в фильтре*)
digestif (*n.*) *фр.* дижестив (*алкогольный напиток, подаваемый в конце еды для улучшения пищеварения*)
dill (*n.*) *бот.* укроп (*компонент ароматизированных вин*)
dilute (*v.*) разбавлять (*вино, спирт и т. д.*)
dim (*adj.*) *дегуст.* мутноватый, мутный (*о цвете вина*); *см. ткж.* **hazy**
dimer (*n.*) *хим.* димер (*молекула, состоящая из двух идентичных исходных молекул*)
dimethoate (*n.*) *австрал. фирм.* диметоат (*инсектицид, применяемый в виноградарстве*)
Dionysus (*n.*) *греч. миф.* Дионис (*бог виноделия в Древней Греции*)
diplodios (*n.*) *фитопат.* диплодиоз (*грибковое заболевание винограда, вызываемое представителями рода Diplodia*)

direct producing *бот.* обладающий способностью выживать на собственных корнях (*о сорте винограда*)
dirty socks *дегуст.* «грязные носки» (*неприятный запах вина*)
disaccharide (*n.*) *хим.* дисахарид (*соединение, дающее при гидролизе две моносахаридные единицы, напр., лактоза, сахароза, мальтоза*); *см. ткж.* **levulose; maltose; sucrose**
disc (*n.*) *брит. см.* **disk**
discard 1. (*n.*) *pl.* отходы производства, отбросы; 2. (*v.*) выбрасывать (*в отходы*)
discharger (*n.*) *вин.* дегоржёр (*оператор дегоржажа*)
discontinuous operation *спирт.* цикличная работа (*устройства*)
discus (*n.*) *см.* **disk**
disease (*n.*) болезнь, заболевание
  bitter wine ~ прогоркание вина
  fungal ~ *см.* **fungus disease**
  fungus ~ грибковое заболевание, микоз
  mannitol ~ маннитное заболевание (*вина*)
  Pierce's ~ *фитопат.* болезнь Пирса (*бактериальное заболевание винограда*); *ткж.* **Anaheim's disease; mysterious disease**
  soil-borne ~ почвенная болезнь винограда; *см. ткж.* **Armillaria root rot; shoestring root rot**
  viral ~ вирусное заболевание
disease-free (*adj.*) не подверженный заболеваниям (*о сорте винограда*)
disgorge (*v.*) дегоржировать (*вино*)
disgorger (*n.*) *вин.* дегоржёр (*оператор дегоржажа*)
disgorging (*n.*) *вин.* дегоржаж, дегоржирование (*извлечение дрожжевого осадка из бутылки игристого вина*)
disk (*n.*) *амер. дегуст.* округлый след на внутренней стенке стакана или бокала после употребления вина; *см. ткж.* **meniskus**
dislodging (*n.*) *вин.* извлечение (*материала или компонента в процессе приготовления вин*)
  mask ~ *вин.* удаление масок (*со стенок бутылок*)

dispense (*v.*) разливать с дозированием
dispenser (*n.*) разливной автомат-дозатор
disperser (*n.*) *спирт.* 1. диспергатор (*аппарат*); 2. колпачок (*колонны*)
dispersion (*n.*) дисперсия (*в вине*); распределение различных порошкообразных агентов (*в вине*)
distill (*v.*) перегонять, дистиллировать; ◊ **to ~ off** отгонять; **to ~ over** перегонять; **to ~ overhead** перегонять в головном погоне; отводить с верхней части колонны; **to ~ to dryness** перегонять до сухого остатка
distilland (*n.*) *хим.* жидкость [раствор] для дистилляции
distillate 1. (*n.*) *хим.* дистиллят; погон; 2. (*v.*) перегонять, дистиллировать
  flavor ~ ароматический дистиллят
  genuine flavor ~ натуральный ароматический дистиллят
  light ~ легкий погон
  overhead ~ головной погон; погон из верхней части колонны
  side-cut ~ боковой погон
  starter ~ дистиллят заквасочной культуры
  straight-run ~ продукт прямой перегонки
  wash ~ бражный дистиллят; спирт-сырец
distillation (*n.*) дистилляция, перегонка
  alcohol ~ перегонка спирта
  analytical ~ аналитическая [лабораторная] перегонка
  atmospheric pressure ~ перегонка при атмосферном давлении
  azeotropic ~ азеотропная перегонка
  batch ~ метод дистилляции одной партии дистиллята в обычном перегонном кубе (*дает более ароматные спирты*); *ткж.* **pot distillation**
  Charante ~ перегонка (*коньячного спирта*) шарантским способом (*двойным нагреванием*)
  continuous ~ метод непрерывной дистилляции при поступлении различных партий дистиллята (*дает более мягкие спирты*)
  differential ~ *см.* **fractional distillation**
  extractive ~ экстрактивная перегонка
  fractional ~ фракционная [дробная] перегонка (*разделение смесей путем кипячения и вытяжки паров на разных уровнях дистилляционной колонны*); *см. ткж.* **reflux still**
  fractionating ~ *см.* **fractional distillation**
  freeze ~ получение спирта последовательным вымораживанием продукта
  multicolumn ~ перегонка на многоколонной установке
  multicomponent ~ перегонка многокомпонентной смеси
  pot ~ метод дистилляции одной партии дистиллята в обычном перегонном кубе (*дает более ароматные спирты*); *ткж.* **batch distillation**
  pyrogenic ~ сухая перегонка
  simple ~ простая перегонка, перегонка без ректификации
  steam ~ перегонка водяным паром
  straight-run ~ прямая перегонка
  vacuum ~ перегонка под вакуумом
  vacuum flash ~ перегонка однократным [мгновенным] испарением в вакууме
  wort ~ перегонка бражки
distillation range *спирт.* (температурные) пределы отбора фракций
distillator (*n.*) брит. перегонный аппарат, дистиллятор
distilled spirits дистиллированный спирт
distilled spirits per unit выход спирта с одной установки
distilled spirits specialty *амер.* любой вид напитка, приготовленного методом дистилляции, который не зарегистрирован в национальной классификации
distilled water дистиллированная вода
distiller (*n.*) перегонный аппарат, дистиллятор
distillers' bushel *амер.* «перегонный бушель» (*мера объема любого зерна для перегонки, равная 56 фунтам, или ≈ 26 кг*)
distillers' dried grain *спирт.* сухой остаток после ферментации зерна

distillers' dried grain with solubles

distillers' dried grain with solubles *спирт.* раствор остатка после дистилляции

distillers' dried solubles *спирт.* высушенный остаток после дистилляции

distillers' feeds *спирт.* исходные материалы для перегонки; сырье для дистиллирования

Distillers' Feeds Research Council *амер.* Совет по изучению сырья для спиртовой промышленности (*учрежден в США в 1945 г. для координации исследований по утилизации сухих остатков спиртовой промышленности*)

distillers' wet grain *спирт.* жидкий остаток после дистилляции

distillery (*n.*) 1. спиртовой завод; 2. перегонная установка

distillery run barrels *амер.* бывшие в употреблении бочки для виски, которые недавно высвобождены и не прошли проверку на наличие дефектов

distillery slop *спирт.* барда; *см. ткж.* **spent wash**

distilling slops *см.* **marc**

distilling vessel *см.* **alambic**

distinguished wine вино, имеющее высшие характеристики и много наград

district (*n.*) *геогр.* небольшой винодельческий регион (*часть области или провинции*); *см.* **wine district**

Dithane (*n.*) *амер. агр. фирм.* «Дитан» (*пестицид, используемый в виноградарстве*)

d-limonene (*n.*) *хим.* Д-лимонен (*замедлитель роста дрожжей*)

d'Oc *см.* **Vin de Pays d'Oc**

dock glass стаканчик для вина в виде тюльпана

dodine (*n.*) *фр. вин.* специальная емкость из нержавеющей стали, применяемая в Бургундии в технике батонажа; *см. ткж.* **bâtonnage**

dog's nose *амер. разг.* смесь пива (*или* эля) с джином (*или* ромом)

domaine (*n.*) *фр.* винодельческое хозяйство (*место произрастания винограда и его переработки; обозначение на этикетке*); *ткж.* **wine estate**

domestic (*adj.*) отечественного производства (*или* произрастания) (*о винограде, вине и т. д.*)

domesticated (*adj.*) выращиваемый в домашних условиях, отличный от дикорастущих сортов; ◊ ~ **vine varieties** сорта винограда, выращиваемые в домашних условиях

dominant (*adj.*) преобладающий, главный; ◊ ~ **winter temperatures** преобладающие зимние температуры

Dominus (*n.*) *амер. фирм.* «Доминус» (*известная марка красного сухого вина из винограда Каберне Совиньон, вырабатываемого в поместье Dominus Estate в долине Напа, Калифорния*)

Doppler (*n.*) *австр. фирм.* «Допплер» (*наименование бутылки для вина емкостью 2 л*)

Dorin *фр. амп.* Дорен (*синоним сорта Шасла*)

dormancy (*n.*) *бот.* спячка (*первая стадия годового цикла винограда*)

dormant (*adj.*) спящий, дезактивированный (*о почках, растении*)

dormant bud *бот.* спящая почка

dormant period *бот.* период покоя

dorsal side *бот.* верхняя часть; спинка (*напр., виноградного листа*)

dosage (*n.*) 1. доза, дозировка; 2. дозирование (*доливка экспедиционным ликером*); 3. экспедиционный ликер

doser (*n.*) дозатор, дозирующее устройство

dosser (*n.*) *агр.* заплечный бак для переноски винограда; *см. ткж.* **pannier**

dosser-carrier (*n.*) *агр.* носильщик винограда в заплечном баке

Double Bock *брит. фирм.* «Дабл Бок» (*двойное пиво типа «бок», очень крепкое*)

double-distilled (*adj.*) дважды перегнанный (*о виноматериале, дистилляте*)

Double Magnum *фирм.* «Двойной Магнум» (*бутылка для тихих вин большого объема, равного 4 обычным бутылкам, или 3 л*); *ткж.* **Double Magnum bottle**

doubler (*n.*) дистилляционный аппарат, используемый для вторичной дистилляции; *см. ткж.* **batch method**

double-strength (*adj.*) двойной крепости (*о спиртном напитке*)

double tasting *дегуст.* двойная [повторная] дегустация (*проводится для проверки объективности результатов дегустации*)

doughy wine густое перекисшее вино

doux (*adj.*) *фр.* 1. сладкий (*по вкусу*); 2. полусладкий, содержащий достаточно высокое количество остаточного сахара (*о тихом вине*); 3. сладкий, содержащий сахара свыше 50 г/л (*об игристом вине*)

dowel (*n.*) шпунт (*отверстие бочки*)

down (*v.*) *разг.* осушать, выпивать (*о порции спиртного*); ◊ **to ~ a glass of wine** осушить стакан вина

downcomer (*n.*) *спирт.* нисходящая труба перегонного аппарата

downpipe (*n.*) *см.* **downcomer**

downy mildew *фитопат.* ложная мучнистая роса (*грибковое заболевание листьев винограда*); *ткж.* **false mildew**

draff (*n.*) *шотл.* барда, остатки зерна после ферментации (*отходы винокурения и пивоварения*); *ткж.* **spent grains**

draft (*n.*) *амер.* перекачка пива при помощи насоса; *ткж.* **draught**

draft beer пиво текущего потребления (*свежее пиво, хранящееся в кегах, или непастеризованное пиво, разлитое в бутылки*)

drain (*n.*) 1. спуск, сток, отвод (*жидкости*); 2. спускное отверстие; спусковой кран; сливная трубка; ◊ **to ~ a vat** опорожнять емкость (*с виноматериалом*)

drainage (*n.*) *агр.* дренаж

dram (*n.*) *разг.* маленькая порция крепкого спиртного напитка

Drambuie (*n.*) *шотл. фирм.* «Драмбуйе» (*ликер, представляющий собой смесь скотча, верескового меда и трав*)

draught (*n.*) *брит. см.* **draft**

draw (*v.*) нацеживать, цедить; ◊ **to ~ off** снимать с осадка (*вино, муст*); **to ~ over** дистиллировать; **to ~ wine** сливать вино (*из бочки*)

drawing sensation *дегуст.* ощущение вязкости, сухости (*при органолептической оценке*)

draw-off pan *спирт.* отводная тарелка (*с которой производится отбор погона*)

draws (*n.*) *pl. спирт.* погон, фракция
heads ~ головной погон, головная фракция
side ~ боковой погон, боковая фракция

dreggy (*adj.*) содержащий осадок, мутный (*о вине, спирте и т. д.*)

dregs (*n.*) *pl.* осадок, отстой, муть
distillery ~ *спирт.* барда
dry distillery ~ *спирт.* сухая барда

dress 1. (*n.*) цвет вина; *см. ткж.* **color**; **robe**; 2. (*v.*) обертывать, украшать (*бутылку*); ◊ **~ing up bottles with wax** запечатывание бутылок воском

dried cultures *хим.* сухие дрожжи

dried fruit brandy бренди, приготовленный из сухофруктов

dried leaf высохший лист (*признак заболевания винограда*)

drill (*v.*) сверлить; ◊ **to ~ holes in corks** просверливать отверстия в пробках

drink 1. (*n.*) напиток; 2. (*n.*) алкоголь; 3. (*n.*) стандартная порция напитка (*для употребления*): в США – 12 унций пива, 5 унций вина, или 1,5 унции 40^0 спиртного напитка (*1 унция = 29,5 мл*), т.е. 12 г этанола; в Великобритании – 8-9 г этанола; *см. ткж.* **unit**; ◊ **~s on me!** За выпивку плачу я! (*в ресторане, баре*); 4. (*v.*) пить; ◊ **to have a ~** выпить; **drunk as a Lord**, **drunk as a fish** ≈ пьяный в стельку, «готовый»; 5. (*v.*) всасывать влагу (*о растении*)

long ~ коктейль на основе спиртных напитков и газированной воды со льдом, подаваемый в высоком стакане

short ~ коктейль на основе спиртных напитков и соков, подаваемый в маленьком стаканчике

drinker (*n.*) лицо, употребляющее алкоголь; потребитель алкоголя
heavy ~ сильно пьющий человек
light ~ малопьющий человек

moderate ~ умеренный потребитель алкоголя
non- ~ непьющий [не употребляющий алкоголя] человек
drinking (*n.*) употребление спиртных напитков, питье
binge ~ *амер.* неумеренное питье (*употребление не менее 5 порций за один раз*)
sensible ~ ограниченное [разумное] употребление алкоголя
drinking pattern *соц.* характерные особенности потребления алкоголя (*разными социальными группами*)
drinking song *ист.* застольная песня; песнопение, посвященное вину (*практикуется с античных времен*)
drinking straw трубочка для коктейлей, соломинка
drip collar насадка [манжета] вокруг горлышка для предотвращения капель (*на бутылке*)
drip irrigation *агр.* капельное орошение
drip irrigation tubing трубки системы капельного орошения
drippers (*n.*) *pl. агр.* система капельного орошения; *ткж.* **pressurized irrigation**
drip ring *см.* **drip stop ring**
drip stop ring кольцо-насадка, надеваемое на горлышко для предотвращения капель (*на бутылке*)
classy ~ классическое кольцо-насадка для предотвращения капель; *см. ткж.* **pewter drip stop ring**
felt-lined ~ кольцо-насадка с фетровыми прокладками с внутренней стороны для предотвращения капель
pewter ~ кольцо-насадка для предотвращения капель, изготовленное из пьютера (*сплав олова со свинцом*)
drive (*v.*) 1. вставлять (*пробку в бутылку*); ◊ **the cork can be ~n into a bottle easily** пробку можно легко вставить в бутылку; 2. ◊ **to ~ off** *спирт.* отгонять, отделять (*фракции*)
drop (*n.*) капля
drop collar *см.* **drip collar**
dropper (*n.*) капельница
drosophila (*n.*) *энт.* дрозофила, плодовая мушка, *Drosophyla* (*всегда сопровождает процессы уксуснокислого скисания*); *см. ткж.* **fruit fly; vinegar fly**
drought (*n.*) *метеор.* засуха, сухость воздуха
drought resistance *агр.* засухоустойчивость
drunkard (*n.*) пьяница
drunken (*adj.*) пьяный, в состоянии опьянения; ◊ **a ~ party** попойка, пьянка
drunkenness (*n.*) 1. состояние опьянения; 2. пьянство
dry (*adj.*) 1. *вин.* сухой (*содержание сахара от 17 до 35 г/л*); *см. ткж.* **Secchi; sec;** 2. *разг.* ◊ **he is ~ now** он теперь совсем не пьет; **to go ~** ввести запрет на употребление алкоголя
dry beer *пив.* очень мягкий лагер со средним содержанием алкоголя
dry degermination *спирт.* процесс удаления зародышей без замачивания
dry farmed vineyards специальные виноградники в Южной Африке, заложенные на аридных почвах искусственного орошения (*на которых в условиях высокорискового земледелия выращиваются определенные сорта винограда*)
dry gin *брит.* сухой (*английский*) джин; *см. ткж.* **English gin; London gin**
Dry Law «сухой» закон, закон о запрете употребления алкоголя, прогибиционизм; *см. ткж.* **Prohibition**
dry party безалкогольная вечеринка
dry tying-up *агр.* сухая подвязка
dual-flow plate *спирт.* тарелка с двойным проходом
Dubonnet (*n.*) *фр. фирм.* «Дюбонне» (*аперитив на основе белого или красного вина, ароматизированный хинином, травами и специями; белый аперитив более сухой, чем красный*)
dull (*adj.*) *дегуст.* тусклый, непрозрачный (*о цвете вин*)
dumb (*adj.*) *дегуст.* невыразительный, слабоэкстрактивный; недостаточно выдержанный (*о вине*); *см. ткж.* **closed**
dun (*n.*) *монг.* дун (*наивысшая по крепости разновидность архи, около 30% об.*); *см. ткж.* **arhi**

Dunbar fermentation tube бродильная трубка Дунбара (*прибор для определения количества углекислого газа, выделяемого при развитии микроорганизмов*)

dunder (*n.*) *лат.-амер.* винас (*остаток сока сахарного тростного после производства рома*)

dung (*n.*) *с.-х.* навоз; помет; органическое удобрение

Dupont waiver *спирт.* ловушка Дюпона

Duras (*n.*) *фр. амп.* Дюра (*сорт красного винограда с интенсивной окраской; применяется для купажирования слабоокрашенных и водянистых вин*)

Dutchess (*n.*) *амер. амп.* Датчиз (*сорт белого винограда с ярко выраженным «лисьим» тоном; американский гибрид*)

Dutch gin голландский джин (*сладкий ароматный сорт джина*); *см. ткж.* **Geneva gin; Holland's gin; Jenever; sweet gin**

Dylox (*n.*) *амер. агр. фирм.* «Дилокс» (*инсектицид, используемый в виноградарстве*)

Dynasty (*n.*) *фирм.* «Династи» (*марка сухого белого вина из винограда сортов Лонжин и Мускатель, производимого китайской фирмой "Tianjin"*)

E

Early Burgunder *амп.* Бургундский ранний (*название сорта Абуриу в Австралии и Калифорнии*); *см. ткж.* **Abouriou**

Early Landed Cognac *брит.* коньячный спирт молодой закладки (*обозначение молодых французских коньячных спиртов возрастом от 1 до 3 лет, завезенных в Англию и выдерживаемых в специальных холодных погребах в условиях повышенной влажности в Лондоне или Бристоле под ак*цизным контролем; *данный метод широко используется английской коньячной фирмой "Thomas Hine"*)

earwig (*n.*) *энт.* уховертка (*вредитель винограда и энтомофаг*)
  common ~ *см.* **European earwig**
  European ~ уховертка обыкновенная (*Forficula auricularia*)
  native Australian ~ уховертка австралийская (*Gonolabis michaelseni*)

easer (*n.*) устройство для вытаскивания пробки после ввинчивания штопора

Easy-Pour wine pack *амер. фирм.* пакет для вина «Изи Пур» (*изготовлен из картона; емкостью 1,5 л*)

eau-de-vie (*n.*) (*pl.* **eaux-de-vie**) *фр.* о-де-ви (*собирательное название алкогольных напитков, приготовляемых при дистилляции сброженных фруктов*); *см. ткж.* **brandy; distilled spirit**

ebulliometer (*n.*) эбуллиометр (*прибор для измерения содержания алкоголя в вине*)

ecad (*n.*) *бот.* форма растения, измененная под воздействием условий произрастания (*этот признак не является наследуемым*); *см. ткж.* **oecad**

éclaircissage (*n.*) *фр. агр.* прореживание, удаление лишних гроздей незрелого винограда (*с целью снижения урожайности и улучшения качества ягод*); *см. ткж.* **green harvest; thinning-out**

Eco Vin экологически чистое вино; вино, приготовленное при строгом соблюдении экологических требований (*обозначение на этикетке*)

Edelbeerenauslese (*n.*) *нем. бот.* наивысшая степень спелости ягод винограда

Edelfäule (*n.*) *нем. бот.* серая гниль (*возбудитель Botrytis cinerea*)

Eden (*n.*) *амп.* Иден (*красный сорт семейства Мускадин*)

edge (*n.*) *дегуст.* горечь вина (*связана с наличием танинов*)

effervesce (*v.*) бурно выделяться (*о газе*); шипеть (*о вине*)

effervescence (*n.*) выделение пузырьков газа; шипение

effervescency (*n.*) *см.* **effervescence**

effervescent

effervescent (*adj.*) шипучий (*о вине*)
efficiency (*n.*) 1. эффективность; производительность; 2. коэффициент полезного действия, кпд
  fermentation ~ процентная эффективность брожения (*отношение полученного спирта к теоретическому спирту из сброженного сахара х 100*)
  fractionating ~ эффективность фракционирования
  plate ~ *спирт*. кпд тарелки
  yeast ~ ферментирующая активность дрожжей
efflorescence (*n.*) плесень, налет, цвель (*болезнь вина*)
égalisage (*n.*) *фр. вин.* эгализация (*смешивание однотипных партий сусла или виноматериалов с целью получения однородной по составу партии*)
égalisation (*n.*) см. **égalisage**
eggnog (*n.*) эгног (*напиток из сырых яиц, молока, сахара, специй с добавлением рома, бренди или виски*)
égrapilloir (*n.*) *фр.* машина для удаления гребней перед прессованием
égrappage (*n.*) *фр.* удаление гребней перед прессованием
Einset (*n.*) *амер. амп.* Айнсет (*столовый сорт красного винограда без косточек; исконно американский сорт*)
Einzellage (*n.*) *нем.* наименьшая производственная единица по выработке вин в Германии; *см. ткж.* **Anbaugebiet; Bereich; Grosslage**
Eisbock (*n.*) *нем.* двойной бок (*специальный сорт пива; приготавливается путем многократного замораживания пива и отсеивания льда*); *см. ткж.* **ice bock**
Eiswein (*n.*) *нем.* айсвайн, ледяное вино (*натуральное сладкое вино, приготовленное из замерзшего на лозе винограда, подвергшегося прессованию с целью получения более концентрированного сусла*); *ткж.* **cryo wine; ice wine**
El Dorado *лат.-амер. фирм.* «Эль Дорадо» (*ром из Гвианы, имеющий очень длительную выдержку*)
elegant (*adj.*) *дегуст.* имеющий хорошую структуру (*о коньяке, вине*)

élevage (*n.*) *фр. вин.* 1. совокупность технологических операций (*выдержка в бочке, выдержка на осадке, снятие с осадка и т.д.*), призванных улучшить качество молодого вина; 2. выдержка вина в бочке или на осадке (*технологическая операция*)
elixir (*n.*) 1. эликсир, спиртовой настой; 2. высокоспиртуозное вино
El Niño *амер.* «Эль Ниньо» (*урожай 1998 г. в Калифорнии, отличающегося особо неблагоприятными погодными условиями: тройная норма осадков и короткий холодный период созревания ягод винограда*)
elusive (*adj.*) *дегуст.* ускользающий, скрытный (*о букете вина*)
Elvira (*n.*) *амер. амп.* Эльвира (*гибридный сорт белого винограда*)
embryo bunch *бот.* завязь виноградного цветка, дающая представление о возможном размере грозди
Emerald Riesling *амер. амп.* Рислинг изумрудный (*получен скрещиванием сортов Мускаделла и Рислинг в США*)
Emilia-Romagna *геогр.* Эмилия-Романья (*винодельческий район в центральной части Италии*)
emptying (*n.*) 1. опорожнение, выпускание; ◊ ~ **by gravity** опорожнение самотеком; 2. *pl.* винный осадок, отстой
empyreumatic (*adj.*) *дегуст.* сочетающий нагретые тона, дым и запах каучука (*об аромате вина*)
enation (*n.*) *бот.* энаций; вырост
encépagement (*n.*) *фр. вин.* пропорции разных сортов винограда при купажировании
end (*n.*) днище (*бочки*)
end posts *агр.* крайние [несущие] столбы (*на винограднике*)
energizer (*n.*) *амер. разг.* дрожжи для виноделия
Energy-Investment-tax credit *амер.* кредит, предоставляемый в США предприятиям, производящим энергосберегающие материалы, в том числе и этилированный бензин; *см.* **E.I.T.C.**
Energy-Tax Act of 1978 Закон США, согласно которому бензин в смеси с

1% ферментационным этиловым спиртом не подлежал акцизу (*такие смеси были освобождены от общего налога в 4% за галлон; этот закон ввел также налоговый кредит на инвестиции в энергетическую промышленность*)

English Brown Ale *брит.* английский темно-коричневый эль (*имеющий слегка сладковатый вкус и относительно низкое содержание алкоголя*)

English gin *брит.* английский (*сухой*) джин; *см.* **dry gin; London gin**

English mallet *брит. ист.* вытянутая бутылка для вина (*использовалась во второй половине XVIII в.*)

Englishmen's wine «вино англичан» (*наименование портвейна в Великобритании*)

English onion *брит. ист.* приплюснутая бутылка для вина (*в XVIII в.*)

engrafting (*n.*) *бот.* прививка

enhance (*v.*) 1. увеличивать; 2. улучшать характеристики; ◊ **to ~ wine characteristics** улучшать характеристики вина

Enoblack Super *фирм.* «Иноблэк Супер» (*осветлитель на основе активированного угля*)

enologist (*n.*) энолог (*специалист в области виноделия*)

enology (*n.*) энология (*наука, изучающая виноделие*)

enophile (*n.*) энофил (*поклонник виноделия; любитель вина*); *ткж.* **oenophile**

en primeur *фр.* (выпущено) пробной партией (*до начала серийного производства*); *см. ткж.* **pre-release**

Enrageat (*n.*) *фр. амп.* Анражеа (*сорт белого винограда; синоним Фоли Бланш в Пиренеях*)

en tirage *фр.* ◊ **to be ~** находиться на вторичной ферментации (*об игристом вине*); **wine ~** вино, проходящее вторичную ферментацию в бутылке

entrainment (*n.*) *спирт.* унос, увлечение

entry proof *амер.* крепость напитка в бутылке после розлива соответствует крепости в бочке (*обозначение на этикетке крепких алкогольных напитков в США*)

envero (*n.*) *исп. бот.* период приобретения окраски виноградными ягодами

enzymatic activity *хим.* активность дрожжей; способность к сбраживанию

enzymatic hydrolysis *хим.* гидролиз полимеров с помощью ферментов

enzyme (*n.*) энзим, фермент

endo- ~ эндоэнзим (*фермент, присутствующий во внутренней части больших полимерных молекул, напр., α-амилаза*)

exo- ~ экзоэнзим (*фермент, присутствующий во внешней части больших полимерных молекул, напр., амилоглюкозидаза*)

enzyme clarification *вин.* осветление при добавлении дрожжей

Epernay (*n.*) *фр.* 1. *геогр.* Эперне (*центр провинции Шампань*); 2. *фирм.* «Эперне» (*марка сухих дрожжей для производства фруктовых вин*)

epulotic (*adj.*) *мед.* имеющий целебные свойства (*о вине и некоторых спиртных напитках*)

epurate (*n.*) *спирт.* эпюрат

epuration (*n.*) *спирт.* эпюрация

eriophyid mite *энт.* виноградный клещ *Eriophyes vitis* Pgst (*вредитель винограда*)

Erlenmeyer flask *хим.* колба Эрленмейера

erzeugerabfüllung (*n.*) *нем. см.* **estate-bottled**

Esca & Black measles *фитопат.* болезнь Эска и Блэка (*Pheaoacretoniиm sp.*) (*заболевание винограда*)

Esca disease *фитопат.* болезнь Эска; *ткж.* **Esca & Black measles**

Esfenvalerate (*n.*) *австрал. фирм.* «Эсфенвалерат» (*инсектицид, применяемый в виноградарстве*)

esprit de cognac *фр.* коньячный спирт

estate-bottled розлито на месте сбора винограда и выработки вина (*обозначение на этикетке*)

estate bottling розлив на месте сбора винограда и выработки вина (*обозначение на этикетке*)

estate selection низшая категория коньяка крепостью 40% об.; *см. ткж.* **three-star cognac**

estate wine opener штопор стационарного типа (*для подвалов, баров*)

estate wines вино из конкретного виноградника (*обозначение в ЮАР*)

ester (*n.*) *хим.* сложный эфир

Est! Est! Est! *ит. ист. фирм.* «Эст! Эст! Эст!» (*сладкое белое вино из Монтефьясконе; производилось из сортов винограда Треббиано, Мальвазия и Россето*)

estufagem (*n.*) *порт.* процесс нагрева при приготовлении мадеры

estufas (*n.*) *порт.* место для приготовления мадеры

ethanol (*n.*) *хим.* этанол, этиловый спирт; *см. ткж.* **grain spirit; neutral spirit**
fermentation ~ этиловый спирт, полученный брожением
synthetic ~ синтетический этиловый спирт

ethanol-containing sample *хим.* образец, содержащий винный спирт

ether (*n.*) *хим.* простой эфир

ethereal (*adj.*) 1. *дегуст.* очень краткий (*об ощущении*); 2. летучий, легковозгоняемый; *см. ткж.* **volatile esters**

ethyl (*n.*) *хим.* этил

ethyl alcohol винный спирт

ethylaldehyde *см.* **acetaldehyde**

ethylene glycol *хим.* этиленгликоль

Eurocare (*n.*) Европейская ассоциация по борьбе с алкоголизмом и наркоманией

European mantid *см.* **praying mantid**

European wasp *энт.* европейская [германская] оса *Vespula germanica* (*вредитель винограда*)

Eutypa dieback *фитопат.* эутипиоз (*грибковое заболевание лозы, вызываемое грибом Eutypa*)

euvite (*n.*) *бот.* подвид вида *Vitis*; виноградная лоза

evacuate (*v.*) *вин.* откачивать, разряжать (*воздух*)

evaluation (*n.*) *дегуст.* оценка (*качества*)
degustation ~ дегустационная оценка
organoleptic ~ органолептическая оценка
sensory ~ сенсорная оценка
visual ~ визуальная оценка

evaporation (*n.*) 1. *хим.* испарение, улетучивание (*напр., спирта при выдержке в бочке и т. д.*); 2. *спирт.* сгущение, выпаривание

evaporator (*n.*) *спирт.* выпарной аппарат

Everclear (*n.*) *фирм.* «Эверклир» (*бесцветный крепкий спиртной напиток, приготовленный из 95% чистого зерна и имеющий крепость 190⁰ proof*)

Evin Law *фр. юр.* Закон Эвена (*предусматривающий полный запрет рекламы и продажи любых алкогольных напитков во время массовых мероприятий, спортивных соревнований и фестивалей, а также запрещающий спонсирование подобных мероприятий фирмами-производителями алкогольных напитков; введен по инициативе Французской национальной ассоциации по борьбе с алкоголизмом и ассоциации "Eurocare"*)

excelsior (*n.*) *амер.* мягкая упаковочная стружка (*применяется для упаковки винных бутылок*)

excessium proteins избыточное содержание белков (*в вине*)

excessive (*adj.*) избыточный, лишний; ◊ ~ **sugars** избыточные сахара

excise duty акциз, акцизный сбор

excise tax *см.* **excise duty**

exhalation (*n.*) 1. выдыхание; 2. испарение

exhale (*v.*) 1. выдыхать, выделять (*пар и т. п.*); 2. испаряться

exhilarate (*v.*) веселить, оживлять, подбодрять (*о вине и т. д.*)

exogenous dormancy period *бот.* период вынужденного покоя

exposure (*n.*) 1. пребывание, нахождение; 2. выставление; ◊ ~ **to low temperatures** пребывание при низких температурах; ~ **to sunlight** пребывание на солнечном свете; ~ **to wind pressure** пребывание на сильных ветрах

Extra (*n.*) сверхдлительной выдержки (*обозначение на этикетке коньяка*)

extra brut 1. экстра брют, содержащий сахара до 6 г/л (*обозначение на эти-*

кетке шампанских вин); 2. экстра брют; шампанское с содержанием сахара до 6 г/л

extract 1. (*n.*) экстракт, вытяжка; 2. (*v.*) извлекать, экстрагировать; 3. (*v.*) удалять пробку из бутылки
  oak ~ экстракт древесины дуба (*из винных бочек*)
  total wine ~ общее содержание экстрактивных веществ вина

extractant (*n.*) *спирт.* вещество, добавляемое для изменения летучести компонентов смеси

extraction (*n.*) экстрагирование, извлечение
  color ~ *вин.* экстрагирование красящих [окрашивающих] веществ (*из кожицы винограда и т. д.*)

extractor (*n.*) устройство для извлечения пробки
  two-prong ~ устройство типа пинцета для извлечения пробки

extra dry 1. очень сухой (*обозначение на этикетке вин*); 2. сухое шампанское

Extra Old *фирм.* очень старый (*о коньяке, выдержанном более 6,5 лет в дубовой бочке; обозначение на этикетке; категория коньяка крепостью 42% об.*)

Extrazyme (*n.*) *фр. фирм.* «Экстразим» (*препарат для удаления компонентов мезги*)

exuberant (*adj.*) 1. обильный; буйный, пышно растущий (*о растении*); 2. бьющий через край, бурный (*о жидкости*)

eye (*n.*) 1. *бот.* глазок (*винограда*); 2. *дегуст.* глаз (*внешний вид вина: цвет, плотность, прозрачность*)

F

Factory Roof System *амер. фирм.* «Фэктори руф систем» (*виноградная шпалера в форме крыши здания*)

Fahrenheit scale температурная шкала Фаренгейта

faints (*n.*) *pl. спирт.* концевая [хвостовая] фракция, концевой [хвостовой] погон

Faith (*n.*) *амп.* Фейт (*сорт белого винограда; американский гибрид; выращивается в основном в штате Нью-Йорк в качестве столового и технического сорта*)

Falernian (*adj.*) *ист.* фалернский (*о вине, воспетом Горацием*)

Falerno (*n.*) *ит. фирм.* «Фалерно» (*вино, выпускаемое в Кампанье, Италия, и ведущее происхождение со времен Древнего Рима*)

Falernum (*n.*) 1. *фирм.* «Фалернум» (*ароматический сироп из имбиря, лайма и специй, крепостью 3% об.; выпускается в Вест-Индии*); 2. см. **Falerno**

fall 1. (*n.*) *амер.* осень; 2. (*v.*) опадать (*о листьях винограда*)

false mildew см. **downy mildew**

fanleaf (*n.*) *фитопат.* короткоузлие винограда (*вирусное заболевание лозы*)

fan-shaped bush *бот.* веерообразная [веерная] форма куста

farm winery *амер.* небольшое винодельческое предприятие (*доля выращенного собственного винограда в котором составляет не менее 75%*)

Faro (*n.*) *фирм.* «Фаро» (*сорт пива, подслащенного карамельным сахаром; выпускается в Бельгии*)

fasciation (*n.*) *бот.* фасциация (*изменение нормальной формы виноградного растения*)

fasten (*v.*) ◊ **to ~ the foil capsule** закреплять капсулу из фольги (*на горлышке бутылки*)

fat (*adj.*) *дегуст.* имеющий тягучий, тяжелый привкус без ощутимой кислотности (*о вине*)

Faugères (*n.*) *фр.* 1. *геогр.* Фожер (*апелласьон винодельческой области Лангедок*); 2. *фирм.* «Фожер» (*красное купажное вино со слабой кислотностью из сортов Сира, Гренаш, Мурведр, Кариньян, Сенсо*)

fault (*n.*) порок (*вина*); см. ткж. **bad odor; bad flavor; gassiness; turbidity**

Fecovita

Fecovita (*n.*) *австрал. фирм.* «Фековита» (*марка синтетической пробки для вина*)
feed plate *см.* **feed tray**
feed tray *спирт.* тарелка или поддон для подачи дистилляционной смеси в дистилляционную колонну
feeling (*n.*) органолептический анализ
Fehling's solution *хим.* раствор Фелинга (*для титрования при определении содержания сахара*)
Feinburgunder (*n.*) *австр. амп.* Файнбургундер (*сорт белого винограда*)
feints (*n.*) *см.* **faints; lower grade spirit**
female pollinate variety *бот.* сорт, опыляющийся по женскому типу
Fendant (*n.*) *фр., швейц.* 1. *амп.* Фандан (*синоним сорта Шасла в Савойе и Швейцарии*); 2. *фирм.* «Фандан» (*белое сухое вино из винограда Фандан*)
fenitrothion (*n.*) *австрал. фирм.* фенитрофион (*инсектицид, применяемый в виноградарстве*)
fennel seeds семена фенхеля (*используются в производстве джина*)
Fer (*n.*) *фр. амп.* Фер (*сорт красного винограда*); *ткж.* **Braucol; Mansois**
Fermaid (*n.*) *амер. фирм.* «Фермейд» (*препарат для роста дрожжей*)
ferment 1. (*n.*) фермент; *ткж.* **enzyme**; 2. (*n.*) закваска; 3. (*v.*) ферментировать; 4. (*v.*) вырабатывать, гнать (*вино*); ◊ **to ~ large quantities of wine** гнать вино в больших количествах
fermentable sugars ферментируемые сахара
fermentation (*n.*) ферментация; брожение, сбраживание; ◊ **~ from below** низовое [нижнее] брожение; **~ in closed vats** брожение в закрытых чанах; **~ on the seeds and skins** брожение (виноградного) сусла на мезге
active ~ активное брожение
bottle ~ брожение в бутылках
bottom ~ низовое [нижнее] брожение
bubble-causing ~ газовое [вторичное] брожение (*в производстве шампанского*)
complete ~ полное выбраживание, завершенное брожение
delayed ~ замедленное брожение

effervescent ~ бурное брожение
end ~ конечное брожение
excessive ~ 1. чрезмерная ферментация; 2. чрезмерное брожение, переброд
fast ~ ускоренное брожение; ускоренная ферментация
incipient ~ главное брожение, собственно брожение
malolactic ~ яблочно-молочнокислое брожение
malosuccinic ~ яблочно-янтарное брожение
mannitol ~ маннитное брожение (*болезнь вина*)
Melle alcoholic ~ способ спиртового брожения Мелле (*с повторным использованием отсепарированных дрожжей зрелой бражки*)
mold ~ брожение с использованием культуры плесневых грибов
must ~ сбраживание сусла
natural ~ естественное брожение
normal ~ нормально протекающий процесс брожения; нормально протекающий процесс ферментации
off-skins ~ переработка винограда по «белому» способу; *ткж.* **white wine making**
on-skins ~ переработка винограда по «красному» способу; *ткж.* **red wine making**
preliminary ~ предварительное брожение, предброжение
rapid ~ ускоренное брожение
regular ~ равномерное брожение
secondary ~ вторичное брожение, дображивание
sour ~ скисание
spirit ~ спиртовое брожение
still ~ тихое брожение
"Superquatre" ~ *фр. вин.* брожение «сверх четырех»
top ~ верховое [верхнее] брожение
total ~ общая продолжительность брожения
uniform ~ равномерное брожение
vacuum ~ ферментация в вакууме, вакуумное брожение
wine ~ 1. брожение вина (*порок*); 2. брожение виноградного сусла
yeast ~ дрожжевое брожение

fermentation efficiency эффективность ферментации (*отношение фактического продукта ферментации к теоретически возможному*)
fermentation lock замок (*на бочке*)
fermented (*adj.*) подвергшийся брожению
fermented barley *см.* **malted barley**
fermented mash ферментируемая масса (*сусло*)
fermenter (*n.*) 1. бродильный аппарат, бродильный чан; 2. ферментёр; 3. дрожжерастильный аппарат
Fermivit V *фр. фирм.* «Фермивит V» (*препарат для развития дрожжевых культур*)
Fernet Branca *ит. фирм.* «Фернет Бранка» (*горький ликер, ароматизированный 40 травами и специями*)
fertilizer (*n.*) удобрение
  all-purpose ~ многоцелевое [универсальное] удобрение
  blended ~ смешанное удобрение (*смесь азотных и калийных удобрений*)
  commercial ~ промышленное удобрение
  multiple agents ~ многокомпонентное удобрение
  nitrogen-based ~ азотное удобрение
  phosphate ~ фосфатное удобрение
  potash ~ калийное удобрение
fetal alcohol syndrome *мед.* плодный алкогольный синдром (*отклонения в развитии плода у пьющих родителей*)
feuilette (*n.*) *фр.* винная бочка емкостью 114, 132 и 136 л (*используется в Шабли, регион Бургундия и Божоле*)
fiasco (*n.*) *ит.* 1. фляга; 2. *ист.* бутылка, оплетенная соломой, из региона Кьянти
fibrous root system *бот.* мочковатая корневая система (*с большим количеством придаточных корней*)
Fiddletown (*n.*) *геогр.* Фидлтаун (*винодельческий регион на юге долины Шенандоа, Канада*)
field blend вино, полученное из различных сортов винограда, выращенных в одном месте виноградника
field grafting *агр.* привой нового сорта винограда на корневую систему имеющегося сорта

fifth (*n.*) *см.* **demi-bottle**
fig mealybug *энт.* фиговый жук *Planococcus ficus* (*вредитель винограда*)
filler (*n.*) аппарат для розлива в бутылки; разливочный аппарат
  gravity bottle ~ разливочный аппарат, работающий по гравитационному принципу
  two-spout ~ разливочный аппарат с двумя выпускными отверстиями
filling-up (*n.*) доливка (*дополнение емкостей до их полной вместимости*)
film (*n.*) пленка; ◊ **mold** ~**s** пленки плесени; **yeast** ~ дрожжевая пленка (*на поверхности вина*)
filter 1. (*n.*) фильтр; цедилка; 2. (*v.*) фильтровать, процеживать; ◊ **difficult to** ~ труднофильтруемый; **to** ~ **off** отфильтровывать
  activated carbon ~ фильтр с активированным углем
  asbestos ~ асбестовый фильтр
  automatically cleaned ~ самоочищающийся фильтр
  bacteriological ~ бактериальный фильтр
  bag ~ рукавный фильтр
  band vacuum ~ ленточный вакуум-фильтр
  cartridge-type ~ патронный фильтр
  cell-type ~ секционный [камерный] фильтр
  coarse ~ фильтр грубой очистки
  dry ~ сухой фильтр
  fine ~ фильтр тонкой очистки
  granular ~ гранулярный фильтр (*из песка, угля и т. д.*)
  kieselguhr ~ кизельгуровый [диатомитовый] фильтр
  leaf ~ пластинчатый фильтр
  membrane ~ мембранный фильтр
  "molecular sieve" ~ фильтр типа «молекулярное сито»
  plate ~ пластинчатый фильтр
  porous ~ пористый фильтр
  woven ~ сетчатый фильтр (*из ткани, проволоки и т. д.*)
filter materials фильтровальные материалы; *см. ткж.* **cartridge; pad**
filtration (*n.*) 1. фильтрование; 2. фильтрация; осветление
  blend ~ *вин.* фильтрация купажей

filtration

centrifugal ~ центробежное фильтрование
final ~ конечное фильтрование
membrane ~ мембранное фильтрование
polishing ~ конечное [отделочное] фильтрование
"reverse osmosis" ~ фильтрование по обратному осмотическому принципу (*прогрессивный метод фильтрования*)

filtration technique метод [способ] фильтрования

final aftertaste of wine *дегуст.* послевкусие после проглатывания порции вина; *см. ткж.* **aftertaste; finish; length; lingering**

fine 1. (*n.*) ординарный французский бренди, без указания производителя или местности (*обозначение на этикетке бренди или коньяка*); 2. (*n.*) категория о-де-ви, спирт высшего качества (*полученный перегонкой вина или сидра и имеющий право на апелласьон*); 3. (*adj.*) оклеенный (*о вине, пиве*); 4. (*v.*) оклеивать (*вино, пиво*)

fine aguardiente *исп.* высококачественный агуардиенте; *ткж.* **typical Galician spirituous liquor**

Fine Champagne (Cognac) *фр.* «Фин Шампань» (*обозначение высококачественного коньяка одноимённого апелласьона, приготовленного из винограда шампанских сортов и прошедшего длительную выдержку не менее 5 лет в дубовой бочке в районах Гранд Шампань и Птит Шампань винодельческой области Коньяк*)

Fine Grande Champagne *фр.* «Фин Гранд Шампань» (*высококачественный коньяк из района Гранд Шампань винодельческой области Коньяк*)

Fine Petite Champagne *фр.* «Фин Птит Шампань» (*высококачественный коньяк из района Птит Шампань винодельческой области Коньяк*)

finesse (*n.*) *дегуст.* мягкость, утончённость (*букета и вкуса вина*)

fining (*n.*) 1. оклеивание, оклейка (*вина, пива, соков*); 2. оклеивающее вещество, «клей» (*для вина, пива, соков*)

bentonite ~ оклеивание бентонитом
blue ~ оклеивание ферроцианидом калия
casein ~ оклеивание казеином
egg-white ~ оклеивание яичным белком
gelatin ~ оклеивание желатином
isinglass ~ оклеивание рыбьим клеем
mineral ~ минеральное оклеивающее вещество

fining agents осветляющие [оклеивающие] добавки; *см. ткж.* **clarification of wine**

fining materials оклеивающие материалы; *см.* **albumin; bentonite; charcoal; gelatine; isinglass; Kieselsol; Polyclar AT; PVPP; Sparkolloid**

finings (*n.*) *pl. см.* **fining agents; fining materials**

finish 1. (*n.*) *дегуст.* послевкусие при дегустации (*вина, бренди и т. д.*); *см.* **aftertaste; final aftertaste of wine; length**; 2. (*n.*) окончательная отделка, оформление, исполнение (*бутылки и т. д.*); 3. (*v.*) оформлять, отделывать; заделывать (*бутылку*)

lingering ~ длительное ощущение послевкусия при дегустации (*показатель хорошего качества вина*)
long ~ *см.* **lingering finish**
sophisticated ~ изысканный букет (*вина*)
wine ~ завершающий [суммарный, характерный] букет вина

finishing (*n.*) 1. отделка [подгонка] (*одна из технологических операций в производстве бочек*); 2. отделка [оформление] бутылок (*наклейка этикеток, контрэтикеток, кольереток, надевание колпачков и т. д.*)

Finlandia *фирм.* «Финляндия» (*марка финской водки*)

Fino (*n.*) *фирм.* «Фино» (*светлый сухой херес, выдержанный в открытой бочке под пленкой хересных дрожжей не менее 3 лет*); *ткж.* **fino**

Fior d'Alpi *фирм.* «Фиор д'Альпи» (*ликер, ароматизированный альпийскими цветами и травами*)

firkin (*n.*) 1. *брит.* мера жидкости (= 40,9 л); 2. пивная бочка

flavor

first cover *бот.* вегетативный рост после завязи ягод (*десятая стадия годового цикла винограда*)
fitment (*n.*) уплотнение, вкладыш (*пробки, колпачка*)
  plastic ~ пластмассовое уплотнение
Fitou (*n.*) *фр.* 1. *геогр.* Фиту (*апелласьон винодельческой области Лангедок, регион Лангедок-Руссильон, производящий натуральные сладкие вина и богатые танинами сухие вина*); 2. «Фиту» (*красное сухое вино*)
Five Alive *фирм.* «Файв Элайв» (*марка замороженного концентрата, приготовленного из комбинации соков пяти видов цитрусовых – апельсина, лимона, грейпфрута, мандарина и лайма*)
fizz 1. (*n.*) шипучий напиток; 2. (*v.*) шипеть (*о напитке*)
  brandy ~ шипучий напиток из бренди, ликера и лимонного сока, разбавленного содовой водой
fizzy (*adj.*) шипучий (*о напитке*)
flagon (*n.*) 1. графин *или* большая бутыль со сплюснутыми боками (*для хранения вина*); 2. бутылка для вина емкостью в 1 кварту (≈ *1 л*)
flake (*n.*) хлопьевидная частица; *pl.* хлопья
flame arrester *спирт.* пламегаситель
Flame Seedless *амп.* Флейм изюмный (*сорт красного винограда, распространенный в Калифорнии, США и Австралии*)
flash cooling *спирт.* мгновенное охлаждение
flash point точка вспышки
flask (*n.*) 1. фляга, бутыль; колба; 2. оплетенная бутылка с узким горлом
  culture ~ колба для (разводки чистой) культуры
  distillation ~ перегонная колба
  double ~ сдвоенная фляга (*для переноски образцов*)
  extraction ~ экстракционная колба
  Florence ~ флорентийская бутылка (*в оплетке*)
  graduated ~ мерная колба
  sample ~ колба для хранения образцов для анализа
  shield ~ походная [дорожная] фляга
  volumetric ~ мерная колба
  wicker-bound ~ бутылка в оплетке, оплетенная бутылка
  yeast ~ колба для (разводки чистой) культуры дрожжей
flat (*adj.*) *дегуст.* 1. невыраженный, пустой (*о вкусе*); 2. с низкой кислотностью (*о вине*); 3. выдохшийся (*о вине*)
flatness (*n.*) *дегуст.* невыраженность [отсутствие] вкуса, «пустой» вкус
flatten (*v.*) выдыхаться, становиться безвкусным
flavescence dorée *см.* **yellows disease**
flavone (*n.*) *хим.* флавон (*желтый пигмент в кожуре белого винограда*)
flavor *амер.* 1. (*n.*) вкус, привкус; 2. (*n.*) запах, аромат, букет; 3. (*v.*) придавать вкус, аромат, запах
  acid ~ кислый вкус
  aged ~ вкус выдержанного продукта
  astringent ~ терпкий вкус
  bad ~ неприятный запах (*порок вина*); *ткж.* **bad odor; fault**
  bitter ~ горький вкус; привкус горечи
  bland ~ слабо выраженный вкус *или* аромат
  clean ~ чистый вкус *или* аромат
  coarse ~ резкий [грубоватый] вкус *или* запах
  corky ~ привкус корковой пробки
  delectable ~ приятный вкус *или* запах
  delicate ~ нежный вкус *или* аромат
  flat ~ невыраженный вкус
  foreign ~ посторонний привкус *или* запах
  foxy ~ «лисий» тон (*привкус прокисшего продукта; у вина из американских сортов винограда*)
  fruity ~ плодовый привкус
  fugitive ~ летучий [неустойчивый] привкус
  full ~ полный [полноценный] вкус
  full bodied ~ *см.* **full flavor**
  grassy ~ травянистый привкус
  groundy ~ землистый привкус
  herbal ~ травянистый привкус
  honey ~ медовый привкус
  malty ~ солодовый запах (*порок виски*)

maple ~ кленовая эссенция
mild ~ мягкий вкус
moldy ~ плесневелый привкус
mousy ~ мышиный привкус (*порок вина*)
muddy ~ илистый привкус (*порок вина*)
musty ~ затхлый привкус
natural ~ натуральный вкус *или* аромат
normal ~ нормальный (*свойственный данному продукту*) вкус *или* запах
nutty ~ ореховый привкус
peculiar ~ специфический привкус
pronounced ~ (ясно) выраженный вкус *или* аромат
proteolytic ~ гнилостный привкус
pungent ~ жгучий [пикантный] привкус *или* аромат
putrefactive ~ гнилостный привкус
putrid ~ *см.* **putrefactive flavor**
rancid ~ прогорклый привкус
reduction ~ редуктивный тон (*наличие негативных показателей вина при дегустации*)
residual ~ остаточный привкус
sherry ~ хересный букет (*у вина*)
smooth ~ однородный [ровный] вкус *или* аромат
sour ~ кислый привкус
spicy ~ пряный привкус
stale ~ затхлый привкус
storage ~ *см.* **stale flavor**
subtle ~ слабый привкус, оттенок
vanilla ~ ванильная эссенция
vinous ~ винный привкус *или* аромат; запах вина (*у бренди*)
yeasty ~ дрожжевой привкус

flavored distilled spirits дистиллированные спирты с вкусовыми добавками

flavored grape liquor *см.* **flavored wine products**

flavored wine products *амер.* специально ароматизированные вина; *см. ткж.* **wine specialty**

Flavor Profile method *дегуст.* метод дескриптивного анализа для органолептической оценки образцов на основе оценки интенсивности

flavor-retaining (*adj.*) хорошо сохраняющий букет (*о вине*)

flavors-off *pl.* посторонние привкусы

flavor speedometer *амер.* визуальный индикатор аромата и качества вина

flavor volatiles ароматические летучие вещества

flavory (*adj.*) приятного вкуса; ароматный

flavour *брит.* *см.* **flavor**

fleck (*n.*) *фитопат.* пятнистость листьев (*болезнь винограда*); *см. ткж.* **marbrure**

flesh (*n.*) мякоть (*ягод винограда*)

flesh firmness упругость [жесткость] мякоти ягод винограда

fleur (*n.*) *фр.* 1. флор; дрожжевая пленка (*на поверхности вина*); 2. плесень; цвель (*вина*)
wine ~ пленка винных дрожжей

fliers (*n.*) *pl.* взвеси в белых винах, появляющиеся при низких температурах и исчезающие при температуре 24°C

flight (*n.*) *дегуст.* переход от одного вида дегустации к другому

flint (*n.*) 1. кремень; 2. кремневый привкус (*у вина*)

flinty (*adj.*) *дегуст.* крепкий, вяжущий (*о вкусе белого сухого вина*)

flip (*n.*) флип (*смесь крепкого алкогольного напитка или вина с сахаром, яйцом, мускатным орехом; подается холодным или горячим*)

float (*n.*) последняя [завершающая] добавка к коктейлю (*наливается по краю специальной ложки*)

flocculation (*n.*) флокуляция (*выпадение осадка хлопьями*)

Floc de Gascogne *фр. фирм.* «Флок де Гасконь» (*специальное ликерное вино, спиртованное арманьяком; производится в одноименном апелласьоне области Арманьяк*)

flogger (*n.*) простое деревянное устройство для укупорки бутылок

Flora (*n.*) *амп.* Флора (*гибридный сорт белого винограда; используется преимущественно для приготовления игристых вин в Австралии и Калифорнии, США*)

floral aroma цветочный аромат (*вина или коньяка*)

floral cognac коньяк с цветочным букетом

Flor de Cana *лат.-амер. фирм.* «Флор де Кана» (*марка рома, выпускаемого в Никарагуа*)

floret (*n.*) *бот.* индивидуальный цветок грозди винограда

flow (*v.*) течь, вытекать (*о соке и т. д.*); ◊ **the sap has started to ~** сокодвижение началось

flowering (*n.*) *бот.* цветение

flowery (*adj*) *дегуст.* цветочный (*о запахе вина, коньяка*)

flowmeter (*n.*) расходомер

fludase (*n.*) *фирм.* флюдаза (*препарат для уменьшения вязкости муста и улучшения фильтрации вин*)

flute (*n.*) высокий узкий стакан [бокал] для вина (*в основном для шампанского*)

Flying Winemakers «летучие виноделы» (*название австралийских виноделов за пределами Австралии*)

foam destroyer *вин.* пеногаситель, противовспениватель

Foch (*n.*) *амп.* Фок (*красный франко-американский гибридный сорт винограда*)

foil cutter ножик [резак] для удаления фольги (*на горлышке бутылки с вином; часто входит в комплект штопора*)

foliage (*n.*) *собир.* листва

foliation (*n.*) выбрасывание листьев растением

Folin-Ciocalteau reagent *хим.* препарат Фолин – Чокалто (*применяется для испытания качества древесины, используемой для изготовления винных бочек*)

Folin-Ciocalteau test *хим.* метод Фолин – Чокалто (*для определения общего содержания фенолов в вине*)

Folin index *хим.* Фолин-индекс (*используется при определении общего содержания фенолов*); *см. ткж.* **total phenols**

Folle Blanche *фр. амп.* Фоль Бланш (*сорт белого винограда для производства коньяков, который используется в Шаранте, Арманьяке и долине Луары*); *ткж.* **Enrageat; Gros Plant; Picpoul**

Folle Noir *фр. амп.* Фоль Нуар (*синоним сортов Жюрансон Нуар и Фуэлла Нера в Ло-де-Гаронн*)

folletage (*n.*) *фр.* толлетаж (*высыхание побегов и листьев винограда при смене дождливого сезона засухой*)

Forbidden Fruit Liqueur *амер. фирм.* ликер «Запретный плод» (*приготавливается из специального сорта грейпфрута-шаддок, меда и бренди*)

forerun (*n.*) *спирт.* головной погон, головная фракция; *ткж.* **foreshot**

forerunning (*n.*) *спирт.* отгонка легких фракций

foreshot (*n.*) *см.* **forerun**

formation knot *бот.* сучок формирования

formula wine вино из смеси виноградного вина, фруктового сока, сахара, воды и ароматизаторов

Forrester (*n.*) *фирм.* «Форестер» (*марка сидра, выпускаемого в Англии*)

forward (*n.*) 1. вино, имеющее избыточный набор фруктовых тонов (*прошедшее выдержку ускоренным способом*); 2. вино, имеющее богатый аромат и ярко выраженный вкус

foudre (*n.*) *фр.* большая винная бочка емкостью 1 000 л; *см. ткж.* **Fuder**

Four Cane Kniffin *амер. фирм.* система формирования куста для высокопродуктивных американских сортов

Four Points *дегуст.* четыре показателя хорошего вина – цвет, букет, аромат и плотность

Four Roses *амер. фирм.* «Четыре розы» (*марка бурбона*)

foxiness (*n.*) *амер.* 1. устойчивая особенность американских гибридных сортов, препятствующая их скрещиванию с другими сортами; 2. «лисий» привкус; «лисий» тон (*характерный для вина из некоторых американских сортов винограда*)

foxy (*adj.*) «лисий» (*о привкусе, характерном для вина из некоторых американских сортов, особенно Vitis labrusca, часто под воздействием метилантранилата*)

fraction

fraction (*n.*) *спирт.* фракция, погон
  close-cut ~ узкая фракция (*кипящая в узком диапазоне температур*)
  cut ~ погон
  effluent ~ выходящая [отбираемая] фракция
  fusel-oil ~ фракция сивушного масла
  head ~ головная фракция, головной погон
  light ~ легкая фракция
  long ~ широкая фракция (*кипящая в широком диапазоне температур*)
  middle ~ средняя [промежуточная] фракция
  tail ~ хвостовая [концевая] фракция, хвостовой [концевой] погон
  volatile ~ летучая фракция
  volume ~ объемная доля
  weight ~ массовая доля
fractionator (*n.*) *спирт.* ректификационная колонна
  secondary ~ колонна вторичной разгонки
fragile (*adj.*) хрупкий (*о стекле*); надпись на таре: «Не кантовать!»
fragrance (*n.*) аромат
framboise (*n.*) *фр.* бренди на основе малины
Frangelico (*n.*) *ит. фирм.* «Франджелико» (*ликер, ароматизированный лесными орехами и травами*)
frappé *фр.* охлажденный; замороженный; со льдом (*о вине*)
Frascati (*n.*) *ит. фирм.* «Фраскати» (*десертное вино из провинции Лацио, Италия*)
free-run (*adj.*) вытекающий самотеком (*о сусле, вине и т. д.*); ◊ ~ **juice** сусло-самотек
free space незаполненный объем бутылки; *см. ткж.* **headspace**
freezer (*n.*) холодильник
French Colombard *амер. амп.* Френч Коломбар (*название сорта Коломбар в Калифорнии*); *см. ткж.* **Colombard**
French paradox *амер.* «французский парадокс» (*термин, введенный журналистом Морли Сейфером в 1991 г. и обозначающий несоответствие американской и французской кривой смертности: французы, употребляющие больше жирной пищи, меньше занимающиеся спортом, благодаря употреблению вин имели меньший показатель смертности*)
French vermouth французский вермут (*является более сухим, чем итальянский вермут*)
fresh (*adj.*) *дегуст.* свежий (*о запахе и вкусе молодого вина с ярко выраженной кислотностью*)
fretting (*n.*) *брит.* ферментация яблочного сока (*в производстве сидра*); *см. ткж.* **working**
Frontignac (*n.*) *амп.* Фронтиньяк (*синоним сорта Мускат Блан в Австралии и Южной Африке*)
frost (*n.*) матовое стекло (*используемое для производства бутылок*)
frost resistance *бот.* морозоустойчивость
fructose (*n.*) фруктоза
fruit 1. (*n.*) плод; фрукт; 2. (*v.*) давать плоды
fruit-bearing zone *бот.* зона плодоношения
fruit bomb *дегуст.* 1. «фруктовая бомба» (*вино, обладающее избыточным фруктовым ароматом*); 2. фруктовая доминанта (*показатель недостаточно сбалансированного вина*)
fruit fly *энт.* дрозофила, плодовая мушка, *Drosophyla*; *см. ткж.* **vinegar fly**
fruiting bud *бот.* плодоносная почка
fruiting zone *агр.* зона плодоношения на шпалере
  narrow ~ уменьшенная высота плодоносной зоны виноградника
  tight ~ *см.* **narrow fruiting zone**
fruit scape *бот.* плодовая стрелка
fruit section *бот.* плодовое звено
fruit wine фруктовое вино
fruity (*adj.*) имеющий вкус свежих фруктов (*о вине, напитке и т. д.*)
fruity aroma фруктовый букет (*вина*)
Fuder (*n.*) *нем.* большая винная бочка емкостью 1 000 л; *см. ткж.* **foudre**
fuel ethanol этанол, денатурированный 2 – 5% бензина
Fuisse (*n.*) *фр. геогр.* Фюис (*местность во Франции, производящая белое вино*)

full (*adj.*) *дегуст.* имеющий полную экстрактивность (*о вине*)
full-bodied wine *дегуст.* вино, имеющее полную консистенцию и хорошо выраженный букет
full-flavored (*adj.*) полноценный по вкусовым *или* ароматическим свойствам
fullness of palate *см.* **full palate**
full palate полнота вкуса
full-ripe (*adj.*) полностью созревший; спелый
fumaric acid фумаровая кислота
Fumé Blanc *фр. амп.* Фюме Блан (*синоним сорта Совиньон Блан в долине Луары*); *ткж.* **Blanc Fumé**
fumet (*n.*) *фр. дегуст.* букет с проникающим фруктовым ароматом (*о вине*)
fungicide (*n.*) фунгицид
funky (*adj.*) *дегуст.* имеющий трудноуловимый аромат (*о вине*)
funnel (*n.*) воронка
fur (*n.*) осадок (*в винной бочке*)
Furmint (*n.*) *венг. амп.* Фурминт (*сорт белого винограда; используется в производстве токайских вин*)
furrow (*n.*) борозда, колея
fusariosis (*n.*) *фитопат.* фузариоз (*грибковое заболевание винограда, вызываемое грибами рода Fusarium*)
fusel oil сивушное масло; *см. ткж.* **higher alcohols**
fusel-oil phase *спирт.* фаза сивушного масла
futsu-shu *яп.* фуцу-сю (*ординарное саке без специального названия; любой вид саке, не относящийся к 4 основным видам саке*)

G

gage (*n.*) *амер.* контрольно-измерительный прибор
  alcohol ~ спиртомер; алкоголеметр
  must ~ ареометр для виноградного сусла
  spirit ~ спиртомер; алкоголеметр
  wine-level ~ виномер
Gagganmore (*n.*) *фирм.* «Гаганмор» (*классическое шотландское односолодовое виски из Спейсайда*)
gall (*n.*) *фитопат.* галл (*аномальный рост ткани растения*)
Galliano (*n.*) *ит. фирм.* «Галлиано» (*сладкий ликер, основанный на 80 травах, корнях, ягодах и цветах со склонов Альп; ароматизирован анисом, лакрицей и ванилью; выпускается в Италии*)
gallon (*n.*) галлон (*мера объема жидкости; амер. галлон = 231 куб. дюйму, при 60°F = 3,785 л = 5 стандартным винным бутылкам; брит. галлон = 4,54 л = 6 стандартным винным бутылкам*)
  proof ~ *спирт.* галлон пруф (≈ *2,6 л*)
  wine ~ *спирт.* винный галлон = амер. галлону (≈ *3,8 л*)
gallonage (*n.*) объем в галлонах
gallon jug *амер.* кувшин для вина емкостью в 1 галлон (≈ *3,8 л*)
Gamay (*n.*) *фр. амп.* Гаме (*сорт красного винограда, используемый главным образом в Божоле*)
Gamay Beaujolais *фр. фирм.* «Гаме Божоле» (*марка красного сухого вина, произведенного в США на основе сортов Пино Нуар и Вальдиге*) (*находится под запретом во Франции*); *см. ткж.* **Napa Gamay**
Gamay Blanc *фр. амп.* Гаме Блан (*синоним сортов Шардоне в Юра и Мелон де Бургонь в Шампани, Божоле и Лионе*)
Gamay Noir *фр. амп.* Гаме Нуар (*сорт красного винограда, имеющий прозрачный сок; применяется в производстве мягких, легко пьющихся вин*); *см. ткж.* **Gamay**
gambrinous (*adj.*) полный пива, наполненный пивом (*о сосуде*)
Gambrinus (*n.*) Гамбринус (*мифический фламандский король, по преданию, придумавший пиво*)
game (*n.*) *дегуст.* букет с запахами дичи
Gamey (*n.*) *амп.* Гаме (*производный сорт от сорта Gatay*)

Gammel Dansk

Gammel Dansk *дат. фирм.* «Гамель Данск» (*ликер, ароматизированный 29 травами и специями*)

Gard Vin *фр. фирм.* «Гар вен» (*устройство для поддержания вакуума в откупоренной бутылке с вином*)

garnet-colored *см.* **garnet-red**

garnet-red темно-красный; гранатового цвета (*о цвете вина или сока*)

garnish (*v.*) *вин.* заправлять, приправлять, купажировать

garrafeira (*n.*) *порт.* выдержанное вино (*обычно высокого качества*)

gas chromatography газовая хроматография

gas-liquid chromatography газожидкостная хроматография

gasohol (*n.*) *амер. фирм.* газоголь, бензоспирт (*смесь ангидрированного этилового спирта с бензином; торг. марка, зарегистрированная в штате Небраска в 1973 г.*)

gassiness (*n.*) наличие пузырьков газа в тихом вине (*порок вина*); *см. ткж.* **fault**

gassy (*adj.*) выделяющий газы, с выделением газов (*о соке*); игристый (*о вине*)

Gattinara (*n.*) *ит. фирм.* «Гаттинара» (*красное вино с севера Италии*)

gauge (*n.*) *брит. см.* **gage**

gavine (*n.*) *южн.-афр.* спирт из меласы; *ткж.* **cane spirit**

Gay Lussac *фр.* объемное содержание алкоголя по Гей Люссаку (*шкала применяется во Франции; 1° GL = 1% об. = 2° proof*)

Gebiet (*n.*) *нем.* крупная винодельческая область в Германии; *см. ткж.* **Anbaugebiet; Bereich**

gelatine (*n.*) желатин (*оклеивающее вещество*)

gelatinization (*n.*) желатинизация (*процесс впитывания воды гранулами крахмала и превращения крахмального порошка в жидкий гель*)

general-purpose mix *агр.* универсальная смесь (*для обработки растений*)

generic wine 1. ординарное вино, купажированное из нескольких видов, без указания сортов; 2. производное имя вин (*наименование вин, произведенных в США, Австралии и содержащих в себе европейские названия, напр., Шабли, Бургундское и т. п.*)

genetic bench number номер генетической разновидности растения (*напр. "Baco #1"*)

geneva (*n.*) *голл. см.* **gin**

Geneva Double Curtain *агр. фирм.* двухъярусная форма куста винограда

Geneva gin женевский джин (*сладкий ароматный сорт джина*); *ткж.* **Dutch gin; Holland's gin; Jenever; sweet gin**

genever (*n.*) *голл. см.* **gin**

gen-shu (*n.*) *яп.* гэн-сю (*неразбавленное саке*)

genuine (*adj.*) подлинный, неподдельный (*о напитке*)

genus (*n.*) *биол.* род (*объединение близких по происхождению видов*)

geriatric wine вино, потерявшее характеристики в результате длительного хранения

germinated barley проросший ячмень (*1-я стадия подготовки зерна*)

Gevrey-Chambertin *фр.* 1. *геогр.* Жевре-Шамбертен (*апелльсьон в винодельческой области Кот-де-Нюи, регион Бургундия*); 2. *фирм.* «Жевре-Шамбертен» (*красное вино из сорта Пино Нуар*)

Gewürztraminer (*n.*) *нем.* 1. *амп.* Гевюрцтраминер (*сорт розового винограда*); 2. *фирм.* «Гевюрцтраминер» (*белое вино из одноименного сорта винограда*)

Gibson (*n.*) «джибсон» (*коктейль из сухого вермута с джином; ароматизируется лимоном*)

Gilbeys (*n.*) *брит. фирм.* «Джильбейз» (*марка джина*)

gill (*n.*) *брит.* 1. джил (*мера объема жидкости ≈ 0,150 л = ¼ пинты*); 2. сосуд емкостью в ¼ пинты

gimlet (*n.*) «буравчик» (*коктейль из виски, джина или водки с соком лайма*)

gin (*n.*) джин (*крепкий алкогольный напиток, получаемый при дистилляции*

осоложенного зерна и ароматизированный ягодами можжевельника; изобретен в Голландии в XVI в.)
America ~ американский джин (*мягкий и несухой*)
compounded ~ компаундный джин (*полученный смешиванием нейтральных спиртов с ягодами можжевельника и ароматизаторами*)
distilled ~ дистиллированный джин (*произведенный путем дистилляции солода с ягодами можжевельника и ароматизаторами*)
dry ~ сухой (*английский*) джин
Old Tom ~ *фирм.* джин «Старый Том»
orange flavored ~ джин, ароматизированный экстрактом из апельсиновой корки
pink ~ розовый джин
Plymouth ~ *фирм.* джин «Плимут» (*с наиболее богатым ароматом*)
redistilled ~ джин двойной перегонки (*произведенный путем повторной дистилляции первоначально полученного дистиллята в смеси с ягодами можжевельника и ароматизаторами*)
sloe ~ терновый джин (*ликер на основе джина, ароматизированного терном*)
sweet ~ сладкий (*голландский или женевский*) джин
sweetened ~ подслащенный джин
gin and it *разг.* джин с вермутом
gin and tonic джин с тоником (*напиток, приготовленный из джина и хининной воды, подаваемый в высоком стакане с кусочком лимона или лайма*)
ginjo-shu *яп.* гиндзё-сю (*3-й основной тип саке; саке из рисового солода; приготовляется из мелко помолотого полированного риса с добавлением алкоголя или без добавок*)
gin rickey «рики» с джином; *см. ткж.* **rickey**
Girasol (*n.*) *исп.* «Жирасол» (*аппарат для дегоржирования шампанского*)
Gironde (*n.*) *фр. геогр.* Жиронда (*департамент в устье рек Гаронны и Дордонь*)

Gisborne (*n.*) *н.-зел. геогр.* Гизборн (*наименование винодельческого района на востоке о-ва Северный*)
Givry (*n.*) *фр.* 1. *геогр.* Живри (*апелласьон винодельческой области Кот Шалонне, регион Бургундия*); 2. *фирм.* «Живри» (*сухое красное, редко белое, вино*)
gizmo (*n.*) *жарг.* устройство, приспособление
  breathalyzer ~ (газо)анализатор содержания алкоголя (*в организме человека*)
  cutoff ~ регулятор подачи материала через трубопроводы
  heat-exchanger ~ теплообменник между двумя жидкими средами
glacée *фр.* замороженный (*о фруктах*)
glass (*n.*) 1. стекло; 2. стеклянная тара; 3. стакан; бокал; 4. мера виски (*равная ½ джила*)
  alcohol test ~ спиртовой фонарь
  beer ~ стакан для пива
  bottle ~ бутылочное стекло
  brandy ~ стопка для бренди
  brandy snifter ~ большой стакан для дегустации бренди
  champagne ~ бокал для шампанского; *см. ткж.* **crystal glass; flute; tapered glass**
  cocktail ~ бокал для коктейлей (*как правило, имеет оригинальную форму*); *см. ткж.* **Margarita glass; Martini glass**
  Collins ~ высокий стакан для коктейля «Коллинз»
  crystal ~ хрустальный бокал (*для шампанского*)
  ground ~ матовое [непрозрачное] стекло
  highball ~ высокий стакан для виски со льдом и соком и/или газированной водой; *ткж.* **standard glass**
  hurricane ~ *амер.* стакан для прохладных коктейлей (*Пинья Колада; Поко Гранде*) с толстым дном
  liqueur ~ рюмка для ликера
  lowball ~ стакан [стопка] для крепкого спиртного напитка; *см. ткж.* **lowball; whisky on the rock**
  Margarita ~ бокал для коктейля «Маргарита» (*с двойной чашей*); *см. ткж.* **cocktail glass**

glass

Martini ~ бокал для «Мартини» (*для коктейлей на основе «Мартини»; чаша бокала имеет прямые стороны, направленные под большим углом кверху*); см. ткж. **cocktail glass**
nosing ~ бокал, сужающийся кверху, для дегустации виски
old-fashioned ~ невысокий широкий стакан для виски со льдом; см. ткж. **rocks glass**
red wine ~ бокал для красного вина
rocks ~ невысокий широкий стакан для виски со льдом; см. ткж. **old-fashioned glass**
sherry wine ~ рюмка для хереса
shot ~ стаканчик [стопка] для крепкого спиртного напитка
slammer ~ *амер.* стакан для крепких спиртных напитков (*выше, чем обычный*)
spirit ~ рюмка [стопка] для крепкого спиртного напитка
tapered ~ высокий узкий фужер (*для шампанского*)
volumetric ~ мерный сосуд
white wine ~ бокал для белого вина
wine standard ~ стакан емкостью в 2 унции (≈ 57 мл)
Z-stem ~ бокал с искривленной ножкой

glass charms специальная бижутерия для украшения бутылок и стаканов
personal ~ бижутерия, сделанная по заказу
glassful (*n.*) 1. стакан (*как мера объема*); 2. полный (*до краев*) стакан
glass heel толстое донышко стакана
glassware (*n.*) *собир.* стеклянная посуда, стаканы; стеклотара
Glayva (*n.*) *шотл. фирм.* «Глайва» (*ликер на основе скотча, ароматизированный вересковым медом, апельсиновыми корками и различными травами*)
Glen Kella *брит. фирм.* «Глен Келла» (*марка купажного виски, 3 лет выдержки, и односолодового виски, 8 и 12 лет выдержки, крепостью 40% об.; выпускается на острове Мэн; в отличие от других выдержанных виски имеет прозрачный цвет, получаемый в результате специальной обработки*)
Glen Ogopogo *кан. фирм.* «Глен Огопого» (*марка очень редкого виски, выпускавшегося в 80-х гг. XX в. на спиртзаводе Оканаган, Британская Колумбия*)
Glenfiddich (*n.*) *фирм.* «Гленфидих» (*марка односолодового виски, выпускаемого в горной Шотландии*)
Glenkinchie (*n.*) *шотл. фирм.* «Гленкинхи» (*марка классического односолодового виски из южной части Шотландии*)
Glenora (*n.*) *амер. амп.* Гленора (*исконно американский сорт красного винограда*)
glomerule (*n.*) *энт.* червь виноградной моли (*переносчик бактерий серой гнили*); ткж. **grape berry moth**
glucamylase (*n.*) глюкамилаза (*фермент для гидролиза крахмала*)
glucose (*n.*) глюкоза
Glühwein (*n.*) *нем.* глинтвейн (*подогретое красное вино с добавлением сахара и специй*); ткж. **glühwein**
glut 1. (*n.*) *разг.* большой глоток напитка; 2. (*n.*) излишество, пресыщение; 3. (*v.*) жадно глотать (*спиртные напитки*)
glycerine (*n.*) глицерин (*побочный продукт алкогольной ферментации сахаров; применяется в качестве экстрагирующего средства при дегидратации этанола*)
glycerol (*n.*) см. **glycerine**
glycogen (*n.*) *хим.* гликоген, животный крахмал
glycosyl-glucose assay *хим.* анализ взаимозависимости концентрации гликозила и глюкозы
glykos (*adj.*) *греч.* сладкий; см. ткж. **sweet wine**
gobelet (*n.*) *фр. агр.* система выращивания виноградных кустов без шпалер и опор; чашевидная форма виноградного куста; ткж. **bush vine**
Godiva liqueur *фирм.* ликер «Годива» (*шоколадный ликер крепостью 17% об., ароматизированный белым и черным шоколадом*)

Gold Rum *фирм.* «Голд Ром» (*марка рома из Пуэрто-Рико*)
golden (*adj.*) *дегуст.* золотистый (*о цвете некоторых белых вин*)
Goldtröpfchen (*n.*) *нем. геогр.* Гольдтрёпфхен (*известный виноградник в Мозеле, Германия*)
Goldwasser (*n.*) *нем. фирм.* «Гольдвассер» (*бесцветный крепкий подслащенный ликер, приготовленный на основе сладкого ликера «Куммель», ароматизированного тмином, и с добавлением плавающих золотистых частичек*)
Gönci hordó *венг.* тип бочки, емкостью 135 л (*используемой в производстве токайских вин*)
good length *дегуст.* нормальная продолжительность вкусового ощущения
gootee (*n.*) *агр.* способ размножения путем надреза корня; *см. ткж.* **air layering; Chinese layering; marcotting**
gooze (*n.*) *см.* **gueuze**
gouleyant (*adj.*) *фр.* легкий, легко пьющийся (*о вине*); *см.* **light**
gourd (*n.*) сосуд для вина из высушенной тыквы; *см. ткж.* **calabash**
goûte de terroir *фр. дегуст.* землистый привкус вин
Government Warning *амер.* текст, предупреждающий о вреде алкоголя, на этикетках бутылок со спиртными напитками (*требование BATF*); *см. ткж.* **health warning statement; Surgeon General's Warning**
governo (*n.*) *ит.* 1. молодое вино; 2. традиционная технология приготовления вина «Кьянти» путем добавления к новому перебродившему вину сусла из частично заизюмленного винограда
graft 1. (*n.*) *бот.* прививка, привой, привитая часть (*растения*); *см. ткж.* **scion**; место привоя; материал для привоя; 2. (*v.*) прививать, черенковать, окулировать
  bench ~ прививка в лабораторных условиях
  cleft ~ прививка в расщеп
  root ~ прививка в корень
  splice ~ прививка внакрой
grafted grape culture *бот.* привитая культура винограда
grafted rootstocks *бот.* подвои с прививками
grafted seedling *бот.* привитой саженец
grafter (*n.*) 1. привой; 2. садовый нож
graft hybrid вегетативный [прививочный] гибрид; *см. ткж.* **chimera**
grafting (*n.*) *бот.* прививка, привой
  autoplastic ~ привой на том же растении
  heteroplastic ~ привой на других растениях другого вида
  homoplastic ~ привой на другом растении того же вида
  self- ~ срастание двух веток, самопрививка
  side ~ прививка сближением, аблактировка
  top ~ прививка в крону
  veneer ~ прививка черенком, аблактировка
grafting knife *бот.* нож для прививок, прививочный нож
graft union *бот.* место привоя; место стыка привоя и подвоя
grain (*n.*) 1. зерно; хлебный злак; 2. *спирт.* барда; 3. *пив.* дробина
grains *pl.* 1. *пив.* дробина 2. барда
  brewers' ~ дробина
  distillers' dark dried ~ темная сушеная барда (*из выпаренного фильтрата*)
  distillers' dried ~ сушеная барда
  distillers' spent ~ барда
  malted ~ соложеное [осоложенное] зерно
  malt spent ~ солодовая дробина
  spent ~ дробина; барда; отработанный остаток в производстве солода
  spent brewers' ~ барда
  sulfite spent ~ сульфитная барда
  wet distillers' spent ~ сырая дробина
grain sorghum сорго (*используется в качестве исходного сырья для производства этанола*); *см. ткж.* **milo**
grain spirit зерновой спирт, спирт из зерна; этиловый спирт
Gram-negative *хим.* грамотрицательный

Gramoxone

Gramoxone (*n.*) *фирм.* «Грамоксон» (*марка гербицида, используемого в виноградарстве*)
Gram-positive *хим.* грамположительный
Gram stain *спирт.* краситель Грама (*для определения штамма бактерий*)
Gran Riserva *исп.* «Гран Рисерва» (*обозначение лучших марочных сухих вин из провинции Риоха, Испания; выдержка не менее 5 лет, в т.ч. не менее 2 лет в дубовой бочке*); *см. ткж.* **Impériale** 1.
Gran Torres *исп. фирм.* «Гран Торрес» (*апельсиновый ликер*)
Grand Cru *фр.* Гран Крю (*обозначение важнейших виноградников во французской винодельческой классификации*) *ткж.* **classified growth; great growth**
Grand Cru Classée *фр.* высший класс винной классификации; *ткж.* **highest classified growth**
Grande Champagne *фр. геогр.* Гранд Шампань (*наиболее престижный из винодельческих районов области Коньяк*)
Grande Champagne (Cognac) *фр. фирм.* «Гранд Шампань» (*обозначение коньяка, произведенного из лучших сортов винограда в провинции Шампань*)
Grande Fine Champagne *фр.* «Гран Фин Шампань» (*обозначение коньяков из района Гранд Шампань области Коньяк*)
Grand Marnier *фр. фирм.* «Гран Марнье» (*самый известный сладкий ликер на основе коньяка, ароматизированный апельсином*)
Grand Marnier Cordon Jaune *фр. фирм.* «Кордон Жён» (*марка белого сладкого ликера «Гран Марнье»*)
Grand Marnier Cordon Rouge *фр. фирм.* «Кордон Руж» (*марка крепкого красного ликера «Гран Марнье»*)
Grand quality высшее качество (*вина, коньяка*)
grape (*n.*) *бот.* 1. виноград (*растение семейства Vitis*); 2. сорт винограда
black ~ темный сорт винограда (*с темноокрашенной кожицей*)

Bush ~ *амп.* 1. кустовой виноград (*Vitis longii Prince*) (*американский вид*); 2. скальный виноград (*Vitis rupestris*)
Calcaire ~ *амп.* известковый виноград (*Vitis champini Planch.*) (*американский вид*)
Calloosa ~ *амп.* виноград Калуса (*Vitis shuttleworthii House*) (*американский вид*)
canning ~ сорт винограда, используемый для производства посадочного материала
Canyon ~ *амп.* виноград каньонов, аризонский виноград (*Vitis arizonica Engelman*) (*американский вид*)
Cat ~ *амп.* кошачий виноград (*Vitis palmata Vahl.*) (*американский вид*)
Currant ~ *амп.* смородиновый виноград (*Vitis simpsoni Munson*) (*американский вид*)
Curtiss ~ *амп.* виноград Куртисса (*Vitis sola Bailey*) (*американский вид*)
dark-skinned ~ темный сорт винограда (*с темноокрашенной кожицей*)
European ~ *амп.* европейский виноград (*Vitis vinifera*)
Figleaf ~ *амп.* инжиролистный виноград (*Vitis smalliana Bailey*) (*американский вид*)
Fox ~ *амп.* лисий виноград (*Vitis vulpina L.*) (*американский вид*)
Frost ~ *амп.* 1. морозоустойчивый виноград; зимний виноград (*Vitis cordifolia Michx.*); 2. лисий виноград (*Vitis vulpina L.*) (*американский вид*)
Grayback ~ *амп.* виноград с серой кожицей (*Vitis cinerea Engelman*) (*американский вид*)
Gulch ~ *амп.* съедобный виноград (*Vitis treleasei Munson*) (*американский вид*)
juice ~ сорт винограда, используемый для приготовления соков
Little Muscadine ~ *амп.* мелкий мускатный виноград (*Vitis munsoniana Simpson*) (*американский вид*)
mature ~ вызревший [зрелый] виноград
Muscadine ~ *амп.* мускатный виноград; круглолистный виноград (*Vitis rotundifolia Michx.*) (*американский вид*)

grape harvesting equipment

Mustang ~ *амп.* мустанговый виноград; белесоватый виноград (*Vitis candicana Engelman*) (*американский вид*)
overripe ~ перезрелый виноград
Pacific ~ *амп.* тихоокеанский виноград (*Vitis californica Bentham*) (*американский вид*)
Panhandle ~ *амп.* дикорастущий сорт (*Vitis doaniana Munson*) (*американский вид*)
pigeon ~ летний сорт винограда
Pilgrim ~ *амп.* пилигримный виноград (*Vitis novae-angliae Fernald*) (*американский вид*)
Poct-oak ~ *амп.* дубовый виноград (*Vitis lincecumii Buckley*) (*американский вид*)
Possum ~ *амп.* могучий виноград (*Vitis baileyana Munson*) (*американский вид*)
Raccoon ~ *амп.* лисий виноград (*Vitis vulpina L.*)
raisin ~ изюмный сорт винограда
red ~ красный сорт винограда (*с кожицей разных оттенков красного цвета*)
Redshank ~ *амп.* красноствольный виноград (*Vitis rufotomentosa Small*) (*американский вид*)
Roundleaf ~ *амп.* круглолистный виноград (*Vitis rotundifolia Michx.*) (*американский вид*)
Sand ~ *амп.* скальный виноград (*Vitis rupestris*) (*американский вид*)
seedless ~ бессемянный сорт винограда
Silverleaf ~ *амп.* серебристолистый виноград (*Vitis argentifolia Munson*) (*американский вид*)
Spanish ~ *амп.* 1. испанский виноград (*Vitis berlandieri Planch*) (*американский вид*); 2. лисий виноград (*Vitis vulpina L.*)
stemmed ~ виноград, освобожденный от гребней
Summer ~ *амп.* летний виноград (*Vitis aestivalis Michx.*) (*американский вид*)
Sweet Mountain ~ *амп.* сладкий горный виноград (*Vitis monticola Buckley*) (*американский вид*)
table ~ столовый сорт винограда
thin-skinned ~ тонкокожий виноград
Valley ~ *амп.* долинный виноград (*Vitis girdiana Munson*) (*американский вид*)
vine ~ *амп.* винный виноград (*Vitis vinifera*)
white ~ белый сорт винограда
wilted ~ завяленный виноград
wine ~ винный [технический] сорт винограда
winemaking ~ *см.* wine grape
Winter ~ *амп.* 1. зимний виноград; морозоустойчивый виноград (*Vitis cordifolia Michx.*); 2. лисий виноград (*Vitis vulpina L.*) (*американский вид*)
grape acquisition приобретение сортов винограда
grape attributes *дегуст.* биологические факторы винограда, влияющие на аромат вина
grape berry moth *энт.* листовёртка виноградная (*Paralobesia viteana*) (*вредитель винограда*)
grape bitter rot *фитопат.* горькая гниль винограда (*возбудитель – гриб Melaconium fuligineum*)
grape bud swell spray *агр.* смесь для опрыскивания виноградных почек при завязи
grape-crushing прессование винограда
grape dormant spray *амер.* препарат для борьбы с антракнозом
grape flea beetle *энт. амер.* виноградная блоха (*вредитель винограда*)
grape gatherer сборщик винограда
grape genotype *бот.* генотип винограда
grape grinder дробилка для винограда, виноградная мельница
grape harvester виноградоуборочный комбайн
  Quantum ~ *амер. фирм.* «Квантум» (*марка виноградоуборочного комбайна большой мощности производства фирмы AGH*)
  Spectrum ~ *амер. фирм.* «Спектрум» (*марка виноградоуборочного комбайна производства фирмы AGH для малых и средних виноградников*)
grape harvesting equipment оборудование для уборки винограда

grape mealybug энт. мучнистый червец приморский (*Pseudococcus maritimus*) (*вредитель винограда*)
grape nursery виноградный питомник
grape pest resistance бот. устойчивость сорта винограда к вредителям
grape phylloxera энт. филлоксера виноградная листовая (*Phylloxera vastatrix*) (*вредитель винограда*)
grape picking сбор винограда
grape pin агр. виноградный кол
grape region classification number классификационный индекс зоны выращивания винограда в США; *ткж.* **UCD class**
grape root borer энт. виноградный корнеед (*вредитель винограда*)
grape root rot фитопат. гниль виноградных корней; *см. ткж.* **Roesleria root rot**
grapes (*n.*) *pl. собир.* виноград; виноградные гроздья ◊ **the ~** *амер. разг.* шампанское
   botrytized ~ ягоды, покрытые благородной плесенью
   crushed ~ виноградная мезга; масса дробленого винограда
   fresh ~ столовый виноград
   nobly rotten ~ ягоды, покрытые благородной плесенью
   raisin ~ изюмный виноград
   shriveled ~ высохшие [сморщенные] ягоды винограда
   wine ~ винный [технический] сорт винограда
grape seed семя винограда; виноградная косточка
grape sugars виноградные сахара; *см. ткж.* **fructose; glucose**
grape transporter емкость для перевозки собранного винограда
grape variety сорт винограда
grapevine (*n.*) виноградная лоза
   bearing ~ плодоносящая лоза
   non-bearing ~ неплодоносящая лоза
grapevine Ajinashika disease фитопат. болезнь Айнашика винограда
grapevine asteroid mosaic фитопат. астероидная [звездчатая] мозаика винограда
grapevine Bratislava mosaic virus фитопат. вирус братиславской мозаики винограда
grapevine Bulgarian latent virus фитопат. болгарский латентный вирус винограда
grapevine chrome mosaic virus фитопат. вирус хромовой мозаики винограда
grapevine collection коллекция виноградных лоз
grapevine corky bark опробкование коры винограда
grapevine enation disease фитопат. болезнь энаций винограда (*вирусное заболевание винограда*)
grapevine fanleaf virus фитопат. вирус короткоузлия винограда
grapevine fleck мраморность винограда
grapevine leafhopper энт. цикадка виноградная (*Erythroneura comes*) (*вредитель винограда*)
grapevine leaf roll скручивание листьев винограда
grapevine linear pattern линейный узор винограда
grapevine moth энт. виноградная тля
grapevine red leaf краснолистность винограда
grapevine stem pitting бороздчатость древесины винограда
grapevine summer mottle фитопат. летняя крапчатость винограда
grapevine vein mosaic фитопат. прожилковая мозаика винограда
grapevine vein necrosis фитопат. некроз жилок винограда
grapevine virus diseases фитопат. вирусные болезни винограда
grapevine yellows фитопат. желтухи винограда (*инфекционные болезни*)
grapevine yellow speckle фитопат. желтая крапчатость винограда
grappa ит. граппа (*бренди из виноградных выжимок*); *ткж.* **grappa brandy**
grasshopper (*n.*) 1. энт. кузнечик (*вредитель винограда*); 2. «грасхопер» (*коктейль из ментолового ликера и крема какао*)
   small plague ~ австрал. маленький кузнечик (*Austroicetes cruciata*)

wingless ~ *австрал.* бескрылый кузнечик (*Phaulacridium vittatum*)

grasshopper pathogen *биол.* естественный патоген кузнечиков (*класс микробов, используемых для борьбы с вредителями винограда, в первую очередь с кузнечиками и саранчой; компонент современных пестицидов*) см. ткж. **Nosema locustae**

grassy (*adj.*) *дегуст.* травянистый (*о вкусе вина*)

grate (*n.*) решетка

Graves (*n.*) *фр.* 1. *геогр.* Грав (*крупная винодельческая область и апелласьон в регионе Бордо*); 2. *фирм.* «Грав» (*сухое красное или белое вино*)

gravity (*n.*) вес
  original ~ вес (пивного сусла) до ферментации
  specific ~ удельный вес (сусла)
  terminal ~ вес (пивного сусла) после ферментации

gray (*adj.*) *амер.* см. **grey**

Gray Riesling *амер. амп.* Рислинг серый (*используемый в Калифорнии сорт белого винограда; наименование разновидности сорта Труссо Гри*)

gray rot (*n.*) *бот.* серая [благородная] гниль (*возбудитель Botrytis cinerea*)

green (*adj.*) 1. зеленый, неспелый (*о винограде*); 2. недостаточно мягкий, резкий на вкус (*о вине из недозрелого винограда*)

green grafting *бот.* зеленая прививка

green growth *бот.* зеленый рост растения (*влияет на качество урожая*)

green harvest *агр.* прореживание, удаление лишних гроздей незрелого винограда (*с целью снижения урожайности и улучшения качества ягод*); см. ткж. **thinning-out**

green malt см. **germinated barley**

green operations *бот.* зеленые операции (*работы в период вегетации, дополняющие обрезку*)

green shoot *бот.* зеленый побег (*побег текущего года*)

green tying-up *бот.* зеленое подвязывание (*подвязывание зеленых побегов к шпалере, проводимое в течение вегетации*)

Green Valley *амер. геогр.* Зеленая долина (*винодельческая зона, расположенная в юго-западной части Русской долины в Калифорнии*)

green wood недозрелость, «молодое дерево» (*дефект натуральной пробки*)

Grenache (*n.*) *фр. амп.* Гренаш (*сорт красного винограда, применяемый в качестве основы для купажирования вин*); см. ткж. **Alicante Bouschet**; ◊ **White ~** Гренаш розовый

Grenache Blanc *фр. амп.* Гренаш Блан (*сорт белого винограда из Руссильона*)

grey (*adj.*) *брит.* 1. серый; 2. *дегуст.* бледный (*о цвете некоторых розовых вин*); ткж. **gray**

Gringet (*n.*) *фр. амп.* Гринже (*сорт белого винограда из Савойи*)

grip (*v.*) схватываться, держаться (*о виноградных усиках*)

grist (*n.*) *спирт.* высушенный и перемолотый солод в производстве виски

grog (*n.*) грог (*ром в смеси с двумя частями воды*)

Grolleau (*n.*) *фр. амп.* Гроло (*сорт красного винограда; применяется в Анжу для производства легких освежающих красных и розовых вин*)

Gros Bouchet *фр.* Гро Буше (*региональное название сорта Каберне Фран*)

Groslot (*n.*) см. **Grolleau**

Gros Manseng *фр. амп.* Гро Мансан (*сорт белого винограда из Жюрансона*)

Gros Plant *фр. амп.* Гро План (*синоним сорта Фоль Бланш в Нанте*)

Grosse Vidure *фр.* Грос Видюр (*региональное название сорта Каберне Фран в Граве*)

Grosslage (*n.*) *нем.* среднее винодельческое хозяйство; средняя по величине производственная единица (*объединяющая более мелкие*); см. ткж **Einzellage**

grotto (*n.*) *амер.* небольшой погребок для вин

ground pearls *pl. энт.* вид слизней *Margarodes spp.* (*вредители винограда*)

grounds (*n.*) гуща, донный осадок, отстой

growing (*adj.*) *бот.* ростовой; связанный с ростом (*растения*); ◊ **number of ~ days** количество дней роста (*растения*) за сезон

growing root (*n.*) *бот.* ростовой корень

growing season (*n.*) период созревания винограда (*число дней с весны до осени со средней дневной температурой*); ◊ **healthy ~** период здорового роста растения

growler (*n.*) *амер.* гроулер; кувшин для пива

growth (*n.*) 1. зарегистрированный виноградник; *см. ткж.* **cru**; 2. сбор винограда с зарегистрированного виноградника; 3. *бот.* рост; ◊ **vinegrape shoot ~** рост побегов виноградной лозы
classified ~ виноградник высшего класса, занесённый в национальную классификацию
first ~ вино из виноградника высшего класса (*обозначение на этикетке*); *см. ткж.* **Premier Cru**
great ~ виноградник высшего класса, занесённый в национальную классификацию

growtube (*n.*) пластмассовые *или* стеклянные трубки для защиты молодых растений при посадке

Grüner Veltliner *австр. амп.* Грюнер Вельтлинер (*сорт белого винограда, дающий очень сухие вина с высоким содержанием танинов*)

guaro (*n.*) *исп.* гуаро (*спиртной напиток из сахарного тростника; разновидность рома*)

gubbins (*n.*) *брит. спирт.* примеси в браге

gueuze (*n.*) *фр.* гёз (*наименование, используемое в Бельгии для обозначения пива, полученного тщательным купажированием молодых и старых ламбиков*); *см. ткж.* **lambic**

guide (*n.*) 1. *хим.* гонок (*рассева*); 2. *pl. агр.* разметка (*при установке шестов на винограднике*)

Guinness (*n.*) *брит. фирм.* «Гиннесс» (*марка пива типа стаут*)

Guinness Extra Stout *фирм.* «Гиннесс Экстра Стаут» (*известный стаут, выпускаемый в Ирландии*)

gulpable (*adj.*) лёгкий, легко пьющийся (*о вине*); ◊ **a ~ dose** порция на один глоток; глоток спиртного

gum (*n.*) 1. смола, камедь, гумми; 2. растительный клей
starch ~ декстрин

gun (*n.*) готовая бочка после процесса сборки; *см. ткж* **shaped barrel**

gush (*v.*) фонтанировать, литься потоком

gushing (*n.*) фонтанирование, бурное вспенивание

gust (*n.*) острый или приятный вкус

gustation (*n.*) проба на вкус

gustatory (*adj.*) вкусовой

Gutedel (*n.*) *нем. амп.* Гутедель (*сорт белого винограда; синоним Шасла в Эльзасе*)

Guyot system *агр.* система формирования верхней части куста по методу Гюйо

Guyot training *агр.* форма куста по методу Гюйо; ◊ **double-sided with two fruit groups ~** двусторонняя форма с двумя плодовыми звеньями («*Двуплечий Гюйо*»); **one-sided with one fruit group ~** односторонняя форма с одним плодовым звеном («*Одноплечий Гюйо*»)

gyle (*n.*) *пив.* 1. бродильный чан; 2. забродившее сусло; 3. партия солода для приготовления пива; 4. порция неферментированного солода, которая добавляется для обеспечения карбонизации [кондиционирования] готового пива; *см. ткж* **parti-gyle brewing**

gyropallet (*n.*) устройство для автоматической подачи бутылок с шампанским на дегоржаж

H

habitus (*n.*) *бот.* габитус, внешний вид
grape bush ~ внешний вид виноградного куста

head

hair (*n.*) *брит.* ткань, в которую помещается свежеприготовленная яблочная пульпа для последующего прессования (*при производстве сидра*)

halbtrocken (*adj.*) *нем.* полусухой (*о вине*) (*надпись на этикетке немецких вин*)

half (*n.*) *брит. разг.* порция виски, равная половине стакана; *ткж.* **half of glass**

half-barrel бочка вполовину стандартного объема (*25 – 30 галлонов*)

half-dry (*adj.*) полусухой (*о вине*); *см. ткж.* **demi-sec; medium-dry**

half-sweet (*adj.*) полусладкий (*о вине*); *см. ткж.* **demi-sweet**

hammer mill *спирт.* молотковая дробилка, мельница (*для зерна крупного размера, напр., кукурузы*)

Hanepoot (*n.*) *южн.-афр.* Ханепот (*название сорта белого винограда Мускат Александрийский*)

hangover (*n.*) *разг.* похмелье

happoshu (*n.*) *яп.* хаппосю (*сорт пива с низким содержанием солода (менее 50%); приготовлено из сырья, которое не используется для приготовления обычных сортов пива*)

hard (*adj.*) *дегуст.* высокотаниновый (*о вине*)

hard wood твердость фактуры (*дефект натуральной пробки*)

hardening (*n.*) закаливание

hardening-off сброс листьев; отвердение побегов и подготовка к зиме (*четырнадцатая стадия годового цикла винограда*)

hardiness (*n.*) устойчивость (*виноградного растения*)

winter ~ зимостойкость (*винограда*)

Harp (*n.*) *брит. фирм.* «Харп» (*марка лагерного пива*)

harrow (*n.*) *агр.* борона

harrowing (*n.*) *агр.* боронование

harsh (*adj.*) 1. грубый (*о вкусе*); 2. терпкий (*о вине*)

harsh tannins *вин.* резкие [терпкие] танины

harvest (*n.*) сбор гроздьев (*тринадцатая стадия годового цикла винограда*)

Harveys Bristol Cream Sherry *фирм.* «Харвейз Бристол Крим Шерри» (*очень сладкий херес, выпускаемый фирмой "Harveys" в Бристоле, Великобритания*); *см. ткж.* **Bristol Cream**

Haut-Brion *фр. геогр.* О-Брион (*известный апелласьон в регионе Бордо*)

Haut-Médoc *фр. геогр.* О-Медок (*один из лучших апелласьонов в регионе Бордо*)

Hawkes Bay *н.-зел. геогр.* залив Хокса (*наименование винодельческого района на юго-востоке о-ва Северный*)

haze (*n.*) помутнение, мутность, муть

bacterial ~ бактериальная муть

biological ~ помутнение биологического происхождения

chemical ~ химическое помутнение

chill ~ муть от охлаждения, холодное помутнение

colloidal ~ коллоидная муть

crystal ~ кристаллическое помутнение, выпадение кристаллов

dextrine ~ декстриновое [коллоидное] помутнение

ferric phosphate ~ белый касс, посизение (*порок вина*)

ferric tannate ~ черный [голубой, железный] касс, почернение (*порок вина*)

nonreversible ~ необратимое помутнение

oxalate ~ оксалатное помутнение

oxidative ~ окислительное помутнение

permanent ~ необратимое помутнение

protein ~ белковое помутнение

total ~ общее помутнение

white ~ белый касс, посизение (*порок вина*)

yeast ~ дрожжевое помутнение

hazemeter (*n.*) мутномер; нефелометр

haziness (*n.*) помутнение, мутность, муть

hazy (*adj.*) *дегуст.* мутный, помутневший (*о цвете вина*); *см. ткж.* **dim**

head (*n.*) 1. *бот.* верхняя часть, верхушка; крона (*растения*); 2. *вин.* шапка (*пены и мезги на поверхности бродящего сусла*); 3. дно (*бочки*)

crowner ~ укупорочная головка (*в машине для укупорки кроненпробкой*)

head

crowning ~ *см.* **crowner head**
filling ~ разливочная головка
gravity filling ~ самотёчная разливочная головка (*работающая под действием силы тяжести*)
high ~ высокий штамб
low ~ низкий штамб
still ~ шлем [колпак] перегонного куба
head bush *бот.* головчатая форма куста
heading (*n.*) развитие верхней части растения
headland (*n.*) *агр.* пустое пространство между первым рядом виноградника и дорогой, окаймляющей виноградник
head removal *спирт.* отгон головного погона
head remover *спирт.* колонка для отгона головного погона
heads (*n.*) *pl. спирт.* головная фракция, головной погон (*сопутствующие компоненты при производстве этанола; имеют более низкие точки кипения, чем этанол; представлены наиболее легкими фракциями: метанолом и альдегидами*)
methanol ~ головная фракция метанола
heads-concentration column дистилляционная колонна для концентрации погонов (*полученных в производстве нейтрального спирта, легких ромов и виски*)
heads fraction *спирт.* головная фракция, головной погон; *ткж.* **heads**
head shot стопка для виски с крышечкой
headspace (*n.*) незаполненный объем (*бутылки, бочки*); *см. ткж.* **free space; ullage**
head-spur training system *агр.* система формирования куста
heady (*adj.*) *дегуст.* 1. высокоспиртуозный (*о вине*); 2. имеющий богатые вкусовые качества (*о вине*); 3. крепкий, опьяняющий
health warning statement *амер.* текст, предупреждающий о вреде алкоголя, на этикетках бутылок со спиртными напитками (*требование BATF*); *см. ткж.* **Government Warning; Surgeon General's Warning**

hearts (*n.*) *pl. спирт.* средняя часть дистиллята
Hearty Burgundy *амер.* сорт бургундского вина, производимого в Калифорнии
heat exchanger теплообменник
heat gun электронагреватель для усадки (пластмассовых) капсул (*для крупных предприятий*)
heat index тепловой индекс
heat resistance жаростойкость; жаропрочность
heat summation *агр. тех.* сумма среднесуточных температур
heat summation units *агр. тех.* сумма активных температур (*число дней с температурой выше $+10^0C$ (55^0F), деленное на общее число дней вегетативного роста*); *см. ткж.* **HSU**
heat tunnel тепловая камера для усадки (пластмассовых) капсул
hand-held ~ ручной электронагреватель для усадки капсул
single-bottle bench model ~ нагревательная камера с одним посадочным местом (*для небольших предприятий*)
hectoliter (*n.*) гектолитр (*100 литров*)
heeltap (*n.*) *разг.* небольшое количество спиртного напитка, оставшееся в стакане или бутылке
helicophile (*n.*) геликофил (*коллекционер винных штопоров*)
helix (*n.*) спираль (*штопора*)
fluted ~ вытянутая спираль
Helix pomata *лат.* виноградная улитка (*вредитель винограда*)
Helles (*n.*) *нем.* светлое пиво
Hellesbock (*n.*) *нем.* светлое пиво сорта бок
herb (*n.*) трава (*определенные сорта используются в производстве джина*)
herbaceous (*adj.*) *дегуст.* травянистый (*о букете*)
herbal (*adj.*) *см.* **herbaceous**
Herbemont (*n.*) *амер. амп.* Гербемонт (*гибридный сорт красного винограда*)
herbicidal (*adj.*) гербицидный
herbicide (*n.*) *агр.* гербицид
herby (*adj.*) *дегуст.* с неприятным растительным привкусом (*о букете вина*)

Hermitage (*n.*) *фр.* 1. *геогр.* Эрмитаж (*известный апелласьон в области Кот-дю-Рон региона Бургундия*); 2. *амп.* Эрмитаж (*сорт белого и красного винограда среднего периода созревания*); 3. *фирм.* «Эрмитаж» (*белое ликерное вино высшего качества*)

hessian (*n.*) *брит.* мешковина; *см. ткж.* **burlap**

heterografting (*n.*) *см.* **heteroplastic grafting**

Heurige (*n.*) *австр.* 1. молодое белое вино из окрестностей Вены; 2. таверна в Вене, где подают молодое местное вино

hexose (*n.*) *хим.* гексоза

Hiag process *хим.* процесс дегидратации этанола путем экстрактивной дистилляции (*разработан в 1930-х гг. в Германии*)

hibernation (*n.*) 1. *бот.* гибернация, зимняя спячка, зимовка; 2. *агр.* защитное зимнее покрытие

Hi-Boy (*n.*) *амер. фирм.* «Хай-Бой» (*винный шкаф с системой поддерживания определенной температуры, влажности и вентиляции*)

high (*adj.*) *разг.* опьяненный, в состоянии алкогольного опьянения; *см. ткж.* **mellow**

Highball (*n.*) спиртной напиток (*обычно виски со льдом, газированной водой, соком*), подаваемый в высоком стакане; *см. ткж.* **highball glass**

high boiler *хим.* высококипящее соединение

high-bole bush высокоштамбовая форма куста

high-density lipoproteins *хим.* липопротеины высокой плотности, ЛВП (*являются антитромбообразующим фактором*); ◊ **ethanol-induced increase of** ~ повышение количества ЛВП под влиянием винного спирта

higher alcohols высшие спирты (*побочный продукт в производстве этанола*)

high-fructose corn syrup кукурузный сироп с высоким содержанием фруктозы

Highland Single Malt Scotch *фирм.* односолодовое виски, произведенное в горной Шотландии (*одна из категорий шотландского виски*)

high-performance liquid chromatography жидкостная хроматография высокого разрешения

High Sylvoz *агр. фирм.* система высокого натяжения проволоки для подвязки лозы; *см. ткж.* **High Wire Cordon System**

high toned *дегуст.* имеющий легкий кислотный привкус (*о вине*)

High Wire *агр. фирм.* система кордона с высоким расположением несущей шпалеры; *см. ткж.* **High Wire Cordon System**

High Wire Cordon System *агр. фирм.* система использования высокого натяжения проволоки для кордона

hi-ire (*n.*) *яп.* хи-ире (*пастеризация саке*)

Himmelreich (*n.*) *нем. геогр.* Химмельрайх (*наиболее известный виноградник в Граахе, Мозель*)

Himrod (*n.*) *амер. амп.* Химрод (*исконно американский столовый сорт белого винограда без косточек*)

Hine (*n.*) *фирм.* «Хайн» (*марка коньяка известной фирмы, основанной Т. Хайном*)

Hine Antique *фирм.* «Хайн Антик» (*коньяк выдержки 20 – 25 лет*)

Hine Cigar Réserve *фирм.* «Хайн Сигар Резерв» (*коньяк выдержки 15 – 20 лет*)

Hine Family Réserve *фирм.* «Хайн Фемили Резерв» (*коньяк выдержки 45 – 55 лет*)

Hine Rare & Delicate *фирм.* «Хайн Реар энд Деликит» (*коньяк категории VSOP выдержки 8 – 10 лет*)

Hine Triomphe *фирм.* «Хайн Триумф» (*коньяк выдержки 40 – 50 лет*)

hint (*n.*) *дегуст.* оттенок вкуса, аромата; ◊ ~**s of citrus** оттенок цитрусовых в аромате напитка

Hipping (*n.*) *нем. геогр.* Гиппинг (*самый известный виноградник в Ниритайне, Райнгессен*)

hippocras (*n.*) *ист.* лечебное вино, ароматизированное специями

hipsy (*n.*) напиток, состоящий из вина, воды и бренди

Hochheimer

Hochheimer (*n.*) *нем.* светлое сухое вино, произведенное в Хохгейме; *см. ткж.* **hock**

Hock (*n.*) *см.* **Hock bottle**

hock *брит.* светлое сухое вино рейнского типа

hoe *агр.* 1. (*n.*) мотыга; 2. (*v.*) разрыхлять землю мотыгой

hoeing (*n.*) *агр.* (раз)рыхление земли мотыгой

hogshead (*n.*) 1. деревянная бочка емкостью ок. 66 галлонов (*250 л*) (*применяется в Шотландии для выдержки виски*); 2. бочка, бочонок (*во Франции – 225 – 228 л*); 3. хогсхед (*мера емкости; англ. = 245 л, амер. = 238 л*); 4. *австрал.* хогсхед (*винная бочка емкостью 300 л*)

holder:
    bottle ~ подставка для бутылок (*обычно винных*)

hole (*n.*) отверстие
    bung ~ наливное отверстие (*бочки*) под шпунт
    filling ~ наливное отверстие, наливная горловина
    peg ~ наливное отверстие (*бочки*) под втулку

Holland's gin голландский джин (*сладкий ароматный сорт джина*); *см. ткж.* **Dutch gin; Geneva gin; Jenever; sweet gin**

hollow (*adj.*) *дегуст.* недостаточно ароматный (*о вине*)

hollowing (*n.*) выборка клепок (*придание клепкам вогнутой формы в процессе их изготовления*)

hollow-ware *собир.* посуда (*стаканы, бокалы и т. д.*)

home brew спиртной напиток домашнего изготовления (*особенно пиво*)

home-made (*adj.*) домашнего изготовления (*о вине, виски*)

home winemaker *амер. юр.* «домашний винодел» (*лицо, которое производит вино для личного или семейного потребления, без права продажи выработанного и розлитого вина; норма на 1 человека составляет 100 галлонов в год, для семьи из 2-х и более человек – 200 галлонов вина в год*)

home winemakers' center *амер. юр.* статус винодельческого предприятия, сдающего в аренду производственные площади и мощности для «домашних виноделов»

homografting (*n.*) *см.* **homoplastic grafting**

honest wine качественное вино, не имеющее изъянов и пороков

honey wine спиртной напиток из ферментированного меда, медовое вино; *см. ткж.* **mead**

honjozo-shu (*n.*) *яп.* хондзёдзо-сю (*саке с добавлением дистиллированного спирта; 2-й основной тип саке*)

hooch (*n.*) *амер.* 1. нелегально произведенный алкоголь; *ткж.* **hootch**; 2. *разг.* виски из зерна; *см. ткж.* **corn whiskey; moonshine; white lightning**

hoop (*n.*) обруч (*бочки*)
    bilge ~ натяжной обруч (*один из двух обручей, надеваемых по обеим сторонам пука бочки*); *ткж.* **booge; booge hoop; bulge hoop**
    booge ~ *см.* **bilge hoop**
    bulge ~ *см.* **bilge hoop**
    chime ~ крайний обруч; *ткж.* **head hoop**
    dingee ~ последний обруч, надеваемый на свободный конец бочки (*после сгибания клепок*); *ткж.* **end hoop; temporary hoop**
    end ~ *см.* **dingee hoop**
    head ~ *см.* **chime hoop**
    raising ~ подъемный обруч (*первый обруч, надеваемый при сборке клепок*); *см. ткж.* **temporary hoop**
    temporary ~ временный обруч (*используемый при сборке бочки и удаляемый с заменой на постоянный обруч*); *см. ткж.* **dingee hoop; raising hoop; truss hoop**
    truss ~ стягивающий обруч (*применяется при сборке бочки для удержания несогнутых клепок*); *см. ткж.* **temporary hoop**

Hooper's Hooch (*n.*) *фирм.* «Хуперс Хуч» (*слабоалкогольный напиток на основе лимонного сока крепостью 4,7% об.*)

hootch (*n.*) *см.* **hooch**

hop 1. (*n.*) *бот.* хмель (*сырье для пивоварения*); 2. (*v.*) класть хмель в пиво
aroma ~ ароматический хмель; хмель-ароматизатор
bittering ~ хмель, придающий характерную горечь пиву
Cascade ~ Каскад (*специальный сорт хмеля, придающий ароматические качества пиву*); *ткж.* **aroma hop**
Centennial ~ Сентениал (*специальный сорт хмеля, придающий характерную горечь пиву*); *см. ткж.* **bittering hop**
Chinook ~ Чинук (*специальный сорт хмеля, придающий характерную горечь пиву*); *см. ткж.* **bittering hop**
Columbus ~ Колумбус (*специальный сорт хмеля, придающий ароматические качества пиву*); *ткж.* **aroma hop**
Mt. Hood ~ Маунт Худ (*специальный сорт хмеля, придающий характерную горечь пиву*); *ткж.* **bittering hop**
Nobel ~ Нобель (*один из самых популярных сортов хмеля, используемых в пивоварении в США*)
Perle ~ Перл (*специальный сорт хмеля, придающий характерную горечь пиву*); *см. ткж.* **bittering hop**
Santiam leaf ~ Сантиам листовой (*специальный сорт хмеля, придающий ароматические качества пиву*); *ткж.* **aroma hop**
Simcoe ~ Симко (*новый сорт хмеля, отличающийся особо мягким вкусом и высокими ароматическими качествами*); *ткж.* **aroma hop**
Spalter Select ~ Шпальтер селект (*специальный сорт хмеля, придающий характерную горечь пиву*); *ткж.* **bittering hop**
Williamette ~ Вильяметте (*специальный сорт хмеля, придающий характерную горечь пиву*); *ткж.* **bittering hop**
hopback (*n.*) *пив.* ситообразная емкость для пересеивания хмеля; *ткж.* **hopjack**
hopjack *амер. см.* **hopback**
hopped wort *пив.* охмеленное сусло
hopper (*n.*) загрузочная воронка, бункер

hopping (*n.*) *пив.* охмеление (*сусла*)
hornworm (*n.*) *спирт.* бражник, бродильный чан
Hors d'âge (*n.*) *фр.* «Ор д'аж» (*категория коньяка или бренди крепостью 42% об., срок выдержки которого неизвестен*); *см. ткж.* **Extra Old**
horse's neck виски с имбирным элем, подаваемое со льдом и лимоном
horz (*n.*) *монг.* хорз (*средняя по крепости разновидность напитка архи*); *см. ткж.* **arhi**
hose (*n.*) шланг, рукав
hot (*adj.*) *дегуст.* горячий (*о вкусовом ощущении от высокоспиртуозных спиртных напитков*)
hot break *пив.* коагуляция и чрезмерное пропитывание протеинов во время стадии кипячения
hot-buttered rum ром, смешанный с горячей водой и сахаром, с добавлением в бокал кусочка сливочного масла
hot-process bottling горячий розлив
hot shot небольшой узкий стаканчик с толстым основанием для крепких напитков
hot toddy *см.* **toddy**
house (*n.*) 1. помещение; 2. предприятие; 3. цех, отделение (*предприятия*)
bottling ~ разливочное отделение, цех розлива в бутылки
cognac ~ коньячный завод
still ~ отделение брагоперегонных аппаратов
Hudson River Umbrella *агр. фирм.* система высокого натяжения проволоки *см. ткж.* **High Wire Cordon System**
hulking (*adj.*) 1. *дегуст.* тяжелый, грубый (*о вкусе вина*); 2. имеющий плотную структуру и высокое содержание танинов (*о вине*)
Hunt (*n.*) *амер. амп.* Хант (*сорт красного винограда семейства Мускадин*)
Hunter River Riesling *австрал. амп.* Хантер Ривер Рислинг (*белый сорт винограда; синоним сорта Семильон*)
Hunter Valley *австрал. геогр.* долина Хантер (*винодельческий район недалеко от Сиднея; производит вина из сортов Шардоне, Пино Нуар, Шираз*)

hybrid

hybrid (*п.*) *бот.* гибрид (*результат генетической комбинации двух и более сортов для повышения качества сорта*); *ткж.* **hybrid cultivar**
Franco-American ~ *амп.* франко-американский гибрид (*завезен в Европу после массовой эпидемии филлоксеры в XIX в.*)
interspecific ~ межвидовой гибрид
intraspecific ~ внутривидовой гибрид
hydrocarbon (*п.*) *хим.* углеводород
hydromel (*п.*) 1. мед (*напиток*); 2. смесь меда с водой
hydrometer (*п.*) гидрометр
Balling ~ гидрометр Баллинга (*для измерения эквивалента процентного содержания сахара*)
Brix ~ гидрометр Брикса (*для измерения эквивалента процентного содержания сахара*)
proof ~ прибор для измерения содержания этилового спирта в смеси с водой
hydrometer cylinder цилиндр гидрометра
hydroselection column *спирт.* колонна для сбора воды
hydrous ethanol этанол, содержащий воду
hydroxyl (*п.*) *хим.* гидроксил
hydroxyl group *хим.* гидроксильная группа; *ткж.* **OH group**
hygrometer (*п.*) гигрометр
hygroscopic *(adj.)* гигроскопичный, впитывающий влагу (*напр., ангидрированный этанол*)
hyperoxidation (*п.*) подача пузырьков воздуха через бродящее сусло (*при приготовлении белых вин*)

I

Ice 101 *фирм.* «Айс 101» (*мягкий шнапс крепостью 101° proof; выпускается фирмой "Firewater Inc."*)
ice bock *см.* **Eisbock**

ice tongs щипцы для льда
ice wine ледяное вино, айсвайн (*натуральное сладкое вино, приготовленное из замерзшего на лозе винограда, подвергшегося прессованию с целью получения более концентрированного сусла*); *ткж.* **cryo wine; Eiswein**
ilnyonch'u (*п.*) *кор.* ильнончу (*выдержанная рисовая водка*)
imiglykos *(adj.) греч.* полусладкий (*о вине*); *см. ткж.* **demi-sweet**
imixeros *(adj.) греч.* полусухой (*о вине*); *см. ткж.* **demi-dry, demi-sec**
immature *(adj.)* незрелый; ◊ ~ **grapes** незрелый виноград
impeller (*п.*) гонок (*рассева*)
imperfection (*п.*) дефект, порок; ◊ **wine** ~ порок вина
Imperial Court *фирм.* «Империал Корт» (*марка игристого вина, приготовленного по классическому шампанскому методу; выпускается в Китае*)
Impériale (*п.*) 1. *исп.* «Империале» (*обозначение лучших сухих вин из провинции Риоха, Испания*); *см. ткж.* **Gran Riserva**; 2. *фр.* «Империал» (*бутылка для бордоских вин большого объема, равного 8 стандартным бутылкам или 6 л*); *ткж.* **Impériale bottle; impériale**
impériale (*п.*) *см.* **Impériale** 2.
imperial gallon *брит.* имперский галлон (*равен объему, занимаемому 10 фунтами воды при 62°F и 30 дюймах барометрического давления = 1 $^1/_5$ амер. галлона = 4,546 л = 6 стандартным винным бутылкам*)
imperial pint *брит.* имперская пинта (*бутылка для игристых вин объемом 0,6 л*)
imperial quart *брит.* имперская кварта (*1,136 л*)
Imperial stout *брит. фирм.* «Империал стаут» (*специальный сорт темного плотного пива с повышенным содержанием алкоголя; производилось в Британии специально для русского императорского двора; в настоящее время выпускается в Великобритании, США и Японии*)

impurity (*n.*) загрязнение, примесь
inbreeding (*n.*) *бот.* родственное скрещивание; самоопыление
incrustation (*n.*) образование винного камня
index (*n.*) индекс, показатель; коэффициент; число
   ether ~ *хим.* эфирное число
   gluco-acidometric ~ глюкоацидометрический показатель (*виноградного сусла*)
   oxygen ~ *хим.* кислородное число (*вина*)
   pH ~ *хим.* водородный индекс
Indian-made foreign liquor *брит.* спиртной напиток, изготовленный в Индии
India Pale Ale *брит. фирм.* «Индиа Пейл Эйл» (*крепкий эль с более высоким содержанием алкоголя и хмелевых ароматизаторов по сравнению со светлым элем; это способствовало обеспечению его сохранности при перевозках между Англией и Индией*); *ткж.* **IPA**
indigenous variety местный сорт винограда
Individual Berry Harvest *амер.* вино из отдельно собранных ягод перезрелого винограда, покрытых благородной плесенью (*обозначение на бутылке*)
Individual Bunch Selected Late Harvest *амер.* вино из гроздьев перезрелого винограда, собранных вручную (*обозначение на бутылке*)
industrial alcohol технический [промышленный] спирт, (этиловый) спирт для технических целей
industrial vineyard промышленный виноградник
inebriant 1. (*n.*) алкогольный напиток; *см. ткж.* **intoxicant** 1.; 2. (*adj.*) опьяняющий, алкогольный; *см. ткж.* **intoxicant** 2.; **high**
inebriate 1. (*n.*) пьяница, алкоголик; 2. (*adj.*) пьяный, опьяневший (*о человеке*); 3. (*v.*) опьянеть
inebriation (*n.*) *см.* **intoxication**
inebriety (*n.*) *см.* **intoxication**
inferior quality низкое качество
Inferno (*n.*) *ит. фирм.* «Инферно» (*мягкое красное вино из Вальтеллины, Ломбардия*)

infestation (*n.*) инвазия (*заражение паразитами*); *см. ткж.* **invasion**
inflorescence (*n.*) *бот.* 1. цветение; 2. соцветие; 3. *фр.* цветущая гроздь (*винограда*)
information panel *амер.* часть этикетки с информацией о напитке (*непосредственно граничит с основной этикеткой с правой стороны*); *см. ткж.* **principal display panel**
infusion (*n.*) 1. настаивание; 2. настой(ка); ◊ ~ **on the seeds and skins** настаивание на мезге; ~ **on the oak and chips** настой (*коньячного спирта*) на дубовой стружке; ~ **fruit** — морс (*водноспиртовой настой свежих или высушенных плодов или ягод*)
ingredient (*n.*) ингредиент, компонент
ingredients statement *амер.* информация обо всех использованных (*в продукте*) ингредиентах (*требование NOP*)
inhibitor (*n.*) *хим.* ингибитор, замедлитель
inimitable (*adj.*) неповторимый, несравненный (*о вине, коньяке и т. д.*)
inky (*adj.*) очень темный, почти черный, чернильного цвета (*о цвете красного вина*)
Inobacter (*n.*) *фр. фирм.* «Инобактер» (*смесь штаммов для улучшения процессов брожения вин*)
inoculate (*v.*) вносить закваску
inoculation (*n.*) внесение закваски
inoculum (*n.*) порция дрожжевой культуры *или* бактерий, применяемая для запуска новой культуры *или* ферментации
Inozyme (*n.*) *фр. фирм.* «Инозим» (*смесь пектолитических энзимов для белых и красных вин*)
Insam-sul (*n.*) *кор. фирм.* «Инсам-суль» (*водка, настоянная на корне женьшеня*)
insect management методы борьбы с насекомыми-вредителями (*винограда*)
insect pests *pl.* насекомые-вредители
insects (*n.*) *pl.* насекомые
   beneficial ~ полезные насекомые
   predatory ~ насекомые-хищники (*уничтожающие вредителей винограда*)
insert (*v.*) вставлять; ◊ ~ **to** ~ **cork** вставлять пробку, укупоривать пробкой

Integra (*n.*) *фр. фирм.* «Интегра» (*препарат для сульфитирования в виде растворимых таблеток*)
intense (*adj.*) *дегуст.* неослабленный, непрерывный, выдержанный (*об аромате вин*)
intensity (*n.*) интенсивность, сила
  color ~ интенсивность [яркость] цвета
  fermentation ~ интенсивность ферментации; интенсивность брожения
  flavor ~ выраженность вкуса и аромата
  odor ~ интенсивность запаха
Interlaken (*n.*) *амер. амп.* Интерлейкен (*столовый сорт белого винограда без косточек; исконно американский сорт*)
intermediate root *бот.* срединный [промежуточный] корень
internode (*n.*) *бот.* междоузлие (*часть черенка привоя между двумя почками*)
intoxicant 1. (*n.*) алкогольный напиток; *см. ткж.* **alcoholic drink; inebriant** 1.; 2. (*adj.*) опьяняющий, алкогольный; *см. ткж.* **inebriant** 2.
intoxicate (*v.*) опьянять; *мед.* отравлять (алкоголем)
intoxication (*n.*) опьянение; *мед.* отравление (алкоголем)
inulin (*n.*) инулин
inulinase (*n.*) инулиназа (*фермент для гидролиза инулина*)
invasion (*n.*) инвазия (*заражение паразитами*); *см. ткж.* **infestation**
iodine solution раствор йода (*применяется в титровании*)
Iprodion (*n.*) *амер. фирм.* «Иродион» (*марка фунгицида, используемого в виноградарстве*)
Iris compression method метод обжимки пробки при укупорке бутылки коркером (*применяется в коркерах напольного типа и в «Гильда-коркере»*)
Irish coffee кофе по-ирландски (*кофе с сахаром и сливками с добавлением ирландского виски*)
Irish Cream *фирм.* «Айриш Крим» (*мягкий густой светло-коричневый ликер на основе виски*)
Irish Mist *фирм.* «Айриш Мист» (*марка известного ирландского ликера, приготовленного по старинным рецептам из солодового виски, смешанного с вересковым медом, травами и специями*)

Irish whiskey ирландское виски (*изготовленное в Ирландии из ячменя*)
iris root *бот.* корень ириса (*используется в производстве джина*)
irregular placement of bushes *агр.* неправильный [бессистемный] способ размещения кустов винограда
irrigation (*n.*) *агр.* ирригация
  deficit ~ дефицитная [ограниченная] ирригация (*один из приемов в виноградарстве*)
  localized ~ узконаправленная [точечная] ирригация
  pressurized ~ напорная ирригация
  regulated deficit ~ регулируемая ограниченная ирригация
  unlimited ~ неограниченная ирригация (*недостаток в виноградарстве*)
irrigation technique *агр.* способ ирригации; *ткж.* **PRDI, RDI**
Isabella (*n.*) *амп.* Изабелла (*сорт красного винограда; гибрид, полученный скрещиванием европейских и американских сортов*); *ткж.* **Isabelle**
Isabelle (*n.*) *см.* **Isabella**
Isariopsis leaf spot *фитопат.* пятнистость [пятнистый некроз] листьев (*заболевание винограда*); *см. ткж.* **leaf blight**
isinglass (*n.*) рыбий клей (*оклеивающее вещество*)
isoamyl alcohol *хим.* изоамиловый спирт
isomer (*n.*) *хим.* изомер
isomerization (*n.*) *хим.* изомеризация
isopropyl ether *хим.* изопропиловый эфир
Ives Noir *амер. амп.* Ив Нуар (*название сорта Бордо в штате Нью-Йорк*); *см.* **Bordo** 1.
Izarra (*n.*) *фирм.* «Изарра» (*баскский ликер из трав, напоминающий ликер Шартрёз*)

J

J & B *фирм.* «Джи энд Би» (*марка шотландского виски типа скотч*)

jack 1. (*n.*) *ист.* высокая пивная кружка; 2. (*n.*) мех (*для вина*); 3. (*v.*) поднимать домкратом (*о действии штопора*)

Jack Daniel's whiskey *амер. фирм.* виски «Джек Дэниелс» (*производится в штате Теннесси, США; крепость 45% об.*); *см. ткж.* **sour mash whiskey**

jacket:
wine tank dimpled cooling ~ охлаждающий пояс ферментационной емкости

Jack Rose *фирм.* «Джек Роуз» (*коктейль из яблочного бренди, лайма или лимонного сока и гранатового сока*)

Jacquère (*n.*) *фр.* 1. *амп.* Жакер (*сорт белого винограда из Савойи*); *ткж.* **Jaquère**; 2. *фирм.* «Жакер» (*вино*)

Jacquez (*n.*) *амер. амп.* Жак (*синоним сорта Ленуар*); *см. ткж.* **Black Spanish**

Jagermeister (*n.*) *нем. фирм.* «Ягермайстер» (*темно-красный ликер на основе трав*)

Jamaica white rum белый ямайский ром

James (*n.*) *амер. амп.* Джеймс (*сорт красного винограда семейства Мускадин*)

Jameson (*n.*) *фирм.* «Джеймсон» (*ирландское виски тройной перегонки*)

jammy (*adj.*) имеющий вкус джема

Japanese beetle *энт.* японский жук (*Popillia japonica*) (*вредитель винограда*)

jar (*n.*) 1. банка; кувшин; склянка; сосуд; 2. *ист.* мера жидкости (= 8 пинтам = 4,54 л)
stone ~ глиняный кувшин (*для сидра, вина и т. д.*)

J-curve *мед.* J-образная кривая (*зависимости заболеваний сердечно-сосудистой системы от потребления алкоголя*)

Jenever (*n.*) голландский джин (*сладкий ароматный сорт джина*); *см. ткж.* **Dutch gin; Geneva gin; Holland's gin; sweet gin**

Jepson Rare Brandy *амер. фирм.* «Джепсон Реар Бренди» (*редкая марка калифорнийского бренди, полностью приготовленного из винограда сорта Френч Коломбар, выращенного на одном винограднике*)

Jerepigo (*n.*) 1. *амер., брит.* «Джерепиго» (*очень сладкое вино, полученное при полной остановке ферментации в самом начале; от порт. Jeropiga*); 2. *южн.-афр.* «Джерепиго» (*сладкий напиток из виноградного сока и бренди*)

Jerez (*n.*) *исп.* 1. *геогр.* Херес-де-ла-Фронтера (*небольшой город в Андалузии, центр производства хереса*); *ткж.* **Jerez de la Frontera**; 2. *вин.* херес (*одно из зарегистрированных наименований хереса*); *см. ткж.* **sherry; Xérès**

Jeroboam (*n.*) *фирм.* «Иеровоам» (*винная бутылка большого объема, равного для шампанских вин 4 обычным бутылкам, или 3 л; для тихих вин 6 обычным бутылкам, или 4,5 л*); *ткж.* **Jeroboam bottle; jeroboam**

jeroboam (*n.*) *см.* **Jeroboam**

jet cooker аппарат для непрерывного подогрева зерновой смеси

jetting (*n.*) шприцевание (*бутылок в бутылкомоечной машине*)

jigger (*n.*) 1. мерный узкий *или* сдвоенный стаканчик для смешивания крепких спиртных напитков емкостью 1-2 унции (*30 – 60 мл*) (*обычно изготавливается из нержавеющей стали*); 2. стаканчик, стопка для виски, водки, джина и *др.* крепких напитков емкостью в 1,5 унции (*30 мл*); *ткж.* **shot glass**; 3. *разг.* порция напитка; *ткж.* **drink**

Jim Beam *фирм.* «Джим Бим» (*марка виски бурбона, производимого в штате Кентукки, США*); *см.* **sour mash bourbon**

Jinro (*n.*) *кор.* «Джинро» (*наименование популярного алкогольного напитка в Корее*)

Jinro Chamjinisulro *кор.* «Джинро Чамджинисульро» (*спиртной напиток, напоминающий водку, крепость 23% об.*)

Jinro Chamnamoo Soju *кор.* «Джинро Чамнаму Соджу» (*алкогольный на-

питок, изготовленный из чистого зернового спирта и рисовой водки, выдержанный 1 год в бочке для виски, крепость 24 и 25% об.); ткж. **Jinro Premium Oak Soju**
Jinro Premium Oak Soju см. **Jinro Chamnamoo Soju**
jizake (*n.*) *яп.* дзидзаке (*саке, произведённое малыми партиями в небольшой пивоварне*)
JMS Stylet Oil *амер. фирм.* «Джи-Эм-Эс Стайлет Ойл» (*фунгицид, используемый в виноградарстве*)
Johannisberg (*n.*) *геогр.* Йоханнисберг (*город в Райнгау, Германия*)
John Collins Cocktail *амер.* коктейль «Джон Коллинз» (*смешанный напиток из джина, апельсинового или лимонного сока и содовой воды со льдом*)
Johnnie Walker Black Label *фирм.* «Джонни Уокер Блэк Лейбл» (*известная марка шотландского купажированного виски с чёрной этикеткой на бутылке; производится с 1909 г.*)
Johnnie Walker Red Label *фирм.* «Джонни Уокер Ред Лейбл» (*наиболее известная и продаваемая в мире марка шотландского купажированного виски с красной этикеткой на бутылке; производится с 1909 г.*)
jointing (*n.*) подгонка клёпок (*завершающая стадия в изготовлении клёпок для бочек*)
jonge (*adj.*) *голл.* молодой ординарный [невыдержанный] джин; *ср.* **oude**; **zeer oude**
jorum (*n.*) большая кружка *или* чаша, *особ.* чаша с пуншем
Jose Cuervo *мекс.* «Хосе Куэрво» (*известная фирма по производству текилы*)
Jose Cuervo Gold Tequila *мекс. фирм.* «Голд Текила» фирмы Хосе Куэрво (*специальная марка текилы золотистого цвета*)
J-shaped relation см. **J-curve**
juice (*n.*) 1. *бот.* сок (*растения*); 2. сок, напиток из фруктового концентрата, воды, сахара; 3. *вин.* сусло

bamboo ~ рисовое вино (*продаваемое) в таре из бамбуковых стволов*
drained ~ *вин.* сок-самотёк; сусло-самотёк; *ткж.* **free-run juice**
fermented ~ ферментированный сок; сбродивший [забродивший] сок
free-run ~ *вин.* сок-самотёк; сусло-самотёк; *ткж.* **drained juice**
maceration ~ *вин.* мацерационный сок
recovered grape ~ виноградный сок из выжимок
second grape ~ виноградный сок второго прессования
juicer (*n.*) прибор для выжимания сока; соковыжималка
juicy (*adj.*) сочный (*о плодах*)
Julep (*n.*) *амер.* «Джулеп» (*смешанный напиток на основе виски с сахаром, свежей мятой и льдом*)
juniper berries ягоды можжевельника (*используются в производстве джина*)
junmai-shu *яп.* дзюнмай-сю (*1-й основной тип саке, приготовленный из чистого риса, воды и кодзи, без добавок дистиллированного спирта и т. д.*)
Jurançon *фр.* 1. *геогр.* Жюрансон (*апелласьон винодельческого региона Юго-Запад*); 2. *фирм.* «Жюрансон» (*белое полусладкое вино*)
Jurançon Blanc *фр. амп.* Жюрансон Блан (*сорт белого винограда из Арманьяка*)
Jurançon Noir *фр. амп.* Жюрансон Нуар (*сорт красного винограда из Арманьяка*)

К

K-1 *фирм.* «К-1» (*марка сухих дрожжей для красных и белых сухих вин*)
Kabinett (*n.*) *нем.* Кабинет (*1. первая степень качества немецких качественных вин с предикатом; ткж.* **table wine**: *столовое вино из винограда немецких сортов; 2. бокал высотой 135 или 182 мм для профессиональной дегустации вин*)

ное преимущественно из сорта Конкорд в Израиле под надзором раввина
Koshu (*n.*) *яп. амп.* Кошу (*исконно японский сорт белого винограда*)
Koskenkorva *фирм.* «Коскенкорва» (*марка финской водки*)
koumiss (*n.*) кумыс; *ткж.* **kumis**
krasi (*n.*) *греч.* вино, разведенное водой (*используемое, в частности, для евхаристии*)
Krausen *нем.* 1. (*n.*) *см.* **wort**; 2. (*v.*) заправлять сусло дрожжами
kriska (*n.*) пальмовое вино из Западной Африки
Kristall (*n.*) *нем. фирм.* «Кристалл» (*марка отфильтрованного пшеничного пива*)
Kubierschky process *фирм.* первый запатентованный процесс непрерывной дегидратации этанола с помощью бензола
kumis (*n.*) кумыс; *ткж.* **koumiss**
Kummel (*n.*) *голл. фирм.* «Куммель» (*сладкий ликер, ароматизированный тмином*); *ткж.* **kummel**
kura (*n.*) *яп.* кура (*пивоварня для приготовления саке*); *см. ткж.* **sakagura**
kurabito (*n.*) *яп.* курабито (*рабочий пивоварни по приготовлению саке*)
kuramoto (*n.*) *яп.* курамото (*мастер пивоварни по приготовлению саке*)
Kwai Feh *голл. фирм.* «Квай Фе» (*ликер, ароматизированный плодами личи*)
Kyeryoung Paegilju *кор. фирм.* «Кьериoнг Пагильджу» (*традиционный корейский напиток, приготовленный из риса, солода, сосновых иголок, цветов, фруктов и меда; крепость 40% об.*)
Kyoho (*n.*) *яп. амп.* Киохо (*гибридный сорт винограда с выраженным «лисьим» тоном*)

L

label (*n.*) этикетка
  adhesive ~ самоклеящаяся этикетка; «сухая» этикетка, стикерс; *ткж.* **pressure-sensitive label; sticker label**
  back ~ контр-этикетка
  body ~ основная этикетка (*на бутылке*)
  country-style ~ стандартная [традиционная] этикетка
  custom-printed ~ этикетка, сделанная по заказу
  directional wine ~ *амер.* винная этикетка с обязательным указанием содержания некоторых компонентов (*напр. серы, свинца и др.; введены по указанию BATF*)
  European style ~ евроэтикетка
  front ~ основная этикетка; передняя этикетка
  full color ~ полноцветная этикетка
  generic ~ этикетка, не защищенная зарегистрированной торговой маркой (*полностью или частично*); *см. ткж.* **private label**
  gummed ~ приклеиваемая этикетка; «мокрая» этикетка
  monochrome ~ одноцветная этикетка
  neck ~ кольеретка; *ткж.* **neck-around label**
  neck-around ~ *см.* **neck label**
  pre-gummed ~ этикетка с предварительно нанесенным клеем
  pressure-sensitive ~ самоклеящаяся этикетка; «сухая» этикетка, стикерс; *ткж.* **adhesive label; sticker label**
  primary ~ *амер.* основное [главное] обозначение на этикетке, официально зарегистрированное в TTB и имеющее сертификат COLA
  private ~ частный ярлык (*торговая марка, не защищенная производителем*); *см. ткж.* **generic label**
  second ~ *амер.* обозначение на этикетке вин, не соответствующих требованиям основной этикетки (*в связи с плохими погодными условиями, другими особенностями урожая*)
  secondary ~ *см.* **second label**
  sticker ~ самоклеящаяся этикетка; «сухая» этикетка, стикерс; *ткж.* **adhesive label; pressure-sensitive label**
  strip ~ дополнительная этикетка (*обычно меньшего размера, чем основная; применяется для маркировки импортных вин в США*)

kosher wine

kagor (*n.*) *см.* **Cahors** 3.
Kahlua (*n.*) *фирм.* «Калуа» (*ликер, ароматизированный кофе и ванилью; крепость 26% об.; выпускается в Мексике*)
kahor (*n.*) *см.* **Cahors** 3.
Kao-liang (*n.*) *кит.* као-лянь (*традиционный китайский спиртной напиток; близок к джину и водке*)
karakuchi *яп.* каракучи (*сухой на вкус*) (*о саке*)
Karl Fischer titration титрование по методу Карла Фишера (*определение количества воды в пробе этанола*)
kasra (*n.*) касра (*анисовый ликер из Ливии*)
ka-su (*n.*) *яп.* ка-су (*сухой дрожжевой остаток после выжимки ферментированного рисового солода*)
kava (*n.*) кава (*полинезийский алкогольный напиток из ароматических корней растения кава*)
kavakava (*n.*) *см.* **kava**
keg (*n.*) бочка; бочонок (*англ. 45.5 л; амер. 113.6 л*); *проф.* кег
Kelly's Promise *австрал. фирм.* «Келлиз Промис» (*марка синтетической пробки для вина*)
kerosene *дегуст.* имеющий тон химикатов (*о выдержанных винах из винограда Рислинг*)
kettle for steaming corks сосуд для обработки пробок горячим паром
Keuka High Renewal *агр. фирм.* высокоштамбовая система формирования куста с дугообразными побегами.
kiddush (*adj.*) *ивр.* священный (*о вине*); *ткж.* **sacramental**
Kieselsol (*n.*) *фирм.* Кизельсол (*коллоидный раствор диоксида кремния; применяется для оклеивания вина*)
kieve (*n.*) *ирл. уст.* емкость для обработки затора в производстве виски; *см. ткж.* **mash tun**
kilderkin (*n.*) 1. небольшая бочка; 2. *англ.* кильдеркин (*мера жидкости, равная 81,8 л*)
Kilkenny Irish Beer *фирм.* «Килкенни Айриш Бир» (*марка пива красного цвета, выпускаемого в Ирландии*)
kill (*v.*) уничтожать, портить (*насаждения и т.д.*); ◊ **to be ~ed to the soil** уничтожить на корню (*о лозе*)

kiln (*n.*) *брит.* килн (*печь для сушки солода в производстве виски*)
King screw *см.* **King's corkscrew**
Kir (*n.*) *фр. фирм.* «Кир» (*аперитив из белого вина с добавлением ликера из черной смородины*)
Kir Royale *фр. фирм.* «Кир Руайаль» (*аперитив из шампанского с добавлением ликера из черной смородины*)
Kirsch (*n.*) *нем. см.* **Kirschwasser**
Kirschwasser (*n.*) *нем. фирм.* «Киршвассер» (*вишневый бренди*); *см. ткж.* **cherry brandy; cherry schnapps**
Kjeldahl method *хим.* метод Кьельдаля (*для определения общего азота*)
Klevner (*n.*) *нем. амп.* Клевнер (*синоним сорта Пино Блан*); *см. ткж.* **Clevner**
Kniffin(-type) system *агр. фирм.* система использования плодоносящих отводов из верхней части куста
Knights of the Vine *амер.* Общество защиты потребления вина (*Калифорния*)
Knockando (*n.*) *фирм.* «Ноканду» (*сорт шотландского виски, специально выдержанного в бочках*)
koji (*n.*) *яп.* рис с культурой кодзи-кин (*в производстве саке*)
koji-kabi (*n.*) *яп.* кодзи-каби; *см. ткж.* **koji-kin**
koji-kin (*n.*) *яп.* кодзи-кин (*грибковая культура Aspergillus Oryzae для растворения крахмала*)
Kokiunai san *яп.* вино отечественного производства (*обозначение на этикетке японских вин*)
Kölsch (*n.*) *нем.* марка легкого светлого пива с фруктовым завершением (*производится в Кёльне, Германия*)
Kombawoo Soft *кор. фирм.* «Комбаву софт» (*мягкий алкогольный напиток, напоминающий водку, разновидность соджу*)
Kool-Aid *фирм.* «Кул Эйд» (*порошкообразная смесь из фруктов разных сортов и вкусов, используемая для приготовления коктейлей и ароматизированных напитков*)
kosher wine 1. кошерное вино (*приготовлено в соответствии с иудаистскими традициями*); 2. вино, изготовлен-

sulfite ~ *амер.* нанесенные на этикетку сведения о содержании сульфитов (*для защиты потребителей*)
wet-glue ~ приклеиваемая этикетка; «мокрая» этикетка
labeler (*n.*) аппарат для наклейки этикеток на бутылки
labeling (*n.*) *амер.* 1. нанесение сведений о продукте на этикетку; 2. нанесение этикетки (*на бутылку, упаковку с вином и т. д.*)
pressure-sensitive ~ нанесение самоклеящихся этикеток
real time ~ этикетирование в режиме реального времени
wet-glue ~ нанесение этикеток с помощью клея
labeling performance производительность этикетировочного автомата
labeling rack подставка для наклейки этикеток на бутылки
labeling requirements требования к информации, представленной на этикетке (*спиртного напитка*)
labelling (*n.*) *брит.* см. **labeling**
label magazine магазин этикеток (*в этикетировочной машине*)
Labelof (*n.*) *амер. фирм.* специальное устройство для удаления этикеток с бутылок
label paster рабочий, наклеивающий этикетки; этикетировщик
label size размер этикетки
label stock 1. рулон *или* штабель этикеток (*в этикетировочной машине*); 2. рулон бумаги для печатания этикеток (*в печатной машине*)
lace *разг.* 1. (*n.*) коньяк или ликер, добавленный в кофе и т. п.; 2. (*v.*) подбавлять спиртные напитки; ◊ **coffee ~d with brandy** кофе с коньяком
lacewing (*n.*) *энт.* златоглазка (*Chrysopidae*)
green ~ златоглазка (*Chrysoperla carnea, Chrysoperla rufilabris*) (*естественный антагонист вредителей винограда*); *ткж.* **common lacewing; golden-eyed lacewing**
Lacryma Christi del Vesuvio *ит. фирм.* «Лакрима Кристи дель Везувио» (*тихое или игристое белое, красное и розовое вино из Кампаньи*)

lactic acid молочная кислота
lactic bacteria молочнокислые бактерии
lactobacillus (*n.*) *биол.* молочнокислая бактерия
lactose (*n.*) *хим.* лактоза, молочный сахар
ladybeetle (*n.*) *энт.* божья коровка (*естественный антагонист тли на виноградниках*); *ткж.* **ladybird; ladybug**
ladybird (*n.*) см. **ladybeetle**
ladybug (*n.*) *амер.* см. **ladybeetle**
Lady's fingers (*n.*) *амп. разг.* виноград «Дамские пальчики»
Lafite-Rothschild *фр. фирм.* «Лафит-Ротшильд» (*красное сухое вино высшего качества из Медока; Бордо, Франция*)
Lagavulin (*n.*) *фирм.* «Лагавулин» (*классическое шотландское односолодовое виски с о-ва Айлей*)
lager (*n.*) лагер (*один из основных типов пива; пиво с низким содержанием побочных продуктов брожения, полученное способом холодной или низовой ферментации, происходящей при выдержке в холодных погребах*); *ткж.* **bottom-fermented beer; cold-fermented beer**
pale ~ *ист.* светлый лагер (*сорт пива типа лагер, который выпускался в США до сухого закона 1930-х гг. и для производства которого применялась кукуруза*)
spiced ~ *ист.* ароматизированный лагер (*мягкий высокоароматичный сорт пива типа лагер, который выпускался в США до сухого закона 1930-х гг.*)
Western ~ *ист.* западный лагер (*мягкий сорт пива типа лагер, который выпускался в США до сухого закона 1930-х гг. и для производства которого применялся рис вместо кукурузы*)
lagering stage выдержка пива в холодных условиях (*в течение нескольких месяцев*); см. *ткж.* **cold conditioning**
lag phase *спирт.* начальная фаза взаимодействия дрожжей с зерновой массой (*за ней следует быстрый рост клеток*); см. *ткж.* **logarithmic phase**
Lake County *амер. геогр.* Озерный округ (*винодельческая область возле*

озера Клир Лейк в Калифорнии; включает зоны: Клир Лейк, долина Генок и долина Бенмор)
Lakemont (*n.*) *амер. амп.* Лейкмонт (*исконно американский столовый сорт белого винограда без косточек*)
Lalvin (*n.*) *амер. фирм.* «Лалвин» (*марка дрожжей для ферментации вин*)
lambic (*n.*) ламбик (*особый сорт пива, приготовленный методом спонтанной ферментации без использования дрожжей; выдерживается в дубовой бочке 2 года*)
lambiek (*n.*) *см.* **lambic**
Lambrusco (*n.*) *ит.* 1. *амп.* Ламбруско (*сорт красного винограда*); 2. *фирм.* «Ламбруско» (*сорт игристого вина*)
Lambrusquet (*n.*) *фр. амп.* Ламбруске (*синоним Пти Вердо в Пиренеях*)
Lammerlaw (*n.*) *н.-зел. фирм.* «Ламерло» (*оригинальное односолодовое виски двойной перегонки; крепость 50% об., выдержка 10 и 12 лет, производился до 2000 г.; сейчас является одним из редких видов виски*)
Landwein (*n.*) *нем.* местное вино; столовое вино (*одна из 4-х основных категорий немецкой классификации вин*); *ткж.* **country wine**
Languedoc (*n.*) *фр. геогр.* Лангедок (*один из ведущих винодельческих регионов Франции*)
Laphroaig (*n.*) *шотл. фирм.* «Лафройг» (*солодовое виски с о-ва Айлей*)
Lascombes (*n.*) *фр. фирм.* «Лакомб» (*высококачественное вино; вырабатывается в Медоке, Бордо*)
La Tâche *фр. фирм.* «Ля Таш» (*красное вино категории Гран Крю из Вон-Романе*)
late-bottled vintage портвейн из одного позднего урожая; *ткж.* **LBV**
Late Harvest обозначение десертных или полных столовых вин, произведенных из перезрелого винограда; *ср.* **Auslese**
lateral bud *бот.* боковая почка
lateral shoot *бот.* пасынок
late season grapes виноград позднего созревания

Latour (*n.*) *фр. фирм.* «Лятур» (*высококачественное вино; вырабатывается в Медоке, Бордо*)
La Tour Blanche *фр. фирм.* «Ля Тур Бланш» (*вино высшей категории, вырабатываемое в Сотерне*)
lautering (*n.*) процесс сцеживания пива (*одна из стадий технологического процесса производства пива*)
lauter tun бочка для сцеживания пивного сусла
lavender (*n.*) *бот.* лаванда (*компонент ароматизированных вин*)
layer (*n.*) слой
layering (*n.*) 1. слой; отстой; 2. отслаивание
leaching (*n.*) *амер.* метод фильтрования спирта через древесный уголь (*в производстве виски в штате Теннесси*); *см. ткж.* **charcoal mellowing; Lincoln county process**
lead cap challenge компания по борьбе с использованием свинцовых колпачков (*в винодельческой промышленности США*)
lead contamination *хим.* свинцовое загрязнение (*вина*); повышенное содержание свинца (*в вине*); *ткж.* **Pb-contamination**
lead crystal decanter хрустальный графин из свинецсодержащего стекла (*не рекомендуется употреблять для алкогольных напитков*)
lead pencil свинцовый карандаш (*для нанесения надписей на стекле*)
leaf (*n.*) *бот.* лист
 grape ~ виноградный лист
 mature ~ зрелый [сформированный] лист винограда
 young ~ молодой лист винограда
leaf blight *фитопат.* увядание листьев (*Pseudocercospora vitis*) (*заболевание винограда*); *см. ткж.* **Isariopsis leaf spot**
leaf blotch *фитопат.* пятнистость листьев (*Briosia ampelophaga*) (*заболевание винограда*)
leaf drop *бот.* сбрасывание листьев
leaf fall *бот.* опадание листьев
leaf folders *энт.* насекомые, вызывающие свертывание листьев (*винограда*)

leaf profile *бот.* профиль листа (*винограда*)
leaf removal *бот.* удаление листьев (*один из методов регулирования размеров наземной части куста винограда*); *см. ткж.* **canopy management**
leaf roll *фитопат.* листовертка (*вирусное заболевание винограда*)
leaf spot *фитопат.* пятнистость листьев (*заболевание винограда*)
leaf teeth shape *бот.* форма зубчиков листа (*винограда*)
leaf veins *бот.* прожилки листа (*винограда*)
leafy (*adj.*) *дегуст.* с привкусом листьев (*о букете вина*)
leaguer (*n.*) *ист.* мера жидкости (= *127 галлонам*)
lean (*adj.*) ◊ ~ **wine** легкое вино с сильно выраженной кислотностью
leather (*n.*) *дегуст.* кожа (*тон букета вина*)
leaven 1. (*n.*) дрожжевая закваска; 2. (*v.*) заквашивать
leaves texture *бот.* текстура листьев (*винограда*)
leavings (*n.*) *pl.* 1. остатки (*от перегонки*); 2. остаток от разгонки (*в производстве спирта*)
lees (*n.*) отстой, осадок на дне бутылки или емкости с вином
  crude ~ первый [грубый] отстой
  first ~ *см.* **crude lees**
  spent ~ кубовый остаток (*в производстве виски*)
lees brandy бренди, полученный при дистилляции осадков вин стандартных сортов винограда, цитрусовых или фруктов
leftovers (*n.*) *амер.* остатки неиспользованной пробки на винзаводе; *см. ткж.* **overrun cork**
legs (*n.*) *pl. дегуст.* 1. потеки на внутренней стенке стакана после взбалтывания вина; 2. вино, имеющее все основные характеристики; *ткж.* **balance wine**
Lemonchello (*n.*) *ит. фирм.* «Лемончелло» (*марка десертного вина, ароматизированного лимоном*)
lemon peels лимонные корки (*используются в производстве джина*)

Lenchen (*n.*) *нем. геогр.* Ленхен (*самый известный виноградник в Эстрихе, область Райнгау*)
Len de l'el *фр. амп.* Лан-де-лель (*сорт белого винограда; юго-восток Франции*)
length (*n.*) *дегуст.* продолжительность ощущения вкуса и аромата (*вина*), продолжительность послевкусия; *см. ткж.* **aftertaste; finish; lingering**
  ~ **in the mouth** продолжительность вкусового ощущения, длительность букета
  ~ **of wine** длительность вкусового ощущения при дегустации вина
  exceptional ~ исключительная длительность ощущения букета (*вина*)
Lenoir (*n.*) *амер. амп.* Ленуар (*гибридный сорт красного винограда*); *см. ткж.* **Black Spanish; Jacquez**
Léognan (*n.*) *фр. геогр.* Леоньян (*главный апелласьон в Граве, регион Бордо*)
Leoville-Barton *фр.* «Леовиль-Бартон» (*вино высшего класса; вырабатывается в Медоке, Сент Жюльен*)
Leroux Piña Colada Schnapps *фирм.* «Леру Пинья Колада Шнапс» (*ликер, ароматизированный Пинья Колада; производится в США фирмой «Леру»*)
lesion (*n.*) *бот.* 1. надрез; 2. повреждение; поражение; 3. *энт.* связка (*паразитная нематода винограда*)
lever action corkscrew штопор рычажного типа
Leverpull (*n.*) *амер. фирм.* «Леверпул» (*тип дорогого штопора*)
levulose (*n.*) *хим.* левулоза, фруктоза
Licor 43 *исп. фирм.* ликер из 43 трав; *ткж.* **Cuarenta Y Tres**
licorice liqueur ликер с лакричным ароматом
life cycle *бот.* годовой биологический цикл винограда; *см. ткж.* **activation; aoûtement; berry set; bloom 4.; bud break; bud swell; de-activation; debourrement; dormancy; first cover; hardening-off; harvest; pre-bloom; shatter; veraison**
light (*adj.*) 1. светлый (*о цвете вина, пива*); 2. *дегуст.* легкий; легко пьющийся (*о вине, напитке*)

light beer

light beer низкокалорийное пиво с низким содержанием алкоголя
light-bodied (*adj.*) имеющий простую структуру, неэкстрактивный (*о вине*)
light-body (*adj.*) легкий, некрепкий (*о напитке*)
lighter reds красные вина с прозрачным цветом, более светлых оттенков
lightly sliced *дегуст.* имеющий набор вкусовых ощущений (*о коньяке*)
light rum ром, имеющий легкую структуру (*выдержанный три и более года; выпускается разных цветов от белого до золотистого*)
lightstruck (*adj.*) испортившийся под воздействием света (*о винах, подвергшихся избыточному воздействию ультрафиолетовых лучей и обладающих вкусом и запахом мокрого картона*)
light taste *дегуст.* легкий вкус
light-weighted (*adj.*) имеющий легкий вес, без включения осадка и твердых веществ
light whisky некрепкое виски
lignin (*n.*) *хим.* лигнин
lignocellulose (*n.*) *хим.* лигноцеллюлоза
Lillet (*n.*) *фр. фирм.* «Лиле» (*аперитив, представляющий собой смесь бордоских вин с ликерами*)
Lillet Blanc *фр. фирм.* «Лиле Блон (Блан)» (*аперитив с ароматом меда, апельсина, лайма и мяты*)
Lillet Blond *см.* **Lillet Blanc**
Lillet Rouge *фр. фирм.* «Лиле Руж» (*красный аперитив со специфическим вкусом, ароматом ванили и ягод*)
lime (*n.*) 1. известь 2. лайм (*разновидность лимона*)
   burnt ~ негашеная известь
   slaked ~ гашеная известь
limestone (*n.*) известняк
lime tree *бот.* липа; *ткж.* **linden**
Lime Vodka *фирм.* «Лайм Водка» (*водка, ароматизированная лаймом*)
limited winery винодельческое предприятие производительностью не более 200 тыс. галлонов в год
Limousin (*n.*) *фр.* 1. *геогр.* Лимузен (*район произрастания дубовых лесов в провинции Крёз*); 2. *фирм.* «Лимузен» (*тип дубовой бочки для выдержки коньяков*); *см. ткж.* **Allier; Nevers**
limpid (*adj.*) *дегуст.* полностью прозрачный, без следов мутноватости (*о цвете вин*)
Lincoln county process *амер.* метод фильтрования спирта через древесный уголь (*в производстве виски в штате Теннесси*); *см. ткж.* **charcoal mellowing; leaching**
linden (*n.*) *бот.* липа; *ткж.* **lime tree**
line (*n.*) линия; ряд
   mobile bottling ~ передвижная линия розлива (*устанавливаемая на автомобиле*)
line posts *агр.* линейные [поддерживающие] столбы
lingering (*n.*) *дегуст.* длительность ощущения аромата и вкуса (*вина*) после дегустации; длительность послевкусия; *ткж.* **aftertaste; finish; length**
   extra long ~ сверхдлинное ощущение после дегустации вина
   long ~ большая продолжительность вкусового ощущения
Linie Aquavit *фирм.* «Линие Аквавит» (*наиболее известная марка норвежского аквавита*)
lip (*n.*) 1. край сосуда; 2. кант вокруг горлышка бутылки
liquefaction (*n.*) *хим.* сжижение, ожижение; переход твердого вещества в жидкое состояние
liqueur (*n.*) *фр.* ликер; ликерное вино; *ткж.* **VDL, VDN**
   dessert ~ десертный ликер
   dosage ~ *см.* **liqueur d'expédition**
   fruit ~ фруктовый ликер
   mother ~ маточный раствор, маточник
   strong ~ крепкий ликер
   tirage ~ *см.* **liqueur de tirage**
liqueur de dosage *фр. см.* **liqueur d'expédition**
liqueur de tirage *фр.* тиражный ликер (*смесь вина, сахара и дрожжей в производстве шампанского*); *ткж.* **tirage liqueur**
liqueur d'expédition *фр.* экспедиционный ликер (*смесь вина и сахара в*

производстве шампанского); *ткж.* **dosage liqueur**
liqueur glass ликерная рюмка
liquid gallon *см.* **wine gallon**
liquid oak *амер.* жидкий концентрат дуба (*применяемый в виноделии*); *см. ткж.* **Sinatin**
liquometer (*n.*) *см.* **alcohol(o)meter**
liquor (*n.*) 1. спиртной напиток; *см. ткж.* **beverage; drink; inebriant** 1.; **intoxicant** 1.; 2. жидкость, раствор; 3. *амер.* крепкий спиртной напиток (*приготавливаемый, как правило, методом дистилляции, а не ферментации*); 4. *пив.* вода, используемая в пивоварении; 5. (*v.*) *разг.* выпивать; ◊ **to ~ up** выпить по чарке, пропустить по одной
compounded ~ *спирт.* дистиллят, ароматизированный семенами *или* корнями растений, специями, фруктами и т. д., *напр.* **cordial; gin**
fermented ~ *спирт.* обездроженная зрелая бражка
hard ~ крепкий спиртной напиток
malt ~ пиво, эль *или* портер
spirituous ~ спиртной напиток
still ~ *спирт.* жидкий погон при перегонке из куба
strong ~ крепкий спиртной напиток
liquorist (*n.*) ликерный мастер
listing (*n.*) сужение ширины концов заготовки для клепки (*первая операция в процессе производства бочарных клепок*)
litchee (*n.*) *бот.* нефелиум (*Nephelium*), личи (*применяется как пряность для ароматизации ликеров и десертных вин*); *ткж.* **litchi; lychee**
litchi (*n.*) *см.* **litchee; lychee**
liter (*n.*) *амер.* литр
litmus paper *хим.* лакмусовая бумага (*для проверки муста на кислотность*)
litre (*n.*) *брит. см.* **liter**
little leaf desease *фитопат.* мелколистность (*инфекционное заболевание винограда*)
loading (*n.*) нагрузка; загрузка, погрузка
bush ~ *агр.* нагрузка куста урожаем
loading with buds *агр.* нагрузка почками

loam (*n.*) *геол.* суглинок
loamy soil *геол.* суглинистая почва
lobby *полит.*:
anti-wine ~ лобби (*в правительстве*), выступающее против производства и продажи вин
pro-wine ~ лобби (*в правительстве*), выступающее за либерализацию производства и употребления вин
lobe (*n.*) *бот.* доля (*листа, плода*)
grape leaf ~ доля виноградного листа
local wine вино местного производства (*обозначение на этикетке*); *см. ткж.* **table wine**
location specific специфически локализованный, обусловленный местом произрастания (*о качестве винограда и вина*)
Lochan Ora *шотл. фирм.* «Лохан Ора» (*ликер на основе скотча, ароматизированный медом и травами*)
locust (*n.*) *энт.* саранча (*вредитель винограда*)
Australian plague ~ австралийская саранча (*Chortoicetes terminifera*)
spur-throated ~ зубастая саранча, саранча с бугорком на простернуме (*Austracris gutulosa*)
Lodges (*n.*) *ист.* Лодж (*известный винный погреб в Португалии, где производился портвейн*)
Lodi (*n.*) *амер. геогр.* Лодай (*винодельческая область в Калифорнии*)
logarithmic phase *спирт.* вторая фаза взаимодействия дрожжей с зерновой массой (*быстрое размножение по экспоненте*); *см. ткж.* **lag phase**
Loire (*n.*) *фр. геогр.* Луара, долина Луары (*один из главных винодельческих регионов Франции*)
Lomond still *шотл. спирт.* перегонный аппарат Ломонда (*тип перегонного аппарата для производства виски; содержит дополнительный конденсатор на входе*)
London Dry Gin *брит. фирм.* «Лондон Драй Джин» (*марка очень сухого джина*); *см. ткж.* **dry gin; English gin; London gin**
London gin сухой [английский] джин; *см. ткж.* **dry gin; English gin**

longer (*n.*) *разг.* лонгер (*1. слабоалкогольный напиток со льдом; 2. коктейль, приготовленный из виски, джина, водки и т. д. с содовой водой, соком и т. д.; подается со льдом*)

long gold cap длинный золотой колпачок (*на бутылках с известными немецкими винами типа Auslese*)

long hitter *амер. разг.* пьяница, выпивоха

Long-Island Iced Tea Mix *амер. фирм.* комбинация алкоголя, к которой нужно добавить лед, сок лайма и колу для получения готового напитка **Long-Island Iced Tea**

Long John *фирм.* «Лонг Джон» («Длинный Джон») (*марка шотландского виски*)

long pruning *агр.* длинная обрезка

Long Yan (*n.*) *кит. амп.* Лонг-ян (*самый популярный сорт винограда в Китае*)

losses (*n.*) *pl.*:
  distillation ~ потери при перегонке
  slop ~ потери, выраженные в количестве спирта, оставшегося в барде
  wine evaporation ~ усушка вина (*испарение некоторых компонентов вина в естественных пределах*)

low alcohol 1. (*n.*) низкоградусный спирт первой перегонки; 2. (*adj.*) с низким содержанием алкоголя (*о вине и т. д.*)

lowball (*n.*) спиртной напиток (*обычно виски*), подаваемый в низком стакане со льдом; см. ткж. **lowball glass**

Low Bilateral Cordon *агр. фирм.* система низкого натяжения проволоки для подвязки лозы; ткж. **Low Wire Cordon System**

low boiler *хим.* низкокипящая жидкость

lower grade spirit низкоградусный спирт первой перегонки

lower pH (*v.*) *хим.* уменьшать водородный показатель

lower phase *спирт.* нижняя [более тяжелая] фаза

low quality низкое качество; ◊ **~ brandy** бренди низкого качества

low spirit низкоградусный спирт первой перегонки

low wine *см.* **low spirit**

Low Wire Cordon System *см.* **Low Bilateral Cordon**

low-yielding vines низкоурожайные сорта винограда (*дают более концентрированное вино*)

Luce (*n.*) *амер. амп.* Луче (*гибрид сортов Санджовезе и Мерло*)

luscious (*adj.*) 1. *дегуст.* хорошо сбалансированный, с выраженной кислотностью (*о вине*); 2. сладкий, ароматный

lush 1. (*adj.*) пышный, буйный (*о растительности*); 2. (*n.*) *разг.* запой; 3. (*v.*) *разг.* напиваться пьяным

lychee (*n.*) *см.* **litchee, litchi**

lychee nuts плоды нефелиума [личи] (*используются для ароматизации ликеров и десертных вин*)

lye pipe *см.* **Lyne arm**

Lyne arm *шотл. спирт.* рукав Лина (*горизонтальная трубка, соединяющая выход спиртовой колонны со змеевиком*)

M

Maccabeau (*n.*) *фр. амп.* Макабо (*сорт белого винограда из Лангедока*); ткж. **Maccabéo**

mace (*n.*) 1. мацис, мускатный цвет; 2. мас (*специя, приготовленная из высушенной скорлупы мускатного ореха; применяется в качестве ароматизатора для вин*)

macerate (*v.*) *спирт., вин.* вымачивать, размачивать

maceration (*n.*) *вин.* мацерация; настаивание мезги; ткж. **skin contact**

mâche (*n.*) *фр дегуст.* жевкость (*плотного, экстрактивного вина*); см. ткж. **chewy**

machine (*n.*) машина, аппарат, станок
  automatic dosing-filling ~ дозировочно-наполняющий автомат
  automatic filling ~ автомат-наполнитель; разливочный автомат

madeira

automatic labeling ~ этикетировочный автомат
automatic photoelectronic bottle inspecting ~ фотоэлектронный бракеражный автомат для бутылок
banderoling ~ обандероливающая машина
banding ~ 1. обандероливающая машина; 2. машина для обтягивания ящиков металлической лентой; 3. машина для обвязки тесьмой
barrel crozing ~ уторный станок
barrel-making ~ бочарный станок
barrel-packing ~ агрегат для налива *или* упаковки в бочки
blending ~ *вин.* купажный барабан
bottle brushing ~ щёточная бутылкомоечная машина
bottle capping ~ машина для укупорки бутылок колпачками
bottle cleaning ~ машина для мойки бутылок, бутылкомоечная машина
bottle corking ~ машина для укупорки бутылок пробками
bottle filling ~ машина для розлива в бутылки
boxing ~ машина для упаковывания в ящики *или* коробки
capping ~ машина для укупоривания колпачками
cap wadding ~ автомат для фиксации прокладок в колпачках
carbon dioxide refrigerating ~ углекислотная холодильная машина
carton strapping ~ машина для заделки картонной тары лентой
case setup ~ машина для сборки (*картонных*) ящиков *или* коробок
cask depitching ~ бочкорассмолочная машина
cask driving ~ обручеосадочный станок
cask making ~ бочарный станок
cask pitching ~ бочкоосмолочная машина
cask planning ~ клёпкострогальный станок
cask turning ~ бочарно-токарный станок
chilling ~ холодильная машина
closing ~ укупорочная машина

ice ~ льдогенератор
ice-making ~ *см.* **ice machine**
labeling ~ этикетировочная машина
loading ~ погрузочная машина
low-capacity refrigerating ~ холодильная машина небольшой ёмкости
mixing ~ смеситель, миксер; мешалка
refrigerating ~ холодильная машина
screw capping ~ автомат для укупорки винтовыми колпачками
stoppering ~ машина для укупоривания пробками
vacuum-capping ~ вакуум-укупорочная машина

Mâcon (*n.*) *фр. геогр.* Макон (*известный апелласьон в южной части Бургундии, производящий высококачественные вина из винограда Шардоне*)
Mâconnais (*n.*) *фр.* Маконне (*винодельческая область вокруг города Макон в Бургундии*)
macroclimate (*n.*) макроклимат, общие погодные условия во всем винодельческом регионе (*напр., Шампань, долина Напа и т. д.*)
Macrophoma rot *фитопат.* макрофомная гниль (*болезнь винограда*); *см. ткж.* **Botryosphaeria rot and necrosis**
Macvin (*n.*) *фр. фирм.* «Маквен» (*специальное ликёрное вино, спиртованное дистиллятом из виноградных выжимок; выдерживается 18 месяцев в дубовой бочке; крепость 16 и 20% об.; производится в одноимённом апелласьоне области Юра*)
madeira (*n.*) *порт.* мадера (*крепкое вино со специфическими свойствами; производится на острове Мадейра*)
Exceptional ~ мадера высшей степени выдержки – не менее 15 лет (*обозначение на этикетке*); *см. ткж.* **Extra Reserve Madeira**
Extra Reserve ~ *см.* **Exceptional Madeira**
Finest ~ мадера степени выдержки не менее 3 лет (*обозначение на этикетке*)
Reserve ~ мадера степени выдержки не менее 5 лет (*обозначение на этикетке*)

Special Reserve ~ мадера степени выдержки не менее 10 лет (*обозначение на этикетке*)

Vintage ~ мадера, приготовленная из одного урожая и выдержанная не менее 20 лет в дубовой бочке и дополнительно не менее 2 лет в бутылке (*обозначение на этикетке*)

maderizing (*n.*) *вин.* мадеризация

cask ~ мадеризация в бочках

Mad Melon Watermelon Schnapps *брит. фирм.* «Мад Мелон Уотермелон Шнапс» (*марка шнапса, ароматизированного арбузом и дыней*)

magnetic stirrer магнитная мешалка

Magnolia (*n.*) *амер. амп.* Магнолия (*сорт красного винограда; используется для приготовления сладких вин*)

Magnum (*n.*) *фирм.* «Магнум» (*винная бутылка большого объема, равного 2 обычным бутылкам, или 1,5 л; применяется для тихих вин*); *ткж.* **Magnum bottle; magnum**

magnum (*n.*) *см.* **Magnum**

Maibock (*n.*) *нем. фирм.* «Майский Бок» (*специальная весенняя марка пива сорта «бок» светлого цвета*)

main bud *бот.* основная почка

main root *бот.* основной [пяточный] корень

Mainstay Cane *фирм.* «Мейнстей Кейн» (*марка тростникового рома, полученного двойной перегонкой; производится в Южной Африке*)

Mai Tai *амер. фирм.* «Май Тай» (*коктейль из рома с фруктовым соком или ароматизаторами*)

maize (*n.*) кукуруза, маис (*сырье для производства виски*)

major national brewery *амер.* один из крупнейших национальных производителей пива

Maker's Mark *амер. фирм.* «Мейкерс Марк» (*марка известного виски-бурбона*)

makomako (*n.*) *н.-зел. бот.* небольшое дерево или кустарник *Aristotelia racemosa, Aristotelia serrata* (*красные ягоды которого темнеют при созревании и используются для приготовления вина*); *см. ткж.* **New Zealand wine berry; wine berry**

málaga (*n.*) *исп. фирм.* малага (*десертное вино, которое производят из специально подвяленного на солнце винограда Педро Хименес и Москатель в Андалузии, Испания*)

Malaga Lagrima *исп. фирм.* очень сладкий сорт малаги

Malaga Moscatel *исп. фирм.* мускатная малага

Malaga Pajarete *исп. фирм.* крепкая малага (*15 – 20% об.*)

Malaga Rome *исп. фирм.* крепкая малага

Malaga Semi-dulce *исп. фирм.* полусладкая малага

Malathion (*n.*) *амер. фирм.* «Мелейфион» (*инсектицид, применяемый в виноградарстве*)

Malbec (*n.*) *фр.* 1. *амп.* Мальбек (*один из пяти важнейших сортов красного винограда в Бордо; используется в основном в качестве купажа; синонимы О(к)серуа, Ко(т), Прессак*); 2. *арг., чил.* «Мальбек» (*сортовое вино из винограда Мальбек*)

Maldison (*n.*) *австрал. фирм.* «Мальдисон» (*органофосфатный инсектицид, применяемый в виноградарстве*)

Malibu *фирм.* «Малибу» (*марка рома с ароматом кокоса крепостью 28% об.*)

malic (*adj.*) *дегуст.* яблочный (*о вкусе зеленых яблок, присутствующем в недозрелых ягодах винограда*)

Malitex-method *фирм.* «Малитекс-метод» (*химический способ устранения избыточной кислотности вин, используемый главным образом в Германии*)

Malmsey (*n.*) *порт.* 1. *амп.* Мальмси (*сорт белого винограда для производства мадеры*); *см. ткж.* **Malvasia**; 2. «Мальмси» (*сорт мадеры с высокой экстрактивностью и наивысшим содержанием сахара*)

malodorous (*adj.*) *дегуст.* имеющий неприятный запах

malolactic (*adj.*) яблочно-молочный; ~ **fermentation** яблочно-молочная ферментация

malt 1. (*n.*) солод (*зерно ячменя, замоченное для проращивания*); пивное сусло; брага; 2. (*v.*) выращивать солод; 3. (*v.*) солодить, осолаживать
distillers' ~ винокуренный солод; солод для спиртового производства
drum ~ солод, выращенный в солодорастильных аппаратах барабанного типа
fermentative ~ ферментативный солод, диафарин
green ~ проросший ячмень, используемый при приготовлении солода для виски
resteep ~ солод повторного замачивания
spent ~ солодовая дробина
vatted ~ смесь (*купаж*) различных сортов односолодового виски, не содержащая добавок зернового виски
whisky ~ солод для производства виски
maltability (*n.*) способность осолаживаться, солодуемость
maltase (*n.*) мальтаза
malted barley ферментированное ячменное зерно; *см. ткж.* **fermentative malt**
malthouse (*n.*) солодовня
malting (*n.*) солодоращение; соложение, осолаживание
drum ~ солодоращение в барабанных солодорастильных аппаратах
floor ~ ручной способ приготовления солода из зерна, насыпанного на пол
malt liquor *амер.* 1. алкогольный напиток макс. креп. 8% об. (*получается при первичной возгонке проросшего зерна; выпускается в США*); 2. название, присваиваемое различным сортам европейского пива, крепость которого превышает пределы, введенные в отдельных штатах США, т. е. от 4,5% до 6,0% об.
maltman специалист, занимающийся рыхлением зерна и поддержанием постоянной температуры, необходимой для подготовки солода для виски (*60°F*)
maltol (*n.*) хим. мальтол (*применяется для смягчения вина*)
maltose (*n.*) мальтоза, солодовый сахар
maltster (*n.*) солодовщик

malt whisky солодовое виски; виски из проросшего зерна (*произведенное ферментацией массы, состоящей из не менее 51% ячменя (в Шотландии — 100%), имеющее крепость не выше 160° proof и выдержанное при крепости не выше 125° proof в новых просмоленных дубовых бочках*)
peated ~ односолодовое виски с ароматом дыма от сгорания торфа
pure ~ *шотл.* 1. скотч, полученный из солода, приготовленного на 100% из ячменного зерна; 2. чистосолодовое виски; виски из чистого солода без добавок
single ~ *шотл.* односолодовое виски (*виски, произведенное на одном заводе из одного вида солода и не смешанное с другими видами сырья*)
malt wine *спирт.* низкоградусный спирт
malty (*adj.*) солодовый (*о привкусе*)
Malvasia (*n.*) *ит., порт. амп.* Мальвазия (*сорт белого винограда для производства мадеры; синоним Мальмси*)
Malvoisie (*n.*) *фр. амп.* Мальвази (*1. синоним Макабо в Лиму; 2. синоним Бурбуленк в Провансе; 3. синоним Пино Гри в долине Луары*); ◊ ~ **de Corse** название сорта Верментино на юге Франции; *см. ткж.* **Vermentino**; ~ **du Roussillon** синоним сорта Турба
mampoer (*n.*) *южн.-афр.* спиртной напиток, дистиллированный из фруктов; *см. ткж.* **witblits**
Mancozeb (*n.*) *амер. фирм.* «Манкозеб» (*пестицид, используемый в виноградарстве*)
Mandarine Napoléon *фирм.* «Мандарин Наполеон» (*ликер из мандаринов, кожура которых настаивается в виноградном бренди; крепость 40% об., производится в Бельгии*)
Mango Liqueur ликер, ароматизированный манго
Manhattan Cocktail *фирм.* коктейль «Манхэттен» (*приготовлен из виски и сладкого вермута с добавлением горьких настоек и аперитива*)
Manila Dark Rum *фирм.* темный манильский ром (*выпускаемый на Филиппинах*)

manioc (*n.*) маниок; *см. ткж.* **cassava**
mannose (*n.*) манноза
Manseng (*n.*) *фр. амп.* «Мансен» (*сорт белого винограда; Жюрансон, Франция*); *ткж.* **Mansenc; Gros Manseng; Petit Manseng**
Mantis (*n.*) *амер. фирм.* Мантис (*вибрационный механизм для встряхивания стволов при уборке винограда средних и крупных сортов*)
manure (*n.*) *агр.* навоз (*органическое удобрение*)
  artificial ~ минеральное удобрение
  green ~ компост, используемый в качестве удобрения; *ткж.* **compost**
Manzanilla (*n.*) *исп. фирм.* «Манзанилья» (*сухой херес, имеющий яблочный аромат, из СанЛукар-де-Баррамеда, Испания*)
manzanilla (*n.*) *см.* **Manzanilla**
Mao-tai (*n.*) *кит.* мао-тай (*китайский традиционный спиртной напиток; готовится из риса, дробленого зерна и рисового солода; крепость 150^0 proof*)
Maraschino (*n.*) *ит.* 1. *фирм.* «Мараскин» (*вишневый ликер*); 2. мараскиновая эссенция
Marasquin (*n.*) *голл. фирм.* «Мараскин» (*ликер, ароматизированный вишнями и приготовленный из зеленых ядрышек вишни; производится фирмой "De Kuyper"*)
marbrure (*n.*) *фитопат.* пятнистость листьев (*заболевание винограда*); *см. ткж.* **fleck**
marc (*n.*) 1. выжимки (*ягод или плодов*); 2. мезга; 3. водка *или* бренди из плодово-ягодных выжимок; *ткж.* **distilling slops**
marc brandy *см.* **marc 3.; pomace brandy**
marcotte (*n.*) *фр.* отводок, побег (*винограда*)
marcotting (*n.*) *агр.* способ размножения винограда путем надреза корня; *см. ткж.* **air layering; Chinese layering; gootee;**
Marechal Foch *амер. амп.* Марешаль Фох (*сорт красного винограда*)
Marestel (*n.*) *фр. амп.* Марестель (*синоним сорта Альтес*)

Margarita (*n.*) *амер. фирм.* «Маргарита» (*ароматизованный коктейль на основе текилы*)
Margarita Mix *амер. фирм.* «Маргарита Микс» (*смесь сахара, воды, мякоти лайма и др. ингредиентов, из которых делают коктейли «Маргарита» с алкоголем и льдом*)
Margaux (*n.*) *фр.* 1. *геогр.* Марго (*известный апелласьон винодельческой области Медок региона Бордо*); 2. *фирм.* «Марго» (*красное сухое вино*)
Marie-Jeanne (*n.*) *фр. фирм.* «Мари-Жанна» (*бутылка для красных бордоских вин большого объема, равного 3 обычным бутылкам, или 2,25 л*); *ткж.* **Marie-Jeanne bottle; marie-jeanne**
marie-jeanne (*n.*) *см.* **Marie-Jeanne**
mark (*n.*) 1. марка, маркировка; метка 2. оценочный балл (*при дегустации*)
  brand ~ фирменный знак, бренд
  filling ~ 1. метка объема (*мерной посуды*); 2. метка уровня (*при розливе*)
  registered trade ~ зарегистрированный торговый знак
marker (*n.*) *агр.* указатель, колышек для разметки (*рядов виноградника при посадке*)
Marlborough (*n.*) *н.-зел. геогр.* Мальборо (*наименование крупнейшего винодельческого района, расположенного в северной части о-ва Южный*)
Marque (*n.*). ◊ **The English Wine Producers' Wine** ~ знак качества вина Британского союза производителей вин
Marque National *фр.* Национальная марка (*обозначение качественных вин на кольеретке бутылки в Люксембурге*)
marry (*v.*) ◊ **to** ~ **the wines** смешивать вина
Mars (*n.*) *амер. амп.* Марс (*исконно американский сорт красного винограда*)
marsala (*n.*) *ит.* марсала (*сухое или сладкое вино, выпускаемое на Сицилии*)
  Fine ~ *фирм.* марсала, выдержанная 1 год в бочке; крепость 17% об.
  Garibaldi Dolce ~ *см.* **Superiore Marsala**
  Italia Particolare ~ *см.* **Fine Marsala**

Italy Particular ~ *см.* **Fine Marsala**
London Particular ~ *см.* **Superiore Marsala**
Soleras ~ *см.* **Vergine Marsala**
Superiore ~ *фирм.* марсала, выдержанная 2 года в бочке и 4 года в бутылке; крепость 18% об.
Superior Old ~ *см.* **Superiore Marsala Vergine** ~ *фирм.* дорогая марсала наивысшего качества, выдержанная 5 лет в бочке и 10 лет в бутылке; крепость 18% об.
Marsanne (*n.*) *фр. амп.* Марсан (*сорт белого винограда из долины Роны; применяется в производстве сухих, полных и элегантных вин*)
Martha's Wineyard *амер. фирм.* «Виноградник Марты» (*известное красное сухое вино из сорта Каберне Совиньон, выпускаемое в Калифорнии фирмой "Heitz"*)
Martinborough (*n.*) *н.-зел. геогр.* Мартинборо (*наименование винодельческого района в южной части о-ва Северный; в настоящее время носит название «Веллингтон»*)
Martini and Rossi *ит.* «Мартини энд Росси» (*известная фирма-производитель вермута, Турин, Италия*)
Martini Cocktail *амер.* коктейль «Мартини» (*состоит из джина и вермута, обычно фирмы «Мартини энд Росси»; разновидности коктейля:* **Dry Martini Cocktail; Extra Dry Martini Cocktail; Ultra Dry Martini Cocktail**)
mash 1. (*n.*) *спирт.* затор (*смесь проросшего зерна и горячей воды для дистилляции, применяемая для производства этилового спирта; существует на 4-х стадиях процесса: cooking; feedstock; fermentation; saccharification; после прохождения 4-й стадии продукт получает название "beer"*); 2. (*n.*) *пив.* затор; 3. (*v.*) затирать (*солод*)
converted ~ осахаренный затор
corn ~ кукурузный затор
decoction ~ затор, полученный отварочным способом
distillery ~ затор спиртового производства

master sommelier

fermented ~ 1. сброженный затор; 2. *спирт.* перебродившее сусло, зрелая бражка
finished yeast ~ готовый дрожжевой затор, зрелые дрожжи
grain ~ зерновой затор
lauter ~ третья (*жидкая*) отварка затора
liquid ~ жидкий затор
malt ~ солодовый затор
sour ~ 1. смесь новой бражки и бражки, оставшейся от предыдущего прогона (*применяется в производстве некоторых сортов солодового виски*); 2. солодовое виски, приготовленное вышеуказанным способом
sweet ~ *амер.* затор
whisky ~ затор для производства виски
mashbill (*n.*) рецептура затора для виски
mashing (*n.*) *пив.* процесс замачивания перемолотого солода с водой; приготовление затора (*сусла*)
infusion ~ метод приготовления затора в производстве пива верхового брожения (*при этом солод не подвергается кипячению, а разбрызгивается в емкости при повышении температуры*)
mash tun емкость для обработки затора в производстве виски
masking (*n.*) *вин.* образование масок (*на стенках бутылок*)
masks (*n.*) *pl. вин.* маски (*липкий осадок на стенках бутылок*)
mass (*n.*) масса
grapes ~ виноградная масса
Mass Selected reference number *амп.* массовый индекс (*иерархический классификационный индекс сорта винограда в Новой Зеландии; используется для выбора селекций в пределах ТК номеров; часто упоминается как клон; ткж.* **MS reference; Te Kauwhata; TK reference**
Master of Wine *брит.* звание сертифицированного виноторговца (*Лондон*)
master sommelier мастер-сомелье (*высший ранг сомелье, присваиваемый Британским судом мастеров-сомелье, Лондон*)

mastika

mastika (*n.*) *греч.* мастика (*ликер на основе бренди, ароматизированный натуральными смолами*)
matchstick (*n.*) *дегуст.* с запахом горелой спички (*о вине, содержащем сернистый газ*)
material (*n.*) материал; сырье
  basic ~ исходный материал; исходное сырье
  binding ~ связующий материал; вяжущее вещество
  bonding ~ 1. связующий материал; вяжущее вещество; 2. клей, адгезив
  brewing raw ~ бродильное сырье
  champagne wine ~ виноматериал для производства шампанского
  cognac wine ~ коньячный виноматериал
  distilling ~ материал для перегонки
  flavoring ~ ароматизирующее вещество, ароматизатор
  lysate wine ~ лизатный виноматериал
  packaging ~ упаковочный материал
  raw ~ 1. сырьевой материал, сырье; 2. исходный материал; исходное сырье
  rejected ~ брак, бракованный материал
  sherry ~ виноматериал для производства хересных вин
  surface-active ~ поверхностно-активное вещество, ПАВ
  wine ~ виноматериал
matter (*n.*) вещество
  dry ~ сухая масса
  volatile ~ летучее вещество
maturation (*n.*) созревание, дозревание
  store ~ выдержка; отлеживание *или* созревание при хранении
  wine ~ созревание вина
maturation in wood дозревание (*вина*) в деревянных бочках
mature 1. (*v.*) созревать, дозревать (*об урожае, вине*); 2. (*adj.*) зрелый, спелый, выдержанный
maturity (*n.*) спелость, зрелость
  polyphenolic ~ полифенольная спелость ягод винограда (*при уменьшении содержания антоцианов*)
  pulp ~ *см.* **technological maturity**
  technological ~ технологическая спелость ягод винограда

Maury (*n.*) *фр. фирм.* «Мори» (*марка десертного вина из одноименного апелласьона в Лангедоке*)
Mauzac (*n.*) *фр. амп.* Мозак (*сорт красного винограда; применяется для производства сухих освежающих вин на юго-востоке Франции и в Лангедоке*); *ткж.* **Blanquette**
Mavrodaphne (*n.*) *греч. амп.* Мавродафн (*сорт красного мускатного винограда*)
May wine *фирм.* «майское вино» (*пунш из эльзасских, мозельских или рейнских вин*)
McCabe-Thiele diagram *хим.* диаграмма Мак-Кейба – Тиле
McLaren Vale *австрал. геогр.* долина Мак-Ларен (*винодельческий район к югу от Аделаиды; производит сорта Совиньон Блан, Шираз, Каберне Совиньон*)
mead (*n.*) ферментированный спиртной напиток из меда, медовое вино *см. ткж.* **honey wine**
meager (*adj*) *амер.* неэкстрактивный, водянистый (*о вине*); *ткж.* **thin; watery**
meagre *брит. см.* **meager**
meal (*n.*) *спирт.* 1. мука; 2. молотое зерно
measure 1. (*n.*) мера; критерий; 2. (*v.*) измерять, взвешивать; ◊ **to ~ the wine** делать взвешивание [измерение] винной пробы
  capacity ~ мера вместимости
  liquid ~ мера жидкости
  volume ~ мера объема
measurement (*n.*) измерение качеств [характеристик] (*виноматериала*)
measuring spoon мерная ложка
meat (*n.*) мякоть плода
meaty (*adj.*) мясистый (*о вкусе винограда и вина*)
medicinal (*adj.*) имеющий лекарственное значение (*о вине, напитках*)
medium-bodied (*adj.*) средней плотности
medium-dry (*adj.*) полусухой (*о вине*); *ткж.* **demi-sec; half-dry**
medium-sweet (*adj.*) полусладкий (*о вине*)

method

Médoc (*n.*) *фр. геогр.* Медок (*известный винодельческий район в Бордо*)
Meigara (*n.*) *яп. фирм.* «Мейгара» (*марка саке*)
Mei Kuei Lu Chiew *кит.* «Мей Куэй Лю Чу» (*спиртной напиток, имеющий запах розовой воды*)
mélanose (*n.*) *фитопат.* меланоза (*заболевание винограда*); см. ткж. **Septoria leaf spot**
mellow 1. (*adj.*) спелый, зрелый, сладкий и сочный (*о плоде*); 2. (*adj.*) выдержанный, мягкий, приятный на вкус (*о вине*); 3. (*adj.*) *разг.* подвыпивший, в состоянии опьянения, «под мухой», «навеселе» (*о человеке*); *ткж.* **high**; 4. (*v.*) созревать, спеть; дозревать; делаться сладким и сочным (*о ягодах винограда*); становиться выдержанным, приобретать мягкий вкус (*о вине*)
mellowing (*n.*) 1. созревание, дозревание (*ягод винограда*); 2. выдержка (*вина*)
mellowness (*n.*) 1. спелость, зрелость; 2. мягкость, сочность
Melon Deoria *фирм.* «Мелон Деория» (*ликер, ароматизированный дыней*)
melting (*n.*) *спирт.* денатурация
membrane filtration мембранное фильтрование
meniskus (*n.*) *дегуст.* округлый след на внутренней стенке стакана *или* бокала (*свидетельствует о высокой плотности вина*); см. ткж. **disc(us); disk**
mercaptan (*n.*) *хим.* меркаптан (*продукт взаимодействия аскорбиновой кислоты с дисульфидами*)
merde *фр.* 1. (*n.*) *агр.* навоз; фекалии (*удобрение*); 2. (*adj*) *дегуст.* грубый; имеющий привкус навоза (*о букете вина*)
meristem (*n.*) *бот.* меристема (*область активного роста лозы*)
Merit (*n.*) *амер. фирм.* «Мерит» (*инсектицид, используемый в виноградарстве*)
meritage (*n.*) *амер.* (от *merit + heritage*) термин для обозначения вин бордоского типа, производимых в Калифорнии

Merlot (*n.*) *фр. амп.* Мерло (*один из главных сортов красного винограда*); ◊ **Merlot Blanc, White Merlot** белый Мерло; розовый Мерло (*вспомогательный сорт в Бордо*)
Merret method *брит.* метод Меррета (*приготовления игристых вин; аналог классического французского метода, открытого Дом Периньоном*)
merulator (*n.*) любитель попивать вино
mescal (*n.*) мескаль (*мексиканский алкогольный напиток из терна или агавы*); ткж. **mezcal**
mesoclimate (*n.*) *агр.* климат на винограднике
metabisulfite (*n.*) *хим.* метабисульфит
metabolism (*n.*) *хим.* метаболизм
Metaxa (*n.*) *фирм.* «Метакса» (*известная марка бренди, выпускаемого в Греции*)
methane (*n.*) *хим.* метан
methane digester см. **anaerobic digester**
methanol (*n.*) *хим.* метанол, метиловый спирт
method (*n.*) 1. метод, способ; 2. система; 3. последовательность; ◊ ~ **of charcoal slurry treatment** фильтрование осадка активированным углем
azeotropic distillation ~ *спирт.* способ азеотропной перегонки
Bertrand copper-reduction ~ *хим.* метод определения редуцирующих сахаров Бертрана по восстановлению оксидных соединений меди в закись меди
champagne ~ см. **méthode champenoise**
Clerget ~ *хим.* метод Клерже (*для определения сахаров с помощью поляриметра*)
continuous fermentation ~ непрерывный способ брожения
Denigès ~ *хим.* метод Дениже (*для определения метилового спирта в присутствии этанола*)
graphic-sensor ~ графико-сенсорный метод (*для подбора оптимальных сочетаний ингредиентов в ликерном производстве*)
Lane-Eynon ~ *хим.* метод Лейна – Эйнона (*для определения редуцирующих сахаров*)

method

Leventhal ~ *хим.* метод Левенталя (*для определения дубильных веществ*)
Melle alcoholic fermentation ~ способ спиртового брожения Мелле (*с повторным использованием отсепарированных дрожжей зрелой бражки*)
organoleptic ~ органолептический метод
stalagmometric ~ сталагмометрический метод (*для определения содержания сивушного масла*)
méthode ancestrale *фр. см.* **méthode rurale**
méthode cap classique *фр.* метод производства игристых вин (*в Южной Африке*) основанный на классическом методе приготовления шампанского
méthode champenoise *фр.* классический бутылочный метод производства шампанского (*путем дополнительной ферментации тиражной смеси в бутылках, в которых оно поступает в продажу*); *ткж.* **méthode classique**
méthode Charmat *фр.* резервуарный [небутылочный] метод изготовления игристых вин
méthode classique *фр. см.* **méthode champenoise**
méthode dioise *фр.* метод приготовления игристых вин в Северной Роне
méthode Gaillacoise *фр.* наименование **méthode rurale** в апелласьоне Гайяк
méthode rurale *фр.* дедовский [деревенский, сельский] бутылочный метод изготовления марочного игристого вина; *ткж.* **méthode ancestrale**
méthode traditionelle *фр. см.* **méthode classique**
methoxypyrazine (*п.*) *хим.* метоксипиразин (*вещество, обусловливающее специфический аромат вин «Совиньон Блан»*)
methoxypyrazine-free white wine белое вино, не содержащие метоксипиразина (*менее ароматно*)
Methusaleh (*п.*) *фирм.* «Мафусаил» (*бутылка для бургундских и шампанских вин, емкостью 8 обычных бутылок, или 6 л*); *ткж.* **Methusaleh bottle; methusaleh**
methusaleh (*п.*) *см.* **Methusaleh**

methyl alcohol *хим.* метиловый спирт; *см. ткж.* **wood alcohol**
methyl anthranilate *хим.* метилантранилат (*вещество, влияющее на специфический вкус винограда и вина американских сортов*)
Metiram (*п.*) *амер. фирм.* «Метирам» (*марка фунгицида, используемого в виноградарстве*)
Meunier (*п.*) *фр. амп.* Менье (*сорт винограда, родственный Пино Нуар; синоним Пино Менье*)
Meursault (*п.*) *фр. геогр.* Мерсо (*часть территории Кот-де-Бон в Бургундии, известная своими белыми винами из сорта Шардоне*)
mevushal (*п.*) *ивр.* мевушаль (*вино горячего розлива, пастеризованное вино; обозначение на этикетках кошерных вин, произведенных в Израиле*); *ср.* **thermally processed wine**
mezcal (*п.*) *см.* **mescal**
michiu (*п.*) *кит.* ми-чу (*сухое рисовое вино, которое пьют теплым и обязательно с закуской; при нагреве аромат напитка усиливается; применяется ткж. в кулинарии; производится на Тайване*); *см. ткж.* **rice cooking wine**
micro (*п.*) *амер. разг.* небольшая пивоварня, выполняющая только розлив готового пива (*в кеги и бутылки*), без последующей реализации
microbrewery (*п.*) *амер.* небольшая пивоварня (*как правило, совмещенная с баром или рестораном, производящая не более 35 000 баррелей пива ежегодно*)
microrelief (*п.*) *агр.* микрорельеф
microsprinklers (*п.*) *pl. агр.* микрораспылительные устройства (*применяемые в виноградарстве*); *ткж.* **pressurized irrigation**
microvinification (*п.*) микровиноделие (*приготовление непромышленных партий вина для научно-практических целей, напр., для лабораторных исследований*)
microwinery (*п.*) небольшое винодельческое предприятие

modern wine

microzone (*n.*) *агр.* микрозона
middle 1. (*n.*) середина; центральная доска (*в днище бочки*); 2. (*adj.*) средний (*по размерам или качеству*)
middle-cut (*n.*) *спирт.* состав, закладываемый в бочки для выдержки
Midi (*n.*) *фр. геогр.* Миди (*обширная винодельческая область на юго-западе Франции, где производится большое количество недорогих столовых вин, регион Лангедок-Руссильон*)
Midori (*n.*) *яп. фирм.* «Мидори» (*яркозеленый ликер из мускусной дыни крепостью 30% об.*)
mid-palate (*n.*) средняя степень ощущения при дегустации
Midwest Brandy Belt, the *геогр.* зона производства бренди на Среднем Западе США (*Висконсин, Миннесота*)
Milcro (*n.*) *фирм.* «Милкро» (*легковесная кроненпробка для широкогорлых бутылок*)
Milcrown (*n.*) *фирм.* «Милкраун» (*легковесная кроненпробка для узкогорлых бутылок*)
mild (*adj.*) слабый (*о спиртном напитке*); мягкий (*о вкусе напитка*)
milky (*adj.*) *дегуст.* мутноватый, беловатый (*о цвете вина*)
Milky Spore Powder *фирм.* «Милки Спор Паудер» (*инсектицид*)
millerandage (*n.*) *бот.* аномалия развития цветов винограда (*разные по величине ягоды в одной грозди*)
millet (*n.*) *бот.* просо
milling (*n.*) *пив.* процесс перемалывания проросшего ячменя во фракции нужного размера
milo (*n.*) *бот.* сорго; *ткж.* **sorg(h)o; sorghum; milo-maize**
milo-maize (*n.*) *см.* **milo**
Minervois (*n.*) *фр. геогр.* Минервуа (*наиболее известный апелласьон в регионе Лангедок-Руссильон*)
minimal pruning *агр.* минимальная обрезка лозы
mint brandy бренди, ароматизированный мятой
mirin (*n.*) *яп.* мирин (*сладкое рисовое вино, применяемое в кулинарии для приготовления соусов и подслащенного риса*)
mis au domaine *фр. см.* **estate bottled; mis du domaine**
miscible (*adj.*) смешиваемый с жидкостью
mis du domaine *фр.* розлито на виноградике (*обозначение на этикетке*); *ткж.* **estate bottled; mis au domaine**
Misk (*n.*) *амп.* Миск (*сорт красного винограда семейства Мускадин*)
Mission (*n.*) *амп.* Мишен (*сорт красного винограда, завезенный испанскими конкистадорами в Мексику, а затем распространившийся в США*)
Missouri Riesling *амер. амп.* Миссурийский Рислинг (*исконно американский сорт белого винограда; используется для полусухих и десертных вин*)
mistelle (*n.*) *фр.* мистель (*спиртованное до забраживания виноградное сусло*)
mistra (*n.*) мистра (*анисовый ликер; производится на Кипре*)
mite (*n.*) *энт.* клещ (*вредитель винограда*)
bud ~ виноградный почковый клещ *Eriophyes vitigenius gemma Mal.*
European red ~ европейский красный клещ *Panonychus ulmi*
grapeleaf blister ~ клещ, вызывающий пузырчатость виноградных листьев *Colomerus vitis*
grapeleaf rust ~ виноградный листовой клещ *Calepitrimerus vitis Keifer*
spider ~ паутинный клещ(ик) *Schizotetranychus pruni Ond.*
two-spotted spider ~ паутинный двупятнистый клещик *Tetranychus urticae Koch.*
mixed berries *дегуст.* смесь различных ягод (*о букете вина*)
mobby (*n.*) 1. алкогольный напиток, приготовленный из сладких сортов картофеля; 2. фруктовый сок для дистилляции бренди
mock (*n.*) *брит.* мешки с пульпой, сложенные штабелем на основании пресса (*в производстве сидра*); *см. ткж.* **cheese**
modern wine *амер.* «новое вино» (*вино, приготовленное методом отделения*

сусла от кожуры, косточек и гребней); *ср.* **nouveau**
moist (*n.*) влага; ◊ ~ **level** уровень влажности
moisture (*n.*) влага, влажность; ◊ **cellar** ~ влажность в винном погребе
mojito (*n.*) *лат.-амер.* мохито (*национальный кубинский напиток; смесь мяты, сиропа, сока лайма, рома и содовой*)
molar solution *хим.* молярный раствор
molasses (*n.*) *pl.* (*употр. как sing*) *спирт.* меласса (*густая жидкость после удаления сахарозы из сока сахарного тростника*)
blackstrap ~ черная меласса (*после прохождения трех циклов выпаривания и центрифугирования сиропа*); *см. ткж.* **blackstrap** 3.
citrus ~ цитрусовая меласса (*побочный продукт переработки цитрусовых*)
high-test ~ меласса, обработанная кислотой
Molasses Act *амер. ист.* Закон 1733 г. о введении налога на импорт мелассы, тростникового сахара и рома из небританских штатов
molasses vinasse *спирт.* мелассовая барда
mold 1. (*n.*) плесень; плесневый гриб; 2. (*n.*) цвель (*порок вина*); 3. (*v.*) покрываться плесенью, плесневеть
cellar ~ подвальная плесень
mole (*n.*) *хим.* моль, грамм-молекула
molecular sieve *спирт.* молекулярное сито (*в установке для дегидратации этанола*)
molecule (*n.*) *хим.* молекула
Mondavi flange конструкция венчика бутылки в виде фланца, разработанная фирмой «Мондави» (*Калифорния, США*)
Mondeuse (*n.*) *фр. амп.* Мондёз (*сорт красного винограда из долины Роны с сильным ароматом и интенсивной окраской*)
monosaccharide (*n.*) *хим.* моносахарид; *см. ткж.* **fructose; glucose; hexose**
Monster's Choice *шотл. фирм.* «Монстерс Чойс» (*марка редкого купажного виски, названного в честь чудовища в озере Лох-Несс*)
Montagny (*n.*) *фр.* 1. *геогр.* Монтаньи (*апелласьон в области Кот-Шалоне, регион Бургундия*); 2. *фирм.* «Монтаньи» (*белое сухое вино из сорта Шардоне*)
Montilla (*n.*) *фирм.* «Монтилья» (*марка темного сладкого выдержанного хереса, производимого в Испании*)
Montrachet (*n.*) *фр.* 1. *фирм.* Монраше (*марка сухих дрожжей для красных и белых сухих вин*); 2. *геогр.* Монраше (*апелласьон винодельческой области Кот-д'Ор, регион Бургундия*); 3. «Монраше» (*белое вино категории Гран Крю из Пулиньи-Монраше; классическое бургундское белое вино из винограда Шардоне*)
Monts des Milieu *фр. фирм.* «Мон де Мильё» (*высококачественное вино категории Премьер Крю из Шабли*)
Moon Bae Sool *кор. фирм.* «Мон Бей Соль» (*национальный корейский спиртной напиток; в качестве исходных компонентов используются просо и сорго*)
moonshine (*n.*) *амер. разг.* виски из зерна; *см. ткж.* **corn whiskey; hooch; white lightning**
Moore's Diamond *амер. амп.* Бриллиант Мура (*исконно американский сорт винограда*)
moromi (*n.*) *яп.* мороми (*бражка для саке, состоящая из риса, воды, дрожжей и кодзи*)
morphochromatography (*n.*) *хим.* морфохроматография (*один из методов качественного анализа вин и виноматериалов*)
Mosac (*n.*) *фр. амп.* Мосак (*розовый сорт винограда*)
mosaic (*n.*) *фитопат.* мозаика, мозаичность (*вирусное заболевание листьев винограда*)
yellow ~ желтая мозаика
Moscatel (*n.*) *амп.* Москатель (*сорт винограда для производства хересных вин; Испания, Португалия*)
Moscow Mule *фирм.* «Московский мул» (*коктейль из водки, сока лайма и им-

multistep process

бирного эля, подаваемый в медном кубке)

Mosel (*n.*) *нем.* 1. *геогр.* Мозель (винодельческий регион в Германии); 2. «Мозель», «Мозельское» (название столовых вин из региона Мозель)

Moselblumchen (*n.*) *нем.* «Мозельблюмхен» (купажированное вино «Либфраумильх» из Мозеля)

Moselle (*n.*) *см.* **Mosel**

mother liquor *см.* **molasses**

mother of vinegar уксусная закваска (бактериальная культура)

mother of yeasting 1. дрожжевая закваска (бактериальная культура); 2. *спирт.* матка (маточные молочнокислые дрожжи)

moto (*n.*) *яп.* мото (гонок рассева или дрожжевая разводка для приготовления партии саке); *см. ткж.* **shubo**

motor-fuel-grade ethanol *см.* **fuel ethanol**

Moulin-à-Vint *фр.* 1. *геогр.* Мулен-а-Ван (известный апелласьон винодельческой области Божоле, регион Бургундия); 2. *фирм.* «Мулен-а-Ван» (красное сухое вино из сорта Гаме)

mound (*n.*) *агр.* насыпь, холмик; прикрытие землей (сверху корня растения и т. д.)

Mourvèdre (*n.*) *фр. амп.* Мурведр (сорт красного винограда, который культивируется на юге Франции; дает полные, ароматные вина с хорошим букетом; применяется в ассамбляже)

mousse (*n.*) *фр.* пена из пузырьков газа (на поверхности шампанского или бродящего вина)

mousseux *фр.* 1. (*n.*) игристое вино; 2. (*adj.*) пенистый; игристый; содержащий углекислый газ (о вине)

mousy taint *дегуст.* мышиный запах (в вине); *ткж.* **АСТРУ**

mouth (*n.*) 1. венчик; отверстие горлышка (бутылки); 2. вкус, органолептика (вина); *см. ткж.* **palate**

mouthfeel (*n.*) *дегуст.* ощущение вкуса и структуры вина

mouth-filling (*adj.*) создающий полноту вкусового ощущения при дегустации

mouth pucker *дегуст. разг.* вино с очень терпким вкусом, «обдирающее» вино (содержащее большое количество танинов)

Mouton-Rothschild (*n.*) *фр.* «Мутон-Ротшильд» (вино из Медока, внесенное во 2-ую классификацию)

MS reference *см.* **Mass Selected reference number**

muck (*n.*) *агр.* навоз (органическое удобрение)

mud (*n.*) фильтр-прессный осадок

muddy (*adj.*) мутный (о вине и т. д.)

muid (*n.*) *фр. уст.* 1. мюид (старинная мера объема); 2. бочка объемом в 1 мюид; ◊ ~ **de Paris** парижский мюид, равный 268 или 279 л

mulch (*v.*) *агр.* мульчировать (добавлять скошенную траву или солому в корни и на поверхность почвы возле куста)

mulching (*n.*) *агр.* мульчирование

mulching with rind *агр.* мульчирование при помощи коры

mulching with straw *агр.* мульчирование при помощи соломы

mull 1. (*n.*) подогретый напиток (вино, сидр) с пряностями; *ткж.* **mulled wine** 2. (*v.*) подогревать (вино, сидр); делать глинтвейн

Müller-Thurgau (*n.*) *нем. амп.* Мюллер-Тургау (один из основных гибридных сортов белого винограда; получен скрещиванием сортов Сильванер и Рислинг)

mulse (*n.*) вино, вскипяченное и смешанное с медом

Multi-County-District *амер. геогр.* крупный винодельческий регион, включающий несколько мелких единиц (в США имеется 5 таких регионов); *ткж.* **Central Coast; Central Valley; North Coast; Sierra Foothills; South Coast**

multidistrict blend *австрал.* вино, приготовленное из смеси винограда, собранного на различных виноградниках

multistep process многоступенчатый процесс (напр., в производстве шампанского, виски)

multiwine preference testing method

multiwine preference testing method *дегуст.* метод дегустации вин, основанный на сравнении с несколькими образцами

Mumme (*n.*) *нем. ист.* сорт темного пива (*выпускаемого в Германии в XV в.*)

mummy (*n.*) *бот.* мумифицированный плод (*винограда*)

murky (*adj.*) *амер.* очень темный, мутный (*о вине; дефект красных вин*)

Muscadet (*n.*) *фр.* 1. *геогр.* Мюскаде (*апелласьон в долине Луары*); 2. *амп.* Мюскаде (*сорт белого винограда*); 3. *фирм.* «Мюскаде» (*белое вино*)

muscadine (*n.*) 1. мускатный виноград; 2. *амп.* **М.** Мускадин (*семейство сортов американского происхождения, юго-восток США, Атлантическое побережье*)

muscadine wine высокоароматизированное вино, произведенное из винограда мускатных сортов

Muscat (*n.*) 1. *амп.* Мускат (*сорт белого винограда*); 2. *фирм.* «Мускат» (*вино из мускатных сортов винограда*); *ткж.* **Muscatel** 1.

Muscatel (*n.*) 1. *фирм.* «Мускатель» (*сладкое десертное вино*); 2. (**m.**) изюм из мускатного винограда

mushrooms (*n.*) *pl.* грибы, грибная культура

Musigny (*n.*) *фр.* «Мюзиньи» (*красное сухое вино из Шамболь-Мюзиньи, Бургундия*)

must (*n.*) муст; свежеотжатое сусло
  fruit ~ плодово-ягодное сусло
  grape ~ виноградное сусло
  press ~ сусло из-под пресса
  sulfited ~ сульфитированное сусло
  thickened ~ бекмес (*концентрированный фруктовый сок*)
  unfermented ~ несброженное сусло

mustiness (*n.*) затхлость, заплесневелость

must pH (*n.*) *хим.* показатель pH виноградного муста

must reading *вин.* замер сусла

musty (*adj.*) *дегуст.* заплесневелый, прокисший, затхлый (*о вкусе вина*)

mutage (*n.*) *фр.* мютирование (*прерывание брожения виноградного сусла с целью сохранить часть сахара*)

muted (*adj.*) *дегуст.* приглушенный (*о букете вина*); не слишком выразительный (*о вине*)

muzzle (*n.*) мюзле (*проволочная уздечка для закрепления пробки на бутылке с шампанским*); см. ткж. **wire hood**

mycorrhizae (*n.*) *лат. бот.* микоризы (*тип грибков, налипающих на корни при посадке растения; действуют благотворно на корневую систему*)

mycorrhizal fungi см. **mycorrhizae**

mycotoxins (*n.*) микотоксины

Myers *фирм.* «Майерс» (*сорт рома, выпускаемый на Ямайке фирмой "Myers", крепостью 40% об.*)

Myer's Planters Punch *фирм.* «Майерс Плантерс Панч» (*высококачественный ром тяжелого типа, выпускаемый на Ямайке; представляет собой смесь 20 разных ямайских ромов высшего качества, выдержанных не менее 8 лет*)

mysterious disease см. **Pierce's disease**

N

namazake (*n.*) *яп.* намадзаке (*непастеризованное саке; смесь всех 4-х основных видов саке*)

name (*n.*) наименование (*вина*)
  generic ~ наименование вина, которое присваивается по его отличительным признакам
  proprietary ~ наименование вина, охраняемое брендом (*наименование торговой марки или производителя*)
  varietal ~ наименование вина, которое присваивается по доминирующему сорту винограда (*из которого приготовлено данное вино*)

Napa Gamay *амер. амп.* Напа Гаме (*сорт винограда, близкий Пино Нуар*); см. ткж. **Valdiguie**

Napa Valley (*n.*) *геогр.* долина реки Напа (*одна из крупнейших винодельческих областей в Калифорнии, США*)

Napoléon (*n.*) *фр. фирм.* «Наполеон» (*категория коньяка крепостью 40% об., выдержанного в дубовой бочке не менее 6 лет*); *см. ткж.* **Reserve Extra**
National Prohibition Act *амер. ист.* Закон 1919 г., запрещающий производство, перевозку и продажу спиртных напитков, содержащих более 0,5% об.; *ткж.* **Prohibition; Volstead Act**
natural (*adj.*) натуральный; естественный, природный; ◊ ~ **cork** натуральная пробка
Neapolitan liquer *амер. фирм.* неаполитанский ликер (*заменитель ликера «Галлиано»*)
near beer безалкогольный напиток, содержащий менее 0,5% об.
neat (*adj.*) неразбавленный; чистый (*об алкогольном напитке*); *см. ткж.* **straight**
Nebbiolo (*n.*) *ит. амп.* Неббиоло (*сорт красного винограда*)
Nebuchadnezzar (*n.*) *фирм.* «Навуходоносор» (*бутылка самого большого объема, равного 20 обычным бутылкам или 15 л; применяется для шампанских вин*); *ткж.* **Nebuchadnezzar bottle; nebuchadnezzar**
nebuchadnezzar (*n.*) *см.* **Nebuchadnezzar**
neck (*n.*) горлышко бутылки
neck band лента (*декоративный элемент горлышка бутылки*)
neck label кольеретка (*этикетка на шейке бутылки*)
necrosis (*n.*) *фитопат.* некроз (*увядание растения*)
bacterial ~ бактериальный некроз (*болезнь винограда*); *ткж.* **bacterial blight**
needle (*n.*) *энт.* игла (*паразитная нематода винограда*)
négociant (*fr.*) (*n.*) негоциант (*предприятие, занимающееся изготовлением, розливом и продажей вин*); *см. ткж.* **blender**
Négrette (*n.*) *фр. амп.* Негрет (*сорт красного винограда с ароматом малины из Пиренеев*)
Negroni Cocktail коктейль «Негрони» (*из сладкого вермута, джина и «Кампари»*)

negus (*n.*) негус (*напиток из портвейна с подслащенным лимонным соком и мускатным орехом*)
Nelson (*n.*) *геогр.* Нельсон (*наименование крупного винодельческого региона в Новой Зеландии, расположенного в северной части о-ва Южный*)
nematode (*n.*) *энт.* нематода (*вредитель винограда*)
dagger & needle ~ нематода «кинжал-игла» *Xiphinema spp., Longidorus*
lance ~ нематода *Zygotylenchus*
lesion ~ нематода связка *Paratylenchus*
pin ~ игольчатая нематода *Paratylenchus hamatus*
ring ~ кольцевая нематода *Criconemella xenoplax*
spiral ~ спиральная нематода *Helicotylenchus sp.*
stubby-root ~ нематода, поражающая корни *Paratrichodorus christei*
stunt ~ карликовая нематода *Tylenchorhyncus*
NeoCorq (*n.*) *амер. фирм.* Неокорк (*один из крупнейших производителей пробки в США; выпускает пенонаполненные пробки из синтетического материала*)
Neo Muscat *яп. амп.* Нео Мускат (*сорт белого винограда, полученный скрещиванием сортов Кошу и Мускат александрийский*)
neo-prohibitionism (*n.*) новое движение в поддержку запрета употребления алкоголя в США (*с конца 1990-х гг.*); *см. ткж.* **prohibitionism**
neutron probe *амер. агр.* устройство для измерения влажности почвы
Nevers (*n.*) *фр.* 1. *геогр.* Невер (*коммуна во Франции*); 2. *фирм.* «Невер» (*тип дубовой бочки для выдержки вина*); *см. ткж.* **Alliers; Limousin**
newcomer (*n.*) *амер. разг.* новичок (*тип потребителя алкогольных напитков*)
New World plantings *агр.* насаждения низкой плотности (< *800 раст./акр*)
New Zealand wine berry *см.* **wine berry**
Niagara (*n.*) *амп.* Ниагара (*исконно американский сорт белого винограда*)
"nickel-a-drink" alcohol tax *амер.* налог с продаж алкогольных напитков «5 центов с порции»

Nierstein

Nierstein (*n.*) *нем. геогр.* Нирштайн (*название города и винодельческого района в области Райнгессен*)

nigori-zake (*n.*) *яп.* нигори-дзаке (*неотфильтрованное саке*)

nihon shu-do (*n.*) *яп.* нихон сю-до (*удельный вес саке; показатель сухости или содержания сахара*)

Nikka (*n.*) *яп. фирм.* «Никка» (*сорт виски, выпускаемый в Японии*)

nip *брит.* 1. (*n.*) порция крепкого алкогольного напитка (*равна ¼ джила*); 2. (*n.*) бутылка вина небольшой емкости; *см. ткж.* **split**; 3. (*v.*) глотнуть, хлебнуть (*алкогольного напитка*)

nipa (*n.*) *австрал.* традиционный алкогольный напиток из сока пальмы нипа

Noah (*n.*) *амп.* Ноа (*американский сорт белого винограда*)

Nobile di Montepulciano *ит. фирм.* «Нобиле ди Монтепульчиано» (*известное вино из Тосканы; имеет высшую категорию DOCG*)

Noble (*n.*) *амер. амп.* Нобл (*мускатный сорт красного винограда*)

noble rot *бот.* благородная плесень

noble vines благородные сорта винограда; *ткж.* **Cabernet Sauvignon; Chardonnay; Pinot Noir; Riesling**

nobly-rotten (*adj.*) пораженный благородной плесенью (*о ягодах винограда*)

node (*n.*) *бот.* узел (*набухшая часть побега, на которой появляются почки и листья*)

noggin (*n.*) *брит. уст. разг.* небольшая порция алкогольного напитка

Noirien (*n.*) *фр. амп.* Нуарьен (*сорт красного винограда*)

no-label look 1. прозрачная этикетка из самоклеящейся пленки с нанесенными изображениями и надписями; 2. бутылка, не имеющая этикетки, с нанесением информации о вине непосредственно на бутылку; бутылка с деколью

Nomacork (*n.*) *кан. фирм.* «Номакорк» (*синтетическая пробка из химически нейтральных материалов*)

nonalcoholic (*adj.*) безалкогольный, не содержащий алкоголя (*о напитке*); *см. ткж.* **alcohol-free**

non-drinker (*n.*) непьющий человек

noneslipskin *вин.* ферментация без кожуры

nonfermentable (*adj.*) неферментируемый; несбраживающийся

nonfilterable (*adj.*) нефильтруемый

nonfruiting bud *бот.* бесплодная почка

nonvine structures *агр.* объекты или предметы, служащие опорой для роста лозы (*напр., деревья, шпалера и т. д.*)

North Coast *амер. геогр.* Северное побережье (*большая винодельческая область в Калифорнии*)

Northland (*n.*) *геогр.* Нортленд (*наименование винодельческого района в Новой Зеландии, расположенного в северной части о-ва Северный*)

Norton (*n.*) *амп.* Нортон (*исконно американский сорт красного винограда*); *см. ткж.* **Cynthiana**

nose (*n.*) *дегуст.* аромат; букет (*вина*); ◊ **to exhibit a ~** иметь букет (*о вине*); **the ~ balances apples and citrus** букет, состоящий из слаженного аромата яблок и цитрусовых; *см. ткж.* **aroma**
 fresh ~ свежий запах (*вина*)
 muted ~ приглушенный [несформировавшийся] аромат (*вина*)
 perfumed ~ наличие цветочных ароматов в букете (*вина*)
 smooth ~ нежный запах

Nosema locustae *лат. биол.* класс естественных микробов, используемых для борьбы с вредителями винограда (*в первую очередь с кузнечиками и саранчой; компонент современных пестицидов*); *см. ткж.* **grasshopper pathogen**

noser (*n.*) эксперт, определяющий сорта виски по запаху

nourishing annual fruit shoot *бот.* жировой однолетний побег

nouveau (*adj.*) *фр.* новый, молодой (*о вине, произведенном и поступившем в продажу осенью текущего года*)

Nova (*n.*) *амер. фирм.* «Нова» (*фунгицид, используемый в виноградарстве*)

novello (*adj.*) *ит. см.* **nouveau**

Nuits St-George *фр.* 1. *геогр.* Нюи Сен-Жорж (*известный апелласьон вино-*

дельческой области Кот-д'Ор, регион Бургундия); 2. фирм. «Нюи-Сен-Жорж» (*сухое красное вино из винограда сорта Пино Нуар*)
nuka (*n.*) *яп.* нука (*сухой остаток после производства саке*)
nursery for rootstock grape vine *бот.* маточник подвойных лоз
Nut Brown Ale *фирм.* «Нат Браун Эль» (*классический сорт английского эля*); *ткж.* **Old Brewery Brown Ale**
nut-like (*adj.*) *см.* **nutty**
nutmeg (*n.*) мускатный орех (*тон букета и компонент ароматизированных вин*)
nutrient (*adj.*) питательный, питающий; ◊ ~ **profile of soil** питающий характер почвы
nutty (*adj.*) *дегуст.* ореховый (*о вкусе; характеристика хересных вин, подверженных воздействию ацетальдегида*)

O

oak (*n.*) 1. *бот.* дуб; 2. древесина дуба (*сырьё для производства бочек для выдержки вин, коньяков, виски и т. д.*)
American ~ американский дуб (*Quercus alba*)
European ~ европейский дуб (*Quercus petraea*)
French ~ французский дуб (*Quercus robur*)
heavy toast ~ древесина дуба, имеющая высокую степень термообработки
Limousin ~ 1. лимузенский дуб; 2. *см.* **Limousin** 2.
medium toast ~ древесина дуба, имеющая среднюю степень термообработки
Memel ~ *ист.* мемельский дуб (*сорт дуба, который произрастал на границе бывшей Российской империи, Польши и Восточной Пруссии; его особенность заключалась в том, что

молодые дубы вырастали среди соснового леса; в таких условиях ускоренный рост дубов приводил к сильному продольному вытягиванию волокон, что очень важно для клёпок бочки*)
oak chips дубовая щепа; дубовые стружки (*добавляются к вину при выдержке*)
oak powder дубовый концентрат в виде порошка
oak square квадратный брикет из древесины дуба (*используемый для выдержки вина в стальных ёмкостях*)
oaky (*adj.*) *дегуст.* имеющий привкус обожжённого дуба (*о вине*); *ткж.* **smoky**; **toasty**
Oban (*n.*) *фирм.* «Обен» (*классическое шотландское односолодовое виски*)
octave (*n.*) бочка ёмкостью $\frac{1}{8}$ обычной бочки
odor (*n.*) *амер.* запах
bad ~ неприятный запах (*порок вина*); *см. ткж.* **bad flavor**; **fault**
earthy ~ землистый запах
fermented ~ запах брожения
foreign ~ посторонний запах
fruity ~ фруктовый запах
lees ~ запах осадка (*у вина*)
mildew ~ запах мильдью (*у вина*)
moldy ~ запах плесени
mousy ~ мышиный запах
musty ~ запах плесени
obnoxious ~ неприятный запах
offensive ~ *см.* **obnoxious odor**
pleasant ~ приятный запах
pungent ~ острый [едкий] запах
spicy ~ пряный запах
stale ~ несвежий запах
stalky ~ запах гребней виноградной лозы (*у вина*)
stemmy ~ *см.* **stalky odor**
odoriferous (*adj.*) пахучий
odorless (*adj.*) *дегуст.* не имеющий запаха
odor unit number *дегуст.* число ароматических единиц (*при органолептической оценке*)
odour *брит. см.* **odor**
oecad (*n.*) *см.* **ecad**
oeil de perdrix *фр. дегуст.* розовато-оранжевый цвет (*розовых вин*); *см. ткж.* **partridge eye**

183

oenathic (*adj.*) винный
oenochoë (*n.*) *греч. ист.* кувшин для вина с горлышком в виде трилистника
oenocolorant (*n.*) энокраситель
Oenodev process метод микроокисления в приготовлении виноматериалов
Oenoferm (*n.*) *фирм.* «Эноферм» (*марка винных дрожжей*)
oenography (*n.*) энография (*литература о вине*)
oenolism (*n.*) *мед.* алкоголизм
oenologic (*adj.*) энологический, винодельческий; ◊ ~ **practice** практика виноделия
oenology (*n.*) энология (*наука о вине и его свойствах*)
oenomancy (*n.*) гадание с помощью вина
oenomel (*n.*) эномель (*напиток из вина с медом*)
oenometer (*n.*) энометр (*прибор для определения крепости вина*)
oenometry (*n.*) энометрия (*метод качественного анализа вин*)
oenophile (*n.*) *греч.* энофил (*поклонник виноделия; любитель вина, знаток вин*); *см. ткж.* **connoisseur; wine lover**
oenophilist (*n.*) *см.* **oenophile**
oenophlygia (*n.*) *мед.* опьянение
oenos (*n.*) *греч.* вино как продукт алкогольной ферментации; неразбавленное вино; *ср.* **krasi**
oenotherm(e) (*n.*) аппарат для пастеризации вина
off-aroma (*n.*) посторонний запах
off-color (*n.*) нестандартный цвет
off-dry (*adj.*) 1. слегка подслащенный (*о вине*); 2. *амер.* полусухой (*о вине*)
off-flavor (*n.*) 1. привкус; несвойственный вкус (*вина и т. д.*); 2. неприятный запах; *см. ткж.* **Böckser**
off-grade (*adj.*) несортовой, низкого качества
off-odor (*n.*) посторонний запах
off-scum (*n.*) *вин.* снятая пена
off-season (*n.*) *агр.* межсезонный период
offspring (*n.*) *бот.* потомок (*определенного рода или вида растений*)
off-taste (*n.*) *дегуст.* посторонний привкус; нежелательный вкус (*вина и т. д.*)
OH group *хим.* гидроксильная группа; *см. ткж.* **hydroxyl group**

oidium (*n.*) *бот.* оидиум; *см. ткж.* **powdery mildew**
oily (*adj.*) *дегуст.* маслянистый (*о винах с большим содержанием сахара*); *см. ткж.* **ropy**
ojen (*n.*) *исп.* охен (*анисовый ликер*)
okolchao (*n.*) окольчао (*алкогольный напиток с Гавайских островов, дистиллированный из зерна*)
Old Brewery Brown Ale *см.* **Nut Brown Ale**
Old Brewery Pale Ale *фирм.* «Олд Бруэри Пейл Эль» (*классический сорт английского эля*)
Old Landed *брит.* произведенный из коньячного спирта старой закладки (*о коньяках, изготовленных из французских коньячных спиртов, выдержанных на территории Англии*)
Old Том *брит. фирм.* «Старый Том» (*1. общее название подслащенных сортов джина; 2. марка эля*)
old vines 1. *агр.* старые, упрочившиеся лозы, которые дают более концентрированное вино (*по сравнению с молодыми лозами*); 2. вино из винограда, собранного со старых лоз (*дающих небольшой урожай, но с высокими ароматическими свойствами*)
Old World *см.* **Old World Style**
Old World plantings *агр.* насаждения высокой плотности (*> 1000 раст./акр*)
Old World Style вино европейского типа, вино Старого Света; *ткж.* **Old World**
olent (*adj.*) пахучий, ароматный
olfaction (*n.*) обоняние
olfactive stage стадия появления запаха вина; *см. ткж.* **smelling**
olfactory (*adj.*) обонятельный; ◊ ~ **test** испытание [тест] на запах
oligosaccharide (*n.*) *хим.* олигосахарид
olive (fruit) fly *энт.* мушка маслинная (*вредитель винограда*)
Olivette Blanche *фр. амп.* Оливет Бланш (*сорт белого винограда*)
Olmeca (*n.*) *мекс. фирм.* «Ольмека» (*сорт текилы, приготовленной из сока синей агавы*)
Oloroso (*n.*) *исп. фирм.* «Олоросо» (*сухой темный густой херес, приготов-

ленный методом без пленки; обладает легким и нежным вкусом, с ароматом грецких орехов); ткж. **oloroso**

Omar Khayyam *инд. фирм.* «Омар Хайям» (*сорт игристого вина, вырабатываемого по классическому шампанскому методу из винограда сортов Шардоне, Пино Нуар, Томсон изюмный*)

one-year-old fruit shoot *бот.* плодовый однолетний побег

one-year-old grape vine *бот.* однолетняя лоза

onion-peel *дегуст.* оранжево-красный (*о цвете старых или окисленных вин*)

onion-skin *см.* **onion peel**

on-the-rock (*n.*) алкогольный напиток, подаваемый со льдом; *см. ткж.* **lowball**

opacification (*n.*) помутнение

opacity (*n.*) мутность, непрозрачность

opaque (*adj.*) темный, непрозрачный; светонепроницаемый

opener (*n.*) устройство для открывания бутылок

   bottle ~ устройство для открывания бутылок (*отдельное или как компонент универсального штопора, универсального ножа*)

   champagne ~ щипцы для открывания шампанского; *см. ткж.* **champagne pliers**

opener key приспособление для открывания бутылок (*обычно шампанских*)

operation (*n.*) :

   cellar ~ обработка (*вина*) в подвале

optical refractometer оптический рефрактометр

Optima (*n.*) *амп.* Оптима (*гибридный сорт белого винограда из Центральной Европы*)

Orange Muscat *амп.* Оранжевый мускат (*сорт винограда*)

orange peels апельсиновые корки (*используются в производстве джина*)

Oregano (*n.*) *амп.* Орегано (*сорт винограда*)

organic compound *хим.* органическое соединение

organic wine органическое вино (*полученное из винограда, выращенного без применения удобрений и химикатов; это приводит к уменьшению урожайности, но одновременно повышает концентрацию и экстрактивность вин*)

organoleptic testing органолептическая проверка (*на основе вкуса и запаха*)

origin (*n.*) источник, происхождение (*показатель, контролируемый административными органами многих стран-производителей вина*)

   wine ~ происхождение вина (*место произрастания винограда и производства вина*)

original barrel proof *амер.* крепость напитка в бутылке после розлива соответствует крепости в бочке (*обозначение на этикетке крепких алкогольных напитков в США*)

original proof *см.* **original barrel proof**

Orlando seedless *амер. амп.* Орландо изюмный (*гибридный сорт белого винограда*)

Orthene (*n.*) *амер. фирм.* «Орфен» (*инсектицид, используемый в виноградарстве*)

orthotropic (*adj.*) *бот.* ортотропный (*растущий вертикально*)

orthotropism (*n.*) *бот.* ортотропизм (*вертикальный рост растения*)

orujo (*n.*) *исп.* орухо (*спиртной напиток, полученный при дистилляции отходов виноделия*); *см. ткж.* **bagaçeiras; grappa; marc**

Orvieto Abboccato *ит. фирм.* «Орвието Абокато» (*полусухое белое вино с легким цветочным букетом из Умбрии*)

Orvieto Secco *ит. фирм.* «Орвието Секко» (*сухое белое вино из Умбрии*)

Otago (*n.*) *геогр.* Отаго (*наименование крупного винодельческого региона в Новой Зеландии, расположенного в южной части о-ва Южный*)

oude (*adj.*) *голл.* марочный, выдержанный (*категория джина*); *ср.* **jonge; zeer oude**

ounce (*n.*) 1. унция (*мера объема, равная 30 мл*); 2. порция спиртного напитка

outbreeding (*n.*) *бот.* неродственное скрещивание; *ткж.* **outcrossing**

outcrossing (*n.*) *см.* **outbreeding**

outrageous (*adj.*) имеющий сильный, резкий запах и вкус (*о вине*)

outsize bottle винная бутылка большого объема; *см. ткж.* **Balthazar; Jeroboam; Nebuchadnezzar**

Ouzo (*n.*) *фирм.* «Оузо» (*марка дистиллированного спиртного напитка с анисовым привкусом; производится на Кипре, в Греции и на Ближнем Востоке*)

ovals (*n.*) *pl. собир.* бочки с овальным краем (*обычно немецкого производства*)

overacidity (*n.*) излишняя кислотность

overaged (*adj.*) слишком долго выдерживаемый в бочке; передержанный; окислившийся (*о вине*); *см. ткж.* **oxidized** 1.

overaging (*n.*) передерживание, передержка (*вин*)

overextraction (*n.*) *вин.* чрезмерное [избыточное] экстрагирование

overfermentation (*n.*) *вин.* избыток ферментирования; избыточное брожение, переброд

overfilling (*n.*) переполнение (*емкости, бутылки*)

overfining (*n.*) переоклейка (*вина*)

overflow (*n.*) 1. слив, переливание; 2. переток (*на тарелках ректификационных колонн*)

overground trunk *агр.* надземный штамб

overhead (*n.*) *спирт.* головной погон, головная фракция

overirrigation (*n.*) *агр.* чрезмерная ирригация (*недостаток при возделывании винограда*)

overproof (*adj.*) выше крепости 57,10% об. (*о винном спирте*)

overripe (*adj.*) перезрелый, переспелый (*о плодах*); передержанный (*о вине*)

over-the-hill (*adj.*) *разг.* слишком долго выдерживаемый в бочке; передержанный (*о вине*); *ткж.* **geriatric wine**

oxhoft (*n.*) оксхофт (*тип винной бочки емкостью от 210 до 290 л*)

oxidasic casse оксидазный касс (*порок вина*)

oxidation (*n.*) окисление

oxidative damage *вин.* ухудшение характеристик, связанное с окислением

oxidized (*adj.*) 1. слишком долго выдерживаемый в бочке; передержанный; окислившийся (*о вине*); *см. ткж.* **overaged**; 2. окисленный, мадеризованный (*о вкусе вина*); *ткж.* **maderized; nutty**

Oz (*adj.*) *разг.* австралийский; *ткж.* **Aussie**

P

Paarl Riesling *южн.-афр. амп.* Рислинг капский (*синоним сорта Крушан*); *см. ткж.* **Cape Riesling; South-African Riesling**

pack 1. (*n.*) упаковка; пакет; 2. (*v.*) упаковывать

aggregate ~ упаковка, состоящая из нескольких более мелких упаковок

packed distillation column *спирт.* дистилляционная колонна с насадкой

packing (*n.*) :

column ~ *спирт.* насадка колонны

pad (*n.*) плетеная корзина (*мера винограда для переработки*)

Paekrosul (*n.*) *кор. фирм.* «Пэкросуль» (*спиртной напиток крепостью 40% об., выпускаемый в Корее*)

Paektusan Tuljjuksul *кор. фирм.* «Пэктусан Тульджуксуль» (*спиртной напиток, ароматизированный дикими ягодами; выпускается в Корее*)

palate (*n.*) *дегуст.* вкус; органолептика (*вина*); *см. ткж.* **mouth**; ◊ **fleshy on the ~** тяжелый [плотный] на вкус; **round on the ~** гармоничный, обволакивающий на вкус

palate fullness полнота вкуса

pale (*n.*) светлый (*о вине, пиве*); выдержанный (*о бренди*)

Pale Cream *фирм.* «Пейл Крим» (*мягкий херес со сладковатым вкусом*)

pale wine *см.* **claret** 3.

pallet (*n.*) поддон; палета (*для бутылок с вином или ящиков*)

Palo Cortado *исп. фирм.* «Пало Кортадо» (*редкий высококачественный хе-*

рес, средний по характеристикам между «Олоросо» и «Амонтильядо»); *см. ткж.* **Montilla**; *ткж.* **palo cortado**
Palomino *исп. амп.* Паломино (*сорт винограда для производства хересных вин*)
palpable (*adj.*) *дегуст.* ощутимый, осязаемый
Pampero (*n.*) *исп. фирм.* «Пaмперо» (*марка рома, выпускаемого в Венесуэле*)
panel (*n.*) дегустационная комиссия
panelist (*n.*) член дегустациoной комиссии; *см. ткж.* **panel**
panicle (*n.*) *бот.* метелка (*форма соцветия винограда*)
pannier (*n.*) *агр.* заплечный бак для переноски винограда; *см. ткж.* **dosser**
pantothenic acid пантотеновая кислота, витамин B_3
paradise (*n.*) помещение для хранения коллекций старых коньяков
Parathion-ethylene *амер. фирм.* «Парафион-этилен» (*марка фунгицида, используемого в виноградарстве*)
parent (*n.*) родительское растение
parentage (*n.*) *собир. бот.* родительские растения
   American ~ родительские сорта американского происхождения
parent plant *см.* **parent**
parent vine родительская лоза
Parfait (d')Amour *фр. фирм.* «Парфе Амур» (*цитрусовый ликер, ароматизированный миндалем, розовыми лепестками и ванилью*)
Parker barrels *амер. разг. ирон.* «бочки Паркера» (*предъявление чрезмерных требований к винным бочкам*)
parkerization *амер.* «паркеризация» (*влияние субъективной оценки экпертов на стоимость вин*)
parkerized wine phenomenon *амер.* феномен «паркеризации» вина (*предъявление чрезмерных требований к качеству вин и абсолютизация роли эксперта в оценке качества вин; связано с именем Роберта Дж. Паркера-младшего, винного критика, автора 100-балльной системы оценки вин*)

Parker sheep *амер.* 1. *разг. ирон.* «овца Паркера» (*последователь Р. Дж. Паркера*); 2. эксперт, предъявляющий завышенные требования к винам
parthenogenesis (*n.*) *бот.* партеногенез
partial rootzone drying *агр.* частичное осушение корневой системы (*экономичный метод орошения виноградников*); *см. ткж.* **irrigation technique**
partridge eye *дегуст.* розовато-оранжевый цвет (*розовых вин*); *ткж.* **cock's eye; eye of the partridge; oeil de perdrix**
passerillage (*n.*) *фр.* подсушивание [заизюмливание, увяливание] винограда; *см. ткж.* **raisining**
passito (*n.*) *ит.* заизюмленный виноград (*материал для производства десертных вин*)
Passover wine *см.* **kosher wine**
Pasteur Champagne *фирм.* «Пастер Шампань» (*марка сухих дрожжей для тихих и игристых вин*)
pasteurization (*n.*) пастеризация
Pasteur Red *фирм.* «Пастер Ред» (*марка сухих дрожжей для производства красных вин*)
pastis (*n.*) пастис (*мягкая современная форма абсента, очищенного от токсичных и вредных веществ*)
pathogen (*n.*) *бот.* патоген
pathogenic (*adj.*) *бот.* патогенный
Pauillac (*n.*) *фр.* 1. *геогр.* Пойяк (*главный апелласьон винодельческой области Медок, регион Бордо*); 2. *фирм.* «Пойяк» (*красное сухое бордоское вино*)
Pavie (*n.*) *фр.* «Пави» (*вино высшего класса из Сент-Эмильона*)
peach rosette mosaic virus *фитопат.* вирус розеточной мозаики персика (*болезнь винограда*)
Pearson's square *вин.* квадрат Пирсона (*графический метод определения доз виноматериалов при купажировании*)
peat (*n.*) торф (*применяется для очистки вина, а также как топливо для окуривания солода в производстве виски*)
peatreek *шотл.* 1. дым от торфа (*в производстве виски*); 2. нелегальное виски; фальсификат

pectic enzyme см. **pectinase**
pectin (*n.*) пектин
pectinase (*n.*) пектиназа, фермент для переработки пектина
pedicel (*n.*) см. **pedicle**
pedicle (*n.*) *бот.* ножка (*присоединяющая ягоды винограда к грозди*); *ср.* **peduncle**
Pedro Ximenéz *исп.* 1. *амп.* Педро Хименес (*сорт белого винограда для производства хересных вин*); 2. *фирм.* «Педро Хименес» (*марка темного сладкого хереса*); *ткж.* **PX**
peduncle (*n.*) *бот.* ножка (*присоединяющая виноградную гроздь к стволу*); *ср.* **pedicle**
peg (*n.*) пробка, втулка
pellet (*n.*) таблетка, гранула (*напр., дрожжей*)
Penconazole (*n.*) *амер. фирм.* «Пенконазол» (*марка фунгицида, используемого в виноградарстве*)
Pendelbogen system *агр. фирм.* система низкого расположения лоз в кусте
Penfolds Grange *фирм.* «Пенфолдс Грейндж» (*одна из самых известных марок красных вин Австралии*)
penicillin (*n.*) пенициллин (*применяется для бактериального контроля при производстве спирта*)
Penncozeb (*n.*) *амер. фирм.* «Пеннкозеб» (*пестицид, используемый в виноградарстве*)
pentanol (*n.*) *хим.* пентанол; *ткж.* **amyl alcohol**
pentose (*n.*) *хим.* пентоза; *см. ткж.* **xylose**
peony (*adj.*) *дегуст.* прозрачный, чистый светло-розовый (*о цвете розовых вин*)
per cent (*n.*) ◊ ~ **by volume** объемный процент; ~ **by weight** весовой процент
  volume ~ объемный прооцент
  weight ~ весовой процент
percolate 1. (*n.*) перколят, продукт перколяции (*исходный продукт для приготовления ликеров и десертных напитков*); 2. (*v.*) подвергать перколяции (*об ароматических травах и других растительных компонентах,* применяемых для производства ликеров и десертных напитков)
percolation (*n.*) перколяция (*процесс ароматизации спиртов путем их последовательного пропускания через ароматическое сырье*)
perennial wood *бот.* многолетняя лоза
perfumed (*adj.*) *дегуст.* сильно ароматизированный цветочными запахами (*о букете вина*)
pergola (*n.*) пергола (*беседка из вьющихся растений, напр. винограда; элемент ландшафтного дизайна*)
period (*n.*) период
  active vegetation ~ период активной вегетации
  deep dormancy ~ период глубокого покоя
  dormant ~ период покоя
  exogenous dormancy ~ период вынужденного покоя
  productive ~ **of grape bush** продуктивный период виноградного куста
  relative dormancy ~ период относительного покоя
permanence (*n.*) устойчивость, стабильность
  color ~ устойчивость цвета, цветостойкость
permanganate time *хим. спирт.* время обесцвечивания в стандартном растворе перманганата калия (*лабораторный тест для проверки качества технического и пищевого спиртов*)
Pernod (*n.*) *фр. фирм.* «Перно» (*марка пастиса*)
persist (*v.*) оставаться; упорно держаться (*о привкусе, запахе*)
persistence (*n.*) стойкость, устойчивость (*привкуса, запаха*)
  intense aromatic ~ *дегуст.* продолжительное ощущение ароматов вина (*после проглатывания порции вина*)
Pessac-Léognan (*n.*) *фр.* 1. *геогр.* Пессак-Леоньян (*апелласьон винодельческой области Грав, регион Бордо*); 2. *фирм.* «Пессак-Леоньян» (*сухое красное или белое вино*)
pest (*n.*) *с.-х.* вредитель, паразит
pesticide (*n.*) *с.-х.* пестицид
petal (*n.*) *бот.* лепесток

pétillant (*adj.*) *фр.* слегка игристый (*о вине*)
petiole (*n.*) *бот.* черешок (*соединяющий виноградный лист со стволом*)
petiole point *бот.* место расположения пазухи черешка
petiole sinus *бот.* пазуха черешка листа
petiole sinus opening *бот.* отверстие пазухи черешка листа
Petit Cabernet *фр. амп.* Пти Каберне (*региональное название для сорта Каберне Совиньон*)
Petit Chablis *фр.* 1. *геогр.* Пти Шабли (*апелласьон винодельческой области Шабли, регион Бургундия*); 2. *фирм.* «Пти Шабли» (*белое сухое вино из сорта Шардоне*)
Petite Champagne *фр.* 1. *геогр.* Птит Шампань (*апелласьон департамента Жер, регион Коньяк*); 2. *фирм.* «Птит (Фин) Шампань» (*коньяк одноименного апелласьона*)
Petite Sainte-Marie *фр. амп.* Птит Сент-Мари (*региональное название сорта Каберне Совиньон*)
Petite Syrah *фр. амп.* Птит Сира (*сорт красного винограда*); *ткж.* **Sirah**
Petite Vidure *фр. амп.* Птит Видюр (*региональное название сорта Каберне Совиньон*)
Petit Verdot *фр. амп.* Пти Вердо (*сорт красного винограда из Медока*); *ткж.* **Lambrusquet**
Petit Village *фр.* «Пти Вилаж» (*вино высшего качества из Помроля, Бордо*)
Pétrus (*n.*) *фр.* «Петрус» (*вино высшего качества из Помроля, Бордо*)
pewter (*n.*) 1. пьютер (*сплав олова со свинцом*); 2. посуда из пьютера (*для хранения вина*)
phase separation *хим.* разделение фаз
phases of active vegetation period *бот.* фазы периода активной вегетации
phenolic components фенольные компоненты винограда; *ткж.* **anthocyanins; tannins**
phenolphthalein solution раствор фенолфталеина (*применяется в титровании*)
pheromone trap *агр.* ловушка с феромонами (*для насекомых, содержащая феромоны − женские гормоны и привлекающая мужские особи; используется в виноградарстве*)
phial (*n.*) склянка, пузырек (*для хранения летучих жидкостей*)
phlegma (*n.*) *спирт.* флегма
phloem (*n.*) *бот.* флоэма, лубяная ткань, луб
PH meter прибор для измерения водородного показателя
Phomopsis cane & leaf spot *фитопат.* пятнистость древесины и листьев (*грибковое заболевание винограда*)
photosynthesis (*n.*) фотосинтез
phyllomania (*n.*) *бот.* чрезмерное листообразование
phylloxera (*n.*) *энт.* филлоксера (*Phyloxera*)
phylloxera crisis поражение [заболевание] филлоксерой
Phymatotrichum root rot *фитопат.* гниль корней винограда; *см. ткж.* **cotton root rot**
physical fruit condition качество ягод винограда
phytome (*n.*) *бот.* совокупность растений, растительность
phytophtora (*n.*) *фитопат.* фитофтора (*вид плесени*)
phytophtora crown разрастание ткани под воздействием фитофторы
phytotoxic (*adj.*) фитотоксичный
pick (*v.*) собирать (*виноград*)
picked (*adj.*) снятый, собранный (*о плодах*)
picking (*n.*) сбор (*плодов*)
picking head захватывающая головка (*виноградоуборочного комбайна*)
sidewinder ~ захватывающая головка для уборки винограда на вертикальных шпалерах
tiltup ~ захватывающая головка для уборки винограда на раздельных шпалерах
picking rod захватывающая планка (*виноградоуборочного комбайна*)
Bo Peep ~ *амер. фирм.* захватывающая планка типа «Бо Пип»
pick-me-up (*n.*) *амер. разг.* стаканчик виски на похмелье; *pl. собир.* подбадривающие [тонизирующие] напитки

picnometer (*n.*) пикнометр (*прибор для определения процентного содержания алкоголя в вине*)

pièce (*n.*) *фр.* винная бочка (*емкостью 205 или 228 л*)

Piedmont (*n.*) *геогр.* Пьемонт (*винодельческая область на северо-востоке Италии*); *ткж.* **Piemonte**

Pierce's disease *фитопат.* болезнь Пирса (*вызывается вредителем винограда – сине-зеленой цикадкой*)

piercing (*adj.*) *дегуст.* пронизывающий, очень острый (*о вкусе вина*)

Piesport (*n.*) *нем. геогр.* Пизпорт (*виноградник в Среднем Мозеле*)

pigeage (*n.*) *фр. вин.* погружение шапки мезги; *см. ткж.* **punching of the cap**

pigmentation (*n.*) пигментация, окраска; ◊ **grape berry** ~ окраска ягод винограда

Pimm's *брит. фирм.* «Пимз» (*марка горьковато-сладкого фруктового коктейля на основе джина* "Pimm's No. 1" *или на основе водки* "Pimm's Vodka Cup")

pin (*n.*) 1. бочка емкостью 20,5 л; 2. *энт.* игла (*паразитная нематода винограда*); *ткж.* **needle**

Piña Colada *исп. фирм.* «Пинья Колада» (*коктейль из рома, кокосового молока и ананасового сока*)

Pineau de la Loire *фр. амп.* Пино де ла Луар (*региональное название сорта белого винограда Шенен Блан*)

Pineau des Charentes *фр.* 1. *амп.* Пино-де-Шарант (*сорт белого винограда*); 2. *фирм.* «Пино-де-Шарант» (*специальное ликерное вино, спиртованное коньячным спиртом; выпускается в регионе Коньяк*)

pine resin сосновая смола (*ингредиент для ароматизированных вин*)

Pink Gin Cocktail коктейль «Пинк Джин» (*из джина и горьких настоек, обычно подаваемый со льдом*)

pinking test определение степени окрашивания ягод винограда

Pink Iona *амп.* Пинк Айона (*амер. сорт винограда со сладкими розовыми ягодами; высокоустойчив к мильдью*)

Pink Lady Cocktail *амер. фирм.* коктейль «Пинк Леди» (*из джина, гранатового сока и яичного белка, взбитого перед добавлением в напиток*)

Pink Squirrel Cocktail *амер. фирм.* коктейль «Пинк Сквиррел» (*на основе миндального ликера и ликера какао со сливками*)

pinotage (*n.*) *фр. агр.* пинотаж (*развитие сорта Пино*)

Pinot Blanc *фр. амп.* Пино Блан (*классический сорт белого винограда*); *см. ткж.* **Clevner; Klevner**

Pinot Chardonnay *фр. амп.* Пино Шардоне (*синоним Шардоне, который иногда неправильно употребляется практиками*)

Pinot Grigio *амп.* Пино Гриджио (*итальянское название сорта Пино Гри*)

Pinot Gris *фр. амп.* Пино Гри (*сорт розового винограда*) *ткж.* **Pinot Grigio**

Pinot Meunier *фр. амп.* Пино Менье (*сорт красного винограда; выращивается в Шампани и долине Луары*)

Pinot Noir *фр. амп.* Пино Нуар (*благородный сорт красного винограда из Бургундии*); *ткж.* **Auvernat; Burgunder; Morillon; Noirien**

pinpoint (*n.*) 1. *агр.* место стыка (*виноградной шпалеры*); 2. *pl.* газовые пузырьки, поднимающиеся снизу в бокале с шампанским

pint (*n.*) пинта (*мера объема, равная 0,47 л в Великобритании и 0,57 л в США*)

Pinte de Paris *фр. ист.* парижская пинта (*бутылка для шампанского емкостью 0,93 л, которая была в употреблении во времена Людовика XIV*); *ткж.* **Pinte parisienne**

pip (*n.*) *бот.* косточка, зернышко виноградной ягоды

pipa (*n.*) *порт.* бочка для портвейна емкостью 418, 534 и 574 л; *см. ткж.* **pipe** 2.

pipe (*n.*) 1. труба; трубопровод; 2. бочка для портвейна емкостью 476 л (*в Германии – 522,5 л*); *ткж.* **pipa**
downflow ~ *спирт.* переточная труба
overflow ~ *спирт.* сливной стакан (*тарелки*)

pipeline:
　spent wash ~ *спирт.* трубопровод для барды, бардопровод
pipe wine бочковое вино, вино из бочки
pisco (*n.*) писко (*бренди, полученный при дистилляции вина из винограда мускатных сортов в Южной Америке, особенно в Перу и Чили*); *ткж.* **pisco brandy**
pistil (*n.*) *бот.* пестик
pistillate (*adj.*) *бот.* женский, пестичный (*о цветке*)
pitch 1. (*n.*) смола, смолка; дёготь; 2. (*v.*) смолить (*бочку*); 3. (*v.*) вводить дрожжи в сусло, засевать сусло дрожжами
pitcher (*n.*) кувшин
pitching (*n.*) 1. просмолка (*бочек*); 2. засев сусла дрожжами
　cask ~ осмолка бочек
　dry ~ засевание сусла сухими дрожжами
　machine ~ машинная просмолка (*бочек*)
　wort ~ введение дрожжей в сусло
pitting (*n.*) 1. *агр.* закапывание, прикапывание посадочного материала в канавки, траншеи; 2. *бот.* бороздчатость, повреждение (*древесины*); **stem ~** *фитопат.* бороздчатость древесины (*вирусное заболевание винограда*)
pkhododju (*n.*) *кор.* виноградное вино
plain (*adj.*) обычный, простой (*о продукте*)
Plain British Spirit *брит.* обычный британский крепкий алкогольный напиток (*официальное название шотландского виски в Великобритании*); *ткж.* **Scotch whisky**
Planococcus citri *лат. энт.* мучнистый червец виноградный, червец цитрусовый (*вредитель винограда*)
plant 1. (*n.*) растение; 2. (*n.*) завод; установка; 3. (*v.*) насаждать, сажать (*растения*)
　alcohol ~ спиртовой завод, завод по производству спирта
　bottling ~ установка для розлива в бутылки
　brewing ~ пивоваренный завод
　Charante distillation ~ *спирт.* дистилляционная установка двойной сгонки [сгонки шарантского типа]
　ethanol ~ завод по производству спирта, спиртовой завод
　fermentation ~ бродильный цех
　filtering ~ фильтровальная установка
　rectifying ~ ректификационная установка
　rerun ~ *спирт.* установка для вторичной перегонки
plantage (*n.*) посадка растений
planting (*n.*) *агр.* посадка; насаждение
　grapevine ~ виноградные насаждения
　new vineyard ~s новые насаждения на винограднике
planting density *агр.* плотность посадки растений (*количество растений, высаживаемых на 1 га площади виноградника*); *см. ткж.* **terroir**
plant material 1. растительный материал (*используется в производстве джина*); 2. *агр.* посадочный материал
plant species образцы растений; растительный материал
plastering (*n.*) *вин.* гипсование
plastic fruit bin пластмассовое ведро для сбора фруктов
plate (*n.*) тарелка (*ректификационной колонны*); *см. ткж.* **tray**
　baffle ~ *спирт.* отбойная перегородка
　dual-flow ~ *спирт.* тарелка с двойным потоком
　side-draw ~ рабочая тарелка (*тарелка колонны, с которой отбирается погон*)
　sieve ~ *спирт.* ситовая тарелка
Plato degree градус Платона (*единица измерения плотности пива; 1° P соответствует 1% раствору сахарозы в жидкости*)
pleach (*v.*) *бот.* сплетать ветви (*о растении*)
plonk (*n.*) *брит. разг.* дешевое, ординарное вино
plough (*v.*) *агр.* пахать; делать пропашку
ploughing (*n.*) *агр.* вспашка; пропахивание
plug (*n.*) пробка, затычка; стопор
plugging (*n.*) пробкование (*бочек*)
plump (*adj.*) полный, крупный (*о ягодах винограда*)
plush (*adj.*) *дегуст.* обладающий изысканным вкусом (*о вине*)

plyable corks крученые пробки
poitín *ирл. ист.* потин, нелегально изготовленное виски, самогон; *ткж.* **poteen; Potheen**
polish (*v.*) осветлять фильтрованием до блеска (*вино*)
polishing (*n.*) осветление фильтрованием до блеска (*вина, напитка*)
pollinated:
   open ~ *бот.* с открытым опылением (*о сорте*)
   self ~ *бот.* самоопыляющийся (*о сорте*)
pollination (*n*) *бот.* опыление
   artificial ~ искусственное опыление
polyacrilamide (*n.*) *хим.* полиакриламид (*препарат для осветления вина*)
Polyclar AT *фирм.* «Поликлар АТ» (*применяется для оклеивания вина*)
Polyclar VT *фирм.* «Поликлар ВТ» (*осветлитель на основе поливинилпирролидона*)
polyethylene drum полиэтиленовая емкость (*для приготовления вина в домашних условиях объемом 27 галлонов ≈ 10 л*)
polyethylene tank бак из полиэтилена (*в США емкостью 165 и 1000 галлонов*)
polymeric phenols полимерные фенолы, танины; *см. ткж.* **tannins**
polyphenols (*n.*) *pl. хим.* полифенолы
polysaccharide (*n.*) *хим.* полисахарид; *см. ткж.* **gums; pectin**
pomace (*n.*) мезга, выжимки
pomace brandy бренди, приготовленный из сброженных выжимок и пульпы (*винограда, цитрусовых или других фруктов*)
Pomerol (*n.*) *фр.* 1. *геогр.* Помроль (*апелльсьон с развитым красным виноделием винодельческой области Либурне, регион Бордо*); 2. *фирм.* «Помроль» (*красное сухое вино*)
Pommard (*n.*) *фр.* 1. *геогр.* Поммар (*наиболее известный апелльсьон в винодельческой области Кот-д'Ор, регион Бургундия*); 2. *фирм.* «Поммар» (*красное вино, изготовленное по специальной технологии из сорта Пино Нуар*)
Pontacq (*n.*) *фр.* «Понтак» (*вино с юга Франции*)

pony (*n.*) 1. маленький стаканчик для виски; 2. *амер. разг.* небольшая винная бутылка (*объемом 187 – 200 мл*)
pool (*n.*) ◊ ~ **of berry components** технологический запас веществ в ягодах (*винограда*)
pop (*n.*) шипучий напиток, шипучка
pop wine *амер.* недорогое низкоспиртуозное вино с синтетическими ароматизаторами
porosity (*n.*) 1. пористость (*характеристика фильтров*); 2. пористость, рыхлость (*дефект натуральной пробки*)
port (*n.*) портвейн (*крепленое десертное вино, приготовляемое в долине Дору, Португалия*)
   character ~ марка сладкого портвейна, имеющего рубиновый цвет; *см. ткж.* **ruby** 2.
   crushed ~ портвейн из винограда разных урожаев (*готовится в бутылке*)
   crystal ~ *фирм.* купажированный портвейн, выдержанный 4 года в бочках и 6 – 8 лет в бутылках
   dated ~ портвейн, имеющий обозначение возраста на бутылке
   non-dated ~ портвейн, не имеющий обозначения возраста на бутылке
   Ruby ~ *фирм.* «Руби порт» (*марка сладкого портвейна, имеющего рубиновый цвет*); *см. ткж.* **ruby** 2.
   Tawny ~ *фирм.* купаж портвейнов различных годов урожая, выдержанный в дубовых бочках (*имеет коричневый или янтарный цвет*)
   vintage ~ марочный [выдержанный] портвейн, прошедший длительную выдержку в бутылках (*до 30 – 40 лет*)
   white ~ сухой купажированный портвейн, приготавливаемый только из белых сортов винограда
   wood-aged ~ портвейн, выдержанный в дубовых бочках; *см. ткж.* **Tawny port**
   young ruby ~ марка сладкого портвейна рубинового цвета, не имеющего выдержки; *см. ткж.* **ruby** 2.
porter (*n.*) портер, очень темное пиво *см. ткж.* **ale; lager; stout**
port-style wine *см.* **port wine**

Portugieser (*n.*) *нем. амп.* Португизер (*технический сорт красного винограда*); *ткж.* **Burgunder**
port wine вино портвейных сортов
porty (*adj.*) перезрелый; плохого качества (*о винограде*)
posset (*n.*) *брит.* напиток из горячего молока с элем, вином, часто с сахаром, яйцами и специями
post (*n.*) опора; столб (*в системе формирования куста*); *см. ткж.* **stake**
  additional ~ дополнительный столбик
  end ~ опорный столб в конце ряда
  landscaping ~ ландшафтная опора
  line ~ несущий столбик, несущая опора
  metal ~ металлическая опора
  metal fence ~ опора металлического забора
post-emergence herbicide *агр.* гербицид, вносимый после появления растений
pot (*n.*) 1. горшок; кувшин; кружка 2. бутылка с толстым дном для молодого вина; ◊ ~ **de Beaujolais** *фр.* вытянутая узкая бутылка емкостью 0,5 л
potash (*n.*) *хим.* поташ; углекислый калий
potassium bitartrate *хим.* битартрат калия; *см. также* **cream of tartar**
potassium carbonate *хим.* карбонат калия
potassium caseinate *хим.* казеинат калия
potassium ferrocyanide *хим.* ферроцианид калия
potassium hydrogen tartrate *см.* **potassium bitartrate**
potassium metabisulfite *хим.* метабисульфит калия
potassium sorbate *хим.* сорбат калия
potato virus X Х-вирус картофеля
poteen (*n.*) *см.* **poitin; Potheen**
potent (*adj.*) *дегуст.* крепкий, с интенсивным ароматом (*о вине*)
poter (*n.*) *греч.* потир (*ритуальный сосуд для освящения вина и принятия причастия*)
Pot Gascon *фр.* «Пот Гаскон» (*плоская вытянутая бутылка для арманьяка*); *ткж.* **Basquiase; Bocksbeutel**

preceding cultural practices

Potheen (*n.*) *см.* **poitin; poteen**
pot still *спирт.* простейший перегонный аппарат с прямым нагревом; *см. ткж.* **alambic; alambique; alembic**
pottle (*n.*) старинная английская мера жидкости, равная ½ галлона
Pouilly-Fuissé *фр.* 1. *геогр.* Пуйи-Фюиссе (*апелласьон винодельческой области Маконне, регион Бургундия*); 2. *фирм.* «Пуйи-Фюиссе» (*сухое белое вино из сорта Шардоне*)
Pouilly-Fumé *фр.* 1. *геогр.* Пуйи-Фюме (*апелласьон винодельческой области Верхняя Луара, регион долина Луара*); 2. *фирм.* «Пуйи-Фюме» (*белое вино из сорта Совиньон Блан*)
Poulsard (*n.*) *фр. амп.* Пульсар (*сорт винограда, выращиваемый в регионе Юра*); *ткж.* **Plousard; Plant d'Arbois**
pound-house (*n.*) *брит.* здание, в котором размещается оборудование для производства сидра
pour (*v.*) лить, разливать
pouze (*n.*) отходы от производства сидра
powdery mildew *фитопат.* мучнистая мильдью (*грибковое заболевание винограда*); *см. ткж.* **oidium**
powerful (*adj.*) *дегуст.* сильный и интенсивный (*о вкусе вина*)
pozzuolana (*n.*) *ист. ит.* поццолана (*смесь из вулканического пепла, используемая в качестве пробок для запечатывания амфор с вином*)
Prandtl number *хим.* число Прандтля (*одна из основных теплофизических характеристик водно-спиртовых растворов; показывает зависимость содержания этилового спирта от температуры раствора*)
praying mantid *энт.* богомол обыкновенный [религиозный] *Mantis religiosa* (*вредитель винограда*); *ткж.* **European mantid**
pre-bloom *бот.* рост побегов и формирование цветов (*шестая стадия годового цикла винограда*)
preceding cultural practices *агр.* агрофон (*комплекс агротехнических мероприятий для оптимального выращивания винограда*)

prechill 1. (*n.*) предварительное охлаждение; 2. (*v.*) предварительно охлаждать

precipitant (*n.*) осадитель, осаждающее вещество

precipitate 1. (*n.*) осадок; 2. (*v.*) выпадать в осадок, осаждаться

precipitation (*n.*) 1. выпадение в осадок, осаждение; 2. осадкообразование
annual ~ *мет.* годовое количество осадков

precocious (*adj.*) скороспелый, ранний; ◊ ~ variety ранний сорт винограда

precool 1. (*n.*) предварительное охлаждение; 2. (*v.*) предварительно охлаждать

precooler (*n.*) камера предварительного охлаждения

precursor (*n.*) *бот.* предшественник, предыдущий представитель рода

predistillation (*n.*) *спирт.* предварительная отгонка, отгонка легких фракций

pre-emergence herbicide *агр.* гербицид, вносимый перед появлением растений

prefermenter (*n.*) *спирт.* препарат для разводки дрожжей; *см. ткж.* **yeast propagator**

prefoliation (*n.*) *бот.* листовое почкосложение, листосложение в почках

prefractionation (*n.*) *спирт.* отгонка легких фракций

prefractionator (*n.*) *спирт.* колонна для отгонки легких фракций

preheater (*n.*) *спирт.* подогреватель (*для браги*)

preinsertion cork size *вин.* размер пробки до укупорки

premalting (*n.*) *амер.* процесс добавки солода в солодовник (*в производстве виски*)

premature (*adj.*) недозрелый; скороспелый

prematurity (*n.*) скороспелость; раннее созревание

Premier Cru *фр.* 1. ценный виноградник «Премье(р) Крю» (*в Бургундии*); 2. винодельческая коммуна, на территории которой выращивается виноград высшего качества (*в Шампани*)

premiere (*n.*) *фр.* первая [лучшая] фракция сусла, полученная после выхода сусла-самотека (*при классическом методе производства шампанского*)

premium (*adj.*) высший; имеющий высшее качество (*о напитке*)

premium price наиболее высокая цена (*напитка*)

premium quality высшее качество

premium wine высококачественное вино

pre-release выпуск пробной партии (*до начала серийного производства*); *см. ткж.* **en premiere**

preservatives (*n.*) *pl.* консерванты

Preserve (*n.*) *амер.* высшего качества (*обозначение на этикетке*); *см. ткж.* **superior quality**

preserve (*v.*) сохранять

press 1. (*n.*) пресс (*для прессования винограда*); 2. (*v.*) прессовать (*виноград*); отжимать (*сусло*)
continuous screw ~ винтовой пресс непрерывного действия
horizontal wine ~ горизонтальный винный пресс
membrane ~ мембранный пресс
pulp ~ жомовый пресс, пресс для отжима сока из мезги
second ~ «второй пресс» (*виноградное сусло после второго прессования мезги*); сусло третьей фракции

Pressac (*n.*) *фр. амп.* Пресак (*синоним сорта Мальбек в Бордо*)

presser (*n.*) давильщик винограда

pressing (*n.*) прессование
first ~ первое прессование, первое давление (*мезги при получении виноградного сусла, плодово-ягодных соков*)
fragmented ~ ступенчатое прессование (*мезги*)
second ~ второе прессование, второе давление (*мезги при получении виноградного сусла, плодово-ягодных соков*)
single-stage ~ однократное прессование

pressing regime режим прессования (*винограда*)

pressings (*n.*) *pl.* отжатое сусло

Prohibition

final ~ прессовое сусло; сусло, полученное при прессовании
press juice прессовое сусло; сусло, полученное при прессовании; *ср.* **free-run juice**
pressure (*n.*) сильное воздействие (*какого-л. фактора*)
  animal ~ нашествие животных (*поражающих молодые побеги*)
  seasonal fungus ~ сезонная интенсивность грибка
prestige cuvée *см.* **cuvée de prestige**
pretty (*adj.*) дегуст. обладающий нежностью и завершенностью во вкусе (*о вине*)
Preuses (*n.*) *фр.* «Прёз» (*вино категории Гран Крю из Шабли*); *ткж.* **Les Preuses**
preventative (*n.*) ингибитор; средство для предотвращения какого-л. воздействия
prick (*v.*) 1. подвергаться уксуснокислому брожению (*о вине*); 2. приобретать острый вкус при скисании (*вина, напитков*)
prickle (*adj.*) молодой, негазированный (*о вине*)
prickly (*adj.*) дегуст. острый (*о вкусе и букете вина*)
primary fermentation первичная ферментация
primeur (*adj.*) *фр.* ◊ **vin (de) ~** очень молодое вино, вино нового [последнего] урожая, предназначенное для продажи в течение одного года (*до 31 августа*), поступающее в продажу вскоре после сбраживания, без предварительной выдержки
priming (*n.*) 1. *спирт.* захлёбывание (*ректификационной колонны*); 2. добавка сахара в процессе выдержки [созревания] пива (*для обеспечения второй ферментации*)
principal display panel *амер.* основная информативная часть этикетки (*на бутылке*)
Priorato (*n.*) *исп. геогр.* Приорато (*винодельческая область в Каталонии*)
Prise de Mousse *амер. фирм.* «Приз де Мус» (*марка сухих дрожжей для тихих и игристых вин*)

prise de mousse *фр.* повторная ферментация игристого вина в бутылке (*при производстве по классическому шампанскому методу*)
Private Preserve *амер. фирм.* «Прайвит Призерв» (*устройство для наполнения бутылки инертным газом для обеспечения сохранности откупоренных вин*)
private reserve лучшее вино на винограднике; *см. ткж.* **Reserve**
procumbent (*adj.*) восходящий (*о кусте винограда*)
Procure (*n.*) *амер. фирм.* «Прокьюр» (*фунгицид, используемый в виноградарстве*)
Procymidone (*n.*) *амер. фирм.* «Просаймидон» (*фунгицид, используемый в виноградарстве*)
produce (*v.*) производить; ◊ **to ~ wine** производить вино
produced *амер.* ◊ **grown, ~ and bottled by ...** виноград выращен и собран; вино произведено и розлито в ... (*наименование на этикетке, обозначающее, что производитель выработал вино из 100% выращенного винограда*); **made and bottled by ...** произведено и розлито (*наименование на этикетке, обозначающее, что производитель выработал не менее 10% общего количества вина*); **~ and bottled by ...** произведено и розлито (*наименование на этикетке, обозначающее, что производитель выработал не менее 75% общего количества вина*)
production (*n.*) производство; ◊ **wine ~** производство вина; виноделие
productive period продуктивный период (*виноградного куста*)
profile (*n.*) структура
  nutrient ~ of soil питающая структура почвы
  organic ~ of soil органическая структура почвы
Prohibition (*n.*) *амер. ист.* Закон 1919 г. о полном запрете производства и продажи алкогольных напитков, содержащих более 0,5% об.; *см. ткж.* **National Prohibition Act; Volstead Act**

prohibitionism (*n.*) *амер.* запрет на употребление алкоголя; сухой закон; *ткж.* **bone-dry** 2.
proof (*n.*) 1. мера содержания абсолютного этилового спирта в дистилляте, содержащем этанол и воду; *амер.* 1° proof = 0,5% об. при 60⁰ F; абсолютный этанол = 200° proof; *брит.* в системе Империал proof (*100° proof*) = 57,06% об. при 51⁰ F, *или* 48,24% по весу; абсолютный алкоголь = 75,25 overproof, *или* 175,25° proof; 2. крепость (*спирта и спиртных напитков в градусах*); 3. установленный градус крепости спирта; ◊ **above** *or* **under** ~ выше *или* ниже установленного градуса (*о спирте*)
proof gallon *спирт.* пруф-галлон
proof tables *спирт.* таблицы пересчета содержания алкоголя из объемных в абсолютные единицы.
prooxidation effect *хим.* эффект оксидации
propagation (*n.*) 1. развитие процесса; распространение (*напр., рост дрожжевой массы и т. д.*); 2. размножение; разведение (*растения*)
vegetative ~ вегетативное размножение
propagule (*n.*) *бот.* отводок, отросток для размножения
propanol (*n.*) *хим.* пропанол, пропаноловый спирт
propeller mixer смеситель лопастного типа, пропеллерная мешалка
propeller stirrer *см.* **propeller mixer**
Propineb (*n.*) *амер. фирм.* «Пропинеб» (*фунгицид, используемый в виноградарстве*)
propyl alcohol *см.* **propanol**
prostrate hairs *pl. бот.* стелющиеся волоски (*виноградного листа*)
protective plantings защитные насаждения
protein (*n.*) *хим.* протеин, белок
protein bentotest проверка на содержание белков с помощью бентонита
protein fining trial проверка очистки (*вина*) от протеинов
Provence (*n.*) *фр. геогр.* Прованс (*винодельческий регион на юге Франции*)

Proxol (*n.*) *амер. фирм.* «Проксол» (*инсектицид, используемый в виноградарстве*)
pruning (*n.*) *агр.* обрезание лозы
pruning method способ подрезки виноградной лозы
pruning philosophy методика обрезания лозы; *см. ткж.* **terroir**
prussic acid *хим.* синильная кислота
puckering (*adj.*) *дегуст.* резкий, острый (*о букете вина*); ◊ ~ **sensation** резкое ощущение (*при дегустации*)
puckery (*adj.*) *дегуст.* вяжущий (*о вкусе вина*); *ткж.* **hard; tannic**
puff (*n.*) напиток из смеси алкоголя и молока в равных долях с добавлением содовой воды
pulcianello (*n.*) *ит.* пульчинелло (*приземистая бутылка для вина «Орвието»*)
Puligny-Montrachet *фр.* 1. *геогр.* Пюлиньи-Монраше (*апелласьон по производству белого вина в Кот-де-Бон винодельческой области Кот-д'Ор, регион Бургундия*); 2. *фирм.* «Пюлиньи-Монраше» (*белое вино высшего качества из Кот-де-Бон винодельческой области Кот-д'Ор, регион Бургундия*)
pulp (*n.*) мякоть плода
pulper (*n.*) устройство для раздавливания плодов в мягкую массу
pulque (*n.*) *мекс.* пульке (*разновидность крепкого алкогольного напитка, приготавливаемого из сброженного сока агавы, крепостью 32 – 34% об., ткж. основа для приготовления текилы*)
pump 1. (*n.*) насос; 2. (*v.*) качать (*насосом*)
barrel ~ насос для перекачки в бочки или из бочек
filter ~ фильтрационный насос, фильтр-насос
must ~ насос для перекачки винного сусла
trouble wort ~ насос для перекачки мутного сусла
pumping (*n.*) перекачка (*виноматериала*)
pumping-over (*n.*) переливка
punch 1. (*n.*) пунш (*напиток; от санскр. pancha «пять» по числу ингредиентов*

пунша – алкоголь, вода, сахар, фрукты и специи); 2. (*n.*) пунш (*фруктовый лед с добавлением рома или ромовой отдушки*); 3. (*v.*) *вин.* погружать (*шапку мезги*); *ткж.* **punch down**
milk ~ молочный пунш (*смесь молока, рома или виски с сахаром, ароматизированная мускатным орехом*)
tea ~ пунш из крепкого горячего чая с ромом *или* бренди, лимонным соком и сахаром
wine ~ пунш на основе вина
puncheon (*n.*) панчон (*дубовая бочка емкостью: брит. 326 – 544 л; амер. 272 – 453 л*)
puncher (*n.*) *вин.* приспособление для сбивания шапки мезги
punching (*n.*) :
~ **of the cap** *вин.* погружение шапки мезги; *см. ткж.* **pigeage**
pomace cap ~ *вин.* сбивание шапки мезги (*в бродильном чане*)
punching-down (*n.*) *вин.* перемешивание шапки с суслом (*в бродильном чане*)
pungent (*adj.*) *дегуст.* острый, жгучий, пикантный (*о вкусе*)
Punt è Mes *исп. фирм.* «Пунт и Мес» (*горький сорт красного вермута; пьют с содовой водой*)
pupitre (*n*) пюпитр для ремюажа (*в производстве шампанского*)
pure distillate *см.* **straight whiskey** 1.
purification (*n*) *спирт.* ректификация
purple (*adj.*) *дегуст.* пурпурно-красный (*о цвете, характерном для молодых, нераскрывшихся красных вин*); *см. ткж.* **crimson**
purr (*n.*) сидр вторичной переработки (*напиток из сока яблок, полученного при повторном размалывании яблочного сырья после первого прессования*); *см. ткж.* **ciderkin; small cider**
putony (*n.*) *венг.* заплечная корзина для сбора завяленного винограда емкостью 20 – 25 кг
pythiosis (*n.*) *фитопат.* питиоз (*грибковое заболевание, вызываемое Pythium vitis S*)

Q

quadrimum (*n.*) *лат.* 1. четырехлетнее вино, вино четырехлетней выдержки; 2. отличное вино (*Гораций: «quadrimum merum»*)
quaff (*v.*) пить большими глотками; осушать
quaffer (*n.*) 1. простое, но освежающее вино; 2. пьяница
quaffing wine *см.* **quaffer** 1.
quaich (*n.*) *шотл.* небольшой металлический сосуд с двумя ручками для дегустации виски
qualitative description analysis *дегуст.* качественный дескриптивный анализ (*метод оценки качества образцов при дегустации*); *ткж.* **QDA**
Qualitätswein mit Prädikat *нем.* качественное вино с отличием (*обозначение вина высшего класса в Германии*); *см. ткж.* **QmP**
quality wine высококачественное вино; марочное вино (*относится только к винам, произведенным из сортов Vinifera*)
quality wine produced in a specified region качественное вино из зарегистрированной местности; *см. ткж.* **AOC**
quality wine produced in registered areas высококачественное вино, произведенное в официально зарегистрированном регионе (*высшая степень качества вин*); *см. ткж.* **V.Q.P.R.D.**
quarantine (*n.*) карантин
quart (*n.*) 1. кварта (*мера объема для жидкостей: брит. = ¼ галлона = 2 пинты = 1,14 л; амер. 0,946 л; для вина в бутылках, особ. шампанского = 0,769 л*); 2. мера массы для сыпучих тел (*брит. 1,14 л; амер. 1,101 л*); 3. сосуд емкостью в 1 кварту
quartaut (*n.*) *фр.* винный бочонок объемом в четверть бочки (*от 54 до 57 л*)
quarter (*n.*) 1. центральный обруч (*бочки*); 2. промежуточная доска (*в днище бочки*)

Queensland fruit fly

Queensland fruit fly *энт.* австралийская плодовая мушка *Bactrocera tryoni* (*вредитель винограда*)
queimada (*n.*) *исп.* кеимада (*традиционный спиртной напиток; напоминает о-де-ви, ароматизированный кофейными зернами и яблоками и подвергнутый дополнительной перегонке*)
quercetin (*n.*) *хим.* кверцетин (*компонент красных вин; имеет онкопротекторные свойства*)
quinine (*n.*) 1. *бот.* хинное дерево *Cinchona* (*его кора – ароматизатор аперитивов*); 2. хинин (*компонент ароматических вин и настоек*)
quinine bark кора хинного дерева (*ароматизатор аперитивов*)

R

race (*n.*) сорт; разновидность
~ **of wine** специфический [характерный] аромат и вкус вина; букет вина
racemation (*n.*) *бот.* кисть, гроздь (*винограда*)
raceme (*n.*) *бот.* соцветие
rachis (*n.*) *бот.* 1. стержень (*тип корня*); 2. ость [скелет] грозди винограда
rachis-like root system *бот.* стержневая корневая система
rack 1. (*n.*) пюпитр (*для бутылок в производстве шампанского*); 2. (*n.*) стойка, стеллаж; подставка (*для винных бутылок*); 3. (*v.*) снимать с осадка, декантировать, переливать, сцеживать (*вино*); *тж.* **rack off**
acrylic ~ стеллаж из фигурного прозрачного оргстекла
barrel ~ подставка для бочек
clearing ~ пюпитр для ремюажа
metallic ~ металлическая подставка; металлический стеллаж
riddling ~ пюпитр для ремюажа
Rosendahl Grand Cru wine ~ *дат. фирм.* стеллаж фирмы «Розендаль» для бутылок с марочным шампанским
Rosendahl wine ~ *дат. фирм.* стеллаж фирмы «Розендаль» (*из нержавеющей стали, в стиле Баухаус*) для винных бутылок
solid oak wine ~ классический стеллаж из дубовых досок (*на 6, 12, 25, 36 и 48 бутылок; как правило, для красных вин*)
stackable ~ разборная [блочная] подставка
VacuVin Click ~ *амер. фирм.* стеллаж для винных бутылок из стандартных пластмассовых разборных ячеек, которые можно собрать в виде стеллажа любой формы и размера (*производится фирмой «ВакуВин»*)
wallmount wine ~ настенная стойка [подставка] для винных бутылок (*как правило, на 12 бутылок*)
wooden ~ деревянная подставка (*для винных бутылок*)
racking (*n.*) *вин.* снятие с осадка; снятие с дрожжей; переливка
closed ~ закрытая переливка (*без доступа воздуха*)
open ~ открытая переливка (*с доступом воздуха*)
rack price *ком.* цена (*вина*) у производителя; цена (*вина*) в подвале
racy (*adj.*) *дегуст.* 1. ароматный, душистый, приятный (*о букете, вкусе*); 2. высококислотный, сбалансированный, освежающий (*о вине*)
rafles (*n.*) *pl.* виноградные гребни; *см. тж.* **stems; stalks**
rainfall (*n.*) *мет.* осадки в виде дождя
Rainwater (*n.*) *ист.* «Рейнуотер» (*марка легкой полусладкой мадеры, Португалия*)
rainwater (*n.*) дождевая вода
raise pH *хим.* повышать водородный показатель
raisin (*n.*) изюм
bleached ~ отбеленный изюм (*сабза*)
cheap ~ дешевый изюм (*из винограда столовых сортов, отбракованного при упаковке*)
cured ~ вяленый виноград
natural ~ натуральный изюм (*из не обработанного щелочами и неокуренного винограда*)

seedless ~ бессемянный [бескосточковый] изюм
soda dipped ~ изюм из винограда, обработанного раствором соды
raising (*n.*) «подъем» бочки (*сборка вертикально стоящих клепок при помощи подъемного обруча*)
raisining (*n.*) подсушивание [заизюмливание, увяливание] винограда; *см. ткж.* **passerillage**
raisin mold *бот.* гниль изюма
raki (*n.*) *тур.* раки (*дистиллированный напиток из винограда и слив*)
rambooze (*n.*) вино и сахар, смешанные с яйцами и элем (*зимой*), или с молоком и розовой водой (*летом*)
ramification (*n.*) *бот.* ответвление; разветвление
Ramos gin fizz *фирм.* коктейль из джина, яичного белка, лайма и лимонного сока, сахара и сладкого ликера со льдом
rancidification (*n.*) прогоркание (*вина*)
rancio (*n.*) *фр.* 1. рансьо (*тип крепленого вина, окисленного на солнце*); 2. *дегуст.* запах и вкус, характеризующие старые крепленые вина; мадеризация
  balanced ~ сбалансированная мадеризация
  intense ~ интенсивная мадеризация
  pronounced ~ выраженная мадеризация
range (*n.*) :
  distillation ~ *спирт.* (температурные) пределы отбора фракций
rank (*v.*) *дегуст.* давать оценку качеству (*вина и т. д.*)
raspberry ringspot virus *фитопат.* вирус кольцевой пятнистости малины (*заболевание винограда*)
rating system система оценки органолептических показателей; *см. ткж.* **taste scoring system**
read (*v.*) давать показания (*напр., гидрометра*); ◊ **It reads above 1 Brix** показывает выше 1 значения по шкале Брикса
Real McCoy *амер. ирон. разг.* «Настоящий Мак-Кой» (*наименование, используемое для обозначения фальсификата; происходит от имени известного фальсификатора времен сухого закона*)
rebate (*adj.*) выдохшийся, залежалый (*о вине*)
reboiler (*n.*) *спирт.* устройство для подачи тепла в дистилляционную колонну; кипятильник у основания перегонной колонны
receiver (*n.*) *спирт.* ресивер
Recioto (*n.*) *ит. фирм.* «Речиото» (*старинное марочное вино из Вальполичеллы; готовится из подвяленного винограда*); *см. ткж.* **Amarone**
recipe (*n.*) рецептура; химический состав (*смеси*)
recipient (*n.*) *биол.* реципиент
reciprocal cross *бот.* возвратное скрещивание; *см. ткж.* **backcross**
recondense (*v.*) рекондесировать, повторно конденсировать
recork 1. (*n.*) замена высохшей пробки (*при хранении старых вин*); 2. (*v.*) заменять высохшую пробку
recorking (*n.*) *вин.* повторная заделка пробки в бутылку
recovery (*n.*) 1. восстановление, регенерация, рекуперация; 2. *спирт.* улавливание, извлечение
  alcohol ~ регенерация спирта
recovery by steam-stripping *спирт.* регенерация отгонкой с водяным паром
rectification (*n.*) *спирт.* ректификация
  double ~ двойная ректификация
rectification under vacuum ректификация под вакуумом
rectified (*adj.*) ректифицированный, ректификованный
rectified spirit ректификованный спирт, спирт-ректификат
rectifier (*n.*) ректификатор, ректификационный аппарат
rectifying section *спирт.* участок ректификации [концентрации]; *см. ткж.* **concentrating section**
recumbent (*adj.*) нисходящий (*о кусте винограда*)
recycle (*n.*) *спирт.* рециркулирующий дистиллят
redbanded thrips *энт.* краснополосый трипс *Selenothrips rubrocinctus* (*вредитель винограда*)

Redhead (*n.*) *амер. фирм.* «Редхед» (*смесь виски «Тен Хай» со сладким вермутом*)

Red Heart *фирм.* «Ред Харт» (*марка рома, выпускаемого в Южно-Африканской Республике*)

redistill (*v.*) подвергать повторной перегонке

redistillate (*n.*) редистиллят, двойной дистиллят, бидистиллят

redistilled (*adj.*) дважды перегнанный, двойной перегонки (*о спирте*)

Red Meritage *амер.* купажирование красных вин по бордоскому способу в Калифорнии

Red Stripe *фирм.* «Ред Страйп» (*марка ямайского пива*)

reduce (*v.*) разбавлять (*дистиллят*) до нужной концентрации алкоголя

reduction (*n.*) *дегуст.* редукция (*наличие отрицательных показателей в испытуемом образце*)

reduction reactions *вин.* редукционные реакции (*процессы, происходящие в вине после розлива в бутылки, без доступа кислорода*)

re-entry time *агр.* время повторной закладки (*удобрений*)

reference crop data *агр.* эталонные данные об урожайности виноградников

refilling (*n.*) доливка

wine ~ доливка вина (*в бутылки, бочки*)

refiltration (*n.*) повторное [контрольное] фильтрование

reflux (*n.*) *спирт.* 1. орошение (*ректификационной колонны*); 2. флегма

refluxer (*n.*) *спирт.* дефлегматор

refluxing (*n.*) *спирт.* дефлегмация

reflux-to-product ratio *спирт.* коэффициент дефлегмации

regenerative pruning *агр.* восстановительная обрезка; омолаживающая обрезка

region (*n.*) *геогр.* регион, область, провинция (*часть территории страны, состоящая из более мелких районов*); *ткж.* **wine region; wine district**

regional brewery *амер.* производитель пива местного масштаба

regional wine 1. *брит.* столовое вино, произведённое в определённой местности; *ср.* **vin de pays**; 2. *амер.* вино, приготовленное из смеси купажей виноматериалов, собранных в нескольких местах определённого винодельческого региона

Regional Wine Scheme *брит.* набор требований к качеству столовых вин из определённой местности

regulated pruning *агр.* регулирующая обрезка

Rehoboam (*n.*) *фирм.* «Реховоам» (*бутылка большого объёма, равного 6 обычным бутылкам, или 4,5 л; применяется для шампанских вин*); *ткж.* **Rehoboam bottle; rehoboam**

rehoboam (*n.*) *см.* **Rehoboam**

rehydrated (*adj.*) повторно увлажнённый (*о дрожжах, приготовленных для заправки*)

Reinheitsgebot (*n.*) *нем.* Закон о чистоте пива 1516 г. в Германии (*согласно которому для пивоварения разрешалось применять только солод, хмель, воду и дрожжи*); *см. ткж.* **Beer Purity law**

reinsert (*v.*) повторно вставлять пробку в бутылку, переукупоривать бутылку с вином заново

relative dormancy period *бот.* период относительного покоя

Reliance (*n.*) *амер. амп.* Рилайенс (*исконно американский столовый сорт красного винограда без косточек*)

relief bushes placement *агр.* контурный [рельефный] способ размещения кустов винограда

remontage (*n.*) *фр.* смачивание шапки мезги для обеспечения аэрации

remuage (*n.*) *фр.* ремюаж (*переведение осадка со стенки бутылки на пробку путём переворачивания бутылок в производстве шампанского*); *см. ткж.* **riddling**

remueur (*n.*) *фр.* ремюёр (*оператор, производящий ремюаж*)

renewal area *см.* **renewal zone**

renewal zone *бот.* специально оставленные почки для формирования растения

reniform 1. (*n.*) *энт.* рениформ *Rotylenchus reniformis* (*паразитная немато-*

да; *поражает корни винограда*); 2. (*adj.*) *бот.* имеющий форму почки (*о листе растения*)
replace (*v.*) заменять, замещать
replacement knot *бот.* сучок замещения
resch (*adj.*) *нем.* с ярко выраженными характеристиками; освежающий (*о вине*)
Reserva (*n.*) *исп.* «Ресерва» (*вино, выдержанное не менее 3 лет, в т.ч. не менее 1 года в бочке*); *ткж.* **reserva**
Reserve *амер.* лучшее вино на винограднике; *см. ткж.* **private reserve**
Réserve (*n.*) *фр.* категория коньяка, выдержанного не менее 5 лет (*обозначение на этикетке*)
Reserve Chardonnay *амер.* вино, произведенное в США из сорта Шардоне по классической французской технологии
Réserve Extra *фр.* категория коньяка крепостью 40% об. (*обозначение на этикетке*); *см. ткж.* **Napoléon**
residium (*n.*) *см.* **residue**
residue (*n.*) 1. осадок, отстой; 2. (твердый) отход, остаток (*при фильтровании, перегонке или выпаривании*)
  distillation ~ кубовый остаток, остаток при перегонке
  filtration ~ остаток на фильтре
  press ~ остаток от прессования, выжимки
  short ~ *спирт.* узкая остаточная фракция
  still(age) ~ *спирт.* 1. барда; 2. кубовый остаток
resinous (*adj.*) пахнущий *или* обработанный сосновой смолой (*о вине*)
resistance (*n.*) устойчивость
  drought ~ засухоустойчивость
  frost ~ морозоустойчивость
  fungus ~ устойчивость к грибкам
  heat ~ жароустойчивость
  insect ~ устойчивость к насекомым
  nematode ~ устойчивость к нематоде (*у некоторых сортов винограда*)
  virus ~ устойчивость к вирусным болезням
restilling (*n.*) *спирт.* повторная перегонка

restrict (*v.*) уменьшать, ограничивать; ◊ **to ~ scion to 2 buds** оставлять две почки на подвое
restrictive laws законодательство, ограничивающее производство алкоголя
retail dispenser *амер.* розничный продавец некрепких алкогольных напитков (*напр., пива*) в количествах, не превышающих 192 унции одному клиенту
retain (*v.*) сохранять (*признаки, качества*) (*о сорте винограда и т.д.*)
retronasal breathing *дегуст.* выдох через нос (*для обеспечения оценки определенных ароматов*)
retronasal phase стадия дегустации с выдохом части летучих компонентов букета через нос
retro-olfaction (*n.*) *см.* **retronasal breathing**
retsina (*n.*) *греч.* белое вино с добавлением сосновой смолы
reverse growth *бот.* обратный рост
Rheims (*n.*) *фр. геогр.* Реймс (*регион Шампань*)
Rheingau (*n.*) *нем. геогр.* Райнгау (*винодельческая область на Рейне*)
Rheinhessen (*n.*) *нем. геогр.* Райнхессен (*винодельческая область на Рейне*)
Rheinpfalz (*n.*) *нем. геогр.* Райнпфальц (*винодельческая область на Рейне*)
Rhizopus rot *фитопат.* гниль *Rhizopus arrhizus* (*болезнь винограда*)
Rhône Blends вина средней и высокой плотности, полученные из винограда французских сортов *или* из комбинации красных сортов Сира, Гренаш, Мурведр и др.
Rhône ranger *амер.* вино из сорта Сира, производимое в Калифорнии по классической технологии из долины Роны
Rhône Valley *фр. геогр.* долина Роны (*винодельческий регион во Франции*)
Rhône wines сорта вин из долины Роны; *см. ткж.* **Châteauneuf-du-Pape; Côtes-du-Rhône** 2.
rhum (*n.*) *уст.* ром (*из Карибского бассейна*); *см. ткж.* **rum**
Ríaz Baixas *исп. фирм.* «Риас Баисас» (*наименование лучших испанских сор-*

Ribera del Duero

тов белых вин из винограда сорта Альбарико, содержащих большое количество сахара и кислот)

Ribera del Duero *ист.* 1. *геогр.* Рибера дель Дуэро (*известная винодельческая область провинции Дуэро на северо-западе Испании*); 2. *фирм.* «Рибера дель Дуэро» (*марка сухого красного вина на основе сорта Темпранильо*)

Ricard (*n.*) *фр. фирм.* «Рикар» (*марка анисового ликера*)

rice cooking wine рисовое вино, применяемое в кулинарии и для питья; *см. ткж.* **michiu; mirin**

rice wine рисовое вино; *см. ткж.* **mirin; sake; Shao-Hsing**

rich (*adj.*) *дегуст.* полно выраженный (*о вкусе*)

Richebourg (*n.*) *фр.* 1. *геогр.* Ришбур (*апелласьон винодельческой области Кот-д'Ор, регион Бургундия*); 2. *фирм.* «Ришбур» (*красное вино из сорта Пино Нуар категории Гран Крю*)

rich in body *дегуст.* высокоэкстрактивный (*о вине, пиве*)

rickey (*n.*) *амер.* «рики» (*напиток на основе крепкого вина или джина с содовой водой и лимонным соком*)

riddle *спирт.* 1. (*n.*) сито, решето; 2. (*v.*) просеивать

riddler (*n.*) *вин.* ремюёр (*оператор, производящий ремюаж*); *см. ткж.* **remueur**

riddling (*n.*) 1. *вин.* ремюаж (*переведение осадка со стенки бутылки на пробку в производстве шампанского*); *см. ткж.* **remuage**; 2. *pl.* **~s** сход с сита

ridging (*n.*) *агр.* бороздование

Ridomil Gold *амер. фирм.* «Ридомил Голд» (*фунгицид, используемый в виноградарстве*)

Ridux High *фирм.* «Ридукс Хай» (*стабилизатор для вин*)

Riesling (*n.*) 1. *амп.* Рислинг (*сорт благородного белого винограда*); 2. «Рислинг» (*белое сухое вино из винограда Рислинг*)

Johannisberg ~ Иоханнисберг Рислинг (*название классического сорта Рислинга в США и Канаде*)

Okanagan ~ *кан.* Оканаган Рислинг (*сорт белого винограда, гибрид семейства Vitis labrusca; один из ведущих сортов в долине Оканаган, провинция Британская Колумбия*)

Rieussec (*n.*) *фр.* «Рюсек» (*вино высшего качества из Сотерна*)

right-angled bushes placement *агр.* прямоугольный способ размещения кустов винограда

Right Bank *геогр.* правый берег реки Жиронда (*территория в Бордо, где расположены апелласьоны Сент-Эмильон и Помроль, производящие классические бордоские вина*)

rind 1. (*n.*) кора; шелуха; 2. (*v.*) сдирать кору; снимать шелуху

ring (*n.*) 1. кольцо; 2. *энт.* кольцо (*паразитная нематода винограда*)

bottle stopper ~ кольцо, надеваемое на венчик бутылки (*для сбора капель*)

rinse 1. (*n.*) полоскание; 2. (*v.*) полоскать

rinser (*n.*) промывочная машина

Rioja (*n.*) *исп.* 1. *геогр.* Риоха (*винодельческий регион в Испании*); 2. *фирм.* «Риоха» (*1. красное вино из сорта Темпранильо, производимое в регионе Риоха; 2. белое вино из сорта Виура, производимое в регионе Риоха*)

ripe (*adj.*) 1. спелый, зрелый, созревший; 2. выдержанный

ripen (*v.*) 1. созревать, вызревать, дозревать; 2. выдерживать (*вино*)

ripeness (*n.*) спелость, зрелость

industrial ~ техническая зрелость (*винограда*)

physiological ~ физиологическая зрелость (*винограда*)

ripening (*n.*) 1. созревание, вызревание, дозревание; 2. выдержка (*вина*)

ripe rot *фитопат.* гниль при созревании винограда

Rivaner (*n.*) *фр. амп.* Риванер (*сорт белого винограда; синоним сорта Мюллер-Тургау в Люксембурге*)

road (*n.*) дорога

between blocks ~ *агр.* межквартальная дорога (*на винограднике*)

inside blocks ~ *агр.* внутриквартальная [межклеточная] дорога (*на винограднике*)

Roaring Forties *фирм.* «Роаринг Фортиз» («Ревущие сороковые (широты)») (*марка рома, выпускаемого в Новой Зеландии*)
robe (*n.*) 1. *фр.* цвет вина; *см. ткж.* **color; dress**; 2. (*рабочая*) *одежда*
robust (*adj.*) крепкий, сильный (*о сорте винограда*)
Rock-and-Bourbon *амер. фирм.* «Рок энд Бурбон» (*ликер на основе бурбона с добавкой карамели или сахарного сиропа, ароматизированный фруктами; крепость 24% об.*)
Rock-and-Brandy *амер. фирм.* «Рок энд Бренди» (*ликер на основе виноградного бренди с добавкой карамели или сахарного сиропа, ароматизированный фруктами; крепость 24% об.*)
Rock-and-Rum *амер. фирм.* «Рок энд Ром» (*ликер на основе рома с добавкой карамели или сахарного сиропа, ароматизированный фруктами; крепость 24% об.*)
Rock-and-Rye *амер. фирм.* «Рок энд Рай» (*ликер на основе ржаного виски, ароматизированный цитрусовыми; имеет янтарный цвет*)
rod (*n.*) планка (*виноградоуборочного комбайна*)
picking ~ захватывающая планка
rod holder основание планки (*виноградоуборочного комбайна*)
Roesleria root rot *фитопат.* корневая гниль (*болезнь винограда*)
Rogue Valley (*n.*) *амер. геогр.* долина реки Роуг (*винодельческая область на юге штата Орегон*)
Rolle (*n.*) *фр. амп.* Роль (*сорт винограда, культивируемый на Корсике; имеет аромат яблок и миндаля*); *см. ткж.* **Malvoisie; Vermentino**
roller mill *спирт.* вальцовая мельница; вальцовая дробилка (*для зерна малого размера, напр., для пшеницы*)
Rolling Rock beer *фирм.* пиво «Роллинг Рок» (*сорт лагерного пива, производимого в США*)
roll-on (*adj.*) надеваемый сверху (*о колпачке на бутылке*)
Romanée (*n.*) *фр.* 1. *геогр.* Романе (*апельасьон винодельческой области Кот-д'Ор, регион Бургундия*); 2. *фирм.* «Романе» (*красное вино категории Гран Крю*)
Romanée-Conti *фр.* 1. *геогр.* Романе-Конти (*апельасьон винодельческой области Кот-д'Ор, регион Бургундия*); 2. *фирм.* «Романе-Конти» (*красное вино категории Гран Крю*)
Romanée-St.Vivant *фр.* 1. *геогр.* Романе-Сен Виван (*апельасьон винодельческой области Кот-д'Ор, регион Бургундия*); 2. *фирм.* «Романе-Сен Виван» (*красное вино категории Гран Крю*)
Romorantin (*n.*) *фр. амп.* Роморантен (*сорт белого винограда, выращиваемого в долине Луары*)
Romulus (*n.*) *амер. амп.* Ромулус (*исконно американский малораспространенный сорт белого винограда без косточек*)
Ron Añejo Cacique *фирм.* «Рон Аньехо Касик» (*известная марка рома, выпускаемого в Венесуэле; имеет золотистый цвет, крепость 40% об., представляет собой купаж 7 видов лучших сортов рома*); *см. ткж.* **Cacique Aged Rum**
Ronrico White Rum *фирм.* белый ром «Ронрико» (*выпускается на Карибских о-вах*)
room (*n.*) производственное помещение; камера; цех, отделение
aging ~ камера выдержки; камера созревания
bottle washing ~ бутылкомоечное отделение
bottling ~ цех розлива в бутылки
brandy ~ коньячный цех
fermentation ~ камера брожения, бродильня
maderizing ~ цех мадеризации
racking ~ цех розлива
riddling ~ туннель (*с пюпитрами*) для ремюажа (*в производстве шампанского*)
spirit ~ спиртовой подвал
tasting ~ дегустационное помещение
wine storage ~ подвал для выдержки и хранения вина
root (*n.*) *бот.* корень

root

adventitious ~ придаточный корень
root hairs *бот.* корневые волоски
root knot (*п.*) *энт.* корневая связка (*паразитная нематода винограда*)
rootlouse (*п.*) *энт.* виноградная тля; *см. ткж.* **phylloxera**
root neck *бот.* корневая шейка
root plaque *бот.* налет корней (*винограда*)
root seedling *бот.* корнесобственный саженец
rootstock (*п.*) *бот.* 1. корневой побег, корневище; 2. подвойная лоза, подвой (*обычно американских и гибридных сортов*)
phylloxera resistant ~ подвой, устойчивый к воздействию филлоксеры
root system *бот.* корневая система
tap ~ вертикальная [питающая] корневая система
tracing ~ горизонтальная корневая система
ropiness (*п.*) вязкость; тягучесть; липкость
wine ~ ожирение вина (*порок*)
ropy (*adj.*) 1. *дегуст.* маслянистый (*о вине с большим содержанием сахара*); *см. ткж.* **oily**; 2. напоминающий сырой яичный белок (*о вкусе сидра; порок сидра*)
ros (*п.*) вино из винограда красных сортов, прошедшее ферментацию без кожуры
rosé (*adj.*) *фр.* розовый (*о цвете вина*)
Rosé d'Anjou *фр.* 1. *геогр.* Розе-д'Анжу (*апелласьон винодельческой области Анжу-Сомюр, регион долины Луары*); 2. *фирм.* «Розе-д'Анжу» (*розовое сухое или полусладкое вино*)
Rosellinia root rot *фитопат.* корневая гниль (*вирусное заболевание винограда*)
Rosolio (*п.*) *фирм.* «Розолио» (*сладкий спиртной напиток из бренди и виноградных ягод, распространенный в Средиземноморье*); *ткж.* **Rossolis**
Rossi (*п.*) *pl. ит. собир.* красные вермуты
rosso (*adj.*) *ит.* красный (*о вине*)
Rossolis (*п.*) *фирм.* «Россолис» (*сладкий спиртной напиток из бренди и виноградных ягод, распространенный в Средиземноморье*); *ткж.* **Rosolio**
rot (*п.*) гниль, гниение
cotton root ~ *фитопат.* болезнь хлопковой гнили корней винограда; *ткж.* **Phymatotrichum root rot**
rotary pulsator ротационный пульсатор (*вибрационый механизм для встряхивания стволов при уборке винограда*)
rotation (*п.*) *агр.* севооборот; ◊ **grape nursery** ~ севооборот виноградного питомника
rot gut *амер. разг.* любой алкогольный напиток низкого качества
rough (*adj.*) терпкий (*о вине*)
round 1. (*п.*) *пив.* бродильный чан; 2. (*adj.*) *дегуст.* имеющий хорошую структуру, хорошо сбалансированный (*по содержанию фруктовых ароматов и танинов; о вине*)
Roussanne (*п.*) *фр. амп.* Руссан (*сорт белого винограда из долины Роны; вина из него высокоароматичны и имеют сильный цветочный букет*)
Rovran (*п.*) *амер. фирм.* «Ровран» (*фунгицид, используемый в виноградарстве*)
row (*п.*) *агр.* ряд (*кустов винограда*)
row bushes placement *агр.* способ размещения кустов винограда рядами
Royal fizz напиток из джина, лимонного сока, яйца с сахаром
Roy Rogers *фирм.* «Рой Роджерс» (*коктейль из имбирного эля и гранатового сока с ликером «Мараскин»*)
rubber band 1. резиновая прокладка; 2. *дегуст.* неприятный сернистый привкус (*вина*)
Rubigan (*п.*) *амер. фирм.* «Рубиган» (*фунгицид, используемый в виноградарстве*)
ruby (*adj.*) 1. *дегуст.* рубиновый (*о цвете молодых красных вин*); 2. общее название красных портвейнов, имеющих сладкий вкус; *ткж.* **Character port; Ruby Port; Vintage Port; young ruby port**
Ruby Cab *амп.* Руби Каб (*гибрид сортов Каберне Совиньон и Кариньян; распространен в Калифорнии, Австралии и ЮАР*)

Rudesheimer Berg *нем. геогр.* Рюдесхаймер Берг (*самый известный виноградник в Рюдесхайме, Райнгау*)
Rugiens (*n.*) *pl. фр.* «Ружьен» (*красное вино высокого качества категории Крю из Поммара*)
rugose wood *фитопат.* разрастание корня (*заболевание винограда*); *см. ткж.* **stem pitting; stem growing**
rum (*n.*) ром (*алкогольный дистиллят сброженного сока, сиропа, мелассы или других продуктов сахарного тростника, имеющий крепость не выше 190° proof*)
  denatured ~ денатурированный ром
  heavy-bodied ~ густой ром (*обычно ямайский или ром «Демерара»*)
  high-ester ~ высокоэфирный ром
  imitation ~ искусственный ром
  Jamaica ~ ямайский (*густой*) ром
  light-bodied ~ легкий ром (*обычно пуэрто-риканский или гавайский*)
  pot-still ~ ром однократной перегонки; ром, полученный перегонкой на простейшем перегонном кубе
  white ~ сорт рома светлого цвета (*производится на Карибских о-вах*)
rummer (*n.*) стаканчик или рюмка для рома
Rumple Minze *нем. фирм.* «Румпле Минце» (*марка мягкого шнапса, крепостью 50% об.*)
Rum Sandwich смесь ромов однократной перегонки с местными сортами спиртных напитков из кукурузы
Rum Verschnitt *нем. см.* **Rum Sandwich**
run *спирт.* 1. (*n.*) прогон (*дистиллята*); 2. (*v.*) прогонять (*дистиллят*)
runback (*n.*) *спирт.* возвратная линия
rundown (*n.*) *спирт.* перегонка, отгонка
runlet (*n.*) небольшой бочонок
runner (*n.*) поперечный каменный брус, используемый в качестве оси для вращения жернова (*при перемалывании яблок в производстве сидра*)
running (*n.*) *спирт.* погон
  first ~ головной погон, головная фракция; *см. ткж.* **heads**
  last ~ концевой [хвостовой] погон, концевая [хвостовая] фракция; *см. ткж.* **tails**

saccharification

run-off (*adj.*) перелившийся через край, вытекший; ◊ ~ **must** вытекший муст
runt (*adj.*) *агр.* малорослый (*о всходах, растениях*)
Rupestris stem pitting *фитопат.* разрастание корня винограда (*заболевание*)
rural method *см.* **méthode rurale; méthode ancestrale**
Russian River Valley *амер. геогр.* долина Русской реки (*винодельческая область в округе Мендосино, Калифорния; занимает части виноградарских районов Сонома, Чок Хилл и Грин Вэлли Сонома*)
rust (*n.*) *фитопат.* ржавчина *Physopella ampelopsidis* (*грибковое заболевание винограда*)
rustic (*adj.*) сельский, деревенский (*о местности*)
Ruwer (*n.*) *нем. геогр.* Рувер (*виноградарский район в верхнем Мозеле*)
rye (*n.*) 1. рожь; 2. *разг.* канадское виски; *ткж.* **Canadian whisky; rye whisky**; ◊ ~ **on the rocks** *амер.* виски со льдом
rye-malt whisky виски из солода, приготовленного из ржи
rye whisky виски из ржи (*традиционно производится в США и Канаде путем дистилляции барды, содержащей не менее 51% зерна ржи*); *см. ткж.* **rye** 2.
Ryugan (*n.*) *яп. амп.* Рюган (*сорт белого винограда; используется главным образом для приготовления десертных вин*)

S

Saar (*n.*) *нем. геогр.* Саар (*винодельческая область в верхнем Мозеле*)
Sabra (*n.*) *фирм.* «Сабра» (*ликер со вкусом шоколада, ароматизированный апельсинами Яффа; выпускается в Израиле*)
saccharification (*n.*) *спирт.* сахарификация (*гидролиз сложных углеводо-*

saccharification tank

родов и их превращение в ферментируемый сахар)
saccharification tank *спирт.* емкость для сахарификации
saccharimeter (*n.*) сахариметр
saccharomyces (*n.*) *pl.* сахаромицеты (*грибковая культура*)
saccharomyces cerevisiae сахаромицеты, присутствующие в кожице и гребнях винограда
saccharose (*n.*) сахароза, тростниковый сахар, свекловичный сахар
sacc's tank *см.* **saccharification tank**
sack (*n.*) 1. *ист.* старое название для белых вин, в основном шерри; 2. *амер.* шерри (*крепкое светлое вино, импортируемое из Испании и с Канарских островов*)
Saeman hydrolysis *хим.* гидролиз по методу Сэмана (*метод высвобождения нейтральных сахаров*)
Safari (*n.*) *голл. фирм.* «Сафари» (*ликер, ароматизированный экзотическими фруктами, крепостью 20% об.*)
saignée (*n.*) *фр.* слив части сусла из бродильного чана (*при брожении красного вина*); ◊ **rosé de** ~ розовое вино, полученное методом короткой мацерации сусла
Saint-Amour (*n.*) *фр. геогр.* Сент-Амур (*самая северная коммуна Божоле*)
Saint-Emilion (*n.*) *см.* **St. Emilion**
Saint-Estéphe (*n.*) *см.* **St. Estéphe**
Saint-Joseph (*n.*) *фр.* «Сен-Жозеф» (*красное вино из сорта Сира; производится в долине Северной Роны*)
Saint-Marc (*n.*) *фр.* «Сен-Марк» (*вино высшего качества из Барсака, Сотерн*)
sakagura (*n.*) *яп.* сакагура (*пивоварня для саке*); *см. ткж.* **kura**
sake (*n.*) *яп.* саке (*спиртной напиток из рисового солода, приготовляемый по особой технологии методом ферментации*); *см. ткж.* **gen-shu**; ◊ **four main types of** ~ четыре основных типа саке; *см.* **daiginjo-shu; ginjo-shu; honjozo-shu; junmai-shu**; *см. ткж.* **namazake**
country ~ саке, приготовленное небольшими партиями на малых пивоварнях

Saladin box *шотл. фирм.* коробка Саладина (*устройство для механизированной подготовки солода в производстве виски*)
sale (*n.*) продажа, реализация
bulk ~ оптовая продажа, продажа наливом (*вин и спиртных напитков*)
cellar door ~ продажа вина непосредственно на винзаводе
retail ~ розничная продажа (*вин и спиртных напитков*)
Sales Duty Paid *брит.* продажа алкоголя с уплатой акциза
Salmanazar (*n.*) *фирм.* «Салманазар» (*бутылка для шампанских вин большого объема, равного 12 обычным бутылкам, или 9 л*); *ткж.* **Salmanazar bottle; salmanazar**
salmanazar (*n.*) *см.* **Salmanazar bottle, Salmanazar**
salty dog коктейль из джина *или* водки и сока грейпфрута, подаваемый в специально подготовленных стаканах с крупинками соли
Sambuca (*n.*) *ит.* самбука (*ликер, приготовленный из ягод бузины и ароматизированный лакрицей*)
Samno (*n.*) *кор. фирм.* «Самно» (*женьшеневый ликер*)
sample 1. (*n.*) образец; проба; 2. (*v.*) опробовать, отбирать пробу
assay ~ образец для анализа
average ~ средняя проба
check ~ контрольная проба; контрольный образец
commercial ~ товарный образец
composite ~ *см.* **daily sample**
control ~ контрольная проба; контрольный образец
daily ~ среднесуточная проба; среднесуточный образец
initial ~ исходный образец
loading ~ проба, отобранная при погрузке
mean ~ средняя проба
reference ~ эталонный образец
representative ~ представительный [репрезентативный] образец
selected ~ *см.* **representative sample**
standard ~ типовой образец
test ~ образец для анализа; испытательная проба

samshu (*n.*) *кит.* сам-сю (*водка из риса или сорго*)

Sancerre (*n.*) *фр. геогр.* Сансер (*небольшой апелласьон в верхней долине Луары, в котором производят белые вина с ярким букетом из сорта Совиньон Блан*)

sandal wood сандаловое дерево (*компонент ароматизированных вин*)

sandy loams *агр.* песчано-глинистые плодородные почвы

Sangaree (*n.*) *см.* **Sangria**

sangaree *см.* **Sangaree, Sangria**

Sangina (*n.*) *ит. фирм.* «Сангина» (*напиток из красного вина, фруктового сока и фруктов с добавлением сахара*)

Sangiovese (*n.*) *ит. амп.* Санджовезе (*сорт красного винограда*)

Sangria (*n.*) *фирм.* «Сангрия» (*алкогольный напиток из красного вина, фруктовых соков, содовой воды, фруктов и с добавлением бренди*); *ткж.* **sangria**

San Joaquin Valley *амер. геогр.* долина Сан Хоакин (*винодельческая область в Калифорнии*)

Santa Teresa *фирм.* «Санта Тереса» (*марка рома, выпускаемого в Венесуэле*)

Santenay (*n.*) *фр. геогр.* Сантене (*самый южный апелласьон в области Кот-де-Бон, регион Бургундия, где вырабатываются в основном красные вина*)

Santenots (*n.*) *фр.* «Сантено» (*красное вино высокого качества категории Крю из Вольне*)

sap (*n.*) сок растения, живица; пасока ◊ the ~ **starts to flow** начинается сокодвижение

sap flow *бот.* сокодвижение

sap flow measurements *агр.* замеры интенсивности сокодвижения (*в виноградной лозе*)

sapidity (*n.*) приятный вкус

sap motion *бот.* сокодвижение

sappy (*adj.*) сочный; наполненный соком

saprogenic (*adj.*) сапрогенный, вызывающий гниение; гнилостный

saprogenous (*adj.*) *см.* **saprogenic**

sarcina sickness повышение содержания диацетила в результате размножения бактерий (*бактериальное заболевание пива*)

Saumur *фр.* 1. *геогр.* Сомюр (*апелласьон винодельческой области Анжу-Сомюр, регион долина Луары*); 2. *фирм.* «Сомюр» (*сухое красное или белое вино*)

sauser (*n.*) *амер.* саусер (*стадия между суслом и настоящим вином*); вино с принудительно остановленной ферментацией

Sauterne (*n.*) *амер. фирм.* «Сотерн» (*дешевое вино, производимое в Калифорнии*)

Sauternes (*n.*) *фр.* 1. *геогр.* Сотерн (*апелласьон в Бордо, в котором вырабатываются известные белые ликерные вина*); 2. *фирм.* «Сотерн» (*марка десертного белого вина, произведенного из винограда сортов Семильон и Совиньон, пораженных благородной плесенью*)

Sauvignon (*n.*) *фр. амп.* Совиньон (*сорт белого винограда из долины Луары; дает сухие, ароматные вина с изысканным фруктовым ароматом*); *см. ткж.* **Blanc Fumé; Sauvignon Blanc**

Sauvignon Blanc *фр.* 1. *амп.* Совиньон Блан (*самый известный сорт белого винограда из Грава, регион долина Луары*); 2. *фирм.* «Совиньон Блан» (*белое вино из одноименного сорта винограда*)

Sauza (*n.*) *мекс. фирм.* «Сауза» (*марка текилы*)

Savagnin (*n.*) *фр. амп.* Саваньен (*сорт белого винограда из Юра*); *ткж.* **Naturé**

Savagnin Rosé *фр. амп.* Саваньен розовый (*сорт розового винограда из Эльзаса*); *ткж.* **Klevner (d'Heiligenstein); Traminer Rosé**

Savennières (*n.*) *фр. геогр.* Савеньер (*апелласьон в долине Луары, в котором вырабатывают известные марки сухих белых вин*)

scales (*n.*) *pl. энт.* щитовки, червецы *Coccoidea* (*вредители винограда*)

woolly currant ~ подушечницы [червецы] виноградные *Pulvinaria vitis L.*
scandent (*adj.*) *бот.* ползучий (*о растении*); *см. ткж.* **climbing**
Scharzhof (*n.*) *нем. геогр.* Шарцхоф (*известное винодельческое поместье в Вильтингене, Саар*)
Schaumwein (*n.*) *нем.* игристое вино (*обычно высокого качества*)
Scheurebe (*n.*) *нем.* Шойребе (*сорт белого винограда; гибрид сортов Сильванер и Рислинг*)
Schiedam (*n.*) *фирм.* «Шидам» (*марка голландской можжевеловой водки*)
Schlegelflasche (*n.*) *нем.* небольшая бутылка для вина
Schloss (*n.*) *нем.* шлосс (*наименование винодельческого хозяйства в Германии*); *ср.* **château**
Schloss Johannisberg *нем. геогр.* Шлосс Йоханнисберг (*наиболее известное винодельческое хозяйство в Йоханнисберге, область Райнгау*)
Schloss Vollrads *нем. геогр.* Шлосс Фольрадс (*наиболее известное винодельческое хозяйство в Винкеле, область Райнгау*)
Schnap(p)s (*n.*) *нем.* шнапс (*сухой крепкий спиртной напиток, обычно ароматизированный фруктами; ткж.* **schnap(p)s**
Schwarzbier (*n.*) *нем.* темный сорт лагерного пива
Sciacarello (*n.*) *ит. амп.* Шиакарелло (*сорт красного винограда; применяется для купажирования сухих вин*)
scion (*n.*) *бот.* привой (*обычно Vitis vinifera*); отросток для привоя; *см. ткж.* **graft**
scion spur *бот.* побег для привоя
score card карта балльных оценок (*используется экспертом при дегустации*)
scotch (*n.*) 1. шотландское виски, скотч; *см.* **Scotch whisky**; 2. порция скотча
 blended ~ купажное виски (*смесь односолодовых виски и виски, полученных из зерна на дистилляционных колоннах непрерывного действия*)
 Speyside single malt ~ односолодовое виски, производимое в долине реки Спей в Шотландии (*ароматизированное фруктами, листьями и медом; имеет более легкую структуру и более мягкий сладковатый вкус по сравнению с остальными сортами виски*)
scotch grain spirit *спирт.* алкоголь на выходе из перегонного куба непрерывного действия, содержащий 94% об.
Scotch tiers система складирования бутылок (*донышко к горлышку*)
Scotch whisky шотландское виски, скотч (*производится только в Шотландии по особой технологии; см.* **scotch** 1.)
Scott Henry system *агр.* система формирования виноградного куста Скотта Генри (*средняя по высоте система по методу Гийо*)
scratch (*n.*) царапина (*дефект бутылки*)
scratter (*n.*) *брит.* передвижная мельница для перемалывания яблок (*в производстве сидра*); *ткж.* **scratter mill**
screening (*n.*) *спирт.* просеивание, ситование
screw (*n.*) винт; штопор; *см. ткж.* **corkscrew**
 Archimedian ~ винт Архимеда (*шнек; применяемый главным образом в немецких и американских конструкциях штопоров*)
 double helix ~ штопор с двумя спиралями (*одна для вытаскивания пробки, вторая для проворачивания пробки вокруг оси*)
 grooved helix ~ штопор со спиралью, имеющей канавку
 helix ~ штопор со спиралью
 King's ~ механический штопор с дополнительной боковой рукояткой (*для вытаскивания пробки*); *см. ткж.* **King's corkscrew**
screwdriver (*n.*) *разг.* «отвертка» (*водка с апельсиновым соком*)
screwpull (*n.*) винтообразное устройство для вытаскивания пробки из бутылки
scrumpy *брит.* 1. (*n.*) скрампи (*сорт крепкого сухого тихого сидра*); *см.*

ткж. **cider**; 2 (*adj.*) нефильтрованный и неподслащенный (*о сидре*)
scum (*n.*) пена
Scuppernong (*n.*) амп. Скапернонг (*исконно американский сорт белого винограда семейства Мускадин*)
S-drop method *хим. фирм.* метод измерения сахара в вине с использованием таблеток «Клинитест»; *ткж.* **Clinitest**
seal 1. (*n.*) оттиск (*на бутылке с вином и т. д.*); 2. (*v.*) закрывать, запечатывать (*бутылку пробкой и т. д.*); ◊ **to ~ tightly** плотно закупоривать
oversize ~ колпачок для бутылок с широким горлышком
sealant (*n.*) пробка, укупорка (*для вина и т.д.*); *см. ткж.* **closure**
wine ~ пробка для вин
sealing (*n.*) печать, оттиск (*на пробке из воска и сургуча или на бутылке, этикетке и т. д.*)
sealing wax сургуч (*применяется для запечатывания бутылок*)
season (*n.*) *агр.* сезон; время года; ◊ **harvesting ~** время сбора урожая
seasonal (*n.*) специальный сорт пива, потребляемый в определенное время года; *см. ткж.* **seasonal beer**
seasoning (*n.*) выдержка
cask ~ обработка и выдержка бочки
sec (*adj.*) *фр.* 1. сухой (*обозначение на этикетке тихих вин*); 2. полусладкий (*обозначение на этикетке игристых вин*)
sécateur (*n.*) *фр. агр.* секатор (*инструмент для обрезки лозы*)
Secchi (*n.*) *pl. ит. собир.* сухие вермуты
secondary fermentation вторичная ферментация
second lees второй осадок
second run-off второй слив
sediment (*n.*) осадок, отстой
bottled-wine ~ осадок на дне бутылки с вином
seed (*n.*) семя; *pl.* семена
grape ~ семя винограда
seedless (*adj.*) бессемянный, не имеющий косточек (*о плоде*)
seedless grape variety *бот.* сорт винограда без семян [без косточек]; изюмный сорт винограда

seed root system *бот.* семенная корневая система
seimai (*n.*) *яп.* сеймай (*полировка риса; размалывание риса*)
seimai-buai *яп.* сеймай-буай (*степень полировки риса перед замачиванием*)
seishu (*n.*) *яп.* сейсю (*официально зарегистрированное название напитка саке*)
Sekt (*n.*) *нем.* игристое вино
select (*adj.*) специально подобранный, отобранный (*о вине и т. д.*); ◊ **barrel ~** отбор из особых бочек (*обозначение на этикетке*); **vintner's ~** специально отобранный виноделом (*о вине*)
Selected Late Harvest *амер.* вино из отборного созревшего винограда (*обозначение на этикетке*)
sélection *фр.* коньяк, выдержанный не менее 2 лет (*обозначение на этикетке коньяка*)
selective harvest выборочная уборка, отбор специфических ягод при сборе урожая
Selektion (*n.*) *нем.* сухие вина высшего качества из специально выбранных винодельческих регионов Германии (*обозначение на этикетке*)
self-fertility *бот.* самоплодность
self-pollinating variety *бот.* самоопыляющийся сорт
self-sterility *бот.* самобесплодность
Sémillon (*n.*) *фр. амп.* Семильон (*сорт белого винограда для производства тихих и игристых вин; главный сорт для приготовления сотернских вин*)
semi-sweet (*adj.*) *см.* **demi-sweet**
senescence:
wine ~ старение вина
sense of terroir *дегуст.* специфический привкус, характерный для данной местности произрастания винограда и производства вина
sensitive crystallization метод испытания качества вин при замораживании с кристаллами медного купороса
sensorial properties *дегуст.* сенсорные признаки (*вина*)
sensory data *дегуст.* набор параметров для дегустации

sensory language *дегуст.* терминология, используемая для описания качеств вина
sensory perception *дегуст.* сенсорное восприятие
sensory threshold *дегуст.* предел восприятия
separation (*n.*) сепарирование; отделение
juice ~ суслоотделение
Septoria leaf spot *фитопат.* пятнистость листьев винограда (*вирусное заболевание винограда*); *см. ткж.* **mélanose**
Sercial (*n.*) *порт.* 1. *амп.* Серсиал (*сорт винограда для производства мадеры*); 2. *фирм.* «Серсиал» (*марка очень сухой мадеры с высокой кислотностью и миндальным букетом*); *ткж.* **Cercial**
serological pipette пипетка для взятия проб
serve (*v.*) сервировать, подавать на стол (*вино и т. д.*)
serving temperature температура сервировки [подачи] (*вина на стол*)
settle 1. (*n.*) осадок, отстой; 2. (*v.*) оседать, осаждаться, отстаиваться
settler (*n.*) отстойный чан, отстойник
settling (*n.*) 1. оседание, осаждение (*твердых частичек, содержащихся в сусле*); 2. отстаивание (*вина*); 3. осадок, отстой
bottom ~ донный осадок, отстой
cold ~ отстаивание на холоде
free ~ свободное осаждение
gravity ~ *см.* **free settling**
natural ~ самопроизвольное осаждение; отстаивание
Sevin (*n.*) *амер. фирм.* «Севин» (*инсектицид, используемый в виноградарстве*)
Sevval Blanc *см.* **Seyval Blanc**
sewer drain канализационный сброс
sex of flower *бот.* пол цветка (*винограда*)
Seyval Blanc *амп.* Севаль Блан (*белый франко-американский гибридный сорт винограда*)
Seyv Villar *амп.* Сейв Вилар (*белый гибридный сорт винограда*)
shaft and globe bottle *брит. ист.* старинная бутылка для вина в форме шара с вытянутым горлышком (*применялась в первой половине XVIII в.*)
shandy (*n.*) *брит.* шанди (*смесь обычного пива с имбирным или лимонадом*)
shandygaf (*n.*) *амер. см.* **shandy**
Shao-Hsing (*n.*) *кит.* шаосинь (*традиционное сухое рисовое вино, произведенное в Китае; по вкусовым качествам близко к хересу*); *см. ткж.* **Chinese rice wine**
shaoshing wine *см.* **Shao-Hsing**
sharp (*adj.*) *дегуст.* неприятно кислый (*о вкусе вина*)
Sharpshooter (*n.*) *амер. фирм.* «Шарпшутер» (*смесь виски «Тен Хай» со свежим соком лимона*)
sharpshooters (*n.*) *pl. энт.* цикадки *Cicadellidae* (*вредители винограда*)
blue-green ~ сине-зеленые цикадки
glassy-winged ~ стеклокрылые цикадки *Homalodisca coagulata*
sharz (*n.*) *монг.* схарз (*средняя по крепости разновидность напитка архи*); *см. ткж.* **arhi**
shatter *бот.* 1. (*n.*) опадание неоплодотворенных цветков (*девятая стадия годового цикла винограда*); 2. (*v.*) опадать (*о листьях, цветах*)
shears (*n.*) ножницы, секатор
shelf life *ком.* срок хранения; срок годности (*напр. вина, пива*)
long ~ длительный срок годности
short ~ малый срок годности (*скоропортящегося продукта*)
sherrization (*n.*) хересование
wine ~ хересование вина
sherry (*n.*) херес, шерри; *см. ткж.* **Jerez; Xérès**
brown ~ коричневый херес (*очень сладкий густой херес темного цвета, вариант хереса «Олоросо», подслащенного вином из винограда сорта Педро Хименес*)
cream ~ сладкий херес, херес с высоким содержанием сахара (*вариант хереса «Олоросо», подслащенного вином из винограда сорта Педро Хименес*); *см. ткж.* **sweet sherry**
dry ~ сухой херес, херес с низким содержанием сахара

filmless ~ херес, полученный бесплёночным способом
film-yeast ~ херес, полученный выдержкой под пленкой винных дрожжей
medium-sweet ~ полусладкий херес (*вариант хереса «Олоросо», подслащенного вином из винограда сорта Педро Хименес*)
submerged-culture ~ херес, полученный глубинным способом производства (*культивированием хересных дрожжей в погруженном состоянии*)
sweet ~ сладкий херес, херес с высоким содержанием сахара (*вариант хереса «Олоросо», подслащенного вином из винограда сорта Педро Хименес*); *см. ткж.* **cream sherry**
shillings system *брит. ист.* система налогообложения продаж алкоголя, в которой ставка налога прямо пропорциональна крепости напитка
shiner (*n.*) *амер. разг.* бутылка вина без этикетки; *ткж.* **unlabeled bottled wine**
ship (*v.*) отгружать; поставлять (*виноматериал, продукцию*)
shipper (*n.*) *амер.* контейнер, упаковка для бутылок
corrugated ~ дополнительный картонный вкладыш в коробку
exterior ~ наружная упаковка, коробка (*для транспортировки бутылок*)
lay-flat ~ вкладыш в коробку для транспортировки бутылок в горизонтальном положении (*обычно из пенопласта*)
stand-up ~ вкладыш в коробку для транспортировки бутылок в вертикальном положении (*обычно из пенопласта*)
Shiraz (*n.*) *амп.* Шираз (*австралийское название классического сорта винограда Сира*); *см. ткж.* **Syrah**
Shirley Temple *фирм.* «Ширли Темпл» (*коктейль из имбирного пива, гранатового сока и ликера «Мараскин»*)
shive (*n.*) тонкий деревянный шпунт (*затычка для бочек*)
shochu (*n.*) *яп.* сётю (*национальный спиртной напиток крепостью 24 – 50 % об., вырабатывается путем дистилляции рисового солода или картофельной барды*)
shoestring root rot *фитопат.* корневая гниль винограда (*заболевание*); *см. ткж.* **Armillaria root rot**
shook (*n.*) *см.* **shooked barrel**
shooked barrel *спирт.* использованная бурбонная бочка в разобранном виде для перевозки
shoot 1. (*n.*) *бот.* однолетний побег, зеленый отросток из почки; ◊ **free-positioned growing** ~**s** свободно висящие побеги; **vertically-positioned growing** ~**s** вертикальные побеги; 2. (*v.*) *разг.* пить (*спиртное*)
lateral ~ боковой побег; пасынок
primordial ~**s** почки, которые развиваются на побегах текущего сезона
young ~ молодой побег (*винограда*)
shoot and leaf removal *агр.* удаление побегов и листьев
shoot attitude *бот.* активность побегов (*винограда*)
shoot necrosis *бот.* некроз побегов (*винограда*)
short 1. (*n.*) *разг.* крепкий напиток; 2. (*n.*) чарка, рюмка; 3. (*adj.*) не оставляющий привкуса *или* послевкусия (*о вине*)
short-chain polymers *хим.* короткозвенные полимеры
shorter (*n.*) *разг.* шортер (*напиток с добавлением алкоголя*)
short pruning *агр.* короткая обрезка
shot (*n.*) 1. небольшая доза крепкого спиртного напитка; *ткж.* **snifter**; 2. стаканчик *или* стопка для крепкого спиртного напитка (*для употребления в неразбавленном виде*)
shoulder label кольеретка (*элемент оформления на горлышке или плечиках бутылки*); *см. ткж.* **neck label**
show wine *ирон.* вино, приготовленное специально для выставок
shrink-wrapped carton гофрированный картон с прослойками из алюминиевой фольги (*материал контейнеров для вин*)
shrivel (*v.*) ссыхаться, сморщиваться (*о ягодах и листьях винограда*)

shubo (*n.*) *яп.* сюбо (*гонок рассева или дрожжевая разводка для приготовления партии саке*); *см. ткж.* **moto**

shut (*adj.*) *амер.* нераскрывшийся (*о вине; обозначение вин, имеющих признаки букета, которые можно развивать дальше*)

Sicily (*n.*) *геогр.* Сицилия (*остров на юге Италии; виноградарско-винодельческий район*)

sickness (*n.*) болезнь (*вина*)
 blue ~ синяя болезнь
 bottle ~ бутылочная болезнь

side car *разг.* коктейль из бренди, апельсинового ликера и лимонного сока

side dressing *агр.* внесение удобрений вокруг растения

sidération (*n.*) *фр.* сидерация, зеленое удобрение (*запахивание в почву зеленой массы растений*)

sieve analysis *спирт.* лабораторный тест зерновой муки

sieve filtration *см.* **membrane filtration**

sieve plate *спирт.* тарелка для просеивания; *ткж.* **sieve tray**

sieve tray *см.* **sieve plate**

Sikes (*n.*) гидрометр Сайкса (*для измерения алкоголя по шкале proof*)

silky (*adj.*) *дегуст.* мягкий, обтекающий (*о вине*)

Silvaner (*n.*) *нем. амп.* Сильванер (*белый технический сорт винограда; используется в Германии, Швейцарии и Эльзасе, Франция*)

Silver Cacique *фирм.* «Сильвер Касик» (*марка белого рома крепостью 40° proof; выпускается в Венесуэле*)

silver fizz коктейль из джина, лимонного сока, сахара и яичного белка

Silver rum *фирм.* ром «Сильвер» (*обычной выдержки, без ароматизаторов и колорантов*)

simple (*adj.*) простой, молодой, невыдержанный (*о вине*)

simple drinker (*n.*) *амер.* невзыскательный потребитель (*типология потребителей алкогольных напитков*)

simple sugars простые сахара; *см. ткж.* **short-chain polymers**

simultaneous saccharification and fermentation *спирт.* одновременная сахарификация и ферментация

Sinatin (*n.*) *амер. фирм.* «Синатин» (*жидкий концентрат дуба*); *см. ткж.* **liquid oak**

Singapore sling коктейль из джина, вишневого бренди, сахара, льда и содовой воды

Single Curtain *агр. фирм.* система высокого натяжения проволоки для подвязки лозы; *см. ткж.* **High Wire Cordon System**

single-distilled (*adj.*) *спирт.* однократной перегонки (*о дистилляте*)

single vineyard wine вино, приготовленное из винограда, собранного с одного квартала виноградника и не смешанного с виноградом с других участков

singlings (*n.*) *pl.* коньячный спирт-сырец

sinus (*n.*) *бот.* пазуха (*виноградного листа*)

sip (*v.*) *разг.* пить медленно, небольшими глотками; смаковать; «потягивать» (*о спиртных напитках*)

sipper (*n.*) *разг.* ◊ **a great ~** прекрасный напиток; напиток, который «пить и пить»

sit (*v.*) храниться, сидеть (*в бочке; о вине и т. д.*); ◊ **the wines are ~ting in barrels** вина сидят в бочках

site (*n.*) место, расположение; ◊ **vineyard ~** расположение виноградника

60 Minutes *амер.* «60 минут» (*телепередача 17 ноября 1991 г. компании CBS, подготовленная репортером Морли Сейфером и посвященная т.наз. «французскому парадоксу» в период спада продаж вина; после передачи продажи вина, особенно красного, выросли на 30 — 44%*); *см. ткж.* **French paradox**

skeletal part of bush скелетная часть [остов] куста

skeletonize (*v.*) *биол.* скелетировать листья (*оставляя только жилки; о виноградных вредителях*)

skeletonizer (*n.*) *энт.* вредитель, скелетирующий листья (*оставляющий только жилки*)
 grape leaf ~ виноградная гусеница класса *Harrisima*, поражающая ткань виноградного листа

skim (*v.*) 1. *вин.* снимать пену; 2. *спирт.* отбирать легкие фракции
skimmer (*n.*) пеносъемник, пеноудалитель
skimming (*n.*) *спирт.* отбор легких фракций
skin (*n.*) кожура; кожица (*ягод винограда*)
   thick ~ толстая кожица
   thin ~ тонкая кожица
skin contact *вин.* реакция взаимодействия с кожурой ягод винограда; *см. ткж.* **maceration**
skin contact time:
   long ~ длительный период реакции кожуры и ягод
   short ~ короткий период реакции кожуры и ягод
skin phenolic compounds фенольные компоненты кожуры виноградных ягод
skin-to-pulp weight ratio весовое соотношение кожуры и мякоти виноградных ягод
Skye Vodka *брит. фирм.* водка «Скай» (*мягкая водка крепостью 80° proof*)
slanted position наклонное положение (*бутылки*)
slanting trellis *агр.* наклонные шпалеры
sling (*n.*) *амер.* «слинг» (*напиток на основе крепкого вина или джина с ломтиками цитрусовых и мятой, подается со льдом*)
slivovitz (*n.*) сливовица (*крепкий спиртной напиток из слив*)
sloe gin джин, ароматизированный терном
slop (*n.*) остаток барды после дистилляции
slops (*n.*) *pl. брит. разг.* пиво
   distillers' ~ *спирт.* барда
sludge (*n.*) гниль, загнивание; *см. ткж.* **mold**
slurry (*n.*) отстой, осадок
small domestic producers' credit *амер. юр.* кредит для малых отечественных производителей (*специальная форма кредитования малых винодельческих предприятий в США, при условии, что общий объем производства не превышает 250 000 галлонов вина в год; при этом предприятие полностью освобождается от уплаты налогов на первые 100 000 галлонов вина*)
small wood *агр.* поросль; молодые насаждения (*на винограднике*)
Smart-Dyson Training System *агр. фирм.* система формирования куста по методу Смарта – Дайсона
smash (*n.*) «смэш» (*коктейль из джина, рома, виски с содовой водой, сахаром и мятой*)
smell 1. (*n.*) запах; 2. (*v.*) пахнуть, иметь запах (*о продукте*); 3. (*v.*) обонять, вдыхать запах; ◊ **to ~ the wine** проверять вино на запах
   cask ~ запах бочки (*порок вина*)
   earthy ~ землистый запах (*порок вина*)
   vinegar ~ запах уксуса (*порок вина*)
smelling (*n.*) стадия появления запаха (*вина*); *см. ткж.* **olfactive stage**
Smell-o-vision *амер. фирм.* устройство для создания ароматов, присущих букету вин «Каберне Совиньон» и «Совиньон Блан»
Smirnoff Lemon Twist Vodka *фирм.* водка «Смирнофф», ароматизированная лимоном
Smirnoff Vodka *фирм.* водка «Смирнофф» (*водка, первоначально выпускавшаяся в Польше, а затем в Великобритании и США; производится с различными ароматизаторами и вкусовыми добавками*)
Smirnoff 100 Vodka *фирм.* водка «Смирнофф» крепостью 100° proof
smoky (*adj.*) 1. *дегуст.* задымленный, с привкусом дыма (*о букете вина*); 2. с привкусом горелого дерева (*о виски*)
smooth (*adj.*) *дегуст.* мягкий, нетерпкий (*о вине*)
snail (*n.*) *энт.* улитка (*вредитель винограда*)
   common garden ~ обыкновенная садовая улитка *Helix aspersa*
   edible ~ виноградная улитка *Helix pomatia*
   small pointed ~ маленькая пятнистая улитка *Cochlicella*
   vineyard ~ виноградная *улитка Cernuella virgata*
   white Italian ~ белая итальянская улитка *Theba pisane*

sniff

sniff (*n.*) *амер. разг.* проверка запаха вина

snifter (*n.*) 1. *разг.* небольшая доза крепкого спиртного напитка; *см. ткж.* **shot** 1.; 2. специальная рюмка для бренди

snout beetles *энт.* долгоносики, слоники *Curculionidae* (*вредители винограда*)

snowball *разг.* ликер «Адвокат» с добавлением минеральной воды *или* лимонада

soakage (*n.*) *см.* **maceration**

Soave (*n.*) *ит.* «Соаве» (*белое столовое вино из региона Венето*)

social mileu *агр.* социальная среда возделывания винограда; *см. ткж.* **terroir**

soda ash *хим.* кальцинированная сода

sodium bisulfite *хим.* бисульфит натрия

sodium hydroxide solution *хим.* раствор гидроксида натрия (*применяется в титровании*)

soft (*adj.*) 1. низкокислотный, с низким содержанием танинов (*о вине*); 2. мягкий (*о плодах, климате*)

soften (*v.*) размягчать; ◊ **to ~ corks** размягчать пробки (*напр., паром*)

softening of fruit размягчение плода (*показатель спелости*)

soil (*n.*) почва; *см. ткж.* **terroir**; ◊ **texture of ~** структура почвы
 acidic ~ кислотная почва
 alkaline ~ щелочная почва
 argillaceous ~ 1. осадочная почва; 2. глинистая почва
 calcareous ~ кальцинированная почва; известковая почва
 deep ~ глубокий почвенный слой
 Kimmeridgian ~ киммериджская почва, известковая почва серого цвета (*от названия деревни Kimmeridge в графстве Дорсетшир, Англия*)
 neutral ~ нейтральная почва
 sandy ~ песчаная почва
 slate ~ сланцевая почва
 well drained ~ хорошо дренированная почва

soilborne diseases *агр.* болезни почвы

soil pH *хим.* водородный показатель почвы

soil salinity *агр.* содержание солей в почве

soil test kit *агр.* набор средств для проверки качества почвы

soil type тип почвы

soju (*n.*) *кор.* соджу (*национальный корейский спиртной напиток*)

solera (*n.*) *исп.* 1. солера, система приготовления хересных вин; 2. солерное вино; *ткж.* **solera wine**

solid (*adj.*) *дегуст.* с интенсивной окрашенностью (*о цвете вин*)

solids (*n.*) *pl.*:
 suspended ~ взвеси, взвешенные частицы

Solution 700 *фирм.* «Солюшен 700» (*присадка для улучшения качеств вина*)

sommelier (*n.*) *фр.* сомелье (*специалист по винам в ресторане*); *см. ткж.* **wine steward; waiter in charge of wines**

Sonnenuhr (*n.*) *нем. геогр.* Зоненур (*известный виноградник в Велене, Мозель*)

Sonoma (*n.*) *амер. геогр.* Сонома (*одна из ведущих винодельческих областей Калифорнии*)

sophisticated (*adj.*) тщательно приготовленный, имеющий высокие качественные характеристики (*о вине*)

sound (*adj.*) здоровый (*о вине*)

sour 1. (*n.*) *разг.* смесь крепкого алкогольного напитка с соком лимона *или* лайма с сахаром; 2. (*adj.*) содержащий уксус (*о вине*) (*не путать с высокой кислотностью*); *см. ткж.* **tart**
 brandy ~ смесь бренди с соком лимона *или* лайма с сахаром
 classic ~ *см.* **whisky sour**
 rum ~ смесь рома с соком лимона *или* лайма с сахаром
 vodka ~ смесь водки с соком лимона *или* лайма с сахаром
 whisky ~ классический коктейль «сауэр» (*смесь виски с соком лимона или лайма с сахаром*); *см. ткж.* **classic sour**

sour mash закваска, кислое сусло для виски; барда

sour mash bourbon whiskey *амер.* виски типа бурбон, в котором порция барды от предыдущей дистилляции добавляется к свежей барде, и эта смесь подвергается ферментации в течение 3 – 4 дней перед дистилляцией

South-African Riesling *амп.* Рислинг южноафриканский (*синоним сорта Крушан*); *см. ткж.* **Cape Riesling; Paarl Riesling**

South Coast *амер. геогр.* Южное побережье (*крупная винодельческая область, расположенная в округах Оранж, Риверсайд, Сан-Диего в Калифорнии*)

Southern Comfort *амер. фирм.* «Сазерн Камфорт» (*фруктовый ликер на основе виски*)

Sovran (*n.*) *амер. фирм.* «Совран» (*фунгицид, используемый в виноградарстве*)

sow *агр.* 1. (*n.*) засев; посев; 2. (*v.*) засевать, сеять

Sowbane mosaic *фитопат.* виноградная мозаика (*вирусное заболевание винограда*)

sowing (*n.*) *агр.* засевание; посев

spacing (*n.*) расстояние, промежуток
  plate ~ расстояние между тарелками (*ректификационной колонны*)

spaghetti wine простое по структуре и выделке вино (*применяемое обычно в качестве дополнения к блюдам итальянской кухни*)

Spanish brandy *фирм.* испанский бренди (*сладкий густой бренди на основе хереса*)

sparger (*n.*) аппарат для удаления кислорода из бутылок

sparkle 1. (*n.*) блеск, искрение (*вина*); 2. (*v.*) искриться (*о вине*)

sparkler (*n.*) *амер.* игристое вино

sparkling (*adj.*) игристый (*о вине*)

sparkling-clear (*adj.*) искристо-прозрачный (*о вине*)

Sparkling Hock обозначение немецких игристых вин в Великобритании

sparkling wine игристое вино (*общий термин, обозначающий игристые вина от газированного до классического шампанского*)

Sparkolloid (*n.*) *фирм.* «Спарколлоид» (*препарат для оклеивания вин*)

Spatlese (*n.*) *нем.* вино из позднесобранного полностью созревшего винограда

speck 1. (*n.*) пятнышко, крапинка (*напр., на листьях винограда от вирусных инфекций*); 2. (*v.*) покрывать пятнами, испещрять; ◊ **mosaic ~ing of grape leaves** пятна мозаики на листьях винограда

speckle (*n.*) *см.* **speck**

spent wash *спирт.* кубовый остаток; барда; *см. ткж.* **distillery slop**

spices (*n.*) *pl.* специи (*используются в производстве джина*)

spicy (*adj.*) *дегуст.* имеющий пряный, густой аромат; отдающий специями (*о букете вина*); имеющий пикантный вкус (*о вине*)

spigot 1. (*n.*) краник (*бочонка*); 2. (*n.*) втулка, затычка (*бочки*); 3. (*v.*) вставлять (*пробку*); затыкать (*бочку, бочонок*)

spiral (*n.*) *энт.* спираль (*паразитная нематода винограда*)

spiraled *см.* **corkscrew-shaped**

spirit (*n.*) 1. любой дистиллированный напиток *или* смесь напитка с дистилятом; 2. любой алкогольный напиток (*кроме вина и пива*); 3. спирт; этиловый [винный] спирт
  ~ of wine виноградный спирт
  aromatic ~ ароматный спирт
  beverage ~ (этиловый) спирт для спиртных напитков
  cane molasses ~ (этиловый) спирт из тростниково-сахарной мелассы
  citrus aromatic ~ (этиловый) спирт из корок цитрусовых
  cognac ~ коньячный (этиловый) спирт
  distilled ~ спирт, очищенный перегонкой
  grape ~ виноградный (этиловый) спирт
  methylated ~ (этиловый) спирт, денатурированный метиловым спиртом
  neutral ~ (этиловый) спирт без вкусовых добавок (*для производства водок, джинов и т. п.*)
  new make ~ свежеполученный дистиллят перед заливкой в бочки
  overproof ~ (этиловый) спирт крепостью выше 57,10% об. (*в Великобритании*) и 50% об. (*в США*)

spirit

plain British ~ *брит.* спирт крепостью около 70% об., помещаемый в дубовые бочки для приготовления скотча
potable ~ пищевой (этиловый) спирт
proof ~ пруф-спирт; этиловый спирт крепостью 57,10% об. (*в Великобритании*) и 50% об. (*в США*)
pure ~ of best quality (этиловый) спирт высшей очистки
raw ~ спирт-сырец
rectified ~ ректификованный (этиловый) спирт, спирт-ректификат
rum ~ (этиловый) спирт для производства рома
underproof ~ (этиловый) спирт крепостью ниже 57,10% об. (*в Великобритании*) и 50% об. (*в США*)
wine ~ этиловый [винный] спирт
wood ~ метиловый [древесный] спирт
spirits (*n.*) *pl. собир.* спиртное; крепкие спиртные напитки
ardent ~ спиртные [горячительные] напитки
brown ~ спиртные напитки темного цвета (*бренди, коньяк и др.*); *ср.* **white spirits**
fruit ~ плодово-ягодные крепкие спиртные напитки
grain ~ алкогольные напитки, полученные из зерна
specialty ~ 1. спиртные напитки, имеющие сложный состав и многокомпонентную структуру; 2. спиртные напитки особого приготовления
white ~ прозрачные [бесцветные] спиртные напитки; *ср.* **brown spirits**
spirit safe сейф для спиртных напитков
spirit specialty 1. алкогольный [спиртной] напиток; 2. специально приготовленный спиртной напиток
spirit still перегонный аппарат для получения спирта
spirituous (*adj.*) 1. спиртовой; 2. спиртной
split (*n.*) 1. *амер.* бутылка емкостью от 6 до 8 унций (*170 – 184 г*); *см. ткж.* **nip**; 2. бутылка емкостью 375 мл (*вполовину стандартной винной бутылки*)
split canopy *см.* **lyre trellis; Scott Henry system**

split-root vine *бот.* виноградная лоза с расщепленным корнем
spoilage (*n.*) ухудшение качеств [порча, прокисание] вина
acetic ~ уксусное прокисание
browning ~ побурение вина
hydrogene sulfide ~ сероводородное прокисание вина
lactic ~ молочное прокисание вина
oxidation ~ оксидация вина
yeast ~ скисание дрожжей, дрожжевое скисание
spoon (*n.*) ложка (*для мешания дрожжей*)
spout (*n.*) 1. (самотечный) трубопровод, патрубок, желоб; 2. носик, горлышко (*у сосуда с вином*)
downflow ~ *спирт.* сливная трубка (*ректификационной колонны*)
spray 1. (*n.*) распыляемое [разбрызгиваемое] вещество; 2. (*n.*) распылитель; 3. (*v.*) распылять, разбрызгивать
grape dormant ~ *агр.* бордоская смесь *или* смесь растворов химикатов, распыляемая для борьбы с антракнозом
spray diary record *агр.* информация о проведении опыления и обработке химикатами
sprayer (*n.*) распылитель
hand ~ ручной распылитель
power ~ автоматический распылитель
spray tank бачок для распылителя
spritzer (*n.*) напиток из охлажденного вина с содовой водой
spritzy (*adj.*) игристый, с газом (*о напитке*); *ткж.* **lively**
sprout *бот.* 1. (*n.*) отросток, росток, побег; 2. (*v.*) выбрасывать побеги, расти; ◊ **to ~ forth leaves** выбрасывать листья (*из почек*)
water ~ побег из прошлогодней почки (*нежелателен*)
sprouting annual shoot *бот.* порослевой однолетний побег
spruce beer пиво, приготовленное из патоки с хвойным экстрактом
spumante (*adj.*) *ит.* игристый (*о вине; обозначение на этикетках итальянских вин*); *см. ткж.* **sparkling**
spur (*n.*) *агр.* сучок; обрезанный побег (*винограда*)

fruiting ~ сучок плодоношения (*при обрезке*)
renewal ~ сучок замещения (*при обрезке*)
square bushes placement *агр.* квадратный способ размещения кустов винограда
stability (*n.*) стабильность; устойчивость (*вина*)
colloidal ~ коллоидная устойчивость
color ~ стабильность цвета
oxidative ~ устойчивость к окислению
protein ~ белковая стабильность
tartrate ~ тартратная стабильность
stack (*v.*) складировать, складывать (*ящики и т. д.*)
Stags Leap District *амер. геогр.* область Стагс Лип (*одна из известнейших винодельческих областей в Калифорнии*)
stain (*n.*) налет, накипь (*на бутылке*)
stained (*adj.*) *дегуст.* по небрежности или случайно закрашенный красным виноматериалом (*о цвете белых или розовых вин*); *см. ткж.* **colored wine; taché**
stain remover препарат для удаления накипи и налета (*с бутылки*)
stake (*n.*) кол, столб, стойка
stalk (*n.*) 1. стебель, черенок; 2. ножка (*рюмки*); 3. виноградный гребень; *см. ткж.* **stem; rafle**
standard (*n.*) стандарт (*образцы с приемлемым качеством*)
standard drink conversion стандартная таблица перевода объема спиртного напитка в граммы абсолютного алкоголя
standard glass стандартный бокал для спиртного напитка; *ткж.* **highball glass**
standard size barrel винная бочка стандартной емкости (*в США = 52 галлона = 200 л; во Франции = 59 галлонов = 225 л*)
stand thickness *агр.* густота стояния растений
starch (*n.*) крахмал
starch solution раствор крахмала (*применяется в титровании*)
starter (*n.*) 1. закваска; 2. *вин.* дрожжевая разводка

Steinhaeger

pure yeast ~ разводка чистой культуры дрожжей
wine ~ дрожжевая разводка
yeast ~ дрожжевая закваска
station (*n.*) :
barreling ~ бочкоразливочное отделение (*винзавода*)
stave 1. (*n.*) клепка, доска для бочки; 2. (*v.*) разбивать бочку (*для выпуска вина*); 3. (*v.*) выпускать вино из бочки
backed ~ клепка с уменьшенной толщиной краев
hollowed ~ клепка с выборкой (*сегментообразной формы*)
jointed ~ подогнанная клепка
listed ~ заготовка для клепки, суженная по краям концов
stave joint место стыка клепок в бочке
steam (*v.*) *спирт.* перегонять с паром; десорбировать паром
Steam Beer *амер. фирм.* «Стим бир» (*известная марка пива, выпускаемого фирмой "Anchor Brewing Company" с 1934 г.*)
steam beer *амер.* пиво с естественным газом (*сочетающее сладость янтарного эля и легкость лагерного пива, производится на западе США*)
steam-distilled (*adj.*) *спирт.* перегнанный с паром; десорбированный паром
steely (*adj.*) *дегуст.* легкий, хорошо сбалансированный, с высокой кислотностью (*о вкусе некоторых белых вин, напр., «Шабли»*)
Steen (*n.*) амп. Стеен (*название сорта Шенен Блан в Южной Африке*)
steep *спирт.* 1. (*n.*) замачивание; 2. (*n.*) чан для замачивания (*солода*); *см. ткж.* **tank**; 3. (*n.*) жидкость для замачивания; 4. (*v.*) *спирт.* замачивать, смачивать (*солод*)
steeper (*n.*) *спирт.* чан для замачивания
steeping (*n.*) *спирт.* замачивание
Steinberg (*n.*) *нем.* 1. *геогр.* Штайнберг (*наиболее известный виноградник в Геттингейме, область Райнгау*); 2. *фирм.* «Стайнберг» (*марка сухих дрожжей для производства классических вин «Рислинг»*)
Steinhaeger (*n.*) *нем. фирм.* «Штайнхегер» (*марка джина, ароматизированного можжевельником*)

217

Steinwein

Steinwein (*n.*) *нем.* «Штайнвайн» (*собирательное название вин из Франконии, Германия*)
Stellenbosch (*n.*) *геогр.* Стеленбос (*ведущий винодельческий район в Южной Африке; находится возле Кейптауна*)
Stelvin (*n.*) *швейц. фирм.* «Стельвин» (*винтовой колпачок для винных бутылок*)
stem (*n.*) 1. *бот.* гребень (*виноградной грозди*); *см. ткж.* **stalk; rafle**; 2. основание, дно (*напр., стакана*)
St. Emilion (*n.*) *фр.* 1. *геогр.* Сент-Эмильон (*апелласьон винодельческой области Либурне, регион Бордо*); 2. *амп.* Сент-Эмильон (*сорт белого винограда, который используется в области Коньяк для производства коньяков*); *см. ткж.* **Ugni Blanc**; 3. *фирм.* «Сент-Эмильон» (*красное сухое вино*)
steminess (*n.*) гребневой привкус; запах гребней (*порок вина*)
stemmer (*n.*) гребнеотделитель
stem retention добавление гребней в сусло (*один из методов, используемых для приготовления красных вин*)
stemtrack (*n.*) ряд парных реек для удерживания бокалов в перевернутом виде (*обычно прибивается к верхней части стойки бара или к потолку*)
stemware *собир.* бокалы, рюмки
sterile filter стерильный фильтр (*позволяет удалить все дрожжи из вина*)
sterilization (*n.*) *спирт.* стерилизация
St. Estèphe (*n.*) *фр.* 1. *геогр.* Сент-Эстеф (*апелласьон винодельческой области Медок, регион Бордо*); 2. *фирм.* «Сент-Эстеф» (*красное сухое вино из сортов Каберне Совиньон, Мерло, Каберне Фран*)
Steuben (*n.*) *амп.* Стойбен (*исконно американский сорт красного винограда*)
St. Hallvard (*n.*) *норв. фирм.* «Сент-Халвард» (*ликер на основе спирта из картофеля, ароматизированный травами*)
sticky (*adj.*) *дегуст.* маслянистый, плотный; оставляющий след на стенке бокала (*о вине*); *см. ткж.* **viscious**

Stifterl (*n.*) *нем.* бутылка малого объема, чекушка (*емкостью 0,375 л*)
stigma (*n.*) *бот.* рыльце (*цветка*)
still 1. (*n.*) *спирт.* перегонный куб; перегонный аппарат; 2. (*n.*) ректификационая колонна; 3. (*n.*) винокурня, завод по производству спиртных напитков; *см. ткж.* **distillery**; 4. (*adj.*) тихий, без пузырьков газа (*о вине*); 5. (*v.*) перегонять, дистиллировать
beer ~ брагоперегонный аппарат, бражная колонна
bucket ~ простейший аппарат для перегонки бражки
Coffey ~ перегонный куб инженера Э. Коффи (*изобретенный в 20-х гг. XIX в.; применяется в производстве зернового виски непрерывным способом*); *ткж.* **continuous still; grain still; patent still**
cognac ~ перегонный аппарат для получения коньячных спиртов
column ~ перегонный куб с надстроенной колонной
continuous ~ *см.* **Coffey still**
direct-fired ~ перегонный куб с огневым обогревом
distillating ~ перегонный аппарат; перегонный куб
distillation ~ *см.* **distillating still**
fire and steam ~ перегонный куб с огневым и паровым обогревом
gin ~ перегонный куб для джина
grain ~ *см.* **Coffey still**
jacketed ~ перегонный куб с теплозащитной рубашкой
low wines ~ перегонный аппарат для слабоградусного спирта (*в производстве виски*)
Mongolian ~ *ист.* монгольский дистилляционный аппарат (*основан на принципе конденсации спирта внутри корпуса аппарата; одно из самых древних дистилляционных устройств*)
patent ~ *см.* **Coffey still**
pomace ~ перегонный аппарат для обработки выжимок
rectifying ~ 1. ректификационный аппарат; 2. перегонный куб ректификационного аппарата
reducing ~ перегонный аппарат для отгона легких фракций

reflux ~ колонна для получения виски; *см. ткж.* **fractional distillation**
rerunning ~ куб (для) вторичной перегонки
simple ~ простой кубовой аппарат
single-column rectifying ~ ректификационный аппарат; одиночный куб для простой перегонки
spirit ~ перегонный аппарат для вторичной перегонки (*в производстве виски*)
steam ~ куб для перегонки водяным паром
steam-bottom ~ перегонный куб с нижним вводом пара
steam-heated ~ перегонный куб с паровым обогревом
stirred-pot ~ перегонный аппарат с мешалкой
stripping ~ перегонный аппарат для отгона легких фракций
vacuum ~ вакуум-перегонный аппарат
vacuum beer ~ бражная колонна, работающая под вакуумом
vacuum extraction ~ вакуум-экстрактор
vinegar ~ перегонный куб для уксуса
wash ~ перегонный аппарат для первичной дистилляции бражки (*в производстве виски*)

stillage (*n.*) 1. перегонка, дистилляция; 2. загрузка перегонного аппарата *или* куба; 3. *спирт.* барда; 4. внесение [добавление] барды
~ **of molasses** *спирт.* перегонка мелассы; *см. ткж.* **vinasse**
thin ~ барда, не содержащая сухого остатка

stillman (*n.*) специалист по приготовлению спиртов; сгонщик
still room помещение для перегонки, дистилляционное помещение
still slops *см.* **marc**
still wash *см.* **marc**
still wine тихое [неигристое] вино
stimulant (*n.*) спиртной напиток; возбуждающее средство
stinger (*n.*) коктейль из бренди и мятного ликера со льдом
stir bar *хим.* лабораторная палочка для перемешивания

stirrer (*n.*) палочка *или* ложечка для перемешивания коктейлей
stirring tool устройство для размешивания вина в больших емкостях
St. Julien (*n.*) *фр.* 1. *геогр.* Сен-Жюльен (*апелласьон винодельческой области Медок, регион Бордо*); 2. *фирм.* «Сен-Жюльен» (*красное сухое вино*)
stock (*n.*) *бот.* подвой, родительская культура (*прогенная культура винограда*); *см. ткж.* **wilding**
stock vat бочка для хранения вина
stoma (*n.*) (*pl.* **stomata**) *бот.* устьице (*отверстие с нижней стороны виноградного листа, обеспечивающее транспирацию растения*)
stomatal closure *бот.* закрытие устьиц
stomper (*n.*) *амер.* ◊ **grape** ~ давильщик винограда
stone fruit косточковые культуры
stopper (*n.*) пробка; *см. ткж.* **cork**
cork ~ корковая пробка
cylindrical ~ цилиндрическая пробка
Hutchinson-type ~ *брит. ист.* пробка Хатчинсона (*специальная пробка с пружиной для винных бутылок*)
plastic ~ пластмассовая пробка (*заменитель натуральной пробки*)
screw ~ навинчивающийся колпачок
spring-loaded internal ~ *см.* **Hutchinson-type stopper**
T-bar ~ пробка с наконечником
storage (*n.*) хранение
bulk ~ хранение вина в емкостях; массовое хранение
horizontal ~ хранение бутылок в горизонтальном положении
long-term ~ долгосрочное хранение
makeshift ~ хранение бутылок с периодическим поворачиванием
upright ~ *см.* **vertical storage**
vertical ~ хранение бутылок в вертикальном положении
store (*v.*) хранить; размещать для хранения
stout (*n.*) *брит.* стаут, крепкий портер (*темное пиво верхового брожения с содержанием алкоголя 4 – 6,5% и выше, сильно охмеленное и с плотной структурой*)
double ~ стаут, имеющий среднюю плотность

stout

milk ~ сладковатый стаут с пониженным содержанием алкоголя; *ткж.* **sweet stout**
oatmeal ~ густой темный стаут, приготовленный из овсяной муки
Russian export ~ стаут, имеющий самую высокую плотность
single ~ стаут, имеющий небольшую плотность
sweet ~ сладковатый стаут с пониженным содержанием алкоголя; *ткж.* **milk stout**

straight (*adj.*) 1. *бот.* прямой, ровный (*о побеге и т.д.*); 2. неразбавленный (*о вине*), чистый (*крепостью 80 – 110° proof*) (*о виски, джине и т. д.*); 3. подаваемый *или* употребляемый без льда; *см. ткж.* **neat**

strain (*n.*) культура (*дрожжей*)
attenuative ~ *пив.* культура дрожжей с высокой истощающей способностью
non-attenuative ~ *пив.* культура дрожжей с низкой истощающей способностью

strainer (*n.*) цедилка (*сеточка для процеживания виски и др. крепких напитков*)

St. Raphael (*n.*) *фирм.* «Сент-Рафаэль» (*крепленое красное вино, ароматизированное хинином*)

stratification (*n.*) *агр.* стратификация

strawberry latent ringspot virus *фитопат.* вирус латентной кольцевой пятнистости земляники (*заболевание винограда*)

Strega (*n.*) *ит. фирм.* «Стрега» (*ликер на основе трав, ароматизированный цитрусовыми*)

strength (*n.*) крепость
alcoholic ~ алкогольная крепость (*напитка*)
cask ~ крепость виски при выпуске из бочки после выдержки (*100 – 110° proof, или 57 – 63% об.*)

stress (*n.*) *агр.* подверженность растения воздействию сильнодействующих факторов

strip 1. (*n.*) полоса корки, готовая к обработке; 2. (*v.*) *спирт.* отгонять легкие фракции

strippant (*n.*) *спирт.* отгонщик легких фракций

stripper (*n.*) *спирт.* отпарная колонна; отпарная секция (*ректификационной колонны*); *ткж.* **stripping column**

stripping (*n.*) *спирт.* отгонка легких фракций

stripping column *см.* **stripper**

stripping section *спирт.* участок для извлечения этанола из пива

Stroh Rum *фирм.* «Штро ром» (*марка рома желтого цвета, производимого в Австрии*)

strong (*adj.*) крепкий (*о напитке*)

stubby-root *энт.* корневая нематода (*паразитная нематода винограда*)

stuck fermentation *вин.* не доведенная до конца [прерванная досрочно] ферментация

stum 1. (*n.*) виноградное сусло с прерванным брожением; 2. (*n.*) неферментированный *или* частично ферментированный виноградный сок; 3. (*v.*) ускорять ферментацию (*путем добавления сброженного сока*)

stunt (*n.*) *фитопат.* карликовость (*вирусное заболевание винограда*)

style of wine стиль вина

suberic (*adj.*) относящийся к корке; состоящий из корки

suberin (*n.*) суберин (*вещество, состоящее из жирных кислот и тяжелых органических спиртов; основной компонент корки*)

suberose (*n.*) субероза; корка

sublimate 1. (*n.*) сублимат; возгон, продукт возгонки; 2. (*v.*) возгоняться

sublimation (*n.*) сублимация; возгонка

subsidence (*n.*) 1. осадок; 2. оседание, седиментация

subspecies (*n.*) *бот.* подвид (*растения*)

succhariferous (*adj.*) содержащий *или* производящий сахар

succinic acid *хим.* янтарная кислота

sucker (*n.*) *бот.* боковой побег

sucrose (*n.*) *см.* **saccharose**

sugar (*n.*) сахар; ◊ **ability to produce ~s** способность к производству сахаров

sugar beet сахарная свекла

sugar cane сахарный тростник

sugaring (*n.*) *вин.* добавление сахара, шаптализация; *см. ткж.* **chaptalization**

sweet gin

sul (*n.*) *кор.* суль (*неочищенная рисовая водка; национальный спиртной напиток в Корее*)
sulfate (*n.*) *хим.* сульфат
Sulfitamine (*n.*) *фр. фирм.* «Сульфитамин» (*препарат для предотвращения окисления шампанских вин при дегоржаже*)
sulfite (*n.*) *хим.* сульфит (*антиоксидант, применяемый в виноделии*)
sulfite powder сульфитный порошок
sulfites statement *амер.* обязательное указание содержания сульфитов (*на этикетках вин в США*)
sulfite-waste liquor отходы кислотного гидролиза целлюлозы
sulfitodoser (*n.*) сульфитный дозатор
Sulfur (*n.*) *амер. фирм.* «Салфер» (*фунгицид, используемый в виноградарстве*)
sulphur *хим.* 1. (*n.*) сера; 2. (*v.*) подвергать серной обработке; ◊ **to ~ a barrel** обрабатывать бочку серой
ground ~ грунтовая сера
sulphurate (*v.*) пропитывать серой; окуривать серой
sulphurization (*n.*) сульфуризация, насыщение серой
sultana (*n.*) сорт изюма без косточек; кишмиш
sunlight (*n.*) солнечный свет; ◊ **exposure to ~** подверженность солнечной радиации; **~ worshipper** светолюбивая культура
Supercap (*n.*) *ит. фирм.* «Суперкап» (*синтетическая пробка для вина*)
Superfood (*n.*) *фирм.* «Суперфуд» (*питательная добавка для роста дрожжей*)
superior (*adj.*) высший, превосходный (*о качестве, известности вин и т. д.*)
superior quality высшее качество (*продукта*)
superpremium (*adj.*) *ком.* имеющий наивысшее качество и цену на 20% выше, чем у рядовых продуктов; ◊ **~ wine** вино по цене 10 – 15 долларов за бутылку; *см. ткж.* **premium price**
Super Second обозначение французских вин второго класса, внесенных в классификацию 1855 г. и имеющих высокие характеристики

Super Tuscan *ит.* обозначение, присваиваемое винам, произведенным в Тоскане, качество которых выше норм, предъявляемым к винам «Кьянти»
supple (*n.*) *дегуст.* имеющий высокое содержание танинов и хорошо выраженные фруктовые характеристики (*о вине*)
supply (*n.*) подача, питание
reflux ~ *спирт.* питание (*колонны*) флегмой
support system *агр.* система поддержки куста
Supremecorq (*n.*) *амер.* «Суприм Корк» (*одна из крупнейших фирм-производителей пробки в США; выпускает пробки из синтетического материала ярких цветов*)
surface (*n.*) :
~ cooler *пив.* емкость для охлаждения сусла; *см. ткж.* **coolship**
~ root *бот.* поверхностный [росяной] корень
surfeit (*n.*) избыток, излишек; ◊ **sulphur ~** избыток серы в вине
Surgeon General's Warning *амер.* текст, предупреждающий о вреде алкоголя, на этикетках бутылок со спиртными напитками (*требование BATF*); *см. ткж.* **Government Warning; health warning statement**
sur lies *фр.* на осадке (*о выдержке вин*)
surplus (*n.*) избыток, излишек; ◊ **proteins ~** избыток протеинов
suspension (*n.*) *хим.* суспензия
suze (*n.*) ликер на винной основе, ароматизированный горечавкой
Swan Valley *австрал. геогр.* долина Сван (*винодельческий район на юго-востоке Австралии*)
Swedish Punsch 1. *шв. фирм.* «Свидиш Пунш» (*марка пунша на основе батавского рома, чая и специй, крепостью 25 – 35% об.*); *см. ткж.* **Arak Punsch; Caloric Punsch**; 2. *амер. разг.* смесь различных специй, чая, лимона, сахара со спиртными напитками, в которую после мацерации добавляют вино
sweet gin сладкий сорт джина; *см. ткж.* **Dutch gin; Geneva gin; Holland's gin; Jenever**

swig of wine глоток вина
swizzle (*n.*) «свизл» (*коктейль, приготовленный из карибского рома, сока лайма, мелко наколотого льда и сахара, со специальной палочкой для взбивания*)
swizzle stick палочка для взбивания коктейля «свизл»
Sylvaner (*n.*) *см.* **Silvaner**
symbiotic relationship взаимодействие грибков и корней растения; *см. ткж.* **Bortrytis; mycorrhizae**
sympodial (*adj.*) *бот.* симподиальный, растущий из частей (*одна за другой*)
sympodium (*n.*) *бот.* симподий, размещение частей виноградной грозди
synthetic ethanol *хим.* синтетический этиловый спирт
synthetic pyrethroid *австрал.* синтетический пиретроид (*инсектицид, применяемый в виноградарстве*)
syphoning (*n.*) сифонный способ перекачки вина (*из одной емкости в другую*)
Syrah (*n.*) *фр. амп.* Сира (*классический сорт красного винограда из долины Роны; обладает сильной структурой и содержит много танинов*); *см. ткж.* **Shiraz**
száras (*adj.*) *венг.* сухой (*обозначение на этикетке вина*); *см. ткж.* **dry**

T

table style wine *см.* **table wine**
table technical varieties столово-технические сорта винограда
table varieties столовые сорта винограда
table wine столовое вино (*не имеет обозначения места происхождения и может производиться из сортов винограда, выращенного в разных регионах*); *см. ткж.* **common wine; local wine**
English ~ вино, приготовленное из винограда, выращенного в Англии из признанных сортов, но которое не является региональным *или* марочным вином
UK ~ вино, приготовленное из винограда, выращенного в Великобритании, но которое еще не зарегистрировано *или* не рекомендовано
taché (*adj.*) *фр. дегуст.* слегка окрашенный (*о цвете белых или розовых вин*); *см. ткж.* **colored wine; stained**
Tafelwein (*n.*) *нем.* столовое вино; *см. ткж.* **table wine**
tafia (*n.*) тафия (*вид дешевого рома*)
tag (*n.*) бирка, ярлык (*для бутылок, бочек и т. д.*)
cellar bottle ~ ярлык [бирка] для бутылок, хранящихся в погребе
plastic ~ бирка [ярлык] из пластика
resin ~ бирка [ярлык] из смолы
tail fraction *см.* **last running; tailings; tails**
Tail Gunner *амер. фирм.* «Тейл Ганер» (*смесь виски «Тен Хай» с кока-колой*)
tailings (*n.*) *pl. спирт.* концевые [хвостовые] погоны, концевые [хвостовые] фракции; *ткж.* **last running; tail fraction; tails**
taille (*n.*) *фр.* 1. первый *или* второй отжим винограда (*в Шампани*); 2. фракция сусла (*часто вторая*), идущая на производство игристого вина (*в Шампани*)
tails (*n.*) *pl. см.* **last running; tail fraction; tailings**
taint 1. (*n.*) пятно, порок; налет; 2. (*v.*) портиться (*о вине*)
tainted (*adj.*) *дегуст.* испорченный (*о букете вина*)
taintless (*adj.*) *дегуст.* безупречный (*о букете вина*)
talento (*n.*) *ит.* обозначение итальянского способа приготовления шампанского по классическому методу
Talisker (*n.*) *фирм.* «Талискер» (*классическое шотландское односолодовое виски с острова Скай крепостью 45,8% об.*)
tallboy (*n.*) бокал на высокой ножке
tall drink напиток из крепкого спиртного напитка и содовой воды с добавлением сахара, фруктовых соков, подаваемый со льдом в высоком стакане; *см. ткж.* **long drink**

tampion (*n.*) затычка, втулка
tan (*n.*) корье, толченая дубовая кора
tang (*n.*) 1. резкий привкус; 2. особый вкус
tangible (*adj.*) *дегуст.* ясный, ощутимый, заметный (*о вкусе*)
tank (*n.*) бак; резервуар; емкость
  fermentation ~ емкость для брожения
  maturing ~ емкость для созревания
  refrigerating ~ емкость для охлаждения
tankage (*n.*) 1. емкость цистерны (*бака и т. п.*); 2. хранение в цистернах (*баках и т. п.*); 3. плата за хранение в цистернах; 4. осадок в баке; 5. *агр.* органические удобрения, дающие щелочную реакцию в почве
tankard (*n.*) высокая пивная кружка (*часто с крышкой*)
  cold ~ прохладительный напиток (*из вина, воды и лимонного сока*)
  cool ~ *см.* **cold tankard**
tank car (*n.*) 1. *ж.-д.* цистерна (*для перевозки виноматериалов*); 2. автоцистерна (*для перевозки виноматериалов*)
tank container танк-контейнер (*для ж.-д. и морских перевозок спирта*)
tank method *см.* **Charmat method**
tank stave system дубовые перегородки для металлических емкостей
Tannant (*n.*) *фр. амп.* Танан (*сорт красного винограда из Пиренеев; очень богат танинами*)
tannic (*adj.*) *хим.* таниновый; содержащий танины
tannin (*n.*) *хим.* 1. танин; 2. *pl.* содержание танинов; *см. ткж.* **polymeric phenols**
Tanqueray Beefeater *брит. фирм.* «Танкерей Бифитер» (*сорт джина*)
Tanqueray Gin *брит. фирм.* «Танкерей» (*сорт сухого джина; выпускается в Англии с 1830 г.*)
tantalus (*n.*) стеклянный шкафчик для графинов с вином (*из которого их нельзя вынуть без ключа*)
tap 1. (*n.*) втулка; 2. (*n.*) кран; ◊ **on ~** а) распивочный (*о вине*); б) готовый к немедленному употреблению; 3. (*n.*) сорт, марка (*вина, пива*); ◊ **beer of the first ~** пиво высшего сорта; 4. (*v.*) вставлять кран; открывать бочонок;

5. (*v.*) наливать (*в рюмки*); 6. (*v.*) подавать напитки (*в баре и т. п.*)
tape (*n.*) *жарг.* джин, спиртной напиток
taper 1. (*adj.*) сужающийся к одному концу, конусообразный (*о бокалах, бутылках и т. д.*); 2. (*v.*) сужаться к концу; заостряться
tappit hen *шотл.* большая бутылка для скотча (*равная 3 имперским квартам, или 2 л*)
tap room (*n.*) *брит. уст.* пивная; бар
taproot (*n.*) *бот.* стержневой [главный] корень
tar 1. (*n.*) смола, деготь; 2. (*n.*) *дегуст.* деготь (*характеристика букета вина, обладающего многими признаками и богатым набором ароматов*); 3. (*v.*) мазать дегтем; смолить
tare (*n.*) *ком.* 1. вес тары, тара; 2. скидка на тару; ◊ **~ and tret** скидка на тару и утечку
target spot *фитопат.* зональная пятнистость листьев (*заболевание винограда*); *см. ткж.* **zonate leaf spot**
tarnish (*v.*) лишаться блеска, тускнеть (*о цвете вина*)
tarragon (*n.*) *бот.* полынь эстрагон *Artemisia dracunculus* (*компонент ароматизированных и крепленых вин*)
tarry (*adj.*) *дегуст.* имеющий привкус осмоленной бочки (*о вине*)
tar spot *фитопат.* дёгтевая [смолистая] пятнистость (*заболевание винограда*)
tart (*adj.*) кислый; терпкий; едкий; ◊ **~ wine** вино с высокой кислотностью
tartaric acid *хим.* винная кислота; ◊ **asymmetry of natural ~ crystals** явление асимметрии света [поляризации] в кристаллах натурального винного камня (*открыто Луи Пастером*)
tartrate (*n.*) *хим.* тартрат (*соль или эфир винной кислоты*)
tartrate recycling получение винного камня из отходов виноделия
Tasman (*n.*) *н.-зел. геогр.* Тасман (*винодельческая область на о-ве Тасмания*)
taste 1. (*n.*) вкус; ◊ **to the ~** на вкус; 2. (*n.*) дегустация; *см. ткж.* **tasting**; 3. (*n.*) медленное употребление напитка небольшими глотками; *ткж.* **sip, tasting**; 4. (*v.*) пробовать на вкус; дегу-

стировать; ◊ **to ~ the wine** проверять вкусовые качества вина; 5. (*v.*) иметь вкус, привкус; ◊ **to ~ sour** иметь кислый вкус, быть кислым; **the wine ~s of soil** в вине чувствуется вкус почвы; 6. (*v.*) быть профессиональным дегустатором; 7. (*v.*) медленно пить небольшими глотками; *см. ткж.* **sip**

tasteful (*adj.*) обладающий вкусом, имеющий вкус

tasteless (*adj.*) безвкусный, лишенный вкуса

taste note отметка [пометка] при дегустации

taster (*n.*) 1. дегустатор; 2. дегустационный бокал; 3. *фр. фирм.* «Тастер» (*большой бокал для профессиональной дегустации вин*)

taste scoring system система оценки органолептических показателей; *см. ткж.* **rating system**

tastevin (*n.*) серебряная *или* золотая чашечка для дегустации вин (*применяется сомелье в ресторанах*)

tastiness (*n.*) вкусовые качества

tasting (*n.*) дегустация
  analytical ~ аналитическая дегустация
  blind ~ дегустация вслепую, дегустация с «закрытыми глазами»
  double blind ~ дегустация вслепую, когда не известен ни список образцов, ни порядок их подачи
  horizontal ~ дегустация разных вин одного года урожая
  organoleptic ~ органолептическая дегустация
  press ~ дегустация виноградного сока во время прессования
  single blind ~ дегустация вслепую, когда экспертам известен только список образцов
  vertical ~ дегустация нескольких урожаев одного и того же вина

tasting chart список вин для дегустации; итоговый список вин после дегустации

tasting cup *см.* **tasting glass**

tasting glass бокал [стакан] для дегустации

tasting panel дегустационная комиссия

tasting sheet карточка для дегустации

tasty (*adj.*) вкусный; имеющий приятный вкус

Tavel (*n.*) *фр. фирм.* «Тавел» (*розовое вино из коммуны Тавел в Кот-дю-Рон*)

tawny (*adj.*) коричневый *или* янтарный (*о цвете портвейна, выдержанного в дубовой бочке*)

tax-free alcohol *амер.* алкоголь, не подлежащий налогообложению (*производимый в соответствии с национальными энергетическими программами*)

taxonomy (*n.*) описание; ◊ **variety ~** описание сорта винограда

Teacher's (*n.*) *шотл. фирм.* «Тичерз» (*марка купажированного виски на основе солодовых виски «Ардмор» и «Гленронах»*)

Teacher's Highland Cream *шотл. фирм.* «Тичерз Хайленд Крим» (*виски «Тичерз» с мягким вкусом*)

Teacher's Royal Highland *шотл. фирм.* «Тичерз Роял Хайленд» (*виски «Тичерз», выдержанное 12 лет в дубовой бочке*)

tea mosquito bug *энт.* слепняк чайный *Helopeltis antonii* Signoret (*вредитель винограда*)

tears (*n.*) *дегуст.* следы на стенке стакана после выпивания плотных вин; *см. ткж.* **legs**

teaspoon (*n.*) чайная ложка (*мера объема*); *ткж.* **teaspoonful**

teetotal (*adj.*) непьющий; трезвый, воздержанный в употреблении спиртных напитков (*о человеке*)

teetotal(l)er (*n.*) трезвенник

Teinturier (*n.*) *фр. амп.* Тентюрье (*сорт красного винограда с окрашенным соком*)

Te Kauwhata *амп.* Те Каугата (*классификационный индекс сорта винограда в Новой Зеландии*); *ткж.* **TK reference**

temperance (*n.*) сдержанность, умеренность (*в еде и особенно в употреблении спиртных напитков*)

temperature (*n.*) температура
  accumulated effective ~s *агр.* сумма активных температур

average ~ средняя температура
daily mean ~ средняя дневная температура
serving ~ температура подачи напитка на стол
storage ~ температура хранения
temperature extremes пиковые значения температуры
Tempranillo (*n.*) *исп. амп.* Темпранильо (*сорт красного винограда; является ведущим сортом в области Риоха*)
tendril (*n.*) *бот.* усик (*виноградного растения*)
tendrils distribution *бот.* распределение усиков по длине стебля
tenement (*n.*) *ист.* участок земли для возделывания (*напр., под виноградник*)
Ten High *амер. фирм.* «Тен Хай» (*марка известного виски высокого качества типа бурбон, являющегося компонентом различных фирменных коктейлей*)
Tennessee whiskey *амер. фирм.* виски из штата Теннесси (*приготовлено по аналогии с бурбоном, с дополнительной фильтрацией через уголь из кленового дерева перед выдержкой*)
tension (*n.*) :
soil ~ натяженность почвенной влаги
tent (*n.*) красное испанское вино
tepid (*adj.*) тепловатый, нехолодный (*о температуре вина*)
tequila (*n.*) текила (*спиртной напиток из сока агавы Tequilana Weber, производимый в Мексике; должен содержать не менее 51% сока синей агавы*)
white ~ белая текила (*сорт текилы, не требующий выдержки и подлежащий продаже сразу после дистилляции*)
Tequila Gold *фирм.* «Текила Голд» (*сорт текилы, имеющий золотистый цвет и выдержанный 2 – 4 года в деревянной бочке*)
Tequila Rose *фирм.* «Текила Роуз» (*смесь текилы и ликера со сладким вкусом и запахом клубники со сливками*)

Tequila Silver *фирм.* «Текила Сильвер» (*молодая текила, не имеющая цвета, в отличие от «Текила Голд»*)
ternary azeotrope *спирт.* смесь из трех постоянно кипящих жидкостей
terra rossa *геол.* терра росса (*тип почвы в Южной Австралии, имеющий красноватый оттенок*)
Terret Blanc *фр. амп.* Терре Блан (*сорт белого винограда из Лангедока*)
Terret Noir *фр. амп.* Терре Нуар (*сорт красного винограда из Кот-дю-Рон*)
terroir (*n.*) *фр.* комплекс природных факторов (*тип и состав почвы, экспозиция склона, микроклимат*), влияющих на качество производимого вина
test (*n.*) 1. испытание (*образца*); исследование; 2. дегустация
duo-trio (identity) ~ *дегуст.* испытание двух образцов на основе предварительного изучения стандартного образца и последующего сравнения с ним испытуемых образцов
in vitro ~ *хим.* лабораторный эксперимент, лабораторное испытание
in vivo ~ *хим.* эксперимент с использованием реальных объектов; полевое испытание
triangle ~ *дегуст.* испытание одного образца с двумя стандартными образцами; *см. ткж.* **triangular taste test**
triangular taste ~ *см.* **triangular test**
testing (*n.*) 1. испытание; исследование; 2. дегустация
affective ~ методика оценки образцов на основе выявления субъективных предпочтений потребителей
blind ~ дегустация вслепую
discrimination ~ выявление отличительных характеристик образца при его сравнении с другим образцом *или* образцами; *см. ткж.* **duo-trio (identity) test; triangle test**
forced-choice ~ испытание образцов по заранее выбранному критерию
tête de cuvée *фр.* 1. головная партия вина (*определяемая производителем как наиболее удачная, лучшая*); 2. первая порция свежеотпрессованного

Tetra-Brik aseptic

виноградного сусла (*в производстве шампанского*)
Tetra-Brik aseptic *фирм.* асептическая картонная упаковка для вина производства фирмы «Тетра Пак»
Teurons (*n.*) *фр.* «Турон» (*красное высококачественное вино категории Крю из апелласьона Бон; обычное наименование Les Teurons*)
Thales (*n.*) *фр. фирм.* «Таль» (*методика регенерации бочек, бывших в употреблении; разработана I.O.C.*)
theory of germs микробиологическая теория образования вина (*предложенная Луи Пастером и объясняющая процесс ферментации на основе культуры дрожжей*)
theory of spontaneous generation теория спонтанного образования вина (*отвергнута Луи Пастером в XIX в.*)
thermometer (*n.*) термометр
wine ~ термометр для проверки температуры вина
wine bottle ~ термометр для проверки температуры бутылки с вином (*перед подачей на стол*)
thermoplastic elastomer термопластический эластомер (*материал для изготовления синтетических пробок на основе полиолефина*); *ткж.* **Т.Р.Е.**
thiamine (*n.*) *хим.* тиамин
thick (*adj.*) плотный, густой (*о сусле, вине и т. д.*)
thin (*adj.*) жидкий, водянистый, разбавленный (*о напитке*); не имеющий достаточной плотности (*о вине и т. д.*)
thinning-out (*n.*) *см.* **éclaircissage; green harvest**
thin stillage *спирт.* фильтрат барды (*жидкая часть барды после процеживания и прессования*)
third growth третья высшая категория вин в Медоке согласно класссификации 1855 г.; *ткж. фр.* **troisième cru**
third-leaf (*adj.*) трехлетний (*о возрасте винограда*)
Thomas (*n.*) *амп.* Томас (*сорт красного винограда семейства Мускадин*)
three-piece Iris corker *фирм.* трехкомпонентное устройство для заделки пробок

three-star cognac *см.* **estate selection**
"three-tier" law *амер. ист.* «трехступенчатый» закон (*старый закон штата Калифорния, который действовал до 1983 г. и согласно которому производитель, дистрибьютор и магазин были жестко разграничены, с указанием возможной доли каждого участника в бизнесе (не более 10 %)*)
threshold (*n.*) пороговое значение, предел
cold hardiness ~ *агр.* предел морозоустойчивости сорта
thumper keg *спирт.* добавочный котел (*вставка в перегонный куб*)
Tia Maria *фирм.* «Тиа Мария» (*густой ароматизированный ликер крепостью 26,5% об., приготовленный на основе ямайского рома*)
tier *агр.* 1. (*n.*) ярус, ряд; 2. (*v.*) располагать ярусами (*напр., плодоносные зоны виноградного куста*)
tierce (*n.*) бочка для вина (*ок. 200 л*)
Tiergarten (*n.*) *нем. геогр.* Тиргартен (*известный виноградник в Трире; область Рувер*)
tight (*adj.*) *дегуст.* невыразительный, «сжатый» (*о вине, имеющем слабовыраженный аромат и/или вкус*)
tile-red (*adj.*) *дегуст.* кирпично-красный (*о цвете старых красных вин*); *ткж.* **brick-red**
till (*v.*) *агр.* возделывать, обрабатывать почву
tillage (*n.*) *агр.* возделывание, обрабатывание почвы
Timara (*n.*) *н.-зел. фирм.* «Тимара» (*марка красного вина на основе сорта Каберне Совиньон*)
tin (*n.*) олово (*материал для колпачков*)
tincture 1. (*n.*) оттенок, примесь *какого-л.* цвета; 2. (*n.*) *фарм.* тинктура, настойка; 3. (*n.*) *дегуст.* привкус, примесь; налет; 4. (*v.*) окрашивать; 5. (*v.*) пропитывать (~ *with*); 6. (*v.*) придавать (*запах, вкус и т. п.*)
tinge 1. (*n.*) легкая окраска, оттенок; 2. (*n.*) тон; привкус; 3. (*v.*) слегка окрашивать, придавать оттенок
tingling (*adj.*) *дегуст.* вызывающий ощущение покалывания, пощипывания (*о вкусе вина*)

Tinta (*n.*) *порт. амп.* Тинта (*сорт красного винограда*)
tinta (*adj.*) *исп.* красный (*о вине*)
Tinta Barroca *порт. амп.* Тинта Баррока (*сорт винограда для приготовления портвейна*)
Tinta Cão *порт. амп.* Тинта Kaно (*сорт винограда для приготовления портвейна*)
Tinta Roriz *порт. амп.* Тинта Рорис (*сорт винограда для приготовления портвейна*)
tintashu (*n.*) *яп. ист.* красное сухое (*португальское*) вино
tinto (*n.*) *исп., порт.* красное вино
tipple 1. (*n.*) спиртной напиток; 2. (*v.*) попивать (*спиртное*)
tipsy (*adj.*) *разг.* подвыпивший, охмелевший (*о человеке*)
tirage (*n.*) *фр.* тиражная смесь (*используется в производстве игристых вин*)
tiswin (*n.*) «тизвин» (*ферментированный спиртной напиток, приготавливаемый индейцами в Аппалачах*)
titratable acid *хим.* титруемая кислота
titration (*n.*) *хим.* титрование
TK reference *см.* **Te Kauwhata**
toast (*n.*) 1. тост (*застольная речь*); 2. *вин.* процесс нагрева внутренней поверхности бочки перед декантацией материала; *см. ткж.* **char**
toasted (*adj.*) *дегуст.* имеющий привкус гренок (*о букете вина*)
toasting осмолка, обжиг (*бочки или клепок*); *ткж.* **carmelization of staves**
toasty (*adj.*) *дегуст.* 1. имеющий малое содержание сахара и отчетливый привкус деревянной бочки (*о белом вине*); 2. имеющий привкус гренок (*о букете вина*)
tobacco necrosis virus *фитопат.* вирус некроза табака (*заболевание винограда*)
tobacco ringspot virus *фитопат.* вирус кольцевой пятнистости табака (*заболевание винограда*)
toddy (*n.*) 1. тодди (*пунш*); *ткж.* **hot toddy** 2. пальмовый сок (*особенно перебродивший*)
toddy palm *см.* **wine palm**
Toddy Porter *брит. фирм.* «Тодди портер» (*марка пива типа портер, на-*

званная в честь проводников в поездах, которые разносили пиво)
Tokay (*n.*) *венг.* «Токай» (*сорт десертного белого вина из завяленного винограда*)
Tokay d'Alsace *фр. амп.* Токай д'Эльзас (*синоним сорта Пино Гри*)
tolerant (*adj.*) устойчивый, способный выдержать (*напр., холод и т. д.*) (*о сорте винограда*)
toluene (*n.*) *хим.* толуол
Tom and Jerry Cocktail *фирм.* коктейль «Том и Джерри» (*из коньяка, рома, яичного желтка и сахарной пудры*)
tomato black ring virus *фитопат.* черная кольцевая пятнистость томатов (*болезнь винограда*)
tomato bushy stunt virus *фитопат.* вирус кустистой карликовости томата (*болезнь винограда*)
tomato ringspot virus *фитопат.* вирус кольцевой пятнистости томата (*заболевание винограда*)
tomentum (*n.*) *бот.* войлок (*на листьях и стеблях*)
Tomintoul Glenlivet *шотл. фирм.* «Томинтул Гленливет» (*марка виски, выдержанного 8 лет*)
ton (*n.*) *брит. ист.* тон; *см. ткж.* **tonneau**
tonic 1. (*n.*) тоник (*газированный напиток с горьковатым вкусом для разбавления крепких алкогольных напитков*); *ткж.* **tonic water**; 2. (*adj.*) тонизирующий (*о напитке*)
tonneau (*n.*) *фр. ист.* тонно (*тип бочки для вина емкостью 900 л; равна 2 бочкам "pipe" или 4 бочкам "oxhoft"*); *см. ткж.* **ton**
tooth point *бот.* острие зубчика (*виноградного листа*)
tooth tip *бот.* конец зубчика (*виноградного листа*)
top 1. (*n.*) верх, верхняя часть; 2. (*v.*) ◊
to ~ up доливать (*вино*)
bottle ~ верхняя часть бутылки
screw ~ форма верхней части горлышка бутылки для винтового колпачка
wine tank conical self-supporting ~ саморегулируемый прижимной люк

конической формы ферментационной емкости

wine tank dished self-supporting ~ саморегулируемый прижимной люк тарельчатой формы ферментационной емкости

top-dressing (*n.*) 1. *агр.* материал (*напр., навоз, компост или удобрение*), предохраняющий верхнюю часть почвы от высыхания; 2. *спирт.* окончательный аромат и вкус виски

toper (*n.*) *уст.* пьяница

top-fermentation beer *см.* **top-fermented beer**

top-fermented beer пиво верхового брожения; *см. ткж.* **ale; porter; stout**

tophus (*n.*) :
dental ~ *мед.* зубной камень (*отложение виннокаменной кислоты на зубах*)

top-of-the-line (*adj.*) лучший, отборный; ◊ ~ **wine** вино, приготовленное из лучших сортов самым тщательным образом

top-of-the-range (*adj.*) лучший (*среди представителей группы напитков*)

topping (*n.*) 1. *агр.* обрезание лозы; 2. *вин.* доливка; поддержка необходимого уровня в бочке (*для предотвращения окисления вина*); *см. ткж.* **topping-up**

topping-up *вин.* 1. доливка емкости с вином (*после фильтрования*); 2. добавка чистого этилового спирта к мусту для остановки брожения; 3. доливка виноматериала в бочки (*для компенсации потерь от испарения при длительной выдержке*)

top-ranked высокого качества; высшего класса (*о вине и т. д.*); *см. ткж.* **Grand Cru**

Topsail (*n.*) *амп.* Топсейл (*белый сорт винограда семейства Мускадин*)

toso (*n.*) *яп.* тосо (*сладкое саке со специями*)

tot (*n.*) *ист.* тот (*мера объема = ¼ джил = 25 мл*)

total phenols *хим.* общее содержание фенолов (*в виноматериале*); *см. ткж.* **Folin index**

total sugars as invert *спирт.* общее содержание инвертированных сахаров (*в мелассе*)

tote (*n.*) *амер.* сумка для переноски бутылок с вином (*часто с рисунками и вышивками*)

tote box коробка с ручками для переноски бутылок

Tourbat (*n.*) *фр. амп.* Турба (*сорт белого винограда из Руссильона*)

Touriga Francesa *порт. амп.* Турига Франсеза (*сорт красного винограда для приготовления портвейна*)

Touriga Nacional *порт. амп.* Турига Насионал (*сорт винограда для приготовления портвейна*)

tourne (*n.*) *фр.* турн, пропионовое брожение, прокисание (*болезнь вина*)

trace (*v.*) отслеживать, контролировать; ◊ **to ~ back wines** контролировать продукт виноделия на всех стадиях цикла

traceability (*n.*) возможность контроля продукта; ◊ **wine ~** возможность контролировать вино на всех стадиях цикла

traditional trellis system *агр.* традиционная шпалера

traditional winemaking традиционное виноделие (*без использования автоматизации и химикатов*)

train (*v.*) *агр.* направлять рост (*растения*)

training (*n.*) *агр.* формирование куста (*винограда с целью получения наибольшей урожайности и качества ягод*)

training method *агр.* способ формирования куста

training pruning *агр.* формирующая обрезка

training system *агр.* система формирования куста; *см. ткж.* **terroir**

Traminer (*n.*) *нем. амп.* Траминер (*розовый виноград, применяемый в основном в Эльзасе, Франция*); *ткж.* **Traminer Rosé**

trample (*v.*) давить (*виноград*)

transfer method процесс приготовления игристых вин с использованием винограда более низких сортов, чем при классическом методе производства шампанского; *см. ткж.* **méthode champenoise**

transplant (*v.*) трансплантировать, пересаживать (*растение*)
transresveratrol (*n.*) *хим.* трансресвератрол (*антиоксидантный компонент красных и белых вин*)
transvasier process *вин.* трансвазивный процесс (*для приготовления шампанского*)
Traquair (*n.*) *фирм.* «Тракер» (*сорт очень крепкого пива типа эль; производится в небольшой пивоварне Тракер в Шотландии*); *см. ткж.* **pure-malt ale**
tray (*n.*) *спирт.* тарелка (*ректификационой колонны*)
tread (*v.*) ◊ **to ~ out** давить виноград
tree bark древесная кора
tree shaker вибрационный механизм для встряхивания стволов (*при уборке винограда*); *см. ткж.* **Mantis; rotary pulsator; trunk shaking mechanism**
trellis (*n.*) шпалера
 Bordeaux lyre ~ *см.* **lyre trellis**
 erect lyre ~ приподнятая лирообразная шпалера
 lyre ~ шпалера в форме лиры, лирообразная шпалера
 open lyre ~ открытая лирообразная шпалера
 truncated lyre ~ лирообразная шпалера с опорой на штамб
trellis wire проволока для шпалер
Trentino Alto Adige *ит. геогр.* Трентино Альто Адидже (*известная винодельческая область на севере Италии*)
triage (*n.*) *фр.* отбор ягод винограда с благородной плесенью (*для производства сладких вин*)
Trier (*n.*) *нем. геогр.* Трир (*центр виноделия на реке Мозель, Германия*)
trimer (*n.*) *хим.* тример (*полимер или молекула полимера, состоящая из трех идентичных мономеров*)
Triple sec *фирм.* «Трипл сек» (*марка апельсинового ликера «Кюрасао»*)
trisodium phosphate *хим.* тринатрийфосфат
Trockenbeeren (*n.*) *pl. нем.* полувысохшие и покрытые плесенью ягоды винограда (*используются для особых ликерных вин*)
Trockenbeerenauslese (*n.*) *нем. агр.* выборочный сбор ягод винограда, частично высохших на гроздьях (*для получения вин с особыми свойствами*)
Tronçais (*n.*) *фр. геогр.* Тронсе (*место производства дубовых бочек, недалеко от города Мулен*); 2. винная дубовая бочка из Тронсе
Trousseau (*n.*) *фр. амп.* Трусо (*сорт черного винограда из региона Юра, дающий интенсивную окраску и сильный таниновый привкус*)
trunk (*n.*) *бот.* ствол
trunk shaking mechanism вибрационный механизм для встряхивания стволов (*при уборке винограда*); *см. ткж.* **Mantis; rotary pulsator; tree shaker**
trussing (*n.*) гибка клепок бочки (*одна из технологических операций в производстве бочек*); *см. ткж.* **bending**
T-shape *бот.* Т-образная форма (*надреза для почкования*)
T-top cork Т-образная пробка с колпачком
Tuaca (*n.*) *ит. фирм.* «Туака» (*ликер, ароматизированный ванилью и цитрусовыми*); *ткж.* **Tuaca liqueur**
tuak (*n.*) *индонез.* туак (*вино из перебродившего сока пальмы или сахарного тростника*)
Tuborg (*n.*) *фирм.* «Туборг» (*марка пива, производимого в Дании; самые известные бренды "Tuborg Gold" и "Tuborg Pilsner"*)
Tullamore Dew *фирм.* «Тулламор Дью» (*марка купажированного ирландского виски*)
Tullibardine (*n.*) *фирм.* «Туллибардин» (*марка односолодового виски, производимого в Шотландии*)
tumbler (*n.*) стаканчик [стопка] для крепких спиртных напитков (*обычно имеет дно с рисунком или выпуклое дно*)
tun 1. (*n.*) бочка для вина; 2. (*v.*) наливать в бочку; 3. (*v.*) хранить в бочке
turbid (*adj.*) *дегуст.* мутный; имеющий взвеси, примеси, хлопья (*о вине*); *см. ткж.* **cloudy**

turbidity

turbidity (*n.*) помутнение, муть **wine ~** помутнение вина

Turcam (*n.*) *амер. фирм.* «Туркам» (*инсектицид, используемый в виноградарстве*)

Tuscany (*n.*) *ит. геогр.* Тоскана (*винодельческая область в Северной Италии, в которой производят известное вино «Кьянти»*)

Twin Gyro *амер. фирм.* «Твин Джайро» (*марка распылителя для виноградников*)

Twin Top *порт. фирм.* «Твин Топ» (*марка высококачественной пробки для вин производства фирмы «Аморим»*); *ткж.* **1 + 1 cork**

twist (*n.*) кусочек корки цитрусовых в виде спирали (*добавляемый в коктейли для придания аромата*)

two-budded scion spur *бот.* черенок с двумя почками

two-heart canopy *агр.* виноградная шпалера в форме сдвоенного сердца

two-phase liquid *спирт.* двухфазная жидкость

two-tiered trellis system *агр.* двухъярусная шпалера

typical Galician spirituous liquor *см.* **fine aguardiente**

typicity (*n.*) *дегуст.* типичность (*характеристика вина, ассоциирующая его с определенным сортом винограда*)

U

U-brew система аренды оборудования для производства пива в США; *ткж.* **brew-on-premise facility, BOP**

U. C. Davis scoring system *дегуст.* система 20-балльной органолептической оценки, разработанная в Университете штата Калифорния (*названа в честь профессора В. Дэвиса*)

UCD class классификационный индекс зоны выращивания винограда в США; *см. ткж.* **grape region classification number**

Ugni Blanc *фр. амп.* Уньи Блан (*сорт белого винограда, культивируемый в Шаранте для производства коньяков; применяется в купажировании для добавления кислотности и свежести вину*); *см. ткж.* **St. Emilion** 2.

uisgebaugh (*n.*) *шотл.* вода жизни = **whisky = water of life**

ullage (*n.*) 1. незаполненная часть бутылки, бочки, резервуара; *см. ткж.* **headspace**; 2. испарение [улетучивание] вина через пробку; *см. ткж.* **angel's share**

ullaging (*n.*) установка бочек дном вверх для предотвращения испарения

ultrafiltration (*n.*) *спирт.* сверхфильтрация (*процесс очень тонкой очистки дистиллята при пропускании его через микропористую среду*)

ultra-premium (*adj.*) *ком.* самого высшего качества, приготовленный с использованием самых высококачественных материалов и продаваемый по самой дорогой цене (*о напитке*); ◊ **~ wine** вино, продаваемое по цене более 15 долларов за бутылку

Umbrella Kniffin *агр. фирм.* система высокого расположения лоз в кусте

Umpqua Valley *амер. геогр.* долина реки Умква (*винодельческая область в штате Орегон*)

uncork (*v.*) вытаскивать пробку; открывать бутылку

uncorking machine машина для раскупорки бутылок

underback (*n.*) промежуточная емкость для бражки в производстве виски (*расположена между емкостью для обработки затора и охладителем*)

Underberg (*n.*) *нем. фирм.* «Ундерберг» (*добавка для дубовых бочек; приготавливается в результате мацерации трав, кореньев в растворе этилового спирта*)

underbond sales *брит.* продажа алкогольных напитков без уплаты акциза

underbrush (*adj.*) *дегуст.* имеющий запах мокрых [прелых] листьев *или* сырости (*о вине*)

underfermentation (*n.*) недостаточная ферментация; недостаточное брожение, недоброд

underground trunk *бот.* подземный штамб

underproof (*adj.*) не имеющий должной крепости (*о спирте*)

under-ripe (*adj.*) недозрелый, зеленый (*о винограде*); *см. ткж.* **unripe**

undifferentiated (*adj.*) *дегуст.* неразборчивый, неопределимый (*о вкусе вина*)

undrinkable (*adj.*) непригодный для питья (*о вине*)

unit (*n.*) порция напитка (*в США – 12 г; в Великобритании – 8 – 9 г этанола*); *см. ткж.* **drink**

unripe (*adj.*) недозрелый, зеленый (*о винограде*); *см. ткж.* **under-ripe**

unseasoned (*adj.*) несозревший; невыдержанный

unsound (*adj.*) испорченный; гнилой

upper phase *спирт.* верхняя [более легкая] фаза

Upright harvester *амер. фирм.* марка вертикального виноградоуборочного комбайна (*выпуска 70-х гг. XX в.*)

upside-down (*adj.*) перевернутый (*о бутылке*)

U-shaped curve *стат.* кривая, выражающая зависимость умеренного потребления алкоголя и уменьшения уровня смертности (*при сравнении алкоголиков и непьющих*)

Usher's Green Stripe *шотл. фирм.* «Ашерз Грин Страйп» (*марка скотча*)

usquebaugh (*n.*) *ирл. уст.* виски

U-stave *фирм.* специальное исполнение досок и донышек для бочки (*нарезание канавок с внутренней стороны бочки для увеличения площади контакта и повышения ароматичности вин при выдержке, запатентовано фирмой "Seguin Moreau"*)

Utu (*n.*) *голл. фирм.* «Уту» (*марка апельсинового ликера*)

uva (*n.*) *исп., ит., порт.* виноград

Uvaferm-228 *амер. фирм.* «Уваферм-228» (*сорт дрожжей, применяемых в виноделии*)

Uva Francese *ит. амп.* Ува Франчезе (*региональное название сорта винограда Каберне Совиньон*)

uvology (*n.*) увология (*наука о структурных компонентах грозди и ягод винограда*)

Vabé (*n.*) *фр. фирм.* «Вабе» (*марка натурального десертного вина*)

Vacuferm (*n.*) *фирм.* «Вакуферм» (*запатентованная технология вакуумной ферментации*)

vacuum fermentation *спирт.* вакуумная ферментация

VacuVin Champagne pourer *см.* **VacuVin Champagne saver**

VacuVin Champagne saver *амер. фирм.* устройство для сохранения качеств шампанских вин и предотвращения попадания капель шампанского на стол (*производства фирмы «ВакуВин»*)

VacuVin wine saver *амер. фирм.* микронасос и набор специальных пробок для откачки воздуха и сохранения откупоренных вин (*производства фирмы «ВакуВин»*)

Valdiguié (*n.*) *амер. амп.* Вальдиге (*сорт винограда, родственный Пино Нуар*); *см. ткж.* **Napa Gamay**

vale (*n.*) *геогр.* долина (*компонент названий винодельческих регионов в Австралии, США и др. странах*)

Valmur (*n.*) *фр.* «Вальмюр» (*высококачественное вино категории Гран Крю из Шабли*)

Valpolicella (*n.*) *ит.* 1. *геогр.* Вальполичелла (*винодельческая область в регионе Венето на севере Италии*); 2. *фирм.* «Вальполичелла» (*красное вино из сортов Корвина, Молинара и Рондинелла из региона Венето; имеет фруктовый вкус и среднюю плотность*)

Valpolicella classico

Valpolicella classico *ит.* традиционное наименование вина «Вальполичелла»
Valpolicella superiore *ит.* марочное вино «Вальполичелла» не менее 1 года выдержки и крепостью 12% об.
Valtellina (*n.*) *ит. геогр.* Валтеллина (*винодельческая область в Ломбардии, на севере Италии, известная красными сухими винами*)
Van der Hum *южн.-афр. фирм.* «Ван дер Хюм» (*ликёр на основе бренди, ароматизированный местным сортом апельсинов naartjes, мускатным орехом и специями*)
Vanessa (*n.*) *амер. амп.* Ванесса (*столовый сорт красного винограда без косточек; исконно американский сорт*)
Vanguard (*n.*) *амер. фирм.* «Вангард» (*фунгицид, используемый в виноградарстве*)
vanilla (*n.*) *дегуст.* тон ванили (*в букете вина, коньяка*)
vapid (*adj.*) безвкусный, пресный; ◊ ~ **beer** выдохшееся пиво
vapor (*n.*) *амер.* пар
vapor enrichment *спирт.* обогащение пара; укрепление пара спиртом
vaporization (*n.*) *спирт.* 1. испаряемость; 2. пропитка паром
vaporize (*v.*) испаряться
vapor pressure *спирт.* давление пара
vapour (*n.*) *брит. см.* **vapor**
variegated (*adj.*) *бот.* разноцветный; неоднородный (*о листьях растения*)
variegation (*n.*) *фитопат.* вирусная мозаика; пестролистность
varietal (*adj.*) сортовой, марочный
varietal description описание сорта винограда
varietal designation обозначение сорта винограда (*на этикетке бутылки с вином*)
varietal wine сортовое вино (*производится из одного сорта винограда, который указан на этикетке*)
variety (*n.*) *бот.* вид; сорт (*винограда*); *тж.* **cultivar; grape variety** ◊ **specialist ~ies** специальные сорта (*винограда*)
appreciable ~ ценный [перспективный] сорт

authorized ~ один из 12 сортов винограда, разрешенных к применению в Великобритании
commercial ~ товарный сорт
early ripening ~ раннеспелый сорт
hybrid ~ гибридный сорт
late-ripening ~ позднеспелый сорт
native American ~ исконно американский сорт
non-floral ~ *см.* **non-Muscat variety**
non-Muscat ~ немускатный [малоароматный] сорт
preliminary authorized ~ один из 18 сортов винограда, имеющих временное разрешение к применению в Великобритании
recommended ~ сорт винограда, рекомендуемый Европейским союзом для Великобритании (*6 европейских сортов и сорт Бахус*)
small-kernel ~ мелкозёрный сорт
table ~ столовый сорт
technical ~ технический сорт
vintage ~ винный сорт
vat (*n.*) ёмкость (*для муста и т. д.*)
concrete ~ бетонированная ёмкость
fermentation ~ ёмкость для брожения
maturing ~ ёмкость для созревания
refrigeration ~ ёмкость для охлаждения
stainless steel ~ ёмкость из нержавеющей стали
vat room помещение для ёмкостей
Vat 69 *шотл. фирм.* «Ват 69» (*марка купажированного виски типа скотч крепостью 40% об.*)
vatting (*n.*) 1. розлив (*виноматериала*) в ёмкости; 2. смесь односолодовых и зерновых виски от разных производителей
Vaudesir (*n.*) *фр.* «Водезир» (*высококачественное вино категории Гран Крю из Шабли*)
vault (*n.*) погреб
wine ~ винный погреб
vegetal (*adj.*) 1. растительный; 2. *дегуст.* имеющий растительный привкус (*о вине из недозрелого винограда*)
vegetarian wine вегетарианское вино (*при очистке которого не применялись продукты животного происхо-*

ждения, напр., белок куриного яйца, желатин, молоко, сухая бычья кровь); *ткж.* **vegan wine**
vegetative root system *бот.* вегетативная корневая система
vegetative stage *бот.* стадия вегетации
vein (*n.*) *бот.* жилка (*листа винограда*)
vein banding *фитопат.* окаймление жилок (*вирусное заболевание винограда*)
vein clearing *фитопат.* пожелтение жилок виноградного листа (*вирусное заболевание винограда*)
vein mosaic *фитопат.* мозаика прожилок виноградного листа (*заболевание винограда*)
velvety (*adj.*) *дегуст.* 1. гармоничный, мягкий (*о вине, не содержащем танинов*); 2. бархатистый, обволакивающий (*о букете вина*)
venation (*n.*) *бот.* жилкование (*листа*)
vendange (*n.*) *фр.* сбор винограда; *см.* **vintage** 1.
vendange tardive *фр.* поздний сбор винограда (*обозначение на этикетках вин из Эльзаса*); *см. ткж.* **Late Harvest**
vendimia (*n.*) *ит.* сбор винограда; *см.* **vintage** 1.
Veneto (*n.*) *ит. геогр.* Венето (*одна из ведущих винодельческих областей на северо-востоке Италии*)
vent-condenser (*n.*) *спирт.* вентильный конденсор (*используемый в виноделии*)
véraison (*n.*) *фр.* начало созревания ягод (*одиннадцатая стадия годового цикла винограда*)
Verdelho (*n.*) *порт.* 1. *амп.* Верделью (*сорт винограда для производства мадеры*); 2. *фирм.* «Верделью» (*марка полусухой мадеры желто-золотистого цвета с горьковатым вкусом и привкусом орехов*)
verdemmia (*n.*) *ит.* год сбора урожая (*обозначение на этикетке вина*)
Verdicchio (*n.*) *ит.* «Вердиччио» (*марка белого вина*)
verdigris (*n.*) *фр.* сине-зеленая краска (*инсектицид или фунгицид*)
verjuice (*n.*) 1. сок из недозревшего винограда; 2. сок из недозрелых яблок; 3. кислая среда

Vermentino (*n.*) *ит. амп.* Верментино (*сорт белого винограда, культивируемый на Корсике; применяется в производстве плотных высокоароматных белых вин*); *см. ткж.* **Malvoisie; Rolle**
vermilion (*adj.*) *дегуст.* ярко-красного цвета (*о свежем красном вине*)
vermin (*n.*) *с.-х. собир.* вредители, паразиты; *см. ткж.* **pest**
vermouth (*n.*) вермут (*крепленое вино, ароматизированное полынью и др. горькими тонизирующими травами, употребляется как аперитив*)
Vernaccia di San Gimignano *ит. фирм.* «Верначчиа ди Сан Джиминьяно» (*сухое белое вино из Тосканы*)
vernalization (*n.*) *бот.* вернализация (*способ ускорения цветения винограда*)
vernation (*n.*) *бот.* листосложение, листовое почкование (*винограда*)
Veron (*n.*) *фр. амп.* Верон (*региональное название сорта Каберне Фран*)
Verona (*n.*) *ит. геогр.* Верона (*винодельческая область в Северной Италии*)
vertical shoot positioning *агр.* вертикальное размещение побегов винограда
Verticillium wilt *фитопат.* увядание, вилт (*болезнь винограда*)
very fine самого лучшего сорта (*о напитке*)
Vidal Blanc *амп.* Видаль Блан (*белый франко-американский гибрид*)
Vidure (*n.*) *фр. амп.* Видюр (*региональное название сорта Каберне Совиньон*)
Vieux-Château-Certan *фр. фирм.* «Вьё-Шато-Сертан» (*известное вино высшего качества из Помроля*)
vigneron (*n.*) *фр.* виноградарь; винодел (*употр. также в Австралии и США*)
Vignoles (*n.*) *амп.* Виньолес (*белый франко-американский гибрид*)
vigor (*n.*) *амер. бот.* 1. активность роста (*винограда*); 2. сила роста (*винограда*)
~ of shoot growth сила роста побегов (*винограда*)
vigorous (*adj.*) активный, дающий побеги (*о виноградной лозе*)

vigour (*n.*) *брит. см.* **vigor**
vilinche (*n.*) *фр.* ливер (*стеклянный прибор для отбора проб виноматериалов из емкостей*); *см. ткж.* **wine thief**
Villefranche (*n.*) *фр. геогр.* Вильфранш (*центр винодельческой области Божоле, регион Бургундия*)
vinaceous (*adj.*) винный; относящийся к вину
vinasse (*n.*) *спирт.* барда коньячная; винасс, кубовый остаток (*остаток барды после дистилляции*); *см. ткж.* **slop**
vin blanc *фр.* белое вино
Vin Classé *люкс.* высококачественное вино (*имеющее от 14 до 15,9 пунктов по 20-балльной шкале*) (*обозначение на этикетке вина*)
Vin Classé Premier Cru *люкс.* высококачественное вино (*имеющее от 16 до 17,9 пунктов по 20-балльной шкале*) (*обозначение на этикетке вина*)
Vin Classé Premier Grand Cru *люкс.* вино наивысшего качества (*имеющее от 18 до 20 пунктов по 20-балльной шкале*) (*обозначение на этикетке вина*)
Vinclozolin (*n.*) *амер. фирм.* «Винклозолин» (*марка фунгицида, используемого в виноградарстве*)
vinculate (*v.*) *агр.* связывать; подвязывать
vin de coule *фр.* вино первого прессования
vindemial (*adj.*) относящийся к урожаю
vindemiate (*v.*) собирать урожай (*фруктов*)
vin de pays *фр.* (*pl.* **vins de pays**); столовое вино с указанием места происхождения винограда, *ткж.* **VDP**
Vin de Pays d' Oc *фр.* вино из провинции Лангедок-Руссильон (*обозначение на этикетке*)
vine (*n.*) 1. виноградная лоза; 2. стелющееся *или* ползучее растение
bush ~ самостоятельно растущий виноградный куст (*без шпалеры и опор*)
vineal (*adj.*) виноградный; винный
vine arm ветвь [рукав] лозы
vine branch *см.* **vine arm**
vine butt основание лозы

vine cane побег лозы; *ткж.* **vine leader**
vine cutter обрезчик виноградной лозы
vine density плотность насаждений (*число лоз на единицу площади*)
vine dresser виноградарь
vine ecophysiology совокупность внешних факторов возделывания винограда
vinegar (*n.*) уксус
vinegar bacteria *см.* **acetobacter**
vinegar fly *энт.* дрозофила, плодовая мушка, *Drosophila*; *см. ткж.* **drosophila, fruit fly**
vinegar smell скисание вина; *см. ткж.* **acetification; acescence**
vinegary (*adj.*) уксусный; кислый, неприятный
vinegary acidity уксусная кислотность
vine grower виноградарь
vinekill (*n.*) *фитопат.* отмирание лозы (*болезнь винограда*)
vine leader побег лозы; *ткж.* **vine cane**
vine nursery виноградный питомник
vine nutrient status характеристика питания лозы
vine performance развитие [рост] лозы
vine plant виноградное растение
vineprop (*n.*) шпалера
vine ripening вызревание лозы
vinery (*n*) 1. виноградный питомник для выращивания лоз; 2. *см.* **vineyard**; 3. *pl. собир.* лозы
vine shelter *см.* **grow tube**
vine shoot побег виноградной лозы
vine spacing *агр.* расстояния между рядами виноградных кустов и между кустами в ряду
vine sprayer распылитель для обработки виноградной лозы
vine trunk штамб [ствол] лозы
vine vigor способность лозы выбрасывать побеги
vineyard (*n.*) виноградник; плантация винограда
vineyard biosecurity биологическая защита виноградников от заболеваний
vineyard establishment посадка [закладка] виноградника
vineyard location размещение виноградника; *см. ткж.* **terroir**
vineyard management управление виноградником (*комплекс факторов,*

Vinum

определяющих потенциальные качества винограда и все свойства производимых вин); см. ткж. **planting density; pruning method; topping; training method**

vineyard ripening pattern схема созревания ягод на винограднике

vineyard row ряд виноградных насаждений на винограднике

vineyard trial проверка качества виноградника; экспериментальное исследование на винограднике

vine yield *агр.* средняя урожайность с куста (≈ *18 фунтов винограда = 6 бутылок вина; 450 кустов на 1 акр = 1,5 – 4 т винограда = 240 ящиков вина*)

vin gris *фр.* вино из винограда серой или розовой окраски (*напр., сорта Гевюрцтраминер*)

vinho surdo *порт.* винью сурду (*подслащенный виноградный сок, добавляемый при сбраживании сусла для ординарной мадеры*)

vinho verde *порт.* винью верде (*любой сорт терпких красных вин, приготовленных из рано собранного винограда в районе Миньо, сев.-зап. Португалии*)

vinic (*adj.*) винный; относящийся к вину; содержащийся в вине; ◊ ~ **odor** винный аромат

viniculture (*n.*) *см.* **viticulture**

vinification (*n.*) 1. виноделие (*совокупность организационных и технологических приемов приготовления вина*); 2. превращение фруктового сока в спирт при брожении

vinificator (*n.*) 1. ловушка для паров спирта на бочке с вином; 2. конденсатор паров спирта

Vin Loc *амер. фирм.* «Вин Лок» (*винтовой колпачок для вин*)

vino (*n.*) 1. *исп., ит.* вино; 2. *брит. разг.* вино

vino da arrosto *ит.* самое лучшее красное вино (*напр., из Пьемонта*)

vino de color *исп.* концентрированное вино для подкрашивания виноматериала

vino del año *исп.* молодое вино; вино текущего года без выдержки

vino de pasto *исп.* сухой херес

vinometer (*n.*) эномер (*измеритель содержания алкоголя в вине*)

Vino Nobile di Montepulciano *ит. фирм.* «Вино Нобиле ди Монтепульчиано» (*красное тосканское вино из винограда сорта Санджовезе и др. сортов*)

vin ordinaire *фр.* ординарное вино; *см. ткж.* **jug wine; ordinary wine**

Vino Santo Toscano *ит.* «Вино Санто Тоскано» (*десертное вино из Тосканы*)

vinosity (*n.*) комплексная характеристика вина; винный характер; винные свойства

vinotherapy (*n.*) винотерапия (*комплекс лечебных процедур с применением производных виноградной лозы: листьев, косточек, сока, выжимок винограда*); *ткж.* **wine therapy**

vinous (*adj.*) 1. винный; 2. вызванный опьянением; 3. винного цвета

Vinpur Special *фирм.* «Винпур спешэл» (*осветлитель; препарат на основе казеината натрия и целлюлозы для удаления полифенолов*)

vin rosé *фр.* розовое вино

vin rouge *фр.* красное вино

Vin Santo *ит.* «Вин Санто» (*белое десертное вино из Тосканы; приготовлено из сорта Мальвазия*)

vintage 1. (*n.*) сбор или урожай винограда; 2. (*n.*) вино из урожая определенного года; конкретный год сбора урожая; *ткж.* **vintage year**; 3. (*n.*) вино, выдержанное в бочке до момента розлива (*обычно высшего качества*) (*обозначение на этикетке*); 4. (*n.*) процесс сбора урожая; уборка урожая; 5. (*adj.*) марочный

vintage champagne. марочное шампанское, изготовленное из винограда урожая одного определенного года

vintager (*n.*) сборщик винограда

vintage year *см.* **vintage 2.**

vintner (*n.*) виноторговец

vintry (*n.*) место хранения *или* продажи вина

Vinum (*n.*) *австр. фирм.* «Винум» (*бокал производства фирмы "Riedel" объемом 20 мл для дегустации вин*)

viny

viny (*adj.*) виноградный; увитый лозами
Viognier (*n.*) *фр.* 1. *ам.* Вионье (классический белый сорт винограда с севера долины Роны; высокоароматичен; имеет аромат меда и акации); 2. *фирм.* «Вионье» (*белое вино из винограда сорта Вионье*)
violets (*n.*) *pl.* фиалки (*1. дегуст. характеристика букета вина; 2. бот. компонент ароматизированных вин*)
virgin bark *бот.* кора из первых двух урожаев коркового дуба
virgin picking первый урожай нового сорта винограда (*примерно на третий год после посадки*)
virgin wine девственное вино (*первое вино с вновь посаженной плантации*)
virulence (*n.*) *биол.* вирулентность (*патогенность паразита*)
viscious (*adj.*) *дегуст.* с большим содержанием алкоголя; оставляющий маслянистый след на стенке стакана (*о вине*); *см. ткж.* **sticky**
viticetum (*n.*) *ист.* место возделывания виноградных лоз
viticulture (*n.*) виноградарство
organic ~ органическое виноградарство
sustainable ~ *см.* **organic viticulture**
viticulturist (*n.*) виноградарь; специалист в области виноградарства
Vitis rotundifolia *лат. см.* **muscadine** 2.
Vitis specie *лат. бот.* виды винограда культурного
Vitis vinifera *лат. бот.* виноград благородный
vitivinicultural (*adj.*) виноградарско-винодельческий
vitiviniculture (*n.*) виноградарство и виноделие
Vladivar (*n.*) *фирм.* «Владивар» (*марка водки, производимой в Англии*)
vodka (*n.*) *рус.* водка (*алкогольный напиток крепостью 40% об., не имеющий никаких характерных признаков, аромата, вкуса и цвета*)
volatile esters *хим.* летучие эфиры
volatility (*n.*) *хим.* летучесть, испаряемость
volatilization (*n.*) *хим.* улетучивание, испарение
volatilize (*v.*) улетучиваться, испаряться

Volnay (*n.*) *фр.* 1. *геогр.* Вольне (*апелласьон винодельческой области Кот-д'Ор, регион Бургундия*); 2. *фирм.* «Вольне» (*красное сухое вино из сорта Пино Нуар*)
Volnay-Santenots *фр.* «Вольне-Сантено» (*красное вино категории Гран Крю из Вольне*)
Volstead Act *амер. ист.* Закон Эндрю Вольстеда 1919 г. о запрете производства и торговли алкоголем; *см. ткж.* **National Prohibition Act, Prohibition**
volume (*n.*) объем; *см. ткж.* **capacity** 2.
volumeter (*n.*) волюмометр (*прибор для измерения объема жидких и газообразных тел*)
volumetric (*adj.*) объемный; ~ **capacity** емкость
Vosges (*n.*) *фр.* 1. *геогр.* Вогезы (*горы и департамент, где произрастают дубы*); 2. бочка из дуба, выросшего в Вогезах (*используется в основном для белых вин*)
Vosne-Romanée *фр.* 1. *геогр.* Вон-Романе (*известный апелласьон по производству красных вин в винодельческой области Кот-д'Ор, регион Бургундия*); 2. *фирм.* «Вон-Романе» (*красное сухое вино из сорта Пино Нуар*)
Vougeot (*n.*) *фр.* 1. *геогр.* Вужо (*известный апелласьон по производству красных вин в винодельческой области Кот-д'Ор, регион Бургундия*); 2. *фирм.* «Вужо» (*красное сухое вино из сорта Пино Нуар*)
Vouvray (*n.*) *фр.* 1. *геогр.* Вувре (*апелласьон винодельческой области Турень, регион долина Луары*); 2. *фирм.* «Вувре» (*белое вино из сорта Шенен Блан*)

W

waffies (*n.*) *pl. амер. разг.* награда за достижения в области виноделия и пищевой промышленности, утвержденная Американским научно-исследовательским институтом вина и продуктов питания (**AIWF**); *см. ткж.* **WAF**

Waikato (*n.*) *н.-зел. геогр.* Вайкато (*виноградарско-винодельческий район в северо-западной части о-ва Северный*)

Waipara (*n.*) *н.-зел. геогр.* Вайпара (*винодельческая зона в северо-восточной части о-ва Южный; входит в состав винодельческого района Кентербери*)

Wairarapa (*n.*) *н.-зел. геогр.* Вайрарапа (*винодельческая зона в южной части о-ва Северный; входит в состав винодельческого района Веллингтон*)

waiter in charge of wines специалист по винам в ресторане *или* отеле; сомелье; *см. ткж.* **sommelier; wine steward**

Walla Walla (*n.*) *амер. геогр.* Валла Валла (*винодельческая область на севере штата Орегон*)

Wallbanger (*n.*) *амер. фирм.* «Волбангер» (*коктейль на основе водки, апельсинового сока и ликера «Галлиано»*)

walled vineyard огороженный виноградник

wallrack (*n.*) настенный стеллаж *или* стойка для хранения бутылок (*обычно в горизонтальном положении*)

Warbird (*n.*) *амер. фирм.* «Уорберд» (*смесь виски «Тен Хай» с имбирем*)

Ward Eight Cocktail коктейль из виски, лимонного и апельсинового соков с добавлением гранатового сиропа и льда

Warres (*n.*) *порт. фирм.* «Варес» (*марка портвейна*)

Warrior (*n.*) *брит. фирм.* «Уориор» (*марка портвейна*)

wash (*n.*) 1. перебродившая брага; 2. *спирт.* бражка; барда; 3. *брит.* пиво
corn spent ~ кукурузная барда
potato spent ~ картофельная барда
rye spent ~ ржаная барда
spent ~ барда
spent separated ~ освобожденное от дрожжей отсепарированное сусло
thick ~ густая бражка
yeast ~ дрожжевая бражка (*конечная суспензия дрожжей в отбродившем сусле*)

weed control

washback (*n.*) *спирт.* 1. бродильный чан; 2. большой бак для ферментации (*в производстве виски*); *см. ткж.* **fermenter**

wash charger устройство для подачи браги в перегонный аппарат

Washington (*n.*) *амер. амп.* Вашингтон (*сорт винограда*)

wash still перегонный аппарат для бражки (*в производстве виски*)

wassail (*n.*) 1. тост за здоровье; 2. напиток, обычно из эля, с добавлением яблок, сахара, мускатного ореха и хлеба

waste water отработанная вода

water (*v.*) добавлять воду; разбавлять водой

water-deprived berry *бот.* ягода растения, выросшего при недостатке влаги

water faucet *амер.* водопроводный кран

water holding capacity *агр.* способность почвы абсорбировать и накапливать влагу

watering (*n.*) 1. добавка воды; 2. *агр.* полив

water logged *агр.* полностью пропитанный влагой (*о почве*)

Watermelon Pucker *амер. фирм.* «Уотермелон Пакер» (*марка шнапса, ароматизированного арбузом*)

water phase *спирт.* водяная фаза

waterproof covering *агр.* герметичная заделка места привоя

water ratio *агр.* коэффициент насыщения почвы влагой

water requirement потребность в воде

water soluble fertilizers *агр.* органические удобрения, растворимые в воде (*напр., навоз*)

water stress *агр.* отсутствие полива плантаций

water table *агр.* верхний уровень насыщения почвы влагой

water uptake 1. *спирт.* впитывание воды (*бардой*); 2. *бот.* всасывание воды (*растениями*)

watery (*adj.*) *дегуст.* водянистый (*о вине*)

wax (*n.*) воск (*применяется для запечатывания бутылок*)

weed (*n.*) *с.-х.* сорняк

weed control *агр.* борьба с сорняками

237

weedy

weedy (*adj.*) *дегуст.* травянистый (*о букете вина*)
wee heavy шотландское крепкое пиво *ткж.* **Scotch ale**
weepers (*n.*) *pl. амер. разг.* укупоренные бутылки *или* бочки со следами течи
weeping (*n.*) 1. *спирт.* выход капель жидкости из сетки (*в тарелке дистилляционной колонны*); 2. подтекание, течь (*укупоренной тары*)
weevil (*n.*) *энт.* слоник, долгоносик (*сем. Curculionidae*)
 apple ~ яблочный долгоносик *Otiorhyncus cribricollis*
 black vine ~ скосарь бороздчатый *Otiorrynchus sulcatus Fabricius*
 elephant ~ слоновый долгоносик *Orthorrhinus cylindrirostis*
 Fuller's rose ~ розовый долгоносик Фуллера *Asyponychus cervinus*
 garden ~ садовый долгоносик *Phlyctinus callosus*
 vegetable ~ огородный долгоносик *Listroderes obliquus*
 vine ~ виноградный долгоносик *Orthorhinus klugi*
 whitefringed ~ долгоносик белоокрашенный *Naupactus leucoloma*
Wein (*n.*) *нем.* вино
well-developed (*adj.*) хорошо сформированный, хорошо развитый (*о виноградном растении*)
Wellington (*n.*) *н.-зел. геогр.* Веллингтон (*крупный винодельческий регион в южной части о-ва Северный; ранее носил название Мартинборо*)
well-matured (*adj.*) хорошо выдержанный, созревший (*о винограде, вине и т. д.*)
well-preserved aroma *дегуст.* хорошо сохранившийся аромат (*вина*)
well-rounded (*adj.*) *дегуст.* имеющий хороший букет (*о вине*)
West Coast Cooler *амер. фирм.* «Вест Коуст Кулер» (*напиток на основе белого виноградного вина и фруктов крепостью 3,5% об.*)
wet cardboard *дегуст.* вкус пробки в вине (*не является дефектом вина*); *см. ткж.* **corked** 2.; **wet dog**
wet dog *см.* **corked** 2.; **wet cardboard**

wettable sulphur серный порошок, смачиваемый водой
wetting agent *агр.* 1. смачивающее вещество; 2. поверхностно-активное вещество, ПАВ
wheaty (*n.*) *амер. разг.* пшеничное (*светлое*) пиво
whey (*n.*) сыворотка
whiskey (*n.*) виски (*вариант написания, применяемый в Ирландии и США*); *ср.* **whisky**
 blended ~ купажированное виски (*смесь простого, однопроцессного виски и нейтрального этилового спирта*)
 bonded ~ виски, выдержанное не менее 4 лет на закрытом [лицензионном] складе перед розливом
 bourbon ~ *амер.* бурбонное виски, бурбон (*приготовленное из спиртов, полученных из смеси измельченного зерна, содержащей не менее 51%, кукурузы или другого зерна*)
 corn ~ кукурузное виски; виски из спиртов, полученных из кукурузного зерна
 Irish ~ ирландское виски (*произведенное в Ирландии исключительно из спиртов, полученных из специально выращенного ячменя*)
 rye ~ ржаное виски; виски из спиртов, полученных из ржи
 sour mash ~ виски из спиртов, полученных из специально подготовленного и замоченного солода; *см. ткж.* **Jack Daniel's whiskey**
 straight ~ 1. (*простое, однопроцессное*) виски, представляющее собой чистый дистиллят, разведенный водой до нужной крепости; *см. ткж.* **pure distillate**; 2. чистое [неразбавленное] виски, подаваемое без льда
 Tennessee ~ *амер. фирм.* виски из штата Теннесси (*аналогично бурбону, с дополнительной фильтрацией через уголь из кленового дерева перед выдержкой*)
 wheat ~ пшеничное виски; виски из спиртов, полученных из пшеничного зерна
whiskey barrel бочка для виски (*дубовая бочка для выдержки виски объемом 52 амер. галлона*)

White Meritage

whisky (*n.*) виски (*вариант написания, применяемый в Англии, Шотландии и Канаде*); *ср.* **whiskey**
barley ~ ячменное виски; виски из спиртов, полученных из ячменя
base ~ базовое виски (*производится из зерновой смеси, имеет крепость 98% об.*)
Canadian ~ канадское виски (*виски, произведенное из зерна и выдержанное не менее 3 лет в бочках из отожженного дуба*)
flavoring ~ виски, используемое в качестве ароматизатора в купажированных виски (*имеет крепость 65% об.*)
grain ~ зерновое виски; виски, приготовленное из спиртов, полученных из немолотого ячменя, пшеницы *или* кукурузы (*более мягкое, чем солодовое виски; его вкус не зависит от места производства*)
Highland malt ~ солодовое виски, которое производится в местах севернее от условной линии, соединяющей гг. Данди и Гринок в Шотландии (*среднее по крепости и вкусовым качествам*)
Islay malt ~ солодовое виски, которое производится на острове Айлей в Шотландии (*самое крепкое, ароматное и плотное из всех сортов виски*)
light ~ светлое, очень крепкое виски (*крепость 80% об.*), предназначенное для дальнейшей выдержки в дубовых бочках
Lowland malt ~ солодовое виски, которое производится в местах, расположенных южнее от условной линии, соединяющей гг. Данди и Гринок в Шотландии (*самое мягкое и легкое из всех сортов виски*)
malt ~ солодовое виски; виски, приготовленное из спиртов, полученных исключительно из чистого солода
organic ~ виски, произведенное из спиртов, полученных из зерна, выращенного без удобрений, гербицидов и пестицидов
peated ~ виски с ароматом сгоревшего мха (*специальный метод ароматизации солода для шотландского виски*)
pot-still ~ виски, произведенное из спиртов полученных методом простой дистилляции
Scotch ~ шотландское виски, скотч (*виски, произведенное по особой технологии в Шотландии*)
single barrel ~ виски, приготовленное на одном заводе, выдержанное и розлитое из одной бочки
single malt ~ солодовое виски от одного производителя, приготовленное из одной партии солода
Speyside malt ~ солодовое виски, которое производится в долине реки Спей в Шотландии (*среднее по крепости и качествам*)
spirit ~ спиртовое виски (*виски, приготовленное смешиванием нейтральных спиртов с обычным виски*)
whisky mac *брит.* напиток, состоящий из виски и имбирного вина; *см. ткж.* **ginger wine**
whisky on the rock виски со льдом (*подается в небольшом стакане*); *см. ткж.* **bucket; lowball glass**
whisky with a splash виски с плавающей сверху добавкой (*в виде сока, льда и фруктов*)
white casse посизение, белый касс (*порок вина*)
White Chocolate Liqueur *фирм.* ликер, ароматизированный белым шоколадом
White Curaçao *фирм.* «Белый Кюрасао» (*ликер на основе апельсиновых корок*); *см. ткж.* **Blue Curaçao; Curaçao**
White French *амп.* «Уайт Френч» (*синоним сорта Паломино в ЮАР*)
White Horse *шотл. фирм.* «Уайт Хорс» («Белая Лошадь») (*марка виски из Эдинбурга*)
White Lightning *фирм.* «Белая молния» (*марка английского сидра*)
white lightning *амер. разг.* виски из зерна; *см. ткж.* **corn whiskey; hooch; moonshine**
White Meritage *амер.* купажирование белых вин из сортов Совиньон Блан, Семильон, Мускат белый по бордоскому способу в Калифорнии

white rot

white rot *фитопат.* белая гниль; *см. ткж.* **decay**
White Russian *амер. фирм.* «Уайт Рашн» (*коктейль из водки, кофейного ликера и сливок*)
White Satin *брит. фирм.* «Уайт Сэтин» (*марка джина*)
whole bunch grapes ягоды винограда, подвергнутые прессованию вместе с гребнями
whole grape fermentation *вин.* ферментация ягод целиком (*способ ферментации виноградных ягод, при котором целые ягоды помещают в контейнер с CO_2; ферментация происходит внутри ягоды; при этом вино получается менее кислым и менее экстрактивным*); *ткж.* **carbonic maceration**
Whyte & Mackay's *шотл. фирм.* «Уайт энд Макейз» (*марка виски, выдержанного 21 год*)
wilding (*n.*) *бот.* дичок, подвой
Wild Spirit Liqueur *амер. фирм.* «Уайлд Спирит Ликер» (*марка шнапса, ароматизированного малиной и шоколадом*)
Wild Turkey *фирм.* «Уайлд Терки» (*марка бурбона, выпускаемого в Кентукки, США*)
Wildwood (*n.*) *амер. фирм.* «Уайлдвуд» (*марка яблочного сидра крепостью 6% об*)
Willamette Valley *амер. геогр.* долина реки Вильяметте (*винодельческая область на юге штата Орегон*)
Willard (*n.*) *амп.* Виллард (*сорт белого винограда семейства Мускадин*)
William Grant's *шотл. фирм.* «Уильям Грантс» (*марка высококачественного виски*)
William Lawson's *шотл. фирм.* «Уильям Лосонз» (*марка виски типа скотч*)
wilt (*n.*) *фитопат.* увядание; вилт
 broad bean ~ увядание конских бобов (*заболевание винограда*)
wind break *агр.* сооружение для защиты от ветра (*забор, насаждение*)
wind burn *бот.* усыхание листьев от ветра

winder (*n.*) *бот.* вьющееся растение
wind rock *бот.* дестабилизация корня растения под воздействием ветра
Windsor Canadian Whisky *фирм.* «Виндзор Канадиан Виски» (*марка виски, производимого в Канаде*)
wine 1. (*n.*) вино; 2. (*adj.*) винный; 3. (*v.*) пить вино; угощать, поить вином; ◊ **a good ~ needs no bush** хорошее вино не нуждается в рекламе; **days of ~ and roses** период счастья и процветания
 acescent ~ скисающее вино; *ткж.* **pricked wine** 2.
 adulterated ~ фальсифицированное вино; вино с чрезмерным [противозаконным] добавлением специй или ароматизаторов; *см. ткж.* **sophisticated wine**
 aerated ~ выветренное [потерявшее букет] вино
 aged ~ выдержанное вино
 ample ~ богатое по интенсивности вино без тонкого вкуса (*обычно с низким содержанием кислот*)
 aperitif ~ аперитив; крепленое вино (*по классификации BATF*)
 appetizer ~ вино, возбуждающее аппетит; аперитив
 apple ~ яблочное вино; сидр
 astringent ~ вино с вяжущим вкусом; вино с высоким содержанием танинов; *ткж.* **tannic wine**
 baked ~ вино, подвергнутое тепловой обработке (*на одной из производственных стадий*)
 balanced ~ гармоничное [хорошо сложенное] вино
 barley ~ *брит.* «ячменное вино» (*очень крепкое пиво*)
 beady ~ слегка игристое вино
 berry ~ ягодное вино
 beverage ~ *австрал.* потребительское вино (*предназначенное исключительно для потребления, а не для дистилляции или других технологических целей*)
 big ~ полное [экстрактивное] вино; *ткж.* **complete wine; full(-bodied) wine**
 blended ~ купажное вино

wine

blush ~ розовое вино, при производстве которого мезга удаляется до полного окончания ферментации; *см.* **pink wine; rose wine** 1.
bottle ~ бутылочное вино
breed ~ вино из винограда благородных сортов, имеющее классический букет
briary ~ агрессивное [острое] вино
British ~ вино, изготовленное в Великобритании из импортного сырья
broad ~ вино с полной комплексной структурой и богатым букетом
broken ~ помутневшее вино с изменившейся окраской
Burgundy ~ бургундское вино
carbonated ~ газированное [шипучее] вино
carbonated grape ~ виноградное вино с добавлением углекислого газа (*классификация BATF*)
cask ~ бочковое вино, вино из бочки
casual ~ вино, употребляемое по случаю
check ~ марочное вино
citrus ~ вино из спелых цитрусовых (*классификация BATF*)
classed growth ~ вино специального [особого] урожая
classified ~ селекционное вино
cleared ~ осветленное вино
cloudy ~ мутное вино
complete ~ полное [экстрактивное] вино; *ткж.* **big wine; full(-bodied) wine**
complex ~ вино с полной комплексной структурой и богатым букетом
concentrated ~ концентрированное вино (*получаемое из признанных сортов винограда за счет накопления углеводородов в старой лозе*)
cooled ~ охлажденное вино
crackling ~ вино, открывающееся с хлопком; хлопающее вино
crisp ~ высококислотное вино
demi-dry ~ полусухое вино; *ткж.* **semi-dry wine**
demi-sweet ~ полусладкое вино; *ткж.* **semi-sweet wine**
dessert ~ десертное вино
disbalanced ~ разлаженное вино (*с испорченным, неприятным вкусом из-за заболеваний вина*)
dried fruit ~ вино из сушеных плодов
dry ~ сухое вино
effervescent ~ газированное [шипучее] вино
elegant ~ вино, сбалансированное по всем трем основным качествам (*компонентам, содержанию алкоголя и букету*)
English ~ вино, полностью приготовленное из винограда, выращенного в Англии
feeble ~ невыразительное вино (*не создающее ощущений при первой дегустации*)
fine ~ вино тонкого вкуса; сортовое вино
flabby ~ вино с недостаточной кислотностью
flat ~ плоское [недостаточно выразительное] вино; пресное вино с недостаточной кислотностью и свежестью
foaming ~ пенящееся вино
fortified ~ крепленое [спиртованное] вино; *ткж.* **potent wine**
free-run ~ вино из сусла-самотека
fresh ~ свежее вино (*гармоничное по вкусовому сложению*)
fruit ~ плодово-ягодное вино; вино из спелых фруктов, отличных от винограда (*классификация BATF*)
full(-bodied) ~ полное [экстрактивное] вино; *ткж.* **big wine; complete wine**
fully-sparkling ~ полноценное [полностью насыщенное газами] игристое вино
ginger ~ имбирное вино (*на виноградной основе с добавлением имбиря, др. специй, трав и фруктов*)
grape ~ виноградное вино
green ~ 1. вино из недозрелого винограда, имеющее избыточную кислотность; 2. молодое, высокотанинное вино, имеющее свежий вкус и зеленовато-желтый цвет
gris ~ светло-розовое [серое] вино
harmonious ~ гармоничное [хорошо сложенное] вино; *см. ткж.* **balanced wine**
heady ~ крепкое вино (*с высоким содержанием спирта*)
heavy ~ негармоничное вино

herb-flavored ~ вино, ароматизированное добавлением спиртовых настоев трав
high ~ высокоградусный спирт (*при производстве виски*)
high-sulfite ~ вино с высоким содержанием сульфитов
high-toned ~ вино со слегка кислотным привкусом, усиливающим характерный тон вина
honey ~ медовое вино
ice ~ айсвайн, ледяное вино (*натуральное сладкое вино, приготовленное из замерзших виноградных ягод, подвергшихся прессованию в замерзшем виде с целью получения более концентрированного сусла*); *ткж.* **cryo wine; Eiswein**
imitation ~ синтетическое [ненатуральное] вино (*содержит синтетические добавки; классификация BATF*)
immature ~ невыдержанное вино
imported ~ импортное вино
incompletely fermented ~ невыбродившее вино
industrial ~ вино, изготовленное на винзаводе
inspissated ~ прокипячённый муст; неферментированное вино, используемое для подкраски вин
jammy ~ сладковатое вино (*со вкусом джема*)
jug ~ ординарное вино; *ткж.* **ordinary wine**
juniper ~ лечебный напиток (*вино*) из ягод можжевельника
kosher ~ кошерное (*ритуальное*) вино
liqueur ~ ликерное вино (*с очень высоким содержанием сахара*)
little ~ вино с едва выраженным букетом
local ~ вино местного производства
lovely ~ приятное и сбалансированное вино с относительно высокой кислотностью
low ~ слабоградусный спирт (*используется при производстве виски*)
marketable ~ товарное вино (*обладающее характеристиками, соответствующими требованиям рынка*); *ткж.* **mercantile wine**

matured ~ зрелое вино
May ~ «майское вино» (*пунш из сладкого вина, с добавлением ароматизаторов; подается охлажденным*)
mead ~ *см.* **honey wine**
medicinal ~ лечебное вино
mellow ~ гармоничное вино, которое приобрело сбалансированный букет при выдержке
mercantile ~ *см.* **marketable wine**
mulled ~ подогретое и сдобренное специями вино; глинтвейн
natural ~ натуральное [неподслащенное] вино
natural sweet ~ натуральное [неподслащенное] сладкое вино
neutral ~ нейтральное вино
New World ~ вино из стран Америки, Австралии и Новой Зеландии, вино Нового Света
noble ~ вино из лучших сортов винограда
nobly sweet ~ вино, которое завершило процесс ферментации, но содержит остаток непереродившего сахара; *см. ткж.* **Beerenauslese; Trockenbeerenauslese**
oily ~ заболевшее ожирением вино
old ~ старое вино
Old World ~ вино из европейских стран, вино Старого Света
ordinary ~ ординарное вино; *см. ткж.* **jug wine**
organic ~ органическое вино (*вино, полученное из винограда, выращенного органическим способом, т. е. без применения удобрений и химикатов; такой метод выращивания приводит к уменьшению урожайности, но одновременно повышает концентрацию и экстрактивность вин*)
overaged ~ передержанное [начинающее стареть] вино
overripe ~ перезрелое вино, потерявшее букет; *см. ткж.* **baked wine**
oxidized ~ окислившееся вино
parkerized ~ вино, подвергшееся «паркеризации» (*субъективному занижению качества вина экспертами*); *см.* **parkerized wine phenomenon; parkerization**

wine

partially fermented ~ частично сброженное вино
pasteurized ~ пастеризованное вино
pearl ~ «жемчужное» вино (*вино с высоким содержанием углекислоты*)
pétillant ~ *фр.* слегка игристое вино (*с небольшим содержанием диоксида углерода*)
pink ~ розовое вино; *ткж.* **blush wine; rose wine** 1.
port ~ портвейн
potent ~ крепленое [спиртованное] вино; *ткж.* **fortified wine**
powdered ~ винный порошок (*применяется в медицине для профилактики ряда заболеваний*)
premium ~ отборное [высококачественное вино]
press ~ прессовое вино (*из отпрессованного сусла*)
pricked ~ 1. вино с царапающей [острой] кислотностью (*при повышенном содержании летучих кислот*); 2. скисающее вино; *см. ткж.* **acescent wine**
quality ~ 1. вино, прошедшее аттестацию специальным государственным органом; 2. качественное вино
racy ~ яркое, живое вино (*с отличительным букетом и четко выраженной кислотностью*)
raisin ~ вино из заизюмленного винограда
recorked ~ вино с замененной высохшей пробкой (*у старых вин при длительном хранении*)
red ~ красное вино (*готовится из винограда красных сортов, который сбраживается вместе с кожурой и зернами*)
retsina ~ виноградное вино, ароматизированное сосновой смолой (*классификация BATF*)
Rhein ~ *см.* **Rhine wine**
Rhine ~ рейнское вино, рейнвейн (*любое белое вино из долины Рейна в Германии*); *см. ткж.* **hock**
Rhône ~ вино с Роны (*любое вино из долины Роны во Франции*)
ropy ~ заболевшее ожирением вино
rose ~ 1. розовое вино; *ткж.* **blush wine; pink wine**; 2. вино из розовых лепестков

rough ~ терпкое вино
sacramental ~ *рел.* священное вино (*используемое для ритуальных и торжественных церемоний*)
second ~ второсортное вино (*вино из материалов невысокого качества*)
semi-dry ~ полусухое вино; *ткж.* **demi-dry wine**
semi-sweet ~ полусладкое вино; *ткж.* **demi-sweet wine**
show ~ *ирон.* вино, приготовленное специально для выставок
sick ~ заболевшее [больное] вино
smooth ~ вино, имеющее полную структуру, с преобладанием танинов и хорошо сбалансированное
soft ~ вино, имеющее мягкий вкус
solera ~ солерное вино (*вино под пленкой*); *ткж.* **solera** 2.
solid ~ гармоничное вино с мягким привкусом танинов
sophisticated ~ вино с чрезмерным [противозаконным] добавлением специй или ароматизаторов; *ткж.* **adulterated wine**
sound ~ здоровое вино
sour ~ кислое вино; вино, содержащее уксус
sparkling ~ игристое вино, полученное натуральным способом (*классификация BATF*)
spent ~ *спирт.* барда
stable ~ стабильное вино (*не изменяет цвет, структуру и не дает осадка после розлива в бутылки*)
standard quality ~ вино стандартного качества
still ~ неигристое; [тихое] вино
stirring ~ сбиваемое вино (*вино в смеси с оклеивающими веществами, перемешиваемое после оклейки*); *ткж.* **whipping wine**
strong ~ крепкое вино
stuck ~ неферментирующееся вино; вино, не поддающееся сбраживанию естественным методом
sugared ~ подслащенное вино
supple ~ тонкое вино (*имеющее тонкий аромат*)
sweet ~ сладкое вино

wine

table ~ столовое вино (*вино, не прошедшее официальной оценки качества сертификационным органом*)
tannic ~ вино с высоким содержанием танинов; вино с вяжущим вкусом; *ткж.* **astringent wine**
tar ~ вино, имеющее богатый набор вкусов и ароматов в букете
tart ~ вино с избыточной кислотностью
third country ~ вино, имеющее неевропейское происхождение (*обозначение вин, произведенных за пределами Европейского союза*)
tirage ~ тиражное вино
tonic ~ тонизирующее вино
trouble ~ мутное вино
unctuous ~ очень сладкое, маслянистое вино
unfortified ~ некрепленое [неспиртованное] вино
unstable ~ нестабильное вино (*изменяет цвет, структуру и дает осадок после розлива в бутылки*)
vegan ~ *см.* **vegetarian wine**
vegetal ~ вино из недозрелого винограда
vegetarian ~ вегетарианское вино (*вино, при очистке которого не применялись продукты животного происхождения, напр., белок куриных яиц, желатин, молоко, сухая бычья кровь*); *ткж.* **vegan wine**
velvety ~ бархатистое вино (*богатое глицерином и камедистыми веществами*); гармоничное мягкое вино, практически не содержащее танинов
vintage ~ марочное вино
watered ~ 1. жидкое вино (*с малым содержанием экстракта*); 2. вино, разбавленное водой
Welsh ~ уэльское вино (*вино, полностью приготовленное из винограда, выращенного в Уэльсе*)
whipping ~ *см.* **stirring wine**
white ~ белое вино
world class ~ вино, соответствующее мировым стандартам
wormwood ~ полынная настойка
young ~ молодое вино (*свежее вино с фруктовым букетом, без признаков*

окисления и имеющее легкий привкус дрожжей)
wine accessories принадлежности для употребления и хранения вин (*напр., штопоры, пробки, графины и т. д.*)
wine alarm датчик влажности и температуры хранения вина; *ткж.* **wine gauge**
wine and dine угощать *кого-л.* вином и обедом
wine area виноградник
wine audience социальные группы, связанные с производством, продажей, рекламой и потреблением вина; *см.* **wine consumers; wine industry personnel; wine writer**
wine bag 1. мешочек [пакет] для винных бутылок (*часто бывает вышитым*); 2. бурдюк для вина; *ткж.* **wineskin**
wine basket корзинка для бутылок с вином
wine berry *н.-зел. бот.* небольшое дерево или кустарник *Aristotelia racemosa, Aristotelia serrata* (*с красными ягодами, которые темнеют при созревании и используются для приготовления вина*); *см. ткж.* **mako-mako; New Zealand wine berry**
wine bib колечко, надеваемое на горлышко бутылки для предотвращения потеков; *ткж.* **wine ring**
wine bottle винная бутылка
   sherry ~ бутылка для хересных вин
   tall ~ высокая узкая винная бутылка (*немецкого типа*)
wine bottle cradle подставка для бутылок в виде корзины
wine bottle magnet магнитная приставка для фиксирования бутылки с вином (*к холодильнику или другому металлическому предмету*)
winebowl (*п.*) чаша для вина
wine box прямоугольная упаковка с краником для вина
wine breather устройство для аэрации вин перед употреблением
wine carrier сумка для винных бутылок
wine cellar винный погребок; винный магазин
wine charms *см.* **wine marker**

wine chiller ведерко *или* сосуд со льдом для охлаждения вина
paper ~ бумажный пакет для вина, используемый в качестве емкости для льда
terracotta ~ ведерко для льда, изготовленное из терракоты
wine clinic *ком.* система послепродажного обслуживания в виноторговле; *см. ткж.* **aftersales service**
wine-colored (*adj.*) темно-красный; имеющий цвет красного вина
wine consumer потребитель вина
wine consumption потребление вина
wine cooler 1. ведерко *или* сосуд со льдом для охлаждения бутылок с вином; 2. винный кулер (*напиток из вина, фруктового сока и газированной воды*)
wine cup чаша для вина
wine death отмирание [ферментативное разрушение] вина
wine derived compounds продукты виноделия
wine district винодельческий регион; *см. ткж.* **district**
wine estate винодельческое предприятие; винодельческое хозяйство
wine ex cask бочковое вино, вино из бочки
wine farm небольшое винодельческое хозяйство
wine festival праздник виноделия (*обычно в конце сезона сбора урожая*)
wine finder бирка [навеска] на стакан с вином; *см. ткж.* **wine charms; wine marker**
wine from last batch of grapes вино из винограда последнего сбора
wine gallon *уст.* винный галлон (*единица измерения объема спиртных напитков, равная 160 жидким унциям в Великобритании и 128 жидким унциям, или одному стандартному галлону в США*); *см. ткж.* **liquid gallon**
wine gauge датчик влажности и температуры хранения вина; *ткж.* **wine alarm**
wine glass стакан [рюмка] для вина
wineglassful (*n.*) количество вина, вмещаемое в один стакан

wine grower (*n.*) винодел; *ткж.* **winemaker 1.**
wine growing виноделие *ткж.* **winemaking**
wine holder подставка [фиксатор] для бутылок с вином (*напр., на столе*)
wine identity характерные сортовые признаки вина
wine industry personnel работники винодельческих предприятий
wine jobber 1. виноторговец; 2. посредник в торговле вином
wine left too long on the lees вино, слишком долго стоявшее на осадке
wine lover поклонник виноделия; любитель вина; *см. ткж.* **oenophile**
winemaker 1. винодел; 2. производитель вина; 3. винодельческое предприятие, винзавод
flying ~ *см.* **visiting winemaker**
visiting ~ винодел, посещающий различные виноградники; вояжирующий консультант по виноделию
winemaking виноделие; *ткж.* **wine growing**
red ~ переработка винограда по «красному» способу; красное виноделие; *см. ткж.* **on-skins fermentation**
white ~ переработка винограда по «белому» способу; белое виноделие; *см. ткж.* **off-skins fermentation**
wine marker бирка [навеска] на стакан с вином (*часто в виде украшения*); *ткж.* **wine charms**
wine opener устройство для открывания бутылки с вином; *см. ткж.* **corkscrew** ◊ **Insta-Pull** ~ устройство с точным захватом и легко срабатывающим механизмом
wine palm пальма, сок которой используется для приготовления пальмового вина
wine-pouring puzzle *мат.* задача о пролитом вине
winepress (*n.*) давильный пресс
wine production виноделие
winery (*n.*) винодельческое предприятие; винзавод
commercial ~ крупное винодельческое предприятие
wine saver насадка для дозирования вина (*при наливании в стакан*)

wine shop

wine shop винный магазин, винная лавка
wineskin (*n.*) бурдюк *ткж.* **wine bag** 2.
wine specialty 1. специальное вино; 2. вина и напитки из вин (*обычно ароматизированные*)
wine stand стойка для бутылок с вином
wine steward специалист по винам в ресторане *или* отеле; сомелье; *см. ткж.* **sommelier; waiter in charge of wines**
wine storage хранение вина
wine tank ёмкость [резервуар] для вина
wine taster (*n.*) 1. дегустатор вин; 2. покупатель вин; 3. знаток вин
wine tasting дегустация вин
wine therapy *см.* **vinotherapy**
wine thief ливер (*прибор для взятия проб вина из бочки*); *см. ткж.* **vilinche**
wine tourism винный туризм (*посещение виноградников и винных погребов*)
wine vat винодельческий чан
wine vault *см.* **wine cellar; wine shop**
Wine Vision *амер.* «Уайн Вижен» (*винодельческий форум, проходящий ежегодно в Калифорнии с 2001 г.*)
wine writer автор книг и статей о винах (*как правило, рекламного характера*)
wine yield выход вина (*количество вина, произведённого из тонны собранного винограда*)
Winkler scale *амер.* климатологическая шкала Винклера; *ткж.* **grape region classification system; UCD class**
Winter Welcome Ale *фирм.* «Уинтер Уэлком Эль» (*редкий сорт очень крепкого выдержанного пива, выпускаемый в Великобритании фирмой "Samuel Smith"; имеет обозначение возраста выдержки на этикетке*)
winy (*adj.*) *пив.* имеющий хересообразный [винный] запах (*порок пива*)
wire cap *см.* **muzzle; wire hood**
wire hood мюзле, проволочная сетка для удерживания пробки шампанских вин; *см. ткж.* **muzzle; wire cap**
CL type ~ *амер. фирм.* проволочная сетка для шампанского из 2 проволок; *ткж.* **Free Belt wire hood; wire hood with 2 wires**

custom ~ проволочная сетка для шампанского, изготовленная на заказ
DT type ~ *амер. фирм.* проволочная сетка для шампанского из одной проволоки; *ткж.* **Fixed Belt wire hood; wire hood with 1 wire**
Fixed Belt ~ *см.* **DT type wire hood; wire hood with 1 wire**
Free Belt ~ *см.* **CL type wire hood; wire hood with 2 wires**
stock ~ стандартная проволочная сетка для шампанского
wire hood with cap проволочная сетка для шампанского с колпачком сверху пробки
wire hood with 1 wire *см.* **DT type wire hood**
wire hood with 2 wires *см.* **CL type wire hood**
wit (*n.*) *голл.* пиво бельгийского типа из пшеницы, с добавлением кориандра и др. специй
witblits (*n.*) *южн.-афр.* алкогольный напиток, дистиллированный из фруктов; *см. ткж.* **mampoer**
witch's brew *амер. разг.* самогон
withdraw (*v.*) удалять, вытаскивать; ◊ **to ~ cork** вытаскивать пробку
wood (*n.*) 1. бочка, бочонок; ◊ **aged in ~** выдержанный в бочке (*о вине, коньяке, виски и т. д.*); 2. *бот.* наземная часть [побеги] растения
fruiting ~ однолетние побеги винограда
perennial ~ многолетние побеги винограда
productive ~ продуктивные [плодоносящие] побеги винограда
unproductive ~ непродуктивные [неплодоносящие] побеги винограда
wood alcohol древесный [метиловый] спирт; *ткж.* **methyl alcohol**
wood ashes *агр.* удобрения, содержащие поташ
wood disease *бот.* заболевание лозы винограда
Woodhouse (*n.*) *брит.* «Вудхаус» (*название марочного портвейна*)
wood-hydrolysis alcohol *см.* **wood-waste alcohol**
woodiness (*n.*) привкус деревянной бочки (*порок вина*)

wood rot *фитопат.* гниль виноградной лозы (*заболевание винограда*)
Wood's Rum *брит. фирм.* «Вудс ром» (*сорт рома «Демерара»*)
wood tannin танин, полученный из древесины бочки (*при выдержке вина; в отличие от танинов, присутствующих в самом винограде*)
wood-waste alcohol древесный спирт
woody (*adj.*) *дегуст.* деревянистый (*о привкусе*); имевший длительный контакт с деревом (*о вине*)
working (*n.*) *брит.* ферментация яблочного сока в производстве сидра; *см. ткж.* **fretting**
worm (*n.*) винт штопора
  bladed ~ винт штопора, имеющий острый режущий конец
  ciphered ~ винт штопора с насечкой
  cyphered ~ *см.* **ciphered worm**
  normal ~ обычный винт штопора
  replacement ~ штопор для замены; запасной штопор
  screw-type ~ *см.* **normal worm**
  speed ~ винт штопора, отличающийся эффективной формой червяка
  wire ~ винт штопора из проволоки
wormwood (*n.*) *бот.* полынь (*ароматизатор для вин и сырье для абсента*)
  ~ **ale** *см.* ~ **beer**
  ~ **beer** полынное пиво
  ~ **water** полынная настойка
wort (*n.*) 1. *спирт.* сусло; 2. *спирт.* солодовая жидкость, получаемая при замачивании солода в теплой воде; 3. *пив.* сусло; ферментирующий солод; пивная закваска
  aerated ~ аэрированное сусло
  alcoholic ~ *пив.* спиртсодержащее сусло
  all-malt ~ *пив.* сусло из одного солода, солодовое сусло
  beer ~ пивное сусло
  black ~ *пив.* темноокрашенное сусло
  boiled ~ прокипяченное сусло
  brewer's ~ *пив.* пивное сусло
  bright ~ *пив.* светлое сусло
  cast ~ *пив.* готовое (*для брожения*) сусло
  cereal grain ~ сусло из зерна злаковых
  clear ~ светлое [прозрачное] сусло
  congress ~ *пив.* конгрессное сусло (*полученное при затирании солода конгрессным способом*)
  decoction ~ *пив.* декокционное сусло
  diluted ~ *пив.* разбавленное [разжиженное] сусло
  distiller's ~ *спирт.* зрелая бражка, сброженное сусло; *ткж.* **fermented wort**
  fermentable ~ *спирт.* бражка, сбраживаемое сусло
  fermented ~ *спирт.* зрелая бражка, сброженное сусло; *ткж.* **distiller's wort**
  fermented spent ~ сброженное сусло
  filtered ~ отфильтрованное сусло
  final ~ *пив.* конечное сусло
  finished ~ *пив.* готовое (*охмеленное и прокипяченное*) сусло
  first ~ *пив.* первое сусло (*из фильтрачана*)
  grain ~ сусло из зернового сырья
  heavy ~ густое [концентрированное] сусло; сусло повышенной концентрации
  hopped ~ *пив.* охмеленное сусло
  infusion ~ *пив.* инфузионное сусло (*полученное инфузионным способом затирания солода*)
  inoculated ~ *пив.* инокулированое (*дрожжами*) сусло
  malt ~ *пив.* солодовое сусло, сусло из одного солода
  molasses ~ сусло из мелассы, мелассное сусло
  nonalcoholic ~ сусло, не содержащее спирта
  original ~ *пив.* основное [начальное] сусло
  pasteurized ~ пастеризованное сусло
  saccharified ~ осахаренное сусло
  separated ~ отсепарированное сусло
  spirit ~ *спирт.* зрелая бражка, сброженное сусло
  starting ~ *пив.* исходное [начальное] сусло
  sterilized ~ *пив.* стерилизованное сусло
  strong ~ густое [концентрированное] сусло; сусло повышенной концентрации
  sugar-containing ~ сахарсодержащее сусло

sweet ~ несброженное [сладкое] сусло
trouble ~ мутное сусло; неосветлившееся сусло
turbid ~ см. **trouble wort**
unfermented ~ пив. несброженное [сладкое] сусло
unhopped ~ пив. неохмеленное сусло
wort boiler пив. сусловарочный котел
wort copper см. **wort boiler**
wort in cauliflower stage пив. сусло в стадии низких завитков
wort in rocky head stage пив. сусло в стадии высоких завитков
wort pitched with yeast пив. сусло после введения дрожжей
worts (*n.*) *pl.* смесь сахаров и воды
Wrotham Pinot амп. Ротэм Пино (*английское название сорта винограда Пино Менье*)
Würzburg (*n.*) нем. геогр. Вюрцбург (*центр виноделия земли Франкония, известной старинным вином "Würzburger Stein Riesling", которое любил И. В. Гёте*)
Wyndruif (*n.*) южн.-афр. Виндрёф (*местное название сорта Семильон*)
Wynns (*n.*) австрал. геогр. Винз (*известный виноградник, расположенный в винодельческом районе Кунаварра*)

X

Xampan (*n.*) исп. «Хампан» (*игристое вино, приготовляемое по классической технологии шампанского; название запрещено для использования Евросоветом; ткж.* **Champón**; *вместо него используется наименование "Cava" или "vino espumoso"*)
xantham gum хим. ксантамовая смола (*вещество, вырабатываемое бактериями Xylella fastidiosa, нарушающее водоснабжение в тканях винограда*); см. ткж. **Pierce's disease**
Xarel-Lo (*n.*) исп. амп. Харельо (*сорт белого винограда, выращиваемого в Каталонии; используется для приготовления известных игристых вин "Cava"*)
Xarello (*n.*) см. **Xarel-Lo**
Xeres (*n.*) см. **Xérès**
Xérès (*n.*) фр. херес (*одно из зарегистрированных названий хереса*); см. ткж. **Jerez; sherry**
xeriscape (*n.*) бот. ландшафт, состоящий из сухолюбивых растений
xerophil (*adj.*) см. **xerophilous**
xerophilous (*adj.*) бот. ксерофильный, сухолюбивый (*о некоторых сортах винограда*)
xeros (*adj.*) греч. сухой (*о вине*); см. ткж. **dry; sec**
xerotic (*adj.*) клим., агр. сухой, обезвоженный
xozu (*n.*) кор. ходзу (*напиток соджу, характеризующийся невысоким качеством*); см. ткж. **soju**
xylanthrax (*n.*) древесный уголь (*осветляющее средство для вин*)
xylem (*n.*) бот. ксилема
xylene (*n.*) хим. ксилен
xylose (*n.*) хим. ксилоза (*пятиуглеродный сахар*)
Xynisteri (*n.*) греч. амп. Ксинистери (*сорт белого винограда, произрастающего на Кипре; используется для вина "Commandaria"*)
Xynomavro (*n.*) греч. амп. Ксиномавро (*сорт красного винограда, самый распространенный в Греции; применяется для тихих вин «Наусса», «Рапсани» и игристого «Аминдео»*)
xyphinema (*n.*) энт. ксифинема (*разновидность нематоды, передающей вирусные заболевания винограда; вредитель винограда*)

Y

"Y" (*n.*) фр. фирм. «Игрэк» (*сухое белое вино из Шато д'Икем, приготовленное из белого винограда, не пораженного благородной плесенью*)

Yakima Valley *амер. геогр.* долина реки Якима (*известная винодельческая область в штате Вашингтон*)

Yakut (*n.*) *фирм.* «Якут» (*марка сухого красного вина, имеющего высокую плотность и терпкость; одно из лучших вин Турции*)

Yamabudo (*n.*) *яп. амп.* Ямабудо (*дикорастущий сорт красного винограда; используется для приготовления красных сухих вин*)

yard-of-ale (*n.*) *брит.* 1. длинный сосуд (*около 1 м*) для эля или пива; 2. количество эля в данном сосуде

yeast 1. (*n.*) дрожжи; 2. (*n.*) зрелые дрожжи (*отбродивший дрожжевой затор*); 3. (*v.*) вводить дрожжи в сусло

  alcohol ~ спиртовые дрожжи

  ale ~ дрожжи *Saccharomyces cerevisiae* для приготовления эля (*для тепловой ферментации пивного сусла*); *ткж.* **top-fermenting yeast; warm fermentation yeast**

  autolyzed ~ дрожжевой автолизат

  beer ~ пивные дрожжи; *ткж.* **brewer's yeast; brewing yeast**

  bottom-fermenting ~ дрожжи для низового брожения [холодной ферментации] пивного сусла; *ткж.* **cold fermentation yeast; lager yeast**

  brewer's ~ пивные дрожжи; *ткж.* **beer yeast; brewing yeast**

  brewing ~ *см.* **beer yeast; brewer's yeast**

  champagne ~ дрожжи для производства шампанского

  cold fermentation ~ *см.* **bottom-fermenting yeast; lager yeast**

  compressed ~ прессованные дрожжи

  dry ~ сухие дрожжи

  fast-working ~ дрожжи с высокой бродильной способностью

  lager ~ дрожжи *Saccharomyces carlsbergensis* для приготовления пива лагер (*для холодной ферментации пивного сусла при температуре ниже 10°C*); *ткж.* **bottom-fermenting yeast; cold fermentation yeast**

  liquid ~ жидкие дрожжи

  spoilage ~ дрожжи, вызывающие пороки вина

  top-fermenting ~ дрожжи для верхового брожения [тепловой ферментации] пивного сусла; *ткж.* **ale yeast; warm fermentation yeast**

  warm fermentation ~ *см.* **ale yeast; top-fermenting yeast**

  wild ~ дрожжи, содержащиеся на поверхности ягод винограда

  wine ~ винные дрожжи (*выполняющие полный цикл ферментации виноградного сока в виноматериал*)

  wine related ~ *см.* **wine yeast**

yeast bite неприятная [несмываемая] горечь (*пива*)

yeast cream *спирт.* дрожжевая разводка

yeast energizer *амер.* питательная добавка для обеспечения ферментации дрожжей

yeast extract дрожжевой экстракт

yeast hulls дрожжевые кожицы от виноградных ягод

yeasting (*n.*) введение дрожжей в сусло

yeast nutrient питательная добавка для роста дрожжей

yeast propagator *см.* **yeast starter**

yeast recycle *спирт.* повторная подача дрожжей

yeast starter закваска для дрожжей

yeast strain 1. *спирт.* фильтрование дрожжей; 2. дрожжевая разводка; 3. *хим.* штамм дрожжей

yeasty (*adj.*) *дегуст.* с дрожжевым привкусом (*о вине*)

yellow (*adj.*) желтый

  golden ~ *дегуст.* золотисто-желтый (*о цвете белых вин*)

  lemon ~ *дегуст.* лимонно-желтый (*о цвете белых вин*)

  straw ~ *дегуст.* соломенно-желтый (*о цвете белых вин*)

Yellow Chartreuse *фирм.* «Желтый Шартрёз» (*мягкий сладкий ликер, ароматизированный апельсином и миртом, крепостью 40% об.*)

yellow jacket *амер.* желтая оса (*сем. Vespidae*) (*вредитель виноградников*)

yellow mosaic *фитопат.* вирус желтой мозаики (*заболевание винограда*)

yellows disease *фитопат.* болезнь желтизны; *ткж.* **flavescence dorée**

yellow speckle

yellow speckle *фитопат.* желтая пятнистость листьев винограда (*заболевание винограда*)

yellow stain желтизна пробки (*дефект корковой пробки*); см. ткж. **cork defects**

yema (*n.*) сусло-самотек; см. ткж. **free-run juice**

yeso (*n.*) *исп.* гипс из сульфата кальция (*добавляется в ягоды винограда перед прессованием в производстве хереса*)

Yhrn (*n.*) *нем. ист.* ирн (*старинная южнотирольская винная бочка емкостью 56,598 л*)

yield (*n.*) 1. урожай (*в виноградарстве*); 2. выход продукта (*в виноделии и производстве спирта*)
  alcohol ~ выход спирта (*количество спирта данной концентрации в объемных единицах на стандартную единицу сырья*)
  annual ~ 1. годовой урожай; 2. годовой выход продукции; годовая выработка
  average ~ средний выход продукции
  copper ~ *пив.* выход экстракта в варочном отделении
  distillation ~ *спирт.* выход отгона
  rerun ~ *спирт.* выход после вторичной перегонки
  total ~ общий [валовый] выход продукции
  vineyard ~ урожайность площадей виноградника (*на единицу площади – т/акр, т/га, гл/га*)
  volume ~ *см.* **total yield**

yield per sq. m *агр.* урожай с квадратного метра площади

York-Madeira *амп.* Йорк-Мадера (*американский гибридный сорт красного винограда, дает высокоспиртуозные вина с характерным «лисьим» тоном*)

youthful (*adj.*) свежий, молодой, незрелый (*о вине*)

Ypióca Cachaça *браз. фирм.* «Ипиока кашаса» (*напиток, приготовляемый из сока сахарного тростника первого прессования*)

Yquem (*n.*) *фр.* 1. *геогр.* Икем (*всемирно известный апелласьон в винодельческой области Сотерн, регион Бордо*); 2. *фирм.* «Икем» (*мягкое десертное белое вино типа французского сотерна; приготовлено из сорта Шато Икем*); ткж. **Château d'Yquem**

yucca (*n.*) юкка (*исходное сырье в спиртовом производстве*)

Yukon Jack *фирм.* «Юкон Джек» (*марка виски, выпускаемого в Канаде*)

Yunyu san *яп.* импортированное вино (*обозначение на этикетке*)

Yvorne (*n.*) *швейц. геогр.* Иворна (*известный апелласьон в кантоне Ваадт*)

Z

zeer oude *голл.* очень старый (*наивысшая степень выдержки у джина*); *ср.* **jonge; oude**

Zeller schwarze Katz *фирм. нем.* «Черный кот» (*вино из Целле, область Мозель, Германия*)

zeolite (*n.*) *хим.* цеолит (*кристалл алюмосиликатов; применяется для дегидратации этанола*)

zero dosage *вин.* смесь купажных вин, не содержащих сахар

zestful (*adj.*) *дегуст.* свежий, искристый (*о вине, как правило, белом*)

Zima (*n.*) *фирм.* «Зима» (*мальтированный напиток, похожий на пиво, крепостью 4,8% об.*)

Zin (*n.*) *амер. сокр. см.* **Zinfandel**

Zinfandel (*n.*) *амп.* Цинфандель (*сорт красного винограда, выращиваемого в Калифорнии и Австралии; используется для производства красных столовых, игристых и розовых вин, а также портвейнов*); ◊ **White Zinfandel, Zinfandel Rosé** «Розовый Цинфандель» (*вино, полученное при ферментации сока винограда Цинфандель без мезги*)

zingy (*adj.*) *дегуст.* имеющий резкий вкус (*о вине*)

Ziram (*n.*) *амер. фирм.* «Зирам» (*фунгицид, используемый в виноградарстве*)
zonate leaf spot *фитопат.* зональная пятнистость листьев (*заболевание винограда*); *см. ткж.* **target spot**
zone:
 fruiting ~ *агр.* нижний плодоносящий уровень ряда виноградных насаждений
 zones of hardiness *агр.* карта *или* таблица температур и условий произрастания растения
Zurracapote (*n.*) *фирм.* «Зуракапот» (*освежающий напиток из вина с сахаром, корицей и лимоном*)
zymase (*n.*) *хим.* зимаза (*фермент, присутствующий в дрожжах при ферментации*)
zymogram (*n.*) зимограмма (*электрофотограмма, иллюстрирующая активность ферментов в анализируемом образце*)
zymograph (*n.*) *см.* **zymotachygraph**
zymology (*n.*) зимология, ферментология
zymomonas (*n.*) *pl. биол.* зимомоны (*бактерии семейства Pseudotonadaceae; обеспечивают ферментацию сахара в спирт*)
zymotachygraph (*n.*) зимотахиграф (*прибор для определения подъемной силы дрожжей*)
zymosis (*n.*) ферментация; брожение
zymotechnology (*n.*) наука о (дрожжевой) ферментации
zymotic (*adj.*) ферментный, ферментативный
zymurgy (*n.*) химия бродильных производств
zythepsary (*n.*) *ист.* пивоварня
zythum (*n.*) *ист.* название пива в древнем Египте

РУССКО-АНГЛИЙСКИЙ СЛОВАРЬ ПО ВИНОГРАДАРСТВУ, ВИНОДЕЛИЮ И СПИРТНЫМ НАПИТКАМ

Около 11 000 терминов

RUSSIAN-ENGLISH DICTIONARY OF VITICULTURE, WINE AND SPIRITS

About 11 000 terms

РУССКИЙ АЛФАВИТ

Аа	Жж	Нн	Фф	Ыы
Бб	Зз	Оо	Хх	Ьь
Вв	Ии	Пп	Цц	Ээ
Гг	Йй	Рр	Чч	Юю
Дд	Кк	Сс	Шш	Яя
Ее	Лл	Тт	Щщ	
Ёё	Мм	Уу	Ъъ	

А

Абацвиж *amp.* Abatsvizh (*red grape variety from Abkhazia*)
абиотический *physiol.* abiotic; ~ие факторы abiotic factors
аблактировка *agr.* ablactation
аборигенный *bot.* autochthonous, aboriginal
Абрау-Дюрсо *geogr.* Abrau-Durso (*vineyard and winery in the Krasnodar region of Russia, on the coast of the Black Sea; one of the oldest sparkling wine producers in Russia*)
абрикос apricot
абрикосовая настойка apricot liquor
абрикосовый бренди Abricotine; apricot brandy
абрикосовый ликер Abricotine
«Абрикотин» Abricotine
абсент absinth(e), absinthium
абсолютизирование спирта alcohol dehydration
абсолютный спирт absolute ethanol, absolute spirit, absolute alcohol
абсорбат *chem.* absorbate
абсорбент *chem.* absorbent
абсорбер *chem.* 1. absorber (*substance*); 2. absorbing apparatus, absorber (*device*)
абсорбированное вещество *chem.* absorbate
абсорбирующее вещество *chem.* absorbent
абсорбционный аппарат *chem.* absorber, absorbing apparatus
абсорбция *chem.* absorption
Авасирхва *amp.* Avasirkhva (*white grape variety from Abkhazia*)
автоклав autoclave
автоклавирование барды processing of distiller's spent grains in autoclave
автолизат autolysate
автолиз дрожжей yeast autolysis
автомат для извлечения бутылок из ящика decrater
автомат для стерилизации бутылок bottle sterilization device
автомат для укладки бутылок в ящики bottle packing device
автомат для укупорки винтовыми колпачками screw capping machine
автомат для фиксации прокладок в колпачках cap wadding machine
автоматический титрометр autotitrator
автомат-наполнитель automatic filling machine
автостерильность *bot.* autosterility; self-infertility of a plant
автотрофия autotrophy (*self-nutrition of a plant*)
автофертильность *bot.* autofertility
Агадай *amp.* Agadai (*white grape variety from Dagestan, Russia*)
Аг Алдара *amp.* Ag Aldara (*ancient Trans-Caucasian white grape variety*)
агар-агар agar-agar (*natural wine clarification agent*)
Аг Изюм *amp.* Ag Izium (*white grape variety form Dagestan, Russia*)
агломерированная пробка agglomerated cork
аграф agraf(f)e; *syn.* скоба
агрегат для налива *или* **упаковки в бочки** barrel-packing machine
агроклиматическая зона agroclimatic zone, terroir
агрокомплекс most favorable mixture of different agricultural technologies
агроном-виноградарь viticulturalist with University diploma, working in a vineyard

агрономическая характеристика почв

агрономическая характеристика почв *agr.* study of soils concerning their suitability for agriculture

агротехника винограда agricultural technology of grape-growing

зональная ~ agricultural technology used in a specific viticultural zone

районная ~ agricultural technology used in a specific viticultural region

агрофон preceding agricultural practices

«Аг Суфре» *reg.* "Ag Sufre" (*white table wine from grape variety Baian Shyrei, produced in Azerbaijan*)

адаптация *agr.* adaptation (*a balance of organism with environment*)

адаптивное виноградарство adaptive viticulture

адаптивное размещение adaptive location of vineyard

адаптивное размножение adaptive propagation of vines

адаптивность *agr.* adaptivity; adaptability (*a transition to highly efficient and sustainable viticulture*)

адаптивный сортимент adaptive grape varieties

адсорбат *chem.* adsorbate

адсорбент *chem.* adsorbent

адсорбирующее вещество *chem.* adsorbent

адсорбционное осветление adsorption clarification

адсорбционное фильтрование adsorption filtration

адсорпционный сепаратор adsorber

адсорбция *chem.* adsorption

Азатени *Arm. amp.* Azateni (*white wine grape variety of Armenian origin*)

азеотропная перегонка *spir.* azeotropic distillation

«Аиси» *Arm. reg.* "Aisi" (*sparkling rose wine from varieties Saperavi, Alexandrouli, Odzhaleshi, Mudzhuretuli grown in Western and Eastern Georgia*)

Айгезард *Arm. amp.* Aigezard (*rose table grape variety of Armenian origin*)

«Айгешат» *Arm. reg.* "Aigheshat" (*white fortified wine from variety Voskeat grown in Echmiadzin and Shaumian regions of Armenia*)

«Ай-Петри» *Ukr. reg.* "Ai-Petri" (*grape brandy aged 8-10 years, made from spirits distilled from white grape varieties grown in Crimea*)

Айреник *Arm. amp.* Airenik (*black table grape variety of Armenian origin*)

акклиматизация *physiol.* acclimatization

акр acre

акратофор *eno.* pressure tank; acratophore (*apparatus for making sparkling wines according to reservoir method*); *v.* **резервуарный периодический метод шампанизации**

акратофорная смесь *v.* **бродильная смесь**

акратофорные тона *v.* **пороки шампанского**

акридная кислотность acrid acidity

активатор брожения yeast starter

активация activation

активированный уголь activated carbon

активная кислотность actual [true] acidity

активная почка *bot.* active bud

активная температура *agr.* active temperature (*a temperature which is higher than biological minimum of a definite variety*)

активное брожение *spir., eno.* active fermentation

активность activity

активность виноградной лозы *physiol.* vine activity

активность дрожжей *eno.* enzymatic activity

активность побегов винограда *physiol.* shoot attitude

активность роста винограда *physiol.* vigo(u)r

активный *physiol.* vigo(u)rous; *v. also* **дающий побеги**

акциз на алкоголь excise duty, excise tax

Аладастури *Georg. amp.* Aladasturi (*black wine grape variety of Georgian origin*)

«Алазанская долина» *Georg. reg.* "Alazan valley" (*white and red demi-sweet wine from grape varieties grown in Georgia*)

Александроули *Georg. amp.* Alexandrouli (*black wine grape variety from Georgia*)

алембик alembic; *also* **брагоперегонный аппарат**

Алиготе *Fr. amp.* Aligoté
алкалиметр alkalimeter
алкалиметрия alkalimetry
алкалоид *chem.* alkaloid
алкоголеметр alcoholometer
алкоголеметрия alcoholometry
алкоголиз alcoholysis
алкоголизация alcoholization
алкоголизм alcoholism, oenolism
алкоголоскоп alcoholoscope; *also* **винометр**
алкоголь alcohol
алкогольная крепость degree of alcohol; alcohol content
алкогольная продукция spirits; liquors; products of spirit industry
алкогольный напиток spirit; alcoholic beverage
алкоолометрия *hist.* alcoholometry
аллиловый спирт allyl alcohol
аллювиальные почвы *geol.* alluvial soils
Алушта 1. *Ukr. geogr.* Alushta (*wine appellation and town in the south of Crimea*); 2. *reg.* "Alushta" (*red table dry wine from grape varieties Cabernet Sauvignon, Saperavi, Morastel, Mourvedre, Malbec grown in the Alushta valley*)
Алый терский *Rus. amp.* Alyi terskii (*wine black grape variety grown in southern Russia, Chechen Republic, Dagestan*)
альбедо *agr.* albedo (*reflectory feature of soil*)
альдегид *chem.* aldehyde
«Альминское» *Ukr. reg.* "Alminskoe" (*sweet red wine from grape variety Khingondy aged in a barrel*)
альтернариоз *phytopat.* alternariose
Альфа *Rus. amp.* Alpha (*black grape variety grown in the Far East of Russia*)
алюминиевый касс *eno.* alumin(i)um casse
американские сорта винограда American grape varieties
амилаза amylase
амиловый спирт amyl alcohol
амилоза amylose
амилопектин amylopectin
аминокислоты amino acids
ампелографическая карточка ampelographic card (*ampelographic description of a variety*)

ампелографическая коллекция ampelographic collection
ампелографические характеристики ampelographic characteristics
ампелографическое описание ampelographic description
ампелография ampelography
  общая ~ general ampelography
  сравнительная ~ comparative ampelography
  частная ~ special ampelography
ампелология ampelology
ампелометрические характеристики ampelometric characteristics
ампелометрический дескриптор ampelometric descriptor
ампелометрия ampelometry
ампелопедология ampelopedology
ампелотерапия ampelotherapy; *syn.* **виноградолечение**
Амур *Rus. amp.* Amur (*black grape variety*)
амурский виноград *Rus. amp.* grape variety grown in the Amur region of Russia
амфелопсис *bot.* amphelopsis
амфимиксис *bot.* amphimixis
амфора amphore
анализатор analyzer
анализатор содержания алкоголя в организме breathalizer
анализировать analyze
анализ на питательную ценность nutritional analysis
аналитическая дегустация analytical tasting
аналитическая перегонка analytical distillation
анаэробиоз anaerobiosis
анаэробная ферментация anaerobic fermentation
анаэробный anaerobic
ангидридный *chem.* anhydrous
английская прививка bench graft
анис *bot.* anise
антацид antacid
Антей магарачский *Rus. amp.* Antei Magarachskii (*black grape variety grown in Russia and Ukraine*)
антер *bot.* anther
антибиотик antibiotic

антибиотический

антибиотический antibiotic
антиоксидант antioxidant
антисептик antiseptic
антисептирование antiseptization
антисептическое средство antiseptic
антифермент *chem.* antienzyme
антоцианин *chem.* anthocyanin
антракноз *phytopat.* anthracnose
апелласьон appellation
аперитив aperitif
апомиксис *bot.* apomyxis
аппарат для добавочного газирования aftergasser
аппарат для дымления fumigation device
аппарат для мытья бутылок bottle washer
аппарат для наклейки этикеток label(l)er
аппарат для непрерывного подогрева зерновой смеси *spir.* jet cooker
аппарат для полирования солода malt detrition apparatus
аппарат для разведения мелассы molasses dilution apparatus
аппарат для удаления кислорода из бутылок sparger
апробация *agr.* approbation, assessment of a vineyard by national agricultural bodies
арабис мозаика *phytopat.* Arabis mosaic vitis
Арагаци *Arm. amp.* Aragatsi (*table rose grape variety grown in Armenia*)
арак *Tur.* arak, arrack
аргентометрия argentometry
Аревшат *Arm. amp.* Arevshat (*table rose grape variety grown in Armenia*)
«Арени» *Arm. reg.* "Areni" (*table red wine from grape variety Areni black produced in the Ehegnadzor region, Armenia*)
Арени черный *Arm. amp.* Areni chiornyi, Areni black (*black wine grape variety grown in Armenia and Azerbaijan*)
ареометр для виноградного сусла must ga(u)ge
ареометр для спирта alcohol ga(u)ge
Арктик *Rus. amp.* Arktik (*frost-resistant black grape variety*)

аридная область *clim.* arid region
армази *Georg.* armazi (*alcohol-free drink from natural grape wine*)
Арманьяк *Fr. geogr.* Armagnac
арманьяк *Fr. reg.* Armagnac
армилляриоз *phytopat.* armillariose
армиллярия *phytopat.* armillaria root rot; shoestring root rot
аромат aroma; nose; flavo(u)r; fragrance
ароматизатор flavo(u)ring agent; flavo(u)ring material
ароматизированный дистиллят compounded liquor
ароматическая добавка к виноматериалу flavo(u)r additive
ароматические летучие вещества flavo(u)r volatiles
ароматический дистиллят flavo(u)r distillate
ароматический ряд aromatic series
ароматический сорт aromatic variety
ароматный *deg.* ample; flavo(u)ry; racy
ароматный спирт aromatic spirit
«Артемовское игристое» *Ukr. reg.* "Artemovskoe igristoe" (*red sparkling wine*)
арька *Rus. obs.* arika; vodka, produced from distilled mare's milk; *also* **молочная водка, кумышка**
асбестовый фильтр asbestos filter
Асма *Ukr. amp.* Asma (*black grape variety grown in the south of Russia and Crimea*)
аспергиллёз *phytopat.* aspergilliosis, aspergilliose (*fungal disease*)
аспирационная коробка *spir.* cascade
ассамблирование assemblage
ассамбляж *v.* **ассамблирование**
ассортимент assortment
атрофия гроздей *phytopat.* tendril atrophy
аутентичный authentic
афрометр aphrometer, pressure ga(u)ge for bottles
аффинитет *bot.* affinity
«Ахашени» *Georg. reg.* "Akhasheni" (*red table demi-sweet wine from grape variety Saperavi produced in the Gurdzhaani region of Georgia*)
«Ахмета» *Georg. reg.* "Akhmeta" (*white table demi-sweet wine from grape variety Mtsvane Kakhetinskii produced in the Akhmeta region, Georgia*)

ацетальдегид *chem.* acetaldehyde, acetic aldehyde
ацетат *chem.* acetate
ацетобактер *chem.* acetobacter, acetic acid bacteria
ацидиметрия *chem.* acidimetry
ацидометр *chem.* acidimeter
аэратор aerating apparatus; aerator
аэрационные устройства aeration devices
аэрация aeration

Б

бадана *com.* badana (*sun-dried grape berries of Kishmish white variety*); also **бедона**
бадижонаж *Fr.* badigeonnage
базисные кондиции *eno.* basic conditions
базовая почка *bot.* basal bud
бак tank
бак для сахарификации saccharification tank
Бако Нуар *Fr. amp.* Baco Noir
бактериальная муть bacterial haze
бактериальное увядание листьев *phytopat.* leaf blight
бактериальный рак *Lat. phytopat.* Pseudomonas tumefaciens Smith et Towns; *syn.* **зобоватость**
бактериальный фильтр bacteriological filter
бактерии, вызывающие аномальный рост ткани *phytopat.* crown leaf galls
бактериоз *phytopat.* bacteriosis
бальзам 1. balm, balsam (*thick aromatic extract of resins dissolved in etheral oils with plants*); 2. a liquor made by infusion of different medicinal plants in alcohol
барботирование barbotage
барда 1. *spir.* distillers' spent grains, distillery dregs, distillery slops, spent wash, stillage, spent wine; 2. *be.* pot ale, draff, grain, spent brewers' grains

безрукавная форма

барда коньячная vinasse, slop; *syn.* **винасс**
бардоотводчик *spir.* device for bending spent wash from columns; *syn.* **регулятор бардяной**
барр *eno.* bar (*fault of sparkling wine in the form of bars on the inner surface of the bottle*)
бархатистое вино velvety wine
Бархатный *Rus. amp.* Barkhatnyi (*white grape variety grown in Russia*)
Бастардо магарачский *Ukr.* 1. *amp.* Bastardo Magarachskii (*black wine grape variety grown in Crimea*); 2. *reg.* "Bastardo Magarachskii" (*red dessert merited wine produced from grape variety Bastardo Magarachskii grown in the south of Crimea*)
«Бастардо Массандра» *Ukr. reg.* "Bastardo Massandra" (*red dessert wine from grape variety Bastardo Magarachskii grown in the south of Crimea*)
батонаж *Fr.* bâtonnage
«Бахтриони» *Georg. reg.* "Bakhtrioni" (*white table merited wine from grape variety Mtsvane Kakhetinskii grown in the Akhmeta region of Georgia*)
Бахус *Lat. myth.* Bacchus
Бахчисарайский *Ukr. amp.* Bakhchisaraiskii (*white grape variety, relating to variety Rkatsiteli grown in the south of Ukraine and Russia*)
бачок для распылителя *agr.* spray tank
Баян Ширей *Azerb.* 1. *amp.* Baian Shyrei (*white wine grape variety grown in Azerbaijan*); 2. *reg.* "Baian Shyrei" (*white table wine from grape variety Baian Shyrei*)
бедона *v.* **бадана**
безалкогольный alcohol-free, non-alcoholic
безвкусный *deg.* tasteless, vapid
безводный arid (*about soils*)
безнасадочная колонна *spir.* empty column
безопасный колпачок safety cap
безопорная форма *agr.* postless type of grape bush
безрукавная форма *agr.* armless type of grape bush canopy (*deriving from bush head directly*)

безупречный

безупречный *deg.* taintless
бекмес *eno.* thickened must
белая гниль *phytopat.* white rot; decay
белковая суспензия *eno.* albuminous cloudiness (*wine fault*)
белковое вещество protein; albumen
белковое помутнение *eno.* protein haze (*wine fault*)
белковый касс *eno.* protein casse (*wine fault*)
белое вино white wine; *Fr.* blanc
белок protein; albumen
белый касс *eno.* white casse, white haze, opalescent cloud, ferric phosphate haze (*wine fault*)
беседочная культура винограда *agr.* pergola-type viticulture
бесплодная почка *bot.* non-fruiting bud
бесплодный *bot.* acarpous
беспримесный (*о спирте*) absolute (*about alcohol*)
бессемянность *physiol.* absence of seeds (*in grape berries*); *v.* **горошение, партенокарпия, стеноспермокарпия**
 облигатная ~ obligatory absence of seeds
 факультативная ~ optional absence of seeds
бессемянный изюм sultana
бессемянный сорт винограда *amp.* seedless grape
бессистемная посадка винограда *agr.* planting grapes at random
бестарная перевозка винограда transportation of picked grapes in bulk in special tanks
биологическая стабильность вина biological stability of wine
биологическая ценность ягод винограда biological properties of grape berries
биологический нуль biological zero (*the lowest temperature which makes plant's development impossible*)
биологическое помутнение вина *eno.* biological haze of wine (*wine fault*)
биолого-хозяйственные признаки сорта винограда *amp.* biological and commercial characteristics of grape variety

биотические факторы biotic factors (*the total effect of definite organisms on other organisms*)
биохимический анализ biochemical analysis
биохимическое помутнение вина *eno.* biochemical haze of wine (*wine fault caused by oxidation of phenolic components*); *syn.* **оксидазный касс, побурение вина**
бирка tag
бисульфит натрия sodium bisulfite
битартрат калия potassium bitartrate
битое стекло broken glass; cullet
Битоксибациллин *Rus.* Bitoxibacillin (*pesticide on the basis of Bacillus thuringiensis*)
благородная гниль noble rot
благородная плесень Botrytis cinerea
благородные сорта винограда noble vines; noble grape varieties
«блан де блан» *Fr. eno.* blanc de blancs (*white sparkling wine*)
«блан де нуар» *Fr. eno.* blanc de noirs (*red sparkling wine*)
бледный *deg.* grey, gray (*about wine colour*)
блеск *deg.* sparkle
блошка виноградная *ent.* vine flea beetle Haltica ampelophaga Guer (*grape pest*)
блэк рот *phytopat.* black rot; *also* **черная гниль**
богарное виноградарство *agr.* non-irrigated viticulture; viticulture on arid soils; *syn.* **неорошаемое виноградарство**
богомол *ent.* praying mantis (*grape pest*)
бодяга *coll.* 1. wine *or* spirit of inferior quality; 2. falsified wine *or* spirit; bootleg
бодяжить *coll.* 1. to produce wine *or* spirits illegally; 2. to falsify wines *or* spirits
бодяжник *coll.* bootlegger; maker of falsified wine *or* spirit
Божоле *Fr.* 1. *geogr.* Beaujolais; 2. "Beaujolais" (*red wine*)
божья коровка *ent.* ladybug, ladybird, ladybeetle
бой стекла cullet; broken glass; *v. also* **битое стекло; стеклобой**

бочонок

бокал glass; wineglass
бокал для дегустации tasting glass
бокал на высокой ножке tallboy
боковая лопасть *bot.* lateral lobe
боковая почка *bot.* lateral bud
боковая прививка *agr.* lateral grafting
боковик stave of the body of barrel
боковой *agr.* lateral
боковой побег *bot.* sucker
боковой погон *spir.* side-cut distillate, side draw
болезнь disease, sickness
болезнь Анагейма *phytopat.* Anaheim's disease
болезнь вина wine disease
болезнь желтизны *phytopat.* yellows disease; flavescence dorée
болезнь Олерона *phytopat.* Oleron's disease; mal nero; bacterial blight
болезнь Пирса *phytopat.* Pierce's disease
болезнь увядания лозы *phytopat.* cane blight
болезнь энаций винограда *phytopat.* grapevine enation disease
большая бочка для вина butt
большая продолжительность вкусового ощущения *deg.* long lingering
«Большая чаша» *agr.* Big Cup (*type of canopy*)
большой цикл развития растения *physiol.* viable cycle of development
бондарная мастерская *v.* бондарня
бондарня cooperage
бондарь cooper
бонитет *agr. econ.* soil quality index, soil site class, estimated soil productivity
бонитировка почв *agr. econ.* soil bonitation, estimation of soil productivuty (*assessment of soil in terms of its most important agronomical features*)
бонификатор *Fr.* bonificateur; specialist in estimation [selection] of soils
Бордо *Fr. geogr.* Bordeaux
бордоская жидкость *agr.* Bordeaux mixture
бормотуха *coll.* low quality fortified wine
бородавка *phytopat.* blotch
борозда *agr.* furrow
бороздка семени *bot.* seed furrow; carina of a seed
бороздование *agr.* ridging
бороздование черенков *agr.* longitudinal cutting of vine bark
бороздчатость древесины *phytopat.* pitting (*viral disease of grapevine*)
бороздчатость древесины винограда *bot.* grapevine stem pitting
боронование *agr.* harrowing
борьба с сорняками weed control
ботритис *phytopat. Lat.* Botrytis
бочарное дело cooperage
бочарно-токарный станок cask turning machine
бочарный станок barrel [cask] making machine
бочечный кран spigot; *also* чоповый кран
бочечный отстой *eno.* cask deposit
бочка barrel; cask; wood; tierce; tun; *see also* ведро
винная «беременная» ~ *Rus. hist.* "pregnant" barrel for wine
медовая ~ mead barrel
смоленская ~ Smolensk barrel
указная ~ barrel recommended after Decree of 1744
бочка для брожения fermentation cask
бочка для вина wine barrel; barrique
бочка для виски whisk(e)y barrel
бочка для хранения вина stock vat
бочка из нержавеющей стали stainless steel vat
бочка, окуренная сернистым газом sulfured cask
бочка с течью leaky cask
бочковая тара vat container; barrels; cooperage
бочковое вино cask [pipe] wine, wine ex cask
бочковое хозяйство stock of casks
бочкоосмолочная машина cask pitching machine
бочкоподъемник *v.* бочкопогрузчик
бочкопогрузчик cask transporter; cask lifter; *syn.* бочкоподъемник
бочкоразливочное отделение barreling station
бочкорассмолочная машина cask depitching machine
бочкотара *v.* бочковая тара
бочонок small barrel; водочный ~ *Rus. hist.* 1. measure of quality vodka; 2. container for highest quality vodka

брага

брага *coll.* home-brewed beer; wort
брагоперегонный аппарат alembic; distiller; *also* **алембик**
бражка 1. *spir.* a) wash; b) fermentable wort; *also* **сбраживаемое сусло** 2. *eno.* **зрелая ~** product of marc fermenting with alcohol content 3 – 5% vol.
бражка выжимочная fermented grape marc
бражная колонна beer column; distillation column
бражная колонна, работающая под вакуумом vacuum beer still
бражный дистиллят wash distillate
брак defected product (*in vodka and hard liquors production*)
  исправимый ~ returnable defected product
  неисправимый ~ non-returnable defected product
бракераж control of bottling
бракованный материал *agr.* rejected material
браковка саженцев *agr.* inspection of grape young plants before planting
бренди brandy
  виноградный ~ grape brandy
  ~ для потребления beverage brandy
  яблочный ~ apple brandy
бренди, полученный при дистилляции осадков lees brandy
бренди, приготовленный из сухофруктов dried fruit brandy
бродильная пустота empty space for fermentation
бродильная смесь *eno.* a mixture of assembled wines, reservoir liqueur and yeast starter (*in production of sparkling wines according to Charmat process*)
бродильная способность fermentation power
бродильная установка fermenter; fermentation device; *also* **бродильный аппарат**
бродильное отделение fermentation plant
бродильное сырье brewing raw material
бродильный аппарат *v.* **бродильная установка**
бродильный цех fermentation shop
бродильный чан hornworm

бродильный шпунт fermentation bung
бродильня fermentation premise, fermentation room, fermentation department of a winery; *also* **камера брожения**
брожение fermentation; zymosis
  алкогольное ~ alcohol fermentation
  бурное ~ active [effervescent] fermentation (*second stage of fermentation process*)
  вторичное ~ second [bottle] fermentation (*in production of champagne and sparkling wines*)
  самопроизвольное ~ spontaneous fermentation
  спиртовое ~ alcohol fermentation
  спонтанное ~ spontaneous fermentation
  тихое ~ slow fermentation (*third stage of fermentation process*); *syn.* **дображивание**
  ~ на мезге on-skins fermentation, fermentation of must with grape berry skins
  ~ на мезге с плавающей шапкой fermentation with floating cap
  ~ на мезге с погруженной шапкой fermentation with submerged cap
  ~ на наполнителях fermentation with addition of foreign objects
  ~ непрерывным способом continuous fermentation
  ~ периодическим способом batch fermentation
  ~ под давлением fermentation under pressure
брожение в бутылках bottle fermentation
брожение в потоке continuous fermentation
  гетерогенное ~ heterogeneous continuous fermentation
  гомогенное ~ homogeneous continuous fermentation (*by stirring of the fermenting product*)
  закрытое ~ closed continuous fermentation (*the yeasts remain in fermentation tank*)
  многостадийное ~ multistage continuous fermentation (*in a number of tanks*)
  одностадийное ~ single-stage continuous fermentation (*in one tank*)
  открытое ~ open continuous fermentation (*the yeasts remain in the finished product*)

брожение «сверх четырех» superquatre fermentation
брожение с использованием культуры плесневых грибов mold fermentation
Бруйи *Fr. geogr.* Brouilly
бруниссура *phytopat.* browning of grape leaves, brunissure (*non-infectional disease of grapes*); *also* побурение листьев
брют brut
брюшная сторона лозы *bot.* ventral side of cane
брюшная сторона семени винограда *bot.* grape-seed belly
буйволовидная цикадка *ent.* buffalo tree hopper (*grape pest*)
Буйтур *Rus. amp.* Buitur (*frost-resistant black grape variety grown in northern Russia*)
букет *deg.* bouquet; flavo(u)r
«Букет Абхазии» *Rus. reg.* "Buket Abkhazii" (*white dessert wine from grape variety Isabella grown in Abkhazia*)
«Букет Анапы» *Rus. reg.* "Buket Anapy" (*red dessert merited aged wine from grape varieties Muskat d'Hamburg, Cabernet Sauvignon and Saperavi grown in Anapa viticultural zone, southern Russia*)
букет вина *deg.* wine bouquet; race of wine
букет вина в результате редукционных реакций *deg.* bottle bouquet
«Букет Кубани» *Rus. reg.* "Buket Kubani" (*rose dessert wine from grape varieties Muskat d'Hamburg, Muskat Hungarian, and Fioletovyi Rannii grown in the Krasnodar region, southern Russia*)
«Букет Молдавии» *Mold. reg.* "Buket Moldavii" (*red, rose and white flavored dessert wine from grapes grown in southern Moldova*)
Буланый *Rus. amp.* Bulanyi (*black local grape variety from the Don valley, southern Russia*)
бумага для обертки бутылок wrapping paper
бумажный фильтр felted sheet filter
буравчик auger
бурбон *US* bourbon (whiskey)
Бургундия *Fr. geogr.* Bourgogne, Burgundy
бургундское вино. Burgundy wine

бур для черенкования auger for planting cuttings
бурдюк wineskin; wine bag; skin container for wine
бурлуй *Mold.* burlui (*stone vessel with long thin neck and a handle, used for keeping wine and other drinks*)
бурмистр *hist.* 1. a clerk who collected taxes from vodka retailing in Russia; 2. administrator of the supplies of vodka ("wheat wine") in Russia (*introduced in Russia in 1699 by Peter the Great*)
бурно выделяться (*о газе*) effervesce (*about gases*)
бурые лесные почвы *geol.* brown forest soils
бурые полупустынные почвы *geol.* brown desert soils
бут butt (*big wooden container for wine*)
бутанол *chem.* butanol
бутон *bot.* flower bud
бутылка bottle
винная ~ wine bottle (*0.7 l*)
водочная ~ vodka bottle (*0.5 l*)
бутылкомоечная машина bottle-washing machine, bottle washer
бутылкомоечное отделение bottle washing room
бутылочная болезнь bottle sickness
бутылочное вино bottle wine
бутылочный способ шампанизации bottle champagnization
бутыль 1. flask; 2. *Rus. obs.* a measure of vodka or spirit volume; водочная ~ vodka bottle = 0.61 l; *also* полуштоф; винная ~ wine bottle = 0.768 l
быть профессиональным дегустатором taste; to be a taster

В

«Вазисубани» *Georg. reg.* "Vazisubani" (*white table merited wine made from varieties Rkatsiteli and Mtsvane Kakhetinskii grown in the Kakheti region, Georgia*)

вайт рот

вайт рот *phytopat.* white rot; decay; *also* белая гниль
вакуумная ферментация vacuum fermentation
вакуум-перегонная колонка vacuum distilling column
вакуум-перегонный аппарат vacuum still
вакуум-сусло *eno.* concentrated grape juice condensed by boiling in a vacuum tank
вакуум-укупорочная машина vacuum-capping machine
вакуум-экстрактор vacuum extraction still
Вакх *Lat. myth.* Bachus
валовой анализ bulk analysis
валовый выход total yield
валовый сбор винограда *agr. econ.* total harvest of grapes
Вальполичелла *It. geogr.* Valpolicella
ванильная эссенция vanilla flavo(u)r
вариант исполнения горлышка бутылки bottle neck finish
Варюшкин *Rus. amp.* Variushkin (*black grape variety grown in the Don valley, southern Russia*)
введение дрожжей в сусло *eno., spir.* yeasting, wort pitching
вводить дрожжи в сусло *eno., spir.* pitch, yeast
вегетарианское вино vegetarian wine
вегетативная корневая система *bot.* vegetative root system
вегетативное размножение *bot.* vegetative propagation
вегетативный рост после завязи *physiol.* first cover
вегетационный период *physiol.* vegetation period of grape vine; annual cycles of the grape vine
ведерко для охлаждения бутылок wine cooler, wine chiller
ведро *Rus. obs.* a measure of wine and spirit volume = 21 pints
веерообразная форма куста *agr.* fan-shaped bush
вентильный конденсор vent-condenser
венчик 1. *bot.* cap (*of the grape flower*); 2. rim of a bottle; *also* поясок
вермут vermouth

вернализация *bot.* vernalization
вертициллиоз *phytopat.* infectious wilting
вертунья виноградная *Lat ent. Eupoecilia ambiguella* (*grape pest*); *syn.* листовертка двухлетняя
верхний край горлышка бутылки bottle lip; bottle mouth
верхняя (*более легкая*) фаза *spir.* upper phase
верхняя часть (*листа*) *bot.* dorsal side
верхняя часть растения head
верховое брожение top fermentation
верхушечная почка apical bud
весовой процент weight per cent
ветвь branch, arm
ветвь лозы vine
взаимодействие кожуры ягод skin contact; maceration
взбалтывание agitation
взбалтывать agitate
взвеси suspended solids
вид variety, species; ~ винограда grape variety
видимая крепость водки apparent alcohol strength of vodka
видимое сбраживание apparent attenuation
виды винограда культурного Vitis specie
визуальная оценка *deg.* visual evaluation
вилт *phytopat.* wilt; *also* вялость
винасс vinasse; *syn.* барда коньячная
винзавод winery; wine producing plant
винсовхоз wine farm; wine estate
винная бочка wine cask; barrique
винная бутылка wine bottle
винная бутылка немецкого типа (*высокая и узкая*) tall wine bottle
винная кислота tartaric acid
винная порция *Rus. hist.* wine portion (*a 100-g dose of vodka given daily to every Soviet Army soldier during WW2*)
винница *obs.* wine retail outlet in Russia and Ukraine; a wine cellar; *also* винный магазин
винно-водочный *com.* combining production *or* sales of wine and vodka; *e.g.* винно-водочный магазин; винно-водочный завод

ВИНО

винного цвета vinous
виннозаводчик *obs.* vodka producer
виннокаменный tartaric
винно-коньячный *com.* combining production *or* sales of wine and cognac; *e.g.* **винно-коньячный магазин; винно-коньячный завод**
винно-ликерный *com.* combining production *or* sales of wines and liqueurs
винные дрожжи wine yeast
винный vinaceous; vinic; vinous; wine; winy
винный бренди *Georg.* wine brandy (*product obtained by blending and further treatment of aged brandy spirits*)
винный запах vinous flavo(u)r
винный камень argol; *also* **кремортартар**
винный критик wine taster
винный магазин wine shop
винный напиток wine beverage
винный осадок *eno.* emptyings
винный откуп *Rus. hist.* spirit trade monopoly; state regulated system of wine trading (*after 1806 Rules of wine trade, introduction of licensed tax-free wine trade in Russia*)
винный погреб wine cellar; wine vault
винный сорт (винограда) vintage [wine] grape variety
винный спирт ethyl alcohol; grape spirit
вино 1. wine; *coll.* vino; 2. name of any spirit in ancient Russia
~ без выдержки unaged wine
~ контролируемого наименования по происхождению wine produced in a specified region
~ с высокой кислотностью crisp [tart] wine
~ с низким содержанием танинов soft wine
~ с низкой кислотностью soft wine
~, содержащее уксус sour wine
ароматизированное ~ flavo(u)red wine
бархатистое ~ velvety wine
белое ~ white wine
бочковое ~ cask [pipe] wine, wine ex cask
варёное ~ *obs.* distilled spirit (*general term of vodka used in XVI-XVII centuries*), *also* **перевар**
великое ~ *deg.* great wine
водянистое ~ *deg.* watery wine
выдающееся ~ *deg.* outstanding wine
выдержанное ~ aged wine
вялое ~ *deg.* wine with absence of acidity
газированное ~ carbonated wine
газированное слабонасыщенное ~ carbonated low saturated wine
горькое ~ *obs.* bitter spirit, bitters
горячее ~ *v.* **горящее вино**
горящее ~ *obs.* burning spirit, vodka; *also* **горячее вино; жжёное вино**
готовое ~ finished wine
двоеное ~ double spirit (*product of third distillation of wort*)
двухпробное ~ *obs.* vodka, obtained by dilution of spirit with 50% of water, *also* **бабье вино**
десертное ~ dessert wine
домашнее ~ home-made wine
жемчужное ~ pearl wine
жжёное ~ *v.* **горящее вино**
зеленое ~ *obs.* green spirit (*distilled from wort mixed with green herbs*), *also* **зелено-вино**
зрелое ~ well developed wine
игристое ~ sparkling wine
коллекционное ~ collection [special reserve] wine
красное ~ red wine
крепленое ~ fortified wine
купажное ~ blended wine, wine blend
курёное ~ *obs.* distilled spirit (*one of ancient names of vodka*)
легкое ~ delicate [balanced] wine with low tannins
лифляндское ~ *obs.* Lifland spirit (*spirit imported to Russia from Estonia and Latvia*)
малоспиртуозное молодое ~ delicate wine
марочное ~ merited [branded] wine (*wine of highest quality, made of specific grape variety according to approved process, aged in wood and appointed by the expert tasting panel*)
марциальное ~ *med. obs.* infusion of iron filings in red Burgundy wine (*used as medicine in Russia*)
местное ~ local wine

ВИНО

молодое ~ young wine
мясистое ~ *deg.* meaty [full-bodied] wine
натуральное ~ natural wine
ординарное ~ ordinary wine
ординарное выдержанное ~ ordinary wine, which is sold at the age of more than 1 year
ординарное молодое ~ ordinary wine, which is sold at maximal age of 1 year
освежающее ~ *deg.* fresh wine
пахучее ~ *deg.* wine with game-like odours
пенистое ~ foaming wine
пенное ~ *obs.* scum spirit (*best type of vodka, alcohol content 44.25% vol.*), also пенник
плесневелое ~ *deg.* wine with mouldy smell
плодовое ~ fruit wine
плодовое ароматизированное ~ flavored fruit wine
плодовое медовое ~ honey fruit wine
плодовое специальное ~ fruit wine specialty; special fruit wine
плодовое столовое ~ table fruit wine
плоское ~ flat wine
полусладкое ~ medium-sweet wine
полусухое ~ medium-dry wine (*about still wines*)
пресное ~ *deg.* flat wine
прозрачное ~ *deg.* clear wine
простое ~ *obs.* ordinary spirit (*product of second distillation of raw spirit*)
пустое ~ watery wine
разлаженное ~ spoiled wine
ржаное ~ *obs.* rye spirit (*one of vodka names*)
розовое ~ rose [pink, blush] wine
русское ~ *obs.* Russian spirit (*one of vodka names*)
сироповое ~ *deg.* syrup-like sweet wine
сортовое ~ varietal wine
специальное ~ special wine, wine specialty
столовое ~ table wine
сухое ~ dry wine
тихое ~ still wine
томное ~ *deg.* wine with long legs
травянистое ~ *deg.* wine with herbal flavo(u)r
трехпробное ~ *obs.* vodka with alcohol content 47.4% vol. obtained by dilution of 100 measures of spirit with 33 measures of water
троеное ~ tripple spirit (*product of fourth distillation of wort, used for mild domestic brands of vodka, with alcohol content 70% vol.*), also тройное вино
фруктовое ~ *deg.* fruity wine (*with distinct fruity flavour*)
хинное ~ *Rus. med. obs.* quinine wine (*infusion of quinine in white Mosel wine*)
хлебное ~ *Rus. obs.* "wheat wine", vodka (*raw spirit; common term for vodka from XVII century*)
худое ~ *deg.* poor wine; watery wine
цветочное ~ *deg.* floral wine (*with floral aromas*)
черкасское ~ *obs.* Cherkassy spirit (*Ukrainian horilka imported to Russia in XVIII – XIX c.*)
четырехпробное ~ *obs.* vodka obtained by dilution of 100 measures of spirit with 50 measures of water
чистое ~ *deg.* clear wine (*without foreign flavours and odours*)
шипучее ~ carbonated wine
вино без привкуса *deg.* short wine
вино без присвоения наименования wine without denomination of origin
вино бренди *Georg.* brandy wine (*young unprocessed wine used for preparation of brandy spirit*)
вино, возбуждающее аппетит appetizer wine; aperitif
вино, выдержанное в бочке до момента розлива vintage wine
вино высшего класса *eno.* first growth; *Fr.* Grand Cru, Premier Cru
вино для доливок wine for topping-up
вино для купажа blending wine
вино для перегонки distillation wine
вино из винограда благородных сортов breed wine
вино из заизюмленного винограда raisin wine
вино из лучших сортов винограда noble wine
вино из недозрелого винограда green [vegetal] wine

вино из самых лучших сортов top-of-the-line wine
вино из сусла-самотёка free-run wine
вино из сушеных плодов dried fruit wine
вино, имеющее все характеристики хорошего вина complete wine
вино, имеющее много оттенков вкусов и ароматов complex wine
вино, имеющее мягкий вкус soft wine
вино, имеющее полную структуру smooth wine
вино-краситель tinturier wine
вино края wine of specified region
вино местного производства local wine
вино, наименованное по месту происхождения wine with denomination of origin
вино, не поддающееся сбраживанию stuck wine
вино нового урожая *Fr.* vin primeur
вино особого урожая classed growth wine
вино, подвергнутое тепловой обработке baked wine
вино портвейных сортов port (style) wine
вино, сбалансированное по качеству elegant wine
вино с большим содержанием алкоголя viscious [sticky] wine
вино с высоким содержанием танинов tannic [astringent] wine
вино с вяжущим вкусом astringent wine
вино с дрожжевым привкусом yeasty wine
вино с едва выраженным букетом little wine
вино с замененной высохшей пробкой re-corked wine
вино с избыточной кислотностью tart wine
вино, содержащее уксус sour wine
вино, соответствующее мировым стандартам world class wine
вино с остатком неперебродившего сахара nobly sweet wine
вино с очень терпким вкусом mouth pucker
вино с пикантным привкусом spicy wine
вино с привкусом пробки corky wine
вино с присвоением наименования wine with denomination of origin
вино стандартного качества standard quality wine
вино с царапающей кислотностью pricked wine
вино тонкого вкуса fine wine
виноград 1. grape bush, grape plant of the family Vitiaceae; 2. grape berries, grape clusters
виноград амурский *Rus. amp.* Amur grape (*Vitis amurensis*)
виноградарско-винодельческий vitivinicultural
виноградарско-винодельческая отрасль vitivinicultural industry
виноградарство viticulture (*1. branch of business*; *2. science of grape cultivation*)
промышленное ~ commercial viticulture
виноградарство и виноделие vitiviniculture
виноградарь vine dresser, vine grower, viticulturist, vigneron
виноградарь-любитель amateur viticulturalist
виноград благородный *amp.* Vitis vinifera
виноград «Дамские пальчики» *amp.* Lady's fingers
виноградина grape berry
виноградная беседка pergola decorated with grapes
виноградная водка grape vodka
виноградная гроздь *bot.* cluster of grapes
виноградная косточка *bot.* grape seed; *also* семя винограда
виноградная лоза grapevine, grape plant
виноградная масса *agr.* mass of grapes
виноградная мезга *eno.* crushed grapes
виноградная мозаика *phytopat.* Sowbane mosaic
виноградная подушечница *ent.* woolly currant scale *syn.* червец виноградный
виноградная тля *ent.* grapevine moth, rootlouse
виноградная улитка vineyard snail

виноградная филлоксера

виноградная филлоксера grape phylloxera
виноградник vineyard, wine area
  горный ~ mountain vineyard
  казенный ~ *Rus. hist.* state-owned vineyard
  молодой ~ young vineyard
  неполивной ~ non-irrigated vineyard
  неукрывной ~ vineyard with open grape plants in winter
  плодоносящий ~ productive [fruit-bearing] vineyard
  поливной ~ irrigated vineyard
  промышленный ~ commercial vineyard
  равнинный ~ valley vineyard
  ~ специального назначения *Rus. agr.* special purpose vineyard
  укрывной ~ vineyard with grape plants covered with soil in winter
  частный ~ private vineyard, wine estate
виноградник высшего класса classified [great] growth
виноградное вино grape wine
виноградное вино, ароматизированное сосновой смолой retsina wine
виноградное масло grape seed oil
виноградное растение vine [grape] plant
виноградное сусло grape must
виноградные гребни stalks, stems, rafles
виноградные насаждения grapevine plantings
виноградные сахара grape sugars
виноградный viny
виноградный зудень *ent.* erinose *Eriophyes vitis* Pgst. *v.* **виноградный клещ**
виноградный клещ *v.* **виноградный зудень**
виноградный комарик *ent.* grape midge *Dichelomyia aenophila Haimh.* (*grape pest*)
виноградный корнеед *ent.* grape root borer
виноградный лист grape leaf
виноградный питомник *agr.* grape [vine] nursery, vinery
виноградный сад *Rus.* grape garden (*historical form of amateur viticulture with deliberate vineyard plantings*)
виноградный сахар *v.* глюкоза
виноградный сок grape juice

виноградный сок второго прессования second pressing grape juice
виноградный сок из выжимок recovered grape juice
виноградный спирт grape alcohol
виноградный усач *ent.* capricorn beetle (*grape pest*)
виноградовые *bot.* Vitaceae
виноградолечение ampelotherapy; *also* **ампелотерапия**
виноград, освобожденный от гребней destemmed grape
виноградоуборочный grape-harvesting type (*about agricultural machinery*)
виноградоуборочный комбайн grape harvester
виноград позднего созревания *amp.* late season grapes
винодел wine grower, winemaker, cellarmaster
винодел-виноградарь *Rus. hist.* grape and wine grower
виноделие wine growing, wine production, winemaking, vinification
  вторичное ~ secondary wine growing (*processing and aging of wines, bottling and transportation of wines*)
  первичное ~ initial wine growing (*processing of grapes, preparation of fermented wine*)
винодельня 1. winery; 2. department in a winery
винодельческая продукция products of winemaking; products of grape fermentation, distillation products, etc., used for marketing
винодельческий vineal
винодельческий завод winery
винодельческий регион wine area, wine district
винодельческий чан wine vat
винодельческое предприятие wine estate; winery
виноконьячная продукция *com.* wines, brandies and cognacs produced and sold in one category
винокур distiller
винокуренный солод distillers' malt
винокурня distillery
виноматериал wine material; base wine (*which is not bottled*)

коньячный ~ base wine used in production of cognac distilled spirits
шампанский ~ base wine used in production of sparkling wines in Russia and Ukraine
виноматериал для производства хересных вин sherry base wine
виноматериал для производства шампанского champagne base wine
виномер wine-level gauge
винометр alcoholoscope; vinometer; liquemeter; *also* **алкоголоскоп**
винопровод wine pipe
винотерапия vinotherapy, wine therapy
виноторговец vintner
виноторговля wine trade
  безоткупная ~ *Rus. hist.* tax-free wine trade (*from the middle of XIX century*)
  оптовая ~ bulk wine trade; wine wholesale
  розничная ~ wine retailing
винохранилище wine cellar, wine cave
виночерпий *hist.* cup-bearer (*mostly figurative*)
винсовхоз *obs.* wine producing state farm (*name sometimes found in names of vineyards and wine farms*)
винтовой колпачок для шампанских вин twist and pop cap
винтовой пресс постоянного действия continuous screw press
винт штопора worm
винт штопора, имеющий острый режущий конец bladed worm
винт штопора с насечкой ciphered worm
винт штопора с червяком из проволоки wire worm
Вионье *Fr. amp.* Viogner (*white grape variety*)
вирулентность virulence
вирус желтой мозаики *phytopat.* yellow mosaic virus
вирус кольцевой пятнистости табака *phytopat.* tobacco ringspot virus
вирус короткоузлия винограда *phytopat.* grapevine fanleaf virus
вирус некроза табака *phytopat.* tobacco necrosis virus
вирусные заболевания *phytopat.* viral diseases

водка

виски *Brit., Can.* whisky; *U.S., Irl.* whiskey
  зерновое ~ grain whisky
  кукурузное ~ corn whisky
  неразбавленное ~ straight whisky
  односолодовое ~ single malt whisky
  ржаное ~ rye whisky
виски из кукурузного зерна corn whiskey
виски из ржи rye whisky
виски, приготовленное из немолотого ячменя grain whisky
виски, приготовленное методом простой дистилляции pot-still whisky
виток спирали штопора corkscrew curl
вкус flavo(u)r; palate; taste
  гармоничный ~ balanced palate
  освежающий ~ fresh palate
  тонкий ~ delicate palate
вкус выдержанного продукта *deg.* aged flavo(u)r
вкусный tasty
вкусовая добавка flavo(u)ring agent
вкусовой gustatory
вкус пробки в вине *deg.* wet dog; wet cardboard
вкус ягод винограда berry flavo(u)r
влага moist(ure)
внесение барды stillage
внесение закваски *spir.* inoculation
внесение удобрений вокруг растения *agr.* side dressing
внешний вид растения *bot.* habitus; *also* **габитус**
вносить закваску *spir.* inoculate
внутривидовой гибрид *bot.* intraspecific hybrid
Водезир *Fr. geogr.* Vaudesir
водка vodka
  виноградная ~ grape vodka (*made from grape spirits*)
  классическая ~ classical type of vodka
  московская ~ *v.* **русская водка**
  ~ на березовых почках vodka infused on birch buds
  ~ на молоке vodka made with milk addition
  особая ~ special type of vodka; vodka specialty
  плодовая ~ fruit vodka

водка

пшеничная ~ vodka made from spirits distilled from special wheat variety
ржаная ~ vodka made from spirits distilled from special rye variety
русская ~ Russian vodka (*produced in Russia by special technology from local grain varieties*)
тутовая ~ mullberry vodka
водородный показатель pH index
водородный показатель почвы soil pH (index)
водочный вопрос *hist.* discussion about vodka in Russia (*about possibility of bottling vodka*)
водяная фаза water phase
водянистый thin; watery
возврат барды *spir.* backset of stillage
возврат к спячке *physiol.* de-activation
возвратная линия *spir.* runback
возвратное ощущение запаха *deg.* back passage
возвратное скрещивание *bot.* reciprocal cross; backcross
возвратный контейнер receptacle container; *also* многооборотный контейнер
возгонка *spir.* sublimation
возгоняемость *spir.* volatility
возделывание *agr.* culture
возделывать *agr.* culture
воздержание *med.* abstinence
воздержанный *med.* abstemious
воздушная камера ullage
воздушный замок airlock
возраст компонента виски *spir.* age statement
войлок в почке *bot.* bud hairs; bud tomentum
Волго-Дон *Rus. amp.* Volgo-Don (*table white grape variety*)
волшебная лоза magic vine (*a metaphor of grape vine*)
Вольне *Fr.* 1. *geogr.* Volnay 2. "Volney"(*red dry wine*)
Вольне-Сантено *Fr. geogr.* Volnay-Santenots
волюмометр volumeter
Вон-Романе *Fr.* 1. *geogr.* Vosne-Romanée; 2. "Vosne-Romanée" (*red dry wine*)
воронка cone; funnel
воск wax

Воскеат *Arm. amp.* Voskeat (*ancient wine white grape variety grown in Armenia*)
восковой налет *bot.* pruina; *v.* пруин
восстановительная обрезка *agr.* regenerative pruning
впитывание *chem.* absorption
впитывание воды (*бардой*) *spir.* water uptake
вращающаяся ректификационная колонна *spir.* rotary rectifying column
вредители vermin; pests
вредитель, скелетирующий листья skeletonizer
время сбора урожая harvesting season
всасывание воды растениями water uptake
всасывающий корень absorbing root
вспашка *agr.* ploughing
всхожесть (*семян*) *agr.* germination capacity
вторая фаза взаимодействия дрожжей с массой *spir.* logarithmic phase
вторичная ферментация *eno.* secondary fermentation; *also* вторичное брожение
вторичное брожение *spir., eno.* after-fermentation; secondary fermentation
вторичное вино *eno.* secondary wine from grape marc; *v.* петио, пикет
второе прессование *eno.* second pressing
второй осадок second lees
второй слив second run-off
второсортное вино second wine
втулка peg
Вувре *Fr.* 1. *geogr.* Vouvray; 2. "Vouvray" (*white wine*)
Вужо *Fr* 1. *geogr.* Vougeot; 2. "Vougeot" (*red dry wine, sometimes white wine*)
выбрасывание листьев растением *physiol.* foliation
выбрасывать почки *physiol.* break
выбрасывать ростки *physiol.* break shoots
выведение плеча *agr.* training [forming] of an arm
выведение штамба *agr.* training [forming] of a trunk
выверка бочки ga(u)ging
выветренное вино *deg.* aerated wine

выход спирта

выгонка винограда *obs. agr.* viticulture in greenhouses
Выдвиженец *Rus. amp.* Vydvizhenets (*white grape variety grown in Russia*)
выделение пузырьков газа effervescence
выделять (*пар и т. п.*) exhale
выдержанное вино aged wine
выдержанный в бочке aged in wood; bulk-aged
выдержанный в бутылках bottle-aged
выдержанный по качеству (*о вине*) consistent in quality
выдержанный по стилю (*о вине*) consistent in style
выдерживание seasoning
выдерживание (*вина*) **в бочках** cask ag(e)ing
выдерживать age
выдержка *eno.*, *spir.* ag(e)ing, store maturation, *agr.* ripening
бутылочная ~ bottle ag(e)ing
выдержка в бочках *eno.*, *spir.* barrel-ag(e)ing; *also* **выдерживание** (*вина*) **в бочках**
выдержка путем охлаждения *spir.* ag(e)ing by cooling
выдохшийся *deg.* rebate
выдыхаться *deg.* flatten
выемка листа *bot.* sinus; **верхняя боковая** ~ upper lateral sinus; **закрытая** ~ closed [overlapped] petiolar sinus
выжженный солнцем *agr.* adust
выжимки *eno.* marc; pomace
вызревание 1. *physiol.* ripening; 2. *eno.*, *spir.* ag(e)ing
вызревание лозы *physiol.* vine ripening
вызревание побегов *physiol.* shoot ripening
вызревать age, mature
вызревший виноград mature grape; *also* **зрелый виноград**
вызывающий ощущение покалывания *deg.* tingling
выкорчевка виноградника *agr.* stubbing out; uprooting
выламывание *agr.* breaking of extra shoots
вылеживаться age
вымачивать macerate
выпарной аппарат evaporator

выпревание *phytopat.* bud root; decay
выраженная мадеризация *deg.* pronounced rancio, pronounced maderization
выраженность вкуса и аромата *deg.* flavo(u)r intensity
выраженный вкус *deg.* pronounced flavo(u)r
выращиваемый в домашних условиях *agr.* domesticated
выращивание *agr.* culture
высадка в питомник *agr.* planting into nursery
высокая интенсивность ощущения при дегустации *deg.* powerful attack
высокая посадка *agr.* high planting
высокий узкий стакан flute
высокий узкий фужер tapered glass
высокий урожай *agr.* heavy crop
высокий штамб *bot.* high head
высокоградусный спирт high-proof [high-strength] alcohol
высокое качество продукта consistent quality
высокое сбраживание *spir.* high attenuation
высококачественное вино premium wine
высокотаниновое вино *deg.* hard wine
высокоштамбовая форма куста *bot.* high-bole bush
высохший лист *bot.* dried leaf
высушенный остаток после дистилляции *spir.* distillers' dried solubles
высшего качества (*о вине*) superior quality; Preserve, top ranked
высшее качество Grande [premium, superior] quality
высшие спирты higher alcohols
вытаскивать пробку uncork, withdraw
вытекать flow
вытекающий самотеком *eno.* free-run
вытекший run-off
вытяжка extract
выход вина wine yield
выход лозы с куста *agr.* wood crop; wood yield
выход отгона *spir.* distillation yield
выход после вторичной перегонки rerun yield
выход продукта yield
выход спирта alcohol yield

выход спирта с одной установки

выход спирта с одной установки distilled spirits per unit
выход экстракта copper yield
выходящая фракция effluent fraction
вышпаривание (*бочки*) scalding (*of cask*)
вяжущий puckery; hard, tannic, astringent, austere (*about wine*)
вязкий adherent
вялость *phytopat.* wilt

Г

габитус куста *bot.* bush habitus
газовое брожение bubble-causing fermentation
Галан *Rus. amp.* Galan (*white grape variety grown in southern Russia*)
галлы *pl. phytopat.* galls
Гаме *Fr. amp.* Gamay (*red grape variety*)
гармоничное вино balanced [harmonious, mellow, velvety, solid] wine
гасить пену despumate
гашеная известь slaked lime
гедоническая шкала hedonic scale
генотип винограда grape genotype
генофонд сортов винограда *amp.* gene pool of grape vines
гербицид herbicide
гербицидный herbicidal
герметичная заделка места привоя *agr.* waterproof covering
гермиан *com.* hermian (*dried big-size berries of Sultani variety, pre-treated with alkali boiling*)
гибрид *bot.* hybrid
  естественный ~ natural hybrid
  искусственный ~ artificial hybrid
  комплексный ~ multiple hybrid
  межродовой ~ interspecific hybrid
  простой ~ simple hybrid
  сложный ~ complex hybrid
гибридный сорт hybrid variety
гигроскопичный hygroscopic
гидроксил *chem.* hydroxyl
гидроксильная группа *chem.* hydroxyl [OH] group

гидролиз полимеров с помощью ферментов *chem.* enzymatic hydrolysis
гидрометр hydrometer
гипсование *agr.* plastering
главное брожение *eno.* incipient fermentation
глазок *bot.* eye; *syn.* почка
  зимующий ~ wintering [hibernating, dormant] eye
  угловой ~ base bud
глина clay
глинистая почва clay(ey) soil
глицерин glycerine
глубокий слой почвы deep soil
глюкоацидометрический показатель gluco-acidometric index
глюкоза *chem.* glucose, dextrose; *syn.* виноградный сахар
гниение ягод *phytopat.* berry rot
гнилостный saprogenic, saprogenous
гнилостный привкус putrefactive [putrid, proteolytic] flavo(u)r
гниль *phytopat.* rot
  белая ~ white rot (*grape disease*)
  горькая ~ bitter rot (*disease of grapes*)
  корневая ~ root rot (*disease of grapevine*)
  черная ~ black rot (*disease of grapevine*)
гниль виноградной лозы *phytopat.* wood rot
гниль виноградных корней *phytopat.* grape root rot
гниль при созревании *phytopat.* ripe rot
гниль ягод *phytopat.* berry rot
год year
  неурожайный ~ off-year
  ~ сбора урожая vintage
годовое количество осадков annual precipitation
годовой цикл *physiol.* annual cycle
головная фракция *v.* головной погон
головная фракция метанола methanol heads
головной погон *spir.* first running, forerun, foreshot, heads (draw), heads fraction, overhead distillate
головчатая форма куста *agr.* head bush
голубой касс blue casse (*wine fault*)
гонок *spir.* guide, impeller

двухколонный ректификационный аппарат

горечь *deg*. amarity, bitterness
горизонтальная плодовая лоза *bot*. bent-down cane
горизонтальный винный пресс horizontal wine press
горилка *Ukr*. horilka (*distilled spirit produced in Ukraine*)
горловина filling hole (*of a barrel, etc*.); *also* **наливное отверстие**
горлышко бутылки bottle neck, neck
горошение *bot*. formation of small seedless grape berries; *syn*. **бессемянность, партенокарпия, стеноспермокарпия**
горькие настойки bitters
горький вкус *deg*. bitter flavo(u)r; *also* **привкус горечи**
горячий розлив hot process bottling
готовое сусло *spir*. finished wort
готовый для розлива bottle-ripe
готовый дрожжевой затор finished yeast mash
гофрированный картон corrugated carton
гравировка (*на стакане или бокале*) armorial
градус 1. degree; 2. *Rus. obs.* degree (*a hundredth part of the bucket of pure alcohol at 15.6°C*)
  ~ **Баллинга** Balling degree
  ~ **Боме** Baume degree
  ~ **Брикса** Brix degree
  ~ **Траллеса** Tralles' degree
гранулированная пробка granulated cork
гранулярный фильтр granular filter
Гранд Шампань *Fr. geogr*. Grande Champagne
граппа *It*. grappa
гребень *bot*. stem
гребневая система создания междурядий *agr*. ridgening
гребненожка *bot*. stalk
гребнеотделитель destalker; destemmer
Гренаш *Fr. amp*. Grenache
грибковое заболевание fungus [fungal] disease
гроздь *bot*. bunch; cluster; racemation
  ветвистая ~ branched cluster
  крылатая ~ winged cluster
  ~ **с градобоем** hail-damaged cluster
  ~ **с плечиками** shouldered cluster

  ~ **с усиками** tendrilled cluster
грубые дрожжевые осадки gross [crude] lees
грунтовая опора earth auger
грунтовая сера ground sulphur
группа внутри вида *bot*. convariety; *also* **пролес**
гусеница *ent*. caterpillar
густое перекисшее вино doughy wine
густое сусло *пив*. strong [heavy] wort
густота посадки *agr*. spacing; density
густота стояния растений *agr*. stand thickness
гусь *Rus. obs*. a measure of spirit volume = 3.5 l; *also* **четверть**

Д

давать оценку качеству rank
давать плоды fruit
давильный пресс wine press
давильщик винограда presser
давить виноград crush, trample
давление пара vapo(u)r pressure
датчик влажности и температуры хранения вина wine alarm, wine ga(u)ge
дающий побеги (*about grape vine*) vigo(u)rous; *v. also* **активный**
дважды перегнанный *spir*. double-distilled, redistilled
двоение *hist*. third distillation (*distillation of ordinary spirit*)
двойная ректификация *spir*. double rectification
двойной дистиллят redistillate
двойной крепости double-strength
двойной перегонки *spir*. redistilled, double-distilled
двойной побег *bot*. twin shoot
двойной спирт *med*. double-strength spirit (= 74.7% vol.)
двойной узел *bot*. double node
двухглазковый черенок *bot*. two-bud cutting
двухколонный ректификационный аппарат twin rectifying column

273

двухкомпозитная пробка

двухкомпозитная пробка twin cork
двухлетняя лоза two-year-old wood
двухплоскостная шпалерная система *agr.* bi- [two-]planed trellis system
двухфазная жидкость *spir.* two-phase liquid
двухъярусная шпалера *agr.* two-tiered trellis system
дебурбаж *Fr.* debourbage
девственное вино virgin wine
дегидратированный спирт dehydrated alcohol
дегидрация dehydration
дегоржаж *eno.* disgorging, *Fr.* degorgeage
дегоржёр *eno.* disgorger, discharger, *Fr.* degorgeur
дегоржировать *eno.* disgorge
дегтевая пятнистость винограда *phytopat.* tar spot
дегустатор taster
дегустатор вина wine taster
дегустационная комиссия tasting panel
дегустационная оценка degustation evaluation
дегустационная оценка качества водки assessment of vodka quality by tasting
дегустационное помещение tasting room
дегустационный бокал taster
дегустация tasting
~ вин wine tasting
~ виноградного сока при прессовании press tasting
~ вслепую blind tasting
коммерческая ~ commercial degustation
конкурсная ~ tasting at wine competition
~ одного и того же вина нескольких урожаев vertical tasting
~ по методу треугольника triangle taste test
рабочая ~ cellar tasting, tasting conducted by cellar masters directly in cellar
~ разных вин одного года урожая horizontal tasting
сезонная ~ annual tasting (*at the end of the wine production year*)
сравнительная ~ comparative degustation
действительное сбраживание *eno., spir.* real attenuation

действующее вещество agent
декантат decantate
декантатор-осветлитель decanter-clarifier
декантация decantation
декантировать decant
декокционное сусло *spir.* decoction wort
декортикаж *Fr. agr.* decorticage
декстрин starch gum
декстриновое помутнение *eno.* dextrine haze
денатурант denaturant
денатурат denatured alcohol
денатурация *spir.* denaturation
денатурирование *spir.* denaturation; *also* денатурация
денатурированный спирт denatured alcohol; *also* денатурат
денатурировать *spir.* denature
деревянистый (*о привкусе*) *deg.* woody
деревянная бочка barrel, wood cask
деревянная пробка wood bung
деревянная тара boxwood
десертное вино dessert wine
десертный ликер dessert liqueur
десикант desiccant
десульфитация desulfitation
десульфитировать desulfitate
десятина *Rus. hist. agr.* a measure of land square equal to 2,7 acres
детартраж detartrating (*of containers*)
дефект imperfection; fault
дефект пробки cork taint
дефлегматор *spir.* dephlegmator, reflux column, refluxer
дефлегмация *spir.* refluxing
джин gin
диаммоний фосфат diammonium phosphate
диапазон range
Дионис *Gr. myth.* Dionysus
диоксид углерода carbon dioxide
диплодиоз *phytopat.* diplodiosis
дисахарид disaccharide
диспергатор *spir.* disperser
дисперсия dispersion
дистиллированная вода distilled water
дистиллированный спирт aquavit(e); akvavit, distilled spirit
дистиллировать distillate
дистиллят distillate
винный ~ wine distillate

кальвадосный ~ calvados distillate
кальвадосный выдержанный ~ aged calvados distillate
кальвадосный молодой ~ young calvados distillate
коньячный ~ cognac distillate
коньячный выдержанный ~ aged cognac distillate
коньячный молодой ~ young cognac distillate
плодовый ~ fruit distillate
дистиллят заквасочной культуры starter distillate
дистиллятор distiller; distillator
дистилляционая колонна с насадкой packed distillation column
дистилляционная установка двойной сгонки (шарантского типа) Charante distillation plant
дистилляционное помещение still room
дистилляция distillation, stillage
диффузионный сок *eno.* secondary juice obtained from skins extraction
дичок *bot.* wilding
длина грозди *amp.* bunch length
длина ягоды винограда *amp.* berry length
длинная обрезка *agr.* long pruning
длительность букета *deg.* length in the mouth
длительность вкусового ощущения вина *deg.* length of wine
длительность ощущения ароматов (вина) *deg.* intense aromatic persistence
длительность послевкусия *deg.* lingering
длительный аромат *deg.* long finish
днище *v.* **дно**
дно 1. bottom; 2. (*дно бочки*) head, end (*of barrel*)
  плоское ~ flat head
  ~ **с зинком** (*вогнутое*) concave head
добавка additive; admixture; aid; fining
добавление воды addition of water, watering, adulteration
добавление сахара в вино back-blending
добавлять воду water
дображивание *eno.* afterfermentation (*third stage of fermentation process*); *syn.* **тихое брожение**
доводка adjustment

дождевые осадки rainfall
дозаривание *agr.* afterripening
дозатор doser, dosing apparatus
дозировка dosage; ~ **ликера** liqueuring; dosage; ~ **тиражного ликера** dosage of tirage liqueur; ~ **экспедиционного ликера** liqueuring
дозирование *v.* **дозировка**
дозировочно-наполняющий автомат automatic dosing-filling machine
дозревание 1. *eno., spir.* age; maturation; 2. *agr.* mellowing; ripening
дозревание в деревянных бочках maturation in wood
дозревание виноградных ягод afterripening
дозревать 1. *eno., spir.* age; mature; 2. *agr.* ripe; mellow
долгоносик *ent.* weevil; *also* **скосарь**
долгосрочное хранение long-term storage
доливалка filling can
доливка filling up, refilling, topping up
доливка вина wine refilling
доля (*листа, плода*) *bot.* lobe
доля виноградного листа *bot.* grape leaf lobe
домашнего изготовления home-made
донник (*бочки*) stave of the barrel head
донный осадок *eno.* bottom settling, grounds
донская чаша *agr.* goblet-shaped vine from the Don region
«Донское» *Rus. reg.* "Donskoe" (*a brand of sparkling wine produced in the Don valley*)
донья *pl. v.* **дно**
донышко бутылки bottle punt, bottle base
дополнительная этикетка strip label
дополнительный реагент additive (agent)
дополнительный столбик additional post
дорсовентральность *bot.* dorsoventrality (*inclination of the growing top of the shoot onto the backside*)
доступный accessible
древесная кора tree bark
древесный спирт wood [methyl] alcohol
древесный уголь charcoal, xylanthrax
дренаж *agr.* drainage
дробилка crusher
дробилка-гребнеотделитель crusher-stemmer

дробилка для винограда

дробилка для винограда grape grinder
дробина *spir.* (brewer's) grains, spent grains
дробление *eno.* crushing
дрожжевание yeasting (*of must*)
дрожжевая бражка *spir.* yeast wash
дрожжевая гуща yeast deposit; *syn.* дрожжевой осадок
дрожжевая закваска leaven, mother of yeasting, yeast starter
дрожжевая разводка starter; wine starter, yeast cream, yeast strain; leaven
дрожжевая шапка yeasty cap
дрожжевое брожение yeast fermentation
дрожжевое помутнение yeast haze
дрожжевое скисание yeast spoilage
дрожжевой автолизат autolyzed yeast
дрожжевой осадок yeast deposit; *syn.* дрожжевая гуща
дрожжевой привкус yeasty flavo(u)r
дрожжевой экстракт yeast extract
дрожжевые кожицы от виноградных ягод yeast hulls
дрожжерастильный аппарат apparatus for yeast growing
дрожжи yeast(s); дикие ~ wild yeast
дрожжи, вызывающие пороки вина spoilage yeast
дрожжи для производства шампанского champagne yeast
дрожжи для ферментации вин wine related yeast
дрожжи с высокой бродильной способностью fast-working yeast
дрожжи, содержащиеся на поверхности ягод винограда wild yeast
дуб oak
дубовая бочка oak cask
дубовая стружка oak chips
дубовый концентрат oak powder
дудник *v.* дягиль
дымление *agr.* fumigation
дягиль *bot.* angelica root

Е

европейские сорта винограда European grape varieties

евроэтикетка European style label
едкий *deg.* acrid, biting
едкость *deg.* acidity, acridity
ежедневная производительность daily capacity
емкость 1. container; 2. volume, capacity
емкость бутылки bottle size
емкость для брожения fermentation tank, fermentation vat
емкость для муста vat
емкость для охлаждения refrigerating tank, refrigeration vat
емкость для перевозки винограда grape transporter
емкость для созревания maturing tank, maturing vat
емкость контейнера container capacity
емкость охлаждающей камеры cold storage capacity
емкость склада storage capacity
емкость цистерны tankage
ерофеич *obs.* yerofeich (*a strong spirit, with alcohol content of 70-75% vol.*)
естественное брожение natural fermentation

Ж

жароустойчивость *physiol.* heat resistance
жгучий привкус *deg.* pungent flavo(u)r
железный касс ferric casse (*wine fault*)
желтая крапчатость винограда *phytopat.* grapevine yellow speckle (*grape viral disease*)
желтая мозаика *phytopat.* yellow mosaic (*grape viral disease*)
желтая пятнистость листьев винограда *phytopat.* yellow speckle
желтизна винограда *phytopat.* grapevine yellows; flavescence dorée
Жемчуг Саба *Hung. amp.* Zhemtchug Szaba (*white table grape variety*)
«Жемчужина России» *Rus. reg.* "Zhemchuzhyna Rossii" (*dessert white wine from grape variety Pinot Gris grown in the Krasnodar region, southern Russia*)

женский (*о цветке*) *bot.* pistillate
жесткий (*о вкусе вина*) *deg.* apre; harsh
жесткость *deg.* acerbity
живое вино racy wine
жидкие дрожжи liquid yeast
жидкий затор liquid mash
жидкий концентрат дуба liquid oak
жидкий остаток от дистилляции thin stillage
жидкий остаток после дистилляции distillers' wet grain
жидкий погон при перегонке из куба still liquor
жидкое вино watered wine
жидкость для дистилляции distilland
жизнедеятельность activity
жизненный цикл винограда *physiol.* life cycle of grapevine
жилка (*листа винограда*) *bot.* vein, rib
жилкование *bot.* venation
жирная почка fat bud
жировой побег *bot.* nourishing shoot
жирующий побег *v.* жировой побег
жмых cake
жом pomace; press cake
жомовый пресс pulp press
жук beetle
жук-долгоносик snout beetle
Жюрансон *Fr. geogr.* Jurançon

З

забел *spir.* come-through
забивание шпунта bunging up
забивка чопового крана tapping the cask
заболевание лозы винограда wood disease
заболевшее вино sick wine
заболевшее ожирением вино ropy wine
забраживание start of fermentation (*first stage of fermentation process*)
завод вторичного виноделия winery
заводка побегов *agr.* rectification of shoots
завод первичного виноделия winery for vinification

завод шампанских вин winery producing sparkling wines
завязь *bot.* ovary
завязь ягод *physiol.* berry [fruit] set
завяливание винограда raisining; passerilage; *syn.* заизюмливание винограда, увяливание винограда
загнивание ягод *phytopat.* berry rot
заготовительная цена на виноград *com.* commercial price of fresh grapes
заготовка винограда *agr.* production of grapes
заготовка подвойной лозы pulling down the rootstock wood
заготовка черенков [саженцев] винограда *agr.* cutting-off of wood; preparation of grape cuttings *or* seedlings
загрузка перегонного аппарата *или* куба *spir.* stillage
загрузочная воронка *spir.* hopper
загрязнение *chem.* contamination; impurity
загрязнять contaminate
загущение кустов *agr.* increasing number of bushes in the row
заделка бутылки корковой пробкой cork finish
задернение *agr. v.* залужение междурядий
заизюмливание винограда raisining; passerilage; *syn.* завяливание винограда, увяливание винограда
закаливание *agr.* hardening
закапывание виноградника *agr.* burying of grapevines
закваска *spir.* sour mash, starter
закваска для дрожжей yeast starter
закисание вина *eno.* acescence
закладка виноградника *agr.* vineyard establishment; planting
закладка черенков (*на хранение*) burying [heeling] the wood
закрепленный (*о проволоке на шпалере, и т.д.*) *agr.* anchored (*about trellis wire, etc.*)
закреплять проволоку (*для шпалеры*) *agr.* anchor (*about trellis wire*)
закрытость устьиц листа *bot.* stomatal closure
закрытый (*о букете вина*) *deg.* cloaked
закурник sulphur wick holder

залежалый привкус rebate flavo(u)r
заливная бочка wet cask
залужение междурядий *agr.* planting of herbs between the rows (*of the vineyard*); *also* задернение
сплошное ~ planting of herbs in all the rows of the vineyard
чересполосное ~ planting of herbs in sequence of rows
замазка шпунта bung putty
замачивание *spir.* steeping
замачивание пробки перед заделкой cork presoaking
замедление вегетативного роста *physiol Fr.* aoûtement
замедленное брожение *eno.* delayed fermentation
замер сусла *eno.* must reading
замок (*на бочке*) fermentation lock
запах *deg.* aroma; nose; flavo(u)r, odo(u)r, smell
запах бочки *deg.* cask smell
запах брожения fermented odo(u)r
запах гребней *deg.* stalky [stemmy] odo(u)r, steminess
запах мильдью mildew odo(u)r
запах осадка lees odo(u)r
запах плесени moldy [musty] odo(u)r
запах прокисшего продукта foxy flavo(u)r
запах уксуса vinegary smell
запечатывать (*бутылку пробкой и т. д.*) seal
заплесневелая бочка moldy cask
заплесневелый musty, moldy
заплечный бак для винограда dosser
зарегистрированный виноградник growth; *Fr.* cru
засевание *agr.* sowing
засевание сусла сухими дрожжами *spir.* dry pitching
засевать сусло дрожжами *spir.* pitch
засуха *agr.* drought
засухоустойчивость drought resistance
засушливый регион arid region
затор *spir.* mash
затор для производства виски whisky mash
заторный аппарат *spir.* mashing apparatus
затор, полученный отварочным способом decoction mash

затор спиртового производства distillery mash
затронутый (*плесенью*) affected
затхлость mustiness
затхлый привкус *deg.* musty [stale, storage] flavo(u)r
затычка tampion
затяжное ощущение аромата *deg.* lingering finish
захлёбывание (*ректификационной колонны*) *spir.* priming
зачаток листа *bot.* leaf promordia
зачаток соцветия *bot.* cluster promordia
зачаток усика *bot.* tendril promordia
зачаток цветка *bot.* flower promordia
защитные насаждения *agr.* protective plantings
здоровое вино sound wine
зеленая отводка *bot.* layering with green shoot
зеленая плесень *phytopat.* green mold; cercosporosis; *v.* церкоспороз
зеленая прививка *bot.* green grafting
зелено-вино *obs.* green spirit (*spirit with infusion of herbs*); *v.* зеленое вино
зеленое удобрение *agr.* sideration
зеленый побег *bot.* green [young] shoot
зеленый рост растения *physiol.* green growth
землистый запах *deg.* earthy odo(u)r, earthy smell
земляной бур *agr.* earth auger
зеркало пробки cork mirror
зерновой затор *spir.* grain mash
зерновой спирт *spir.* grain spirit
зимаза zymase
зимний сорт винограда winter grape variety
зимограмма zymogram
зимограф zymograph
зимомоны zymomonas
зимостойкость winter hardiness
зимотахиграф zymotachygraph
зимующий глазок *bot.* wintering bud
златоглазка *ent.* lacewing
злоупотребление алкоголем alcohol abuse
знаток вин wine connoisseur; wine taster
зобоватость *v.* бактериальный рак
золотистое пожелтение *phytopat.* flavescence dorée; yellows disease

интенсивность запаха

Золотистый устойчивый *amp.* Zolotistyi Ustoichivyi (*white grape variety grown in southern Ukraine*)
зона виноградарства viticultural zone
зональная пятнистость листьев винограда *phytopat.* target spot; zonate leaf spot
зона плодоношения *bot.* fruit-bearing [fruiting] zone
зрелая бражка *spir.* distillers' [fermented, spirit] wort, fermented mash
зрелое вино matured wine
зрелость винограда *physiol.* ripeness of grapes
   технологическая ~ technological ripeness of grapes
зрелые дрожжи finished yeast mash; *v. also* **готовый дрожжевой затор**
зрелый *agr. physiol.* mature; ripe

И

игра (*вина*) bubbling; foaming (*about sparkling wine*); *also* **пенистость**; **~ в бокале** foaming in the glass
игристое вино sparkling wine, sparkler
Изабелла *amp.* Isabella
избыток surplus
избыточная кислотность excessive acidity
избыточное содержание белков excessive proteins
известняк limestone
известь *chem.* lime, calx
извлечение спирта evaporation of alcohol by steaming
изготавливать смесь blend
изготовление бочек cooperage
излишек surfeit
излишняя кислотность *chem.* overacidity
измерение качеств quality measurement; measurement of characteristics
измерение цвета ягод *amp.* colo(u)r measurement
измерять measure

изоамиловый спирт *chem.* isoamyl alcohol
изобилие abundance
изомер *chem.* isomer
изомеризация *chem.* isomerisation
изопропиловый эфир *chem.* isopropyl ether
изреженность виноградника *agr.* sparsity of grape bushes, sparsity of plantings in vineyard
«Изумрудное» *Ukr. reg.* "Izumrudnoe" (*white table medium-dry wine from Rkatsiteli variety grown in southern Ukraine*)
изысканный остаток букета вина *deg.* sophisticated finish
изюм raisin
изюмный виноград raisin grapes
Икем *Fr.* 1. *geogr.* Yquem; 2. "Yquem" (*dessert wine*)
илистый привкус *deg.* muddy flavo(u)r
иметь вкус *deg.* taste
имеющий богатый аромат и выраженный вкус *deg.* forward
имеющий вкус ореха *deg.* nutty, nut-like
имеющий вкус свежих фруктов *deg.* fruity
имеющий наивысшую цену *com.* premium
имеющий неприятный запах *deg.* malodorous
имеющий полную экстрактивность *deg.* full
имеющий растительный привкус *deg.* vegetal
имеющий резкий вкус *deg.* zingy
имеющий форму виноградной грозди *amp.* aciniform, botryoidal
имеющий хороший букет *deg.* well-rounded
имеющий хорошую структуру *deg.* elegant, round
инвазия *agr.* infestation; invasion
ингибитор *chem.* inhibitor
ингибитор брожения *chem.* antizymotic agent
ингредиент ingredient
инокулированное сусло inoculated wort
интенсивная мадеризация intense rancio, intense maderization
интенсивность запаха odo(u)r intensity

интенсивность ферментации

интенсивность ферментации fermentation intensity
интенсивность цвета colo(u)r intensity
инулин inulin
инулиназа inulinase
инфузионное сусло infusion wort
ирландское виски Irish whiskey
исконно американский сорт native American variety
искрение *deg.* sparkle
искристо-прозрачный *deg.* sparkling-clear
Искристый *Rus. amp.* Iskristyi (*white grape variety grown in southern Russia*)
искриться sparkling
искусственное опыление artificial pollination
испарение evaporation
испарение вина ullage
испарительная колонна flash column
испаряемость vapo(u)rization
испаряться vapo(u)rize, volatilize
испорченный tainted, unsound, addle
исправленная вода rectified water
исследование на винограднике vineyard trial
истинная крепость водки actual alcohol strength of vodka
истощать *spir.* attenuate; *syn.* **сбраживать**
истощение *spir.* attenuation; *syn.* **сбраживание**
исходная кислотность initial acidity
исходное сусло *be.* starting wort
исходное сырьё basic material
исходный образец initial sample

К

кабак *Rus. hist.* retail shop for selling vodka
кабацкий голова *Rus. hist.* chief of vodka retail outlet (*in Russia in XVII – XIX centuries*)
Каберне *Fr. amp.* Cabernet
Каберне Совиньон *Fr. amp.* Cabernet Sauvignon
Каберне Фран *Fr. amp.* Cabernet Franc
Кагор *Fr. geogr.* Cahors
кагор kagor, kahor (*Russian red dessert wine, made mostly in the southern Russia from grape varieties Cabernet Sauvignon, Matrasa, Saperavi, etc., and used as communion wine in churches, and popular as aperitif among wine lovers*)
кадка tub, vat (*for wine fermentation*)
казеинат калия potassium caseinate
казье *eno.* casier
календарные сроки посадки *agr.* dates for making plantings
калиброванный *agr.* accurate (*about grape cutting*)
калибровка черенков *agr.* choice of cuttings according to dimensions
каллус *bot.* callus
кальвадос calvados
кальцинированная почва calcareous soil
кальцинированная сода soda ash
камера брожения fermentation room; *also* **бродильня**
камера выдержки ag(e)ing room
камера предварительного охлаждения precooler
канализационный сброс sewer drain
кант вокруг горлышка бутылки lip
Каор *Fr.* 1. см. **Кагор**; 2. *reg.* "Cahors" (*red wine from Cahors*)
капельница dropper
капельное орошение drip irrigation
капля drop
капсула с отрывной лентой capsule with tear tab
Карабурну *amp.* Karaburnu (*white table grape variety*)
карантин quarantine
карбонад carbonade
карбонат carbonate
карбонат калия potassium carbonate
карбонизатор carbonator
карбонизация carbonation
«Карданахи» *Georg. reg.* "Kardanakhi" (*fortified aged white wine from grape varieties Rkatsiteli, Khikhvi and Mtsvane Kakhetinskii grown in Gurdjaani, Signakh and Tsiteltskaroi region of Georgia*)

карликовая нематода *ent.* stunt
карлук *obs. v.* рыбий клей
карта балльных оценок *deg.* score card
картон cardboard, carton
карточка для дегустации *deg.* tasting sheet
касс *eno.* casse (*wine fault*)
катавлак *bot.* whole bush layering
катализатор catalyst; accelerator
катаровка *agr.* cutting of outer [surface] roots; *v. also* удаление поверхностных корней
катехин cathechin
качественное улучшение виноградника amelioration
кварта quart
квартал *agr.* block
кверцетин *chem.* quercetin
кизельгуровый фильтр kieselguhr filter
килн kiln
кильчевание *agr.* formation of roots on young cuttings
кисловатый acidulated, acidulous
кислородное число oxygen index
кислота acid
кислотная денатурация acid denaturation
кислотная почва acidic soil
кислотное промывание acid washing
кислотность acidity, acid content
кислотность плодов fruity acidity
кислотный acidic
кислотный гидролиз acid hydrolysis
кислотопонижение *eno.* deacidification
кислоторастворимый acid-soluble
кислотостойкий acid-proof, acid-resistant
кислый acidic, tart
кислый (при)вкус sour [acid] flavo(u)r
китайская отводка *agr.* Chinese layering
кишмиш 1. *amp.* Kishmish (*seedless grape variety Convar orientalis subconvar antasiatica Negr.*); 2. dried seedless grape berries
кларет claret
класс бактерий, производящих молочную кислоту lactobacillus
классификация вин wine classification
клей для осветления fining agent
клейкий adherent, adhesive

кленовая эссенция maple flavo(u)r
клепка 1. stave; 2. *pl.* pieces of oak wood used for ag(e)ing spirits
~ второго сорта second grade stave (*used for fruit wines and juice*)
дубовая ~ oak stave
колотая ~ chopped stave; splintered stave
отборная ~ premium [best] stave (*used for making cognac and spirit barrels*)
~ первого сорта first grade stave (*used for grape wines and wine subproducts*)
пиленая ~ saw-stave
клёпкострогальный станок cask planing machine
клещ *ent.* mite
климатические условия climatic conditions
клон clone
клоновая селекция clonal breeding
клювик семени винограда *bot.* beak of a grape seed (*place of embryo location*)
Коарнэ Нягрэ *Mold. amp.* Coarnă Neagră (*black grape variety*)
ковш *obs.* a measure of spirit volume = 0.4 – 0.5 l
кодали *Fr.* caudalie
кожура skin
коктейль cocktail
винный газированный ~ sparkling wine cocktail
спиртной ~ alcohol-containing cocktail
Кокур белый *Ukr. amp.* Kokur belyi, Kokur white (*white grape variety grown in Sudak region, southern Crimea*)
колба для культуры culture flask
колба для культуры дрожжей yeast flask
колба для хранения образцов для анализа sample flask
колер concentrated grape must obtained by boiling of aroppe; colo(u)ring agent
карамельный ~ brown sugar colo(u)ring agent
сахарный ~ colo(u)ring agent obtained by heating of sugar
коллекционный reserve (*about wine*)
коллекция виноградных лоз grapevine collection
коллоидная муть colloidal haze

колонка для отгона головного погона

колонка для отгона головного погона head remover
колонна *spir.* column
  бражная ~ beer column; distillation column
  многотарельчатая ~ multiplate column
  очистительная ~ purifying column
  ректификационная ~ rectification column
  сивушная ~ fusel-oil column
  спиртовая ~ alcohol column
  тарельчатая ~ plate-type column
  фракционирующая ~ fractionating column
колонна вторичной разгонки secondary fractionator
колонна для отгона легких фракций prefractionator
колонна для получения виски reflux still
колонна для сбора воды hydroselection column
колонна с решетчатыми тарелками grid-tray column
колонна с сетчатыми тарелками sieve-plate column
колонна с ситовыми тарелками perforated-plate [perforated-tray, orifice] column
колориметр colorimeter
колотушка для забивания шпунта bung starter
колпачковая колонна bubble-cap column
колпачок cap; (*капсула*) capsule; (*перегонной колонны*) cup
колпачок из свинцовой фольги lead-foil capsule
кольеретка neck-(around) [shoulder] label
кольматаж colmatage
кольматированная пробка colmated cork
кольцевание *agr.* banding; girdling; ringing
комбинат шампанских вин winery producing sparkling wines
комбинированная обрезка *agr.* combined pruning
Комитет виноградарства России *hist.* Viticultural Committee in Russia (formed at the Union of Agriculture of the Southern Russia in 1898)
комок clot
комплексная устойчивость винограда *agr.* multifactor resistance of grape
комплексная характеристика вина vinosity
комплексный по характеристикам deep in structure (*about wine*)
композиционная пробка composition cork
конденсатор condensing apparatus
конденсор condenser
кондиции characteristics of grape (*about wine*)
конец зубчика (*виноградного листа*) tooth tip
конечная кислотность final acidity
конечная стадия сбраживания limit attenuation
конечное брожение end fermentation
конечное сусло final wort
конечное фильтрование final [polishing] filtration
конечный вкус вина wine finish
коническая пробка tapered cork
консервант conserving agent; preservative
консервирующее вещество *v.* **консервант**
консистенция жидкости body
контейнер container
контейнер для бутылок shipper
контракция contraction
контрольная проба check sample
контрольная фильтрация afterfiltration
контрольное фильтрование *v.* **контрольная фильтрация**
контрольно-измерительный прибор ga(u)ge
контрольный анализ check analysis
контрольный образец control sample
контрольный фильтр afterfilter
контрэтикетка back label
концевая фракция *v.* **концевой погон**
концевой погон faints; last running; tails
концентрат виноградного сока *Sp.* arrope
концентратор concentrator

концентрационная колонна evaporating column
концентрация concentration
концентрация спирта alcohol strength
концентрированная эмульсия emulsified concentrate,
концентрированное сусло *be.* strong [heavy] wort
коньяк cognac
коньяк с ощущением свежести fresh cognac
коньяк с цветочным ароматом floral cognac
«Коньяк Украины» *reg.* "Cognac of Ukraine" (*cognac produced from spirits distilled in Ukraine*)
коньячная продукция liquor and vodka products; products of cognac-making
коньячный виноматериал cognac wine material
коньячный завод cognac house
коньячный спирт cognac spirit, grape brandy
коньячный спирт-сырец singlings
коньячный цех brandy room
копигментация *bot.* copigmentation
копулировка *bot.* grafting
  косая ~ slanted grafting
  улучшенная ~ grafting of phylloxera-resistant rootstock; *v.* английская прививка
кора *bot.* bark
кора пробкового дерева corkwood
кора пробкового дерева лучшего качества pedigree cork; natural superior quality cork
кордон *agr.* cordon
  веерообразный ~ fan-trained cordon
  вертикальный ~ vertical cordon
  косой ~ slope armed cordon
  ~ **Роя** ~ Roayt cordon
  ~ **Сильвоза** Sylvoz cordon
  ~ **Томери** Thomery cordon
кордонная форма куста *agr.* cordon bush shape
корень *bot.* root
  адвентивный ~ adventitious root
  боковой ~ lateral root
  всасывающий ~ absorbing root
  основной ~ main root
  поверхностный ~ surface root

корректировка

  придаточный ~ *v.* адвентивный корень
  проводящий ~ conductive root
  промежуточный ~ *v.* срединный корень
  пяточный ~ *v.* основной корень
  ростовой ~ growth root
  росяной ~ *v.* поверхностный корень
  срединный ~ intermediate root
корзина для бутылок bottle basket
корзина для подачи винограда на прессование crush pad
корзинка для вина wine basket
коринка *Rus. amp.* korinka (*dried grape berries from Greek seedless varieties imported from Greece; used for preparation of very sweet wines*)
коричное дерево cinnamon tree
коркер corker
корковая пробка cork [natural] stopper
корковая пробка с наконечником или колпачком top cork, cork with top
корневая гниль *phytopat.* Rosellinia root rot
корневая гниль винограда *phytopat.* shoestring root rot
корневая нематода *ent.* root stubby
корневая система *bot.* root system
  вегетативная ~ vegetative root system
  мочковатая ~ fibrous root system
  семенная ~ seed root system
  стержневая ~ rachis-like root system
корневая шейка *bot.* root neck
корневой рак *phytopat.* crown gall
корневые волоски *bot.* root hairs
корнесобственный *bot.* own-root(ed) (*about non-grafted grape cuttings*)
корнесобственный саженец *bot.* root seedling
Королева виноградников *Hung. amp.* Koroleva vinogradnikov (*Russian name of Hungarian grape variety*)
корончатый галл *phytopat.* crown gall
короткая обрезка *agr.* short pruning
короткозвенные полимеры short chain polymers
короткоузлие винограда *phytopat.* fanleaf
корректировка (*виноматериала*) adjustment

~ купажа blend finishing (*in vodka and hard liquors production*)
корчага *obs.* large earthenware pot; 1. container for mead and wine (*Russian - container for wine and mead production, Ukrainian - container for wine storage; v.* **макитра**); 2. a measure of wine and spirit volume = standard amphora = 25 l
корчажное винокурение *obs.* production of spirit in large earthenware pots
корчеватель *agr. tech.* puller
корчма *obs.* 1. low-quality spirit, bootleg; *syn.* **самогон**; 2 tavern; inn serving vodka (*usually of low quality*)
косточка *bot.* pip
коэффициент насыщения почвы влагой *agr.* water ratio
коэффициент плодоношения *bot.* fruitfulness ratio
край виноградарства viticultural region
крайние (*несущие*) столбы *agr.* end posts
крайний куст outside stock
крайний обруч бочки chime hoop
краситель colo(u)ring agent, colorant
красное вино red wine
краснолистность винограда *phytopat.* grapevine red leaf (*grape viral disease*)
краснополосый трипс *ent.* redbanded thrips (*grape pest*)
краснуха виноградной лозы *phytopat.* red fire disease; roter brenner
красовул *obs.* krasovul (*a measure of spirit volume, used in monasteries, = 200 -250 ml*)
красящее вещество *v.* **краситель**
крахмал starch
крахмалообразующий amylogenic
крахмальный amylaceous
крем creme
кремень flint
кремортартар *v.* **винный камень**
крепить (*вино*) alcoholize, fortify
крепкий (highly) alcoholic, heady, strong
крепкий ликер strong liqueur
крепкий спиртной напиток strong [hard] liquor
крепкое вино heady [strong] wine
крепление (*вина*) alcoholization, fortification

крепленое вино potent wine; fortified wine
крепость alcohol content; strength
натуральная ~ спирта по объему natural alcohol content by volume
общая ~ спирта по объему total alcohol content by volume
потенциальная ~ спирта по массе potential alcohol content by weight
потенциальная ~ спирта по объему potential alcohol content by volume
фактическая ~ спирта по массе actual alcohol content by weight
фактическая ~ спирта по объему actual alcohol content by volume
крепость виски при выпуске из бочки после выдержки cask strength
крепость спирта alcohol strength
крепость спирта в весовых процентах alcohol by weight
крепость спирта в объемных процентах alcohol by volume
криомацерация cryomaceration
криоэкстракция cryoextraction
кристаллическое помутнение crystal haze
кроненкорка *v.* **кроненпробка**
кроненпробка crown (cork), crown cap
кружка *obs.* mug (*a measure of spirit volume equaling in XVI – XVIII cc.-1.2 l and in XIX c. - 0.75- 0.8 l*)
крупный (*о ягодах*) plump
крученые пробки plyable corks
крыло грозди винограда *bot.* bunch wing
крю *Fr. agr., eno.* cru
ксантамовая смола xantham gum
ксилема xylem
ксилен xylene
ксилоза *bot.* xylose
куб *spir.* still
куб вторичной перегонки rerunning still
куб для перегонки с водяным паром steam still
кубовый остаток distillation residue, spent lees, spent wash, still(age) residue, vinasse, slop, pot ale
кувшин pitcher
кузнечик *ent.* grasshopper
кукурузный затор *spir.* corn mash

кулёз *Fr.* couleuse
культиватор *agr.* cultivator
культивация *agr.* cultivation
культивирование *agr.* culture; cultivation
культивировать *agr.* cultivate, culture
культивируемый *agr.* cultivated
культура винограда *agr.* grape variety
~ **без орошения** non-irrigated grape variety
~ **в защищенном грунте** *v.* оранжерейная культура винограда
корнесобственная ~ own-rooted [ungrafted] grape variety
~ **на песках** grape variety which is grown on sands
~ **на террасах** terrace-grown grape variety
неукрывная ~ grape variety which is not covered for winter; frost-resistant grape variety
оранжерейная ~ green-house grown grape variety
привитая ~ grafted grape variety
~ **с орошением** irrigated grape variety
укрывная ~ grape variety which is covered with soil for winter
шпалерная ~ trellis grape variety
культура микроорганизмов culture
культурная среда возделывания *agr.* cultural milieu; terroir
культурный сорт винограда *bot.* cultivar
кумышка *Rus. obs.* kumyshka (*vodka produced from distilled mare's milk*); *also* арька; молочная водка
купаж *eno., spir.* blend, coupage; blending (*in vodka and hard liquors production*)
купаж вин wine blend
купажер blender
купажирование blending; egalisage; adding; ~ **спиртовых дистиллятов** brandy blend; affinage
купажированное виски blended whisk(e)y
купаж ликера liqueur blend
купажное вино blended wine
купажный барабан blending machine
купаж портвейнов разных урожаев crushed port

курить *coll.* ~ **вино** distill wine
куст bush
кюве *Fr. eno.* cuvée

Л

лабораторные исследования testings
лабораторный эксперимент test "in vitro"
лаванда *bot.* lavender
лагерная бочка lager cask
лаг-фаза lag phase (*period of adaptation of yeasts to substrate, a part of start of fermentation*)
лад *obs. v.* клепка
лакмусовая бумага litmus paper
лактоза *chem.* lactose; *also* молочный сахар
Лангедок *Fr. geogr.* Languedoc
ландшафтная опора landscaping post
ларёшный *Rus. obs.* sales assistant in retail outlets before 1917
Лафит-Ротшильд *Fr. geogr.* Lafite-Rothschild
левулоза *chem.* levulose
легкая фракция light fraction
легкий вкус light taste
легкий погон light distillate
легкое вино с выраженной кислотностью lean wine
легко пьющийся gulpable, light (*about wine*)
ледяное вино ice wine, Eiswein, cryo wine
лежкость винограда storage capacity of grape berries; keeping quality of grapes
ленточный вакуум-фильтр band vacuum filter
лепестки цветка винограда *bot.* calyptra
лепесток *bot.* petal
летняя крапчатость винограда *phytopat.* grapevine summer mottle (*viral grape disease*)
летучая фракция volatile fraction
летучее вещество volatile matter

летучесть *chem.* volatilization
летучие эфиры volatile esters
летучий вкус *deg.* fugitive flavo(u)r
лечебное вино medicinal wine
ливер vilinche, wine thief
лигнин lignin
лигноцеллюлоза lignocellulose
лизатный виноматериал lysate wine material
ликер liqueur
ликерная рюмка liqueur glass
ликерное вино liqueur wine
ликерный мастер liquorist
ликероводочная продукция *com. coll.* products of spirits-making (*liquors, vodka, tinctures, infusions, liqueurs, balsams, produced and sold in one category*)
ликер с лакричным ароматом licorice liqueur
линейные столбы *agr.* line posts
линейный узор винограда *phytopat.* grapevine linear pattern (*grape viral disease*)
липопротеин высокой плотности high-density lipoprotein
«лисий» привкус *deg.* foxiness
«лисий» тон *v.* «лисий» привкус
лист leaf
листва foliage
листовая пластинка *bot.* blade
листовертка 1. *bot.* leaf roll (*viral disease of grapevine*); 2. *ent.* ~ гроздевая grape fruit moth *Lobesia bortrana* (*grape pest*); ~ двухлетняя *Eupoecilia ambiguella* (*grape pest*); *syn.* вертунья виноградная
листовое почкосложение *v.* листосложение
листосложение *bot.* vernation
литр litre, liter
лить pour
личи *v.* нефелиум
ловушка для паров спирта *spir.* vinificator
ложная мучнистая роса *phytopat.* downy [false] mildew
ложнопроволочник *ent.* false larva of click beetle; larva of darkling beetle (*grape pest*)
лоза *bot.* cane, vine

ломкость chipping
лонгер *coll.* longer, long drink
Луара *Fr. geogr.* Loire
лубяная ткань *bot.* phloem
лункование *agr.* making holes (*method of vine planting*)
льдогенератор ice machine, ice-making machine
любитель вина wine lover; oenophile, oenophilist
люминесцентный анализ fluorescence analysis
Лятур *Fr. geogr.* (Château) Latour

М

магазин этикеток label magazine
мадера *reg.* Madeira
мадеризация maderizing, maderization
мадеризация в бочках cask maderizing
макитра *Ukr.* earthenware pot with narrow neck (*used for wine and vodka*)
малое винодельческое предприятие microwinery, wine farm
малорослый *physiol.* runt
малый цикл развития растения annual cycle of development
мальтаза maltase
мальтоза maltose
мальтол maltol
маннитное брожение mannitol fermentation
маннитное заболевание mannitol disease
манноза mannose
Марго *Fr. geogr.* (Château) Margaux
марк marc (brandy)
марка brand
марка вина wine brand
марка спиртного напитка spirit brand
маркировка marking; labeling
марочное вино vintage wine
марочный varietal
марочный портвейн crusted port
маски *eno.* masks
маслянистый *deg.* oily, ropy; (*о привкусе вина*) buttery

маслянистый скотч buttery scotch
масса грозди weight of cluster
массовая доля weight fraction
массовая концентрация спирта concentration of alcohol by weight
мастерская по изготовлению бочек cooperage
материал для перегонки distilling material
матовое стекло frost [ground] glass
матовый колпачок matte finish capsule
маточник *agr.* nursery; allotment used for growing grape seedlings; **привитой ~** an allotment with grape plantings use for grafted vines
маточник подвойных лоз nursery for rootstock grapevine
маточник привойных лоз nursery for scion grapevine; *also* **привитой маточник**
маточные насаждения parent vines for rootstock
маточный раствор mother liqueur
мацерационный сок maceration juice
мацис mace
мачари *Georg.* matchari (*young wine with non-completed fermentation process*)
машина для заделки картонной тары лентой carton strapping machine
машина для мытья бутылок bottle washing machine
машина для раскупорки бутылок uncorking machine
машина для розлива в бутылки bottle-filling machine
машина для сборки ящиков *или* **коробок** case setup machine
машина для удаления плодоножек destemmer
машина для укупорки бутылок колпачками bottle capping machine
машина для укупорки бутылок крышками и колпачками bottle capper
машина для укупорки бутылок пробками bottle corking machine
машина для укупорки колпачками capping machine
машина для укупорки крончатыми колпачками crowner
машина для укупорки пробками stoppering machine
машина для упаковывания в ящики *или* **коробки** boxing machine
машинная осмолка (*бочек*) machine pitching
мгновенное охлаждение flash cooling
мед (*напиток*) hydromel
медленная сбраживающая культура slow culture
медно-сульфитный касс cuprous-sulfide cloud
медный касс copper casse (*wine fault*)
медный котел copper
медный купорос copper sulfate
медовое вино honey wine
медовый привкус honey flavo(u)r
Медок *Fr. geogr.* Medoc
межвидовой гибрид *bot.* interspecific hybrid
междоузлие *bot.* internode
междурядья *pl. agr.* inter-rows
межсезонный период *agr.* off-season
мезга *eno.* pomace
меланоза melanose
меласса blackstrap, molasses
мелассовая барда molasses vinasse
мелкозёрный сорт small-kernel variety
мелколистность *phytopat.* little leaf desease
мембранное фильтрование membrane filtration
мембранный пресс membrane press
мембранный фильтр membrane filter
мензурка beaker
мера вместимости capacity measure
мера жидкости liquid measure
мера объема volume measure
меркаптан mercaptan
Мерло *Fr. amp.* Merlot
мерная колба graduated [volumetric] flask
мерная ложка measuring spoon
мерный сосуд volumetric glass
место привоя *bot.* graft union
место расположения пазухи *bot.* petiole point
место стыка (*виноградной шпалеры*) *agr.* pinpoint
метабисульфит калия potassium metabisulfite
металлическая опора metal post
металлическое помутнение metal cloudiness

метанол

метанол methanol
метиловый спирт wood [methyl] spirit
методика обрезания лозы *agr.* pruning philosophy
метод посредника *Rus. arg.* method of intermediary (*stadial crossing of a number of varieties*)
методы воздействия на насекомых-вредителей insect management
механизм брожения fermentation appearance
мех для вина winebag
мешалка agitator, mixing machine
мешать agitate
мешковина burlap; hessian
микоз fungus disease
микровиноделие microvinification
минеральное оклеивающее вещество mineral fining material
Минервуа *Fr. geogr.* Minervois
мистель grape juice with addition of alcohol; *v.* **спиртованное сусло**
многокубовый перегонный аппарат multistill apparatus
многолетние побеги винограда perennial wood
многолетняя лоза perennial wood
многооборотный контейнер receptacle container
многоступенчатый процесс multistep process
многотарельчатая колонна multiplate column
мозаика прожилок виноградного листа *phytopat.* vein mosaic
мозаика резухи *phytopat.* Arabis mosaic vitis; *also* **арабис мозаика**
молекулярное сито molecular sieve
молодая лоза marcotte; young shoot
молодое вино young wine
молодой лист винограда young leaf
молодые побеги *physiol.* browse
молочная кислота lactic acid
молочное прокисание (*вина*) lactic spoilage
молочнокислые бактерии lactic bacteria
молочный сахар lactose; *also* **лактоза**
моль mole
молярный раствор *chem.* molar solution

монополия monopoly
казённая ~ *Rus. hist.* state monopoly on alcohol sales
монополька *obs.* monopolka (*a state controlled brand of vodka in XIX century*)
моносахарид *chem.* monosaccharide
мордушка *eno.* spigot
морозоустойчивость *bot.* cold hardiness, frost resistance
мощность охлаждающей системы *spir.* cooling system capacity
мощность охлаждения *spir.* cooling-down capacity
мраморность винограда *phytopat.* grapevine fleck (*grape viral disease*)
мульчирование *agr.* mulching
мульчировать *agr.* mulch
Мурведр *Fr. amp.* Mourvedre
Мускат александрийский *amp.* Muscat of Alexandria
мускатный виноград muscadine
мускатный орех nutmeg
муст *eno.* must; grape juice
мутное вино cloudy [trouble] wine
мутное сусло trouble [turbid] wort
мутномер hazemeter
мутность opacity
мутный cloudy, dreggy, hazy, muddy, turbid, opaque
Мутон-Ротшильд *Fr. geogr.* Mouton-Rothschild
муть cloud, dregs; *also* **помутнение**
мучнистая мильдью *phytopat.* powdery mildew; oidium
Мцване кахетинский *Georg. amp.* Mtsvane Kakhetinskii (*white grape variety grown in Georgia*)
мышиный запах *deg.* mousy odo(u)r, mousy taint
мышиный привкус *deg.* mousy flavo(u)r
мюзле *eno.* muzzle, wire hood, wire cap
Мюллер-Тургау *Germ. amp.* Müller-Thurgau
мютирование *eno.* mutage
мягкий *deg.* smooth, soft
мягкий вкус *deg.* mild flavo(u)r
мякоть *bot.* flesh
мякоть плода *bot.* pulp
мясистый meaty

Н

набор параметров для дегустации sensory data
набухание почек *physiol.* bud swell
навинчивающийся колпачок screw [twist-off] cap, screw capper
навоз manure, merde, muck
навощенная пробка waxed cork
нагрузка :
~ глазками *или* почками bud load (*number of buds remaining after pruning*); ~ куста bush loading ~ побегами shoot load (*number of shoots developed from wintering buds after pruning*); ~ урожаем crop load; bush loading; harvest obtained from one bush
надбитость check (*bottle defect*)
надвинное пространство ullage
«Наднепрянское» *reg.* "Naddneprianskoe" (*white dry aged wine from variety Riesling Rhein grown in Odessa, Kherson and Nikolaёv regions of Ukraine*)
надевание колпачка на горлышко бутылки capsulating
надземный рост (*растения*) above ground growth
надземный штамб overground trunk
надкол chipping (*bottle defect*)
надрез cut
надрезать cut
нажимной колпачок snap-on cap
наземная часть растения wood
наиболее высокая цена напитка premium price
наименование места произрастания винограда appellation; *also* апелласьон
наименование продукта brand name
наименование происхождения denomination of origin
накапливать accumulate
накипь stain
наклеивать этикетку на бутылку apply one's label
наклонное положение slanted position
наклонные шпалеры slanting trellis
накопительная емкость reserve capacity
налет taint
налет корней root plaque
наливка *Rus.* fruit liquor (*prepared from alcoholized juices and fruit drink, with additions of sugar and flavo(u)rings; alcohol content 18.0 – 20.0% vol.*); *also* пунш
наливное отверстие filling hole; *also* горловина
наливное отверстие (*бочки*) под втулку peg hole
наливное отверстие (*бочки*) под шпунт bung hole
наличие цветочных ароматов perfumed nose
нанесение самоклеящихся этикеток pressure-sensitive labeling
нанесение этикетки labeling
«Напареули» *Georg. reg.* "Napareuli" (*1. white table aged wine from grape varieties Rkatsiteli and Mtsvane grown in Napareuli region, Georgia; 2. red table aged wine from variety Saperavi grown in Napareuli region, Georgia*)
напиток 1. beverage; drink; 2. spirit
напиток для возбуждения аппетита appetizer; aperitif
направлять рост растения *agr.* train
народная селекция grape varieties discovered by unknown authors and widely used by grape amateurs
Народный *Rus. amp.* Narodnyi (*white table grape variety grown in Rostov and Stavropol regions, southern Russia*)
насадка вокруг горлышка drip collar
насадка колонны column packing
насаждения *agr.* plantings
густота ~й density of plantings
изреженность ~ й sparseness of plantings
маточные ~ rootstock plantings
плотность ~й density of plantings
насекомые-вредители insect pests
насос для перекачки в бочки barrel pump
насос для перекачки винного сусла must pump
насос для перекачки мутного сусла trouble wort pump

настаивание

настаивание infusion
настаивание мезги maceration; skin contact
настенный стеллаж wallrack
настой второго слива infusion of second cutting
настойка alcoholature (*liquor prepared from a mixture of vodka half-finished products with flavo(u)rings*)
   горькая ~ bitter liquor
   домашняя ~ home-made liquor
   полусладкая ~ demi-sweet liquor
   сладкая ~ sweet liquor
   фруктовая ~ fruit liquor
настой первого слива infusion of first cutting
настольная прививка bench graft
насыщенность цветового тона colo(u)r depth
натуральная объемная доля этилового спирта natural content of ethyl alcohol by volume
натуральное вино natural wine
натуральный ароматический дистиллят genuine flavo(u)r distillate
натуральный вкус natural flavo(u)r
наука о брожении zymurgy
наука о дрожжевой ферментации zymotechnology
наука о ферментации zymology
начало *physiol.* onset (*of growth stage*); break (*of disease*)
начало созревания ягод винограда *physiol.* veraison
начальная стадия взаимодействия дрожжей с зерновой массой *spir.* lag phase
начальная стадия порчи incipient decay
нашествие животных animal pressure
небольшой бочонок breaker, runlet
невыдержанное вино immature wine
невыдержанный unaged; unseasoned
невыраженность вкуса *deg.* flatness
невыраженный вкус *deg.* flat flavo(u)r
невыразительное вино *deg.* dumb [feeble] wine
негармоничное вино *deg.* heavy wine
негашеная известь burnt lime
«Негру де Пуркарь» *Mold. reg.* "Negru de Purcari" (*red table aged blended wine from grape varieties Cabernet Sauvignion, Rară Neagră and Saperavi grown in Purcari region, Moldova*)
недоброд *eno.* 1. underfermentation; 2. underfermented grape juice
недозрелость green wood (*defect of natural cork*)
недостаток вина wine fault (*change of wine composition and features*)
недостаточное сбраживание insufficient attenuation
нежный вкус *deg.* delicate flavo(u)r
нежный запах *deg.* smooth nose
незаполненная часть бочки ullage
незаполненная часть бутылки *v.* незаполненный объем бутылки
незаполненный объем бутылки free space; headspace
незрелое вино youthful wine
незрелый immature
не имеющий должной крепости underproof
не имеющий запаха odo(u)rless
неисчезающее помутнение persistent cloudiness
нейтральная почва neutral soil
нейтральное вино neutral wine
некрепленое вино unfortified wine
некроз necrosis
некроз жилок винограда *phytopat.* grapevine vein necrosis (*grape viral disease*)
некроз побегов винограда *phytopat.* shoot necrosis
некроз пятнистый *phytopat.* wood spot
нематода *ent.* nematode
необратимое помутнение nonreversible [permanent] haze
неорошаемое виноградарство non-irrigated viticulture; *syn.* богарное виноградарство
неосветлившееся сусло trouble [turbid] wort
неохмеленное сусло unhopped wort
неочищенный винный камень arcilla, crude argol
не подверженный заболеваниям disease-free
неплодоносящая лоза non-bearing grapevine
неподдельный authentic

неполный эфир alcohol ether
непрерывная дистилляция continuous distillation
непрерывная ферментация continuous fermentation
непрерывный метод шампанизации Charmat process of champagnization; bulk champagnization; *syn.* **резервуарный способ шампанизации**
непрерывный способ брожения continuous fermentation method
непригодный для питья undrinkable
неприятный запах off-flav(o)r, obnoxious [offensive] odo(u)r
непрозрачный opaque
непьющий (человек) abstainer, nondrinker
неразбавленный (*о напитке*) neat; straight
неразборчивый undifferentiated
неродственное скрещивание *bot.* outbreeding; outcross
несбраживающийся nonfermentable
несброженное (сладкое) сусло (*about beer*) sweet [unfermented] wort; (*about wine*) unfermented must
несвежий запах stale odo(u)r
не содержащий алкоголя alcohol-free, non-alcoholic
несозревший unseasoned
несортовой off-grade
несравненный inimitable
нестабильное вино unstable wine
нестандартный цвет off-colo(u)r
несущая способность carrying capacity
несущий столбик *agr.* line post
нефелиум *bot.* litchee; *also* **личи**
нефильтруемый nonfilterable
нехватка deficiency
нижняя фаза *spir.* lower phase
низкий урожай light crop
низкий штамб *agr.* low head
низкоградусный спирт low [lower grade] spirit, low-proof [low-strength] alcohol, malt wine
низкое качество low quality
низкокипящая жидкость low boiler
низкоурожайные сорта low-yielding vines
низовое брожение *spir.* bottom fermentation
низший inferior

нисходящая труба перегонного аппарата downcomer; down pipe
нисходящий (*о кусте винограда*) recumbent
ниша (*в винном погребе*) bottle bin
новая бочка unseasoned cask
нож *agr.* knife
  окулировочный ~ budding knife
  прививочный ~ pruning knife
ножка *bot.* (*стебелек, цветоножка*) pedicle; (*плодоножка*) *bot.* peduncle
ножницы shears
нормально протекающий процесс брожения normal fermentation
нормальный вкус normal flavo(u)r
носильщик винограда в баке dossercarrier
нутация *physiol.* nutation (*rotary movement of shoot tops*)

обандероливающая машина banderoling [banding] machine
обезвоживание *agr.* dewatering
обездрожженная зрелая бражка fermented liquor
обескислороживание вина *eno.* wine deoxidation; removal of oxygen from wines (*in production of sparkling wines*)
  биологическое ~ biological deoxidation
  ~ длительной анаэробной выдержкой deoxidation by long anaerobic maturation
  ~ инертными газами deoxydation with inert gases
обессахаривание desugarization
обессахаривать desugar
обесцвечивание decolo(u)ration
обжигать (*бочки, пробки*) char; toast
обжиг новой бочки charring
обжимать compress
обильный exuberant
обладающий вкусом tasteful
область активного роста лозы *bot.* meristem

обломка

обломка *agr.* breaking; ~ **побегов** breaking of shoots
обменные процессы в собранном урожае (*ягод винограда*) crop evapotranspiration
обозначение сорта винограда на этикетке varietal designation
обоняние olfaction
обонятельный olfactory
обонять smell
обработка (*вина*) **в подвале** cellar operation
обработка земли culture
обработка и выдержка бочки cask seasoning
обработка сортировки активированным углем treatment of water and alcohol mixture with carbon
обработка холодом *eno., spir.* treatment of wines (*or* brandy) with cold
образец sample
  эталонный ~ reference sample
образец для анализа assay [test] sample
образец для сравнения comparison sample
образец, содержащий спирт ethanol-containing sample
образование винного камня *eno.* incrustation
образование каллюса *bot.* callusing, callus formation
образование масок *eno.* masking
образование флегмы *spir.* refluxing
обращать(ся) в уксус acetify; *also* превращать в уксус
обрезание лозы *v.* обрезка
обрезка *agr.* pruning, topping
  восстановительная ~ regenerative pruning
  длинная ~ long pruning (*5 – 8 or more buds left on the fruiting shoot*)
  добавочная ~ correcting pruning
  зеленая ~ *v.* летняя обрезка
  зимняя ~ dormant [winter] pruning
  комбинированная ~ *v.* смешанная обрезка
  короткая ~ short pruning (*1 – 4 buds left on the spoor*)
  ~ **крупных ветвей** bulk pruning
  летняя ~ summer pruning
  ~ **на один глазок** single bud pruning
  ~ **на плодовое звено** cane pruning; pruning on the fruit section
  ~ **на плодовые стрелки** half-long cane pruning
  ~ **на сучок замещения** spur pruning
  омолаживающая ~ renewal pruning
  ~ **на «черную голову»** complete pruning of grape bush
  ~ **по Гюйо** Guyot pruning
  ~ **по Дезеимери** Dezeimeris pruning
  ~ **по Лоретту** Lorette pruning
  ~ **по Сильвозу** Sylvoz pruning
  регулирующая ~ regulative pruning
  смешанная ~ mixed pruning (*some shoots are pruned like spurs, and some like fruiting shoots*)
  формирующая ~ training pruning
обрезка корня root cutting
обрезчик лозы vine cutter
О-Брион *Fr. geogr.* Haut-Brion
обруч band, hoop
  пуковый ~ bilge hoop
  уторно-торцевой ~ chime [chine] hoop
  шейный ~ quarter hoop
обручеосадочный станок cask driving machine
обрывание зеленых ягод винограда thinning-out; green harvest, éclaircissage
общая кислотность total acidity
общая мутность total haze
общая объемная доля этилового спирта total ethyl alcohol content by volume
общая продолжительность брожения total fermentation
общее содержание фенолов total phenols
общеупотребительное название common name
объем volume
объемная доля volume fraction
объемная доля спирта alcohol content by volume
объемная концентрация спирта concentration of alcohol by volume
объемный анализ volumetric analysis
объемный выход volume yield
объемный процент volume per cent
обычная пробка normal cork; (*из натуральной пробки*) traditional cork
обычный винт штопора normal worm
оводненность виноградного растения *bot.* water content in cells and tissues of the vine

избыточная ~ excessive water content in cells and tissues
недостаточная ~ insufficient water content in cells and tissues
оптимальная ~ optimum water content in cells and tissues
огороженный виноградник walled vineyard
ограниченное употребление алкоголя sensible drinking
о-де-ви *Fr.* eau-de-vie
Одесский ранний *amp.* Odesskii rannii (*white table grape variety grown in the south of Ukraine*)
Одесский черный *amp.* Odesskii chërnyi (*black grape variety grown in the south of Ukraine*)
однократное прессование single-stage pressing
однократной перегонки single-distilled
однолетние побеги винограда fruiting wood
однолетняя лоза one-year-old grapevine
однородный вкус smooth flavo(u)r
односолодовое виски single malt whisk(e)y
одноцветная этикетка monochrome label
одревеснение *physiol.* wood formation
ожирение вина *eno.* wine ropiness (*wine fault*)
ожог винограда *phytopat.* scorch (*damage of grapevine caused by excessive temperatures*)
оидий oidium; powdery mildew
окаймление жилок *phytopat.* vein banding (*grape viral disease*)
окисление acidification, oxidation
окисление вина acetification
окисленный oxidized
окислившееся вино oxidized wine
окислитель oxidizing agent
окислительное помутнение oxidative haze
окисляться acetify, acidify
окисшая бочка acetified [acid] cask
оклеенный fine
оклеивание fining
оклеивание бентонитом bentonite fining
оклеивание желатином gelatin fining
оклеивание казеином casein fining

омолаживание

оклеивание рыбьим клеем isinglass fining
оклеивание ферроцианидом калия blue fining
оклеивание яичным белком egg-white fining
оклеивать fine
оклеивающее вещество fining material
оклеивающее средство fining agent
оклейка fining, collage
окончательная отделка finish
окоренение черенков *agr.* root formation of grape cuttings
окраска *deg.* wine colo(u)r; wine dress
антоциановая ~ anthocyane colo(u)r
интенсивная ~ intensive colo(u)r of wine
стабильная ~ stable colo(u)r of wine
окрашивать tincture
окружающий ambient
оксалатное помутнение oxalate haze
«Оксамит Украины» *reg.* "Oksamyt Ukrainy" (*red table aged wine from grape variety Cabernet Sauvignon grown in Odessa, Nikolaëv and Kherson regions of Ukraine*)
оксидазный касс brown [oxidasic] casse (*wine fault*)
оксидация (вина) oxidation spoilage
окулировать *agr.* oculize; graft
окулировка *agr.* oculation, budding; *syn.* прививка глазком
~ **зеленым щитком** green budding
~ **щитком** shield budding
окучивание головки куста *agr.* earthing; formation of soil layer above the head of the bush (*usually manually*)
Оливет Бланш *Fr. amp.* Olivette Blanche
олигосахариды oligosaccharides
олово tin
оловянный касс tin case (*wine fault*)
О-Медок *Fr. geogr.* Haut-Medoc
омолаживание 1. *agr.* regeneration; 2. *eno.* regeneration of wine (*usually by blending of old wine with a new wine*)
полное ~ complete regeneration (*full head pruning*)
физиологическое ~ physiological regeneration
частичное ~ partial regeneration (*pruning of parts of the bush*)

опадание листьев

опадание листьев *physiol.* defoliation, leaf fall
опадение неоплодотворенных цветков *physiol.* shatter
оператор винного подвала cellarman
описание сорта винограда varietal description
оплетенная бутыль для вина carboy
опора post, stake
опора металлического забора metal fence post
опорный столб end post
опорожнение emptying
определение степени окрашивания ягод pinking test
опробковение коры винограда *phytopat.* grapevine corky bark (*grape viral disease*)
опрыскивание spraying
   искореняющее ~ eradicative spraying
   малообъемное [мелкокапельное] ~ small drop spraying
   резервное ~ reserve spraying (*with increased amount of Bordeaux mixture*)
опрыскиватель sprayer
оптический рефрактометр optical refractometer
опушение *bot.* tomentose; floccose
   войлочное ~ felty tomentose
   щетинистое ~ brushy tomentose
опыление *bot.* pollination
опыливание *agr.* dusting; powderization (*blowing of powder chemicals*)
опьянение *med.* (alcoholic) intoxication; oenophlygia
органическое вино organic wine
органическое виноделие organic [sustainable] viticulture
органическое соединение *chem.* organic compound
органическое строение почвы organic profile of soil
органолептика organoleptic characteristics; palate
органолептическая дегустация organoleptic tasting
органолептическая оценка organoleptic evaluation
органолептический анализ taste panel analysis
органолептический метод organoleptic method
органолептический показатель organoleptic feature
ординар *hist.* raw spirit, raka (*product of first wort distillation*)
ординарное вино ordinary wine
ореховый привкус nutty flavo(u)r
орошение irrigation
орошение основания виноградного листа butt drench
осадитель precipitant
осадок sediment; deposit; dregs; fur; precipitate; settle, settling; subsidence
осадок в вине addle
осадок на дне бутылки с вином bottled-wine sediment
осадок на стенке бутылки crust
осадочная почва argillaceous soil
осаждаться deposit
осаждение precipitation, settling
осахаренное сусло saccharified wort
осахаренный затор converted mash
осветление clarification, clarifying
осветление бентонитом bentonite clarification
осветление вина clarification of wine; fining; racking; filtration
осветление оклеиванием fining clarification
осветление отстаиванием sedimentation clarification
осветление дрожжами enzyme [enzymic] clarification
осветление ферментацией *v.* осветление дрожжами
осветление фильтрованием polishing; filtration clarification
осветление центрифугированием centrifugation clarification
осветленный clarified, cleared
осветлитель clarifying [clearing] agent, clarifier
осветлять clarify
осветлять до блеска polish
осветляющее средство clarifying [clearing] agent, clarifier
осветляющие добавки fining agents
освобождение сусла от отстойного осадка debourbage
освоение склонов *agr.* development of slopes
оседание settling

отказ от употребления спиртных напитков

оседать settle
ослепление глазков v. удаление глазков
ослепление почек agr. bud failure; also ослепление глазков
ослеплять agr. disbud; syn. удалять глазки
осмоленная бочка pitched cask
осмолка бочек cask pitching
основа вкуса deg. backbone
основание лозы bot. vine butt
основная почка bot. main bud
основная этикетка front label
основное сусло spir. original wort
основной корень bot. main root
основной объем бутылки headspace
осолаживание spir. malting
оставаться persist, preserve
останавливать agr., eno. arrest
остатки (от перегонки) spir. leavings
остатки неиспользованной пробки overrun cork, leftovers
остаток residue
остаток барды после дистилляции spir. slop
остаток вкуса и аромата deg. finish; aftertaste, length
остаток влаги в пробке cork water
остаток на фильтре filtration residue
остаток от прессования press residue
остаточная кислотность residual acidity
остаточный запах (виноматериала) aftersmell
остаточный привкус residual flavo(u)r
остов (корпус бочки) body of barrel or cask
острие зубчика (виноградного листа) bot. tooth point
острота deg. acridity
острый deg. acrid, prickly, pungent
острый вкус deg. choking gust; choking flavo(u)r
острый запах deg. pungent aroma, pungent odo(u)r
ость грозди bot. rachis
отбирать легкие фракции spir. skim
отбирать пробу sample
отбойная перегородка baffle plate
отбор легких фракций skimming
отборное вино premium wine
отверстие в бочке для пробки bung hole
отверстие горлышка (бутылки) mouth
ответвление bot. ramification
отводка agr. layering
  воздушная ~ air layering
  ~ вызревшим побегом layering with grown shoot
  глубокая ~ deep layering
  ~ зеленым побегом layering with green shoot
  китайская ~ Chinese layering
  ~ кустом layering with bush
  ложная ~ v. полууглубленная отводка
  надземная ~ v. воздушная отводка
  поверхностная простая ~ plain surface layering
  поверхностная с пяткой ~ surface layering with a "heel"
  полууглубленная ~ semi-deep layering
отводная тарелка spir. draw-off pan
отводок bot. separate bush, a part of the bush or a shoot obtained from the parent bush
отгон головного погона spir. head removal
отгонка spir. rundown
отгонка легких фракций spir. forerunning, predistillation, prefractionation, stripping
отгон легких фракций spir. strippant
отгонять легкие фракции spir. strip
отгружать ship
отдающий пробкой (о вкусе вина) deg. corked
отделение гребней destemming; destalking
отделка бутылок finishing
отделывать (бутылку) finish; also заделывать (бутылку)
отделять гребни destem; destalk
отдых (коньяков) spir. resting of cognacs; additional ag(e)ing of brandies and cognacs from the preparation of assemblage till final bottling
отечественного производства domestic
отжатое сусло eno. pressings
отжигательница obs. a can used for testing alcohol content by burning of spirit
отказ от употребления спиртных напитков abstinence

откапывание виноградника *agr.* digging-out, unearthing of grapevines
откачивать evacuate; pump off
открывание кустов *agr.* uncovering
откуп *Rus. hist. v.* винный откуп
откупоренный abroach
отличающийся по цвету variegated
отличительный запах *deg.* distinctive aroma
отложения винного камня tartaric deposit
отметка на дегустации taste note
отмирание вина wine death
отмирание и загнивание побегов винограда *phytopat.* dieback and bunch rot
отмирание лозы *phytopat.* vinekill
отпарная колонна *spir.* stripper
отработанная вода waste water
отросток *bot.* propagule
отсепарированное сусло *be.* separated wort
отслеживать trace
отстаивание settling
отстаивание на холоде cold settling
отстаиваться deposit, settle
отстой deposit; dregs; lees; settle, settling; slurry
отстойник decanter, settler
отстойник шлама desludger
отстойный чан settler
отсутствие полива water stress
оттенок tinge; tincture
оттенок вкуса *deg.* hint
отфильтрованное сусло filtered wort
отходы wastes
отходы производства discard; wastes
охладитель cooling apparatus
охладитель для бутылок cooler
охладительная камера cold box
охлаждать cool
охлаждающая колонна cooling tower
охлаждающая способность cooling capacity
охлаждающее средство cooling agent
охлаждающее устройство cooling device
охмеление (*сусла*) *be.* hopping
охмеленное сусло *be.* hopped wort
оценка *deg.* evaluation
оценочный балл *deg.* mark
очень сухой *deg.* bone-dry
очень тёмный inky
очиститель cleanser
очистительная колонна purifying column
очистка cleaning; cleansing
очищать clean; cleanse
ощутимый *deg.* palpable, tangible
ощущение вкуса и структуры вина *deg.* mouthfeel
ощущение вязкости *deg.* drawing sensation

П

падучка *ent.* Adoxus obscurus (*grape pest*)
пазуха *bot.* sinus
пазуха черешка листа *bot.* petiole sinus
палёная водка *coll.* illegal vodka; bootleg
пар 1. *phys.* vapo(u)r; 2. *agr.* fallow
паразиты *ent.* vermin; pests
парафинированная пробка paraffined cork
партенокарпия *bot.* parthenocarpy
облигатная ~ obligatory parthenocarpy
факультативная ~ optional parthenocarpy; *syn.* горошение
партия batch
партия бутылок assembly of bottles
пасока *bot.* sap; *v.* плач винограда
пастеризация pasteurization
пастеризованное вино pasteurized wine
пастеризованное сусло pasteurized wort
пастис pastis
пасынкование *agr.* complete removal of lateral shoots
пасынок *bot.* lateral shoot, lateral cane; *also* пасынковый побег
патоген pathogen
патогенный pathogenic
патронный фильтр cartridge-type filter
паутинный клещ *ent.* two-spotted spider mite (*grape pest*)
пахать *agr.* plough
пахнуть *deg.* smell

перегонный куб с паровым обогревом

вахучий *deg.* odoriferous
«Педро крымский» *reg.* "Pedro Krymskii" (*white dessert aged wine from grape variety Pedro Jimenez grown in Crimea*)
пектин *chem.* pectin
пектиназа *chem.* pectinase
пена foam, scum
пенистость foaming capacity; *v.* **игра**
пенистый *eno. Fr.* mousseux
пенка *obs.* scum (*best distillation fraction*); *also* **первак, первач**
пенник *obs.* scum spirit (*one of ancient vodka names*); *also* **пенное вино**
пеногаситель defoaming agent, defrother
пеногашение defoaming, despumation
пенообразующая способность foaming, [head-forming] capacity; *v. also* **пенистость, игра**
пеноудалитель skimmer
пентанол *chem.* pentanol
пентоза *chem.* pentose
пенящееся вино foaming wine
первак *v.* **первач**
первач *obs.* first run (*best distillation fraction*); *also* **пенка, первак**
Первенец Магарача *amp.* Pervenets Magaracha (*white grape variety grown in southern Ukraine*)
первичная ферментация primary fermentation
первичное образование листьев prefoliation
первичный букет вина wine aroma
первое ощущение от вина при дегустации *deg.* wine attack
первое прессование *eno.* first crush, first pressing
первое сусло first wort
первый отстой crude [first] lees
первый сок винограда yema
первый урожай нового сорта virgin picking
пергола pergola
переброд *eno.* excessive fermentation, overfermentation
перебродившая брага *spir.* wash
переброженное кюве overfermented cuvée
переброс *spir.* carry-over

перевал *agr.* plantage with full cycle of soil preparation
перевар *obs.* general term of vodka used in XVI – XVII centuries; *v.* **варёное вино**
перегар 1. reek of alcohol, alcohol smell; 2. *obs.* low-quality spirit; tails fraction; *also* **полугар**
перегонка distillation, rundown, stillage
перегонка водяным паром steam distillation
перегонка многокомпонентной смеси multicomponent distillation
перегонка на многоколонной установке multicolumn distillation
перегонка под вакуумом vacuum distillation
перегонка при атмосферном давлении atmospheric pressure distillation
перегонка спирта alcohol distillation
перегонка шарантским способом Charante distillation
перегонная колба distillation flask
перегонный аппарат distiller, distillator, (spirit) still, distillation apparatus
перегонный аппарат для бражки wash still
перегонный аппарат для вторичной перегонки spirit still
перегонный аппарат для коньяка cognac still
перегонный аппарат для обработки выжимок pomace still
перегонный аппарат для отгона легких фракций reducing [stripping] still
перегонный аппарат для первичной дистилляции wash still
перегонный аппарат с мешалкой stirred-pot still
перегонный куб distillating [distillation] still
перегонный куб для уксуса vinegar still
перегонный куб Коффи Coffey still
перегонный куб с надстроенной колонной column still
перегонный куб с нижним вводом пара steam-bottom still
перегонный куб с огневым и паровым обогревом fire and steam still
перегонный куб с паровым обогревом steam-heated still

перегонный куб с теплозащитной рубашкой

перегонный куб с теплозащитной рубашкой jacketed still
перегонять distill(ate)
передвоение *hist. v.* двоение
передержанное вино overaged wine
передержка (*вин*) overaging
перезрелое вино overripe wine
перезрелый виноград overripe grape
перекачка (*виноматериала*) по трубопроводам pumping
перекуривать *coll.* distill; *also* перегонять
перекурка *coll.* 1. distillation plant, distillery; 2. distillation of wines or spirits
переливание (*вина для аэрации*) decanting, decantation
переливка decantation; pumping over
перемешивание agitation
перемешивание шапки с суслом punching-down
перемешивать agitate
перемешивающее устройство agitator, agitiation device
переокисление (*вина*) overoxidation (*of wine*)
переоклейка (*вина*) overfining
переохладитель aftercooler
переполнение (*емкости, бутылки*) overfilling
перепрививка *bot.* sugreffage; grafting-on; second grafting of a grafted vine
переработка винограда по «белому» способу white winemaking, off-skins fermentation
переработка винограда по «красному» способу red winemaking, on-skins fermentation
переработка гребней processing of stems
пересадка кустов *agr.* replanting of grape bushes
переток overflow
переточная труба *spir.* down-flow pipe
перетяжка сусла *eno.* separation of clear must from lees
перешколка *agr.* growing young vines in a nursery for two years
период активной вегетации *bot.* active vegetation period
период вынужденного покоя *bot.* exogenous dormancy period
период глубокого покоя *bot.* deep dormancy period

периодический отбор *bot.* recurrent selection
периодичность плодоношения *physiol.* periodicity of fruiting
период от выброса первого листа до появления цветков *bot.* debourrement
период относительного покоя *bot.* relative dormancy period
период относительного постоянства концентрации дрожжей *eno.* phase of relative permanency of yeast concentration (*second phase of the active fermentation stage*); *v.* бурное брожение; *syn.* стационарная фаза
период покоя *bot.* dormant period
период созревания винограда *physiol.* growing season
период торможения роста *eno.* phase of yeast growth inhibition (*first phase of the active fermentation stage*); *v.* бурное брожение
период цветения *bot.* anthesis
перколяция percolation
«Перлина Карпат» *Ukr. reg.* "Perlyna Karpat" (*white table aged wine from grape variety Müller-Thurgau grown in Transcarpathian region, Ukraine*)
«Перлина Степу» *Ukr. reg.* "Perlyna Stepu" (*white table dry aged wine from grape variety Aligote grown in Odessa, Nikolaëv and Kherson regions, Ukraine*)
перлит perlite (*filtering powder*)
Перно *Fr. reg.* Pernod
персистентность пестицидов *agr.* persistency of pesticides
перспективный сорт prospective grape variety included into regional registers
Песак *Fr. geogr.* Pessac
пески sands
пескование почвы *agr.* enrichment of upper soil layer with sand
пестик *bot.* pistil
пестицид *agr.* pesticide
Пестроцветный *Rus. amp.* Pestrotsvetnyi (*black table grape variety grown in southern Russia*)
пестрянка виноградная *Lat. ent.* Theresia ampelophaga Bayle (*grape pest*)
песчаная почва *geol.* sandy soil
песчано-глинистые почвы *geol.* sandy loams

плесень

песчаный arenaceous
петио petiot (*secondary wine from grape marc*); *v.* **вторичное вино, пикет**
печать seal(ing)
пивзавод brewery, brewing plant
пивная pub
пивная бочка beer [brewers'] cask
пивная закваска wort
пивное сусло beer wort
пиво beer, malt liquor, slops
пивовар brewer
пивоварение brewing
пивоваренный завод brewery, brewing plant
пигментация *bot.* pigmentation
пикет *eno.* piquet (*secondary wine from grape marc*); *v.* **вторичное вино, петио**
пикнометр picnometer; ~ **Менделеева** *hist.* Mendeleiev's picnometer (*device for measuring specific gravity of alcohols*)
пиковые значения температуры *met.* temperature extremes
Пино белый *v.* **Пино Блан**
Пино Блан *Fr. amp.* Pinot Blanc
Пино Гри *Fr. amp.* Pinot Gris
«Пино Гри Ай-Даниль» *Ukr. reg.* "Pinot Gris Ai-Danil" (*white dessert aged wine from grape variety Pinot Gris grown in Crimea*)
Пино Гриджио *It. amp.* Pinot Grigio
Пино Менье *Fr. amp.* Pinot Meunier
Пино Нуар *Fr. amp.* Pinot Noir
Пино серый *v.* **Пино Гри**
пинотаж *amp.* pinotage
Пино черный *v.* **Пино Нуар**
пинта pint
питательная добавка для обеспечения ферментации дрожжей *eno., spir.* yeast energizer
питательная добавка для роста дрожжей *eno., spir.* yeast nutrient
питательное сусло nutrient wort
питательный alimentary, nutrient
питающая структура почвы nutrient profile of soil
питейная мера *obs.* a measure of spirit consumption = 12 l; *usually* **московское ведро**
питейное дело *hist.* wine and spirits business
питейное заведение *hist.* retail outlet for selling spirits
питейный доход *hist. econ.* return of spirit sales
Питейный устав *hist.* Charter of Spirits Consumption in Russia (*Charter of Spirits Consumption tax of 1817 which fixed the minimal alcohol strength of vodka as "polugar"*)
питиоз *phytopat.* pythiosis
питкий *deg.* gulpable (*about wines, spirits*)
питкость *deg.* gulpability (*about wines, spirits*)
питомник *agr.* nursery
селекционный ~ breeding nursery
питомниководческое хозяйство *agr.* rootstock-growing farm
питьевой спирт potable spirit
пищевой alimentary
Плавай *Mold. amp.* Plavai (*white grape variety from Moldova grown in southern Russia and Ukraine*)
плавающая шапка (*мезги*) *eno.* swimming cap
пламягаситель *spir.* flame arrester
планка *agr.* rod
плановое скрещивание *bot.* intentional cross
плантаж *agr.* plantage, preparation of soil for planting of grapes
пластинка листа *bot.* leaf blade
пластинчатый фильтр leaf [plate] filter
пластмассовая бочка plastic cask
пластмассовое уплотнение plastic fitment
пластмассовый колпачок plastic capsule
плацента *bot.* placenta; *also* **семяносец**
плач винограда *physiol.* sap motion (*1st stage of the vegetation period of grape vine*); *syn.* **сокодвижение**
пленка film
пленкование *eno.* putting of sherry films on the surface of wine in a cask
плесень mold
голубая ~ blue mold *Penicillium italicum*
зеленая ~ green mold *Penicillium glaucum*
розовая ~ pink mold *Thichotheum roseum*

плесень

серая ~ grey mold *Botrytis cinerea*
черная ~ black mold *Aspergillus niger, Rhisopus nigricans*
плесневелый вкус moldy [musty] flavo(u)r
плесневение mold attack
плесневение вина mold development
плесневые грибы *v.* плесень
плетеная корзина pad
плечико бутылки bottle shoulder
Плечистик *amp.* Pletchistik (*black grape variety grown in Don valley, southern Russia*)
плечо *bot.* arm; branch
плод fruit
плодовая лоза fruit cane
плодовая стрелка *bot.* fruit cane; fruit scape
плодовое звено fruit section
плодово-ягодное вино fruit wine
плодово-ягодное сусло fruit must
плодовый вкус *deg.* fruity flavo(u)r
плодовый однолетний побег one-year-old fruit shoot
плодоножка *bot.* peduncle
плодоносная почка fruiting bud
плодоносность эмбриональная potential fruiting capacity of shoots
плодоносный глазок fruiting bud
плодоносный побег fruiting shoot
плодоносящая зона fruiting zone
плодоносящая лоза bearing grapevine
плодоносящее растение bearer
плодоношение *bot.* fruiting; fruitfulness
плодообразование *bot.* formation of fruit
плодородие почвы *agr.* soil fertility
плотность density; consistency
плотность грозди винограда bunch density
плотность насаждений vine density
плотность посадки planting density
плотный (*о сусле, вине*) thick
плотный осадок dense deposit
площади для выращивания с.-х. культуры в акрах *agr.* acreage
площадь area
побег *bot.* shoot
   бесплодный ~ fruitless shoot
   вызревший ~ matured shoot
   ~-двойник secondary shoot (*from replacement bud*)
   жировой ~ nourishing shoot
   зеленый ~ young [green] shoot
   зреющий ~ ripening [maturing] shoot
   пасынковый ~ lateral shoot (*v. also* пасынок)
   плодоносный ~ bearing shoot
   порослевой ~ sprouting shoot
побег для привоя scion spur
побег лозы vine cane, vine leader
побегообразующая способность capability of shoots formation
побочные продукты брожения by-products of fermentation
побурение вина browning spoilage
побурение гребня винограда *phytopat.* stem browning (*disease of grapes*)
побурение листьев *phytopat.* browning of grape leaves; brunissure (*non-infectional disease of grapes*); *also* бруниссура
поверхностно-активное вещество surface-active material; *also* ПАВ
поверхностное поглощение adsorption
повилика *bot.* dodder *Cuscuta* (*vineyard weed*)
повреждение древесины pitting
повреждение почек bud damage
повторная заделка пробки recorking, cork re-insertion
повторная перегонка redistilling
повторная подача дрожжей yeast recycle
повторное фильтрование refiltration
повышать водородный показатель raise pH
погектарный урожай винограда *agr.* yield of grapes per hectare
поглощение absorption
погон cut (fraction), draws, fraction
погребное хозяйство cellar space at a winery; a number of cellars
погружать punch
погружение шапки (*мезги*) punching of the cap; pigeage
погружная шапка (*мезги*) *eno.* submerged cap
погрузочная машина loading machine
подавать на стол serve
Подарок Магарача *amp.* Podarok Magaracha (*white grape variety grown in southern Ukraine*)

Подарок России *amp.* Podarok Rossii (*red table grape variety grown in southern Russia*)
подбраживание мезги и сусла *eno.* control of active fermentation of skins and juice
непрерывное ~ continuous control of fermentation
периодическое ~ periodical control of fermentation
подвал cellar, wine storage room
подвальная плесень cellar mold
подвергать повторной перегонке *spir.* redistill
подвергаться старению age
подвергаться уксуснокислому брожению prick
подвергшийся брожению fermented
подвид винограда *bot.* subspecies of grapes
подвои с прививками grafted rootstocks
подвой *bot.* rootstock
морозоустойчивый ~ frost-resistant rootstock
филлоксероустойчивый ~ phylloxera-resistant rootstock
подвойная лоза rootstock
подвязка *agr.* tying
зеленая ~ green tying (*with young shoots length of 30 – 35 cm*)
сухая ~ dry tying (*at the beginning of sap flow*)
подвязочный материал material used for tying up grapevines
подвязывать *agr.* vinculate; tie up
подготовка к зиме *physiol.* hardening-off
подготовка почвы *agr.* soil preparation (*for planting*)
подделка adulteration
поддон *transp.* pallet; *eno.* tub (*under the grape press*)
подземный штамб *bot.* underground trunk
подзона виноградарства *Georg.* a part of viticultural zone in Georgia which differs in terroir from other viticultural zones
подкисление acidification
подкисленный acidulous
подкислитель acidifying agent, acidifier, acidulant; *also* **подкисляющее средство**
подкислять acidify, acidulate
подкисляющее средство acidifier, acidulant, acidifying agent; *also* **подкислитель**
подлинный authentic, genuine
подмешивать adulterate
подносчик этикеток label carrier
подогреватель (*для браги*) preheater
подпорка anchor
подпорка, вбиваемая в землю earth anchor
подрод винограда *bot.* subgenus of grape
подсахаривание *eno.* addition of sugar, sugaring; chaptalization; *also* **шаптализация**
подсластитель *v.* **подслащивающее средство**
подслащенное вино sugared wine
подслащивание *v.* **подсахаривание**
подслащивающее средство sweetening agent, sweetener; *also* **подсластитель**
подставка для бочек barrel rack
подставка для бутылок bottle holder, wine holder
подставка для бутылок в виде корзины wine bottle cradle
подставка для наклейки этикеток на бутылки labe(l)ing rack
позднеспелый сорт late-ripening variety
поздний сбор late harvest
Пойяк *Fr.* 1. *geogr.* Pauillac; 2. "Pauillac" (*red dry wine*)
показатель pH виноградного муста must pH
покой *bot.* dormancy
вынужденный [кажущийся] ~ exogenous dormancy
корреляционный [условный] ~ correlative dormancy
покоричневение вина browning of wine (*wine fault*)
покрываться плесенью mold
полевое испытание test in vivo; field test
полиакриламид *chem.* polyacrilamide
полимерные фенолы *chem.* polymeric phenols; tannins
полисахарид *chem.* polysaccharide
полифенол *chem.* polyphenol
полиэтиленовая пробка polyethylene cork

полная бутылка bottleful
полновыраженный *deg.* rich
полное вино big [full(-bodied)] wine
полное выбраживание complete fermentation
полностью прозрачный limpid
полностью созревший full-ripe
полнота вкуса full palate, palate fullness
полнота налива sufficient level of bottle filling
полноцветная этикетка full colo(u)r label
полноценный по вкусовым свойствам full-flavo(u)red
полный аромат full-bodied aroma
полный вкус full(-bodied) flavo(u)r
полный стакан glassful
полоса (*корки*) strip
полоскание rinse
полосовое железо band iron
полугар *obs.* 1. ordinary spirit, diluted with 25% of water, with alcohol content 38% vol. 2. low-quality spirit; tails fraction; *also* **перегар**
полусладкий medium-sweet, semi-sweet, demi-sweet
полусладкое вино semi-sweet [demi-sweet] wine
полусухое вино semi-dry [demi-sec] wine
полусухой demi-sec, medium-dry, off-dry
полуфабрикат half-finished product
получение винного камня tartrate recycling
получение спирта вымораживанием продукта freeze distillation
полуштоф *obs.* half-Stoff (*1. a measure of spirit volume = 0.61 l; 2. a traditional spirit bottle*)
пол цветка sex of flower
полынь *bot.* wormwood
полынь эстрагон *bot.* tarragon
полярность *bot.* polarity
помещение для емкостей vat room
Поммар *Fr.* 1. *geogr.* Pommard; 2. "Pommard" (*red dry wine*)
Помроль *Fr.* 1. *geogr.* Pomerol; 2. "Pomerol" (*red dry wine*)
помутнение haze, haziness, cloudiness, opacification; turbidity; *also* **муть**
помутнение биологического происхождения biological haze
Понтак *Fr. geogr.* Pontacq

поповка *Rus. obs. coll.* popovka (*one of successful private vodka brands in XIX — XX centuries*); *v.* **Поповская водка**
Поповская водка *Rus.* Popovskaia vodka; *also.* **popovka**
поражение филлоксерой *phytopat.* phylloxera crisis
пораженный (*болезнью*) affected
пористость porosity
пористый фильтр porous filter
порок fault, taint
порок вина wine taint, wine fault (*decrease of wine quality*)
порослевой однолетний побег sprouting annual shoot
поросль small wood
портвейн port (wine)
портвейн, выдержанный в бутылках bottle-aged port
портвейн из винограда разных урожаев crushed port
портиться taint, addle; spoil; deteriorate
порция напитка unit; drink
порча deterioration, spoilage
посадка *agr.* plantage, planting (*of grapevine*)
~ **в ямки** planting of grapevine cuttings into small pits
~ **заливкой** planting of grapevine with addition of a mixture of sand, clay and manure
осенняя ~ autumnal planting (*with earthing of planted cuttings*)
~ **под гидробур** planting of grapevine cuttings with a hydro drill
~ **под лом** manual planting of vine with a crowbar
рядовая ~ planting in rows
посадочный материал винограда *agr.* grape plants which are used for planting (*grafted or own-rooted cuttings*)
базовый ~ grape plants which are used for production of certified grape seedlings
рядовой ~ grape seedlings produced at conventional nurseries
сертифицированный ~ certified grape plants including clones
стандартный ~ selected grape plants
посев *agr.* sow
посизение вина *eno.* white casse (*wine fault*)

послевкусие *eno.* aftertaste, finish, length (*вин*); afterglow (*виски, водки*)
последующая обработка (*виноматериала*) aftertreatment
послетиражная выдержка aftertirage ag(e)ing
посторонние запахи в вине off-odo(u)rs
посторонние привкусы в вине off-flavo(u)rs
посторонний вкус foreign flavo(u)r
посторонний запах off-odo(u)r, off-aroma, foreign odo(u)r
посторонний привкус off-taste, flavo(u)rs-off
поташ *chem.* potash
потеки на внутренней стенке стакана legs
потенциальная объемная доля этилового спирта potential content of ethyl alcohol by volume
потери при перегонке *spir.* distillation [slop] losses
потери спирта при выдержке *spir.* angel's share; evaporation
потомок *agr.* offspring
потребитель алкоголя drinker
потребитель вин wine consumer
потребление вина wine consumption
потребность в воде water requirement
почва soil
  автономная ~ autonomous soil (*type of soil which is formed only in natural moisturing environment*)
  аллювиальная ~ alluvial soil
  бурая лесная ~ brown forest soil
  глинистая ~ argillaceous soil
  известняковая ~ calcareous [limestone] soil
  каменистая ~ stony soil
  каштановая ~ chestnut soil
  коричневая лесная ~ *v.* бурая лесная почва
  кремнистая ~ siliceous soil
  лесостепная ~ mixed forest and steppe soil
  лёссовая ~ loess [grey] soil
  перегнойно-карбонатная ~ humus-carbonaceous soil
  песчаная ~ arenaceous soil; sand
  подзолистая ~ *Rus.* podzol soil
  пойменная ~ riverside soil; *v.* аллювиальная почва
  полностью пропитанная влагой ~ water logged soil
  серо-бурая пустынная ~ grey-brown desert soil
  серо-карбонатная ~ grey-carbonaceous soil
  скелетная ~ skeletal soil
  солончаковая ~ *Rus.* solonchak soil
  суглинистая ~ loamy soil
  супесчаная ~ sandy-loam soil
  темно-каштановая ~ dark-chestnut soil
  темно-серая ~ dark-grey soil
  черноземная ~ black earth, *Rus.* (*t*)chernoziom
почвенные болезни винограда soil-borne diseases of grapes
почернение древесины *phytopat.* black wood; *Fr.* bois noir (*viral disease of grapes*)
почка *bot.* bud
  базальная ~ basal bud
  бесплодная ~ non-fruiting [non-bearing] bud
  верхушечная ~ apical [crown] bud
  главная ~ basal bud
  замещающая ~ replacement bud
  зимующая ~ wintering bud
  ослепленная ~ blind bud
  пазушная ~ auxiliary bud
  пасынковая ~ lateral bud
  плодоносная ~ fruiting [bearing] bud
  удаленная ~ blind bud
почка в месте стыка листа и ствола lateral bud
почка замещения replacement bud
почка, имеющая правильную посадку well-positioned bud
почка на вершине ствола apical [crown] bud
почки текущего сезона primordial buds
почкование *spir.* budding (*method of yeast propagation*)
почковая селекция *agr.* bud selection
поясок (*бутылки*) rim of a bottle; *also* венчик
правильно развитая почка well-developed bud
«Прасковейское красное» *reg.* "Praskoveiskoe krasnoe" (*red dessert aged wine from grape variety Saperavi grown in Stavropol region, Russia*)

превращение сахаров в этиловый спирт

превращение сахаров в этиловый спирт *chem.* conversion of sugars into ethyl alcohol
превращение яблочной кислоты в молочную *chem.* conversion of malic acid into lactic acid
предброжение *eno., spir.* preliminary fermentation
предварительная отгонка *spir.* predistillation
предварительное охлаждение precool
предварительно охлаждать prechill, precool
предел восприятия *deg.* sensory threshold
пределы отбора фракций *spir.* distillation range
представительный образец representative [selected] sample
Премьер Крю *Fr. eno.* Premier Cru
преобладающий dominant
препарат для удаления налета (на бутылке) stain remover
прерванная ферментация *eno.* stuck fermentation
пресс press
прессование винограда grape-crushing
прессованные дрожжи compressed yeast
прессовая фракция pressing
прессовое вино press wine
прессовое сусло final pressings
прибор для выжимания сока juicer
прибор для измерения водородного показателя PH meter
приведенный экстракт total dry extract
прививать graft
прививка *bot.* 1. engrafting, grafting; 2. graft; grafted plant
английская ~ V-cut [cleft] graft
~ в полурасщеп semi-split grafting
~ в раскрытый прищеп open-split grafting
~ в расщеп V-cut [cleft] graft
~ гайсфусом Heissfuss graft
~ Гальяра Galiard graft
~ глазком budding
двойная ~ grafting of one rootstock with two scions
зеленая ~ green [vineyard] grafting
зеленая ~ в расщеп Czeiner's green graft
зеленая ~ с контактом привоя и подвоя cleft green grafting
~ Кадиллака Cadillac graft
~ клином saddling
косая ~ slanted grafting
майорская ~ Mayorquine graft
~ на месте in-situ [vineyard] grafting
настольная ~ bench graft
одинарная ~ grafting of one rootstock with one scion
~ прорастающим глазком grafting with a dormant [growing] eye
румынская ~ Rumanian grafting
~ седлом saddle grafting
~ спящим глазком grafting with a dormant [growing] eye
~ через сближение ablactation
~ чубуком (с костыльком или пяткой) cut grafting (*with peg or heel*)
~ Шампена Champin graft
прививка в корень root graft; root grafting
прививка в лабораторных условиях bench graft; bench grafting
прививка внакрой splice graft
прививка в расщеп V-cut [cleft] graft
прививка сближением side grafting; ablactation
прививочный гибрид graft hybrid
прививочный комплекс grafting farm
прививочный нож grafting knife
привитая культура винограда grafted grape culture
привитой саженец grafted seedling
привкус flavo(u)r, bite, off-flavo(u)r
привкус горечи *deg.* bitter flavo(u)r
привкус деревянной бочки *deg.* woodiness
привкус корковой пробки *deg.* corky flavo(u)r
привой *bot.* scion
приглушенный аромат *deg.* muted nose
приготовление сортировки preparation of water and alcohol mixture for vodka production
придавать вкус, аромат flavo(u)r
придавать оттенок *deg.* tinge
прием алкоголя alcohol intake, alcohol consumption
приемная способность receiving capacity

происхождение

прижилковая мозаика винограда *phytopat.* grapevine vein mosaic (*grape viral disease*)
прикапывание *agr.* pitting
прилипание adhesion
примесь *chem.* addition, admixture; contaminant; debris
примешивать *chem.* admix
принадлежности для вин wine accessories
природная кислотность *chem.* natural acidity
присадки *chem.* aids
приспособление для сбивания шапки мезги *eno.* puncher
присутствие запаха корки в вине *deg.* corkiness
прищипывание *agr.* pinching, nipping; removal of tips on young shoots
прищипывать *agr.* pinch, nip
приятный вкус *deg.* delectable flavo(u)r, sapidity
приятный запах *deg.* pleasant odo(u)r
проба sample
проба на вкус gustation
проба, отобранная при погрузке loading sample
пробка 1. *bot.* cork (bark); 2. (cork) stopper (*of a bottle*) 3. plug, bung (*of a barrel*)
пробка для бутылок bottle cork
пробка для вин wine stopper, wine sealant
пробка из пеноматериала foam-filled tube cork
пробка, имеющая запах плесени moldy cork
пробка с деревянным наконечником wooden top cork
пробка с закругленными кромками chamfered cork
пробка с наконечником T-bar [bar top] stopper
пробка со стеклянным наконечником glass top cork
пробка с пластмассовым наконечником plastic top cork
пробка с пропиткой pore-filled cork
пробкование (*бутылок*) corking; (*бочек*) plugging
пробковость коры *phytopat.* corky bark (*grape disease*)
пробковый дуб *bot.* cork oak
пробовать на вкус taste
Прованс *Fr. geogr.* Provence
проверка вкуса ягод винограда перед уборкой *deg.* berry flavo(u)r assessment
проверка на содержание белков *chem.* protein bentotest
проверка очистки вина от протеинов *chem.* protein fining trial
проветривание вина *eno.* aeration
проводящий корень *bot.* conducting root
проволока для шпалер *agr.* trellis wire
проволочная сетка для удерживания пробки wire hood, wire cap, muzzle
проволочник *ent.* larva of wide click beetle *Selatosomus latus Fabricius* (*grape pest*)
провяливание ягод passerillage
прогон (*дистиллята*) run
прогонять (*дистиллят*) run
прогоркание rancidification
прогоркание вина bitter wine disease, amertume
прогорклый привкус rancid flavo(u)r
продуктивный период виноградного куста productive period of grape bush
продукт первичной перегонки браги low wine
продукт процеживания colature
продукт прямой перегонки straight-run distillate
продукты виноделия wine derived compounds
прожилки виноградного листа leaf veins
прозрачность clarity, clearness
~ водки transparency of vodka
прозрачный bright; cleas
производственная закваска bulk [commercial] culture
производственная мощность production capacity
производственное помещение work room
производство бочек barrel-making
производство спирта при переработке всей партии дистиллята batch distillation
происхождение origin; вино контролируемого наименования по ~ю wine of registered denomination

промывочная машина

промывочная машина rinser
промышленный спирт industrial alcohol; *also* технический спирт
пронизывающий piercing
пропанол *chem.* propanol
пропитанный (*о пробке*) colmated
пропитывать серой sulphurate
пропускная способность throughout capacity
прореживание *agr.* thinning, bunch cutting
проросший ячмень green malt
просмолка бочки toast; char
простая перегонка simple distillation
простейший перегонный аппарат pot still; alambic, alambique, alembic
простой кубовой аппарат simple still
простой эфир *chem.* ether
пространство area
противовспениватель foam destroyer; *also* противовспенивающее средство
противовспенивающее средство defoaming agent, antifoam, defoamer; *also* противовспениватель
противогрибковое средство antimycotic
профиль листа винограда leaf profile
процеживание colation
прошедший стабилизацию холодом cold stabilized
пруин *bot.* pruina; *v.* восковой налет
пруф-галлон proof gallon
пруф-спирт proof spirit
пряд end of barrel stave protruding out of chine
прямая перегонка straight-run distillation
пряный аромат spicy aroma
пряный вкус spic flavo(u)r
пряный запах spicy odo(u)r
псевдоводка quasi-vodka (*all vodka brands produced in USA, Europe, etc.*)
Пти Вилаж *Fr. geogr.* Petit Village
Птит Сира *Fr. amp.* Petite Syrah
Птит Шампань *Fr. geogr.* Petite Champagne
пузырек bubble
пузыриться bubble
пузырчатость виноградного листа *phytopat.* leaf blistering (*grape disease*)
Пуйи-Фюисе *Fr. geogr.* Pouilly-Fuisse
Пуйи-Фюме *Fr. geogr.* Pouilly-Fumé

пук (*бочки*) bilge, booge, bulge
пуковая часть *v.* пук
пунш punch
пустоцвет *bot.* coulure
Пухляковский *amp.* Pukhliakovskii (*Russian name of Hungarian grape variety Kecskecsecsu grown in southern Russia*)
пыльник *bot.* anther
Пьемонт *It. geogr.* Piedmont
пьяный drunken
Пюлиньи-Монраше *Fr. geogr.* Puligny-Montrachet
пюпитр *eno.* rack
пюпитр для ремюажа *eno.* pupitre, riddling rack
пятка (*черенка*) *bot.* base of cutting, heel
пятнистость древесины и листьев *phytopat.* Phomopsis cane & leaf spot
пятнистость листьев *phytopat.* fleck; marbrure, leaf blotch, leaf spot
пятнистость листьев винограда *phytopat.* Septoria leaf spot; Isariopsis leaf spot
пятно taint
пятнышко speck(le)

Р

рабочая тарелка side-draw plate
равномерное брожение *eno.*, *spir.* regular [uniform] fermentation
разбавитель *chem.* attenuant
разбавление *chem.* attenuation
разбавление вина водой *eno.* addition of water, adulteration
разбавление спирта водой *spir.* breaking down
разбавленное водой вино *eno.* watered wine
разбавленное сусло *spir.* diluted wort
разбавлять attenuate, dilute; (*дистиллят*) reduce
разварник *spir.* cooker
разведение *bot.*, *chem.* propagation
разведение лоз *agr.* cultivation of grapevines

развитие development
развитие верхней части растения *physiol.* heading
развитие лозы *physiol.* vine performance
разводка *spir.* starter
бактериальная ~ bacterial starter
дрожжевая ~ yeast starter
разводка чистой культуры дрожжей *eno.* pure yeast starter
разгонять *spir.* cut
разделение фаз *spir.* phase separation
«Раздорское» *reg. hist.* "Razdorskoe" (*a brand of sparkling wine from the south of Russia*)
разжижать *spir.* attenuate
разжижение *spir.* attenuation
разжижитель *spir.* attenuant
разлаженное вино *deg.* disbalanced wine
разливать с дозированием dispense
разливной автомат dispenser, automatic filling machine
разливостойкость вина wine stability after bottling
разливочная головка filling head
разливочная машина bottler, filler
разливочная установка для бутылок bottling plant
разливочный автомат automatic filling machine, dispenser
разлитый в бутылки bottled
разлитый на заводе-изготовителе bottled at the winery
размер гроздьев clusters size
размер пробки до укупорки pre-insertion cork size
размер ягод винограда berry size
разметка guide
размешивающее устройство лопастного типа propeller stirrer
размещение виноградника vineyard location
размножение винограда propagation of grapevine
размножение путем надреза корня marcotting; gootee
размягчать soften
размягчение плода softening of fruit
разрастание корня *phytopat.* rugose wood; stem pitting, stem growing
разрастание ткани под воздействием фитофторы *phytopat.* phytophtora crown gall

район area
районирование *agr.* introduction of definite grape varieties into specific wine growing areas
агроклиматическое ~ division of grape growing areas in accordance with climate conditions
рак *phytopat.* grape cancer
рака *hist.* 1. *Rus.* raka; raw spirit; half-product of vodka (*first running of wort*); 2. *Turk.* alcohol beverage, spirit
раннеспелость *amp.* early ripening capacity of variety
раннеспелый сорт *amp.* early ripening variety
ранний precocious
Ранний Магарача *amp.* Rannii Magaracha (*black table grape variety, very early ripening, grown in southern Ukraine and southern Russia*)
Рара нягрэ *v.* Серексия черная
раскисление дрожжевой барды *eno.* dissolving of mineral components of lees spent wash with mineral acids
раскорчевка *agr.* stubbing-out; grubbing-up; pulling
раскрашивание chipping (*of cork, bottle glass, etc.*)
раскрываться (*о почках*) open (*about buds*)
раскрытие почек *physiol.* bud break, bud burst
распускание глазков bud break
распускание почек bud break
распускание почек, рост побегов и соцветий *physiol.* bud break, growth of shoots and racemes (*2nd stage of the vegetation period of grape vine*)
распылитель sprayer
распылитель для обработки виноградной лозы vine sprayer
распылять spray
рассадник *agr.* nursery
рассмоливать (*бочку*) depitch
расстилочная система *agr.* viticulture without trellises with bushes spreading above the soil
расстояние между рядами vine spacing
расстояние между тарелками *spir.* plate spacing
рассыхаться dehydrate

раствор гидроксида натрия

раствор гидроксида натрия sodium hydroxide solution
раствор крахмала starch solution
раствор остатка после дистилляции distillers' dried grain with solubles
растение plant
растительный клей gum
растительный материал species plant
растрескивание ягод *physiol.* cracking of berries
расход (*продукта*) outflow capacity
расходомер flowmeter
расчистка *agr.* thinning (*of leaves*); pulling (*of territory*)
расы дрожжей races of yeasts
ребеж *eno.* fraction of grape juice after 2nd and 3rd pressings
ребежное сусло *eno.* grape juice obtained after 2nd and 3rd pressings
регенерация *bot.* regeneration
регенерация спирта alcohol recovery
регулировка температуры attemperation
регулирующая обрезка *agr.* regulated pruning
регулятор бардяной *spir.* device for bending spent wash from columns; *syn.* бардоотводчик
регулятор температуры attemperator
редистиллят *spir.* redistillate
редуцирующая способность reducing capacity
режим обработки processing conditions
режим прессования ягод винограда *eno.* pressing regime
режим прокурки бочки barrel toast level
резервный сучок *bot.* reserve spur
резервуар tank
резервуарный ликер *eno.* reservoir liqueur (*sugar solution used in Charmat method of champagnization*)
резервуарный периодический метод шампанизации *eno.* batch reservoir method (*method of champagnization used in Russia, Ukraine and Moldova; secondary fermentation is made in special hermetic reservoirs - acratophores*)
резервуарный способ шампанизации *eno.* Charmat method of champagnization; bulk champagnization; *syn.* непрерывный метод шампанизации

резиновая пробка rubber bung
резкие танины harsh tannins
резкий *deg.* apre; harsh, puckering (*about wine*)
резкий вкус *deg.* coarse flavo(u)r
резкий запах *deg.* sharp aroma
резкий привкус *deg.* tang
резкое вино *deg.* sharp wine (*non-harmonious wine with increased acidity, tannins or alcohol content*)
резкость acerbity
рейнвейн *v.* рейнское вино
рейнское вино Rhine wine
рекомендации по употреблению алкоголя alcohol advice
реконструкция виноградников *agr.* reorganization of vineyards
ректификатор rectifier
ректификационная колонна rectification [rectifying] column, fractionator
ректификационная установка rectifying plant
ректификационный аппарат rectifying still
ректификация rectification; purification
ректификация под вакуумом rectification under vacuum
ректификованный спирт rectified spirit, spirit of wine; *also* спирт-ректификат
ремонт виноградника *agr.* reparation of vineyard; *v.* ликвидация изреженности
ремюаж *eno.* riddling, remuage
ремюёр *eno.* riddler, remueur
ресивер *spir.* receiver
рецептура recipe
рецептура затора для виски mashbill
реципиент *bot.* recipient
рециркулирующий дистиллят *spir.* recycle
решетка grate
ржавчина rust
ригель wooden bar used for connection of staves of barrel head
Риоха *Sp. geogr.* Rioja
Рипариа *Amer. amp.* Riparia
Рислинг *Germ. amp.* Riesling
Рислинг итальянский *Rus. amp.* Italian Riesling (*white grape variety grown in Russia, Ukraine and Moldova*)
Ркацители *Georg. amp.* Rkatsiteli (*white grape variety grown in Georgia, Russia, Ukraine, Moldova*)

род *bot.* genus
родительская лоза *bot.* parent vine
родительские растения parentage
родительский сорт *bot.* parent cultivar
родительское растение *bot.* parent (plant)
родственное скрещивание *bot.* inbreeding
розлив bottling; ~ в бочки barreling; ~ в бутылки bottling ; ~ в емкости vatting; горячий ~ hot bottling; стерильный ~ sterile bottling
розовое вино blush [pink, rose] wine
ром rum
ром-сырец crude rum
Российский кальвадос Russian calvados
Российское шампанское Russian sparkling wine produced according to méthode champenoise
Российское шампанское выдержанное Russian sparkling wine produced according to méthode champenoise and aged minimum 6 months
Российское шампанское коллекционное Russian sparkling wine produced according to méthode champenoise, aged minimum 3 years with denomination of year of champagnization on the label
Российское шампанское с присвоением наименования Russian sparkling wine produced according to méthode champenoise with denomination of origin
рост винограда *physiol.* growth of grape
рост лозы *physiol.* vine vigo(u)r
ростовая активность дрожжей *spir.* yeast growing capacity
ростовой корень *bot.* growing root
Ростовская область *Rus. geogr.* Rostov region (*viticultural area in southern Russia*)
росток из почки, расположенной в основании черенка *bot.* base shoot
рост побегов и формирование цветов *physiol.* pre-bloom
рост ягод *physiol.* growth of berries (*4th stage of the vegetation period of grape vine*)
ротационный пульсатор rotary pulsator
Ротундифолиа *Amer. amp.* Rotundifolia

«Рошу де Пуркарь» *Mold. reg.* "Roşu de Purcari" (*red aged table wine from grape varieties Cabernet Sauvignon, Merlot, Malbec grown in Purcari region, Moldova*)
рубиновый ruby
Рубиновый Магарача *Ukr. amp.* Rubinovyi Magaracha (*black grape variety grown in southern Ukraine*)
рукав *bot.* vine arm
рукавный фильтр *eno.* bag filter
рукоятка штопора corkscrew handle
Рупестрис *US. amp.* Rupestris
Русский Конкорд *Rus. amp.* Russkii Konkord (*black table frost-resistant grape variety grown in Russia*)
рыбий клей isinglass
рыльце (*соцветия*) *bot.* stigma
рыхление *agr.* loosing of soil; глубокое полосное ~ deep banded loosing of soil
рюмка wineglass
рюмка для крепких напитков spirit glass
ряд *agr.* row
ряд виноградных насаждений *agr.* vineyard row
рядовой *Rus. obs.* shop assistant in retail outlet before 1917

С

сабза *com.* sabza (*grape variety Kishmish belyi (Sultana) dried in the sun after boiling in alkali solution; sometimes fumigated with sulfur*)
садовые ножницы averruncator
садовый нож grafter
сажать (*растения*) plant
саженец винограда grape seedling (*young grape plant obtained by cutting, layering of grafting and used for planting*)
корнесобственный ~ rooted grape seedling
привитой ~ grafted grape seedling
сертифицированный ~ certified grape cutting

саженец винограда

стандартный ~ standard grape seedling
самобесплодность self-sterility
самого высокого качества ultra-premium
самого низкого качества inferior quality
самогон home-brew, witch's brew (*home-distilled spirit usually of low quality*); *also* корчма 1.
самогоноварение production of home-distilled spirits
самоклеящаяся этикетка pressure-sensitive label, sticker (label)
самоопыление *bot*. self-pollination
самоопыляющийся сорт self-pollinating variety
самоочищающийся фильтр automatically cleaned filter
самоплодность self-fertility
самопрививка self-grafting
самопроизвольное осаждение natural settling
самопроизвольное подкисление spontaneous acidification
самотёчная разливочная головка gravity filling head
сандаловое дерево sandal wood
Санджовезе *It. amp*. Sangiovese
санитарные условия sanitary conditions
Саперави *Georg. amp*. Saperavi (*ancient black grape variety grown in Georgia and also in southern Russia and Ukraine*)
Саперави северный *amp*. Saperavi Severnyi (*black frost-resistant grape variety grown in Russia and Ukraine*)
Сапере Оцханури *amp*. Sapere Otskhanuri (*ancient black grape variety grown in Georgia*)
саранча *ent*. locust
Сатени белый *amp*. Sateni belyi (*white grape variety grown in Armenia*)
Сатени черный *amp*. Sateni chernyi (*black grape variety grown in Armenia*)
сатуратор aerator
сахара *pl*. sugars (*of grape berry*)
сахариметр saccharimeter
сахаристое вещество sweetening agent, sweetener; *also* подслащивающее средство

сахаристость ягод *bot*. sugar content in grape berries (*main characteristics of vintage*)
сахарификация saccharification
сахарная свекла sugar beets
сахарный тростник (sugar) cane
сахароза saccharose, sucrose
сахаромицеты saccharomyces
сахаронакопление в ягодах винограда *physiol*. accumulation of sugar in grape berries
сахарсодержащее сусло sugar-containing wort
сбалансированная мадеризация balanced rancio, balanced maderization
сбивание шапки мезги pomace cap punching
сбор (*плодов*) picking, harvest
сбор винограда grape picking
сбор гроздьев *v*. сбор винограда
сборщик винограда grape gatherer, vintager
сбраживаемое сусло *spir*. fermentable wort; *also* бражка 1.
сбраживание 1. *eno*. fermentation; 2. *spir*. attenuation
высокое ~ high attenuation
действительное ~ real attenuation
конечное ~ limit attenuation
недостаточное ~ insufficient attenuation
низкое ~ low attenuation
полное ~ full fermentation
частичное ~ partial fermentation
сбраживание остаточного экстракта residual extract attenuation
сбраживание сусла must fermentation
сбраживать *spir*. attenuate; *syn*. истощать
сбраживающая способность fermentation capacity
сбрасывание листьев *bot*. leaf drop
сброженное сусло distillers' [fermented (spent), spirit] wort
сброженный в бутылках bottle-fermented
сброженный яблочный сок applejack; apple brandy
свежий (*о белом вине*) zestful
свежий запах вина fresh nose
сверлить drill

свертывание листьев *phytopat.* leafroll
сверхфильтрация ultrafiltration
свободное осаждение free [gravity] settling
с высоким содержанием спирта *deg.* highly alcoholic
связующий материал binding [bonding] material
связывающий adhesive
Севаль Блан *Fr. amp.* Seyval [Sevval] Blanc
Северный *amp.* Severnyi (*black frost-resistant grape variety grown in Russia*)
севооборот *agr.* rotation
седиментация *chem.* subsidence
сезон season
сезонная интенсивность грибка *agr.* seasonal fungus pressure
сезон переработки винограда *agr.* wine (production) year
Сейв Вилар *Fr. amp.* Seyv Villar
сейф для спиртных напитков spirit safe
секатор *agr.* garden pruner, secateur
секционный фильтр *tech.* cell-type filter
селективная уборка *agr.* selective harvest
селекционер breeder
селекционное вино classified wine
селекционный материал *agr.* selection grape varieties
селекционный сорт *agr.* selection grape variety
селекция винограда grape selection, grape breeding
   клоновая ~ clone breeding
   массовая ~ mass breeding
   народная ~ grape variety breeded by amateur vine growers
селекция дрожжей yeast selection, yeast breeding
сельское вино country-style wine
семейство виноградных лоз *Lat.* ampelidaceae
семена в ягодах винограда berry [grape] seeds
семенная корневая система *bot.* seed root system
семенное размножение винограда *bot.* propagation of grapes from seeds

Семильон *Fr. amp.* Semillon
семя *bot.* seed
семя винограда *bot.* grape seed; *also* виноградная косточка
семядоля *bot.* seed-lobe, cotyledon
семязачаток *bot. v.* семяпочка
семяножка *bot.* funiculus (*a part of seed bud*)
семяносец *bot.* placenta; *also* плацента
семяпочка *bot.* seed bud
семяшов *bot.* seam of grape seed
Сен Амур *Fr. geogr.* Saint-Amour
Сен Жозеф *Fr. geogr.* Saint-Joseph
Сен Жюльен *Fr. geogr.* St. Julien
Сен Марк *Fr. geogr.* Saint-Marc
сенсорная оценка sensory evaluation
сенсорное восприятие sensory perception
сенсорный анализ sensory analysis
сенсорный признак sensory attribute, sensorial property
Сен Эмильон *Fr. geogr.* St. Emilion
Сен Эстеф *Fr. geogr.* St. Estephe
сепажирование *Fr.* cépageage (*preparation of mixture of berries of different grape varieties at harvesting*)
сера sulphur
серая гниль gray rot; Botrytis cinerea; *also* благородная гниль
Серексия черная *amp.* Sereksiia chernaia (*black grape variety grown in Moldova and Ukraine*); *syn.* **Рара нягрэ**
серный порошок wettable sulphur
сероводородное прокисание (*вина*) hydrogene sulfide spoilage
серозем grey [loess] soil
сетчатый фильтр woven filter
сеянец *bot.* seedling (*grown from seed*)
сжижение liquefaction
с закрытым опылением *bot.* self-pollinated
Сибирьковский *amp.* Sibirkovskii (*white grape variety grown in Rostov region, Russia*)
сивуха *coll.* raw vodka, vodka of inferior quality
сивушная колонна fusel-oil concentrating column
сивушное масло fusel oil
сидерация sideration
сидеть (*в бочке*) sit

сидр

сидр cider
Сизый *amp.* Sizyi (*white grape variety grown in Rostov region, Russia*)
сила аромата aroma intensity
сила ощущения при дегустации attack
сила роста винограда *physiol.* vigo(u)r
сила роста побегов винограда *physiol.* vigo(u)r of shoot growth
силиконовая пробка silicon bung
Сильванер *Germ. amp.* Silvaner, Sylvaner
сильно ароматизированный perfumed (*about wine*)
сильный *deg.* robust
Синсо *Fr. amp.* Cinsault
с интенсивной окрашенностью *deg.* solid
с интенсивным ароматом *deg.* potent
синтетическая пробка, изготовленная методом экструзии extruded plastic cork
синтетическое вино imitation wine
синяя болезнь *eno.* blue sickness
синяя гниль *phytopat.* blue mold
Сира *Fr. amp.* Syrah; *also* Шираз
сироп сахарный sugar syrup (*component of blends for brandy and flavo(u)red wines*)
система ведения кустов *agr.* training system, canopy management
~ без опор training system without trellis
беседочная ~ pergola-type training system
гессенская ~ Hessen-type training
головчатая ~ head training; головчатая ~ с обрезкой на голову bald [bare-pruned] head training; головчатая ~ с обрезкой на плодовую лозу cane-pruned head training; головчатая ~ с обрезкой на сучок spur-pruned head training
Гравская ~ Graves training system
~ на вертикальной шпалере vertical-trellis system
~ на кольях picket-type training system
~ на наклонных шпалерах bent-trellis system
расстилочная ~ spreading system
стеллажная ~ shelving-type training system

система кордона с высоким расположением шпалеры *agr.* high wire
система непрерывной переработки смеси *spir.* continuous cooker
система оценки органолептических показателей *deg.* rating [taste scoring] system
система послепродажного обслуживания *com.* wine aftersales service, wine clinic
система формирования куста *agr.* cordon-cane [head-spur] training system, ~ по Казенаву Cazenave training system
сито riddle
ситование *spir.* screening
ситовая тарелка *spir.* sieve plate
ситовый анализ *spir.* fractional [mesh, sieve] analysis
сифон syphon
скелетная часть куста *bot.* skeletal part of bush
скисание *eno.* sour fermentation
Скиф *amp.* Skif (*frost-resistant white grape variety grown in Russia*)
склад depot; depository
склад бочек barrel store
складировать stack
склон slope
крутой ~ steep slope
покатый ~ declined slope
пологий ~ gentle slope
сильно покатый ~ sharply declined slope
скороспелость *physiol.* prematurity
скороспелый *amp.* premature
скоба *eno.* agraf(f)e; *syn.* аграф
скосарь *ent.* weevil *Otiorrhynchus* (*grape pest*); *also* долгоносик
~ золотистый golden weevil *Otiorrhynchus aurosparsus Germ.*
~ крымский Crimean weevil *Otiorrhynchus asphaltinus Germ.*
~ турецкий Turkish weevil *Otiorrhynchus turca Boh.*
скотч scotch, Scotch whisky
скрещивание *bot.* cross
обратное [реципрокное] ~ backcross [reciprocal] cross
скручивание листьев винограда *phytopat.* grapevine leaf roll (*grape viral disease*)

созревание

скрытный (*о букете вина*) *deg.* elusive
слабовыраженный аромат *deg.* flat aroma
слабовыраженный вкус *deg.* bland flavo(u)r
слабый *deg.* mild
слабый привкус *deg.* subtle flavo(u)r
сладкие наливки cordials
сладкое вино sweet [unctious] wine
сладкое шампанское *Fr.* doux
сланцевая почва slate soil
слегка игристое вино beady [petillant] wine
слегка сладковатый (*о вине*) off-dry
след на внутренней стенке стакана disk(us), meniscus, tears, legs
слив overflow
сливной стакан (*тарелки*) overflow pipe
слипание adhesion
сложный эфир *chem.* ester
слой layer
случайное скрещивание unintentional cross
смеситель лопастного типа propeller mixer
смесь blend
смесь зернового и солодового виски blended scotch
смесь новой и отработанной бражки sour mash
смесь сахаров и воды worts
смесь сортов солодового виски vatted malt
смесь трех кислот acid blend
смешанная культура mixed culture
смешивать blend; attemper; admix
смирновка *coll.* smirnovka (*a popular brand of vodka in XIX – XX cc.*); *v.* Смирновская водка
Смирновская водка *Rus.* Smirnovskaia vodka (*a popular brand of vodka in XIX – XX cc.*); *v.* смирновка
смола tar
смолить (*бочку*) pitch, tar
смолка pitch
с неприятным травянистым привкусом *deg.* herby
снимать пену skim
снимать с осадка draw off, rack
снифтер snifter
снятая пена *eno.* off-scum

снятие с осадка *eno.* racking
собирать (*виноград*) *agr.* pick
«Собор о кабаках» *hist.* "Council of spirit retail outlets" 1649 (*the beginning of alcohol business reform in Russia*)
собранный (*о плодах*) picked
собственнокорневой *amp.* direct producing (*about grape variety*)
«Советское шампанское» "Sovetskoe Shampanskoie" (*Soviet sparkling wine produced according to méthode champenoise; a method used in the former USSR which is still being used by most of sparkling wine producers in Russia and CIS*)
Совиньон Блан *Fr. amp.* Sauvignon Blanc
совка *ent.* aquilina *Euxoa aquilina Schiffer* (*grape pest*)
совокупность факторов возделывания винограда *agr.* vine ecophysiology
содержание алкоголя alcohol content
естественное объемное ~ natural volumetric alcohol content
общее ~ total alcohol content
потенциальное ~ potential alcohol content
фактическое ~ actual alcohol content
содержание летучих кислот volatile acidity
содержание примесей screenings content
содержание сахара sugar content
содержание солей в почве soil salinity; *also* засоленность почвы
содержание экстракта extract content
содержащий незначительное количество газов (*о вине*) *deg.* prickle
содержащий песок arenaceous
содержащий сахар succhariferous
содержащий спирт alcoholic
содержащий ярко выраженную кислотность *deg.* crisp
содержимое content
соединение ароматического ряда *chem.* aromatic compound
создающий полноту вкусового ощущения *deg.* mouth-filling
созревание 1. *eno., spir.* ag(e)ing; maturation; 2. *agr.* ripening

313

созревание вина

созревание вина wine maturation
созревание коньячного спирта grape brandy maturation
созревание побегов и листопад *bot.* ripening of shoots and fall (*6th stage of the vegetation period of grape vine*)
созревание ягод *bot.* ripening of berries (*5th stage of the vegetation period of grape vine*)
созревать 1. *eno., spir.* age; mature; 2. *agr.* ripen
сок juice
   спиртованный ~ alcoholized juice; juice with adding of alcohol
сок из недозревшего винограда verjuice
сокодвижение *physiol.* sap motion (*1st stage of the vegetation period of grape vine*); *syn.* плач
Солдайя *Ukr. amp.* Soldaia (*autochthonous white grape variety grown in Crimea*)
солнечная гроздь sun-lit cluster (*a metaphor of grapes*)
«Солнечная долина» *reg.* "Solnechnaia Dolina" (*dessert white wine from grape varieties Sary pandas, Muscat beliy, Kokur, Pinot Gris grown in viticultural area "Solnechnaia Dolina", Crimea*)
солерное вино solera (wine)
солнечный свет sunlight
солод malt
солод для производства виски whisky malt
солодовая дробина malt spent grains, spent malt
солодовня malthouse
солодовое виски malt whisk(e)y, sour mash
солодовое сусло malt wort
солодовщик maltster
солодовый запах *deg.* malty flavo(u)r
солодовый затор *spir.* malt mash
солодорастильный аппарат malting apparatus
солодоращение *spir.* malting
солод повторного замачивания resteep malt
солодуемость *spir.* maltability
соложение *spir.* malting
соложёное зерно *spir.* malted grains
соляной раствор brine solution

сомелье sommelier
сопец *Rus. obs.* a measure of vodka equalling 20 x 21 pints
сопутствующий компонент в производстве спирта congener
сорбат калия *chem.* potassium sorbate
сорняк *agr.* weed
сороковка *hist. coll.* barrel with capacity of 40 x 21 pints
сорт 1. variety; cultivar; 2. race (*of yeast*)
сорт винограда grape variety
   аборигенный ~ aboriginal [autochthonous] grape variety
   белый ~ white grape variety
   бессемянный ~ seedless grape variety
   временно-разрешенный ~ temporary-recommended grape variety
   высокоурожайный ~ grape variety with high yield
   изюмный ~ raisin grape variety
   интродуцированный ~ introduced grape variety (*non-autochthonous*)
   комплексно-устойчивый ~ multifactor-resistant grape variety (*resistant to frost, mildew, phylloxera, etc*)
   красный ~ red grape variety
   крупноплодный ~ grape variety with big-size berries
   нерайонированный ~ non-recommended grape variety
   отселектированный ~ outbreeded grape variety, variety selected by breeding
   перспективный ~ recommended grape variety to be used for future
   позднеспелый ~ late-ripening [late-season, full-season] variety
   разрешенный ~ grape variety recommended for viticulture
   районированный ~ zoned recommended grape variety
   раннеспелый ~ early-ripening [early-season, short-season] variety
   рекомендуемый ~ recommended grape variety
   розовый ~ rose grape variety
   среднеспелый ~ mid-ripening [mid-season] variety
   столово-винный ~ table and wine grape variety
   столовый ~ table grape variety
   технический ~ wine grape variety

спирт крепостью ниже "proof"

тиражированный ~ multiplicated variety
черный ~ black grape variety
сортировка mixture of water and alcohol 40.0-56.0% vol. used for production of vodka
сортоведение science of grape varieties
сортовое вино varietal wine
сортовой varietal
сортоиспытание винограда *agr.* testing of grape variety
   государственное ~ state testing of grape variety
   лабораторное ~ laboratory testing of grape variety
   полевое ~ field testing of grape variety
сортоотличительный признак *атр.* cultivar [varietal] character
с осадком на стенках бутылки crusty
сосновая смола pine resin
состояние опьянения drunkenness
Сотерн *Fr.* Sauternes
с открытым опылением *bot.* open pollinated
соцветие *bot.* raceme
социальная среда возделывания social mileu; terroir
сочность juiciness; mellowness
сочный juicy, sappy
сояги *com.* soiaghi (*Kishmish beliy dried in the shadow in special cabins - soiaghi-khana*)
спелость *agr.* maturity, ripeness, mellowness
   поздняя ~ late ripeness
   полная ~ complete [dead, full] ripeness
   ранняя ~ early ripeness
   техническая ~ industrial ripeness
   уборочная ~ pickling ripeness
   физиологическая ~ physiological ripeness
спелый ripe, mellow
специалист по винам (в ресторане) wine steward; sommelier; waiter in charge of wines; *also* сомелье
специалист по виноградарству vinedresser
специалист по изготовлению штопоров corkscrew maker
специи spice

специфические признаки сорта винограда cultivar specific markers
специфический привкус *deg.* peculiar flavo(u)r; sense of terroir
спинная сторона семени винограда *bot.* grape-seed back
спираль spiral
спираль штопора helix
спирт alcohol; spirit
   ароматический (этиловый) ~ aromatic (ethyl) alcohol
   винный ~ grape [ethyl] alcohol
   виноградный ~ grape alcohol
   виноградный ректификованный ~ rectified grape alcohol
   коньячный ~ cognac alcohol
   пищевой (этиловый) ~ beverage (ethyl) alcohol
   плодовый ~ fruit alcohol
   плодовый ректификованный ~ rectified fruit alcohol
   ректификованный ~ rectified spirit
   ректификованный этиловый ~ rectified ethyl alcohol; *professional usage:* спирт-ректификат
   технический ~ industrial alcohol
   этиловый ~ ethyl alcohol
спирт без вкусовых добавок neutral spirit
спирт бренди *Georg.* brandy spirit (*an intermediate product in production of grape brandy obtained by single or double distillation of brandy wine*)
спирт высшей очистки pure spirit (*of best quality*); highest purity alcohol, alcohol of highest degree of purity
спирт для производства рома rum spirit
спирт для спиртных напитков beverage spirit
спиртзавод distillery, ethanol [alcohol] plant
спирт из винного отстоя lees alcohol
спирт из сахарного тростника sugar-cane alcohol
спирт из тростниково-сахарной мелассы sugar-cane molasses alcohol, cane molasses spirit
спирт крепостью выше "proof" over-proof spirit
спирт крепостью ниже "proof" under-proof spirit

315

спиртной

спиртной alcoholic, spirituous
спиртной напиток liquor; spirituous liquor; (alcohol) beverage; spirit
спиртные напитки ardent spirits
спиртобензиновое топливо alcogas
спиртование *eno.* alcoholization, fortification; addition of alcohol into grape juice or wine
спиртованное сусло grape *eno.* juice with addition of alcohol; *v.* **мистель**
спиртованный виноматериал fermented wine with addition of alcohol
спиртованный напиток spirit specialty
спиртовать alcoholize
спиртовая колонна alcohol [product-concentrating] column
спиртовая настойка alcoholature
спиртовая проба alcohol test
спиртовая смесь alcohol blend
спиртоводная смесь mixture of alcohol and water
спиртоводочный завод distillery; alcohol and vodka producing plant
спиртовое брожение spirit fermentation
спиртовой alcoholic, spirituous
спиртовой завод distillery, ethanol [alcohol] plant
спиртовой подвал spirit room
спиртовой фонарь alcohol test glass
спиртовые дрожжи alcohol yeast
спиртовый ожог *eno.* "spirit burn" (*structural changes of first portions of grape juice after pouring into a tank with alcohol in production of marsala*); *v.* **сусло-сифоне**
спиртодозатор device for continuous supply of alcohol into the stream of wine
спиртоловушка device for catching evaporated alcohol
спиртомер alcohol [spirit] ga(u)ge, alcohol(o)meter, alcoholimeter
~ **Гесса** Hess' alcoholometer
спиртометр alcoholoscope
спиртометрия alcoholometry
спиртообразующая способность дрожжей alcohol formation capacity of yeasts
спиртосодержащее сусло alcoholic wort
спиртосодержащие отходы alcohol-containing wastes
спирт, очищенный перегонкой distilled spirit
спирт первой перегонки low alcohol
спирт, прошедший ректификацию rectified spirit
спирт-ректификат *prof.* rectified ethyl alcohol; *normative usage*: **ректифицированный этиловый спирт**
спирт-сырец crude alcohol, raw spirit
~ **виноградный** distillate of secondary wine fermentation products (*lees, marc, diffusion juice*); raw grape alcohol
~ **коньячный** intermediary product obtained from wines on Charante-type distillers
~ **плодовый** raw fruit alcohol
спиртуозность (*вин*) alcohol strength
спиртуозный highly alcoholic
спирт «Экстра» "Extra"-type alcohol (*one of the best alcohols used for vodka production*)
список вин для дегустации tasting chart
сплошные известняки calcareous [limestone] soil
способ культуры type of viticulture used for a specific variety
способность к сбраживанию enzymatic activity
способность почвы абсорбировать и накапливать влагу water holding capacity
способ подрезки виноградной лозы pruning method
способ фильтрования filtration technique
способ формирования куста training method
с привкусом гренок *deg.* toasty
с привкусом дыма *deg.* smoky
с привкусом листьев *deg.* leafy
спячка *bot.* dormancy
спящая почка *bot.* dormant bud
сравнительная дегустация comparative tasting
срединный корень *bot.* intermediate root
средней плотности medium-bodied
среднесуточная проба daily sample
средние комнатные условия average room conditions
средний выход продукции average yield
средний погон aquardience
средняя дневная температура daily mean temperature

суммарное испарение

средняя проба mean [average] sample
средняя температура average [mean] temperature
средняя фракция middle fraction
срезка (*купажирование вин*) wine cutting
срок созревания винограда terms of grape ripeness·
срывание зеленых ягод винограда green harvest; thinning-out
ссыхаться *physiol.* shrivel
стабилизация вина stabilization of wine
стабильное вино stable wine
стабильность *eno.* stability; биологическая ~ wine stability to turbidity and faults
стадия вегетации *physiol.* vegetative stage
стадия появления запаха вина *eno.* smelling; olfactive stage
стадия распускания почек *physiol.* bud burst
стакан 1. glass; 2. a measure of spirit volume; a dose (= *200 ml*)
стакан для вина wine glass
стакан для дегустации tasting cup
стаканчик для рома rummer
стальной колпачок stainless-steel cap
стандарт standard
стандартная этикетка country style label
стандартный сортамент винограда list of registered and approved grape cultivars
старение ag(e)ing
старение вина wine ag(e)ing, wine senescence
стареть age
старое вино old wine
ствол *bot.* trunk
стебель *bot.* stalk; stem
стекатель device for separation of free-run juice from skins
стекло glass
стеклобой cullet; *v. also* бой стекла
стеклотара glassware; *also* стеклянная посуда
стеклянная посуда glassware; *also* стеклотара
стелющиеся волоски prostrate hairs
стержневая корневая система rachis-like root system

стерилизация sterilization
стерилизованное сусло *be.* sterilized wort
стерильный фильтр sterile filter
стиль вина style of wine
стойка rack
стойка для бутылок wine stand, bottle rack
стойкость persistence
столб *agr.* post, picket
столовое вино table wine
столово-технические сорта (*винограда*) table and wine varieties
столовые сорта (*винограда*) table varieties
столовый виноград table [fresh] grapes
стопа *obs.* a measure of spirit volume = 123 ml (*about 100 g of vodka*)
стопка tumbler, jigger
стратификация *agr.* stratification
стрелка плодовая *bot.* fruiting spur (*element of grape plant after pruning*)
Стременной *amp.* Stremennoi (*white grape variety, hybrid of Sauvignon Green and Zala Dengy, grown in Rostov region, Russia*)
строение profile; *also* структура 2.
структура 1. constitution; 2. profile; *also* строение
структура листьев *bot.* phyllome
структурный анализ structural analysis
ступенчатое прессование fragmented pressing
суберин suberin
сублимат sublimate
суглинистая почва loamy soil
суглинок *geo.* loam; *also* плодородная почва
сульфат sulfate
сульфит sulfite
сульфитация *eno.* sulfiting, sulfitation
сульфитированное сусло sulfited must
сульфитная барда sulfite spent grains
сульфитный дозатор sulfitodoser
сульфитный порошок sulfite powder
сульфуризация sulphurization
сумка для винных бутылок wine carrier
сумма активных температур accumulated effective temperatures
суммарное испарение *physiol.* evapotranspiration

суммирование тепла

суммирование тепла heat summation
сургуч sealing wax
суровость климата asperity
Сурученский белый *amp.* Suruchenskii belyi (*white grape variety grown in Moldova*)
сусло 1. *eno.* must; juice; 2. *be.*, *spir.* wort; wash; beer
  гребневое ~ stem juice
  ~ первого прессования first pressing
  плодовое сброженное ~ fermented fruit must
  плодовое сброженно-спиртованное ~ fermented fruit must with adding of alcohol
  плодовое спиртованное ~ fruit must with adding of alcohol
  сбраживаемое ~ fermentable wort
  спиртованное виноградное ~ grape must with adding of grape alcohol; *also* **мистель**
сусловарочный котел wort boiler; wort copper
сусло из зернового сырья *spir.* grain wort
сусло из мелассы *be.* molasses wort
сусло из одного солода *spir.* all-malt wort
сусло из-под пресса *eno.* press must
сусло, не содержащее спирта *be.* non-alcoholic wort
суслоотделение *eno.* juice separation
сусло-самотек *eno.* free-run [drained] juice
сусло-сифоне *Fr. eno.* syphone-juice
сусло с прерванным брожением stum
сусло третьего давления [прессования] *eno.* third pressings
суспензия suspension
сухая барда *spir.* dry distillery dregs
сухая закваска dried culture
сухая масса dry matter
сухая перегонка pyrogenic distillation
сухая подвязка *agr.* dry tying-up of grape bushes (*during dormant stage*)
сухие дрожжи dry yeast, dried cultures
сухое вино dry wine
сухой (*о вине*) dry; sec; (*о климате, почве*) arid
сухой закон prohibitionism
сухой остаток после ферментации зерна distillers' dried grains
сухой фильтр dry filter
Сухолиманский белый *amp.* Sukholimanskii belyi (*white grape variety grown in Odessa region, Ukraine*)
сухотарная бочка dry cask
сучкорез lopping shears
сучок восстановления *bot.* regeneration spur (*element of grape bush after pruning*); *syn.* **сучок замещения**
сучок замещения *bot.* renewal spur (*element of grape bush after pruning*); *syn.* **сучок восстановления**
сучок омоложения *bot. v.* **сучок восстановления**
сучок формирования *bot.* formation knot
сушеная барда distillers' dried grains
сушка винограда drying of grape berries
сформированный лист винограда mature leaf
сцеживать rack
сцеживать вино rack off
сырая дробина wet distillers' spent grains
сырой crude
сырье raw material
сырье для дистиллирования distillers feeds

Т

Тавквери *amp.* Tavkveri (*black grape variety grown in Georgia*)
Таврида *amp.* Tavrida (*black grape variety grown in Crimea*)
Таврия *amp.* Tavria (*black table grape variety grown in Crimea*)
Таировский *amp.* Tairovskii (*black grape variety grown in Odessa region, Ukraine*)
таксон taxon
таксономия taxonomy
танизация tannization (*adding of tannin solution into wine*)

танин tannin
таниновый tannic
танк-контейнер tank container
тара tare
тарелка для просеивания sieve plate; sieve tray
тарелка с двойным потоком dual-flow plate
тарельчатая колонна tray [plate-type] column
тартрат tartrate
твердость фактуры (*пробки*) hard wood
текила tequila
текстура листьев leaves texture
темный сорт винограда dark-skinned grape
температура сервировки вин serving temperature
температура хранения storage temperature
температурно-влажностный режим temperature and humidity conditions
тепловатый tepid
тепловая камера для усадки капсул heat tunnel
тепловой индекс heat index
теплообменник heat exchanger
термоусадочный колпачок heat-shrink capsule
терпкий (*о вкусе вина*) astringent, austere, rough, harsh
терпкий вкус astringent flavo(u)r
терпкое вино rough wine
терпкость acerbity, amarity, austerity
террасирование склонов *agr.* artificial terrace-like improvements of slopes
техника дегустации tasting technique
техническая зрелость industrial ripeness
технический анализ analysis, proximate
технический сорт winemaking grape variety
технический спирт industrial alcohol; *also* промышленный спирт
технический этанол fuel ethanol
технология виноделия winemaking technology
тиамин thiamine
типичность вина typicity
тип культуры винограда cultivar type
тип мадеризации rancio

типовой образец standard sample
типографский набор этикетки typesetting of label
тип почвы soil type
тираж tirage (*process of bottling of tirage blend, corking and fixing of corks*)
тиражная пробка tirage cork
тиражная смесь tirage blend
тиражное вино tirage wine
тиражный ликер tirage liqueur
тиражный цех tiraging room
титрование titration
титруемая кислота titratable acid
тихое брожение still fermentation
тихое вино still wine
тихое дображивание виноматериала quiet afterfermentation
товарный образец commercial sample
товарный сорт commercial variety
товароведческая оценка trade analysis
«Токай» "Tokay" (*wine brand*)
толстое донышко стакана glass heel
толченая дубовая кора tan
тонизирующее вино tonic wine
тонкий аромат fine aroma
тонкий вкус delicate aroma
тонкий деревянный шпунт shive
тонкий привкус миндаля delicate almond
тонкое вино supple wine
тонкокожий виноград thin-skinned grape
Тоскана *It. geogr.* Tuscany
точила виноградный *ent.* grapevine grinder (*grape pest*)
точное наименование напитка на этикетке brand identification
травянистый grassy, herbaceous, herbal, weedy
травянистый привкус *deg.* herbal [grassy] flavo(u)r
традиционная шпалера traditional trellis system
традиционное виноделие traditional winemaking
Траминер *Germ. amp.* Traminer
трансвазивный процесс transvasier process
транспортер для бутылок bottle carrier
транспортная бочка shipping [transport] cask

трансресвератрол

трансресвератрол trans-resveratrol
требования к информации на этикетке labeling requirements
трезвенник abstainer
третья отварка затора *be.* lauter mash
трехлетний (*о возрасте винограда*) third-leaf
трещины cracks
тример *chem.* trimer
троение *hist.* fourth distillation (*distillation of double spirit*)
труба pipe; *also* трубопровод
трубопровод pipe; pipeline; *also* труба
трубопровод для барды spent wash pipeline
туннель для ремюажа riddling room
турн tourne
тусклый dull
тускнеть tarnish
тухлый addle
тухнуть addle
тщательно приготовленный sophisticated

уборка винограда vintage
увеличение ягод винограда в размерах *physiol.* berry swelling
увология uvology
увядание *physiol.* blight, wilt
увядание бобов *phytopat.* broad bean wilt
увядание листьев *physiol.* leaf blight
увяливание винограда *v.* завяливание винограда
углеводород hydrocarbon
угледеление *hist.* production of specail charcoal for vodka filtration
углекислотная холодильная машина carbon dioxide refrigerating machine
углекислый газ *chem.* carbonic gas, carbon dioxide
углерод *chem.* carbon
угловая почка *bot.* angle bud
угловая пятнистость листьев винограда *phytopat.* angular leaf spot
угловые глазки *bot.* angle buds
угловые ожоги листьев *phytopat.* angular leaf scorch
уголь carbon
угольная мацерация carbonic maceration
угощать *кого-л.* вином и обедом wine and dine
удаление глазков *agr.* removal of buds; *syn.* ослепление глазков
удаление листьев *agr.* leaf removal
удаление масок *eno.* mask dislodging
удаление побегов и листьев *agr.* shoot and leaf removal
удаление поверхностных корней *agr.* cutting of outer roots; *v. also* катаровка
удаление сивушных масел *spir.* defuselation
удалять глазки *agr.* disbud; *syn.* ослеплять
удалять колпачки decap
удалять листву defoliate
удалять плодоножки destem
удалять пробку из бутылки extract cork
удалять ткань листа skeletonize
удобрение fertilizer
удобрения, содержащие поташ wood ashes
узел *bot.* node
узкая остаточная фракция *spir.* short residue
узкая фракция close-cut fraction
укладка бутылок в ящики bottle casing
укрепление пара спиртом vapo(u)r enrichment
укрепляющая колонна alcohol [product-concentrating] column
укрывная зона *agr.* zone of earth-covered grape culture
укрывная культура винограда *agr.* covered grape culture
укрытие кустов *agr.* covering of grape vines with earth; winter covering
уксус vinegar
уксусная закваска mother of vinegar
уксусная кислота acetic acid
уксусная кислотность vinegary acidity
уксусная мушка *ent.* fruit fly; vinegar fly

устройство для открывания бутылок

уксусное прокисание вина acetic spoilage
уксусное скисание *eno.* acescence, vinegar smell, acetic acetification
уксуснокислая соль acetate; *also* ацетат
уксусный acetic, vinegary
укупоривание пробкой corkage
укупоривать (*бутылки*) close
укупоривать кроненпробкой crown
укупоривать пробкой cork
укупорка (*процесс*) closing; (*пробка*) sealant; closure
укупорка бутылок пробками capping
укупорочная головка (*для укупорки кроненкоркой*) crowner [crowning] head
укупорочная машина capper, corking [closing] machine
укупорочное средство stopper
улавливание recovery
улетучиваться volatilize
улитка *ent.* snail
улучшать характеристики enhance
улучшение характеристик вина elevage
улучшитель improving agent
уменьшать водородный показатель lower pH
уменьшение кислотности de-acidification
уменьшение ягод винограда в размерах *physiol.* berry contraction, berry shrinking
умеренность *med.* temperance
умеренный *med.* abstemious
унос carry-over, entrainment
унция ounce
упаковка packing
упаковка в коробки *или* ящики casing
упаковочный материал packaging material
уплотнение fitment
употребление consumption
употребление алкоголя alcohol consumption, alcohol intake
употребление вина wine consumption
упругость мякоти ягод *bot.* flesh firmness
урожай *agr.* crop, yield
урожай винограда *agr.* vintage
урожайность виноградника *agr.* vineyard yield
урожайность с куста *agr.* vine yield

урожай с квадратного метра площади *agr. econ.* yield per sq. m
усик *bot.* tendril
усилие для вытаскивания пробки cork extraction force
ускользающий (*о букете вина*) *deg.* elusive
ускоренное брожение fast [rapid] fermentation
ускоритель созревания *eno.* maturing agent
условия произрастания *agr.* growing conditions
условия созревания *agr.* ripening conditions
условия хранения storage conditions
установка бочек дном вверх ullaging
установка бочек ярусами stackling of casks
установка для вторичной перегонки *spir.* rerun plant
устойчивость permanence; resistance
устойчивость к вирусным болезням *agr.* virus resistance
устойчивость к грибкам *agr.* fungus resistance
устойчивость к насекомым *agr.* insect resistance
устойчивость к нематоде *agr.* nematode resistance
устойчивый tolerant
устойчивый к низким температурам *agr.* cold hardy (*about grape variety*)
устройство для аэрации вин wine breather
устройство для высвечивания бочек cask illuminating apparatus
устройство для вытаскивания пробок cork extractor
устройство для вытаскивания пробок из бочек bung puller
устройство для вытаскивания пробок из бутылок corkpuller
устройство для дозирования вина wine saver
устройство для извлечения пробки cork extractor
устройство для одевания капсул capsuler
устройство для открывания бутылок opener

устройство для охлаждения винных бутылок

устройство для охлаждения винных бутылок wine chiller
устройство для подачи браги wash charger
устройство для подачи тепла в дистилляционную колонну *spir.* reboiler
устройство для раздавливания плодов *agr.* pulper
устройство для размешивания вина stirring tool
устройство для рассмоления бочек depitching apparatus
устройство для слива отстоя сивушного масла *spir.* fusel-oil decanter
устройство для удаления колпачков decapper
устройство для укупорки пробками cork inserter
устройство для хранения бутылок bottle storage system
устьице *bot.* stoma
усушка вина *eno.* wine evaporation losses
усыхание листьев от ветра *agr.* wind burn
усыхание ягод винограда *phytopat.* berry drought
утор (*бочки*) croze
уторная часть (*край бочки*) chime
уторный станок barrel crozing machine
уховертка *ent.* earwig
ухудшение качеств degeneration
участок концентрации спирта *spir.* concentrating section
участок ректификации *spir.* rectifying section
ушко фиксатора *agr.* auger eye

Ф

фаза жидкого этанола *spir.* aqueous-ethanol phase
фаза покоя *physiol.* dormant stage
фаза полного цветения *physiol.* full bloom
фаза сивушного масла *spir.* fusel-oil phase
фаза экспоненциального роста *spir.* exponential phase
фактическая объемная доля этилового спирта actual content of ethyl alcohol by volume
фальсификация addition of water, adulteration
фальсифицированный adulterated
фальсифицировать adulterate
фанерная бочка veneer cask
фасциация fasciation
фенологические наблюдения phenological observations
фермент ferment
ферментативный zymotic
ферментативный солод fermentative malt
ферментационный zymotic
ферментация fermentation, zymosis
ферментация в вакууме vacuum fermentation
ферментация партии закваски в одном сосуде batch fermentation
ферментация ягод целиком whole grape fermentation
ферментированное ячменное зерно malted barley
ферментированный сок fermented juice
ферментированный яблочный сок apple cider
ферментируемая масса fermented mash
ферментируемые сахара fermentable sugars
ферментные препараты для фильтровальных присадок enzymic filter aids
феррроцианид калия *chem.* potassium ferrocyanide
«Фетяска» "Feteasca" (*white table aged wine from grape variety Feteasca belaia grown in Moldova*)
Фетяска белая *amp.* Feteasca belaia (*white grape variety grown in Moldova, Ukraine and southern Russia*)
«Фетяска крымская» *reg.* "Feteasca Krymskaia" (*white table aged wine from grape variety Feteasca belaia grown in Crimea*)

Фетяска мускатная Feteasca muskatnaia (*white grape variety grown in southern Ukraine*)
Фетяска нягрэ Feteasca neagră (*autochthonous black grape variety grown in Moldova*)
«Фетяска Ставрополья» "Feteasca Stavropolia" (*white table aged wine from grape variety Feteasca belaia grown in Stavropol region, Russia*)
физиологическая зрелость ягод physiological ripeness of grape berries
фиксатор earth auger; anchor
филлоксера phylloxera
фильтр filter
фильтрация купажей blend filtration
фильтр грубой очистки coarse filter
фильтр-насос filter pump
фильтровальная установка filtering plant
фильтровальные материалы filter materials
фильтровальные присадки filter aids
фильтрование filtration
фильтрование дрожжей yeast strain
фильтрование по обратному осмотическому принципу reverse osmosis filtration
фильтрование по способу адсорбции adsorption filtration
фильтрование через фильтры с пористой перегородкой membrane filtration
фильтр-прессный осадок mud
фильтр с активированным углем activated carbon filter
фильтр типа «молекулярное сито» molecular sieve filter
фильтр тонкой очистки fine filter
фильтруемость filtration capacity
Фин Шампань *Fr.* 1. *geogr.* Fine Champagne (*apellation*); 2 "Fine Champagne" (*cognac*)
Фиолетовый ранний *amp.* Fioletoviy ranniy (*black grape variety grown in southern Russia and southern Ukraine*)
фирма-производитель шампанского Champagne house
фирменный знак brand mark
фиксированная кислотность fixed acidity

фитотоксичный phytotoxic
фитофтора phytophtora
флавон flavone
флегма phlegm; reflux
флокуляция flocculation
флюдаза fludase
фляга flask
Фолин-индекс Folin index
фоллетаж folletage
фонтанирование gushing
фонтанировать gush
форма бутылки bottle shape
форма винограда *amp.* grape type
дикорастущая ~ naturally grown grape variety
одичалая ~ cultivated grape found in natural environment
форма грозди bunch shape, cluster configuration
форма зубчиков листа винограда leaf teeth shape
форма куста *agr.* shape of bush
веерообразная ~ fan-shaped bush
высокоштамбовая ~ high-bole bush
головчатая ~ head bush
~ «Двуплечий Гюйо» double-cordon Guyot system
кордонная ~ cordon
~ «Одноплечий Гюйо» single-cordon Guyot system
чашевидная ~ cup-shaped bush
форма листьев shape of leaves
форма ягод винограда berry shape
формирование вина wine development
формирование вкусового букета flavor development
формирование куста винограда training
формирование почек растения budding
формирующая обрезка training pruning
фотосинтез photosynthesis
фракционировать cut
фракционирующая колонна fractionating column
фракционная дистилляция *v.* **фракционная перегонка**
фракционная перегонка differential [fractional] distillation; *also* **фракционная дистилляция**
фракция сивушного масла fusel-oil fraction

фруктовая бомба

фруктовая бомба fruit bomb
фруктовое вино fruit wine
фруктовый букет вина fruity aroma
фруктовый запах fruity odo(u)r
фруктовый ликер fruit liqueur
фруктоза fructose
фузариоз fusariosis
фумаровая кислота fumaric acid
фунгицид fungicide, antimycotic
Фурминт *amp.* Furmint (*white grape variety grown in Hungary, Romania, Ukraine*)
Фюме Блан *Fr. amp.* Fumé Blanc

X

халаза *bot.* chalaze
характер виноградных насаждений *agr.* type of grape plantings
характеристика основных компонентов вина winemaking attributes
характеристика питания лозы *physiol.* vine nutrient status
характерные сортовые признаки вина wine identity
характер потребления алкоголя drinking pattern
«Хванчкара» "Khvanchkara" (*demi-sweet red wine from grape varieties Alexandrouli and Mudzhuretuli grown in Ambrolauri region, Georgia*)
хвостовая фракция *v.* хвостовой погон
хвостовой погон *spir.* faints, tail fraction, afterrun, last running, tails
херес sherry, Jerez, Xérès
хересный вкус sherry flavo(u)r
хересование вина wine sherrization
химера винограда *amp.* grape chimera (*grape plant with cells and tissues of different origin*)
химическая добавка (*к виноматериалу*) additive, chemical
химические реактивы chemicals
химическое осветление chemical clarification
химическое помутнение chemical haze
химия ферментации zymurgy
хинин quinine
хинное дерево quinquina
хлебное вино *Rus. hist.* 1. vodka; 2. barley wine
хлопьевидная частица flake
хлопья flakes
хмелеотделитель hop-back
холодильная машина chilling [refrigerating] machine
холодильная машина небольшой емкости low-capacity refrigerating machine
холодильник freezer
холодильный аппарат cooling apparatus
холодная мацерация cold maceration
холодная стабилизация cold stabilization
холодное замачивание cold soaking
холодное помутнение chill haze
холодный розлив cold process bottling
холодопроизводительность refrigerating capacity
хорошо выдержанный well-matured
хорошо дренированная почва well-drained soil
хорошо сбалансированный (*о вине*) zestful, luscious
хорошо сформированный well-developed
хранение бутылок в вертикальном положении vertical [upright] storage
хранение бутылок в горизонтальном положении horizontal storage
хранение бутылок с периодическим поворачиванием makeshift storage
хранение в прохладном месте cold storage
хранение вина wine storage
хранение вина в бочках bulk storage
хранить store
хранить в подвале cellar
хроматографический анализ chromatographic analysis
хроматография chromatography
хрупкий fragile

Ц

царапина scratch
цвель fleur, mold, efflorescence
цвет вина robe; colo(u)r, dress
цветение 1. bloom, flowering, anthesis 2. *bot.* bloom (*3rd stage of the vegetation period of grape vine*)
цвет кожуры винограда colo(u)r of skin
цвет мякоти винограда colo(u)r of flesh
цветок flower
цветок грозди винограда floret
цветоножка *bot.* pedicle
цветочный аромат floral aroma
цветущая гроздь винограда inflorescence
цвет ягод винограда berry colo(u)r
цедилка strainer
цедить draw
целовальник *Rus. obs.* seller of vodka in retail outlets in Russia before 1917
центробежное фильтрование centrifugal filtration
церкоспороз cercosporosis; *also* зеленая плесень
цех мадеризации maderizing room
цех розлива bottling house, bottling [racking] room, bottlery
цикличная работа устройства discontinuous operation
циклогексан *chem.* cyclohexane
Цимлянский белый *amp.* Tsymlianskii belyi (*white grape variety grown in Don valley, southern Russia*)
Цимлянский черный *amp.* Tsymlianskii chërnyi (*black grape variety, grown in Don valley, southern Russia*)
«Цимлянское игристое» "Tsymlianskoe igristoe" (*red sparkling wine from grape varieties Tsymlianskii chërnyi, Plechistik, Bulanyi, Tsimladar grown in Rostov region, southern Russia*)
«Цинандали» "Tsinandali" (*white table aged wine from grape varieties Rkatsiteli and Mtsvane grown in Telavi, Akhmeta, Kvareli regions, Georgia*)
Цинфандель *Amer. amp.* Zinfandel
цистерна tank

Ч

чан big wooden cask without upper head (*used for "on-skins" fermentation*)
чан для замачивания steeper
чан открытого брожения open fermenter
чарка *obs.* cup; glass (*a measure of spirit volume = 143,5 g, sometimes 150 g*)
частично сброженное вино partially fermented wine
частный ярлык *com.* private label
чача *Georg.* 1. pomace, marc; *v.* выжимки; 2. chacha (*alcohol beverage made from distilled grape wine in Georgia*)
чаша для вина winebowl, winecup
чашевидная форма куста *agr.* cup-shaped bush
чеканка *agr.* topping
червец виноградный *ent.* woolly currant scale (*grape pest*); *also* подушечница виноградная
черенок grape cutting; spur; зеленый ~ green [herbaceous] cutting
черешок виноградного листа *bot.* butt
черная гниль *phytopat.* black rot; *also* блэк рот
черная кольцевая пятнистость томатов *phytopat.* tomato black ring virus
«Черные глаза» *Rus. reg.* "Chërnye glaza" (*red dessert aged wine from grape variety Cabernet Sauvignon grown in Gelendzhik vineyards, Krasnodar region*)
«Черный доктор» *Ukr. reg.* "Chërnyi doctor" (*red dessert aged wine from grape varieties Ekim kara and Kefessia grown in "Solnechnaia Dolina", southern Crimea*)
черный касс *eno.* black casse; ferric tannate haze
четверть *obs.* a quarter 1. wine and spirit measure = 3.0 – 3.25 l; rarely = 3.5 l,

чешуйки на почке

also **гусь**; 2. a bottle equaling 1/4 of 21 pints
чешуйки на почке *bot.* bud scales
чизелевание *agr.* chiseling
число ароматических единиц *deg.* odo(u)r units number
чистосолодовое виски pure malt whisk(e)y
чистосортный посадочный материал *agr.* authentic grape seedlings
чистый *chem.*, *deg.* clear
чистый вкус *deg.* clear flavo(u)r
член дегустационной комиссии panelist
чоповый кран spigot; *also* **бочечный кран**
чрезмерная ирригация *agr.* overirrigation
чрезмерное употребление алкоголя alcohol abuse
чрезмерное экстрагирование *chem.* overextraction
чубук *agr.* cutting; grape stalk

Ш

шампанизация champagnization
шампанизировать champagnize
шампанская пробка champagne cork
шампанское 1. champagne (*about authentic French champagne*); 2. shampanskoie (*any type of sparkling wine made in Russia, Ukraine, Moldova, etc. according to méthode champenoise*)
шампанское высшего класса *Fr.* cuvée de prestige
«Шампанское Украины» "Champagne of Ukraine" (*sparkling wine produced according to méthode champenoise in Ukraine*)
Шампань *Fr. geogr.* Champagne
шапка мезги *eno.* pomace cap, cap of skins; head
шаптализация *eno.* sugaring, addition of sugar; chaptalization
Шардоне *Fr. amp.* Chardonnay (*white grape variety*)

Шасла *Fr. amp.* Chasselas
Шато Икем *Fr. geogr.* Château Yquem
Шатонеф-дю-Пап *Fr. geogr.* Chateauneuf-du-Pape
шейка куста винограда *bot.* collar of vine
шелковистая муть *eno.* silky cloudiness
Шелуа *Fr. amp.* Chelois
шелуха rind
Шенен Блан *Fr. amp.* Chenin Blanc
шенкель *Rus. hist. bot.* lower part of an old grape bush
шерри (*херес*) sherry
шигани *com.* shigani (*Kishmish chërnyi variety dried in the sun without alkali treatment*)
шипучий effervescent; brisk
Шираз *Austral. amp.* Shiraz; *also* **Сира**
ширина ягоды винограда *amp.* berry width
широкая фракция *spir.* long fraction
шкалик *obs.* a dose of vodka (*usually a bottle or a big glass*)
школка *agr.* nursery; allotment used for growing rootstock
шлем перегонного куба *spir.* still head
шмурдяк *coll. reg.* low-quality and cheap wine or spirit
шомпол *agr.* crowbar; *v.* **посадка под лом**
шортер *coll.* shorter, short drink
шотландское виски scotch, Scotch whisky
шпалера *agr.* vine-prop; trellis
  вертикальная ~ vertical trellis
  зонтичная ~ training with arched canes
  косая ~ slope wired trellis
шпалерные ножницы *pl.* hedge shears
шприцевание (*бутылок*) *eno.* jetting
шпунт bung; barrel stopper; dowel
шпунтодер bung puller
штамб лозы *bot.* vine trunk
штамм дрожжей yeast strain
штих *eno.* acetic tinge
штопор screw; corkscrew
штопор рычажного типа lever action corkscrew
штопор для замены replacement worm
штопор со спиралью helix screw
штоф *obs.* 1. Stoff (*a measure of spirit volume = 1.23 l*); 2. a bottle of vodka *or* strong liquor

эффект оксидации

штрекер *obs. bot.* fruit-bearing cutting

Щ

щелевание междурядий *agr.* chiseling
щелочная почва alcaline soil
щелочность alcali content, alkalinity
щелочь alkali
щепка chip
щёточная бутылкомоечная машина bottle brushing machine
щипцы для льда ice tongs

Э

эбуллиометр ebulliometer
эгализация egalisage
эквивалентное содержание equivalent content
экспедиционный ликёр dosage liqueur
эксплуатационная производительность working capacity
экспресс-анализ rapid analysis
экстрагирование extraction
экстрагировать extract
экстракт extract
   дубовый ~ oak extract
   приведённый ~ total dry extract
экстрактивная дистилляция extractive distillation; *also* экстрактивная перегонка
экстрактивная перегонка *v.* экстрактивная дистилляция
экстрактивное вино big wine
экстракционная колба extraction flask
экстракционная колонна extraction column
электронагреватель для усадки капсул heat gun

эликсир elixir
эль ale
элюентный анализ elution analysis
эмульсионный ликёр crème (liqueur) made of mixture of milk, cream, eggs with vodka half-finished products
энация enation
энергетическая ценность caloric content
энография (o)enography
энокраситель (o)enocolorant
энолог (o)enologist
энологический (o)enologic
энология (o)enology
эномер vinometer
энометр (o)enometer
энометрия (o)enometry
энофил (o)enophile
эпюрат epurate
эпюрационная колонна epuration column
эпюрация epuration
Эрмитаж *Fr. geogr.* Hermitage
эталонный образец reference sample
этанол ethyl alcohol, ethanol; wine spirit
этанол, содержащий воду hydrous ethanol
этикетаж labeling
этикетировочная машина labeling machine
этикетировщик label paster
этикетка label; контр~ back label; передняя ~ body label
этикетка, наклеиваемая на бутылку gummed label
этикетка, не защищённая торговой маркой generic label
этикетка, сделанная под заказ custom-printed label
этикетка с предварительно нанесённым клеем pre-gummed label
этил ethyl
этиленгликоль ethylene glycol
этиловый (*винный*) спирт ethyl alcohol, ethanol; wine spirit
эутипиоз *phytopat.* Eutypa dieback
эфирное число ether index
эффективность ферментации fermentation efficiency
эффект оксидации pro-oxidation effect

327

Ю

Юбилейный Магарача *amp.* Iubileinyi Magaracha (*black grape variety grown in Ukraine*)
юбка колпачка capsule skirt

Я

яблоко apple
яблочная водка applejack; apple brandy; *also* яблочный бренди
яблочная кожура apple skin
яблочное вино apple wine
яблочно-молочнокислое брожение malolactic fermentation
яблочно-янтарное брожение malosuccinic fermentation
яблочные тона в напитке *deg.* apple
яблочный бренди apple brandy; applejack; *also* яблочная водка
ягода berry
ягодное вино berry wine
ягоды, покрытые благородной плесенью botrytized [nobly rotten] grapes
ядохимикаты *pl. agr.* pesticides; *also* пестициды
янтарная кислота succinic acid
янтарный цвет (*вина, коньяка*) amber
ярус tier
ячейка с перепадом давления differential-pressure cell
ящик box; case
ящик для бутылок bottle box

СПИСОК ОСНОВНЫХ СОКРАЩЕНИЙ
LIST OF MAIN ABBREVIATIONS

AA Alcoholics Anonimous «Анонимные алкоголики» (*крупнейшая в мире организация по избавлению от алкогольной зависимости; штаб-квартира расположена в Нью-Йорке*)

AAC Alcohol Advisory Council Консультационный совет по алкогольным напиткам (*Новая Зеландия*)

ABA Alcohol Beverage Agency Агентство по контролю торговли алкогольными напитками (*существует в каждом штате США*)

ABAC Australia's Alcohol Beverage Advertising Code Австралийский кодекс рекламы алкогольных напитков

ABARE Australian Bureau of Agricultural and Resource Economics Австралийское бюро экономических исследований в области сельского хозяйства и природных ресурсов

ABI American Beverage Institute Американский институт алкогольных напитков (*представляет собой ассоциацию ресторанов, использующих алкогольные напитки*)

ABL American Beverage Licensees Союз лицензированных производителей алкогольных напитков США (*создан в 2002 г.*)

ABLA Alcoholic Beverage Labeling Act Указания по маркировке на этикетках спиртных напитков (*введены BATF, США*)

ABTA Allied Brewery Traders' Association Ассоциация производителей и продавцов алкогольных напитков (*США*)

ABV, abv alcohol by volume объемное содержание алкоголя

ACD Association of Canadian Distillers Канадская ассоциация производителей алкогольных напитков

ACEVIN Asociación Española de Ciudades del Vino *исп.* Испанская ассоциация винодельческих городов (*г. Алказар де Сан-Хуан*)

ACSH American Council on Science and Health Американский совет по исследованиям в области естественных наук и здравоохранения (*изучает влияние алкоголя на человека*)

ACTPY 2-acetyl-tetrahydropyridine 2-ацетил-тетрагидропиридин (*вещество, вызывающее появление неприятного мышиного запаха в вине*)

ACTWP Association of California Table Wine Producers Ассоциация производителей столовых вин Калифорнии (*США*)

AECORK Associació d'Empresaris Surers de Catalunya *исп.* Ассоциация производителей корковой пробки Каталонии (*Испания*)

AFC alternative forced choice метод органолептического анализа, основанный на альтернативном отборе образцов по заранее установленному критерию

AFED Association Française des Embouteilleurs et Distributeurs de vins et spiritueux *фр.* Французская ассоциация производителей и дистрибьюторов вин и спиртных напитков

AGCO Alcohol and Gaming Commission of Ontario Комиссия по лицензированию торговли алкогольными напитками и игорного бизнеса провинции Онтарио, Канада (*создана вместо LLBO*)

AGW Agriculture Western Australia Научно-исследовательский центр по сельскому хозяйству штата Западная Австралия

AIWF American Institute of Wine and Food Американский научно-исследовательский институт вина и продуктов питания (*инициатор приза WAF*)

ALFD Alcohol Labeling and Formulation Division Отдел контроля за маркировкой алкогольной продукции (*подразделение BATF, США*)

ANCV Associazione Nazionale delle Città del Vino *ит.* Итальянская национальная ассоциация винодельческих городов

ANIVIT Association Nationale Interprofessionnele des Vins de Table et vins de pays *фр.* Национальная межотраслевая ассоциация производителей столовых и местных вин (*Франция*)

ANOVA Australian Network of Vine Associations Австралийская сеть виноградарских ассоциаций

АОС, А. О. С. Appellation d'Origine Controllée 1. *фр.* апелласьон (*наименование виноградника или местности, обладающих совокупностью географических и агроклиматических условий произрастания винограда конкретных сортов и имеющих специально зарегистрированный способ производства вин и других спиртных напитков*); 2. государственная система контроля условий производства качественных вин

АОХ absorbed organically-bound halogens абсорбированные органически связанные галогены

APCOR Associação Portuguesa de Cortiça *порт.* Португальская ассоциация производителей корковой пробки

API American Petroleum Institute Американский институт нефти (*дополнительное обозначение единиц измерения концентрации жидкости, применяемых в нефтяной, а также в винодельческой промышленности*)

AQIS Australian Quarantine Inspection Service Государственная карантинная служба Австралии

ARAA Americans for Responsible Alcohol Access Общественная организация американцев по контролю за распространением алкоголя (*США*)

AREV Assemblée des Régions Européennes Viticoles *фр.* Ассоциация европейских винодельческих регионов (*штаб-квартира в Бордо, Франция*)

ARF Addiction Research Foundation Фонд исследований наркомании и алкоголизма (*Канада*)

ARTFS alcohol-related traffic fatalities дорожно-транспортные происшествия со смертельным исходом, вызванные алкогольным опьянением

ASEV American Society for Enology and Viticulture Американское общество виноделия и виноградарства

ASVO Australian Society of Viticulture and Oenology Австралийское общество виноградарства и виноделия

ASWE Australian Society for Wine Education Австралийское общество просвещения в области виноделия и культуры потребления вина

ATF *см.* **BATF**

ATL The Alcohol and Tobacco Laboratory Центральная лаборатория по проверке качества алкогольных напитков и табачных изделий (*США*)

a/v alcohol by volume объемное содержание алкоголя

AVA 1. American Vintners Association Ассоциация виноторговцев США (*ведущая организация в США, представляющая интересы 590 виноторговых организаций из 43 штатов*); 2. Approved Viticultural Area зарегистрированный винодельческий регион США, в котором производится вино контролируемых наименований

AVERN American Viticulture and Enology Research Network Сеть научно-исследовательских институтов в области виноградарства и виноделия в США

AVF American Vineyard Foundation Фонд развития виноградников США

AWARE American Wine Alliance for Research and Education Американский союз по научным исследованиям и просвещению в области виноделия

AWBC Australian Wine and Brandy Corporation Австралийская корпорация по экспорту/ импорту вин и бренди

AWEC Australian Wine Export Council Австралийский совет по развитию экспорта вин

AWRI Australian Wine Research Institute Австралийский научно-исследовательский институт виноделия
AWS American Wine Society Американское общество по исследованиям в области виноделия и потребления вин
AWTEG Australian Wine Technology Export Group Австралийский комитет по развитию экспорта технологий виноделия

BAC 1. blood alcohol concentration концентрация алкоголя в крови (*в мг/мл*); 2. Brewers' Association of Canada Канадская ассоциация производителей пива
BATF Bureau of Alcohol, Tobacco and Firearms *ист.* Бюро алкоголя, табака и огнестрельного оружия (*Департамента Казначейства США, осуществлявшее регулирование производства, распространения и использования алкоголя, табака и огнестрельного оружия; в 2003 г. переименовано в TTB*)
BBCH Biologische Bundesanstalt für Land- und Forstwirtschaft, Bundessortenamt und Chemische Industrie *нем.* Код биологического управления сельского и лесного хозяйства, растениеводства и химической промышленности Германии, используемый для обозначения фенологических стадий растений
Bé Baumé единица измерения крепости вин (*1° Bé = 1% об. алк.*)
BLCE Bureau of Liquor Control Enforcement Бюро по контролю за распространением спиртных напитков (*при полицейском управлении каждого штата США*)
BM Bordeaux mixture бордоская смесь
BNIC Bureau National Interprofessionnel du Cognac *фр.* Национальное межотраслевое бюро коньяка (*профессиональная организация производителей коньяка, Франция*)
BOD biological oxygen demand биологическая потребность в кислороде
BOP brew-on-premise facility система аренды оборудования для производства пива (*в США*)

BÖW Bundesverband Ökologischer Weinbau *нем.* Федеральный союз экологического виноделия (*Германия*)
B. t. Bacillus thuringiensis *лат.* Бацилус турингиенсис (*класс бактерий, используемых в качестве естественного инсектицида*)
BTI Beverage Testing Institute Институт экспертизы спиртных напитков (*США*)
BTU British thermal unit Британская тепловая единица
BVS Bague Verre Stelvin специальный тип венчика бутылки для винтового колпачка "Stelvin"
BWC bonded wine cellar сертифицированный винзавод (*США*)
BWI British Wine Industry винодельческая промышленность Великобритании
Bx Brix градус по шкале Брикса (*единица измерения веса сусла*)
BYOB bring your own bottle разрешение клиентам приносить спиртные напитки с собой и распивать их в ресторане (*баре, и т. д.*)

C. cognac коньяк ординарного качества (*обозначение на этикетке*)
CAA Center for Alcohol Advertising Центр исследований в области рекламы алкоголя (*США*)
CAMRA Campaign for Real Ale Общественное движение в защиту производства британского эля (*Великобритания*)
CCOF California Certified Organic Farmers Союз сертифицированных фермеров, занимающихся органическим земледелием (*в т. ч. для целей виноградарства, Калифорния, США*)
CCOVI The Cool Climate Oenology and Viticulture Institute Институт энологии и виноградарства в условиях холодного климата (*расположен в Университете Брока, г. Санта Катарина, провинция Онтарио, Канада*)
CDA completely-denatured alcohol полностью денатурированный спирт
CDFA California Department of Food and Agriculture Департамент продовольствия и сельского хозяйства штата Калифорния (*США*)

CERA California Enological Research Association Ассоциация по исследованиям в области виноделия штата Калифорния (*США*)

CE. TI. E, cetie Centre Technique International de l'Embouteillage et du Conditionnement *фр.* Международный научно-технический центр проблем розлива (*Париж*)

CGEVF Campagne des Grandes Eaux-devie de France *фр.* Кампания за производство лучших коньячных спиртов Франции

CHRIE Council on Hotel, Restaurant and Institutional Education Совет по обучению в области гостиничного, ресторанного бизнеса и административного управления (*США; партнер ABI*)

CIB The Cork Information Bureau Информационное бюро по использованию корковой пробки (*Лондон, член португальской Ассоциации производителей корковой пробки APCOR*)

CIBA Centre for Information on Beverage Alcohol Центр информации по алкогольным напиткам (*Великобритания*)

CIP cleaning-in-place system самоочищающаяся тарелка спиртовой колонны

CIVC Comité Interprofessionnel du Vin de Champagne *фр.* Межотраслевой комитет по шампанским винам (*Франция*)

CIVM Concours International des Vins de Montagne *фр.* Международный конкурс виноделов из горной местности (*Франция*)

cl. centilitre, centiliter сантилитр (*0,01 л = 10 мл*)

CM coopérative manipulante *фр.* винодельческий кооператив, производящий игристое вино из выращенного винограда и продающий его под собственной маркой (*обозначение на этикетке шампанского*)

CMO Common Market Organization for Wine *ист.* Организация стран-участниц «Общего рынка» по управлению винодельческой промышленностью

CMS condensed molasses solubles конденсат раствора мелассы

CNCGG Californian North Coast Grape Growers Association Ассоциация виноградарей Северного побережья Калифорнии (*США*)

COLA certificate of label approval сертификат официальной регистрации этикетки (*выдается TTB в США*)

COS color, odor, sapor метод оценки вин по трем показателям (цвету, аромату, вкусу)

CQC Natural Cork Quality Council Совет по контролю качества натуральной пробки (*г. Себастопол, Калифорния, США; данная организация ввела стандарт, определяющий качество пробки, с обозначениями классов качества: от A до D, где A — наивысший класс*)

CRCV Cooperative Research Centre for Viticulture Кооперативный научно-исследовательский центр по виноградарству (*Австралия*)

CRMB California Raisin Marketing Board Комиссия по маркетингу винограда штата Калифорния (*США*)

CSAP Center for Substance Abuse Prevention Центр по профилактике алкоголизма и наркомании (*подразделение SAMHSA, США*)

CSAT Center for Substance Abuse Treatment Центр лечения алкоголизма и наркомании (*подразделение SAMHSA, США*)

CVA Canadian Vintners Association Ассоциация виноторговцев Канады

CWC Congressional Wine Caucus Совещание Конгресса США по вопросам развития виноделия (*некоммерческая организация 138 конгрессменов из 38 штатов; занимается пропагандой и обучением в области виноделия*)

CWIB Champagne Wines Information Bureau Информационное бюро по шампанским винам (*представительство CIVC в США*)

DAC Districtus Austria Controllatus *лат.* система винодельческих районов Австрии

DAF days after flowering количество дней после начала цветения (*винограда*)

dal decalitre, decaliter декалитр (*1 дал = 10 л*)
DAP diammonium phosphate диаммоний фосфат (*реагент в производстве спирта*)
DATIA Drug and Alcohol Testing Industry Association Ассоциация производителей оборудования по контролю содержания алкоголя и наркотических веществ в крови (*США*)
DBF Danish Beverage Forum Датский форум производителей алкогольных напитков (*сеть ведущих поставщиков оборудования и технологий для производства напитков*)
DDG distillers' dried grain сухой остаток после ферментации зерна
DDGS distillers' dried grain with solubles раствор остатка после ферментации зерна
DDS distillers' dried solubles высушенный остаток после дистилляции (*в производстве виски и спирта*)
DE dextrose equivalent эквивалент декстрозы (*в производстве спирта*)
DEA Drug Enforcement Administration Управление по контролю за применением законов о наркотиках (*США*)
DEFRA Department of Environment, Food and Rural Affairs Министерство охраны окружающей среды, продовольствия и сельского хозяйства (*контролирует винодельческую промышленность Великобритании; создано взамен MAFF*)
DES dessert десертное (вино)
DFRC Distillers' Feeds Research Council Совет по исследованию сырья для спиртовой промышленности (*США*)
DGA Dietary Guidelines for Americans Рекомендации по диетическому питанию для американцев (*брошюра USDA HHS 1996 г.*)
DISCUS Distilled Spirits Council of the US Национальная профессиональная ассоциация производителей и торговцев крепкими спиртными напитками (*США*)
DKV Deutscher Kork-Verband E.V. *нем.* Союз производителей корковой пробки Германии

dl decilitre, deciliter децилитр (*1 дл = 0,1 л*)
DMDC dimethyldicarbonate диметилдикарбонат (*антисептик*)
DME dried malt extract высушенный экстракт солода
DOC, D. O. C. 1 denominação de origem controlada *порт.* обозначение вин контролируемых наименований (*система винодельческих районов Португалии*) 2. denominazione di origine controllata *ит.* обозначение вина, контролируемого по месту выращивания винограда, сорту, минимальному содержанию алкоголя и урожайности (*система винодельческих районов Италии*)
DOCG denominazione di origine controllata e garantita *ит.* обозначение вина, контролируемого по месту выращивания винограда, сорту, минимальному содержанию алкоголя и урожайности, с добавлением сведений о способе выращивания винограда и технологическом процессе производства вина (*система винодельческих районов Италии*)
DOV dried on the vine засушенный на лозе (*о сорте изюма*)
Dpcell differential-pressure cell ячейка с перепадом давления (*в мембранном фильтре*)
DPV Deutscher Prädikatswinzergenossenschaften *нем.* Союз производителей качественных вин в Германии
DSP distilled spirits per unit выход спирта при дистилляции (*количество спирта на единицу сырья*)
DTW dealer tank wagon цистерна для перевозки спирта (*США*)
DW dry white сухое белое (вино)
DWG distillers' wet grain жидкий остаток после дистилляции (*в производстве виски*)
DWI Deutsches Weininstitut GmbH *нем.* Немецкий институт виноделия (*г. Майнц*)

E. extra коньяк категории «экстра» (*обозначение на этикетке*)
e European Евростандарт (*обозначение на этикетке, означающее, что объем бутылки указан в литрах*)

EAAP The European Alcohol Action Plan Европейская программа борьбы с алкоголизмом

EBC European Brewing Convention Европейская конвенция пивоварения (*наименование общественной организации, а также единицы измерения цвета пива*)

ECC European Cork Confederation Европейская конфедерация производителей корковой пробки (*г. Льеж, Франция*)

EFWSID European Federation of Wine and Spirit Importers and Distributors Европейская федерация импортеров и дистрибьюторов вин и спиртных напитков

EGCRC Ernesto Gallo Clinic & Research Center Клинический и исследовательский центр им. Эрнесто Галло (*подразделение факультета неврологии Калифорнийского университета, изучающее воздействие алкоголя на человеческий мозг*)

E. I. T. C. energy-investment-tax credit кредит, предоставляемый в США предприятиям, производящим энергосберегающие материалы (*в том числе и этилированный бензин*)

ELISA enzyme-linked immunosorbent assay метод исследования энзимосвязанных иммуносорбентов (*серологический метод исследования винограда при поражении вирусными заболеваниями*)

ENTAV Etablissement National Technique pour l'Amélioration de la Viticulture Национальный технический совет по улучшению технологий виноградарства (*Франция*)

EVC enhanced varietal character с усиленными сортовыми признаками (*о букете вина; обозначение на этикетке*)

EWP English Wine Producers Маркетинговая ассоциация виноделов Великобритании

F. fine хорошего качества (*обозначение на этикетке коньяка*)

FAA Federal Alcohol Administration Федеральное управление США по контролю за распространением спиртных напитков

FACE Facing Alcohol Concerns through Education Общественная организация, занимающаяся профилактикой алкоголизма путем просвещения молодежи (*США*)

FAN free aminonitrogen свободный аминоазот (*показатель при контроле качества пивного сусла*)

FAPA Fetal Alcohol Prevention Act Закон о запрете употребления алкоголя беременными женщинами (*США*)

FAS fetal alcohol syndrome плодный алкогольный синдром (*пороки развития плода, обусловленные алкоголизмом родителей*)

FBFF Fine Beverage and Food Federation Федерация производителей качественных напитков и продуктов питания (*США*)

FCC Fine Champagne Cognac *фр.* «Фин Шампань» (*обозначение высококачественного коньяка, произведенного из винограда района Гранд Шампань винодельческой области Коньяк*)

FDA Food and Drug Administration Управление по санитарному надзору за качеством пищевых продуктов и медикаментов (*США*)

FDF Food and Drink Federation Международная федерация пищевой и алкогольной промышленности

FEM fumigation-extraction method метод окуривания и извлечения (*метод анализа микробной биомассы почвы*)

FEVS Fédération des Exportateurs de Vins et Spiritueux de France *фр.* Ассоциация экспортеров вин и спиртных напитков Франции

FFP frost-free period период со средней температурой воздуха без заморозков (*климатологический индекс, используемый в виноградарстве США*)

FGP "Food Guide Pyramid" «Пирамида для руководства питанием» (*публикация USDA, подготовленная HUSPH*)

FIJEV Fédération Internationale des Journalistes d'Enologie et Vin *фр.* Международная федерация журналистов в области виноделия (*Париж, Франция*)

FIVIN Fundación para la Investigación del Vino *исп.* Фонд исследований в области виноделия (*Испания*)

FIVS Fédération Internationale des Vins et Spiritueux (International Federation of Wine and Spirits) Международная федерация производителей, дистрибьютеров, импортеров, экспортеров и торговцев винами и спиртными напитками (*штаб-квартира в Париже, офисы расположены в Женеве и Нью-Йорке*)

fl. oz. fluid ounce жидкая унция (*единица измерения объема жидкости, равная 28,4130 см^3 в Великобритании и 29,5735 см^3 в США*)

FOHBC Federation of Historical Bottle Collectors Федерация коллекционеров старинных бутылок (*США*)

FTIR Fourier transform infrared инфракрасное преобразование Фурье

FWC Family Winemakers of California Союз семейных виноделов Калифорнии (*США*)

GABF Great America Beer Festival Всеамериканский фестиваль пива (*проводимый ежегодно 8-9 октября в г. Денвер, штат Колорадо*)

gal gallon галлон (*единица измерения объема жидкости, равная 4,54609 дм^3 в Великобритании и 3,78541 дм^3 в США*)

GBSS grape bud swell spray смесь для опрыскивания почек винограда при завязи

G. C. gas chromatography газовая хроматография

GCC Grande Champagne Cognac *фр.* «Гранд Шампань» (*обозначение высококачественного коньяка, произведенного из винограда района Гранд Шампань винодельческой области Коньяк*)

GDD (cumulative) growing degree days суммарные дни роста винограда без заморозков (*в период с 1 апреля по 31 октября*) (*климатологический индекс, используемый в виноградарстве США*)

GFLV grapevine fanleaf virus вирус короткоузлия винограда

GG glycosyl-glucose гликозил-глюкоза

G. L. Gay-Lussac объемное содержание алкоголя по Гей-Люссаку

GPM general purpose mix универсальная смесь (*для обработки растений*)

GRAS generally accepted as safe является безопасным согласно принятым нормам (*обозначение, используемое в лабораторных исследованиях алкогольных напитков в США, для указания их соответствия требованиям FDA*)

GVB grapevine virus B вирус B винограда

GWRDC Grape and Wine Research and Development Corporation Научно-исследовательская и внедренческая корпорация по виноградарству (*Австралия*)

GWSC German Wine Shippers Committee Комитет импортеров немецких вин (*Великобритания*)

HBU home brew bitterness unit единица измерения горечи пива в заданном объеме пива (*в отличие от IBU дает только количество α-кислот*)

HDL high-density lipoproteins липопротеины высокой плотности

hl hectolitre, hectoliter гектолитр (*1 гл = 100 л*)

HoReCa hotels, restaurants, cafes гостиницы, рестораны, кафе (*обозначение целевого рынка сбыта алкогольной продукции*)

HP2000 Healthy People 2000 «Здоровые люди – 2000» (*общественная организация, занимающаяся пропагандой здорового образа жизни и уменьшения потребления алкоголя, табака и калорийной пищи; США*)

HPLC high-performance liquid chromatography жидкостная хроматография высокого разрешения

HRGC high-resolution gas chromatography газовая хроматография высокого разрешения

HRGC/MS HRGC-mass spectrometry масс-спектрометрия, основанная на газовой хроматографии высокого разрешения

HRGC/O HRGC-olfactometry олфактометрия, основанная на газовой хроматографии высокого разрешения

HSU heat summation units сумма активных температур
HUSPH Harvard University's School of Public Health Школа общественного здоровья при Гарвардском университете (*США; занимается исследованиями в области гигиены питания; разработала новую диету на основе так называемой «средиземноморской диеты» с использованием вина*)
HWC home winemakers' center *амер. юр.* статус винодельческого предприятия, сдающего в аренду производственные площади и мощности на льготных условиях для «домашних виноделов»

IAS Institute of Alcohol Studies Национальный институт по изучению алкогольных напитков (*Великобритания*)
IBU international bittering unit международная единица измерения горечи пива
ICAP International Center for Alcoholic Policies Международный центр по нормативному употреблению алкогольных напитков (*Вашингтон, США*)
ICV Institut Coopératif du Vin *фр.* Объединенный институт виноделия (*для стран Средиземноморья; Франция*)
IDWGSD Inter-Departmental Working Group on Sensible Drinking Межведомственная рабочая группа по ограничению употребления алкоголя (*Великобритания*)
IGT indicazioni geografice tipice *ит.* указание специфического региона производства (*итальянского вина*)
I. M. F. L. Indian-made foreign liqour *брит.* иностранный спиртной напиток, изготовленный в Индии по лицензии
INAO Institut National des Appellations d'Origine *фр.* Национальный институт винодельческих апелласьонов (*Франция*)
INRA Institut National de la Recherche Agronomique *фр.* Национальный институт агрономических исследований (*Бордо, Франция*)
IPA India Pale Ale «Индиа пейл эль» (*сорт пива, выпускаемый в Англии*)

I. P. E. iso-propyl ether изопропиловый эфир
IPM integrated pest management комплексная борьба с вредителями
IPR Indicação de Proveniencia Regulamentada *порт.* зарегистрированное обозначение происхождения вина (*система винодельческих районов Португалии*)
IPW integrated production of wine методика интегрированного виноделия
IRMS isotopic ratio mass spectrometry изотопная масс-спектрометрия
ISBT International Society of Beverage Technologies Международное общество по изучению технологий производства напитков (*США*)
ISC Imported Spirits Committee Комитет по импорту спиртных напитков (*Великобритания; создан вместо RIG в 2001 г.*)
IVWO International Vineyard and Wine Office Международная организация по виноградарству и виноделию (*Париж, Франция*)
IWC International Wine Challenge Международный дегустационный конкурс вин (*проводимый ежегодно в сентябре редакцией журнала "Wine Magazine", Великобритания; все дегустации проводятся экспертами вслепую*)
IWFS International Wine and Food Society Международное общество по изучению вина и продуктов питания (*Лондон, Великобритания*)
IWIF International Wine Investment Fund Международный инвестиционный фонд в области виноделия (*Австралия*)

KMW Klosterneuburger Mostwaage *нем.* единица измерения веса виноградного сусла, используемая в Австрии (*1° KMW соответствует содержанию 1% сахара*)

l. litre, liter литр
LAB lactic acid bacteria бактерии молочной кислоты
LBIC Licensed Beverage Information Council Информационный совет по

лицензионным спиртным напиткам (*США*)
LBV latest bottled vintage марка портвейна из самого позднего урожая
LCB Liquor Control Board Комитет по контролю экспорта – импорта и продажи спиртных напитков, (*занимается выдачей лицензий на экспорт – импорт и торговлю спиртными напитками в США*)
LCBO Liquor Control Board of Canada Комитет по контролю экспорта-импорта и продажи спиртных напитков в Канаде (*занимается выдачей лицензий на экспорт – импорт и торговлю спиртными напитками*)
LCC Liquor Control Commission Комиссия по экспертизе алкогольных напитков (*США*)
LDL low-density lipoproteins липопротеины низкой плотности
LIWTF London International Wine Trade Fair Лондонская международная ярмарка вин
LLBO Liquor License Board of Ontario *ист.* Комиссия по лицензированию торговли алкогольными напитками провинции Онтарио, Канада (*в настоящее время заменена на AGCO*)
LPA, l. p. a. litres of pure alcohol литров чистого спирта (*единица измерения производительности дистилляционной установки*) (*1 proof gallon = 2,59 LPA*)

MA marque d'achetur *фр.* (торговая) марка, принадлежащая физическому или юридическому лицу, заказавшему партию вина, а не производителю (*обозначение на этикетке*)
MAA Mutual Acceptance Agreement Соглашение о взаимном признании (*многостороннее соглашение между Австралией, Канадой, Новой Зеландией и США о взаимном признании винодельческой практики в каждой из стран и устранении барьеров в международной торговле вином*)
MADD Mothers Against Drunk Driving Общественная организация матерей против пьянства за рулем (*США*)

MAFF Ministry of Agriculture, Fisheries and Food Министерство сельского хозяйства, рыбной и пищевой промышленности (*контролирующее винодельческую промышленность Великобритании; в настоящее время преобразовано в DEFRA*)
MC must clarification осветление муста
mDP mean degree of polymerization средняя степень полимеризации
MDW medium dry white белое полусухое (вино)
MIPADP Marin Institute for the Prevention of Alcohol and Drug Problems Институт профилактики алкоголизма и наркомании (*США*)
ml. milliliter, millilitre миллилитр (*0,001 л*)
MLF malolactic fermentation яблочно-молочнокислая ферментация
MOG matter other than grapes наличие примесей и посторонних веществ в собранном винограде
MTRC Mexico's Tequila Regulator Council Мексиканский совет по регулированию производства текилы
MTWM mean temperature of the warmest month (July) средняя температура самого теплого месяца лета (июля) (*климатологический индекс, используемый в виноградарстве США*)
MW medium white белое полусладкое (вино)

NABI National Association of Beverage Importers Национальная ассоциация импортеров спиртных напитков (*США*) (*представляет интересы импортеров вин, пива и крепких алкогольных напитков*)
NASADAD National Association of State Alcohol and Drug Abuse Directors Национальная ассоциация руководителей антиалкогольных и антинаркотических служб штатов (*США*)
NAWB National Association of Wine and Beer Makers Национальная ассоциация виноделов и пивоваров (*Великобритания*)
NCADI National Clearinghouse on Alcohol and Drug Information Национальный информационный центр по алко-

голизму и наркомании (*подразделение SAMHSA, США*)

ND négociant-distributeur *фр.* продавец-дистрибьютор, покупающий готовое вино в бутылках и продающий его под своей маркой (*обозначение на этикетке*)

NECA non-ethanol components of alcohol не содержащие этанола компоненты алкогольных напитков

NIAAA National Institute on Alcohol Abuse and Alcoholism Национальный институт проблем злоупотребления алкоголем и алкоголизма (*США*)

NIR near infrared параинфракрасный (*о методе спектроскопии*)

NLBA National Licensed Beverage Association Национальная ассоциация лицензированных производителей алкогольных напитков (*США*)

NLEA Nutrition Labeling and Education Act Закон об обозначениях на этикетках пищевых продуктов и их правильном прочтении (*США*)

NM négociant-manipulant *фр.* шампанский дом, крупный продавец-производитель игристого вина из купленного, реже собственного сырья (*обозначение на этикетке*)

NMR nuclear magnetic resonance ядерный магнитный резонанс, ЯМР

NOFAS National Organization for Fetal Alcohol Syndrome Национальная ассоциация по изучению плодного алкогольного синдрома (*США*)

NOP National Organic Program Национальная программа развития производства органических продуктов питания (*экологически чистых, не модифицированных генетически, произведенных без химических удобрений и пестицидов; США*)

NV non-vintage без указания года урожая (*обозначение ординарных вин*)

NVES Napa Valley Epicurean Society Эпикурейское общество долины Напа (*Калифорния, США*)

NVVA Napa Valley Vintners Association Ассоциация виноторговцев долины Напа (*Калифорния, США*)

NWPF New World Producers Forum Форум виноделов Нового Света (*создан в 2000 г. для развития торговых отношений на основных рынках вина в мире*)

NWWGA New World Wine Growing Areas винодельческие регионы Нового Света (*в Калифорнии, Австралии, Новой Зеландии, Аргентине, Чили*)

NZGGC New Zealand Grape Growers' Council Совет виноградарей Новой Зеландии

NZW New Zealand Winegrowers Союз виноградарей и виноделов Новой Зеландии (*общественная организация, осуществляющая поддержку малого и среднего бизнеса в Новой Зеландии; создана в 2002 г.*)

O. 1. old старый (*обозначение на этикетке марочного коньяка или бренди*) 2. oude *голл.* старый (*обозначение на этикетке марочного джина*)

ODW oaked dry white сухое белое вино, выдержанное в дубовой бочке

Oe Oechsle градус Оксле (*единица измерения веса виноградного сусла*)

OG original gravity шкала для измерения крепости пива

OGWA Organic Grapes in Wine Alliance Союз по применению органически выращенного винограда в виноделии (*США*)

OIV Office International de la Vigne et du Vin (*до 2004 г.*); Organisation Internationale de la Vigne et du Vin (*с 2004 г.*) *фр.* Международная оганизация по виноградарству и виноделию (*Париж, Франция*)

ONIVINS Office National Interprofessionnel des Vins *фр.* Национальное межотраслевое бюро по развитию виноделия (*Франция*)

OPAP Onomasia Proelevseos Anoteras Piotitos *греч.* обозначение вин контролируемых наименований по происхождению (*в Греции*)

OPE Onomasia Proelevseos Elegchomeni *греч.* обозначение качественных ликерных и десертных вин (*в Греции*)

OSAP Office of Substance Abuse Prevention Управление по профилактике алкоголизма и наркомании (*Вашингтон, США*)

P. pale 1. выдержанный (*обозначение на этикетке бренди*) 2. светлый (*о пиве, вине*)

P. A., p. a. pure alcohol абсолютный [чистый] спирт

PCA principal component analysis анализ основных компонентов

PCP pentachlorophenol пентахлорофенол (*применяется для защиты винных погребов от гнили*)

PCR polymerase chain reaction реакция полимеразной цепочки (*метод исследования генетических компонентов винограда при поражениях вирусными инфекциями*)

PCS photon correlation spectroscopy спектроскопия корреляции фотонов

PDO Protected Designation of Origin защищенное обозначение происхождения (*один из европейских знаков качества вин*)

PGI Protected Geographical Indication защищенное указание о происхождении (*один из европейских знаков качества вин*)

POP persistent organic pollutants устойчивые органические примеси

ppb, p. p. b. parts per billion (число) частиц на миллиард

ppm, p. p. m. parts per million (число) частиц на миллион

ppt, p. p. t. parts per trillion (число) частиц на триллион

PRD partial rootzone drying частичное осушение корневой системы

PRDI partial rootzone drying irrigation способ орошения с использованием частичного осушения корневой системы

PRMV peach rosette mosaic virus вирус розеточной мозаики персика

psr produced in a specified region произведено в зарегистрированном регионе (*обозначение на этикетке марочных вин в Великобритании*)

PVP polyvinyl-pyrrolidone поливинилпиролидон (*осветлитель для вина*)

PVPP polyvinyl-polypyrrolidone поливинил-полипиролидон (*осветлитель для вина*)

QDA qualitative description analysis качественный дескриптивный анализ (*метод оценки качества образцов при дегустации*)

QmP Qualitätwein mit Prädikat *нем.* качественное вино с отличием (*обозначение вина высшего класса в Германии*)

Q. W. P. R. A. Quality Wine Produced in Registered Area вино высокого качества, произведенное в зарегистрированном регионе (*обозначение французских вин*)

R. récoltant *фр.* фирма-владелец виноградника, сама собирающая урожай; кооператив виноградарей

RAVE Recent Advances in Viticulture and Enology ежегодный симпозиум по виноградарству и виноделию (*в Университете штата Калифорния, США*)

RC récoltant-coopérateur *фр.* винодельческий кооператив, объединяющий мелких производителей вина из собственного винограда, продающих его под собственной маркой (*обозначение на этикетке шампанского*)

RDA réserve des anges *фр.* потери в результате испарения коньячных спиртов в бочке

RDI regulated deficit irrigation метод ирригации с регулируемым дефицитом воды

RECEVIN Red Europea de Ciudades del Vino *исп.* Европейский союз винодельческих городов (*Испания*)

RED red красное (вино)

RIG Rum Importers Group *ист.* Группа по импорту рома и спиртных напитков (*Великобритания; в 2001 г. переименована в ISC*)

RM récoltant-manipulant *фр.* фирма-производитель игристого вина из винограда со своего виноградника (*обозначение на этикетке шампанского*)

ROS rose розовое (вино)

ROTE roll-on tamper evident closure винтовой колпачок надвижного типа

R. V. P. Reid vapor pressure давление пара по Рейду

S. special выдержанный коньяк (*обозначение на этикетке*)
SADAP State Alcohol and Drug Abuse Policies «Государственная политика по борьбе с алкоголизмом и наркоманией» (*ежегодная публикация NASADAD*)
SADD Students Against Drunk Drivers Общественная организация студентов против пьянства за рулем (*США*)
SAMHSA Substance Abuse and Mental Health Services Служба оказания помощи алкоголикам и наркоманам (*при Министерстве здравоохранения США*)
SCA The Scottish Council on Alcohol Совет по производству алкоголя Шотландии
SDA specially denatured alcohol спирт, денатурированный для специальных целей
SDPC small domestic producers'credit кредит для малых отечественных производителей (*США*)
SG specific gravity удельный вес; специфический вес (*содержание сахара на объем жидкости*)
SIR substrate-induced respiration method метод субстратной респирации
SMAB Scandinavian Medical Alcohol Board Скандинавская медицинская комиссия по исследованию алкогольных напитков (*г. Копенгаген*)
SMFW Society of Medical Friends of Wine Общество медицинских друзей вина (*Калифорния, США*)
SMWS The Scotch Malt Whisky Society Общество любителей шотландского солодового виски (*г. Эдинбург, Шотландия*)
SNIF site specific natural isotopic fractination естественный распад изотопов, характерный для данной местности
SOB Society of Blancs Общество виноделов, занимающихся выращиванием винограда сорта Совиньон Блан (*США*)
SOP special occasion permit специальная лицензия на торговлю алкогольными напитками (*напр. в выходные и праздничные дни; выдается AGCO в Канаде*)

SP sparkling игристое (вино)
SPME solid phase microextraction микроэкстракция твердой фазы
SR société de récoltants *фр.* кооператив виноградарей (*в Шампани; обозначение на этикетке шампанского*)
SRM standard reference method метод стандартного эталона (*для измерения цвета пива*)
SSF simultaneous saccharification and fermentation одновременное подслащивание и ферментация
SWE Society of Wine Educators Общество содействия просвещению в области производства и потребления вина (*США*)
SWL sulfite-waste liquor отходы после гидролиза целлюлозы

t. tin *амер.* олово (*обозначение на колпачке*)
TA titratable acidity титруемая кислотность
TAS total antioxidant status полный антиоксидантный статус
TCA 2,4,6-trichloroanisole 2,4,6-трихлороанизол (*вещество, вызывающее появление запаха корки в вине*)
TCADA Texas Commission of Alcohol and Drug Abuse Комиссия штата Техас по борьбе с алкоголизмом и наркоманией (*США*)
TFRSC Thread Finish Review Sub-Committee Подкомитет Международного общества по изучению технологий розлива напитков (ISBT), изучающий перспективы развития винтового типа укупорки
TG terminal gravity окончательный вес (*пивного сусла после ферментации*)
TmRSV tomato ringspot virus вирус кольцевой пятнистости томатов
TPA tissue-type plasminogen activator активатор плазминогена тканевого типа (*компонент вин; предотвращает тромбообразование и сгущение крови*)
TPE thermoplastic elastomer термопластический эластомер (*материал для изготовления синтетических пробок на основе полиолефина*)

TSAI total sugars as invert общее содержание инвертированных сахаров

TSG traditionally speciality guaranteed гарантированное традиционное отличие (*один из европейских знаков качества вин*)

TSP trisodium phosphate тринатрийфосфат

TTB Alcohol and Tobacco Tax and Trade US Department of Treasury Bureau Бюро департамента Казначейства США по вопросам торговли и налогообложения алкогольных и табачных изделий (*создано в 2003 г. взамен BATF; занимается законодательной и регулирующей деятельностью в области производства и реализации алкогольных напитков и табачных изделий в США, выдает сертификаты COLA*)

T2T two-tiered trellis system двухъярусная шпалера

UCD University of California Davis Университет штата Калифорния в г. Дэвис (*где находится знаменитый факультет виноградарства*)

up. underproof не имеющий нужной крепости (*об алкоголе*)

UPOV Union de la Protection des Obtentions Végétales *фр*. Международный союз по защите новых сортов растений (*Женева, Швейцария*)

USDA US Department of Agriculture Министерство сельского хозяйства США

USDHHS US Department of Health and Human Services Министерство здравоохранения и проблем человека США

V. very special выдержанный (*обозначение на этикетке коньяков, выдержанных не менее 2,5 лет*)

VA 1. volatile acid летучая кислота 2. volatile acidity содержание летучих кислот

VDL vin doux liquoreux *фр*. ликерное десертное вино

VDN vin doux naturel *фр*. натуральное десертное вино

VDP, VdP vin de pays *фр*. столовое вино с указанием места происхождения винограда

VDPV Verband Deutscher Prädikatswein Versteigerer *нем*. Ассоциация немецких производителей высококачественных вин

VDQS vins délimites de qualité supérieure *фр*. качественные вина из ограниченных по урожайности регионов

VDT, VdT 1. vin de table *фр*. столовое вино 2. vino da tavola *ит*. столовое вино

VERC Viticulture and Enology Research Center Научно-исследовательский центр по виноградарству и виноделию (*США*)

VLDL very low density lipoprotein липопротеин очень малой плотности

V. O. very old очень старый (*о бренди или коньяке, имеющем выдержку от 4 лет*)

VQA Vintners Quality Alliance Союз виноторговцев качественными винами (*Канада*)

V. Q. P. R. D. Vin de Qualité Produit dans des Régions Déterminées *фр*. вино высокого качества, произведенное в зарегистрированном регионе (*обозначение на этикетках французских вин*)

V. S. very special выдержанный (*обозначение на этикетке коньяков, выдержанных не менее 2,5 лет*)

V. S. O. very special old особой выдержки (*обозначение на этикетке коньяков*)

V. S. O. P. very superior old pale особой выдержки не менее 4,5 лет в дубовой бочке (*обозначение на этикетке коньяков*)

v/v volume per volume удельная объемная единица (*напр., мл/л*)

VVSOP very very special old pale дополнительно выдержанный (*обозначение на этикетке коньяков и бренди с выдержкой более 6 лет*)

V. X. O. very extended old наиболее длительной выдержки (*об очень старых коньяках и бренди*)

WAF wine and food achievement award награда за достижения в области виноделия и пищевой промышленности, утвержденная AIWF (*США*)

WCO Wine Council of Ontario Совет по виноделию и виноторговле провинции Онтарио, Канада

WET wine equalization tax выравнивающий налог на вино (*в Австралии 29%*)

WFA Winemakers Federation of Australia Федерация виноделов Австралии

WGCA Winegrape Growers' Council of Australia Совет виноградарей Австралии

WGUK Wine Guild of the United Kingdom Винная гильдия Соединенного Королевства

WINZ Wine Institute of New Zealand Институт виноделия Новой Зеландии

WIRSPA West Indies Rum and Spirits Association Ассоциация производителей рома и крепких алкогольных напитков Карибских островов (*Вест-Индия*)

WMC Wine Market Council Совет по развитию винного рынка (*США*)

WSA Wine and Spirits Association Британская ассоциация вин и спиртных напитков (*Лондон*)

WSAI Wine and Spirits Association of Ireland Ирландская ассоциация вин и спиртных напитков (*Дублин*)

WSB Wine Standards Board Комиссия по стандартизации продукции виноделия (*Великобритании*)

WSET Wine and Spirit Education Trust Трест по подготовке специалистов для алкогольной промышленности и виноделия (*Великобритания*)

WSWA Wine and Spirits Wholesalers of America Организация оптовых продавцов алкоголя США

WTG Wine Trade Group Международная организация по координации торговли вином (*образованная США, Австралией, Новой Зеландией и Канадой*)

WVNAC Winegrape Varietal Names Advisory Committee Комитет по регистрации наименований сортов винограда (*США*)

w/w weight per weight удельная весовая единица (*напр., г/кг*)

X. O. extra old очень старый (*обозначение коньяка и бренди, выдержанных более 6 лет*)

X. O. S. extra old special самой продолжительной выдержки (*о коньяке и бренди*)

X. S. O. extended superior old особо длительной выдержки (*о коньяке и бренди*)

ZAP Zinfandel Advocates and Producers Общество пропагандистов и производителей винограда Цинфандель (*США*)

ZO zeer oude *голл.* очень старый (*наивысшая степень выдержки джина*)

APPENDICES
ПРИЛОЖЕНИЯ

LIST OF APPENDICES
СПИСОК ПРИЛОЖЕНИЙ

1. Data of Wine Producing Regions (England, Wales, Ireland, Canada, USA, South Africa, Australia, New Zealand, Russia)
   Данные о винодельческих регионах (Англия, Уэльс, Ирландия, Канада, США, ЮАР, Австралия, Новая Зеландия, Россия)

2. Types of Bottles
   Типы бутылок

3. Glassware
   Бокалы и стаканы

4. Types of Barrels
   Типы бочек

5. Whisky Brand Names
   Перечень фирменных названий виски

6. Classification of Single Malt Whiskeys
   Классификация односолодовых виски

7. US Wine Classification
   Классификация вин США

8. US Classes and Types of Distilled Spirits
   Классификация крепких алкогольных напитков США

9. US Classes and Types of Malt Beverages
   Классификация сортов пива США

10. Reference Data: Conversion Tables, Volumes and Weights, etc.
    Справочные данные: таблицы перевода и пересчета, меры веса и объема и т.д.

11. Transliteration of Russian Grape Varieties
    Транслитерация русских наименований сортов винограда.

VINEYARDS IN ENGLAND
ВИНОГРАДНИКИ АНГЛИИ

Region Регион	Name Наименование графства	Name of vineyard Наименование виноградника в данном графстве
North East/ North Mercia	West Yorkshire Cheshire Shropshire Staffordhsire	Leventhorpe Vineyard, Orchard Fruit Wine Halfpenny Green Vineyards
South Mercia	Gloucestershire Worcestershire Herefordshire Warwickshire	St. Augustine's Vineyard, Three Choirs Vineyard Astley Vineyards Bodenham Vineyard, Frome Valley Vineyard Heart of England Vineyard
East Midlands	Derbyshire Leicestershire Northampton Nottinghamshire	
Anglia	Bedfordshire Cambridgeshire Essex Hertfordshire Suffolk	Warden Abbey Vineyard Chilford Hall Vineyards, Coton Vineyard Bookers Vineyard, Bordfield Vineyard, Carter's Vineyards, Felsted Vineyard, Great Stocks Vineyard, Mersea Island Vineyard, New Hall Vineyard, Davenport Vineyards, English Wine Centre, Plumpton College, Ridgeview Wine Estate Giffords Hall Vineyard Bruisyard Vineyard, Cavendish Manor Vineyards, Frogs Alley Vineyard, Giffords Vineyard, Ickworth Vineyard, Shawgate Vineyard, Staverton Vineyard, Witenagemot Wines, Wyken Vineyard
Wessex	Somerset Dorset Wiltshire	Avalon Vineyard, Bagborough Vineyards, Cheddar Valley Vineyards, Dunkery Vineyard, Pitton Manor Vineyard, Whatley Vineyard Horton Estate Vineyard, Partridge Vineyard, Wake Court Vineyard, Sherborne Castle Estates Vineyard Wylye Valley Vineayrd
South West	Cornwall Devonshire	Camel Valley Vineyard, Lambourne Vineyard, Mevagissey Vineyard, Pemboa Vineyard, Polmassick Vineyard, Porthallow Vineyard Beeinleigh Manor, Chudleigh Vienyard, Clawford Holsworhty Vineyard, Down St.Mary Vineyard, Manstree Vineyard, Oakford Vineyard, Sharpham Estate, Yearlstone Vineyard
Central South East	Berkshire Oxfordshire	Valley Vineyards Binfield Vineyard, Bothy Vineyard, Boze Down Vineyard, Hale Valley, Hedred Vineyard, Sun Vineyard
Hampshire Basin	Hampshire	Court Lane Vineyard, Danebury Vineyard, Embley Wine, Jays Farm Vineyard, Meon Valley Vineyard, Northbrook Springs Vineyard, Priors Dean Vineyard, Wickham Vineyard, Wooldings Vineyard

Region Регион	Name Наименование графства	Name of vineyard Наименование виноградника в данном графстве
South East	Sussex	Barkham Manor Vineyard, Bookers Vineyard, Barnsgate Manor Vineyard, Breaky Bottom Vineyard, Chanctonbury Vineyard, Davenport Vineyards, Hadlow Down Vineyard, Hidden Spring Vineyard, Limney Estate Vineyard, Nutborne Manor Vineyard, Nyetimber Vineyard, Ridge View Vineyard, Rotherfield Vineyard, Sedlescombe Organic
	Kent	Ash Coombe Vineayrd, Bearsted Vineyard, Biddenden Vineyards, Chapel Down Vineyard, Chiddingstone Vineyards, Etham Valley Vineyards, Harbourne Vineyard, Lamberhurst Vineyard, Leeds Castle Vineyard, Penhurst Vineyard, Tenterden Vineyard, Seedlescombe Vineyard, Staple Vineyards, Syndale Valley Vineyards
	Surrey	Denbies Wine Estate, Godstone Vineyard, Iron Railway Vineayrd

VINEYARDS IN WALES
ВИНОГРАДНИКИ УЭЛЬСА

1. Worthenbury Wines (Wrexham, North Wales)
2. Sugarloaf Vineyard (Abergavenny, Monmouthshire)
3. Tintern Parva Vineyard (Monmouthshire)
4. Parva Farm Vineyard (Tintern, Chepstow)
5. Ffynon Las Vineyard (Aberayron, Cardigan)
6. Cwm Deri Estate Vineyard (Martletwy, Narbeth, Pembrokeshire)
7. Lllanerch Vineyard (Pendolyan, Vale of Glamorgan)
8. Monnow Valley Vineyard (Great Osbaston Farm, Monmouth)
9. Eryri Vineyard (Snowdonia)
10. Wyecliffe Vineyard (Hoy-on-Wye, Powys)
11. Offa's Vineyard (Offa's Dyke, Monmouthshire)
12. Gwinllan Eryi (Llanbedr, Snowdonia)
13. Wernddu Vineyard (Penn-y-Clawdd, Monmouthshire)
14. Gwinllan Padrig (Caeowen, Cemaes, Anglesey)
15. Glyndwr Vineyard (Llanbethian, Cowbridge, Vale of Glamorgan)

VINEYARDS IN IRELAND
ВИНОГРАДНИКИ ИРЛАНДИИ

1. West Waterford Vineyards (Cappoquin, Waterford)
2. Blackwater Valley Vineyard (Mallow, Co. Cork)
3. Longueville House (Mallow, Co. Cork)
4. Kinsale Vineyard (Kinsale, Co. Cork)
5. Fruit of the Vine (Maggilstown, Swords, Co. Dublin)
6. Thomas Walk Vineyard (Summercove, Kinsale, Co.Cork)

UK VINEYARDS & WINE PRODUCTION
ВИНОГРАДАРСТВО И ВИНОДЕЛИЕ ВЕЛИКОБРИТАНИИ

Year Год	Bottles produced (75 cl) Произведено бутылок (0,75 л) вин
1964	1,500
1971	30,000
1975	60,000
1976	200,000
1978	500,000
1981	250,000
1983	2,000,000
1985	870,000
1986	1,250,000
1992	3,500,000
1995	1,978,664
1997	869,761
1998	1,514,400
1999	1,769,600
2000	1,895,300

ПРОИЗВОДСТВО ВИН С 1 ГА ПЛОЩАДИ ВИНОГРАДНИКА
YIELD PER HECTARE

Year Год	Yield (Hectolitres/hectare) Выход готовой продукции с 1 га, гектолитров
1994	25.0
1995	17.2
1996	34.3
1997	8.2
1998	13.5
1999	15.89
2000	17.29

WINE REGIONS STATISTICS

ОСНОВНЫЕ СТАТИСТИЧЕСКИЕ ДАННЫЕ ПО ВИНОГРАДАРСКИМ РЕГИОНАМ ВЕЛИКОБРИТАНИИ

Area Регион	Counties Графства	Number of vineyards Количество виноградников	Hectares Площадь в гектарах
Northern	Cheshire, Cleveland	0	0
North East and North Mercia	Durham, Shropshire, West Yorkshire, Staffordshire	6	16.7
South Mercia	Gloucester; Hereford, Warwickshire.	25	55
East Midlands	Derby, Leicestershire, Lincolnshire, Northamptonshire, Nottinghamshire	6	3.28
Anglia	Bedfordshire, Cambridgeshire, Essex Hertfordshire, Norfolk, Suffolk	63	128.2
Wessex	Avon, Somerset, Dorset, Wiltshire	51	55.58
South West	Cornwall, Devonshire	41	49.8
Central South East	Berkshire, Buckinghamshire, Oxfordshire	25	49.86
Hampshire Basin	Hampshire, Isle of Wight	37	102
South East	Sussex, Kent, Surrey	116	417.29
Wales	Dyfed, Gwent, South Glamorgan	16	22.93

WINERIES AND PRODUCTION FIGURES 1995 - 1997

СТАТИСТИКА ПРОИЗВОДСТВА ВИН В ВЕЛИКОБРИТАНИИ ЗА 1995-1997 г.

Area Регион	Number of wineries Количество винодельческих предприятий		Production (hectolitres) Производство (в гектолитрах)	
	1995	1997	1995	1997
Mercia	8	8	1406	1588
Anglia	16	15	2060	938
Wessex	17	17	792	391
South West	19	14	424	170
South East	51	53	8182	2256
Wales	4	4	175	65

WINE REGIONS OF CANADA
ВИНОДЕЛЬЧЕСКИЕ РЕГИОНЫ КАНАДЫ

Name of the area Наименование зоны	Name of the region Наименование региона	Planted area, acres Площадь виноградников, акров	Number of wineries Кол-во винодел. пред-тий	Varieties cultivated Культивируемые сорта
British Columbia	Okanagan Valley Similkameen Valley Vancouver Island Fraser Valley	4000 195 135 n/a	40 2 10 1	Cabernet Sauvignon, Merlot, Cabernet Franc, Siegerrebe, Sylvaner, Optima, Ortega, Pinot Blanc, Pinot Gris, Chardonnay Sylvaner, Optima, Gewurztraminer, Pinot Noir
Ontario	Niagara Peninsula Lake Erie North Shore Pelee Island	10 000 2 000 500	26 10 6	over 60 varieties более 60 различных сортов
Quebec	Lake Champlain St. Lawrence River Valley The Laurentians Mountains	350	4	n/a нет данных
Nova Scotia	Annapolis Valley Northumberland Strait	325	3	n/a нет данных
Prince Edward Island		n/a	1	n/a нет данных

AMERICAN VITICULTURAL AREAS

ПЕРЕЧЕНЬ ЗАРЕГИСТРИРОВАННЫХ ВИНОДЕЛЬЧЕСКИХ ЗОН США

CFR Section Number Регистрационный номер	Area Наименование зоны	State Индекс штата	Date TD Effective Дата регистрации
9.053	Alexander Valley	CA	11/23/1984
9.086	Anderson Valley	CA	9/19/1983
9.118	Ben Lomond Mountain	CA	1/8/1988
9.138	Benmore Valley	CA	11/18/1991
9.176	Capay Valley	CA	2/18/2003
9.058	Carmel Valley	CA	1/13/1983
9.075	Central Coast	CA	11/25/1985
9.052	Chalk Hill	CA	11/21/1983
9.024	Chalone	CA	7/14/1982
9.154	Chiles Valley	CA	4/19/1999
9.038	Cienega Valley	CA	9/20/1982
9.095	Clarksburg	CA	3/7/1984
9.099	Clear Lake	CA	6/7/1984
9.042	Cole Ranch	CA	5/16/1983
9.150	Cucamonga Valley	CA	5/1/1995
9.156	Diablo Grande	CA	8/21/1998
9.166	Diamond Mountain District	CA	7/31/2001
9.064	Dry Creek Valley	CA	9/6/1983
9.145	Dunnigan Hills	CA	6/14/1993
9.035	Edna Valley	CA	6/11/1982
9.061	El Dorado	CA	11/14/1983
9.168	Fair Play	CA	4/27/2001
9.081	Fiddletown	CA	11/3/1983
9.026	Guenoc Valley	CA	12/21/1981
9.147	Hames Valley	CA	4/25/1994
9.094	Howell Mountain	CA	1/30/1984
9.076	Knights Valley	CA	11/21/1983
9.027	Lime Kiln Valley	CA	7/6/1982
9.046	Livermore Valley	CA	10/1/1982

CFR Section Number Регистрационный номер	Area Наименование зоны	State Индекс штата	Date TD Effective Дата регистрации
9.107	Lodi	CA	3/17/1986
9.032	Los Carneros	CA	9/19/1983
9.092	Madera	CA	1/7/1985
9.152	Malibu-Newton Canyon	CA	6/13/1996
9.036	McDowell Valley	CA	1/4/1982
9.093	Mendocino	CA	7/16/1984
9.158	Mendocino Ridge	CA	12/26/1997
9.068	Merritt Island	CA	6/16/1983
9.098	Monterey	CA	7/16/1984
9.131	Mt. Harlan	CA	12/17/1990
9.123	Mt. Veeder	CA	3/22/1990
9.023	Napa Valley	CA	3/31/1981
9.030	North Coast	CA	10/21/1983
9.106	North Yuba	CA	8/29/1985
9.070	Northern Sonoma	CA	6/17/1985
9.134	Oakville	CA	8/2/1993
9.088	Pacheco Pass	CA	4/11/1984
9.039	Paicines	CA	9/15/1982
9.084	Paso Robles	CA	11/3/1983
9.082	Potter Valley	CA	11/14/1983
9.153	Redwood Valley	CA	2/21/1997
9.164	River Junction	CA	7/9/2001
9.173	Rockpile	CA	4/29/2002
9.066	Russian River Valley	CA	11/21/1983
9.133	Rutherford	CA	8/2/1993
9.110	San Benito	CA	11/4/1987
9.157	San Francisco Bay	CA	3/22/1999
9.056	San Lucas	CA	3/2/1987
9.025	San Pasqual Valley	CA	9/16/1981
9.130	San Ysidro District	CA	12/17/1990
9.126	Santa Clara Valley	CA	4/27/1989
9.031	Santa Cruz Mountains	CA	1/4/1982

CFR Section Number Регистрационный номер	Area Наименование зоны	State Индекс штата	Date TD Effective Дата регистрации
9.139	Santa Lucia Highlands	CA	6/15/1992
9.028	Santa Maria Valley	CA	9/4/1981
9.162	Santa Rita Hills	CA	7/30/2001
9.054	Santa Ynez Valley	CA	5/16/1983
9.148	Seiad Valley	CA	5/20/1994
9.037	Shenandoah Valley California	CA	1/27/1983
9.120	Sierra Foothills	CA	12/18/1987
9.044	Solano County Green Valley	CA	1/28/1983
9.116	Sonoma Coast	CA	7/13/1987
9.057	Sonoma County Green Valley	CA	12/21/1983
9.102	Sonoma Mountain	CA	2/22/1985
9.029	Sonoma Valley	CA	1/4/1982
9.104	South Coast	CA	12/23/1985
9.143	Spring Mountain District	CA	6/14/1993
9.149	St. Helena	CA	10/11/1995
9.117	Stags Leap District	CA	2/27/1989
9.045	Suisun Valley	CA	12/27/1982
9.050	Temecula	CA	11/23/1984
9.124	Wild Horse Valley	CA	12/30/1988
9.085	Willow Creek	CA	9/19/1983
9.080	York Mountain	CA	9/23/1983
9.159	Yorkville Highlands	CA	6/8/1998
9.160	Yountville	CA	5/18/1999
9.077	Altus	AR	6/29/1984
9.112	Arkansas Mountain	AR	10/27/1986
9.108	Ozark Mountain	AR MO OK	8/1/1986
9.165	Applegate Valley	OR	2/12/2001
9.074	Columbia Valley	WA OR	12/13/1984
9.132	Rogue Valley	OR	1/22/1991
9.089	Umpqua Valley	OR	4/30/1984
9.091	Walla Walla Valley	WA OR	3/7/1984
9.090	Willamette Valley	OR	1/3/1984

CFR Section Number Регистрационный номер	Area Наименование зоны	State Индекс штата	Date TD Effective Дата регистрации
9.022	Augusta	MO	6/20/1980
9.071	Hermann	MO	9/19/1983
9.115	Ozark Highlands	MO	9/30/1987
9.055	Bell Mountain	TX	11/10/1986
9.141	Escondido Valley	TX	6/15/1992
9.125	Fredericksburg in the Texas Hill Country	TX	1/23/1989
9.155	Texas Davis Mountains	TX	5/11/1998
9.144	Texas High Plains	TX	4/1/1993
9.136	Texas Hill Country	TX	12/30/1991
9.100	Mesilla Valley	NM TX	3/18/1985
9.119	Middle Rio Grande Valley	NM	3/3/1988
9.103	Mimbres Valley	NM	12/23/1985
9.067	Catoctin	MD	11/14/1983
9.105	Cumberland Valley	MD PA	8/26/1985
9.127	Cayuga Lake	NY	4/25/1988
9.034	Finger Lakes	NY	10/1/1982
9.047	Hudson River Region	NY	7/6/1982
9.170	Long Island	NY	7/16/2001
9.083	Lake Erie	NY PA OH	11/21/1983
9.113	North Fork of Long Island	NY	11/10/1986
9.101	The Hamptons, Long Island	NY	6/17/1985
9.049	Central Delaware Valley	NJ PA	4/18/1984
9.121	Warren Hills	NJ	9/7/1988
9.074	Columbia Valley	WA OR	12/13/1984
9.151	Puget Sound	WA	10/4/1995
9.167	Red Mountain	WA	6/11/2001
9.091	Walla Walla Valley	WA OR	3/7/1984
9.069	Yakima Valley	WA	5/4/1983
9.033	Fennville	MI	10/19/1981
9.079	Lake Michigan Shore	MI	11/14/1983
9.040	Leelanau Peninsula	MI	4/29/1982

CFR Section Number Регистрационный номер	Area Наименование зоны	State Индекс штата	Date TD Effective Дата регистрации
9.114	Old Mission Peninsula	MI	7/8/1987
9.087	Grand River Valley	OH	11/21/1983
9.062	Loramie Creek	OH	12/27/1982
9.051	Isle St. George	OH	9/20/1982
9.137	Grand Valley	CO	12/26/1991
9.172	West Elks	CO	5/7/2001
9.111	Kanawha River Valley	WV	5/8/1986
9.060	Shenandoah Valley	VA WV	1/27/1983
9.146	Lake Wisconsin	WI	2/4/1994
9.041	Lancaster Valley	PA	6/11/1982
9.063	Linganore	MD	9/19/1983
9.073	Martha's Vineyard	MA	2/4/1985
9.096	Mississippi Delta	MS TN LA	10/1/1984
9.048	Monticello	VA	2/22/1984
9.065	North Fork of Roanoke	VA	5/16/1983
9.109	Northern Neck George Washington Birthplace	VA	5/21/1987
9.043	Rocky Knob	VA	2/11/1983
9.060	Shenandoah Valley	VA WV	1/27/1983
9.135	Virginia's Eastern Shore	VA	2/1/1991
9.078	Ohio River Valley	OH KY IN WV	10/7/1983
9.097	Sonoita	AZ	11/26/1984
9.072	Southeastern New England	CT RI MA	4/27/1984
9.122	Western Connecticut Highlands	CT	3/10/1988
9.174	Yadkin Valley	NC	2/7/2003

WINE PRODUCTION* IN USA

ПРОИЗВОДСТВО ВИНА В США

California produces 90% of total U.S. wine production (In thousands of gallons)
Калифорния производит 90% общего объема вин США (в тыс. галлонов)

Year Год	California Калифорния, тыс. гал	U.S. США в целом, тыс. гал
1998	443,693	494,097
1997	483,555	533,329
1996	418,376	460,081
1995	397,042	437,034
1994	357,819	396,109
1993	416,076	451,883
1992	377,000	412,595
1991	369,305	400,098
1990	379,726	417,157
1989	367,914	409,715
1988	433,569	477,380
1987	390,737	439,852
1986	439,315	484,575

* Removals of still wine from fermenters. Excludes substandard wine produced as distilling material. Also excludes increases after amelioration, sweetening, and addition of wine spirits. History revised.

* Таблица включает только выход тихих вин. Вино, используемое для перегонки на спирт, не включено. Не включены также увеличения объемов после обработки виноматериалов, шапталлизации и крепления.

WINE REGIONS OF SOUTH AFRICA
ВИНОДЕЛЬЧЕСКИЕ РЕГИОНЫ ЮЖНОЙ АФРИКИ

1. Olifants River
2. Swartland
3. Durbanville
4. Constantia
5. Stellenbosch
6. Paarl
7. Franschhoek
8. Tulbagh
9. Worcester
10. Klein Karoo
11. Swollendam
12. Robertson
13. Overberg – Walker Bay/ Elgin
14. Lower Orange River
15. Douglas

WINE REGIONS OF AUSTRALIA
ВИНОДЕЛЬЧЕСКИЕ РЕГИОНЫ АВСТРАЛИИ

Regions Регионы	Geographical Zone Географические зоны	Subregions Подрегионы	Main Harvests Основные сорта винограда
Great Southern	South West Australia Zone, Western Australia	Albany, Denbarker, Denmark, Frankland, Mount Barker, Porongurup	Shiraz, Cabernet Sauvignon, Malbec and all classic white and red varieties
Margaret River	South West Australia Zone, Western Australia		Cabernet Sauvignon, Merlot, Chardonnay, Semillon, Sauvignon Blanc
Pemberton/ Warren	South West Australia Zone, Western Australia	Manjimup, Pemberton	classic varieties
Perth Hills	Greater Perth Zone, Western Australia		classic varieties
South West Coastal	Bunbury, Western Australia		Chenin Blanc, Semillon, Traminer, Riesling, Chardonnay, Cabernet Sauvignon, Shiraz

Regions Регионы	Geographical Zone Географические зоны	Subregions Подрегионы	Main Harvests Основные сорта винограда
Swan Valley	Greater Perth Zone, Western Australia	**Swan Valley** (Guildford, Henley Brook, Middle Swan, Upper Swan, West Swan), **Northern Perth** (Bindoon, Gingin, Moondah Brook), **Darling Range** (Bickley, Chittering Valley, Perth Hills, Orange Grove, Toodyay, Wandering)	classic varieties
Adelaide Hills	Mount Lofty Ranges Zone, South Australia	Mount Lofty, Piccadilly Valley	Chardonnay, Sauvignon Blanc, Pinot Noir
Adelaide Plains	Mount Lofty Ranges Zone, South Australia		classic varieties
Barossa Valley	Barossa Zone, South Australia	Angaston, Dorrien, Gomersal, Greenoch, Light's Pass, Lyndoch, Marananga, Nuriootpa, Rowland Flat, Seppelts-field, Tanunda, Williamstown	Shiraz, classic varieties
Clare Valley	Mount Lofty Ranges Zone, South Australia	Auburn, Clare, Leasingham, Polish Hill River, Sevenhill, Watervale, White Hut	Riesling
Coonawarra	Limestone Coast Zone, South Australia		Cabernet Sauvignon, Chardonnay, Riesling, Sauvignon Blanc
Eden Valley	Barossa Zone, South Australia	Flaxmans Valley, High Eden, Keyneton, Springton	Riesling, Chardonnay, Shiraz, Cabernet Sauvignon, Malbec
Kangaroo Island	Fleurieu Zone, South Australia		classic varieties
Langhorne Creek	Fleurieu Zone, South Australia		classic varieties
McLaren Vale	Fleurieu Zone, South Australia		Shiraz, Grenache, Mourvedre, Cabernet Sauvignon, Sauvignon Blanc, Chardonnay, Riesling

Regions Регионы	Geographical Zone Географические зоны	Subregions Подрегионы	Main Harvests Основные сорта винограда
Mt Gambier	Limestone Coast Zone, South Australia		classic varieties
The Riverland	Lower Murray Zone, South Australia	Ramco, Barmera, Morgan, Kingston, Qualco, Renmark, Loxton, Lyrup, Murtho, Berri, Waikerie, Moorook, Monash	classic varietes
Padthaway	Limestone Coast Zone, South Australia		Chardonnay, Riesling, Sauvignon Blanc
Southern Eyre Peninsula	The Peninsulas Zone, South Australia	Port Lincoln	classic varieties
Bendigo	Central Victoria Zone	Bridgewater, Graytown, Harcourt, Heathcote, Redesdale	Shiraz, Cabernet Sauvignon
Far South West Victorial/ Drumborg	Western Victoria Zone		Chardonnay, Riesling, Merlot, Pinot Noir, Cabernet Sauvignon
Geelong	Port Phillip Zone, Victoria	Anakie, Bellarine Peninsula, Moorabool, Waurn Ponds	Chardonnay, Pinot Noir, Shiraz, Cabernet Sauvignon
Gippsland	Gippsland Zone, Victoria	South Gippsland, West Gippsland, East Gippsalnd	Chardonnay, Pinot Noir
Goulburn Valley	Central Victoria Zone	Avenel, Dookie, Mansfield, Mitchelton, Mount Helen, Murchison, Nagambie, Seymour, Shepparton, Strathbogie Ranges, Tahbilk, Yarck	Chardonnay, Pinot Noir
Great Western/ Grampians	Western Victoria Zone	Ararat, Great Western, Stawell	Shiraz, classic varieties
King Valley	North East Victoria Zone	Markwood, Meadow Creek, Milawa, Myrrhee, Oxley, Whitfield, Whitlands	classic varieties
Macedon Ranges & Sunbury	Port Phillip Zone, Victoria		classic varieties
Mornington Peninsula	Port Phillip Zone, Victoria		classic varieties
Murray/ Sunraysia, Mildura	Murray Mallee and Lower Murray Zones, Victoria and New South Wales	Irymple, Karadoc, Merbein, Mildura, Nangiloc, Redcliffs, Robinvale, Swan Hill	classic varieties
North East Victoria	North East Victoria Zone	Barnawartha, Beechworth, Buckland River Valley, Buffalo River Valley, Glenrowan, Indigo Valley, King Valley, Wahgunyah, Ovens Valley, Rutherglen	classic varieties

Regions Регионы	Geographical Zone Географические зоны	Subregions Подрегионы	Main Harvests Основные сорта винограда
Pyrenees	Central Victoria Zone	Avoca, Kara Mara, Moonambel, Redbank	Cabernet Sauvignon, Shiraz
Yarra Valley	Port Phillip Zone, Victoria	Coldstream, Diamond Valley, Dixons Creek, Healesville, Hoodles Creek, Seville, Wandin, Woori Yallock, Yarra Glen, Yarra Junction	Pinot Noir, Chardonnay, Cabernet Sauvignon, Merlot, Shiraz
Northern Tasmania	Tasmania Zone	Pipers River, Tamar Valley	Pinot Noir, Chardonnay, Cabernet Sauvignon
Southern Tasmania	Tasmania Zone	Derwent Valley, Huon Valley, Coal River, East Coast	Pinot Noir, Chardonnay, Cabernet Sauvignon, Riesling
Cowra	Central Ranges New South Wales Zone		Chardonnay
Griffith/ Riverina	Southern New South Wales Zone	Griffith, Leeton, etc.	classic white varieties, Botrytis Semillon
Hastings River Region	Northern Rivers Zone, New South Wales		Chambourcin, classic varieties
Lower Hunter Valley	Hunter Valley Zone, New South Wales	Allandale, Belford, Broke/ Fordwich, Cessnock, Dalwood, Maitland, Pokolbin, Rothbury, etc.	Semillon, Chardonnay, Shiraz
Mudgee	Central Ranges Zone, New South Wales	Mudgee, Rylstone	Shiraz, Cabernet Sauvignon
Murray/ Sunraysia, Mildura	Murray Mallee and Lower Murray Zones, Victoria and New South Wales	Balranald, Buronga, Deniliqiun, Euston, Wakool, Wentworth	classic varieties
Orange	Central Ranges Zone, New South Wales	Rosemount, Reynolds Yarraman, Tamberlaine, Horseshoe	classic varieties
Upper Hunter Valley	Hunter Valley Zone, New South Wales	Denman, Jerrys Plains, Merriwa, Muswelbrook, Scone	Chardonnay, Semillon
Granite Belt	Queensland Zone	Ballandean, Stanthorpe	Chardonnay, Semillon, Shiraz, Cabernet Sauvignon
Canberra District	Southern New South Wales Zone	Canberra, Lake George, Murrumbateman, Queanbeyan, Yass	Riesling, Chardonnay, Shiraz, Cabernet Sauvignon

NEW ZEALAND WINE (1996 - 2004)
ВИНОДЕЛИЕ В НОВОЙ ЗЕЛАНДИИ (1996 – 2004)

	1996	1997	1998	1999	2000	2001	2002	2003	2004
Number of wineries Число винзаводов	238	262	293	334	358	382	398	421	463
Producing area (hectares) Плодоносящие площади, га	6,610	7,410	7,580	9,000	10,197	11,648	13,787	15,800	18,112
Average yield (t per hectare) Средняя урожайность (т/га)	11.4	8.1	10.3	8.9	7.9	6.1	8.6	4.8	9.1
Tonnes crushed, thou t Переработка винограда, тыс. т	75.3	60.0	78.3	79.7	80.1	71.0	118.7	76.4	166
Total production (millions of litres) Общее производство виноматериалов (млн. л)	57.3	45.8	60.6	60.2	60.2	53.3	89.0	55.0	119.2
Domestic sales of NZ wine (millions of litres) Продажи отечественного вина внутри страны (млн. л)	35.6	38.8	38.2	38.4	41.3	36.2	32.6	35.3	35.5
Consumption per capita (litres NZ wine) Потребление отечественного вина на душу населения (л)	9.9	10.4	10.1	10.1	10.6	9.3	8.3	8.8	8.8
Export volume (millions of litres) Объемы экспорта (млн. л)	11.0	13.1	15.2	16.6	19.2	19.2	23.0	27.1	31.1
Export value (millions of NZ $ FOB) Суммарный экспорт в стоимостном выражении (млн. НЗ долларов, ФОБ)	60.3	75.9	97.6	125.3	168.6	198.1	246.4	281.9	302.6

GRAPE GROWERS BY REGION
КОЛИЧЕСТВО ВИНОГРАДАРСКИХ ХОЗЯЙСТВ ПО РЕГИОНАМ

Region	2003	2004
Auckland	13	17
Waikato	9	5
Gisborne	89	97
Hawke's Bay	136	126
Wairarapa	28	17
Nelson	37	28
Marlborough	254	275
Waipara	6	6
Canterbury	19	12
Otago	42	11
Total	634	594

WINERIES BY REGION
КОЛИЧЕСТВО ВИНОДЕЛЬЧЕСКИХ ПРЕДПРИЯТИЙ ПО РЕГИОНАМ

Region	1996	1997	1998	1999	2000	2001	2002	2003	2004
Northland	4	5	6	7	7	7	8	7	8
Auckland	65	68	70	80	79	81	82	89	88
Waikato/ Bay of Plenty	12	13	14	13	12	12	13	13	13
Gisborne	9	8	9	12	13	15	17	16	17
Hawke's Bay	31	33	35	41	44	50	53	56	58
Wairarapa	26	31	34	33	37	41	45	44	49
Nelson	12	15	15	22	25	28	27	26	24
Marlborough	43	47	52	60	62	63	68	74	84
Canterbury/ Waipara	24	27	34	39	39	37	38	42	46
Otago	11	14	23	26	39	45	46	52	75
other areas	1	1	1	1	1	1	1	2	1
Total	238	262	293	334	358	380	398	421	463

VITICULTURE AND WINEMAKING IN RUSSIA
ВИНОГРАДАРСТВО И ВИНОДЕЛИЕ РОССИИ

Viticultural Areas in Russian Federation
Зоны виноградарства в РФ

Krasnodar region	Краснодарский край
Djemete Winery, Anapa district	Винзавод «Джемете», Анапского р-на
Vityazevo Winery, Anapa district	СПК «Витязево», Анапского р-на
Kavkaz Winery, Anapa district	Винзавод «Кавказ», Анапского р-на
Lenin Winery, Anapa district	СПК им. Ленина, Анапского р-на
Fanagoria Winery, Temruk district	ОАО «АПФ «Фанагория», Темрюкского р-на
Mirny Winery, Temruk district	ЗАО «АПФ «Мирный», Темрюкского р-на
Abrau Durso Winery, Novorossisk district	Винзавод «Абрау Дюрсо», Новороссийского р-на
Semigor Winery, Novorossisk district	Винзавод «Семигор», Новороссийского р-на
Myskhako Winery, Novorossisk district	Винзавод «Мысхако», Новороссийского р-на
Karakezidi Winery, Novorossisk district	Винзавод «Каракезиди», Новороссийского р-на
Saook Durye Winery, Krimsk district	Винзавод «Саук-Дере», Крымского р-на
Château Aurora, Krimsk district	Винзавод «Аврора», Крымского р-на
Kuban'vino Winery (Taman`)	СП «Кубаньвино» (Тамань)
Stavropol region	**Ставропольский край**
Praskoveya Vineyards & Winery	Винзавод»Прасковейский»
Mashuk Vineyards & Winery	АСХОЗТ «Машук» (г. Мин Воды)
Gheorghievskii Winery	Винзавод «Георгиевский»
Nadezhda Winery	Винзавод «Надежда»
Rostov region	**Ростовская область**
Tsyml'anskoe Winery	Цимлянский завод шампанских вин
Yantarnoie Vineyards & Winery, Martynovsk district	ОАО «Янтарное», пос. Зеленоугольский Мартыновского р-на
Donvino Winery, Rostov	ОАО «Донвино» (г. Ростов)
Vinograd Vineyards & Winery	ЗАО «Виноград»
Rostov Sparkling Wines House	ООО «Ростовский комбинат шампанских вин»
Novocherkassk Vineyards & Winery	ОАО «Новочеркасский винзавод»
Kamensk Vineyards & Winery	Каменский винзавод, г. Каменск-Шахтинский
Mezhdurechenskii Vineyards & Winery, Semikarakorsk district	Совхоз «Междуреченский», Семикаракорского р-на
SamtrestDon Winery, Rostov	ЗАО «Самтрест Дон» (г. Ростов)
Dagestan	**Дагестан**
Derbent Winery	Дербентский винзавод и коньячный завод
Kizlyar Winery	Кизлярский винзавод и коньячный завод
Ghedzhukh WInery, Derbent district	Винзавод «Геджух» Дербентского р-на
Dagvino Winery, Makhachkala	«Дагвино» (г. Махачкала)

Sales of Wines and Spirits on the Territory of Russian Federation
Оборот алкогольной продукции на территории Российской Федерации

Denomination mln dal
Наименование млн дал

		1984	1996	1999	2000	2001	2002
Vodka and other liquors	водка и л.в.и.	196,0	69,0	135,0	122,0	131,0	139,0
Grape wine	вино виноградное	176,0	9,2	18,4	24,0	26,7	32,5
Fruit wine	вино плодовое	48,1	6,4	3,3	5,4	3,6	2,6
Sparkling wine	шампанское и игр.вина	7,9	9,2	9,0	7,0	7,6	8,1
Cognac	коньяк	3.1	1,2	1,0	1,78	2,1	2,6
Total absolute alcohol	абс. алк.	109,9	38,1	57,0	63,0	65,8	72,7

Wine Consumption per Capita
Потребление вина на душу населения
Litres per capita Литров на чел.

1970-1985 - 14-21
1985-1987- 6-8
1993 - 3,2

Main Data on Viticulture and Winemaking in Krasnodar Region
Основные показатели виноградарско-винодельческой отрасли Краснодарского края

	1991	1993	1995	1997	1999	2000
Total vineyard area, thou ha Площадь виноградников во всех категориях хозяйств, тыс. га	48,8	44,1	42,1	37,8	35	34,2
Total grape production, thou t Производство винограда во всех категориях хозяйств, тыс. т	231,0	213,0	145,0	149,2	154,8	160,2
Production of wine material, mln dal Производство виноматериалов всего, млн. дал	14,8	15,4	9,2	9,6	9,2	9,9
Grape wine produced, mln dal Производство вина виноградного, млн. дал	4,7	3,8	4	3,3	4,4	3,8
Cognac production, mln dal Производство коньяка, млн. дал	0,09	0,2	0,09	0,07	0,08	0,06
Production of champagne, mln bottles Производство шампанского, млн. бут.	3,6	3,9	4,3	5,8	4,4	4,2

Total crush, thousand tn
Валовый сбор винограда, тыс. т

год / year	Россия в целом / Russia	Краснодарский край / Krasnodar region	Ставроп-ий край / Stavropol region	Ростов-ая область / Rostov region	Дагестан / Dagestan	Кабардино-Балкария / Kabardino-Balkaria
1981	886.4	345.0	86.3	52.0	305.9	8.4
1982	810.1	358.0	56.8	29.7	293.4	3.4
1983	707.0	336.2	54.6	20.7	218.2	4.5
1984	1134.2	482.4	76.2	76.8	380.2	8.0
1985	696.3	255.2	47.4	35.2	312.8	3.4
1991	543.3	251.6	30.9	38.5	162.5	5.1
1992	529.3	246.2	42.8	44.7	134.7	5.2
1993	465.5	228.9	28.9	22.2	145.6	4.4
1994	310.5	151.6	16.5	13.8	118.8	3.5
1995	300.6	155.3	36.6	21.0	75.5	6.0
1996	345.0	190.8	38.6	31.4	80.5	4.5
1997	280.0	144.0	23.0	9.5	67.0	4.0
1999	248.4	154.8	18.2	13.1	53.8	2.3
2000	279.4	160.2	38.8	9.8	38.0	4.7
2001	234.9	127.9	17.0	8.1	70.5	2.3
2002	175.6	97.0	21.5	3.1	52.3	1.7

Total vineyard area, thousand ha
Общая площадь виноградников, тыс. га

год / year	Россия в целом / Russia	Краснодарский край / Krasnodar region	Ставроп-ий край / Stavropol region	Ростов-ая область / Rostov region	Дагестан / Dagestan	Кабардино-Балкария / Kabardino-Balkaria
2000	50.751	23.86	6.913	2.2	17.182	.594
2001	64.09	31.7	9.248	4.5	17.942	.700
2002	70.4	34.0	9.2	5.1	20.1	1.00
2003	72.0	-	-	-	-	-

TYPES OF BOTTLES
ТИПЫ БУТЫЛОК

Bottle name Наименование бутылки	Usage Применение	Capacity, litres Емкость, л
Alsace	Alsace, Germany, wine	0.75
Altus	Germany, Canada, ice wine	0.75
Basquaise	France	0.75
Bocksbeutel	Germany	0.75, 1.0, 1.5
Flagon	Great Britain	1 quart
Pony bottle	Great Britain, wine	187 – 200 ml
Standard beer bottle	world	0.50
Standard brandy & cognac bottle	world	0.50
Standard Champagne bottle	Champagne	0.80
Standard wine bottle	world	0.75
Standard whisky bottle	world	0.50
Victorian Pint bottle	Great Britain, beer	0.50

BOTTLE EQUIVALENTS FOR BORDEAUX, BURGUNDY AND CHAMPAGNE BOTTLES
ЭКВИВАЛЕНТЫ СТАНДАРТНЫХ БУТЫЛОК

Bottle equivalent Эквивалентное количество бутылок	Bordeaux Бордоские вина	Burgundy and Champagne Бургундские вина и шампанское
2 (1.5L)	Magnum	Magnum
3 (2.25L)	Marie Jeanne	....-
4 (3.0L)	Double Magnum	Jéroboam
6 (4.5L)	Jéroboam	Rehoboam
8 (6.0L)	Impériale	Methuselah
12 (9.0L)	....-	Salmanazar
16 (12.0L)	-	Balthazar
20 (15.0L)	....-	Nebuchadnezzar

GLASSWARE
БОКАЛЫ И СТАКАНЫ

Red wine glasses
Бокалы для красных вин

Type of glass Тип бокала	C емкость	H высота	Ø диаметр
Pinot Noir (Burgundy red) glass бокал для Пино Нуар/бургундский	0.77 l/ 27.1 oz	216 mm/ 8.5''	108.5 mm/ 4.27''
Cabernet Sauvignon (Bordeaux red) glass бокал для Каберне-Совиньон/бордоский	0.65 l/ 22.9 oz	225 mm/ 8.86''	95 mm/ 3.74''
Shiraz/Syrah glass бокал для Сира	0.57 l/ 20.1 oz	224 mm/ 8.82''	83 mm/ 3.27''

White wine glasses
Бокалы для белых вин

Type of glass Тип бокала	C емкость	H высота	Ø диаметр
Chianti/Zinfandel glass бокал для Кьянти/Цинфанделя	0.37 l/ 13.0 oz	210 mm/ 8.27''	78 mm/ 3.07''
Chardonnay/Chablis glass бокал для Шардоне/Шабли	0.3 l/ 10.6 oz	196 mm/ 7.72''	75 mm/ 2.95''
Riesling/Pinot Blanc glass бокал для Рислинга/Пино Блан	0.23 l/ 8.3 oz	190 mm/ 7.48''	75 mm/ 2.95''
Bordeaux бордоский бокал для белых вин	0.24 l/ 8.5 oz	164 mm/ 6.4 ''	75 mm/ 2.9 ''

Champagne and sparkling wine glasses
Бокалы для шампанского и игристых вин

Type of glass Тип бокала	C емкость	H высота	Ø диаметр
Champagne glass бокал для шампанского	0.25 l/ 8.8 oz	217 mm/ 8.54''	75 mm/ 2.95''
Champagne saucer большой бокал для шампанского в форме чаши	0.21 l/ 7 oz	178 mm/ 7''	130 mm/ 5.2''
Champagne saucer (Coupe) бокал для шампанского в форме чаши	0.26 l/ 8.8 oz	140 mm/ 5.5 ''	125 mm/ 4.9''
Champagne tulip glass бокал для шампанского в форме тюльпана	0.16 l/ 6.25 oz	195 mm/ 7.68 ''	70 mm/ 2.7 ''

Prosecco glass бокал для игристых вин Прозекко	0.25 l/ 8.8 oz	232 mm/ 9.13''	65 mm/ 2.6''
Flute узкий бокал для шампанского	0.18 l/ 6 oz	226 mm/ 9 ''	65 mm/ 2.6 ''
Tall flute высокий узкий бокал для шампанского	0.14 l/ 4.9 oz	214 mm/ 8.4 ''	65 mm/ 2.6 ''
Euro flute Евробокал для шампанского	0.17 l/ 5.75 oz	185 mm/ 7.5 ''	75 mm/ 2.95 ''

Different wine glasses
Разные виды бокалов для вин

Type of glass Тип бокала	C емкость	H высота	Ø диаметр
Rose wine glass бокал для розовых вин	0.36 l/ 12.7 oz	193 mm/ 7.6 ''	85 mm/ 3.3 ''
Tasting goblet дегустационный бокал	0.2 l/ 7 oz	201 mm/ 7.9 ''	67 mm/ 2.6 ''
ISO glass (ISO 3591: 1977) универсальный бокал по стандарту ISO	0.12 l / 5,65 oz 0,21 l/ 7 oz 0,3 l/ 9.5 oz 0.41 l/ 14 oz	100 mm/ 3.9 ''	46 mm/ 1.81 ''
Small wine glass малый бокал для вин	0.18 l/ 6.3 oz	146 mm/ 5.7 ''	69 mm/ 2.7 ''
Michelangelo glass бокал типа Микеланджело	0.24 l/ 8 oz	190 mm / 7.5 ''	85 mm/ 3.3 ''
Florentine glass флорентийский бокал	0.25 l/ 9 oz	200 mm/ 7.9 ''	85 mm / 3.3''
Sherry glass (copita) рюмка для хереса	0.18 l/ 6 oz	150 mm/ 6"	85 mm/ 3.3. ''
Port glass рюмка для портвейна	0.18 l/ 6 oz	150 mm/ 6"	85 mm/ 3.3. ''
Claret glass бокал для кларета	0.18 l/ 6 oz	142 mm/ 5.6 ''	85 mm/ 3.3. ''
Balloon glass большой бокал в форме шара	0.415 l/ 14 oz	180 mm/ 7 ''	80 mm/ 3.2"

Liqueur/ spirits glasses
Бокалы для ликеров и крепких напитков

Type of glass Тип бокала	C емкость	H высота	Ø диаметр
Dessert wine glass бокал для десертного вина	0.22 l/ 7.9 oz	172 mm/ 6.77''	68 mm/ 2.68''
Grappa бокал для граппы	0.118 l/ 4 oz	203 mm/ 8"	65 mm/ 2.56 ''
Grappa/Digestif/Aperitif универсальный бокал для граппы/дижестивов/аперитивов	0.1 l/ 3.7 oz	201 mm/ 7.91''	65 mm/ 2.56''

Bitter glass рюмка для горьких настоек	0.118 l/ 4 oz	102 mm/ 4''	76 mm/ 3''
Aperitif glass бокал для аперитива	0.3 l/ 10 oz	165 mm/ 6.5''	76 mm/ 3''
Cognac/ Brandy бокал для коньяка/ бренди	0.16 l/ 5.6 oz	178 mm/ 7.01''	65 mm/ 2.56''
Traditional Cognac Snifter традиционный бокал для коньяка	0.591 l / 20 oz	159 mm/ 6.25''	70 mm/ 2.7 ''
Cordial/Armagnac glass рюмка для ликеров и арманьяка	0.06 l/ 2 oz	100 mm/ 4 "	75 mm/ 3"
Pony glass маленькая рюмка	0.025 l / 1 oz	75 mm/ 2.95 "	30 mm/ 1.2"

Water and non-alcoholic drinks
Стаканы для воды и безалкогольных напитков

Type of glass Тип стакана	C емкость	H высота	Ø диаметр
Water goblet фужер для воды	0.25 l/ 8.8 oz	170 mm / 6.5''	75 mm/ 2.95 ''
Water glass стакан для воды	0.45 l/ 16.0 oz	150 mm/ 5.91''	88 mm/ 3.46''
Fruit juice стакан для сока	0.18 l/ 6.3 oz	82 mm/ 3.23"	60 mm/ 2.36"

Whisky glasses
Стаканы для виски

Type of glass Тип стакана	C емкость	H высота	Ø диаметр
Old fashioned glass традиционный стакан для виски	0.21 l/ 7 oz	112 mm/ 4.3"	84 mm/ 3.25"
On-the-rocks glass стакан для виски со льдом	0.21 l/ 7 oz	112 mm/ 4.3"	84 mm/ 3.25"
High ball высокий стакан для виски	0.37 l/ 12.5 oz	130 mm/ 5.4"	60 mm/ 2.36 ''
Whisky/ liqueur стакан для виски/ ликера	0.30 l/ 10.6 oz	87 mm/ 3.43"	74 mm/ 2.91"
Shot стопка для виски	0.03 l/ 1 oz	42 mm/ 1,6"	34 mm/ 1.2"
Shooter стакан для виски	0.04 l/ 1.25 oz	54 mm/ 2.1"	42 mm/ 1.6"
Whisky tasting glass бокал для дегустации виски	0.21 l/ 7 oz	112 mm/ 4.3"	84 mm/ 3.25"
Whisky tasting glass (snifter type) бокал для дегустации виски типа снифтер	0.21 l/ 7 oz	112 mm/ 4.3"	84 mm/ 3.25"
Whisky tasting glass (blue) for blind tasting бокал из синего стекла для дегустации виски вслепую	0.21 l/ 7 oz	112 mm/ 4.3"	84 mm/ 3.25"

Whisky tasting glass (rare malts) рюмка для дегустации редких солодовых виски	0.15 l/ 5 oz	132 mm/ 5.5"	68 mm/ 2.6"
Whisky tasting glass (rare malts) рюмочка для дегустации редких солодовых виски	0.08 l/ 3 oz	128 mm/ 5.1"	68 mm/ 2.6"
Whisky tasting glass (single malt) стакан для дегустации солодовых виски	0.21 l/ 7 oz	112 mm/ 4.3"	84 mm/ 3.25"
Whisky tasting glass (single malt) стакан для дегустации солодовых виски	0.21 l/ 7 oz	112 mm/ 4.3"	84 mm/ 3.25"
Whisky tasting glass (professional) профессиональны бокал для дегустации виски	0.21 l/ 7 oz	112 mm/ 4.3"	84 mm/ 3.25"
Single malt glass стакан для односолодового виски	0.21 l/ 7 oz	112 mm/ 4.3"	84 mm/ 3.25"
Single malt nosing glass бокал для дегустации односолодовых виски	0.21 l/ 7 oz	112 mm/ 4.3"	84 mm/ 3.25"
Single malt scotch стакан для односолодового виски типа скотч	0.21 l/ 7 oz	112 mm/ 4.3"	84 mm/ 3.25"
Perfect whisky glass идеальный стакан для дегустации виски	0.21 l/ 7 oz	112 mm/ 4.3"	84 mm/ 3.25"
Cartridge range tumbler стакан для виски с плоским основанием	0.355 l/ 12 oz	112 mm/ 4.3"	84 mm/ 3.25"
Rondo range tumbler закругленный стакан для виски	0.355 l/ 12 oz	112 mm/ 4.3"	84 mm/ 3.25"
Square range tumbler квадратный стакан для виски	0.355 l/ 12 oz	112 mm/ 4.3"	84 mm/ 3.25"
Heavy tumbler стакан для виски с толстым дном	0.355 l/ 12 oz	112 mm/ 4.3"	84 mm/ 3.25"
Premium round range tumbler закругленный стакан для виски премиум класса	0.355 l/ 12 oz	112 mm/ 4.3"	84 mm/ 3.25"
Premium square range tumbler квадратный стакан для виски премиум класса	0.355 l/ 12 oz	112 mm/ 4.3"	84 mm/ 3.25"

Beer glasses
Бокалы для пива

Type of glass Тип бокала	C емкость	H высота	Ø диаметр
Wheat beer glass бокал для пшеничного пива	0.6 l/ 19.7 oz	230 mm/ 9.06"	85 mm/ 3.35"
Dark beer glass бокал для темного пива	0.4 l/ 14.1 oz	224 mm/ 8.82"	75 mm/ 2.95"

Tankard кружка для пива	0,473 l/16 oz	404.8 mm/16"	80 mm/ 3.0 "
Super mug большая пивная кружка	1 l/ 33.81 oz	202.4 mm/ 8 "	85 mm/ 3.35"
Sport mug пивная кружка спортивного типа	0.74 l/ 25 oz	177.1 mm/ 7"	85 mm/ 3.35"
Schumann beer glass пивной бокал Шумана	0.45 l/ 15,25 oz	215.9 mm/ 8.5 "	90 mm/ 3.5"
Half yard of ale длинный сосуд для эля	0.74 l/ 25 oz	438.15 mm/ 17.25 "	45 mm/ 1.75"
Pilsner glass стакан для пльзенского пива	0.296 l/ 10 oz	215.9 mm/ 8.5 "	65 mm/ 2.4"
Schooner glass стакан Сконера	0.62 l/ 21 oz	190.5 mm/ 7.5"	80 mm/ 3.0"
Vancoover mug ванкуверская кружка	0.8 l/ 27 oz	170 mm/ 6.85 "	85 mm/ 3.35 "
Standard beer glass стандартный бокал для пива	0.5 l/ 18 oz	225 mm/ 8.92 "	80 mm/ 3.0 "
Beer pitcher кувшин для пива	0.5 l/ 18 oz	225 mm/ 8.92 "	80 mm/ 3.0 "
Chalice бокал для ритуальных целей	0.4 l/ 15 oz	190 mm/ 7.5"	75 mm/ 2.95"

Cocktail glasses
Бокалы для коктейлей

Type of glass Тип стакана	C емкость	H высота	Ø диаметр
Martini glass бокал для «Мартини»	0.296 l/ 10 oz	177.7 mm/ 7 "	106 mm/ 4.1"
Margarita glass бокал для коктейля «Маргарита»	0.474 l/ 16 oz	180 mm / 7.2""	124 mm/ 5"
Coupette бокал типа купетт	0.474 l/ 16 oz	180 mm / 7.2""	124 mm/ 5"
Whisky sour стакан для коктейлей с виски	0.15 l/ 5 oz	190 mm/ 7.5"	75 mm/ 2.95"
Delmonico glass стакан типа Дельмонико	0.24 l/ 8 oz	190 mm/ 7.5"	75 mm/ 2.95"
Collins glass бокал для коктейля «Коллинз»	0.355 l/ 12 oz	190 mm/ 5.12"	75 mm/ 2.95 "
Highball glass высокий стакан для крепких напитков со льдом	0.296 l/ 10 oz	170 mm/ 6.85 "	85 mm/ 3.35 "
Cooler glass стакан для кулера	0. 5 l/ 15.25 oz	169 mm l/ 6.8"	80 mm/ 3"
Hurricane glass бокал для коктейля «Харрикейн»	0.49 l/ 15 oz	208 mm/ 8.25"	83 mm/ 3.26"
Poco glass стакан Поко	0.392 l/ 13.25 oz	190 mm/ 5.12"	75 mm/ 2.95 "
Pousse café glass рюмка для крепкого алкогольного напитка после кофе	0.17 l/ 6 oz	190 mm/ 7.5 "	70 mm/ 2.7 "

Parfait glass стакан типа Парфе	0.355 l/ 12 oz	190 mm/ 7.5"	75 mm/ 2.95"
Irish Coffee glass кружка для кофе по-ирландски	0.296 l/ 10 oz	170 mm/ 6.85"	85 mm/ 3.35"
Cocktail glass универсальный бокал для коктейлей	0.296 l/ 10 oz	170 mm/ 6.85"	85 mm/ 3.35"

TYPES OF BARRELS
ТИПЫ БОЧЕК

Name Наименование	Origin Происхождение	Designation Назначение	Capacity, litres Емкость, л
American classic	USA	wine	200 l (= 53 gal)
American traditional	USA	wine	225 l (= 59 gal)
Aum	Germany	wine	136 l (= 30 gal.)
barrel	Great Britain USA		163.3 l (36 gal) 119 l
full barrel		beer	119.22 l
half barrel		beer	59.61 l
keg barrel		beer	29.33 l
pony barrel		beer	14.76 l
quarter barrel		beer	29.33 l
barrica	Spain	wine	48 gal
barrique	Bordeaux	wine	225 l
Bordeaux Chateau	Bordeaux	wine	225 l
Bordeaux Export	Bordeaux	wine	215 l
bota	Spain	wine	500 l
butt	Great Britain	wine	108 gal
demi-muid	Cognac	brandy	594 l (= 157 gal)
demi-queue	Burgundy	wine	228 l (= 60 gal)
feuilette	Burgundy	wine	114, 132, 136 l
firkin	Great Britain	beer	9 gal
foudre	France	wine	1 150 l
fuder	Germany	wine	1 000 l
Gönci hordó	Hungary	Tokay wine	135 l
hogshead	Scotland France	whisky, brandy brandy	54 gal 250 l 225 – 228 l
kilderkin	Great Britain	whisky	18 gal; 81,8 l
muid	France	wine	1 300 l
octave	Great Britain	wine, brandy	1/8 barrel
oxhoft	Great Britain	wine, brandy	210 – 290 l
pièce	Burgundy	wine	228 l
pin	Great Britain	rum, brandy	4½ gal; 20.5 l
pipa	Portugal	wine	420 – 550 l
pipe	Europe	wine	400 – 522.5 l
puncheon	Burgundy	wine	72 gal; 326 – 544 l
queue	Burgundy	wine	456 l
tonne tun	France Great Britain	wine	1000 l
tonneau	France	wine	900 l

WHISKY BRAND NAMES
ПЕРЕЧЕНЬ ФИРМЕННЫХ НАЗВАНИЙ ВИСКИ

Name Наименование	Region Регион происхождения	Type Тип виски	Details Дополнительная информация
A Drop of the Irish	Ireland	Irish Malt Whiskey	Blackadder International; 45% vol. unfiltered
Aberfeldy	Scotland	Highlands Single Malt Scotch Whisky	United Distillers/ Gordon & McPhail 15 yrs 43% vol.
Aberlour	Scotland, Speyside	Speyside Single Malt	Aberlour Distillery 10 yrs 40% vol., 11 yrs- 43% vol., 15 yrs
Aberlour A'Bunadh	Scotland	Speyside Single Malt	Aberlour Distillery
Aberlour Glenlivet	Scotland	Speyside Single Malt	Aberlour Distillery 12 yrs
Abbot's Choice	Scotland	Blended Scotch Whisky	United Distillers
A" bunadch	Scotland	Single malt	Chivas Brothers Ltd.
Adam's Antique	Canada	Canadian Rye Whisky	Seagram's 10 yrs
Adam's Private Stock	Canada	Canadian Rye Whisky	Seagram's
Adelphi	Scotland	malt & grain whisky	Adelphi Distillery
A.H. Hirsch Reserve	USA	Bourbon whiskey	16, 20 yrs Michters Distillery 91.6° proof
Ainslie's	Scotland	Single Malt	Ainslie & Heilbron (Distillers) LTD.
Alberta	Canada	Canadian Rye Whisky	Alberta Distillers Alberta Premium Alberta Springs
Alexander Dunn	Scotland	malt, blend	Alexander Dunn & Co. Ltd
All Malt	Scotland	Vatted malt	Berry Bros and Rudd Ltd.
Allt-A-Bhainne	Scotland	Highland Speyside malt	Pernod Ricard 20 yrs – 43% vol.
Ambassador	Scotland	De luxe blend	Allied Distillers Ltd.
American Biker	USA	Blended whiskey	Twelve Store Flagons (Pennsylvania)

Name	Country	Type	Notes
An Cnoc	Scotland	Speyside Single malt	(ex: Knockdhu Distillery) Inver House Distillers Ltd. 12 yrs – 40% vol. 18 yrs – 46% vol.
Ancestral	Scotland	Single malt	Ancestral Distillery; 100% sherry cask
Ancient Age	USA	Kentucky Straight Bourbon	Leestown Distilling Co, Ancient Age 10yrs 53,5% vol. Ancient Ancient Age – 10 yrs 43% vol.
Anderson Club	USA	Bourbon	Heaven Hill Distilleries
Andy Player Special	Philippines	Blended whisky	
Antipodean Double Malt Whisky	Scotland	Vatted malt	Small Concern Whisky Distillery
Antiquary, The ~	Scotland	De luxe blend.	J & W Hardie/ United Distillers; 12, 21 yrs
Antique	USA/Canada	Blended whiskey	Seagram's
Ardbeg	Scotland	Islay – Single Malt	Allied Distillers/ Gordon & McPhail
Ardmore	Scotland	Single Malt	Gordon & McPhail 15 yrs – 40% vol. 23 yrs – 43% vol.
Argyll	Scotland	Malt/ blended whisky	Argyll Distillery
Arran	Scotland	Island of Arran – Highland malt	Arran Distillery 43% vol.
d' Arcy's	Ireland	Old Irish Whiskey	Matt. d" Arcy & Co. Ltd
Asama	Japan	Blended whisky	Ocean Whisky
Aristocrat	USA	Blended whiskey	Heaven Hill Distilleries
As we get it	Scotland	Vatted malt	J.G.Thompson/ Ian Mcleod & Co.
Askaig	Scotland	Islay Single Malt	Askaig Distillery
Asyla	Scotland	blended whisky	Compass Box
Attorney	Scotland	Single Malt Scotch whisky	La Martiniquaise Distillers 40% vol.
Auchentoshan	Scotland	Western Lowland malt	Morrison Bowmore Distillers Ltd. 29 yrs 43% vol. 10 yrs 40% vol.

Name Наименование	Region Регион происхождения	Type Тип виски	Details Дополнительная информация
Auchroisk	Scotland	Highland Speyside – Single Malt	Auchroisk Distillery 10yrs – 43% vol. 19yrs – 46% vol.
Auld Lang Syne	Scotland	Highland Blended whisky	Lang Brothers
Auld Sandy	Scotland	Blended whisky	Balls Brothers Ltd.
Aultmore	Scotland	Highland Speyside (Isla) – Malt	Whisky Galore / Signatory 10, 11 yrs – 43% vol.
Avonside	Scotland	Blended whisky	Gordon & Macphail
Award	Scotland	Blended whisky	William Lundie & Co
Ayrshire	Scotland	Rare malt	Gordon & McPhail
B.J. Holladay	USA	Bourbon whiskey	McCormick Distillery
Baby Power, The ~	Ireland	Irish Whiskey	John Powers & Son
Bailey's	Ireland	Cream liqueur	R. & A. Bailey & Co., Dublin.
Bailie Nicol Jarvie	Scotland	Blended whisky	MacDonald and Muir.
Baker's	USA	Kentucky small batch bourbon whiskey	Jim Beam brands 7 yrs 107 proof
Balblair	Scotland	Highland Northern Single malt	Gordon & McPhail 31yrs 45% vol. 10, 16 yrs 40% vol.
Ballantine's	Scotland	Blended whisky	Allied Distillers – 17, 18, 21. 30 yrs
Ballantine's Purity	Scotland	Vatted malt	Allied Distillers
Ballindaloch	Scotland	Single malt	Ballindaloch Distillery
Ballochmyle	Scotland	Standard Blend	Whyte and Mackay Group Ltd.
Ballymena	Ireland	Old Irish Whiskey	James McAlister & Sons
Ballygeary	Ireland	Irish whiskey	Cooley Distillery 40% vol.
Balmenach	Scotland	Highland Speyside. – Malt.	Inver House Distillers/ Gordon & McPhail 2, 28 yrs – 46% vol. 12 yrs – 43% vol.

Name	Country	Type	Producer
Balvenie, The ~	Scotland	Highland Speyside Malt	William Grant & Sons Ltd. 10, 12 yrs – 40% vol.
Banff	Scotland	Highland Speyside – Malt.	Gordon & McPhail 20 yrs – 43% vol. 23 yrs – 46% vol.
Barclay Square	Canada	Canadian whisky	Jas Barclay & Co.
Barclay's	USA	Bourbon	Barton Distilling 80° proof
Bardenheier's Rare Scots Choice	Scotland	Blended Scotch Whisky	Bardenheier's Distillery 40 yrs
Barrel Reserve	USA	Blended whiskey	The Seagram Company Limited.
Barrel 107	USA	Kentucky Straight Bourbon	Leestown Distilling Co, 10 yrs, 107° proof
Barton's	Canada	Blended Canadian Whisky and Bourbon	Barton Distilling Company / Barton Brands Ltd. Barton Reserve Barton Premium Blend Barton's Canadian
Basil Hayden's	USA	Kentucky Small Batch Bourbon	Jim Beam Brands 8 yrs super-premium 80° proof
Baxter's Barley Bree	USA	Standard Blend	United Distillers
Beam's Choice	USA	Kentucky Bourbon	Jim Beam – 5 yrs 86° proof
Bell's	Scotland	Blended Scotch Whisky	Arthur Bell & Son. – 8, 12, 21 yrs
Bellow's Partners Choice	USA	Bourbon whiskey	Jim Beam Brands
Ben Aigen	Scotland	Blended Scotch Whisky	Inverness Distillery/ Gordon & MacPhail
Ben Alder	Scotland	Blended Scotch Whisky	Gordon & MacPhail
Ben Nevis	Scotland	Highland Western – Malt.	Ben Nevis Distillery; 10yrs - 46% vol.
Ben Riach	Scotland	Speyside malt	Speyside Distillery
Ben Roland	Scotland	Premium blend whisky	Ben Roland Distillery
Ben Wyvis	Scotland	Highland Northern – Malt.	Ben Wyvis Distillery/ Signatory 27 yrs – 43% vol.
Benchmark	USA	Kentucky Bourbon	Leestown Distilling Co. 80°/94° proof
Beneagles	Scotland	Blended Scotch Whisky	Waverly Vintners
Benmore	Scotland	Blended Scotch Whisky	Benmore Distillery
Bennachie	Scotland	Vatted malt	Bennachie Distillery
Benriach	Scotland	Highland – Single Malt	Benriach Distillery/ Seagram 10 yrs, 12 yrs – 43% vol.

Name Наименование	Region Регион происхождения	Type Тип виски	Details Дополнительная информация
Benrinnes	Scotland	Highland Speyside – Malt.	Benrinnes Distillery/ United Distillers; 15y – 43% vol. 16 yrs – 40% vol.
Benromach	Scotland	North Highland Malt.	Gordon & MacPhail 15 yrs – 40% vol. 18, 20, 25 yrs – 43% vol.
Berry's Best	Scotland	De Luxe Blend	Berry Bros and Rudd Ltd.
Berry's Pure Malt	Scotland	Vatted malt	Berry Bros and Rudd Ltd.
Big "T"	Scotland	Blended and de luxe	Tomatin Distillery Company.
Bishop's Malt	Scotland	Islay –Blended/ Vatted Malt	Clarke's Distilling Co.
BL Gold Label	Scotland	Blended Scotch Whisky	Bulloch Lade and Co Ltd.
Black and White	Scotland	Blended Scotch Whisky	James Buchanan
Black Barrel	Scotland	Single Grain Scotch whisky	William Grant and Sons Ltd.
Black Bottle	Scotland	Blended Scotch Whisky	Burn Stewart Distillers Limited
Black Bush	Ireland	Blended. Scotch Whisky	Bushmills Distillery. 40% vol.
Black Cat	Thailand	Blended Scotch Whisky	Thai whisky
Black Cock	Scotland	Blended Scotch Whisky	Burn Stewart Distillers Limited
Black Douglas	Scotland	Grain and malt blend	Seagram
Black Eagle	Scotland	Blended Scotch Whisky	Black Eagle Distillery
Black Horse	Italy	Blended Pure Grain whisky	Monastier Di Treviso
Black Jack	Scotland	Blended Scotch Whisky	Seagram
Black Nikka Whisky	Japan	Japanese Whisky	Nikka Distillers
Black Prince	Scotland	Blended Scotch Whisky	Burn Stewart Distillers Limited - 12, 17, 20, 25 yrs
Black Ribbon	Sweden	Vatted Malt	Vin & Sprit 21 yrs, 40% vol.
Black Rooster	Scotland	Blended Scotch Whisky	Peter J Russell & Co
Black Shield	Scotland	Blended Scotch Whisky	Peter J Russell & Co
Black Velvet	Canada	Canadian Rye Whisky	Palliser Distillery (Alberta)/ Barton Brands; 40% vol.
Black Watch	Scotland	Blended Scotch whisky	Seagram

Black-50	Japan	Japanese Whisky	Nikka Distillers
Blackadder	Scotland	Speyside single cask malt whisky	Blackadder Distillery 18 yrs – 43%
Bladnoch	Scotland	Lowland South (Borders) – Malt.	Bladnoch Distillery 21 yrs 46% 12 yrs 43%
Blair Athol	Scotland	Highland Central – Single Malt.	United Distillers; 12, 22 yrs – 43% vol.
Blairfindy	Scotland	Single Speyside malt	Blackadder International; 25 yrs – 43%; single-cask
Blair Mhor	Scotland	Vatted malt	Inverhouse Distillers
Blanton's	USA	Kentucky Single Barrel Bourbon	Jim Beam Brands, 6,8 yrs barrel-proof (120 – 126° proof)
Blender's Pride	Scotland	Blended Scotch whisky	Seagram
Blue Hanger	Scotland	Blended Scotch whisky	Berry Bros. & Rudd.
Bon Vivant	Canada	Canadian blended whisky	Gibson Distilleries
Bonnie Scot	Scotland	Standard Blend	Whyte and Mackay Group Ltd
Bond 7	Australia	blended whisky	International Distillers Ltd. Melbourne, Australia
Booker's	USA	Kentucky Straight Bottled Bourbon	Jim Beam Brands 7 yrs – 63,25% (126,5 Proof)
Boone's Knoll	USA	straight bourbon whiskey	Michter's Distillery 16 yrs
Boston Club	Scotland	blended Scotch whisky	Seagram
Boston Five Star, Mr.~	Canada	Canadian Whisky	Barton Brands Ltd.
Bow Street	Ireland	Single distillery Irish whiskey.	Bow Street Distillery
Bowman's Canadian	Canada	Canadian whisky	40% vol. 3 yrs
Bowmore	Scotland	Islay – Single Malt	Morrison Bowmore Distillers Ltd. 10 yrs 43% 11 yrs 46% 21 yrs 43% 40 yrs 42%
Bozwin	Palestine	Palestine Whisky	Produced in the Jewish Colonies in Palastine.

Name Наименование	Region Регион происхождения	Type Тип виски	Details Дополнительная информация
Brackla	Scotland	Single malt	Royal Brackla Distillery
Braemar	Scotland	Blended Scotch whisky	Grant MacDonald & Co.
Braes of Glenlivet	Scotland	Highland Speyside (Livet) – Malt.	Braeval Distillery 16 yrs – 43%
Braeval	Scotland	Highland Speyside (Livet) – Malt.	Braeval Distillery Originally called Braes of Glenlivet
Breath of Adelphi	Scotland	Blended Scotch whisky	Adelphi Distillery
Brechin	Scotland	Single Malt.	Brechin Distillery
Brennans	Ireland	Single malt	Cooley Distillery
Brig O' Perth	Scotland	Blended Scotch Whisky	Matthew Gloag & Sons
Brora	Scotland	Northern Highland Malt	Brora Distillery – 19 yrs 46% vol.
Bruchana's	Scotland	Blended Scotch whisky	Dalwhinnie distillery.
Bruichladdich	Scotland	Islay Single Malt	Bruichladdich Distillery 10, 15 yrs. 43% vol.
Buchanan's	Scotland	De luxe blend	James Buchanan - 12 yrs
Buffalo Trace	USA	Kentucky Straight Bourbon	Buffalo Trace Distilleries - 9 yrs
Bulleit Bourbon	USA	Frontier Bourbon whisky	Bulleit Distillery
Bulloch Lade Gold Label	Scotland	Blended Scotch whisky	Bulloch Lade and Co Ltd.
Bunnahabhain	Scotland	Islay – Single Malt.	Gordon & McPhail -12 yrs - 40% vol., 22 yrs – 43% vol.
Burberry	Scotland	Premium blend	Burn Stewart Distillers Limited
Burke's Select	Canada	Canadian Whisky	Corby Distillery
Burn Stewart	Scotland	Blended Scotch whisky	Burn Stewart Distillers Limited
Bush Pilot	Canada	Canadian Rye Whisky	Potter's Cascadian Distillery (Br. Columbia) -13 yrs
Bushmill's	Ireland	Blended Irish whiskey	Bushmill's Distillery - 40 -42% vol.
Bushmill's 1608 Reserve (1 litre)	Ireland	Irish pot-still whiskey	Bushmill's Distillery – 40% vol.
C & J Fine Old	Scotland	Blended Scotch whisky	United Distillers

C. W. Hirsch Reserve	USA	Kentucky Bourbon	Michter's Distillery 16 yrs – 45,8% vol. 19 Years old. – 46,5% vol.
Cabin Still	USA	Kentucky Sour Mash Bourbon	Cabin Still Distillery
Cadenhead's	Scotland	Liqueur Whisky	William Cadenhead (Aberdeen)
Caledonian	Scotland	Grain whisky	Campbeltown Caledonian Distillery
Calvert	USA	Blended whiskey	Seagram's
Cambus	Scotland	Single Grain whisky	Cambus Distillery/ Signatory
Cameron Brig	Scotland	Grain whisky	Cameronbridge Distillery.
Campbeltown	Scotland	Single malt Scotch whisky	S.V.S.W.Co. Ltd
Campbeltown Loch	Scotland	Blended Scotch whisky	J & A. Mitchell – 10 yrs
Canadian Club	Canada	Canadian Rye (Bourbon)	Hiram Walker & Sons – 15, 20 yrs 40% vol.
Canadian Club Classic	Canada	Canadian Rye Whiskey	Walkerville Distillery/ Allied Domecq 12 yrs
Canadian Corn	Canada	Canadian Whisky	Potter's Cascadian Distillery (Br. Columbia) 10, 11 yrs
Canadian Company	Canada	Canadian whisky	Rider
Canadian Hunter	Canada	Canadian Rye whisky	Seagram's
Canadian Host	Canada	Canadian Whisky	Barton Brands Ltd. 40% vol.
Canadian Gold	Canada	Canadian Rye Whisky	Alberta Distillery; 3 yrs
Canadian Leader	Canada	Canadian whisky	La Martiniquiase Distillers 40% vol.
Canadian Ltd	Canada	Canadian Whisky	Barton Brands Ltd. 40% vol.
Canadian Mist	Canada	Canadian whisky	Brown-Forman Beverages - 40% vol.
Canadian Rich & Rare	Canada	Canadian Rye whisky	Allied Domecq
Canadian Spirit	Canada	Canadian Rye Whisky	Alberta Distillers; 7 yrs
Canadian Supreme	Canada	Canadian Whisky	Barton Brands Ltd.
Caol Ila	Scotland	Islay – Single Malt.	Gordon & McPhail 12 yrs – 43% vol. 18 yrs- 43% vol. 23 yrs – 43% vol.
Caperdonich	Scotland	Highland Speyside – Single Malt.	Caperdonich Distillery/ Seagram's 40% vol.; 21 yrs – 43% vol.
Captain's Table	Canada	Canadian Whisky	McGuiness
Cardhu	Scotland	Highland Speyside – Single Malt.	(AKA : Cardow) Diageo plc 12 yrs – 40%

Name Наименование	Region Регион происхождения	Type Тип виски	Details Дополнительная информация
Cardow	Scotland	Highland Speyside	See Cardhu
Carolans	Ireland	Cream liqueur	T. J. Carolan & Son Ltd.
Carrington	Canada	Canadian Rye Whisky	Alberta Distillers 3 yrs
Carstairs	USA	Blended whiskey	Seagram
Cassebridge	Scotland	Grain whisky	Cassebridge Distillery
Castel Malt	Australia	Single malt	-
Catto's	Scotland	Blended Scotch whisky	Inverhouse Distillery – 12, 21, 25 yrs
Celtic Crossing	Ireland	Whiskey liqueur	Celtic Whiskey Company
Century	Scotland	Blended Scotch whisky	Chivas Brothers
Chairman's Vatting	Scotland	Campbeltown – Blended Scotch whisky	Springbank Distillery; 21 yrs, 46 % vol.
Centennial	Canada	Canadian rye whisky	Highwood Distillers – 10 yrs, 40% vol.
Chequers	Scotland	Blended Scotch whisky	John McEwan
Chicken Cork	USA	Medicine whisky	Kentucky Distillers and Warehouse Co. Inc. Aged in wood for medicinal use.
Chieftain's Choice	Scotland	Single Malt	Peter J Russel & Co.
Chivas Century	Scotland	Vatted malt	Chivas Brothers
Chivas Imperial	Scotland	Blended Scotch whisky	Chivas Brothers
Chivas Regal Premium Scotch	Scotland	Blended Scotch whisky	Chivas Brothers 12, 18 yrs 40% vol.
Chivas Revolve	Scotland	Premium Blend	Chivas Brothers Ltd.
Clan Ardroch	Scotland	Blended Scotch whisky	Hall & Bramley
Clan Campbell	Scotland	Blended Scotch whisky	Campbell Distillers
Clan MacGregor	Scotland	Blended Scotch whisky	J.G. Thompson
Clan Murdock	Scotland	Blended Scotch whisky	Murdock McLennan Ltd.
Clan Roy	Scotland	Blended Scotch whisky	Morrison Bowmore Distillers Ltd.
Clanrana	Scotland	Whisky liqueur	Clanrana distillery
Clansman	Scotland	Blended Scotch whisky	Glen Catrine

Name	Country	Type	Producer/Notes
Classic Malts Range	Scotland	Single Malt Whisky	Diageo plc
Claymore, The ~	Scotland	Blended Scotch whisky	Whyte and Mackay
Clear Spring	USA	American Grain Whiskey	Jim Beam Brands
Clonmel	Ireland	Irish pot-still whiskey	Celtic Whiskey Company – 8 yrs 40% vol.
Clontarf	Ireland	Single malt whiskey	Clontarf Irish Whiskey Co. Black label, Trinity, Reserve –40% vol.
Club	Scotland	Blended Scotch whisky	Justerini & Brooks
Club Bourbon, Bellows ~	USA	Kentucky Straight Bourbon	Bellows Distillery
Club Liqueur Whiskey	Ireland	Liqueur Irish Whiskey	John McKibbin & Son Ltd
Cluny	Scotland	Blended Scotch Whisky	John E. McPherson
Clydesdale Original	Scotland	Highland Malt	Macallan Distillery 60.8% vol
Clynelish	Scotland	Highland Northern – Malt.	Clynelish Distillery 18yrs – 46% vol. 10 yrs – 43% vol.
Cock O' the North	Scotland	Single Malt Scotch Whisky Liqueur	The Speyside Distillery; a blend of single malt Scotch whisky with blaeberry and a special ingredient from the Gordon's family
Cockburn	Scotland	Single Malt / Blended Scotch whisky	Peter J Russel & Co
Cockburn's Highland Malt	Scotland	Highland Single Malt	Cockburn & Co.
Coldstream Guard	Scotland	Standard Blend	Inver House Distillers ltd.
Coleburn	Scotland	Highland Speyside – Single Malt.	Coleburn Distillery - 40%, 46% vol.
Coleraine	Irish	Blended Malt and Single Grain	R. Taylor Ltd. Distillers - 40% vol.
Coleraine 34	Ireland	Malt whiskey	R. Taylor Ltd. Distillers - 34 yrs 57.1% vol.
Colonel Lee	USA	Kentucky Bourbon	Barton Brands Ltd.
Columbia Cream	Scotland	Whisky Liqueur	Whisky Cream Liqueur; blend of 5 single malts.
Connemara	Ireland	Peated Single Malt	Cooley Distillery
Connoisseur's Choice, The ~	Scotland.	Highland single-malt scotch whisky	Gordon & McPhail
Consulate	Scotland	Blended Scotch Whisky	Quality Spirits International – 3 yrs
Convalmore	Scotland	Highland Speyside – Malt.	Convalmore Distillery – 14yrs – 43% vol.

Name Наименование	Region Регион происхождения	Type Тип виски	Details Дополнительная информация
Copper Pot	Scotland	Vatted malt	George Morton Ltd.
Corby's Reserve	USA	Blended whiskey	Corby's / Barton
Corby's Canadian	Canada	Canadian Whisky	Barton Brands Ltd.
Corio	Australia	Single malt	United Distillers, Melbourne
Corney & Barrow	Scotland	De luxe blend	Corney & Barrow
Corner Creek	USA	Kentucky Straight Bourbon	The Willett Distillery
Cougar Bourbon	USA	American Bourbon Whiskey	Seagram's
Country Club	USA	Bourbon whiskey	Kasser Laird, Pennsylvania
Country Gentleman's	Scotland	Blended Scotch whisky	Country Gentleman's Association
Covent Garden	Scotland	Blended Scotch whisky	Cadenhead
Cowan's	Ireland	Old Irish whiskey	William Cowan Ltd.
Crabbies		Blended	United Distilleries
Cradle Mountain	Australia	Single Malt whisky/ Blended whisky	Small Concern Whisky Distillery, Tasmania – 3 yrs
Cragganmore	Scotland	Highland Speyside Single Malt	Cragganmore Distillery –12 yrs, 40% vol.; 11 yrs – 46% vol.
Craigellachie	Scotland	Highland Speyside – Malt.	Craigellachie Distillery –40% vol. 16, 19 yrs – 43% vol.
Crawford's	Scotland	Blended Scotch whisky	Whyte & Mackay.
Crescent	Japan	Japanese Whisky	Kirin Seagram
Crested Ten	Ireland	Blended whiskey	Midleton Distillery, Dublin
Crinan Canal Water	Scotland	Premium blend Scotch whisky	Cockburn & Co.
Crown Royal	Canada	Canadian Rye Whisky	Gimli Distillery/ Diageo plc Crown Royal Crown Royal Limited Edition Crown Royal Special Reserve
Cumbrae Castle	Scotland	Blended Scotch whisky	Macduff International Ltd.
Custodian	Scotland	Blended Scotch whisky	Douglas Denham
Cutty Sark	Scotland	De Luxe Blend	Berry Bros & Rudd Ltd.

Name	Country	Type	Producer / Notes
			Cutty Sark Emerald – 12 yrs
			Cutty Sark Discovery - 18 yrs
			Cutty Sark Celebrated – 25 yrs
			Cutty Sark Imperial Kingdom Golden Jubilee - 50 yrs
Dailuaine	Scotland	Highland Speyside – Single Malt.	Dailuaine Distillery – 16 yrs – 43% vol., 27yrs - 45.7%
Dallas Dhu	Scotland	Highland Speyside – Single Malt.	Dallas Dhu Distillery 18 yrs – 40% vol.
Dalmeny	Scotland	Blended Scotch whisky	J Townend & Sons
Dalmore, The ~	Scotland	Highland Northern – Single Malt	Whyte & Mackay Group Ltd. - 12 yrs, 40% vol.
Dalwhinnie	Scotland	Highland Central – Single Malt.	Diageo plc 15 yrs, 43% vol.
David Nicholson 1843	USA	Bourbon whiskey	Sazerac Distillery – 7 yrs 100° proof
Deanston	Scotland	Highland Southern – Single Malt.	Cadenhead Ltd. 12 yrs 25 yrs –40%
Delaney's	Ireland	Irish Special Reserve Whiskey	Cooley Distillery
Derby Special	Scotland	De luxe blend	Kinross Whisky Co.
Desmond and Duff De Luxe	Scotland	Blended Scotch whisky	Clydesdale Distillery
Dew of Ben Nevis	Scotland	Blended Scotch whisky	Ben Nevis Distillery
Dew of Western Isles	Scotland	Blended Scotch whisky	Speyside Distillery
Dewar's	Scotland	Blended Scotch whisky	John Dewar & Sons Ltd.
Dickel's Cascade	USA	Tennessee Whisky	Cascade Distillery
Dimple	Scotland	Blended Scotch whisky	AKA : The Pinch (USA only) Diageo plc
Diner's	Scotland	Vatted malt / blended	Douglas Denham
Diplomat	Scotland	Standard Blend	Inver House Distillers Ltd.
Director's Special	Scotland	Blended Scotch whisky	H Stenham Limited
Discovery Finest Scotch Whisky, Old ~	Scotland	Single malt	Royal Jubilee Whiskies Ltd. Gordon McBain Distillers Ltd.
Distiller's Masterpiece	USA	Straight Bourbon Whiskey	Jim Beam Brands
Doctor's Special	Scotland	Blended Scotch whisky	Allied Distilleries

Name Наименование	Region Регион происхождения	Type Тип виски	Details Дополнительная информация
Dominie	Scotland	Premium blend	Cockburn & Co.
Donard Dew	Ireland	Old Irish Whiskey	Mooney Bros.
Dougherty's	Scotland	Standard Blend	Inver House Distillers Ltd.
Dowling	USA	Bourbon whiskey	Heaven Hill Distillery – 8 yrs, 86° proof; 10 yrs, 100° p
Drambuie Black Ribbon	Scotland	Malt Whisky Liqueur	Drambuie Liqueur Co.
Drumgray	Scotland	Whisky Liqueur	Burn Stewart Distillers Ltd.
Drumguish	Scotland	Highland Malt	Speyside Distillery Co. ltd.
Dubliner, The ~	Ireland	Cream liqueur	The Dubliner Liqueur & Spirit Co., Dublin.
Dufftown	Scotland	Highland Speyside malt	Dufftown Distillery/ Diageo plc 15 yrs – 43% vol.
Dufftown-Glenlivet	Scotland	Highland Speyside – Malt.	Dufftown Distillery/ Diageo plc
Dumbarton	Scotland	Grain Scotch whisky	Dumbarton Distillery
Dun Bhean Malts	Scotland	Single Malt	Ian Macleod & Co. Ltd
Dunfife	Scotland	Standard Blend	Ian Macleod & Co. Ltd.
Dungourney	Ireland	Blended whiskey	Midleton Distillery 40% vol.
Dunhill	Scotland	Blended Scotch whisky	AKA: Old Master Justerini and Brooks.
Dunkeld Atholl Brose	Scotland	Malt Whisky Liqueur	Gordon & MacPhail, 35% vol.
Dunphy's	Ireland	Blended whiskey	Midleton Distillery. 40% vol. triple distilled
Eagle Rare	USA	Kentucky Straight Bourbon	Old Prentice Distillery, Frankfort, Kentucky 10 yrs 17 yrs – 101° proof
Early Times	USA	Kentucky Straight Bourbon	Early Times Distillery; 80° proof
Eaton Special	Scotland	Blended Scotch whisky	Douglas Laing & Co.
Eblana	Ireland	Whiskey Liqueur	Cooley Distillery.
Echo Spring	USA	Kentucky Straight Bourbon	Heaven Hill Distillers; 4 yrs

Name Наименование	Region Регион происхождения	Type Тип виски	Details Дополнительная информация
Five Thirty	Canada	Canadian whisky	Schenley Distilleries
Fleischmann's Preferred	USA	Blended whiskey	Fleischmanns Preferred
Fortnum & Mason	Scotland	Blended/ Malt	Fortnum & Mason
Four Roses	USA	Kentucky Straight Bourbon	Four Roses Distillery Four Roses Black Label Four Roses Single Barrel Reserve Four Roses Super Premium
Four Seasons	Australia	Blended whisky	United Distillers
Forty Creek	Canada	Canadian Rye Whisky	Forty Creek Three Grain Forty Creek Barrel Select 40% vol.
Fraser McDonald	Scotland	Blended Scotch whisky	Gibson
Fraser's	Scotland	Single Malt/ De Luxe Blend	Gordon & McPhail
Friar Royd	Scotland	Blended Scotch whisky	James H. S. Holroyd.
G & M Reserve	Scotland	Single Malt	Gordon & MacPhail
Gairloch	Scotland	Blended Scotch whisky	McMullen & Sons
Galaxy	USA	Blended whisky	Seagram
Gale's	Scotland	Blended Scotch whisky	George Gale & Co.
Gallagher & Burton	USA	Blended whiskey	Seagram
Gamefair	Scotland	Vatted malt	Hynard Hughes
Garnheath	Scotland	Grain Scotch whisky	
George Dickel	USA	Tennessee whiskey	Cascade Hollow Distillery; 10 yrs
Gibson's Finest	Canada	Canadian Whiskey	
Gillion's	Scotland	Blended Scotch whisky	United Distilleries
Gilt Edge	Australia	Blended whisky	Gilberts
Girvan	Scotland	Grain Scotch whisky	-
Glayva	Scotland	Scotch Whisky Liqueur	Invergordon; 35% vol.
Glen Albyn	Scotland	Highland Speyside – Malt.	(Inverness) 19, 23 yrs – 43% vol.

Edinburgh Castle	Scotland	Blended Scotch whisky	Whyte & Mackay Group
Edradour	Scotland	Highland Southern – Single Malt.	Edradour Distillery 10 yrs – 40% vol. unchill filtered – 10yrs – 46%
Edward's Privileged Choice	Scotland	Blended Scotch Whisky	Quality Spirits International – 12 yrs
Eileandour	Scotland	Isle of Arran – Vatted malt	Isle of Arran Distillers Ltd. – 10 yrs
El Vino	Scotland	De luxe blend	El Vino Co.
Eleuthera	Scotland	Vatted malt	Compass Box
Elijah Craig	USA	Bourbon	Heaven Hill Distillers; 12 yrs; 18 yrs, 90° proof
Elmer T. Lee	USA	Kentucky Single Barrel Bourbon	Leestown Distilling Co., 90° proof
Emblem	Japan	Japanese Whisky	Kirin Seagram
Emmets	Ireland	Cream liqueur	R. & J. Emmet & Co., Dublin.
Erin go Bragh	Ireland	blended	Cooley Distillery 40% vol.
Erin's Isle	Ireland	Irish Blended whiskey	Cooley Distillery
Evan Williams	USA	Kentucky Straight Bourbon	Heaven Hill Distillers – 7,8,9,23 yrs
Exec, The	Scotland	Highland malt	Cornes & Company Limited.
Ezra Brooks	USA	Bourbon whiskey	David Sherman Co., 90° proof

Fairlie's	Scotland	Highland Liqueur	The Liqueur Edrington Group – 24% vol.
Fairington's	Scotland	Blended Scotch whisky	La Martiniquaise Distillers 40% vol.
Famous Grouse, The ~	Scotland	Blended Scotch whisky	Matthew Gloag & Sons Ltd./ The Edrington Group Ltd.
Fettercairn	Scotland	Highland East – Single Malt.	Gordon & McPhail
Fighting Cock	USA	Bourbon whiskey	Heaven Hill Distillers; 6 yrs 103° proof
Findlater's Finest	Scotland	Premium blend	Invergordon
Findlater's Mar Lodge	Scotland	Vatted Malt	Invergordon
Fine Old Special	Scotland	Blended Scotch whisky	Joseph Holt
First Lord	Scotland	Blended/ Malt	Edwin Cheshire
Fitzgerald's 1849	USA	Wheated Bourbon	Bernheim Distillery/ Heaven Hill Distillery- 12 yrs

Glen Allachie	Scotland	Malt	Highland
Glen Almond	Scotland	Vatted Malt	Gordon & McPhail
Glen Avon	Scotland	Single Malt	Kinross Whisky Co.
Glen Baren	Scotland	Vatted Malt	Burn Stewart Distillers Ltd.
Glen Blair	Scotland	Vatted Malt	Glenburgie
Glen Burgie	Scotland	Malt	Gordon and MacPhail
Glen Calder	Scotland	Blended	Kinross Whisky Co.
Glen Carren	Scotland	Vatted Malt	Glen Catrine
Glen Catrine	Scotland	Blended	Invergordon
Glen Clova	Scotland	Blended	Quality Spirits International – 3, 5 yrs
Glen Corrie	Scotland	Blended Scotch Whisky	Glen Craig Distillery
Glen Craig	Scotland	Malt	Deveron/ Macduff
Glen Deveron	Scotland	Highland Speyside Malt	12 yrs – 40% vol.
Glen Dochart	Scotland	Single Malt	Winerite Ltd.
Glen Dowan	Scotland	Blended	J & G Grant
Glen Drum	Scotland	Vatted malt	Douglas Laing & Co.
Glen Drummond	Scotland	Vatted malt	Inver House Distillers Ltd.
Glen Dullan	Scotland	Single Malt	Glen Dullan Distillery
Glen Eason	Scotland	Isle of Arran - Single Malt	Isle of Arran Distillers
Glen Elgin	Scotland	Highland Speyside – Malt.	Diageo plc 12 yrs – 43% vol. 19 yrs – 43% vol.
Glen Esk	Scotland	Hiighland – malt	Glen Esk Distillery - 40% vol.
Glen Flagler	Scotland	Vatted Malt	Inver House Distillers Ltd.
Glen Foyle	Scotland	Standard Blend	Whyte and Mackay Group Ltd.
Glen Fraser	Scotland	Single Malt whisky	Gordon & MacPhail
Glen Fruin	Scotland	Single Malt	William Lundie & Co. Ltd. – 10 yrs
Glen Garioch	Scotland	Highland East malt	Morrison Bowmore Distillers Ltd. 15, 21 yrs – 43% vol.
Glen Garry	Scotland	Standard Blend	Diageo plc

Name Наименование	Region Регион происхождения	Type Тип виски	Details Дополнительная информация
Glen Ghoil	Scotland	Standard Blend	Hall & Bramley
Glen Gordon	Scotland	Single Malt	Gordon & MacPhail
Glen Grant	Scotland	Highland Speyside – Single Malt.	Chivas Brothers Ltd. 40% vol. 10 – 25 yrs
Glen Gyle	Scotland	Vatted Malt	Glen Gyle Distillery
Glen Hally	Scotland	Vatted Malt	Highland.
Glen Hunter	Scotland	Blended.	-
Glen Ila	Scotland	Vatted malt	Glen Ila Distillery
Glen Isla	Scotland	Islay	12 Years old. (Alias Caol Ila)
Glen Keith	Scotland	Highland Speyside – Malt.	10 Years old – Malt. 40% vol.
Glen Kella	Isle of Man	Single malt	Isle of Man (Sulby) Manx Whiskey.
Glen Lyon	Scotland	Standard blend	Whyte and Mackay Group Ltd.
Glen Mavis	Scotland	Standard Blend	Inver House Distillers Ltd.
Glen Mhor	Scotland	Highland – Malt.	Gordon & McPhail 20 yrs, 28 yrs – 43% vol.
Glen Moray	Scotland	Highland Speyside – Malt.	Macdonald and Muir Ltd. 12y 16y – 40% vol. 28 yrs – 43% vol.
Glen Nevis	Scotland	De luxe blend	Gibson
Glen Nicol	Scotland	Vatted Malt	Inver House Distillers Ltd.
Glen Niven	Scotland	Standard Blend	Douglas McNiven
Glen Ord	Scotland	Highland Northern Single Malt	Diageo plc - 12 yrs – 40% vol. 12 yrs – 43% vol.
Glen Orson	Scotland	Standard Blend	Inver House Distillers Ltd.
Glen Rosa	Scotland	Blended	Isle of Arran Distillers.
Glen Rothes	Scotland	Highlands Speyside malt	Glen Rothes Distillery
Glen Salen	Scotland	Vatted Malt	Whyte and Mackay Group Ltd.
Glen Scotia	Scotland	Campbeltown West Coast – Single Malt.	Glen Scotia Distillery/Gordon & McPhail –12 yrs 40% vol.

Glen Shee	Scotland	Standard Blend		Findlater Mackie Todd
Glen Sloy	Scotland	Vatted malt		Invergordon
Glen Spey	Scotland	Highland Speyside – Malt.		Glen Spey Distillery – 12, 14 yrs – 43% vol.
Glen Stag	Scotland	Standard Blend		Whyte and Mackay Group Ltd.
Glen Stuart	Scotland	Standard Blend / Vatted malt		W.Brown & Sons
Glen Torran	Scotland	Single Malt		London & Scottish International
Glen Tress	Scotland	Single Malt		Peter J Russel & Co.
Glen Turner	Scotland	Single Malt Scotch Whisky		La Martiniquaise
Glen Turret	Scotland	Single Malt		Glen Turret Distillery
Glen Union	Scotland	Standard Blend		Whyte and Mackay Group Ltd.
Glen Urquhart	Scotland	Standard Blend		Gordon & MaPhail
Glenallachie	Scotland	Highland Speyside – Malt.		In the heart of Speyside 8, 12 yrs – 43% vol.
Glenburgie	Scotland	Highland Speyside – Malt.		(AKA : Glencraig and Glenburgie-Glenlivet.) 10 yrs – 45% vol. 15 yrs – 40% vol.
Glenburgie-Glenlivet	Scotland	Highland Speyside		Glenburgie
Glencadam	Scotland	Highland Eastern – Malt.		Gordon & McPhail 15 yrs – 40% vol.
Glencoe	Scotland	Vatted Malt		MacDonald's Glencoe
Glencraig	Scotland	Highland Speyside – Malt.		Glenburgie Distillery –40% vol.
Glencupar	Scotland	Special Blend		Glencupar Distillery
Glendarroch	Scotland	De luxe blend		William Gillies & Co. 12 yrs
Glendower	Scotland	Vatted malt		Burn Stewart
Glendronach	Scotland	Highland Speyside – Malt.		Allied Distillers 15 Years old. 100% Matured in Sherry cask's.
Glendronach Traditional, The ~	Scotland	Highland Speyside malt		Allied Distillers 10 Years – 43% vol. 26 yrs – 45% vol.
Glendrostan	Scotland	Standard Blend		Invergordon
Glendullan	Scotland	Highland Speyside – Malt.		(AKA : Glendullan-Glenlivet) Diageo plc - 12 yrs – 43% vol.
Glenelgin	Scotland	Single Malt		Glenelgin Distillery

Name Наименование	Region Регион происхождения	Type Тип виски	Details Дополнительная информация
Glenesk	Scotland	Highland Eastern – Malt.	Glenesk Distillery
Glenfairn	Scotland	Vatted Malt	Invergordon 12 yrs
Glenfarclas	Scotland	Highland Speyside – Malt.	J & G. Grant; 25, 30yrs – 43%
Glenfern	Scotland	Standard Blend	United Distillers
Glenfiddich	Scotland	Highland Speyside – Malt.	William Grant & Sons Glenfiddich Classic Glenfiddich Excellence 30, 40yrs – 40% vol. 64 yrs – 44% vol.
Glenflagler	Scotland	Vatted Malt.	Inver House
Glenfohry	Scotland	Pure Malt Whisky	Quality Spirits International – 8 yrs
Glenforres	Scotland	Vatted Malt	House of Campbell
Glengalwan	Scotland	Single Malt.	Inver House
Glengarioch	Scotland	Malt	Glengarioch Distillery
Glenglassaugh	Scotland	Highland Speyside – Malt.	Gordon & McPhail 22 yrs – 43% vol.
Glengordie (See Glen Ord)	Scotland	Malt	Glengordie Distillery
Glengoyne	Scotland	Highland South West – Malt. (Western)	Ian Macleod & Co. Ltd. 10 yrs – 40% vol., 17, 21, 30 – 43% vol.
Glenkeith	Scotland	Single Malt	Chivas Brothers Ltd.
Glenkinchie	Scotland	Lowland East – Malt.	Diageo plc 10 yrs 43% vol.
Glenkinlay	Scotland	Blended Scotch Whisky	Glenkinlay Distillery
Glenleven	Scotland	Standard Blend	Glenleven Distillery
Glenlivet, The ~	Scotland	Highland Speyside – Malt.	Chivas Brothers Ltd. The Glenlivet 12 yrs 40% vol. The Glenlivet 18 yrs The Glenlivet Archive; 32 yrs – 46% vol.

Glenlochy	Scotland	Highland Western – Malt.	40% vol.
Glenlossie	Scotland	Highland Speyside – Malt.	Diageo plc 10 yrs – 43% vol. 43 yrs-43% vol.
Glenmhor	Scotland	Single Malt	Glenmhor Distillery
Glenmond Highland Malt 87	Scotland	Highlands.	Glenmond Distillery
Glenmorangie	Scotland	Highland Northern Malt	Glenmorangie plc Glenmorangie Madeira Cask Glenmorangie Port Finish Glenmorangie Sherry Finish 10 yrs- 40% vol., 18, 21, 30 yrs – 43% vol.
Glenmoray	Scotland	Single Malt	Glenmoray Distillery
Glenora	Canada	Nova Scotia	Lauchie Maclean
Glenordie	Scotland	Highland Northern	(See :Glen Ord : AKA Ord.)
Glenrothes, The ~	Scotland	Highland Speyside – Malt.	Gordon & McPhail 8 yrs – 40% vol. 13 yrs – 43% vol.
Glenshire	Scotland	Standard Blend	Ian Macleod & Co. Ltd.
Glentauchers	Scotland	Highland Speyside – Malt.	15 yrs – 40% vol.
Glentromie	Scotland	Vatted malt	Speyside Distillery
Glenturret	Scotland	Highland South – Malt.	The Edrington Group Ltd. – 10, 11, 12 yrs –43% vol., 15, 18 yrs –40% vol.
Glenturret Malt Liqueur, The ¿	Scotland	Malt Whisky Liqueur	The Liqueur Edrington Group Ltd.
Glenugie	Scotland	Highland Eastern malt	Glenugie Distillery – 40% vol.
Glenury Royal	Scotland	Highland Eastern – Malt.	Glenury Distillery - 40% vol.
Gold 1000	Japan	Blended whisky	Suntory
Gold & Gold	Japan	Japanese Whisky	Nikka
Gold Blend	Scotland	Standard Blend	Kinross Whisky Co.
Gold Crest	Canada	Canadian Rye whisky	Hiram Walker & Sons
Gold Cup	Philippines	Blended whisky	
Gold Label	Scotland	Standard Blend	Red Lion

Name Наименование	Region Регион происхождения	Type Тип виски	Details Дополнительная информация
Gold Seal Whiskey	USA	American blended whiskey	Missouri Distillers
Golden Cap	Scotland	Standard Blend	J.C. & R.H. Palmer
Golden Castle	Scotland	Blended Scotch whisky	La Martiniquaise Distillers 40% vol.
Golden Cat	Thailand	Blended whisky	Thai Whisky
Golden Glen	Scotland	Standard Blend	Inver House Distillers Ltd.
Golden Piper	Scotland	Standard Blend	Lombard Scotch Whisky
Golden Wedding	Canada	Canadian Rye whisky	United Distillers Canada Inc.
Goldener Stern	Germany	Blended whisky	Veb Barensiegel – Berlin.
Gordon & MacPhail	Scotland	Blended Scotch whisky	Gordon & McPhail
Gordon Highlanders, The ~	Scotland	Blended Scotch whisky	William Grant and Sons
Grand Macnish	Scotland	Blended Scotch whisky	MacDuff International.
Grand Old Parr	Scotland	Blended Scotch whisky	Diageo plc - 12 yrs
Grant's	Scotland	Blended Scotch whisky	William Grant and Sons
Grant's Finest	Scotland	Blended Scotch whisky	William Grant and Sons
Grant's Finest 100 Proof	Scotland	Blended Scotch whisky	William Grant and Sons
Grant's Royal	Scotland	Blended Scotch whisky	William Grant and Sons
Great Macaulay, The ~	Scotland	Blended Scotch Whisky	Quality Spirits International – 3, 12 yrs
Green Spot	Ireland	Pot still blended whiskey	Mitchell & Sons – 40% vol.
Greenore	Ireland	Single grain whiskey	Cooley Distillery – 8 yrs 40% vol.
Grierson's No.1	Scotland	Vatted malt whisky	Grierson's Distilleries
Haddington House	Scotland	Blended Scotch Whisky	Quality Spirits International – 3, 12 yrs
Haig Gold label	Scotland	Blended Scotch whisky	John Haig & Co., Edinburgh; 40% vol.
Hakashu	Japan	Single Malt	Hakashu Distillery/ Suntory, 12 yrs
Hancock's Reserve	USA	Bourbon whiskey	Leestown Distilling Co., 88.9° proof
Hankey Bannister	Scotland	Blended Scotch whisky	Inver House Distillers Ltd.
Hart's	Scotland	Standard Blend	Donald Hart & Co.

Harvard	USA	Rye whiskey	Klein Bros, Cincinnati
Harvey's Special	Scotland	Standard Blend	United Distillers
Harwood Canadian	Canada	Canadian rye whisky	Harwood Distillers – 40% vol.
Heath	Scotland	Blended Scotch Whisky	Bruce & Co (Leith) Ltd. – 40% vol.
Heather Cream	Scotland	Whisky liqueur.	Inver House Distillers Ltd. – 17% vol.
Heatherdale	Scotland	Standard Blend	Invergordon
Heathwood	Scotland	Standard Blend	United Distillers
Heaven Hill	USA	Kentucky Straight Bourbon	Heaven Hill Distillery 80° proof and 90° proof; 40% vol.; 50% vol.
Hedges & Butler Royal	Scotland	Standard & De luxe blends	Ian Macleod & Co. Ltd.
Henry McKenna	USA	Single-barrel Bourbon	Heaven Hill Distillery; 4 yrs, 80° proof; 10 yrs, 100° proof
Heritage	Scotland	Standard Blend	William Lundie % Co. Ltd.
Hewitts	Ireland	Blended	Midleton Distillery –40% vol.
Hielanman, The ~ Old Liqueur	Scotland	Blended Scotch whisky	Cadenhead Distillers
Hi	Japan	Blended whisky	Nikka
High Commissioner	Scotland	Standard Blend	Glen Catrine Distillery
High Peak	Scotland	Whisky liqueur	High Peak Distillery
Highland & Island	Scotland	Blended Highland & Islay.	Diageo plc
Highland Blend	Scotland	Standard Blend	Avery's
Highland Breeze	Scotland	Standard Blend	Inver House Distillers Ltd/
Highland Clan	Scotland	Standard Blend	Chivas Brothers Ltd.
Highland Club	Scotland	Standard Blend	United Distillers
Highland Dew	Scotland	Standard Blend	United Distillers
Highland Fusilier	Scotland	Vatted malt	Gordon & McPhail
Highland Games	Scotland	Blended Scotch Whisky	Quality Spirits International – 5 yrs
Highland Gathering	Scotland	De luxe blend	Lombard Scotch Whisky
Highland Gold	Scotland	Blended Scotch Whisky	Diageo plc
Highland Legend	Scotland	Blended Scotch Whisky	Diageo plc
Highland Mist	Scotland	Scotch whisky	Barton Brands Ltd.

Name Наименование	Region Регион происхождения	Type Тип виски	Details Дополнительная информация
Highland Nectar	Scotland	Standard Blend	United Distillers
Highland Park	Scotland	Island Orkney – Single Malt	James Grant & Co./ Gordon & McPhail; 8 –21 years old. 43% vol.; 25 yrs, 53,5% vol.
Highland Pearl	Scotland	De luxe blend	Hall & Bramley
Highland Queen	Scotland	Blended Scotch whisky	MacDonald & Muir
Highland Reserve	Scotland	Blended Scotch Whisky	Quality Spirits International – 12 yrs
Highland Rose	Scotland	Standard Blend	Burn Stewart Distillers Limited
Highland Stag	Scotland	Standard Blend	Red Lion
Highland Supreme	Scotland	Standard Blend	Whyte & Mackay Group Ltd.
Highland Trophies	Scotland	Blended Scotch Whisky	Quality Spirits International – 3 yrs
Highland Way	Scotland	Blended Scotch Whisky	Quality Spirits International
Highland Welcome	Scotland	Blended Scotch whisky	Mactay's old Scotch Whisky.
Highland Woodcock	Scotland	Standard Blend	J.T.Davies & Sons
Highwood	Canada	Canadian Rye whisky	Highwood Distillers, 40% vol.
Hill and Hill	USA	Kentucky Straight Bourbon	-
Hillside	Scotland	Highland single malt	-
Hirsch Reserve	USA	Kentucky Straight Bourbon	Michter"s Distillery 16 yrs
Holy Isle	Ireland	Whiskey liqueur	
House of Lords	Scotland	De luxe blend	Chivas Brothers Ltd.
House of Peers	Scotland	De luxe blend/ Vatted malt	Douglas Laing & Co.
House of Stuart	Scotland	Scotch whisky	Barton Brands Ltd.
Howard MacLaren	Scotland	De luxe blend	Gibson
Huntly	Scotland	Standard Blend	United Distillers

I. W. Harper	USA	Kentucky Straight Bourbon	United Distillers
Immortal Memory	Scotland	Premium Blend	Gordon & MacPhail..
Imperial	Scotland	Highland Speyside – Malt.	Bartons 15 yrs – 40% vol.
Imperial Gold Medal	Scotland	Standard Blend	Cockburn & Co.

Inchdrewer	Scotland	Pure Malt Whisky	Quality Spirits International – 8 yrs
Inchgower	Scotland	Highland Speyside – Malt.	Inchgower distillery 20 yrs – 43% vol.
Inchmurrin	Scotland	Western Highland – Malt.	Loch Lomond Distillery; 10 yrs – 40% vol.
Inishowen	Ireland	Blended Irish whiskey	Cooley Distillery 40% vol
Inver House	Scotland	Blended Scotch whisky	Inver House Distillers Ltd.
Invergordon	Scotland	Single Grain	Invergordon Distillery
Inverleven	Scotland	Lowland Northern – Malt.	Signatory/ Gordon & McPhail
Inverness Cream	Scotland	Standard Blend	Whyte and Mackay Group Ltd.
Irish Mist	Ireland	Whiskey Liqueur	Irish Mist Liqueur Co.
Island Prince	Scotland	Blended Scotch whisky	Isle of Arran Distillers Ltd.
Islander	Scotland	Standard Blend	Arthur Bell
Islay Legend	Scotland	De luxe Blend	Morrison Bowmore Distillers Ltd. 50% grain and 50% malt
Islay Mist	Scotland	De luxe Blend	MacDuff International
Isle of Jura	Scotland	Island of Jura- Single Malt	Isle of Jura Distillery; 10 yrs- 40% vol. 16, 21yrs – 40% vol.
Isle of Skye	Scotland	Premium and De luxe blends	Ian McLeod & Co. Ltd.
J & B Jet	Scotland	Blended Scotch Whisky	Justerini & Brooks 43% vol.
J & B Rare	Scotland	Blended Scotch Whisky	Justerini & Brooks 40%, 43% vol.
J & B Reserve	Scotland	Blended Scotch Whisky	Justerini & Brooks – 15 yrs.
J & B Ultima	Scotland	Blended Scotch Whisky	Justerini & Brooks –Blend of 128 individual Malt and grain scotch whiskies.
J.T.S. Brown	USA	Kentucky Straight Bourbon	Heaven Hill Distilleries
J.W. Corn	USA	Straight Corn Whiskey	J.W.Corn Distilling Co.
J. W. Dant	USA	Kentucky Straight Bourbon	Heaven Hills Distilleries 4 yrs
Jack Daniels Black label	USA	Tennessee whiskey	Brown-Forman Corporation - 86° proof
Jack Daniels Gentleman Jack	USA	Tennessee whiskey	Brown-Forman Corporation - 80° proof

Name Наименование	Region Регион происхождения	Type Тип виски	Details Дополнительная информация
Jack Daniels Single Barrel	USA	Tennessee whiskey	Brown-Forman Corporation - 94° proof
Jacobite	Scotland	Standard Blend	Nurdn & Peacock
James E. Pepper	USA	Bourbon whiskey	United Distillers; 80° proof
James Gordon's	Scotland	Premium Blend	Gordon & McPhail
James Martin's	Scotland	Premium Blend	Macdonald Martin
Jameson	Ireland	Blended Irish whiskey	Triple distilled at Midleton Distillery Jameson 1780 – 12, 15 yrs 40% vol. Jameson Gold 43% vol.
Jamie Stuart	Scotland	Premium Blend	Whyte & Mackay
Jim Beam	America	Bourbon or Straight Rye	Jim Beam Brands 80° proof (40% vol.)
Jock Scot	Scotland	Blended Scotch Whisky	Findlater Mackie Todd; 3, 5, 8, 12 yrs
John Barr	Scotland	Standard Blend	United Distillers
John Begg	Scotland	Standard Blend	United Distillers
John Haig	Scotland	Blended Scotch Whisky	40% vol.
John Player Special	Scotland	Prem. & De luxe blends	Douglas Laing & Co
John Powers	Irish	Blended whiskey	
John's Lane	Ireland	Single distillery Irish whiskey.	John's Lane Distillery.
Johnes Road	Ireland	Single distillery Irish whiskey.	Johnes Road Distillery.
Johnnie Walker	Scotland.	Blended Scotch Whisky	United Distillers Ltd.
Johnny Drum	USA	Kentucky Straight Bourbon – sour mash	The Willett Distillery: 12 yrs; 15 yrs – 101° proof
Jura, Isle of ~	Scotland	Isle of Jura – Single Malt whisky	Whyte and Mackay Group Ltd.

Kakubin	Japan	Blended whisky	Suntory
Karuizawa	Japan	Straight Malt	Ocean Whisky
Kasauli	India	Pure Malt	Kasauli Distillery

Kenloch	Scotland/Canada	Malt whisky	Glenora Distillers
Kennedy's	USA	Bourbon whiskey	M.S. Walker (MA)
Kentucky Beau	USA	Bourbon	Owensboro
Kentucky Dale	USA	Kentucky Straight Bourbon	Leestown Distilling Co.
Kentucky Gentleman	USA	Kentucky Straight Bourbon	Barton Distilling Co.
Kentucky Legend	USA	Kentucky Single-Barrel Bourbon whiskey	Boulevard Distillery
Kentucky Pride	USA	Kentucky Straight Bourbon	The Willett Distillery
Kentucky Spirit	USA	Kentucky Single-Barrel Bourbon whiskey	Boulevard Distillery: 101° proof
Kentucky Tavern	USA	Bourbon whiskey	Barton Distilling Co.
Kentucky Vintage	USA	Kentucky Straight Bourbon whiskey – small batch	Kentucky Bourbon Distillers Co.
Kessler	USA	American Blended whiskey	Jim Beam Brands
Kilbeggan	Ireland	Blended Irish whiskey	Cooley Distillery. 40% vol.
Kinclaith	Scotland	Lowland Western malt	Kinklaith Distillery
KIng Charles	Scotland	Blended Scotch Whisky	Quality Spirits International – 3 yrs
King George IV	England	Scotch blended whisky	The Distillers Agency Ltd., Edinburgh Known sentence from the label : "Say when, Man !!"
King Henry VIII	Scotland	Standard blend	Highland Blending Co.
King James VI	Scotland	Standard blend	Forth Wines
King Robert II	Scotland	Standard & De luxe blends	Ian Macleod & Co Ltd.
King William IV	Scotland	Standard blend	United Distilleries
King of Scots	Scotland	De luxe blends	Douglas Laing & Co
King's Legend	Scotland	Standard blend	United Distillers
King's Pride	Scotland	Premium Blend	Morrison Bowmore Distillers Ltd.
King's Ransom	Scotland	De luxe blend	House of Campbell
Kininvie	Scotland	Single Malt	William Grant & Sons Ltd.
Kinsey	Scotland	Standard Blend	Inver House Distilers Ltd.
Kioke Jikomi	Japan	Single Malt	Suntory/ Hakushu East distillery.

Name Наименование	Region Регион происхождения	Type Тип виски	Details Дополнительная информация
Kittling Ridge	Canada	Canadian Rye whisky	John Hall
Knappogue Castle	Ireland	blended Irish whiskey	36 yrs 40% vol.
Knob Creek	USA	'Small Batch' Bourbon	Jim Beam Brands; 9 yrs 100° proof super-premium
Knockando	Scotland	Highland Speyside – Malt.	Knockando Distillery/ Diageo plc 40% vol.
Knockdhu	Scotland	Highland Speyside – Malt.	Knockandu Distillery
Label 5	Scotland	blended whisky	-
Ladyburn	Scotland	Lowland South West malt	
Lagavulin	Scotland	Islay – Malt.	Diageo plc- 16 yrs
Laird O'Cockpen	Scotland	De luxe blend	Cockburn & Campbell
Lammerlaw	New Zealand	Single malt.	Made in Dunedin at Wilson's Distillery 10yrs 43% vol., peated malt
Lang's	Scotland	Blended Scotch Whisky	Robertson & Baxter; 12 yrs, cask-strengh
Langside	Scotland	Standard Blend	Douglas Laing & Co
Laphroaig	Scotland	Islay West Coast – Malt.	Allied Distillers; 10 yrs 40% vol 15 yrs 43% vol. Laphroaig Cask Strength – 10 yrs 30 yrs – 43% vol.
Lauder's	Scotland	Blended Scotch Whisky	Macduff International.
Ledaig (Tobermory)	Scotland	Isle of Mull – Single Malt	Tobermory Distillery; 9-20 yrs 40-43% vol.
Legacy	Scotland	Premium blend	Invergordon
Lem Motlow	USA	Tennessee whiskey	Brown-Forman Corporation
Limerick Shannon	Ireland	Grain	9 yrs, 67.3% vol.
Linkwood.	Scotland	Highland Speyside – Malt.	Adelphi Distillery Limited- 15 yrs – 40% vol 48 yrs – 40% vol.

Name	Type	Country	Distillery / Notes
Linlithgow	Lowlands Malt	Scotland	Linlithgow Distillery – 17 yrs, 43% vol.
Lismore	Standard and De luxe blends	Scotland	William Lundie & Co.
Litlemill.	Lowland Western – Malt.	Scotland	Little Mill Distillery- 8 yrs, 40% vol.; 11yrs, 43% vol.
Loch Dhu	Speyside single malt	Scotland	Diageo plc
Loch Fyne, The ~	Blended	Scotland	Loch Fynes Whiskies
Loch Lomond	Highland South Western malt	Scotland	Loch Lomond Distillery
Loch Lomond Campbeltown.	Campbeltown malt	Scotland	Loch Lomond Distillery –14 yrs, 40% vol.
Loch Lomond Highland.	Highland malt	Scotland	Loch Lomond Distillery –15 yrs, 40%. vol.
Loch Lomond Islay.	Islay malt	Scotland	Loch Lomond Distillery –18 yrs, 40%. vol.
Loch Lomond Lowland.	Lowland malt	Scotland	Loch Lomond Distillery –17 yrs, 40% vol...
Loch Lomond Speyside.	Speyside malt	Scotland	Loch Lomond Distillery –15 yrs, 40%. vol.
Loch Indaal	Islay malt	Scotland	Loch Indaal Distillery
Loch Ranza	Blended Scotch Whisky	Scotland	Isle of Arran Distillers Ltd.
Lochnagar, Royal ~	Highland Eastern malt	Scotland	Royal Lochnagar Distillery
Lochran Ora	Whisky Liqueur	Scotland	Chivas Brothers Ltd.
Lochside	Highland Eastern – Single Malt	Scotland	Lochside DIstillery – 40% vol.; 20 yrs – 43% vol.
Locke's	Blended Irish Whiskey	Ireland	Cooley Distillery.- 40% vol.
Locke's	Single malt	Ireland	Cooley Distillery –8 yrs, 40% vol.
Logan''s	De luxe blend	Scotland	United Distillers
Lombard's	Standard Blend	Scotland	Lombard Scotch Whisky
Lomond	Lowland Western malt	Scotland	AKA : Loch Lomond
Long John	Blended	Scotland	Allied Distillers; 12 yrs
Longmorn	Highland Speyside – Malt.	Scotland	Seagram's 40 yrs – 40% vol. 15 yrs – 43% vol.
Longrow	Campbeltown single malt	Scotland	Springbank Distillery- 16,17 yrs
Lord Calvert.	Blended whisky	Canada	Jim Beam Brands; 40% vol.
Lot No.40	Canadian Rye whisky	Canada	
Lowrie's	Standard Blend	Scotland	W.P. Lowrie
Lucky Strike	Canadian Rye Whisky	Canada	Consolidated Distilleries Limited.

Name Наименование	Region Регион происхождения	Type Тип виски	Details Дополнительная информация
MacAndrews	Scotland	Blended Scotch whisky	Alastair Graham
Mac Arthur's	Scotland	Standard Blend	Inver House; 12 yrs
Mac Namara	Ireland	Vatted.	Cooley Distillery 40% vol.
MacAffe's Benchmark	USA	Blended whiskey	Old Benchmark Co.
Macallan, The ~	Scotland	Highland Speyside Malt.	Highland Distillers; 12-18-25 yrs 50 yrs – 40% vol.
MacClellands'	Scotland	Islay – Malt	Iam Macleod & Co. Ltd.40%
Macduff	Scotland	Highland Speyside – Malt.	Glen Deveron Distillery
Macduff, Stewart ~	Scotland	Blended Scotch whisky	Macduff International. 23 yrs – 43%
MacKinlay's	Scotland	Blended Scotch whisky	Charles Mackinlay
Macleay's	Scotland	Blended Scotch whisky	Diageo plc
MacLeod's	Scotland	Isle of Skye – Blended Scotch whisky	Ian Macleod & Co. Ltd.8 years 12 yrs 43% vol.
Macleay Duff	Scotland	Standard Blend	United Distilleries
Mac Naughton	Canada	Canadian Whisky	Barton Brands Ltd.
Macphail's	UK	Single Malt	Gordon & MacPhail
Magilligan	Ireland	Single malt	
Major Gunn''s	Scotland	Standard Blend	Andrew McLagan
Majority	Scotland	De luxe Blend	Whyte and Mackay Group Ltd.
Maker's Mark	USA	Small Batch Bourbon	Maker's Mark Distillery; 45%. vol.
Mannochmore	Scotland	Highland Speyside – Malt.	Mannochmore Distillery – 12 yrs, 43% vol.
Manor House	Canada	Canadian Rye whisky	Palliser Distillers
Marshal	Scotland	Standard & De luxe Blend	Ian Macleod & Co. Ltd.
Martin's	Scotland	Standard & De luxe blends	James Martin & Co
Mason's	Scotland	Standard blend	Peter J Russell & Co
Masterpiece	Canada	Canadian Rye whisky	Seagram Canada
Mattingley & Moore	USA	Blended whiskey	Seagram USA ; 80° proof

McCallum's Perfection	Scotland	Standard blend	D & J McCallum
McClelland's	Scotland	Single malt	Morrison Bowmore
McDonald's	Scotland	Standard blend	United Distillers
McGavins	Scotland	Standard blend	Speyside Distillery & Co
McGibbon's	Scotland	Standard & De luxe blends	Douglas Laing & Co
McMaster's	Canada	Canadian Whisky	McMasters. Barton Brands Ltd.
McMaster's	Scotland	Scotch whisky	Barton Brands Ltd.
Meadow Brook	USA	Straight rye whiskey	
Meaghers 1878	Canada	Canadian Rye Whisky	
Medley's	USA	Kentucky Bourbon	Heaven Hill Distilleries
Melcher's Very Mild	Canada	Canadian Rye Whisky	Seagram's
Mellow Corn	USA	Straight corn whiskey	Heaven Hill Distillery
Memorial 50	Japan	Japanese Whisky	Nikka
Merry's	Ireland	Irish Blended whiskey	Cooley Distillery
Michel Couvreur 12	Scotch (France)	Pure malt	12 yrs Pure Malt.
Michel Couvreur Single-Single	Scotch (France)	Single-Single Malt	27 yrs
Michter's	USA	Sour Mash Whiskey	Michter's Distillery
Midleton Very Rare	Ireland	blended	Midleton Distillery Triple stilled. 40% vol. 25, 26, 30 yrs
Millars Special Reserve	Ireland	Blended whiskey	Cooley Distillery 40% vol.
Millburn	Scotland	Highland Speyside – Malt.	(Inverness). 40% vol.
Milner's Brown Label	Scotland	Standard blend	Marston, Thomson & Evershed
Milord's	Scotland	De luxe blend	Macdonald Martin Distilleries
Millwood	Ireland	Cream Liqueur	Royal Cooymans B. V.
Miltonduff	Scotland	Highland Speyside – Malt.	Allied Distillers 10 yrs – 40% vol. 30 yrs – 40% vol.
Mitchell's	Scotland	Blended Scotch whisky	Springbank Distillery in Campbeltown
Monarch	Scotland	Premium blend	Lambert Bros
(Sir Ian's Special) Moncreiffe	Scotland	De luxe blend	Gibson International

Name Наименование	Region Регион происхождения	Type Тип виски	Details Дополнительная информация
Monster's Choice	Scotland	Standard blend	Strathnairn Whisky Co.
Mortlach	Scotland	Highland Speyside – Malt.	The Bottlers Ltd. 43 yrs, 40% vol. 12 yrs, 43% vol.
Mosstowie	Scotland	Speyside – Malt.	Mosstowie Distillers –40% vol.
Mount Vernon	USA	American Blended Whiskey	Jim Beam Brands
Mr. Boston Five Star	Canada	Canadian Whisky	Barton Brands Ltd.
Muirhead's	Scotland	Blended	Gibson International
Mulligan	Ireland	Blended whiskey	Cooley Distillery
Murdoch's Perfection	Scotland	De luxe blend	Speyside Distillers Co. Ltd.
Murphy's Irish Whiskey	Ireland	Blended whiskey	Cooley Distillery –40% vol.
Murree's	Pakistan	Malt Whisky	Murree Brewery Co Ltd.

Name Наименование	Region Регион происхождения	Type Тип виски	Details Дополнительная информация
Nec Plus Ultra	Scotland	Scotch De luxe	John Dewars & Sons Ltd.
Ned Kelly	Australia	blended whisky	
News 1000	Japan	Japanese Whisky	Kirin Seagram
Nichols	USA	Blended Whiskey	86 proof Austin Nichols Distilling Company
Nikka Black	Japan	Pure malt whisky	Nikka Distillers
Nikka Red	Japan	Pure malt whisky	Nikka Distillers
Nikka Yoichi	Japan	single malt whisky	Nikka Distillers 10 yrs 59,0% vol.
Noah's Mill	USA	Kentucky Bourbon	Willett Distillery 15 yrs 57,15 % vol.
Noblesse	Canada	Canadian Rye Whisky	Canadian Gibson Distilleries
North British	Great Britain	Single Grain whisky	The North British Distillery Co. Ltd.
North Brook	USA	Straight Rye	Quality Control Distilling Co.
North Port	Scotland	Highland Eastern malt	Brechin Distillery
North Port-Brechin	Scotland	Highland Eastern malt	Brechin Distillery

Name	Country	Type	Distiller/Notes
Northern Light		Canadian Whisky	Barton Brands Ltd. 40% vol.
Northern Scot	Scotland	Standard Blend	Whyte and Mackay Group Ltd.
Northland	Japan	Japanese Whisky	See Nikka
OV 8	Scotland	De luxe Blend	Cockburn & Co. 8 yrs
O'Darby	Ireland	Whisky Liqueur	J. J. O'Darby Ltd.
O'Hara's	Ireland	Irish Blended whiskey	Cooley Distillery
Oban	Scotland	Highland Western – Malt.	Diageo plc 14 yrs, 43% vol.
Ocean, Special Old ~	Japan	Blended whisky	Ocean Whisky
OFC	Canada	Canadian Rye Whisky	Schenley Distilleries
Old Angus	Scotland	Standard blend	P H Thompson
Old Argyll	Scotland	Premium blend	Burn Stewart
Old Bardstown	USA	Kentucky Sour Mash Bourbon whiskey	Old Bardstown Distillery
Old Bridge	Scotland	Standard Blend	London & Scottish International Ltd. – 3, 12 yrs
Old Bushmill's Black Bush	Ireland	Irish blended whiskey	Bushmill's Distillery
Old Bushmill's Red	Ireland	Irish blended whiskey	Bushmill's Distillery
Old Cameron Brig	Scotland	Single Grain Whisky	Diageo plc
Old Charter	USA	Kentucky Straight Bourbon	Old Charter Distillery Company – 8, 10, 12 yrs
Old Cobb	Australia	Blended	Taylor Ferguson & Co. Pty. Ltd, Melbourne.
Old Comber	Ireland	Pure Pot still	Comber Distillery – 30 yrs, 40% vol.
Old Court	Scotland	Blended Scotch Whisky	Gibson Distillers
Old Crofter	Scotland	Standard Blend	London & Scottish International Ltd. – 3 yrs
Old Crow	USA	Bourbon Whiskey	Jim Beam Brands 80° proof
Old Decanter	Scotland	De luxe blend	Cockburn & Co 12 yrs
Old Dublin	Ireland	Irish blended whiskey	Cooley Distillery – 40% vol.
Old Elgin	Scotland	Vatted Malt	Gordon & MacPhail 8, 15 yrs
Old Ezra Rare	USA	Bourbon Whiskey	David Sherman Company 7, 12 yrs 101° proof
Old Fettercairn	Scotland	Highland Eastern malt	10 yrs – 43% vol. 26 yrs – 43% vol.

Name Наименование	Region Регион происхождения	Type Тип виски	Details Дополнительная информация
Old Fitzgerald	USA	Kentucky Straight Bourbon whiskey	Heaven Hill Distillery
Old Forester	USA	Kentucky Straight Bourbon	Early Times Distillery 86° proof, 100° proof
Old Glasgow	Scotland	Standard blend	Donald Hart & Co
Old Glowmore	Scotland	Standard blend	James William (Narberth)
Old Grand-Dad	USA	Kentucky Straight Bourbon	The Old Grand-Dad Distillery Company / Jim Beam Brands
Old Grand-Dad	Canada	Bourbon Whiskey	Consolidated Distilleries Limited.
Old Heaven Hill	USA	Kentucky Straight Bourbon whiskey	Heaven Hill Distillery 10 yrs
Old Highland Blend	Scotland	Standard blend	Eldridge, Pope & Co
Old Inverness	Scotland	Standard blend	J G Thomson & Co
Old Kentucky Rifle	USA	Kentucky Straight Bourbon whiskey	Heaven Hill Distillery 80° proof
Old Land	Italy	Blended whisky	
Old Mac	Scotland	Standard Blend	Whyte and Mackay Group Ltd.
Old Malt Cask	Scotland	Single Cask Malt	Douglas laing & Co. Ltd.
Old Man of Hoy	Scotland	Highland malt	Diageo plc
Old Matured	Scotland	Standard Blend	Daniel Crawford
Old Mull	Scotland	Blended whisky	Whyte & Mackay
Old Orkney	Scotland	Premium Blend	Gordon & MacPhail
Old Overholt	USA	Straight Rye Whiskey	Jim Beam Brands
Old Parr, Grand ~	Scotland	De luxe Blend	Diageo plc
Old Potrero	USA	Single Malt Rye	124 proof (62% vol.)
Old Pulteney	Scotland	Highland Northern	Inver House Distillers- 12 yrs, 46% vol.
Old Rhosdhu	Scotland	Highland Single Malt	Loch Lomond Distillery 40% vol.
Old Rip Van Winkle	USA	Kentucky Sour-mash Bourbon whiskey	Old Rip Van Winkle Distillery 15 yrs Handmade Bourbon
Old Ripy	USA	Medicine Whiskey	The American Medicinal Spirit Company
Old Royal	Scotland	De luxe blend	Burn Stewart Distillers Limited- 21 yrs
Old Setter	USA	Bourbon whiskey	Majestic (Maryland)

Old Smuggler	Scotland	Blended Scotch whisky	Allied Distillers Ltd.
Old Spring Water	USA	Bourbon whiskey	Bowling Green
Old Suntory	Japan	Blended whisky	Suntory Distillers
Old St. Andrews	Scotland	Blended Scotch whisky	Old St. Andrews Ltd.
Old Taylor	USA	Kentucky Straight Bourbon	Jim Beam Brands 6 yrs
Old Thompson	USA	American Blended Whiskey	Barton Brands
Old Weller	USA	Bourbon Whiskey	W. L. Weller
Orangerie Spirit	Scotland	Scotch whisky infusion with orange peels	Compass Box
Ord	Scotland	Single Malt	(AKA : Glengordie or Glen Ord)
Original Mackinlay, The	Scotland	Blended Scotch whisky	Invergordon Distillers.
O'Kanagan	Ireland	Blended Irish whiskey	Cooley Distillery –40% vol.

Paddy	Ireland	Blended Irish Whiskey	Cork Distilleries 40% vol.
Pappy Van Winkle's Family Reserve	USA	Kentucky Straight Bourbon whiskey	Old Rip Van Winkle's Distillery, 20 yrs
Parkmore	Scotland	Single malt	Parkmore Distillery
Passport	Scotland	Blended Scotch whisky	Chivas Brothers Ltd.
Paul Jones	USA	American Blended Whiskey	Seagram
Peatling's	Scotland	Standard blend	Mcdonald & Muir
Peter Dawson	Scotland	Standard blend	United Distillers
Peter Jakes	USA	Kentucky Straight Bourbon whiskey	The Willett Distillery
Pig's Nose	Scotland	Standard blend	Invergordon Distillers
Pikesville Rye	USA	American Rye Whiskey	Heaven Hill Distillery
Pikesville Supreme	USA	Straight Rye Bourbon	Standard Distillers Products Company
Pinch	USA	De luxe Blend	United Distillers; AKA: Dimple for USA
Pinwinnie	Scotland	Blended De luxe	Inver House Distillers
Pittyvaich	Scotland	Highland Speyside – Malt.	Diageo plc 12 yrs – 43 % vol., 24 yrs – 43% vol
Platte Valley	USA	Pure corn whiskey	Weston Distillery
PM Blended	USA	American Blended whiskey	Gibson Distilleries
PM Canadian	Canada	Canadian Rye Whisky	Gibson Distilleries

Name Наименование	Region Регион происхождения	Type Тип виски	Details Дополнительная информация
Poit Dhubh	Scotland	Isle Ornsay (Skye) – Vatted malt	Praban na Linne Ltd. 12 yrs 40% vol./ 21 yrs 43% vol. Poit Dhubh Green Label –12 yrs 46% vol.
Poitin	Ireland	Irish pot still whiskey	Cooley Distillery –50% vol.
Potter's Old Special	Canada	Canadian Rye Whisky	Potter's Cascadian Distillery (Br. Columbia)
Port Dundas	Scotland	Single Grain	United Distillers
Port Ellen	Scotland	Islay – Single Malt	Port Ellen Distillery 19 yrs – 43% vol. 22 yrs – 43%vol.
Potter's Crown	Canada	Canadian Rye whisky	40% vol.
Power's	Ireland	Irish Blended Whiskey	John Power & Son, Midleton Distillery. 12 yrs Power's Gold Label. 12 yrs 40%
Premium Bourbon	USA	Bourbon Whiskey	Seagram's
President	Scotland	Standard blend	United Distillers
Prestige d'Ecosse	Scotland	Standard blend	William Lundie & Co
Pride of India	India	blended whisky	
Pride of Islay	Scotland	Vatted malt	Gordon and MacPhail 12 yrs
Pride of Orkney	Scotland	Highland – Orkney Vatted Malt	Orkney Distillery
Pride of 'the' Lowlands	Scotland	Vatted malt	Gordon and MacPhail
Pride of Strathspey	Scotland	Vatted malt	Gordon and MacPhail 12, 25 yrs
Prince Charlie	Scotland	Standard Blend	Chivas Brothers Ltd.
Prince of Wales	Wales	Welsh Malt Whisky	Welsh Whisky Company single peated malt 10yrs, 40% vol. Special Reserve 40% vol.
Private Club	Czech Republic	Blended whisky	Spojene Lihovary N P (Praha)
Private Stock	USA	Bourbon Whiskey	Laird & Company (New Jersey)
Provenance Range of Single Malts	Scotland	Single Malt whisky	Douglas Laing & Co. Ltd.

Pulteney	Scotland	Highland Northern – Single Malt	Inver House Distillers Ltd.
Pure Kentucky	USA	Kentucky Straight Bourbon	The Willett Distillery
Putachieside	Scotland	De luxe blend	J & A Mitchell & Co
Queen Anne	Scotland	Standard Blend	Chivas Brothers Ltd.
Queen Diana	England	Blended whisky	Glen Murray Blending
Queen Elizabeth	Scotland	Standard Blend	Burn Brae
Queen Elizabeth	England	De luxe Blend	Avery's
Queen Mary I	Scotland	Standard Blend	H. Stenham
Queen's Choice	Scotland	Standard Blend	C&J Macdonald
Queen's Seal	Scotland	Standard Blend	Peter J Russell & Co
R&H Blender's Selection	Scotland	Standard Blend	London & Scottish International Ltd. –3 yrs
Ranger's	USA	Bourbon	La Martiniquaise Distillers 40% vol.
Rare Malts range	Scotland	Single Malt Whisky	Diageo plc
Rawhide	Japan	Bourbon whisky	Suntory Distillers
Real Mackay	Scotland	Standard blend	Mackay & Co
Real Mackenzie	Scotland	Standard blend	United Distilllers
Rebel Yell	USA	Bourbon Whiskey	David Sherman Company (Maryland)
Redbreast	Ireland	Irish Pure Pot Still Whiskey	Midleton Distillery
Red Devil	Scotland	Blended Scotch Whisky	Bell's 8 years old with Red Chilli Pepers.
Red Hackle	Scotland	Standard Blend	5 Years old. Hepburn & Ross
Red Rooster	Scotland	Standard Blend	Peter J Russell & Co
Red Velvet	Canada	Canadian Rye Whisky	Gilbey Canada
Redbreast	Ireland	Pot still Irish whiskey	Fitzgerald & Co. Limited. 12 yrs, 40% vol.
Regal Scot	Scotland	Standard Blend	Whyte and Mackay Group Ltd.
Regent	Scotland	Blended Scotch Whisky	Macduff International Ltd.
Reliance	Scotland	Standard blend	Forbes, Farquarson & Co.
Rhosdhu	Scotland	Single Malt. Whisky	Rhosdhu Distillery
Rhu Forest	Scotland	Pure Malt Whisky	Quality Spirits International – 10 yrs

Name Наименование	Region Регион происхождения	Type Тип виски	Details Дополнительная информация
Rhu Point	Scotland	Pure Malt Whisky	Quality Spirits International – 10 yrs
Rhu Source	Scotland	Pure Malt Whisky	Quality Spirits International – 10 yrs
Rhu Valley	Scotland	Pure Malt Whisky	Quality Spirits International – 10 yrs
Richardson	Scotland	Blended whisky	La Martiniquaise Distillers 40% vol.
Rittenhouse	USA	Straight Rye whisky	Heaven Hill Distillers
Rob Roy	Scotland	De luxe Blend	Morrison Bowmore Distillers Ltd.
Robert Brown	Canada	Blended whisky	Seagram's Canada
Robert Brown	Japan	Blended whisky	Kirin Seagram Ltd.
Robbie Burns	Scotland	Standard blend	United Distillers
Robbie Dhu	Scotland	De luxe Whisky	William Grant (AKA: Grant's 12 years old).
Rock Hill Farms	USA	Kentucky Single-Barrel Bourbon	Leestown Distilling Company, 100° proof
Rodger's Old Scots	Scotland	Standard blend	United Distillers
Rory	Scotland	Standard blend	London & Scottish International Ltd. –3 yrs
Rosebank	Scotland	Lowland Central – Malt.	Diageo plc 12 yrs 43% vol. 9 yrs 43% vol.
Route	Japan	Blended whisky	Ocean Whisky
Rowan's Creek	USA	Kentucky Small batch Bourbon	Rowan's Creek Distillery 12 yrs, 50,05% vol.
Royal & Ancient	Scotland		Laird o'Cockpen
Royal Blend	Scotland	Standard blend	William Sanderson & Son
Royal Brackla	Scotland	Highland Northern – Malt.	John Dewar & Sons Ltd.- 40% vol. 9yrs – 43% vol.
Royal Canadian	Canadian	Blended	Jas Barclay & Co. 5 yrs
Royal Charter	Canada	Canadian Rye Whisky	Hudson's Bay Company
Royal Citation	Scotland	De luxe blend	Seagram″s

Name	Country	Type	Producer
Royal Command	Canada	Canadian Rye Whisky	Canadian Park & Tilfold
Royal Culross	Scotland	Vatted malt	Glen Scotia Distillery 8 yrs
Royal Edinburgh	Scotland	Standard blend	Ainslie & Heilbron
Royal Escort	Scotland	De luxe blend	Gibson International
Royal Findhorn	Scotland	Standard blend	Gordon & MacPhail
Royal Galleon	Scotland	De luxe Blend	Douglas Laing & Co. Ltd.- 25 yrs
Royal Game	Scotland	Standard blend	Winerite Ltd.
Royal Heritage	Scotland	De luxe blend	William Lundie & Co. Ltd.
Royal Household	Scotland	Premium Blend	James Buchanan
Royal Irish	Ireland	Single distillery Irish malt	Royal Irish Distillery.
Royal Island	Scotland	De luxe Blend	Isle of Arran Distillers Ltd.
Royal Jubilee	Scotland	De luxe Blend	Royal Jubilee Whiskies Ltd.
Royal Lochnagar.	Scotland	Highland Eastern – Single Malt	Diageo plc - 12 yrs, 40% vol.
Royal Reserve	Canada	Rye Whisky	Corby Distillers
Royal Salute	Scotland	Premium Blend	Chivas Brothers Ltd. 21 yrs
Royal Silk Reserve	Scotland	Standard Blend	International Whisky Company Limited - rare Scotch whisky

Name	Country	Type	Producer
SS Politician	Scotland	De luxe Blend	SS Politician
Safeway	Ireland	Blended Irish Whiskey	Midleton Distillery
Sainsbury's	Scotland	Vatted & Single malts	J. Sainsbury
Saint Brendan's	Ireland	Irish Cream whiskey liqueur	Saint Brendan Distillery
Saint Magdalene	Scotland	Malt	Saint Magdalene Distillery
Saladin Box	Scotland	Malt	Saladin Box Distillery
Sam Cougar Black	USA	Kentucky Straight Bourbon	Seagram's
Sanderson's Gold	Scotland	Standard blend	William Sanderson
Sandy MacNab	Scotland	Standard blend	Macnab Distilleries
Sandy Macdonald	Scotland	Standard blend	Macdonald Greenlees
Sang Thip	Thailand	Whisky liqueur	

Name Наименование	Region Регион происхождения	Type Тип виски	Details Дополнительная информация
Sanraku Ocean White Label	Japan	Blended whisky	Sanraku Ocean Distillers
Sazerac	USA	Kentucky Straight Rye Bourbon	Sazerac Distillery 18 yrs
Scapa	Scotland	Island Orkney – Single Malt.	12 yrs – 43%
Schenley Award	Canada	Canadian Whisky	Schenley Reserve Schenley Award (Blend) Barton Brands Ltd.
Sconie	Scotland	Scotch Whisky Liqueur	Campbeltown Distillers
Scoresby	Scotland	Standard Blend	Diageo plc (USA only)
Scotia Royale	Scotland	Blended – De luxe	Gibson Scotch Whisky Distillers Ltd. (Campbeltown)
Scots Club	Scotland	Standard blend	Invergordon
Scots Grey	Scotland	Premium blend	Invergordon
Scotsman	Scotland	Pure malt/ Blended.	8 years old. Pure malt/blended. 12 years old blended. 40%
Scots Poet	Scotland	Vatted Malt	Whyte and Mackay Group Ltd.
Scottish Castle	Scotland	Standard blend	Burn Stewart Distillers Limited
Scottish Collie	Scotland	Blended Scotch Whisky	Quality Spirits International Ltd/ William Grant & Sons Ltd. – specially selected- 3,5,12 yrs, 40 % vol.
Scottish Cream	Scotland	Standard blend	Kinloch Distillery Co
Scottish Leader	Scotland	Blended whisky	Burn Stewart Distillers Limited
Scottish Queen	Scotland	Standard blend	United Distillers
Scottish Reel	Scotland	Standard Blend	London & Scottish International Ltd.
Seagram's	Canada	Blended whisky	Seagram's 10 Years old. Seagram's 83 Seagram's Five Star Seagram's V.O. Seagrams Seven Crown – Seagram's 7 Crown all 40% vol.
Seven Oaks	Canada	Canadian Blended whisky	

Name	Country	Type	Producer/Notes
Shamrock Whiskey	Ireland	Irish Whiskey	Kirker Greer & Co. Ltd.
Shangarry	Ireland	Irish Blended whiskey	Cooley Distillery
Shannon Grain	Ireland	Irish Grain Whiskey	Adelphi Distillery 9 yrs
Sheep Dip	Scotland	Vatted malt	Invergordon
Sheridan's	Ireland	Cream liqueur.	Thomas Sheridan & Sons.
Silk Tassel	Canada	Canadian Whisky	From McGuiness
Singleton, The	Scotland	Highland Speyside.	(See Auchroisk)
Singleton of Auchroisk, The ~	Scotland	Highland Speyside.	(See Auchroisk)
Sir Walter Raleigh	Scotland	Standard blend	Douglas Laing & Co
Slaintheva	Scotland	De luxe blend	Alexander Dunn & Co. 12 yrs 43% vol.
Slieve na gCloc	Ireland	Irish Blended whiskey	Cooley Distillery
Smoking Islay	Scotland	Islay peated malt	Blackadder
Smoky Jim's	USA	Kentucky Straight Bourbon	Jim Beam's Distillery
Smuggler, Old ~	Scotland	Blended	See Old Smuggler
Snug	Ireland	Irish blended whiskey	Irish Distillery Group
Solan No. 1	India	Malt Whisky	Kasauli Distillery
Something Special	Scotland	De luxe blend	Seagram's
Southern Comfort	USA	Bourbon whiskey cordial liqueur	100 proof and 80 proof
Southern Cypress	Cypress	Bourbon Liqueur	-
Sovereign	Scotland	De luxe Blend	Douglas Laing & Co. Ltd.- 25 yrs
Spey Cast	Scotland	De luxe Blend	Gordon & MacPhail
Spey Malt	Scotland	Single Malt	Gordon & MacPhail
Spey Royal	Scotland	Blended	Gordon & MacPhail
Speyburn	Scotland	Highland Speyside – Malt.	Inver House Distillers Ltd. 10 yrs, 40% vol. 27 yrs, 46% vol.
Speyside, The ~	Scotland	De luxe Blend	Speyside Distillers Co. Ltd. - 10 yrs – 40% vol.
Spirit of Scotland	Scotland	Single Malt	Gordon & MacPhail
Springbank	Scotland	Campbeltown – Single Malt.	Campbeltown Distillers 12yrs, 46% vol. 12 yrs, 50% vol. 15, 21, 25 yrs – all 46% vol.

Name Наименование	Region Регион происхождения	Type Тип виски	Details Дополнительная информация
St. James's	Scotland	De luxe blend	Berry Bros & Rudd 12 yrs
St. Ledger	Scotland	De luxe blend	Hill Thomson & Co
St. Magdalene	Scotland	Central Lowland malt	23 yrs 58,43% vol.
Stag's Breath Liqueur	Scotland	Whisky Liqueur	Meikle's of Scotland.
Stewart's	Scotland	Blended Scotch Whisky	Allied Distillers
Stewart's Cream of the Barley	Scotland	Blended	Allied Distillers
Stone Mountain Very old Whiskey	USA	Medicine whiskey	Bottled in Bond
Strarclyde	Scotland	Grain	Starclyde Distillery
Strathbeg	Scotland	Standard blend	Macduff International Ltd.
Strathconon	Scotland	Vatted Malt	Buchanan
Strathfillan	Scotland	Standard blend	Forth Wines
Strathisla	Scotland	Highland Speyside – Single Malt.	Chivas Brothers Ltd. – 12 yrs, 43% vol.; 35 yrs, 40% vol.
Strathmill	Scotland	Highland Speyside – Malt.	Strathmill Distillery -25 yrs, 53.3% vol., 12yrs – 43% vol.
Sunny Brook	USA	Kentucky Straight Bourbon or Kentucky Blended Whiskey	The Old Sunny Brook Distillery Co.
Suntory	Japan	Japanese whisky	Malt from 36 different Malts. Suntory Pure Malt Whisky Suntory Old Whisky Suntory Whisky Royal Suntory Special Reserve Suntory Whisky Imperial Suntory Whisky Excellence Suntory Whisky White Label
Super Old, Rare ~	Japan	Japanese Whisky	See Nikka

Name	Country	Type	Producer/Details
Swn y Mor	Wales	Welsh whisky – Blended	Welsh Whisky Company- 40% vol.
Swords	Scotland	Standard Blend	Morrison Bowmore Distillers Ltd.
Talisker	Scotland	Island Skye – Malt.	Tomatin Distillery Co. Ltd. 10 yrs, 40% vol. 10 yrs, 45.8% vol. 16yrs- 62,5% vol.
Tamdhu	Scotland	Highland Speyside – Single Malt.	Edrington Group Ltd. 10yrs- 43% vol. 16 yrs-46% vol.
Tamnavulin	Scotland	Single malt.	Tamnavulin Distillery / Whyte and Mackay Group Ltd. 24yrs-45% vol.
Tamnavulin-Glenlivet	Scotland	Highland Speyside – Single Malt.	Tamnavulin Distillery / Whyte and Mackay Group Ltd.
Tangleridge	Canada	Canadian Rye Whisky	Alberta Distillers 10 yrs – 40% vol.
Tayside	Scotland	Islay- Single Malt	Whyte and Mackay Group Ltd.
Té Bheag	Scotland	Isle Ornsay (Skye) – Blended Scotch Whisky	Praban na Linne Ltd. Té Bheag Té Bheag Unfiltered Té Bheag Connoisseurs Blend
Teacher's	Scotland	Blended Scotch Whisky	William Teacher's & Sons
Teacher's Highland Cream	Scotland	Blended Scotch Whisky	William Teacher's & Sons
Teals	South Africa	Blended whisky	
Teaninich	Scotland	Highland Northern – Malt.	40%
Ten High	USA	Kentucky Straight Bourbon	10, 13, 18 yrs – 43% 21yrs – 46%
Tesco	Ireland	Irish blended whiskey	Barton Brands Ltd. 80° proof
Three Feathers	Canada	Canadian Rye Whisky	Canadian Park & Tilford
Three Lancers	Canada	Canadian Rye Whisky	Canadian Park & Tilford

Name Наименование	Region Регион происхождения	Type Тип виски	Details Дополнительная информация
Three Ships	South Africa	Blended whisky	Burn Stewart Distillers Limited
Tobermory	Scotland	Highland Single Malt	
Tom Moore	USA	Bourbon Whiskey	Barton Brands Ltd. 80°, 100° proof
Tomatin	Scotland	Highland Northern – Malt.	Tomatin Distillery Co. Ltd. 20yrs- 46% vol. 10yrs – 43% vol.
Tomintoul	Scotland	Single Malt.	Tomintoul Distillery. 40% vol. 30 yrs
Tormore	Scotland	Highland Speyside – Single Malt.	Allied Distillers –10yrs – 40% vol. 15 yrs – 40% vol.
Tree Lancers	Canada	Canadian Whisky	Schenley's Park and Tilford range
Treasury	Scotland	De luxe blend	Hill Thomson & Co
Tribute	Scotland	Standard & De luxe blends	William Lundie & Co. Ltd.
Triple Crown	Canada	Canadian Rye Whisky	Palliser Distillery (Alberta) 8 yrs
Tullamore	Ireland	Single distillery Irish Whiskey	Tullamore Distillery AKA : Tullamore Dew 41 y.o. 65,3%; 12 y.o. 40%
Tullibardine	Scotland	Highland Southern – Malt.	Whyte and Mackay Group Ltd. 10 yrs – 40% vol. 30 yrs – 45% vol.
Twelve Pointer	Scotland	Standard Blend	Whyte and Mackay Group Ltd.
Tyrconnell	Ireland	Single malt, double-distilled	Midleton Distillery - 40% vol.

Ubique	Scotland	Standard Blend	Diageo plc
Usher's Green Stripe	Scotland	Standard Blend	Diageo plc
Usquaebach Reserve	Scotland	Blended	Douglas Laing & Co.

Valleyfield	Canada	Canadian Whisky	Valleyfield Schenley OFC

Name	Country	Type	Producer / Notes
Van Winkle	USA	Bourbon	Old Time Rye – 12y 45% Family Reserve - 23y 47,8%
Vat 69	Scotland	Blended Scotch Whisky	William Sanderson & Son
Very Old Barton	USA	Kentucky Straight Bourbon	Barton Brands Ltd. 6 yrs, 80°, 86°, 90°, 100° proof
Very Old Black and White Horses	Chile	Imitation Whisky.	-
V.O.(Very old) Golden Cat	Thailand	Thai whisky	-
Victory	Japan	Japanese whisky	Sankuru Oceans 42% vol.
Vintage Bourbon	USA	Kentucky Straight Bourbon	Vintage Bourbon Distilling Co. Hand-made bourbon
Virginia Gentleman	USA	Small Batch Bourbon	Smith Bowman Distillery (Virginia)
W. L. Weller	USA	Bourbon whiskey	Buffalo Trace Distilleries W. L. Weller 10, 19 yrs 100° proof W. L. Weller Centennial W. L. Weller Special Reserve
Walker"s Deluxe	USA	Bourbon Whiskey	Hiram Walker & Sons. 80° proof
Walkerville Special Old	Canada	Blended whisky	Walkerville Distillery
Wallace	Scotland	Single Malt Whisky Liqueur	Deanston whisky with berries
Waterford Cream	Ireland	Whiskey Cream Liqueur	Irish cream liqueur from Irish cream and Irish Whiskey.
Wathen"s Bourbon	USA	Kentucky Straight Bourbon	The Charles W. Medley Distillery Single Barrel Bourbon
Welsh Whisky	Wales	Blended whisky	Welsh Whisky Company
White Castle	Philippines	Whisky	5 years old.
White Heather	Scotland	Standard Blend	House of Campbell/ Chivas Brothers Ltd.
White Horse	Scotland	Blended.	Diageo plc
White & Gold	Scotland	Blended Scotch Whisky	Alistair Graham
Whyte & Mackay's	Scotland	Blended Scotch Whisky	Whyte & Mackay Group Ltd. – 12, 21 yrs Special Reserve
Wild Geese	Ireland	Blended	40% vol.
Wild Turkey.	USA	Kentucky Straight Bourbon	Austin Nichol's Distilling Co. 101 proof; 80 proof; full-bodied

Name Наименование	Region Регион происхождения	Type Тип виски	Details Дополнительная информация
William & Mary	England	Blended whisky	Edwin Cheshire Ltd. 5 yrs
William Lawson's	Scotland	Blended Scotch whisky	William Lawson's Distillers
William Grant's	Scotland	Blended Scotch whisky	William Grant & Sons Ltd.
William Lawson's	Scotland	Blended Scotch Whisky	John Dewar & Sons Ltd.
Wilson's	New Zealand	Blended whisky	Wilson's Distillery
Windsor Castle	Scotland	Standard Blend	Diageo plc
Windsor Premier	Scotland	12-year-old	Seagram's
Windsor Supreme	Canada	Blended Canadian Whisky	Alberta Distillers/ Jim Beam Brands 40% vol
Wiser's Oldest	Canada	Canadian Whisky	Corby Wiser's
Wm Maxwell	Scotland	Standard Blend	Ian Macleod & Co. Ltd
Woodford Reserve	USA	Bourbon	Labrot & Graham Distillery, 90,4° proof
Woodland	Jamaica	Jamaica Whisky	Bottled and sold by Diamond Mineral Water Co. Ltd.
Wright & Greig	Scotland	Standard Blend	United Distillers
Wyzour	Czech Republic	Blended whisky	
Yamazaki	Japan	Pure malt whisky	Suntory 12 yrs
Ye whisky of ye monks	Scotland	Deluxe Scotch Whisky	Donald Fisher Ltd / Diageo plc
Yellow Label (Robertson's)	Scotland	Standard Blend	John Robertson & Sons
Yellowstone	USA	Straight Bourbon	Taylor & Williams, Inc. 43% vol
Yoichi	Japan	Malt Whisky	Nikka
No 10	Scotland	Single Malt	Royal Jubilee Whiskies Ltd./ Gordon McBain Distillers Ltd. 10 yrs
10 Star	USA	Kentucky Straight Bourbon	Leestown Distilling Co.
77	Scotland	Standard Blend	Laing, Douglas & Co. Ltd
83	Canada	Canadian Rye Whisky	Seagram"s
909	Canada	Canadian Rye Whisky	Canadian Gibson Distilleries
100 Pipers	Scotland	Standard Blend	Chivas Brothers Ltd/
1492 Bourbon	USA	Bourbon	Heaven Hill Distilleries

CLASSIFICATION OF SINGLE MALT WHISKIES
КЛАССИФИКАЦИЯ ОДНОСОЛОДОВЫХ ВИСКИ

Type Тип	Flavour Букет	Brand Марка
Cluster A Кластер А	Full-Bodied, Medium-Sweet, Pronounced Sherry with Fruity, Spicy, Malty Notes and Nutty, Smoky Hints	Balmenach, Dailuaine, Dalmore, Glendronach, Macallan, Mortlach, Royal Lochnagar
Cluster B Кластер В	Medium-Bodied, Medium-Sweet, with Nutty, Malty, Floral, Honey and Fruity Notes	Aberfeldy, Aberlour, Ben Nevis, Benrinnes, Benromach, Blair Athol, Cragganmore, Edradour, Glenfarclas, Glenturret, Knockando, Longmorn, Scapa, Strathisla
Cluster C Кластер С	Medium-Bodied, Medium-Sweet, with Fruity, Floral, Honey, Malty Notes and Spicy Hints	Balvenie, Benriach, Dalwhinnie, Glendullan, Glen Elgin, Glenlivet, Glen Ord, Linkwood, Royal Brackla
Cluster D Кластер D	Light, Medium-Sweet, Low or No Peat, with Fruity, Floral, Malty Notes and Nutty Hints	An Cnoc, Auchentoshan, Aultmore, Cardhu, Glengoyne, Glen Grant, Mannochmore, Speyside, Tamdhu, Tobermory
Cluster E Кластер Е	Light, Medium-Sweet, Low Peat, with Floral, Malty Notes and Fruity, Spicy, Honey Hints	Bladnoch, Bunnahabhain, Glenallachie, Glenkinchie, Glenlossie, Glen Moray, Inchgower, Inchmurrin, Tomintoul
Cluster F Кластер F	Medium-Bodied, Medium-Sweet, Low Peat, Malty Notes and Sherry, Honey, Spicy Hints	Ardmore, Auchroisk, Bushmills, Deanston, Glen Deveron, Glen Keith, Glenrothes, Old Fettercairn, Tomatin, Tormore, Tullibardine
Cluster G Кластер G	Medium-Bodied, Sweet, Low Peat and Floral Notes	Arran, Dufftown, Glenfiddich, Glen Spey, Miltonduff, Speyburn
Cluster H Кластер Н	Medium-Bodied, Medium-Sweet, with Smoky, Fruity, Spicy Notes and Floral, Nutty Hints	Balblair, Craigellachie, Glen Garioch, Glenmorangie, Oban, Old Pulteney, Strathmill, Tamnavulin, Teaninch
Cluster I Кластер I	Medium-Light, Dry, with Smoky, Spicy, Honey Notes and Nutty, Floral Hints	Bowmore, Bruichladdich, Glen Scotia, Highland Park, Isle of Jura, Springbank
Cluster J Кластер J	Full-Bodied, Dry, Pungent, Peaty and Medicinal, with Spicy, Feinty Notes	Ardbeg, Caol Ila, Clynelish, Lagavulin, Laphroaig, Talisker

REGIONS OF WHISKY PRODUCTION IN SCOTLAND
РЕГИОНЫ ПРОИЗВОДСТВА ВИСКИ В ШОТЛАНДИИ

1. Orkney Islands (Highland Park)
2. Highland (Clynelish, Dalmore, Glenmorangie, Glen Ord)
3. Speyside (Cardhu, Cragganmore, Glendronach, Glenfarclas, Glenfiddich, Glen Grant, The Glenviet, Macallan, Miltonduff, Strathisla, Tomintoul, Tomore, Tomatin)
4. Angus/ Royal Deeside (Fettercairn, Glencadam, Royal Lochnagar)
5. Isle of Skye (Talisker)
6. Argyll (Ben Nevis, Oban)
7. Perthshire (Aberfeldy, Blair Athol, Dalwhinnie, Edradour, Glenturret)
8. Glasgow (Glengoyne)
9. Edinburgh (Glenkinchie)
10. Campbeltown, Mull of Kintyre (Tobermory, Springbank Distillery)
11. Isle of Arran (Isle of Arran Distillery)
12. Isle of Jura (Bowmore, Bunnahabhain, Caol Ila, Isle of Jura Distillery, Lagavulin, Laphroaig)
13. Islay

WHISKY DISTILLERIES IN IRELAND
ПРОИЗВОДИТЕЛИ ВИСКИ В ИРЛАНДИИ

1. Tullamore (Co. Offaly) – Tullamore Distillery
2. Kilbeggan (Co. Westmeath) – Coola Mills Distillery, Locke's Distillery, Brusna Distillery
3. Inishowen (Derry) – Inishowen Distillery
4. Dublin - Millars Distillery
5. Ballycastle (Co. Antrim) – Bushmills Distillery
6. Dundalk (Co. Louth) – Cooley Distillery
7. Midleton (Co. Cork) – Medleton Distillery, Old Midleton Distillery, Hacket's Distillery
8. Smithfield Village (Dublin) – Bow Street Distillery

US WINE CLASSIFICATION
КЛАССИФИКАЦИЯ ВИН США

Class Класс	Type Тип
1. Grape wines тихие виноградные вина	table [light] wine столовое вино red wine красное вино rose wine розовое вино pink wine бледно-розовое вино white wine белое вино amber wine вино с желтовато-коричневой окраской dessert wine десертное вино sherry херес Madeira мадера Port портвейн Marsala марсала Muscatel мускатель Muscadine мускатное вино Muscat/ Muscato мускатное вино single varietal сортовое вино multivarietal купажное вино (вино из сортосмеси)
2. Sparkling wines игристые виноградные вина	champagne шампанское Asti Spumante Асти спуманте crackling wine хлопающее вино cremant wine слабо игристое вино pétillant wine слегка искрящееся вино frizzante wine вино типа фриззанте perlant wine жемчужное вино recioto wine вино типа речиото
3. Carbonated wines газированные виноградные вина	
4. Citrus wine вино из цитрусовых	
5. Frruit wines плодово-ягодные вина	cider (apple wine) сидр perry (pear wine) перри specific fruit wine вино из прочих фруктов
6. wines fron other agricultural products вина из прочих продуктов сельского хозяйства	mead (honey wine) медовое вино sake (rice wine) саке (рисовое вино) raisin wine вино из заизюмленного винограда specific product wine вино из прочих продуктов
7. Aperitif wine аперитивы	vermouth вермут
8. Retsina wine виноградное вино, ароматизированное сосновой смолой	

Class Класс	Type Тип
9. Substandard wine разновидности вин и прочие типы	
10. Imitation wine имитационное виноградное вино	
11. Wine specialty специальные продукты виноделия	

US CLASSES AND TYPES OF DISTILLED SPIRITS

КЛАССИФИКАЦИЯ КРЕПКИХ АЛКОГОЛЬНЫХ НАПИТКОВ США

CLASS КЛАСС	TYPE ТИП
NEUTRAL SPIRITS or ALCOHOL НАПИТКИ ИЗ НЕЙТРАЛЬНЫХ СПИРТОВ	VODKA ВОДКА
	GRAIN SPIRITS НАПИТКИ ИЗ ЗЕРНА
WHISKY ВИСКИ	BOURBON WHISKY
	RYE WHISKY
	WHEAT WHISKY
	MALT WHISKY
	RYE MALT WHISKY
	CORN WHISKY
	STRAIGHT BOURBON WHISKY
	STRAIGHT RYE WHISKY
	STRAIGHT WHEAT WHISKY
	STRAIGHT MALT WHISKY
	STRAIGHT RYE MALT WHISKY
	STRAIGHT CORN WHISKY
	STRAIGHT WHISKY
	WHISKY DISTILLED FROM THE BOURBON MASH
	WHISKY DISTILLED FROM RYE MASH
	WHISKY DISTILLED FROM WHEAT MASH
	WHISKY DISTILLED FROM MALT MASH
	WHISKY DISTILLED FROM RYE MALT MASH
	LIGHT WHISKY
	BLENDED LIGHT WHISKY or LIGHT WHISKY – A BLEND
	BLENDED WHISKY or WHISKY – A BLEND
	BLENDED BOURBON WHISKY or BOURBON WHISKY – A BLEND
	BLENDED RYE WHISKY or RYE WHISKY – A BLEND
	BLENDED WHEAT WHISKY or WHEAT WHISKY – A BLEND

CLASS КЛАСС	TYPE ТИП
	BLENDED MALT WHISKY or MALT WHISKY – A BLEND
	BLENDED RYE MALT WHISKY or RYE MALT WHISKY – A BLEND
	BLENDED CORN WHISKY or CORN WHISKY – A BLEND
	A BLEND OF STRAIGHT WHISKIES or BLENDED STRAIGHT WHISKIES
	A BLEND OF STRAIGHT BOURBON WHISKIES or BLENDED STRAIGHT BOURBON WHISKIES
	A BLEND OF STRAIGHT RYE WHISKIES or BLENDED STRAIGHT RYE WHISKIES
	A BLEND OF STRAIGHT WHEAT WHISKIES or BLENDED STRAIGHT WHEAT WHISKIES
	A BLEND OF STRAIGHT MALT WHISKIES or BLENDED STRAIGHT MALT WHISKIES
	A BLEND OF STRAIGHT RYE MALT WHISKIES or BLENDED STRAIGHT RYE MALT WHISKIES
	A BLEND OF STRAIGHT CORN WHISKIES or BLENDED STRAIGHT CORN WHISKIES
	SPIRIT WHISKY
	SCOTCH WHISKY
	BLENDED SCOTCH WHISKY or SCOTCH WHISKY - A BLEND
	IRISH WHISKY
	BLENDED IRISH WHISKY or IRISH WHISKY – A BLEND
	CANADIAN WHISKY
	BLENDED CANADIAN WHISKY or CANADIAN WHISKY – A BLEND
GIN ДЖИН	DISTILLED GIN
	REDISTILLED GIN
	COMPOUNDED GIN
BRANDY БРЕНДИ	FRUIT BRANDY
	PISCO
	APPLEJACK OR APPLE BRANDY
	KIRSCHWASSER
	SLIVOVITZ
	IMMATURE BRANDY
	COGNAC BRANDY
	ARMAGNACS
	CALVADOS
	DRIED FRUIT BRANDY
	RAISIN BRANDY

CLASS КЛАСС	TYPE ТИП
	LEES BRANDY
	POMACE or MARC BRANDY
	GRAPPA or GRAPPA BRANDY
	RESIDUE BRANDY
	NEUTRAL BRANDY
	SUBSTANDARD BRANDY
BLENDED APPLEJACK or APPLEJACK – A BLEND КУПАЖ ЯБЛОЧНЫХ БРЕНДИ	
RUM РОМ	
TEQUILA ТЕКИЛА	
MESCAL (MEZCAL) МЕСКАЛЬ	
LIQUEUR/CORDIAL ЛИКЕРЫ/НАСТОЙКИ	SLOE GIN
	RYE LIQUEUR/RYE CORDIAL
	BOURBON LIQUEUR/ BOURBON CORDIAL
	ROCK AND RYE
	ROCK AND BOURBON
	ROCK AND BRANDY
	ROCK AND RUM
	RUM LIQUEUR/ RUM CORDIAL
	GIN LIQUEUR/ GIN CORDIAL
	BRANDY LIQUEUR/ BRANDY CORDIAL
	ARAK/ARACK/RAKI
	AMARETTO
	KUMMEL
	OUZO
	ANISE/ANISETTE
	SAMBUCA
	PEPPERMINT SCHNAPPS
	TRIPLE SEC
	CURACAO
	CREME DE ..
	GOLDWASSER
FLAVORED BRANDY АРОМАТИЗИРОВАННЫЙ БРЕНДИ	
FLAVORED GIN АРОМАТИЗИРОВАННЫЙ ДЖИН	
FLAVORED RUM АРОМАТИЗИРОВАННЫЙ РОМ	
FLAVORED VODKA АРОМАТИЗИРОВАННАЯ ВОДКА	

CLASS КЛАСС	TYPE ТИП
FLAVORED WHISKY АРОМАТИЗИРОВАННОЕ ВИСКИ	
IMITATION DISTILLED SPIRITS КРЕПКИЕ АЛКОГОЛЬНЫЕ НАПИТКИ С СИНТЕТИЧЕСКИМИ ДОБАВКАМИ	
RECOGNISED COCKTAILS ЗАРЕГИСТРИРОВАННЫЕ ТИПЫ КОКТЕЙЛЕЙ	APRICOT SOUR
	BLACK RUSSIAN
	BLOODY MARY
	ALEXANDER e.g., "BRANDY ALEXANDER"
	DAIQUIRI
	DAIQUIRI e.g., "PINEAPPLE DAIQUIRI"
	EGG NOG
	GIMLET
	VODKA GIMLET
	GRASSHOPPER
	MAI TAI
	MANHATTAN
	MANHATTAN, e.g., "SCOTCH MANHATTAN"
	MARGARITA
	MARGARITA, e.g., "STRAWBERRY MARGARITA"
	MARTINI
	VODKA MARTINI
	MINT JULEP
	MINT JULEP, e.g., "VODKA MINT JULEP"
	OLD FASHIONED
	PINK SQUIRREL
	SCREWDRIVER
	SLOE GIN FIZZ
	TOM COLLINS
	COLLINS e.g., "VODKA COLLINS"
	WALLBANGER
	WHISKY SOUR
	SOUR, e.g., "PISCO SOUR"
	WHITE RUSSIAN
ADVOCAAT АДВОКААТ	
AQUAVIT АКВАВИТ	
BITTERS ГОРЬКИЕ НАСТОЙКИ	
DISTILLED SPIRITS SPECIALTY ОСОБЫЕ ВИДЫ КРЕПКИХ АЛКОГОЛЬНЫХ НАПИТКОВ	

US CLASSES AND TYPES OF MALT BEVERAGES
КЛАССИФИКАЦИЯ СОРТОВ ПИВА США

CLASS Класс	SUBCLASS Подкласс	TYPE Тип
Ale Эль	Amber [pale] ale янтарный [светлый] эль	American pale ale bitter ale Cream ale Cream stout English pale ale Golden ale India pale ale real ale
	Brown ale коричневый эль	American brown ale English brown ale mild beer
	Dark [black] ale темный [черный] эль	dry stout Imperial stout sweet stout
	Strong ale крепкий эль	barley wine old ale Scottish ale
Lager Лагерное пиво	Amber lager лагерное пиво янтарного цвета	Oktoberfest (Märzen) Vienna lager
	Blonde lager светлое лагерное пиво	Bavarian beer Bohemian pilsner Dortmunder Export lager German pils Helles lager Ice beer International lager Kulmbacher Munich (Münchner) North Americal light lager Pilsen (Pilsner) Rye beer Salvator Wheat beer
	Dark lager лагерное пиво темных сортов	Black lager Dunkeles lager
	Strong lager крепкое лагерное пиво	bock Doppel bock
Porter Портер	bottom-fermented porter портер, приготовленый методом низового брожения	Carlsberg stout Gammel Porter

CLASS Класс	SUBCLASS Подкласс	TYPE Тип
Specialty beer Специальные сорта пива	bottom-fermented specialties сорта пива, приготовленные методом низового брожения top-fermented specialties сорта пива, приготовленные методом верхового брожения near beer слабоалкогольное пиво	smoked lager California common beer (Steam beer) Koelsch Altbier
Malt beverage specialty Особые сорта солодовых напитков	mixture of beers смесь разных сортов пива cereal beverages напитки из зерновых	Half and Half (Porter + Stout) sake futuss-shu

COMMON MEASUREMENTS OF ALCOHOLIC BEVERAGES (US)
СООТНОШЕНИЕ РАЗЛИЧНЫХ ДОЗ АЛКОГОЛЬНЫХ НАПИТКОВ В США

Common Measurements for Alcoholic Beverages Общепринятые меры алкогольных напитков	
"pony shot"	0.5 jigger; 0.75 fluid ounces
"shot"	0.666 jigger; 1 fluid ounce
"large shot"	1.25 ounces
"jigger"	1.5 shots; 1.5 fluid ounces
pint	16 shots; 0.625 fifths
fifth	25.6 shots; 25.6 ounces; 1.6 pints; 0.8 quarts; 0.75706 liters
quart	32 shots; 32 ounces; 1.25 fifths
magnum	2 quarts; 2.49797 wine bottles
bottle wine	0.800633 quarts; 0.7577 liters

One fluid ounce (US) of alcohol equals:

Соответствие 1 жидкой унции США :

- 1.805 cubic inches / куб дюймам
- 29.573 milliliters / мм
- 1.041 British fluid ounces /британских жидких унций
- 0.79 ounces avoirdupois/ аптекарских унций

Examples of Drink Equivalence Примеры эквивалентности доз алкогольных напитков	
12 ounces of 4% beer 12 унций 4% пива	0.48 ounces of absolute alcohol 0,48 унций абс. алкоголя
5 ounces of 10% wine 5 унций 10% вина	0.50 ounces of absolute alcohol 0,50 унций абсолютного алкоголя
1.25 ounces of 40% vodka (80 proof) 1,25 унций 40% водки (80 °proof)	0.50 ounces of absolute alcohol 0,50 унций абс. алкоголя
1.25 ounces of 43% whiskey (86 proof) 1.25 унции 43% виски (86 °proof)	0.52 ounces of absolute alcohol 0,52 унции абс. алкоголя

CONVERSION TABLE
percent alcohol by volume (ABV) / percent alcohol by weight (ABW) at 20°C

ТАБЛИЦА ПЕРЕВОДА
значений крепости спиртных напитков из объемных в массовые проценты при 20°C

ABV	0.5	1.0	1.5	2.0	2.5	3.0	3.5	4.0	4.5
ABW	0.39	0.79	1.18	1.59	1.98	2.38	2.77	3.18	3.57
ABV	5.0	5.5	6.0	6.5	7.0	7.5	8.0	8.5	9.0
ABW	3.98	4.38	4.78	5.19	5.59	6.00	6.40	6.80	7.20
ABV	9.5	10.0	10.5	11.0	11.5	12.0	12.5	13.0	13.5
ABW	7.61	8.01	8.42	8.83	9.24	9.64	10.05	10.46	10.87
ABV	14.0	14.5	15.0	15.5	16.0	16.5	17.0	17.5	18.0
ABW	11.27	11.63	12.09	12.84	12.91	13.33	13.74	14.15	14.56
ABV	18.5	19.0	19.5	20.0	20.5	21.0	21.5	22.0	22.5
ABW	14.98	15.39	15.80	16.21	16.63	17.04	17.46	17.88	18.30
ABV	23.0	23.5	24.0	24.5	25.0	25.5	26.0	26.5	27.0
ABW	18.71	19.13	19.54	19.96	20.38	20.80	21.22	21.64	22.06
ABV	27.5	28.0	28.5	29.0	29.5	30.0	30.5	31.0	31.5
ABW	22.49	22.91	23.34	23.76	24.19	24.61	25.04	25.46	25.89
ABV	32.0	32.5	33.0	33.5	34.0	34.5	35.0	35.5	36.0
ABW	26.32	26.75	27.18	27.59	28.04	28.48	28.91	29.35	29.78
ABV	36.5	37.0	37.5	38.0	38.5	39.0	39.5	40.0	40.5
ABW	30.22	30.65	31.09	31.53	31.97	32.41	32.86	33.30	33.75
ABV	41.0	41.5	42.0	42.5	43.0	43.5	44.0	44.5	45.0
ABW	34.19	34.64	35.09	35.54	35.99	36.44	36.89	37.35	37.80
ABV	45.5	46.0	46.5	47.0	47.5	48.0	48.5	49.0	49.5
ABW	38.26	38.72	39.18	39.69	40.13	40.56	41.03	41.49	41.96
ABV	50.0	50.5	51.0	51.5	52.0	52.5	53.0	53.5	54.0
ABW	42.43	42.90	43.37	43.84	44.31	44.89	45.46	45.84	46.22
ABV	54.5	55.0	55.5	56.0	56.5	57.0	57.5	58.0	58.5
ABW	46.70	47.18	47.66	48.15	464	49.13	49.62	50.11	50.76

ABV	0.5	1.0	1.5	2.0	2.5	3.0	3.5	4.0	4.5
ABW	0.63	1.26	1.89	2.52	3.15	3.77	4.40	5.02	5.65
ABV	5.0	5.5	6.0	6.5	7.0	7.5	8.0	8.5	9.0

ABV	59.0	59.5	60.0	60.5	61.0	61.5	62.0	62.5	63.0
ABW	51.40	51.75	52.09	52.59	53.09	53.59	54.09	54.60	55.11
ABV	63.5	64.0	64.5	65.0	65.5	66.0	66.5	67.0	67.5
ABW	55.62	56.13	56.64	57.15	57.67	58.19	58.71	59.23	59.74
ABV	68.0	68.5	69.0	69.5	70.0	70.5	71.0	71.5	72.0
ABW	60.24	60.78	61.33	61.56	62.39	62.93	63.46	64.00	64.54
ABV	72.5	73.0	73.5	74.0	74.5	75.0	75.5	76.0	76.5
ABW	65.09	65.63	65.58	66.72	67.27	67.83	68.38	68.94	69.50
ABV	77.0	77.5	78.0	78.5	79.0	79.5	80.0	80.5	81.0
ABW	70.06	70.63	71.19	71.76	72.33	72.91	73.48	74.06	74.64
ABV	81.5	82.0	82.5	83.0	83.5	84.0	84.5	85.0	85.5
ABW	75.23	75.81	76.40	77.00	77.59	78.19	78.80	79.40	80.01
ABV	86.0	86.5	87.0	87.5	88.0	88.5	89.0	89.5	90.0
ABW	80.62	81.24	81.86	82.49	83.11	83.75	84.38	85.02	85.66
ABV	90.5	91.0	91.5	92.0	92.5	93.0	93.5	94.0	94.5
ABW	86.32	86.97	87.63	88.29	88.96	89.63	90.30	91.00	91.71
ABV	95.0	95.5	96.0	96.5	97.0	97.5	98.0	98.5	99.0
ABW	92.41	93.13	93.84	94.57	95.30	96.06	96.81	97.60	98.38
ABV	99.5	100.0							
ABW	99.19	100.0							

CONVERSION TABLE
percent alcohol by weight (ABW) / percent alcohol by volume (ABV) at 20°C

ТАБЛИЦА ПЕРЕВОДА
значений крепости спиртных напитков из массовых в объемные проценты при 20°C

	6.27	6.89	7.51	8.13	8.75	9.38	9.98	10.60	11.21
ABV	9.5	10.0	10.5	11.0	11.5	12.0	12.5	13.0	13.5
ABW	11.83	12.44	13.05	13.66	14.28	14.89	15.50	16.10	16.71
ABV	14.0	14.5	15.0	15.5	16.0	16.5	17.0	17.5	18.0
ABW	17.32	17.93	18.53	19.14	19.74	20.35	20.95	21.55	22.15
ABV	18.5	19.0	19.5	20.0	20.5	21.0	21.5	22.0	22.5
ABW	22.75	23.35	23.95	24.55	25.15	25.74	26.33	26.92	27.50
ABV	23.0	23.5	24.0	24.5	25.0	25.5	26.0	26.5	27.0
ABW	28.11	28.70	29.29	29.87	30.46	31.04	31.63	32.01	32.80
ABV	27.5	28.0	28.5	29.0	29.5	30.0	30.5	31.0	31.5
ABW	33.38	33.95	34.53	35.11	35.68	36.25	36.83	37.40	37.97
ABV	32.0	32.5	33.0	33.5	34.0	34.5	35.0	35.5	36.0
ABW	38.53	39.10	39.66	40.23	40.79	41.35	41.90	42.46	43.01
ABV	36.5	37.0	37.5	38.0	38.5	39.0	39.5	40.0	40.5
ABW	43.57	44.12	44.67	45.22	45.77	46.31	46.86	47.40	47.94
ABV	41.0	41.5	42.0	42.5	43.0	43.5	44.0	44.5	45.0
ABW	48.47	49.01	49.55	50.08	50.61	51.14	51.67	52.20	52.72
ABV	45.5	46.0	46.5	47.0	47.5	48.0	48.5	49.0	49.5
ABW	53.25	53.77	54.29	54.81	55.33	55.84	56.36	56.87	57.38
ABV	50.0	50.5	51.0	51.5	52.0	52.5	53.0	53.5	54.0
ABW	57.89	58.40	58.90	59.41	59.91	60.41	60.91	61.41	61.91
ABV	54.5	55.0	55.5	56.0	56.5	57.0	57.5	58.0	58.5
ABW	62.50	62.89	63.39	63.88	64.37	64.85	65.34	65.82	66.30
ABV	59.0	59.5	60.0	60.5	61.0	61.5	62.0	62.5	63.0
ABW	66.78	67.26	67.74	68.22	68.69	69.17	69.63	70.10	70.57
ABV	63.5	64.0	64.5	65.0	65.5	66.0	66.5	67.0	67.5
ABW	71.04	71.50	71.96	72.42	72.88	73.34	73.80	74.25	74.71
ABV	68.0	68.5	69.0	69.5	70.0	70.5	71.0	71.5	72.0
ABW	75.16	75.61	76.06	76.51	76.95	77.40	77.84	78.28	78.71

	72.5	73.0	73.5	74.0	74.5	75.0	75.5	76.0	76.5
ABW	72.5	73.0	73.5	74.0	74.5	75.0	75.5	76.0	76.5
ABV	79.15	79.59	80.02	80.45	80.88	81.31	81.74	82.16	82.58
ABW	77.0	77.5	78.0	78.5	79.0	79.5	80.0	80.5	81.0
ABV	83.00	83.42	83.84	84.26	84.67	85.08	85.49	85.90	86.31
ABW	81.5	82.0	82.5	83.0	83.5	84.0	84.5	85.0	85.5
ABV	86.73	87.12	87.52	87.92	88.32	88.71	89.10	89.49	89.88
ABW	86.0	86.5	87.0	87.5	88.0	88.5	89.0	89.5	90.0
ABV	90.26	90.65	91.03	91.41	91.79	92.16	92.53	92.90	93.27
ABW	90.5	91.0	91.5	92.0	92.5	93.0	93.5	94.0	94.5
ABV	93.64	94.00	94.35	94.71	95.06	95.42	95.77	96.11	96.46
ABW	95.0	95.5	96.0	96.5	97.0	97.5	98.0	98.5	99.0
ABV	96.80	97.19	97.47	97.80	98.12	98.44	98.76	99.13	99.39
ABW	99.5	100.0							
ABV	99.70	100.0							

CONVERSION TABLES FOR COMPUTATION OF TAXABLE QUANTITY OF SPIRITS AND WINE

ТАБЛИЦЫ РАСЧЕТА ОБЪЕМА АЛКОГОЛЬНЫХ НАПИТКОВ И ВИНА ДЛЯ ЦЕЛЕЙ НАЛОГООБЛОЖЕНИЯ В США

DISTILLED SPIRITS
КРЕПКИЕ АЛКОГОЛЬНЫЕ НАПИТКИ

BOTTLE SIZE Объем бутылки	EQUIVALENT FLUID OUNCES Эквивалент в жидких унциях	BOTTLES PER CASE Число бутылок в ящике	LITERS PER CASE Объем в 1 ящике, л	U.S. GALLONS PER CASE Кол-во галлонов США в одном ящике	CORRESPONDS TO Соответствует другим мерам
1.75 liters	59.2 Fl. Oz.	6	10.50	2.773806	1/2 gallon
1.00 liters	33.8 Fl. Oz.	12	12.00	3.170064	1 Quart
750 milliliters	25.4 Fl. Oz.	12	9.00	2.377548	4/5 Quart
375 milliliters	12.7 Fl. Oz.	24	9.00	2.377548	4/5 Pint
200 milliliters	6.8 Fl. Oz.	48	9.60	2.536051	1/2 Pint
100 milliliters	3.4 Fl. Oz.	60	6.00	1.585032	1/4 Pint
50 milliliters	1.7 Fl. Oz.	120	6.00	1.585032	1, 1.6 & 2 Oz.

Official Conversion Factor: 1 Liter = 0.264172 U.S. Gallon
Коэффициент пересчета: 1 литр = 0,264172 галлона США

CONVERTING US GALLONS INTO PROOF GALLONS FOR TAX PURPOSES:
ПЕРЕСЧЕТ ОБЪЕМА СПИРТНЫХ НАПИТКОВ ИЗ ГАЛЛОНОВ США В PROOF ГАЛЛОНЫ ДЛЯ ЦЕЛЕЙ НАЛОГООБЛОЖЕНИЯ

1. Multiply U.S. gallons by the percent of alcohol by volume.	1. Умножить объем в галлонах США на объемное содержание алкоголя
2. Multiply by 2.	2. Умножить результат на 2
3. Divide by 100	3. разделить на 100
Sample calculation:	Образец расчета:
100 U.S. gallons x 40% alcohol by volume=4000	100 галлонов США x 40% об. = 4 000
4000 x 2=8000	4000 x 2=8000
8000/100= 80 proof gallons	8000/100 = 80 proof галлонов

WINE PACKAGE CONVERSION CHART
ТАБЛИЦА ПЕРЕСЧЕТА ОБЪЕМА УПАКОВКИ С ВИНОМ

METRIC SIZES TO GALLONS
ПЕРЕСЧЕТ МЕТРИЧЕСКИХ ЕДИНИЦ В ГАЛЛОНЫ

BOTTLE SIZE Объем бутылки	EQUIVALENT FLUID OUNCES Эквивалентное содержание жидких унций	BOTTLES PER CASE Количество бутылок в ящике	LITERS PER CASE Литров в ящике	U.S. GALLONS PER CASE Количество галлонов США в одном ящике	CORRESPONDS TO Соответствует другим единицам измерения
3 liters	101 Fl. Oz.	4	12.00	3.17004	4/5 Gallon
1.5 liters	50.7 Fl. Oz.	6	9.00	2.37753	2/5 Gallon
1.00 liters	33.8 Fl. Oz.	12	12.00	3.17004	1 Quart
750 milliliters	25.4 Fl. Oz.	12	9.00	2.37753	4/5 Quart
500 milliliters	16.9 Fl. Oz.	24	12.00	3.17004	1 Pint
375 milliliters	12.7 Fl. Oz.	24	9.00	2.37753	4/5 Pint
187 milliliters	6.3 Fl. Oz.	48	8.976	2.37119	2/5 Pint
100 milliliters	3.4 Fl. Oz.	60	6.00	1.58502	2, 3 & 4 Oz.
50 milliliters	1.7 Fl. Oz.	120	6.00	1.58502	1, 1.6 & 2 Oz.

Official Conversion Factor: 1 Liter = 0.26417 U.S. Gallon
Коэффициент пересчета: 1 литр = 0, 26417 галлона США

PROOF CONVERSION TABLE

ТАБЛИЦА ПЕРЕСЧЕТА КРЕПОСТИ АЛКОГОЛЯ

% vol. Содержание алкоголя в % об.	US Proof Крепость по шкале proof США	UK Proof Крепость по шкале proof Великобритании
1	2	1.752
2	4	3.504
3	6	5.256
4	8	7.008
5	10	8.76
6	12	10.512
7	14	12.264
8	16	14.016
9	18	15.768
10	20	17.52
11	22	19.272
12	24	21.024
13	26	22.776
14	28	24.528
15	30	26.28
16	32	28.032
17	34	29.784
18	36	31.536
19	38	33.288
20	40	35.04
21	42	36.792
22	44	38.544
23	46	40.296
24	48	42.048
25	50	43.8
26	52	45.552
27	54	47.304
28	56	49.056
29	58	50.808
30	60	52.56
31	62	54.312
32	64	56.064
33	66	57.816
34	68	59.568
35	70	61.32
36	72	63.072
37	74	64.824
38	76	66.576
39	78	68.328
40	80	70.08

% vol. Содержание алкоголя в % об.	US Proof Крепость по шкале proof США	UK Proof Крепость по шкале proof Великобритании
41	82	71.832
42	84	73.584
43	86	75.336
44	88	77.088
45	90	78.84
46	92	80.592
47	94	82.344
48	96	84.096
49	98	85.848
50	100	87.6
51	102	89.352
52	104	91.104
53	106	92.856
54	108	94.608
55	110	96.36
56	112	98.112
57	114	99.864
58	116	101.616
59	118	103.368
60	120	105.12
61	122	106.872
62	124	108.624
63	126	110.376
64	128	112.128
65	130	113.88
66	132	115.632
67	134	117.384
68	136	119.136
69	138	120.888
70	140	122.64
71	142	124.392
72	144	126.144
73	146	127.896
74	148	129.648
75	150	131.4
76	152	133.152
77	154	134.904
78	156	136.656
79	158	138.408
80	160	140.16
81	162	141.912
82	164	143.664
83	166	145.416
84	168	147.168

% vol. Содержание алкоголя в % об.	US Proof Крепость по шкале proof США	UK Proof Крепость по шкале proof Великобритании
85	170	148.92
86	172	150.672
87	174	152.424
88	176	154.176
89	178	155.928
90	180	157.68
91	182	159.432
92	184	161.184
93	186	162.936
94	188	164.688
95	190	166.44
96	192	168.192
97	194	169.944
98	196	171.696
99	198	173.448
100	200	175.2

CONVERSION OF SPECIFIC GRAVITY INTO PLATO DEGREES
ТАБЛИЦА ПЕРЕСЧЕТА ВЕСА СУСЛА В ГРАДУСЫ ПЛАТОНА

Specific Gravity Удельный вес сусла	Plato degrees Градусы Платона
1.001	0.25
1.002	0.50
1.003	0.75
1.004	1.00
1.005	1.25
1.006	1.50
1.007	1.75
1.008	2.00
1.009	2.25
1.01	2.50
1.011	2.75
1.012	3.00
1.013	3.25
1.014	3.5
1.016	4.0
1.018	4.5
1.02	5.0
1.022	5,5
1.024	6.0
1.026	6.5
1.028	7.0

Specific Gravity Удельный вес сусла	Plato degrees Градусы Платона
1.03	7.5
1.032	8.0
1.034	8.5
1.036	9.0
1.038	9.5
1.04	10.0
1.042	10.5
1.044	11.0
1.046	11.5
1.048	12.0
1.05	12.5
1.052	13.0
1.054	13.5
1.056	14.0
1.058	14.5
1.06	15.0
1.062	15.5
1.064	16.0
1.066	16.5
1.068	17.0
1.07	17.5
1.072	18.0
1.074	18.5
1.076	19.0
1.078	19.5
1.08	20.0
1.082	20.5
1.084	21.0
1.086	21.5
1.088	22.0
1.09	22.5
1.092	23.0
1.096	24.0
1.10	25.0
1.104	26.0
1.108	27.0
1.11	27.5
1.112	28.0
1.116	29.0
1.12	30.0
1.124	31.0
1.128	32.0
1.13	32.5
1.132	33.0
1.136	34.0

Specific Gravity Удельный вес сусла	Plato degrees Градусы Платона
1.14	35.0
1.144	36.0
1.148	37.0
1.15	37.5

	Wine Вино
1 °Oë	= 2.7 g sugar/l
1 % alcohol	= 19 g sugar/l
1 % acid	= 10 g/l
SG water	= 1000 kg/m^3
1 kg sugar dissolved	= 0.625 l

Volume & Weight	
Объем и вес	
US System	Metric System
1cup	= 237 ml
1gallon	= 3.79 l
1ounce (oz)	= 28.35 g
1fl. ounce (fl. oz)	= 29.57 ml
1pint (pt)	= 0.47 l
1pound (lb)	= 453.6 g
1quart (qt)	= 0.946 l
1teaspoon (tsp)	= 5 g

More Volume & Weights	
Дополнительные единицы веса и объема	
Imp. System Система Империал	Metric System Метрическая система
1 gallon (gal)	= 4.54 l
1 ounce (oz)	= 28.35 g
1 fl. ounce (fl. oz)	= 28.4 ml
1 pint (pt)	= 0.568 l
1 pound (lb)	= 453.6 g
1 quart (qt)	= 1.136 l

Sweetening	
Подсахаривание	
Sweetness Содержание сахара в вине	SG Удельный вес
Dry Сухое	<1000
Medium Dry Полусухое	1000-1010
Medium Sweet Полусладкое	1010-1020
Sweet Сладкое	1020-1030
Dessert Десертное	1030-1040

Temperature Температура	
Degrees / Fahrenheit Градусы по Фаренгейту	Degrees / Celcius Градусы по Цельсию
10	-12.2
20	-6.7
30	-1.1
40	4.4
50	10.0
60	15.6
70	21.1
80	26.7
90	32.2
100	37.8

$$(°F - 32) \cdot \frac{5}{9} = °C$$

Specific Gravity Chart Таблица определения удельного веса				
Specific Gravity Удельный вес	Brix or Balling значение по шкале Брикса или Баллинга	Potential Alcohol by Volume Крепость в % об. алк	Lbs. & Ozs. of Sugar in 1 US Gallon of Water Вес сахара в одном галлоне воды	
			Lbs. Фунтов	Ozs. Унций
1.000	0	0	0	0
1.005	1.2	0.5	0	2
1.010	2.5	0.9	0	4
1.015	3.7	1.6	0	6
1.020	5.2	2.3	0	8
1.025	6.5	3.0	0	9
1.030	7.7	3.7	0	11

Hydrometer table Гидрометрическая таблица		
Specific gravity (S.G.) Удельный вес	Potential % vol alcohol Крепость в % об. алк.	Grammes sugar / litre Кол-во сахара в г/л
1010	0.9	12.5
1015	1.6	25
1020	2.3	44
1025	3.0	57
1030	3.7	76
1035	4.4	95
1040	5.1	107
1045	5.8	120

Specific gravity (S.G.) Удельный вес	Potential % vol alcohol Крепость в % об. алк.	Grammes sugar / litre Кол-во сахар в г/л
1050	6.5	132
1055	7.2	145
1060	7.8	157.5
1065	8.6	170
1070	9.2	182.5
1075	9.9	195
1080	10.6	208
1085	11.3	225
1090	12.0	240
1095	12.7	252
1100	13.4	265
1105	14.1	277
1110	14.9	290
1115	15.6	302.5
1120	16.3	315
1125	17.0	327.5
1130	17.7	340
1135	18.4	352

HYDROMETER SCALE CONVERSION TABLE
ТАБЛИЦА ПЕРЕВОДА ЗНАЧЕНИЙ ДЛЯ РАЗЛИЧНЫХ ТИПОВ ГИДРОМЕТРОВ

Specific gravity at 20°C Удельный вес сусла при 20°C	Oechsle Шкала Оексле	°Brix / Balling Шкала Брикса/ Баллинга	Baumé Шкала Боме
1.00000	0.0	0.0	0.00
1.00078	0	0.2	0.1
1.00155	1	0.4	0.2
1.00233	2	0.6	0.3
1.00311	3	0.8	0.45
1.00389	4	1.0	0.55
1.00779	8	2.0	1.1
1.01172	12	3.0	1.7
1.01567	15	4.0	2.2
1.01965	20	5.0	2.8
1.02366	24	6.0	3.3
1.02779	28	7.0	3.9
1.03176	32	8.0	4.4
1.03586	36	9.0	5.0
1.03998	40	10.0	5.6
1.04413	44	11.0	6.1
1.04831	48	12.0	6.7

Specific gravity at 20°C Удельный вес сусла при 20°C	Oechsle Шкала Оексле	°Brix / Balling Шкала Брикса/ Баллинга	Baumé Шкала Боме
1.05252	53	13.0	7.2
1.05667	57	14.0	7.8
1.06104	61	15.0	8.3
1.06534	65	16.0	8.9
1.06968	70	17.0	9.4
1.07142	71	17.4	9.7
1.07404	74	18.0	10.0
1.07580	76	18.4	10.2
1.07844	78	19.0	10.55
1.07932	79	19.2	10.65
1.08021	80	19.4	10.8
1.08110	81	19.6	10.9
1.08198	82	19.8	11.0
1.08287	83	20.0	11.1
1.08376	84	20.2	11.2
1.08465	85	20.4	11.35
1.08554	86	20.6	11.45
1.08644	86	20.8	11.55
1.08733	87	21.0	11.7
1.08823	88	21.2	11.8
1.08913	89	21.4	11.9
1.09003	90	21.6	12.0
1.09093	91	21.8	12.1
1.09183	92	22.0	12.2
1.09273	93	22.2	12.3
1.09364	94	22.4	12.45
1.09454	95	22.6	12.55
1.09545	95	22.8	12.7
1.09636	96	23.0	12.8
1.09727	97	23.2	12.9
1.09818	98	23.4	13.0
1.09909	99	23.6	13.1
1.10000	100	23.8	13.2
1.10092	101	24.0	13.3
1.10193	102	24.2	13.45
1.10275	103	24.4	13.55
1.10367	104	24.6	13.7
1.10459	105	24.8	13.8
1.10551	106	25.0	13.9
1.10643	106	25.2	14.0
1.10736	107	25.4	14.1
1.10828	108	25.6	14.2
1.10921	109	25.8	14.3

Specific gravity at 20°C Удельный вес сусла при 20°C	Oechsle Шкала Оексле	°Brix / Balling Шкала Брикса/ Баллинга	Baumé Шкала Боме
1.11014	110	26.0	14.45
1.11106	111	26.2	14.55
1.11200	112	26.4	14.65
1.11293	113	26.6	14.8
1.11386	114	26.8	14.9
1.11480	115	27.0	15.0
1.11573	116	27.2	15.1
1.11667	117	27.4	15.2
1.11761	118	27.6	15.3
1.11855	119	27.8	15.45
1.12898	129	30.0	16.57

INTERNATIONAL ALCOHOL STATISTICS
МЕЖДУНАРОДНАЯ СТАТИСТИКА ПРОИЗВОДСТВА И ТОРГОВЛИ АЛКОГОЛЬНЫМИ НАПИТКАМИ

1. Leading alcohol producing countries in 1996
   Ведущие страны-производители алкогольных напитков за 1996 г.

BEER ПИВО		SPIRITS КРЕПКИЕ АЛКОГОЛЬНЫЕ НАПИТКИ		WINE ВИНО	
Country Страна	Production (metric tons) Производство (метрических тонн)	Country Страна	Production (metric tons) Производство (метрических тонн)	Country Страна	Production (metric tons) Производство (метрических тонн)
USA	23 700 000	China	9 975 400	France	5 965 000
China	17 207 270	India	1 474 793	Italy	5 877 181
Germany	10 780 000	Republic of Korea	1 400 240	Spain	2 987 040
Japan	6 804 500	USA	1 100 000	USA	1 887 700
Brazil	6 500 000	United Kingdom	921 500	Argentina	1 268 100
United Kingdom	5 800 500	Japan	850 800	Portugal	952 877
Mexico	4 721 140	Thailand	804 120	South Africa	940 000
Spain	2 500 000	Russian Federation	716 300	Germany	864 199
Netherlands	2 335 200	Brazil	670 000	Australia	673 445
Canada	2 326 000	Philippines	560 000	Romania	580 000

2. Leading alcoholic beverage-exporting countries in 1995, ranked by export earnings
   Ведущие страны-экспортеры алкогольных напитков в 1995 (по стоимости экспорта)

Country Страна	EXPORTS (US$ 000) Объем экспорта алкогольных напитков (в тыс. долл. США)	PER CENT OF TOTAL EXPORT EARNINGS Процентная доля экспорта алкогольных напитков в общей стоимости экспорта данной страны
France	7 193 629	2.51
United Kingdom	4 493 014	1.86

Italy	2 598 448	1.12
Germany	1 706 067	0.33
Netherlands	1 395 173	0.71
Spain	1 141 783	1.25
United States of America	1 083 713	0.19
Ireland	611 464	1.39
Belgium	582 962	–
Canada	562 308	0.29

3. Leading alcoholic beverage-exporting countries in 1995, ranked by percentage of total export earnings
   Ведущие страны-экспортеры алкогольных напитков в 1995 (по общему объему экспорта)

Country Страна	EXPORTS (US$ 000) Объем экспорта алкогольных напитков (в тыс. долларов США)	PER CENT OF TOTAL EXPORT EARNINGS Процент экспорта алкогольных напитков в общем объеме экспорта страны
Republic of Moldova	173 025	24.03
Martinique	24 216	10.81
Bulgaria	185 804	3.65
Cyprus	42 323	3.44
France	7 193 629	2.51
Portugal	548 208	2.41
United Kingdom	4 493 014	1.86
Ireland	611 464	1.39
Spain	1 141 783	1.25
Croatia	57 471	1.24

4. Leading alcoholic beverage-importing countries in 1995, ranked by costs of imports
   Ведущие страны-импортеры алкогольных напитков в 1995 г. (по стоимости импорта алкогольной продукции)

Country Страна	IMPORTS (US$ 000)	PER CENT OF TOTAL IMPORT COSTS
United States of America	4 498 130	0.58

United Kingdom	2 860 506	1.08
Germany	2 612 925	0.58
Japan	1 955 886	0.58
Russian Federation	1 398 274	3.00
France	1 304 234	0.47
Spain	1 068 446	0.93
Belgium	1 038 076	-
Netherlands	839 867	0.48
Italy	716 888	0.35

5. **Leading alcoholic beverage-importing countries in 1995, ranked by per cent of total import costs**
   Ведущие страны-импортеры алкогольных напитков в 1995 г. (по доле, занимаемой алкогольной продукцией в общем объеме импорта)

Country Страна	IMPORTS (US$ 000)	PER CENT OF TOTAL IMPORT COSTS
Russian Federation	1 398 274	3.00
Guadeloupe	46 205	2.44
United Republic of Tanzania	38 902	2.32
Macau	41 530	2.06
Ukraine	166 346	1.55
Martinique	29 699	1.51
Reunion	34 801	1.32
United Kingdom	2 860 506	1.08
Denmark	413 560	0.96
Bahrain	34 464	0.95

TRANSLITERATION OF RUSSIAN GRAPE VARIETIES
ТРАНСЛИТЕРАЦИЯ РУССКИХ НАИМЕНОВАНИЙ СОРТОВ ВИНОГРАДА

Transliteration principles

Transliteration is made on the basis of general transliteration system, developed at Princeton University (Slavic Cataloging Manual). Some slight deviances of this system from the system used in Russia (GOST 7.79:2000), cannot make any difficulties in recognition of the transliterated names. Foreign names, which are used in the Russian language as phonetic transcriptions, here are rendered into English in original spelling of their language of origin.

Указания по транслитерации

Транслитерация выполнена на основе базовой системы транслитерации, разработанной в Принстонском Университете (США). Незначительные отличия данной системы символов от системы, используемой в России (ГОСТ 7.79: 2000), не будет препятствием в понимании транслитерированных названий.

Иностранные названия, имеющие фонетическое написание в русском языке, переданы на английский язык с учетом их написания на языке происхождения.

Russian characters Буквы русского алфавита	English characters Буквы английского алфавита
а	a
б	b
в	v
г	g
д	d
е	e
ё	ë
ж	zh
з	z
и	i
й	ï
к	k
л	l
м	m
н	n
о	o
п	p
р	r
с	s
т	t
у	u
ф	f
х	kh
ц	ts
ч	ch
ш	sh

Russian characters Буквы русского алфавита	English characters Буквы английского алфавита
щ	shch
ъ	'
ы	y
ь	"
э	ė
ю	iu
я	ia

Typical word components (endings):
Типичные словоформы:

- ий   iĭ
- ый   yĭ
- ая   aĭa

Рекомендуемые сорта винограда	Recommended grape varieties
Авгалия	Avgalia
Агадаи	Agadaĭ
Агат донской	Agat donskoĭ
Аг изюм, Астраханский скороспелый, Тонкокорый	Ag Izjum, Astrakhanskiĭ Skorospelyĭ, Tonkokoryĭ
Алиготе, Мухранули	Aligote, Mukhranuli
Алый терский, Алый станичный	Alyĭ Terskiĭ, Alyĭ Stanichnyĭ
Асыл кара, Венгерка черная, Кизлярский черный, Прасковейский черный	Asyl Kara Vengerka ch'ornaĭa, Kizl'arskiĭ ch'ornyĭ, Praskoveĭskiĭ ch'ornyĭ
Бархатный	Barkhatnyĭ
Белорозовый	Belorozovyĭ
Бианка	Bianka
Богатырский	Bogatyrskiĭ
Брускам	Bruskam
Варюшкин	Var'ushkin
Везне	Vezne
Виорика	Viorika
Восторг	Vostorg
Выдвиженец	Vydvizhenets
Галан, Димят	Galan, Dim'at
Гечеи заматош	Geczei Zamatos
Гранатовый	Granatovyĭ
Грушевский белый	Grushevskiĭ belyĭ
Гюляби дагестанский, Ал-изюм	G'ul'abi dagestanskiĭ, Al-Iz'um
Данко	Danko
Декабрьский	Dekabr'skiĭ
Десертный	Desertnyĭ

Рекомендуемые сорта винограда	Recommended grape varieties
Дойна	Doina
Дольчатый	Dol'chatyĭ
Жемчуг Саба	Zhemchug Szaba
Зала дендь, Жемчуг Зала	Zala dengy, Zhemchug Zala
Зоревой	Zorevoĭ
Ильичевский ранний	Illichëvskiĭ ranniĭ
Италия, Мускат Италия	Italia, Muskat Italia
Каберне северный	Cabernet Severnyĭ
Каберне-Совиньон, Лафит	Cabernet Sauvignon, Lafite
Кавказский ранний	Kavkazskiĭ ranniĭ
Карабурну, Алеппо	Karaburnu, Aleppo
Карамол	Karamol
Кардинал	Cardinal
Кишмиш черный, Кара кишмиш	Kishmish chë'rnyĭ, Kara kishmish
Клерет белый, Вивсянка	Cleret belyĭ, Vivs'anka
Кодрянка	Codreanca
Королева виноградников, Ранний Карабурну	Koroleva vinogradnikov, Ranniĭ Karaburnu
Красностоп золотовский	Krasnostop zolotovskiĭ
Лакхеди мезеш	Lakhegy mozes
Ларни мускатная	Larni muskatnaĭa
Ляна	Leana
Мадлен Анжевин, Мадленка, Петровский	Madeleine Angevine, Madlenka, Petrovskiĭ
Маринка	Marinka
Матраса, Кара ширей, Севи, Ширай	Matrassa, Kara shyreĭ, Sevi, Shiraĭ
Молдова	Moldova
Московский черный	Moskovskiĭ Ch'ornyĭ
Муромец	Muromets
Мускат белый, Ладанный, Мускат Люнель, Мускат фронтиньянский, Тамянка технический	Muscat belyĭ. Ladannyĭ, Muscat Lunel, Muscat Frontignano, Tameanca tekhnicheskiĭ
Мускат венгерский, Ванилия, Мускат крокан, Мускат флер д'Оранж, Раздроб	Muscat vengerskiĭ, Vanilia, Muscat krokan, Muscat fleur d'Orange, Razdrob
Мускат гамбургский, Тэмыйоаса нягрэ	Muscat Hamburg, Tâmâioasă neagră
Мускат дербентский	Muscat derbentskiĭ
Мускат транспортабельный	Muscat transportabel'nyĭ
Мускат узбекистанский	Muscat uzbekistanskiĭ
Мускат янтарный	Muscat ĭantarnyĭ
Мцване кахетинский, Дедали Мцване, Кахури мцване, Мчкнара	Mtsvane kakhetinskiĭ, Dedali Mtsvane, Kakhuri mtsvane, Mchknara
Мюллер Тургау	Müller Thurgau
Надежда АЗОС	Nadezhda AZOS
Нарма, Аг нарма	Narma, Ag narma
Одесский сувенир, Сувенир черный	Odesskiĭ Suvenir, Suvenir ch'ornyĭ
Оницканский белый	Onitskanskiĭ belyĭ
Осенний черный	Osenniĭ ch'ornyĭ
Особый	Osobyĭ

Рекомендуемые сорта винограда	Recommended grape varieties
Первенец Магарача	Pervenets Magaracha
Пино белый, Бургундер вейссер, Пино блан	Pinot belyĭ, Burgunder Weisser, Pinot Blanc
Пино серый, Пино гри, Рулэндер, Рыжик	Pinot seryĭ, Pinot Gris, Ruländer, Ryzhyk
Пино черный, Пино нуар, Пино фран, Шпачок, Шпэтбургундер	Pinot ch'ornyĭ, Pinot Noir, Pinot Franc, Shpachok, Spätburgunder
Плавай, Белан, Белый круглый, Битый простой, Плакун	Plavaĭ, Belan, Belyĭ krupnyĭ, Bityĭ prostoĭ, Plakun
Плечистик, Горюн, Летун, Осыпняк, Рогатая кисть	Plechistik, Gorĭun, Letun, Osypniak, Rogataĭa Kist'
Подарок Магарача	Podarok Magaracha
Пухляковский, Коарна албэ, Мажорка белая	Pukhl'akovskiĭ, Coarna Albă, Mazhorka belaĭa
Ранний Магарача	Ranniĭ Magaracha
Рислинг, Рислинг рейнский, Рислинок	Riesling, Riesling reinskiĭ, Rislinok
Ркацители, Грузинский, Дедали Ркацители, Какура, Королек, Тополек	Rkatsyteli, Gruzinskiĭ, Dedali Rkatsyteli, Kakura, Korolëk, Topolëk
Рубиновый Магарача	Rubinovyĭ Magaracha
Русмол	Rusmol
Саперави, Красильщик	Saperavi, Krasil'shchik
Саперави северный	Saperavi severnyĭ
Сенсо, Мавро кара, Малага	Sinsault, Mavro kara, Malaga
Сибирьковый, Ефремовский	Sibir'kovyĭ, Efremovskiĭ
Сильванер, Крупный рислинг, Сальфин белый, Селиван	Sylvaner, Krupnyĭ Riesling, Salfin belyĭ, Selivan
Слава Дербента	Slava Derbenta
Совиньон белый, Вердо белый, Мелкий Сотерн	Sauvignon belyĭ, Verdot belyĭ, Melkiĭ Sauternes
Степняк	Stepn'ak
Страшенский	Strashenskiĭ
Траминер розовый, Саваньен роз, Трамини руж, Флешвайнер	Traminer rosé, Savagnin rosé, Traminer rouge, Fleschweiner
Фиолетовый ранний	Fioletovyĭ ranniĭ
Фрумоаса албэ	Frumoasă albă
Хатми, Канфет изюм	Khatmi, Kanfet Iz'um
Цветочный	Tsvetochnyĭ
Цимлянский черный, Грушовый, Хрупкая кисть, Цимлянский	Tsyml'anskiĭ ch'ornyĭ, Grushovyĭ, Khrupkaĭa kist', Tsyml'anskiĭ
Цитрон цюрупинский	Citron ts'urupinskiĭ
Шардоне, Вейс едлер, Мориллон, Пино шардоне	Chardonnay, Weis Edler, Maurillon, Pinot Chardonnay
Шасла белая, Березка, Динка белая, Шасла доре, Шасла	Chasselas belaĭa, Ber'ozka, Dinka belaĭa, Chasellas doré, Chasselas
Шасла мускатная, Березка душистая	Chasselas muscatnaĭa, Ber'ozka dushistaĭa
Шасла розовая, Хрупка червена	Chasselas rozovaĭa, Khrupka chervena
Юбилей Журавля	Iubileĭ Zhuravl'a

Разрешенные сорта винограда	Grape varieties which are permitted for usage
Августовский	Avgustovskiĭ
Аврора Магарача	Aurora Magaracha
Айваз	Aivaz
Алина	Alina
Анапский ранний	Anapsiĭ ranniĭ
Антей магарачский	Ante ĭ magarachskiĭ
Аркадия	Arcadia
Асма Магарача	Asma Magaracha
Астаникский	Astanikskiĭ
Атлант	Atlant
Белый ранний	Belyĭ ranniĭ
Бессемянный Магарача	Bessem'annyĭ Magaracha
Бессемянный ранний	Bessem'annyĭ ranniĭ
Бируинца	Biruința
Бригантина	Brigantina
Брумериу ноу	Brumeriu nou
Виерул-59	Vierul -59
Витязь	Vit'az'
Горгиппия	Gorgillia
Гранатовый Магарача	Granatovyĭ Magaracha
Дачный	Dachyĭ
Дунавски лазур	Dunavski lazur
Екатеринодарский	Ëkaterinodarskiĭ
Изабелла	Isabella
Интервитис Магарача	Intervitis Magaracha
Каберне АЗОС	Cabernet AZOS
Казачка	Kazachka
Кантемировский	Kantemirovskiĭ
Кентавр магарачский	Kentavr magarachskiĭ
Кишмиш лучистый	Kishmish luchistyĭ
Кишмиш Магарача	Kishmish Magaracha
Кишмиш самаркандский	Kishmish samarkandskiĭ
Кишмиш Согдиана	Kishmish Sogdiana
Кобзарь	Kobzar'
Коринка русская	Korinka russkaĭa
Красностоп анапский	Krasnostop anapskiĭ
Крымская жемчужина	Krymskaĭa zhemchuzhina
Крымчанин	Krymchanin
Кутузовский	Kutuzovskiĭ
Лунный	Lunnyĭ
Магармен	Magarmen
Мускат Оттонель, Мириславка	Muscat Ottonel, Mirislavka
Нежность	N'ezhnost
Нимранг Магарача, ВИВ-12	Nimrang Magaracha, VIV-12
Новоукраинский ранний	Novoukrainskiĭ ranniĭ
Огонек таировский	Ogonëk tairovskiĭ

Разрешенные сорта винограда	Grape varieties which are permitted for usage
Оригинал	Original
Памяти Негруля	Pam'ati Negrul'a
Пино черный урожайный	Pinot ch'ornyĭ urozhaĭnyĭ
Рислинг Магарача, ВИВ-84	Riesling Magaracha, VIV-84
Ркацители Магарача, ВИВ-14	Rkatsyteli Magaracha, VIV-14
Ромулус	Romulus
Рубин АЗОС	Rubin AZOC
Рубин краснодарский	Rubin krasnodarskiĭ
Рубин таировский	Rubin tairovskiĭ
Русбол	Rusbol
Русвен	Rusven
Скоренский красный	Skorenskiĭ krasnyĭ
Смена	Smena
Смуглянка молдавская	Smugl'anka moldavskaĭa
Солнечнодолинский	Solnechodolinskiĭ
Спартанец Магарача, ВИВ-5	Spartanets Magaracha, VIV-5
Суручанский белый	Suruchenskiĭ belyĭ
Тавквери Магарача, ВИВ-15	Tavkveri Magaracha, VIV-15
Таврия	Tavria
Таир, Старт	Tair, Start
Тасон	Tason
Фантазия	Fantasia
Хрустящий	Khrust'ashchiĭ
Цитронный Магарача	Tsytronnyĭ Magaracha
Черномор анапский	Chernomor anapskiĭ
Юбилей-70	Ĭubileĭ -70
Юбилейный Магарача	Ĭubileĭnyĭ Magaracha
Юлия	Ĭulia
Юрин	Ĭurin
Яловенский столовый	Ĭalovenskiĭ stolovyĭ
Яловенский устойчивый	Ĭalovenskiĭ ustoĭchivyĭ
Янтарный Магарача	Ĭantarnyĭ Magaracha

Временно разрешенные сорта винограда	Temporarily permitted grape varieties
Амур	Amur
Бако 1к, Бако спейский	Baco 1k, Baco speĭskiĭ
Бастардо магарачский	Bastardo magarachskiĭ
Бессемянный белый	Bessem'annyj belyĭ
Бессемянный красный	Bessem'annyj krasnyĭ
Бессемянный розовый	Bessem'annyj rozovyĭ
Борнемисса гергели-14	Bornemissa gergeli-14
Восторг идеальный, Идеальный	Vostorg ideal'nyĭ
Восторг красный	Vostorg krasnyj
Восторг мускатный, Супер ран Восторг	Vostorg muskatnyĭ

Временно разрешенные сорта винограда	Temporarily permitted grape varieties
Восторг оригинальный, Восторг овальный	Vostorg original'nyĭ, Vostorg oval'nyĭ
Восторг черный	Vostorg ch'ornyĭ
Гибернал	Gibernal
Зори Анапы	Zori Anapy
Кардинал АЗОС	Cardinal AZOS
Кеша-1	Kesha-1
Кишмиш запорожский	Kishmish zaporozhskiĭ
Кишмиш молдавский	Kishmish moldavskiĭ
Кишмиш таировский	Kishmish tairovskiĭ
Кристалл	Kristall
Кубанец	Kubanets
Левокумский устойчивый	Levokumskiĭ ustoĭchivyĭ
Мержаниани	Merzhaniani
Мерло	Merlot
Мечта	Mechta
Мускат таировский	Muskat tairovskiĭ
Негру де Яловень	Negru de Ialoven'
Новоселовский	Novoselovskiĭ
Орион	Orion
Памяти Вердеревского	Pam'ati Verderevskogo
Плевен устойчивый	Pleven ustoĭchivyĭ
Прикубанский	Prikubanskiĭ
Ризамат	Rizamat
Ритон	Riton
Росинка	Rosinka
Среброструй	Srebrostruĭ
Уньи белый	Ugni belyĭ, Ugni Blanc
Элегант сверхранний	Elegant Sverhranniĭ
Эллада	Ellada

Издательство «Р У С С О»
п р е д л а г а е т:

Англо-русский металлургический словарь (66 000 терминов)
Англо-русский словарь по вычислительным системам и информационным технологиям (55 000 терминов)
Англо-русский словарь по машиностроению и автоматизации производства (100 000 терминов)
Англо-русский словарь по нефти и газу (24 000 терминов и 4 000 сокращений)
Англо-русский словарь по общественной и личной безопасности (17 000 терминов)
Англо-русский словарь по оптике (28 000 терминов)
Англо-русский словарь по патентам и товарным знакам (11 000 терминов)
Англо-русский словарь по пищевой промышленности (42 000 терминов)
Англо-русский словарь по психологии (20 000 терминов)
Англо-русский словарь по рекламе и маркетингу с Указателем русских терминов (40 000 терминов)
Англо-русский словарь по телекоммуникациям (34 000 терминов)
Англо-русский словарь по химии и переработке нефти (60 000 терминов)
Англо-русский словарь по химии и химической технологии (65 000 терминов)
Англо-русский словарь по экономике и праву (40 000 терминов)
Англо-русский словарь по электротехнике и электроэнергетике (около 45 000 терминов)
Англо-русский юридический словарь (50 000 терминов)
Новый англо-русский словарь по радиоэлектронике в 2-х томах (100 000 терминов)

Адрес: 119071, Москва, Ленинский пр-т, д. 15, офис 317.
Тел./факс: 955-05-67, 237-25-02.
Web: www.russopub.ru
E-mail: russopub@aha.ru

Издательство «Р У С С О»
предлагает:

Англо-русский и русско-английский автомобильный словарь (25 000 терминов)

Англо-русский и русско-английский лесотехнический словарь (50 000 терминов)

Англо-русский и русско-английский медицинский словарь (24 000 терминов)

Англо-русский и русско-английский словарь по солнечной энергетике (12 000 терминов)

Большой англо-русский политехнический словарь в 2-х томах (200 000 терминов)

Новый англо-русский биологический словарь (более 72 000 терминов)

Новый англо-русский медицинский словарь (75 000 терминов) с компакт-диском

Современный англо-русский словарь (50 000 слов и 70 000 словосочетаний) с компакт-диском

Современный англо-русский словарь по машиностроению и автоматизации производства (15 000 терминов)

Социологический энциклопедический англо-русский словарь (15 000 словарных статей)

Новый русско-английский юридический словарь (23 000 терминов)

Русско-английский геологический словарь (50 000 терминов)

Русско-английский словарь по нефти и газу (35 000 терминов)

Русско-английский политехнический словарь (90 000 терминов)

Русско-английский словарь религиозной лексики (14 000 словарных статей, 25 000 английских эквивалентов)

Русско-английский физический словарь (76 000 терминов)

Экономика и право. Русско-английский словарь (25 000 терминов)

Адрес: 119071, Москва, Ленинский пр-т, д. 15, офис 317.
Тел./факс: 955-05-67, 237-25-02.
Web: www.russopub.ru
E-mail: russopub@aha.ru

Издательство «Р У С С О»
предлагает:

Немецко-русский словарь по автомобильной технике и автосервису (31 000 терминов)

Немецко-русский словарь по атомной энергетике (20 000 терминов)

Немецко-русский политехнический словарь (110 000 терминов)

Немецко-русский словарь по пиву (15 000 терминов)

Немецко-русский словарь по пищевой промышленности и кулинарной обработке (55 000 терминов)

Немецко-русский словарь по психологии (17 000 терминов)

Немецко-русский словарь-справочник по искусству (9 000 терминов)

Немецко-русский строительный словарь (35 000 терминов)

Немецко-русский словарь по химии и химической технологии (56 000 терминов)

Немецко-русский электротехнический словарь (50 000 терминов)

Немецко-русский юридический словарь (46 000 терминов)

Большой немецко-русский экономический словарь (50 000 терминов)

Краткий политехнический словарь / русско-немецкий и немецко-русский (60 000 терминов)

Современный немецко-русский словарь по горному делу и экологии горного производства (70 000 терминов)

Русско-немецкий автомобильный словарь (13 000 терминов)

Русско-немецкий словарь по электротехнике и электронике (25 000 терминов)

Русско-немецкий и немецко-русский медицинский словарь (70 000 терминов)

Новый русско-немецкий экономический словарь (30 000 терминов)

Популярный немецко-русский и русско-немецкий юридический словарь (22 000 терминов)

Транспортный словарь/немецко-русский и русско-немецкий (41 000 терминов)

Адрес: 119071, Москва, Ленинский пр-т, д. 15, офис 317.
Тел./факс: 955-05-67, 237-25-02.
Web: www.russopub.ru
E-mail: russopub@aha.ru

Издательство «Р У С С О»
предлагает:

Самоучитель французского языка с кассетой «Во Франции — по-французски»

Французско-русский словарь (14 000 слов) (с транскритцией) Раевская О.В.

Французско-русский медицинский словарь (56 000 терминов)

Французско-русский словарь по нефти и газу (24 000 терминов)

Французско-русский словарь по сельскому хозяйству и продовольствию (85 000 терминов)

Французско-русский технический словарь (80 000 терминов)

Французско-русский юридический словарь (35 000 терминов)

Русско-французский словарь (15 000 слов) (с транскритцией) Раевская О.В.

Русско-французский юридический словарь (28 000 терминов)

Иллюстрированный русско-французский и французско-русский авиационный словарь (7 000 терминов)

Итальянско-русский политехнический словарь (106 000 терминов)

Русско-итальянский политехнический словарь (120 000 терминов)

Медицинский словарь (английский, немецкий, французский, итальянский, русский) (12 000 терминов)

Пятиязычный словарь названий животных. Насекомые. Латинский-русский-английский-немецкий-французский. (11046 названий)

Словарь лекарственных растений (латинский, английский, немецкий, русский) (12 000 терминов)

Словарь ресторанной лексики (немецкий, французский, английский, русский) (25 000 терминов)

Адрес: 119071, Москва, Ленинский пр-т, д. 15, офис 317.
Тел./факс: 955-05-67, 237-25-02.
Web: www.russopub.ru
E-mail: russopub@aha.ru

ДЛЯ ЗАМЕТОК

СПРАВОЧНОЕ ИЗДАНИЕ

НЕДЕЛЬКО
Анатолий
Георгиевич

АНГЛО-РУССКИЙ
И РУССКО-АНГЛИЙСКИЙ
СЛОВАРЬ ПО ВИНОГРАДАРСТВУ,
ВИНОДЕЛИЮ
И СПИРТНЫМ НАПИТКАМ

Ответственный за выпуск
ЗАХАРОВА Г. В.

Ведущий редактор
МОКИНА Н. Р.

Редакторы
НИКИТИНА Т. В.
КУЗНЕЦОВА Б. Б.
ПАШУНИНА Е. А.

Подписано в печать 1.07.2005.
Формат 60х84/16. Печать офсетная. Печ. л. 28,5.
Тираж 1560 экз.
Заказ 140

«РУССО», 119071, Москва, Ленинский пр-т,
д. 15, офис 317.
Телефон/факс: 955-05-67, 237-25-02.
Web: www.russopub.ru
E-mail: russopub@aha.ru

Отпечатано в ГП Калужской обл. «Облиздат»,
г. Калуга, пл. Старый Торг, 5